Louisiana
N. Orleans
Tallahassee
Augustine
Florida
C. Canaveral
B. Apalachee
Pensacola
Galveston B.
Texas
Mexico
C. Sable
Andros
Havana
Mesa del Mariel
Cuba
Sierra de Gauilan
Exum
Catoche
I. de Pinos
Gr. Cayman
C. de Cruz
S. Jago
Jamaica
C. Negril
Pedro Bk
Campeche
Perote
Jalapa
Vera Cruz
Tabasco
Goasacoalco
V. Hermosa
Yucatan
Balize
Dolphin Head
S. Christobal
La Guardia
Soconusco
Guatemala
Agua
Pacaya
S. Salvador
S. Miguel
Conchagua
Cosiguina
Telica
Momotombo
Masaya
Mombacho
Nicaragua S.
S. Carlos
S. Juan
Cartago S.
C. Gracias Dios
Mosquito B.
Isla de Quibo
C. d. Salamanca
Panama
Isthmus v. Panama
70°
60°
Tom May
S. Christophes 380
Guadeloupe
Kathadin Maine
Washington 1040
White M.
Jamaica 1980
Goldridge
Virginien 678
N. York 633
Massachussetts
Vermont 635
950

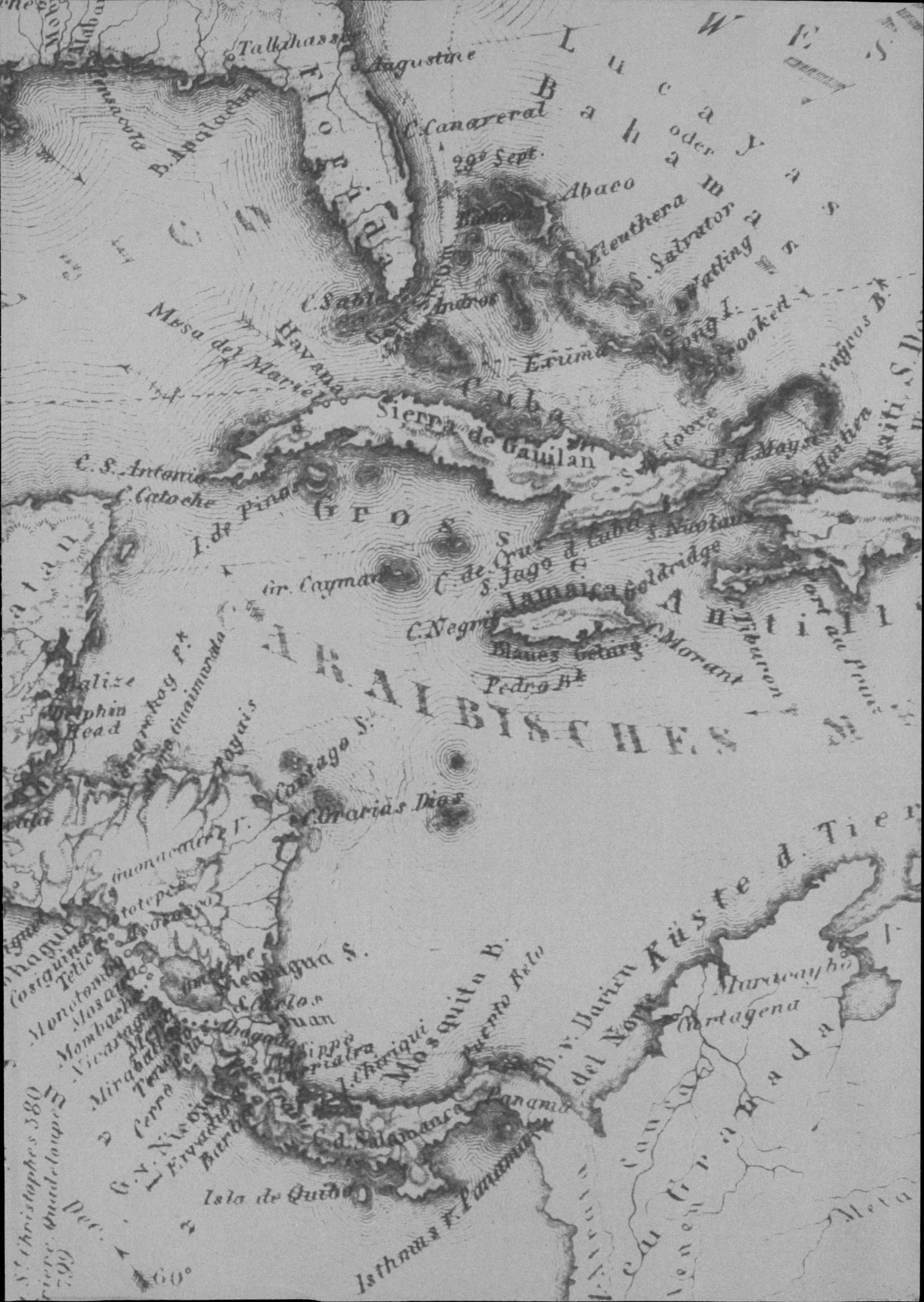

Tallahassee
S. Augustine
Pensacola
B. Apalache
L u c a y a s
B a h a m a s
oder
C. Canaveral
29° Sept.
Abaco
Eleuthera
S. Salvator
Watling
Long I.
Crooked I.
Exuma
Andros
C. Sable
Havana
Mesa del Mariel
C u b a
Sierra de Gavilan
C. S. Antonio
C. Catoche
I. de Pinos
Gr. Cayman
C. de Cruz
S. Jago d. Cuba
S. Nicolas
Jamaica
C. Negril
Blaues Gebirg
C. Morant
Pedro Bk.
Tiburon
A n t i l l
Haiti
C. Maysi
Balize
Delphin Head
C. Gracias a Dios
S. Juan
Mosquito B.
Puerto Belo
Panama
Isla de Quibo
Isthmus v. Panama
Küste d. Tier
del Norte
Cartagena
Maracaybo
Meta
160°

Chihuahua

El Parral
S. Mapimi
S. Parras
Cohahuela

Cord. d. Cohah. u. Potosi

Culiacan

Durango

Catorce

Zacatecas

S.t Louis Potosi

Guanaxuato
Queretaro
Calpulalpan
Zimapan

Tampico

Valladolid

Tula
Istaccihuatl
Mejico
Popocatepetl
Torre d. Pevote

Colima
Jorullo

Toluca
Ixtlahuaca
Nevado v. Toluca

Ustaltepec
Orizaba

Jalapa
Vera Cruz
Cuatla
Cordova
Coatzacoalco
Tabasco

Villalla
V. Hermosa

Acapulco
Campoaltepec
Ujinca

Tehuantepec
La Gia
Soconusco

Amitpas
G. Mazartnar
V. Attian

Vom Dec.

Popocatepetl
2772
Istaccihuatl
Nevado v. Toluca
2372

100° bis Zacatulco
Ixtaltepec
2717 Apr.

Torre d. Pevote
Amilpas 2041
Ixtlan 1950
Agua 1873

Cempoaltepec 1754

90°

80°

Vom
Tuscolo 1640
James Peak 1800
Colima 1877

Pinus Occid.
7°
Quera 12°
Corker Orizaba 1620

Coughcoy Pik 1770

Cotos 1540
Irasu 1795

Cerro 900
Guanarto

Ometepe 852
Orosi 1063

Durham Virginien 757
Goldridge Jamaica 1280

Zacatecas 1256
Mejico 1168
Tulu La Puebla 1126
Valladolid 1000
S.t Louis Potosi 932

Calpulalpan 1380

Cerro

Reatara
Paia 1776

Carthago
800

Urham Virginien 100
York 635
Massachusetts 660
Vermont 633
Washington 1040
White M.
Katahdin Maine 950

Alt Guatemala
780

Cordil.
r o d i l.

Sonora
S.a de Sonora
Mar
Purun Mor

Rio Santiago
C. Coriente

Chapala S.

G. v. Texas
Galveston R.

El Refugio

New Orle

Chihuahua
El Parral
S. Mapimi
S. Parras
Cohahuela
Culiacan
Durango
Catorce
Zacatecas
S. Louis Potosi
Rio Santiago
C. Corientes
Chapala S.
Guanaxuato
Queretaro
Tampico
Calpulalpan
Zimapan
Valladolid
Tula
Mejico
Jorullo
Colima
Istacciuatl
Popocatepetl
Cofre d. Perote
Jalapa
Vera Cruz
Orizaba
Cordova
Zacatula
Acapulco
Villallas
V. Hermosa
Cempoaltepec
Oajaca
Tehuantepec
Soconusco
Tampico
El Refugio
100°
90°
80°
Vom Dec. bis Apr.
Popocatepetl 2772
Istaccihuatl 2480
Nevado v. Toluco 2372
Cistaltepetl 2717
Cofre d. Perote 2098
Amilpas 2041
Colima 1877
Calpulalpan 1380
Pinus Occid. 7°
Quercus 12°
Lorbeer Orizabo 1620
Zacatecas 1256
Mejico 1168
La Puebla 1126
Valladolid 1000
St Louis Potosi 832
Alt Guatemala 782
Congrehoy Pik 1770
Ometepe 832
Orosi 1063
Votos 1540
Irasu 1795
Carthago 800
Goldridge 878
Jhmaica 1280
Washington 1040
Kathadin Maine 950

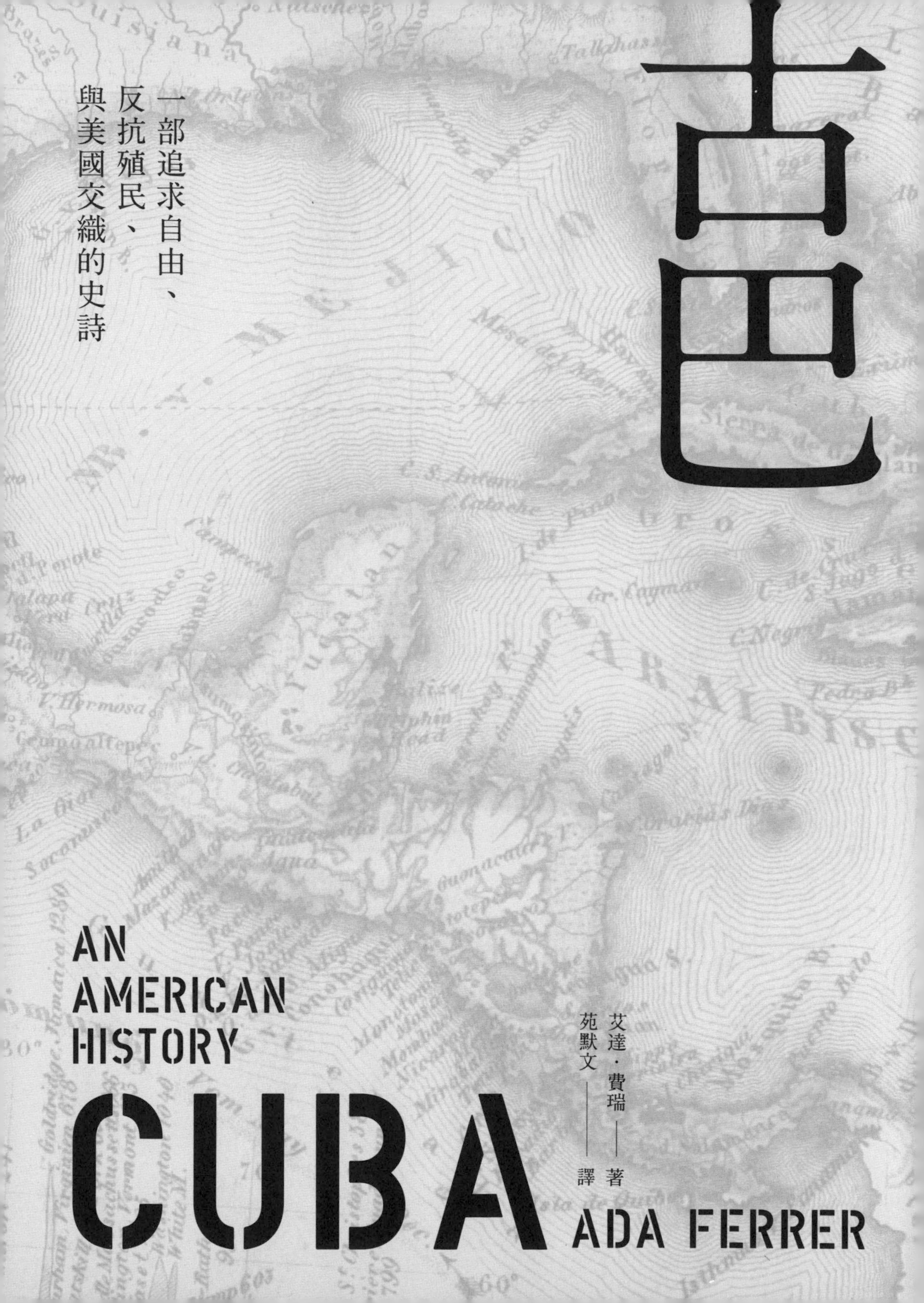

古巴

一部追求自由、反抗殖民、與美國交織的史詩

CUBA

AN AMERICAN HISTORY

艾達・費瑞——著
苑默文——譯

ADA FERRER

獻給我的父親，拉蒙．費瑞，你永遠活在我們心裡。

謹紀念：

我心愛的母親，阿德萊狄．費瑞（一九二六—二〇二〇）。

我同母異父的兄弟，伊波利托．卡布雷拉（一九五三—二〇二〇）和胡安．荷西．岡薩雷斯（一九四六—二〇〇九），他們都留在古巴。

我的姑媽，艾達．費爾南德斯（一九三〇—二〇一七），她總是歡迎我回來。

我在美國出生的妹妹艾莎（Aixa），以及她的女兒奈拉（Nailah）。

我的丈夫葛瑞（Gregg）和我的女兒阿琳娜（Alina）和露西亞（Lucía），我為他們獻上我所有的愛。

從各個角度來看，這本書也是他們的故事。

目次

推薦序　古巴歷史是美國的一面鏡子

馮建三（政治大學新聞系教授）

《古巴：一部追求自由、反抗殖民、與美國交織的史詩》是美國歷史學者艾達·費瑞的新作，榮獲二〇二三年普立茲歷史獎，也是近年探討古巴歷史的重要著作。誠如作者所言，「古巴歷史的眾多功能之一，就是作為美國歷史的一面鏡子。」這篇推薦序，我將提示古巴歷史的重要人物並凸顯本書要點，特別是美國和古巴之間的關係。其後，另就本書較未論及的三個古巴現象，略作補充。

古巴遲至二十世紀才獨立的原因

十八世紀下半至十九世紀初，美國、法國與海地接續爆發革命，聲勢浩浩湯湯，鼓舞了西班牙與葡萄牙帝國的美洲殖民地人民，他們紛紛宣告獨立。

但是，怪了，至一八二六年，除了至今依舊是美國海外領地的波多黎各，就只有古巴，尚未脫離西班牙。儘管從一七九五至一八一二年，殖民地的古巴人民爆發二十次起義。其中，已贖身取得自由的黑人阿蓬特（J.A. Aponte）等人在一八一二年的叛亂，最具影響力；他以畫冊向參與舉事的人展示「另一個世界是可能的」。

阿蓬特的下場是遭古巴總督梟首示眾，對於他的傳奇故事，後世大有共鳴。晚近的二〇一七與二〇一九年，仍有「阿蓬特的願景：藝術和黑人自由」跨國展覽，美國與古巴都熱烈投入，就是要重新詮釋阿蓬特的畫冊。

回到原初問題，何以古巴舉事頻繁，卻未能獨立？本書有了答案。剛獨立的美國及殖民地的古巴，兩地的白人政商菁英，在未獨立的古巴有共同利益，他們狼狽為奸。西班牙從事非洲與美洲黑奴買賣三個半世紀，七成在一八二〇年之後發生。再過十多載，古巴白人從非洲巧取豪奪的奴隸，有六成三由美國船隻運送。黑奴買賣，佛羅里達海峽兩岸的白人先賺，這是第一筆暴利；無償或低償使用黑奴的勞動力數百年，這是第二筆加倍龐大的暴利。

美國第十四任總統皮爾斯（F. Pierce）在一八五四年支持前州長、也是蓄奴富人派出遠征軍，想要「解放古巴，再將其併入美國」。皮爾斯後來「膽怯」，傾向購買而不是入侵，但仍然表示西班牙不賣，美國就「有理由強力……奪走」。這個赤裸往事，顯示美國聯邦政府「願意為維護古巴的奴隸制而發動戰爭」。事實上，更早之前，第三任總統傑佛遜（Thomas Jefferson）在一八〇九年，就說古巴終將併入美國。傑佛遜這個認知的背景是，從一七九〇至一八一一年，美國與古巴的貿易出超，抵銷了美國與其他國家九成的貿易赤字。

古巴的三次獨立戰爭 美國收割果實

南北戰爭後，美國副總統約翰．布雷金里奇（John C. Breckinridge）與國務卿朱達．班傑明（Judah Benjamin）在一八六五年逃至古巴，因在那裡有地產與黑奴。一八六八年十月十日，古巴東部一位擁有小型糖廠的白人塞斯佩德斯（C. M. de Céspedes），以優勢種族與地主身分舉事，發動獨立戰爭，參軍響應者黑人為多，十年後與馬德里談和。但才過一年半，一八七九年八月第二次獨立戰爭再從古巴東部開打，參戰者「更黑」，西班牙總督搬弄種族分化之術，使其不及一年而敗。

第三次獨立戰爭始於一八九五年，領軍者是日後成為現代古巴之父的馬蒂（José Martí）。他說，如果古巴獨立成功，將「成為美國擴張的阻力」，也將因為反對當時美國的種族暴力而成為典範，「古巴革命將是一場世界性的革命」。馬蒂五月中彈身亡，第三度參加獨立戰爭的多明尼加白人戈麥斯（Máximo Gómez）與古巴黑人馬西奧（Antonio Maceo），這次各自率領兩大部隊，由東向西夾擊。追求獨立的行伍勝利在望，美國坐收漁利，假借緬因號戰艦在哈瓦那爆炸導致二百六十位水兵死亡，於一八九八年四月二十日對西班牙宣戰，三個月後得勝。同一年底美西和談，華府取得古巴等四個西班牙殖民地；為獨立流血犧牲三年的自由軍（仍由黑白共組，文職的白人多些，戰士則以黑人居多）一無所獲，竟然成為美軍馬前卒！

接著，美國干涉古巴，將美國法律塞入一九〇二年的古巴憲法。黑白混血、已從自由軍退役的建築師埃斯特諾茲（E. Estenoz）等人，在一九一二年五月二十日古巴獨立紀念日揭竿而起（卡斯楚革命勝利後指其是偽獨立，因實質左右古巴的是美國）。埃斯特諾茲提出的階級與黑白問題，引起廣泛回響，最後卻在殖民總督主導，「新聞報導推波助瀾」之下，製造反黑人浪潮，將他們的溫和反抗講成造反，幾個月之內，政府殺害了三千人，包括埃斯特諾茲。其後，古巴政局無法穩定，美國也主動或「受邀」介入「排難解紛」。後來，改變古巴政治知識人的哈瓦那大學學生領袖梅拉（J.A. Mella）在一九二九年遭總統派人暗殺身亡，民情更為激憤，重要原因是他與同夥認為，實現「公正的古巴」，「需要與美國建立一種……美國不會輕易同意的關係」。作者指出，一九三三年革命、一九四〇年進步憲法，以及一九五九年革命的「古巴激進主義潮流」，就此發源。

在本書中，作者生動有序地引領讀者進入古巴歷史，對於古巴進步的群眾前仆後繼、互有傳承的百餘年之努力與犧牲，讀者會夾雜悵然、感動、敬佩與冀望於未來的思慮。對於書中念茲在茲的跨種族合作與尚未全然融合的現象，也會浮現反省的心情——非裔古巴人對社會進步的貢獻很大，他們得到革命後政權的更多保障，更優於美國。比如，古巴黑人壽命在一九八一年比白人少一歲，美國黑人則少白人六點三歲；黑人和白人的高中和大學畢業人數相當；國家是雇主，就業種族歧視減輕等等。但是，古巴仍有不平等隨種族現象而衍生。

革命前夕至二〇二〇年的古巴

本書第七部之後的篇幅佔全書二分之一，都環繞著卡斯楚（Fidel Castrol）敘述。軍人轉總統的巴蒂斯塔（F. Batista）影響古巴二十餘年，他殺害學運領袖埃切維里亞（J.A. Echeverria），以及在都會城市為卡斯楚運籌帷幄的派斯（Frank País）。這兩位反對運動的重要人物殞命，使原本就受歡迎的卡斯楚成為反對派的「象徵和領導人」。

卡斯楚在一九五九年一月八日從東部聖地牙哥乘坦克進入哈瓦那，演講至凌晨談到「和平」時，一隻白鴿在他的頭頂上盤旋然後落到他的肩膀上。新政府急急如律令，進城第六日當天，就通過十四項法令；三個月內處決了舊政府五百多人。五月十七日，立法推動「相當溫和」、是當時「經濟思想的主流」、也出現在聯合國建議案的土改政策。這些，無不得到民眾與各大社團高度支持，包括天主教。然而，美國「強力反對」土改。新政府失利之處，是往後數年，格瓦拉與卡斯楚都希望通過教育鑄造社會主義新人，試圖凸顯道德力量，多於提供物質報酬；但改變過往體制塑造的秉性，談何容易？新政府不可能有足夠的時間，也無法有承平的環境予以養成，成績備受侷限，並非無因。

接著，美國反撲而有入侵豬玀灣的三日戰爭。蘇聯在古巴部署飛彈，世界瀕臨核戰風險。正如本書指出，古巴每六百二十五名居民中，就有一位政府人員投入援外工作的協調，與之相比，美國卻是每三萬五千名居民才有一名政府援助人員，這是規模驚人的「平民國際主義」。古巴另對海外有軍事介入，但不是窮兵黷武，而是對非洲南部多個國家的獨立與種族隔離之廢除，大有貢獻。蘇聯崩解後，古巴只能自力更生，雖然政經略有轉軌，困難無法盡除，古巴人第四次大規模奔赴美國，在這個階段發生，即使參與的人數，沒有先前三次那麼多。

最後，作者認同歐巴馬（Barack Obama）總統恢復美國和古巴的邦交。並指出，在談到革命前的古巴之時，歐巴馬的措辭與古巴政府「並無二致」：美國當年把古巴「當作可以剝削的東西，無視貧窮，助長腐敗。」革命確實是從美國手中，解放了古巴。卡斯楚知道歐巴馬是善意，但懷疑美國能否穩定。很諷刺的是，卡斯楚這次又對了，美國的善意稍縱即逝。卡斯楚辭世後一個多月，川普總統上任，逆轉了解凍政策並加強封鎖古巴，拜登在二〇二〇年競選期間承諾扭轉川普政策。但拜登會做些什麼？「懸而未決」，全書基本上在此結束。

美國經貿霸凌古巴六十年

三年後，讀者知道，拜登違反承諾而蕭規曹隨，川普時代強化的封鎖依舊存在，拜登沒有回到歐巴馬的古巴政策，即使他曾經擔任歐巴馬的副總統八年。至於解除古巴封鎖，既然不是總統權利，若無國會同意，還會延續很久。舉世皆說美國無理，《經濟學人》（*The Economist*）卻全心支持美國主控的國際秩序，但這本週刊也說「美國不智」。美國獨立革命期間，反革命黨派財產遭沒收，華府獨立後未曾補償。古巴沒有引用美國自己的前例，而是在革命後與各國商談補償辦法，但美國不接受（墨西哥在一九三八年沒收美商油田，美國接受補償）。這就難怪作者說，美國「不是一個自由的帝國，而只是一個帝國……也就持續封鎖古巴」。聯合國大會多年來不斷通過決議案，要求美國解除對古巴的封鎖；而支持古巴的國家，在一九九二年是五十九國，至二〇二三年已達一百八十七國，反對者僅存美國與以色列；二〇二二年以來的一年多，烏克蘭固然接受美國軍援達五百億美元，卻沒有跟著美國投反對票，而是棄權。帝國不改、帝國不反省，全世界也無可奈何。

美利堅仗著富裕、國內市場龐大、美元作為國際最大交易貨幣，美國控制國際貿易必須使用的「全球銀行金融電信協會」（SWIFT）系統，都是歷來華府得以隨心所欲制裁（應該說是「霸凌」）他國的工具，也是白宮逼政他國、逼商全球的手段。但從來沒有任何國家，承受古巴模式的嚴厲與長期霸凌逾一甲子；若是僅算蘇聯解體以後，封鎖也超過三十年。有多嚴厲？美國「海外資產管制辦公室」聘用一百二十人，偵測反恐對象的中東國家，配置了四人，但專門對付古巴的職工卻有二十四人！近日（二〇二三年九月），四家遊艇公司因從美國載送遊客至古巴，遭罰款四點五億美元。這些企業在歐巴馬的寬鬆年代，合法做生意，總統一換政策也改弦易轍，竟至承受鉅額懲罰。如此，能有多少商家與國家，願意承擔通商古巴的風險？

古巴的文教體育成績

在國際政治舞台，古巴廣獲世人接受、也頗得尊敬；在國際經貿領域，古巴則舉步維艱、寸步難行。古巴的政治不民主、壓制異端，欠缺言論及新聞自由，未能豐衣足食的古巴，也導致大量民眾「用腳投票」。二〇二二年至二〇二三年十月的兩年間，竟達四十二萬人離鄉去國——二十世紀四次鬧出大新聞、奔向美國的總移民人數，也不過與此數字接近。但是，古巴沒有傲人的成就嗎？事實上，古巴在藝文教育、體育競賽、公衛保健與生化產業等領域都有出色的建樹。

古巴芭蕾舞馳名全球，成長於古巴並在倫敦聲譽鵲起的阿科斯塔（Carlos Acosta）有《無路可返》（*No Way Home*）回憶錄，拍成電影《芭蕾王者尤利》（*Yuli*），敘述貧窮人家的小孩躍為巨星的故事，該片二〇一九年也在台灣上映。在經濟困頓且有新冠肺炎肆虐的二〇二一年，就讀高校的古巴人口，仍然略高於該年齡階層的一半。古巴也成為不富裕的國家當中，唯一自力研發五種新冠疫苗（與我國相同，也是採用「次蛋白技術」），並有二或三種外銷拉美與越南等國，「防護力高達百分之九十二」。上世紀末，古巴創辦「拉美醫學院」，至新冠爆發前夕，前後二十二年免費培養三萬零四十七位來自一百一十八個低所得國家的六至七年制畢業生（含一百九十一位美國劣勢階層學生）。這個貢獻，加上多年來醫護人員馳援海外（當然，在相對有錢的社會提供醫護服務並非免費，而是合理收費，畢竟古巴需要收入），單單計算二〇二一年，約有五點二萬古巴醫護人員在九十二個國家工作，比八個富裕國家的總和還要多。因有這些表現，海外數十個社團兩度推薦古巴角逐諾貝爾和平獎。假使我們知道，一九五九年古巴革命後一、兩年之內，如作者所說，「六千名醫生有約一半、近兩千名牙醫有七百多人」都去了美國，高級醫學教職員從兩百人減到十七人，那麼，古巴革命後的醫護與公衛成績，就更驚人。

在體育競賽方面，國人無疑最熟悉棒球。這裡，「世界盃棒球賽」（Baseball World Cup）從一九三八至二〇一一年（最後一回）共舉辦三十九次，古巴得冠二十五次，其中十八次在革命後取得。「世界棒球經典賽」（World Baseball Classic）至去年則有五次古巴名次退步，原因應該是至二〇一九年已有三百五十位以上好手滯留美國不歸，而其中約有十分之一至五分之一具備潛能，能夠進入美國職棒。即使如此，古巴在經典賽仍有兩次進入前四名，僅次於日本與美國。在奧運獎牌的斬獲，古巴也很驚人，二〇二一年東京奧運有兩百零六國參賽，古巴排名第十四，獲得七金三銀五銅；若算歷屆累積則是八十三金，平均一千萬人拿到約六十面金牌，美國則僅三十一面。

古巴不是蘇聯的代理人

不過，淡化乃至否認古巴這些成就的人也不少。不只右派，自稱民主社會主義者，從移民美國的古巴裔教授，到美國本土社會主義者，都有。他們否定古巴的重要理由之一，是指這些成就來自經濟撐持，是蘇聯給予古巴金援有功。乍看之下，這個批評並非無理，比如，一九七〇至一九八八年，古巴年均經濟增長率為百分之四點一，遠高於拉美平均的百分之一點二。然而，評估蘇聯（是否）給予古巴金援，需要同時考量三個層次。

首先，世界市場不是自然形成，是人為、強制甚至暴力安排的經貿關係。從這個觀念理解，當年所謂蘇聯對於古巴等國家的援助，其實是資本與共產體制兩種不同計價方式的差額。蘇聯若未解體，並無補助可言；補助之說，是根據西方資本計價系統而來。

其次，若按美國中情局估計，蘇聯一年援助古巴五十億美元；但《經濟學人》指出，蘇聯援外所有國家，一年最多四十億美元，「比不上美國……給予以色列與埃及兩國的援助」。假使相信後者，一年援助全部盟友也才四十億，蘇聯一年若能給古巴十億，已屬可觀。這裡，學人巴哈（Quintin Bach）在一九八〇年代中後期的精心蒐集，完成了蘇聯立國後對海外國家的援助統計，比較嚴謹。他的核算是，從一九七〇至一九八三年這段蘇聯援助古巴最多的時期，金額是兩百二十八億四千四百萬美元，加上其他計畫的三十億五千四百萬，合計兩百五十八億九千八百萬。那麼，其後在蘇聯解體前的六年，補助額度一定銳減，若以偏高的五十億計算，則蘇聯年代對古巴的補助，總額不會超過三百一十億美元。本書引用的數字則是「接近兩百八十億美元」。由於蘇聯與古巴的這個經濟與軍事關係，幾乎所有人都想當然爾，指古巴是蘇聯附庸，無法自主。但正如本書披露的，古巴「從根本上挑戰了蘇聯的外交政策」，更完整的證據則來自格雷傑西（P. Gleijeses）整本書的詳細鋪陳：美國自己的情報顯示，卡斯楚長期拒絕蘇聯的顧問，他也公開批評蘇聯，指其既教條又投機。

最後，古巴一九九二年起在聯合國提案，要求美國解除封鎖。若從該年起算，美國對古巴造成的損失，聯合國估計至二〇一七年的二十六年間，累計達一千三百億美元。川普上台後加強對古巴封鎖，他所造成的損失若僅按過往程度來算，則至二〇二三年會是一千六百億美元。納入通貨膨脹的計算後，美國封鎖造成的損失，仍然高於古巴得之於蘇聯金額的一倍半至兩倍半。我們也需注意，蘇聯減少補助的一九八〇年代，古巴生化醫療產業開始起步；「拉美醫學院」是在金援終止約十年後的一九九八年創辦；至於其他藝文與體育運動及教育的表現，至今水準依然亮眼，儘管在美國升高封鎖、外援已失的環境中，可能略見遜色。

本書還提及，反卡斯楚的古巴裔美國社團，曾在美國境內發動多起暴力行為，對付接觸古巴政府的美國人。但作者未說的是，他們在美國政府支持、默許或不追究其刑責的情況下，更進入了古巴境內發動恐怖攻擊，從一九六〇至一九九〇年代中期，他們在古巴殺害了三千四百七十八人，另有兩千零九十九人輕重傷，其中，有些是海外遊客，自然也造成古巴的經濟損失。

古巴的政治與物資難題

述說這些古巴故事，也不能忘記古巴在兩個方面存在著缺陷。一個是政治，言論與表意自由不足，異端也就遭受壓制。一個是經濟，即使少見人們餓垮或流浪街頭，但過去兩年約有百分之三點七的國民往海外（美國）討生活，或許反映了古巴物資短缺的嚴重程度。

疫情第一年（二〇二〇）古巴經濟萎縮百分之十一，其後兩年實質增加百分之二與百分之一點三，但二〇二三年可能再退百分之一至二，古巴生產毛額倒退回到二〇一三年。民生困頓、疫情緊張，加上百分之六十八的手機普及率與百分之七十一的網路普及率，引爆了二〇二一年七月的示威浪潮。這是革命以來最大的一次，西方說參加者「數以千計」，古巴政府說一萬人。隔年二月，二十人遭判刑，最重二十年，另有七百多人仍在關押。

不過，最嚴重的一次判刑在二〇〇三年四月發生，三人因劫持船隻而遭判處並很快執行死刑、八人有期徒刑，為此，支持古巴的國際左翼分裂。諾貝爾文學獎得主薩拉馬戈（Jose Saramago）說：「古巴讓我失去信心，挫傷我的期待，剝離我的幻覺。」古巴專家藍道（Saul Landau）不認同古巴執行死刑，但希望進步派同情古巴。他指出，美國總統小布希（George W. Bush）前一年已指古巴是「邪惡軸心」，後又多次誣指古巴擁有生化武器，而當年三月二十日又沒有根據就入侵伊拉克。這些恫嚇與行動，難道不會讓哈瓦那備受威脅，以為這是理應外合，美國即將入侵古巴的前兆，因此才使出霹靂手段，殺雞儆猴？彼時，除發生多起成功與未遂的劫機劫船事件，也有起自一九九六年的運動「瓦雷拉計畫」（Varela Project），發展至二〇〇三年美入侵伊拉克前夕，已成功徵集一萬人簽名，依法提出政經改革請願書之後，卻有七十五人遭判刑入監。同情古巴的藍道向哈瓦那政府喊話，希望官方公開說明原委是否如他所述，若然，或可彌補支持群體的裂痕。他表示，古巴不能要求進步的、誠實的人盲目支持古巴。

另一方面，最反對「他國干預內政」的美國，除了以年度預算數千萬美元，先後在一九八五與一九九〇年開辦專門從事對古巴心戰宣傳的廣播與電視，每年另再編列數千萬美元要「民主化」古巴。到了一九九六年，還有更苛刻的《赫爾姆斯—伯頓法案》（又稱《古巴自由與民主團結法案》），白紙黑字要改變古巴政體，形同教唆古巴人讓政局不穩、煽動政變。柯林頓（B. Clinton）原本也許不會簽署該案，但同年二月古巴擊落侵入領空的小型飛機後，局勢立刻翻轉，草案變成法案而付諸施行。對此，本書一方面準確地指出，該法反而有利於古巴壓制異端，因為，古巴政府此時若要「抨擊持不同政見者為美國服務……只需指出（這部）成文法案就可以了」。但另一方面，作者認為古巴擊落飛機，似乎是「斐代爾……故意破壞……和解可能」，或許有所誤識？對於這件事，海登（Tom Haydon）這位美國一九六〇年代學運領袖之一，在筆者翻譯的《聽好了，古巴很重要！》（*Listen, Yankee! : why Cuba matters*）一書，投入將近萬言，呈現飛機遭擊落，更可能是肇因於反斐代爾的古巴裔美國社群，精心為之但失手的策劃。

《赫爾姆斯—伯頓法案》也引出另一個問題，古巴那麼不民主嗎？依據我們的既有認知，確實不民主。但《古巴及其鄰國：民主運轉中》（*Cuba and Its Neighbours: Democracy in Motion*）詳細提供了另一種論證，作者奧古斯特（Arnold August）說明，古巴提供獨特的民主形式，若與美國比較，則古巴民眾參與政治的方式，接近我們所說的審議民主。最近的例子是二〇一八年的修憲過程，古巴以四個月的時間，讓十六歲以上擁有公民權的古巴人進行了十四萬次會議（高中與大學生共一千八百次，其餘是一般公民、工會成員與農民）。在這段期間，草案引來許多修正意見，新草案調整了將近六成條文；在最早的新憲法版本，有關同性結婚等權利，是眾所矚目的條文，但因保守勢力反對而刪除。由於無法入憲，推動者於是改在《家庭法》（family code）使其合法，新《家庭法》最後在二〇二二年九月同樣歷經眾多討論與激烈辯論後，接受公投考驗，以百分之九十四投票率，百分之六十六點七贊成、百分之三十三點二反對，通過同性婚姻、LGBT收養子女，以及無償代孕行為合法化。值得一提的是，古巴這個參與民主議題之討論密度，也許不一定是革命後所創，本書述及一九四〇年進步憲法的制定過程，對當時的審議過程，亦多所著墨。

蘇聯解體後，古巴的生活水平，至今仍然低於一九八〇年代，最近幾年因川普加強封鎖且拜登跟隨，加上新冠疫情，古巴物資更見短缺。然而，有一事實，並非要用來主張古巴理當繼續當前的低消費水平，惟若藉此反省世界上，是不是有很多國家很多人，過量消費已至危及地球、傷害人心而不再純樸的地步，應該是可以的。須知，「世界自然基金會」（World Wildlife Fund）在二〇〇六年發布調查報告，指古巴的「人類生態足跡」為一點七，而得到「人文發展指數」零點八二，美國在這兩個分數是七點零與零點八六，意思是美國使用超過古巴四倍多的地球資源，但在教育與壽命等等綜合指數，只比古巴高不到百分之五。英國教授希格（Jason Hickel）根據聯合國發布的「永續發展目標」，也在二〇二〇年發表論文，指古巴使用最少物資（碳排放量不到美國的五分之一），但取得最多的教育、醫療與基本生活所需，排名世界第一。

古巴革命的吸引力

去（二〇二三）年十二月四日，美國聯邦調查局逮捕美國高級別外交官、七十三歲的羅查（Manuel Rocha），指他從一九八一年進入國務院工作後，就一直是古巴間諜。中央情報局則說，古巴不需要用金錢與權勢作為誘因，也不需要脅，「通常意識形態就夠了……古巴革命激發的浪漫情懷」，就讓不少美國人主動為古巴效勞，包括去年初獲釋的「古巴女王」蒙特斯（Ana Montes），失去自由二十二年，也是「為古巴不為錢」。

不過，中情局有官員認定羅查等人的身在曹營心在漢，起於意識形態的偏執與誤識，或者，僅只是來自浪漫（竟可維持六十多年！），則未必準確。近作《革命之泉：為新世界戰鬥，一八四八—一八四九》（*Revolutionary Spring: Fighting for a New World 1848-1849*）也許能夠以古鑑今，提供了更好的理由。將近兩百年前震動歐洲的革命，是有所得，新世界大門為此開啟，革命有成，「不信青史盡成灰」。間諜們及更多的人理性思考而後投身捍衛與支持古巴，靜默但積極持續付出，也很有可能是出於對歷史縱深的認識與修為，遂能篤定投身。

與其說美國間諜出於誤識或浪漫而力挺古巴，不如說他們呼應了《古巴：一部新歷史》（*Cuba: a new history*）作者高特（Richard Gott）所說：「古巴的革命沒有以同室操戈的衝突而結束，卻持續地培養出了新的一代又一代受過良好教育的公民……有著一種看不到，但卻能真實感受到的民族自豪感。」

推薦序　一隻長長的綠鱷魚

陳小雀（淡江大學全球政治經濟學系教授、淡江大學國際事務副校長）

一提到古巴，腦海縈迴著音樂、棒球、雪茄、蘭姆酒、老爺車、社會主義、美古恩怨……古巴彷彿披著面紗的神秘女郎，舉手投足之間，散發魅力，令人不禁想一親芳澤。

在拉丁美洲暨加勒比海國家之中，鮮少如古巴一般如此誘人，而她迷人之處，竟然在於歷史真相。翻開歷史扉頁，在前哥倫布時期，古巴是泰諾（Taínos）原住民的天堂。「Cuba」這個詞來源眾說紛紜，一般相信係源自泰諾人的村莊名「Cubanacán」；也有學者認為係來自「cubao」或「coabana」，前者為沃土之意，後者則指廣袤。的確，古巴是加勒比海最大的島嶼，更貼切地說，是加勒比海之珠，暨今仍極具戰略地位。

一四九二年，哥倫布率領三艘帆船橫渡大西洋，終於抵達加勒比海，一行人來到巴哈馬群島，接著航向古巴，哥倫布派遣兩名船員登陸古巴探險，兩人上岸後來到一個村莊，見識到泰諾人的吸菸儀式，爾後兩人將吸菸習俗帶回歐洲，意外造成人類染上菸癮逾五百年。至於哥倫布及其他人則沿著古巴海岸航行，古巴之大讓哥倫布尚未環繞一週，便以為來到《馬可波羅遊記》所描寫的東方，而誤以為古巴是中國的一個行省，哥倫布於是轉向鄰近的另一座島嶼，即今日的伊斯帕尼奧拉（La Española）[1]。

一五一一年，古巴終究淪為西班牙殖民地。古巴橫亙在南北美洲之間，儼如一把開啟美洲大陸的門鑰，西班牙征服者以此為基地，西進墨西哥，北挺佛羅里達，只花了短短三十年光景便征服美洲大半的土地。毋庸置疑，古巴兼具軍事戰略地位和商業利益樞紐，西班牙在此設立古巴軍事轄區（Capitanía general de Cuba），不僅維護古巴的利益，也防範歐洲列強染指西班牙在美洲的殖民地。

在西班牙殖民時期，拓殖者從非洲引進黑奴，實施莊園制及奴隸制，且在重商主義的作祟下，全力發展蔗糖經濟。彼時，歐洲對蔗糖的需求極高，而使蔗糖如黃金、白銀一樣珍貴。此外，在煉糖時無意中釀製出蘭姆酒，生性樂觀的古巴人稱蘭姆酒為「蔗糖歡樂之子」，意指黑奴以血淚灌溉甘蔗，由甘蔗所釀出的蘭姆酒卻是慰藉心靈的良藥。

自十七世紀起，歐洲社會漸漸流行吸菸，菸草成為古巴重要的經濟作物之一，而菸田主要分布在哈瓦那（La Habana）郊區，早期雪茄因而被稱哈瓦諾（El Habano），即哈瓦那雪茄之意。古巴總督卡布雷拉（Lorenzo de Cabrera）曾利用職務之便走私菸草，並將所得用於購買馬車，成為古巴第一位擁有馬車的貴族，菸草的經濟價值可見一斑。

古巴是西班牙船隊往返新舊大陸的補給站，哈瓦那是加勒比海的戰略港口，也是通往新世界的前哨站。一艘艘滿載珍寶的西班牙船隊引起海盜的覬覦，進而掀起海盜猖狂年代。不僅哈瓦那多次遭海盜攻擊，其他港埠城市如聖地牙哥（Santiago de Cuba），甚至本島之外的島嶼亦無以倖免。因此，殖民政府在這些港埠城市修建巍峨堡壘。史蒂文生（Robert Louis Stevenson）的《金銀島》（*Treasure Island*）即以古巴松林島（Isla de Pinos）[2]為藍圖，藉一張藏寶圖展開乘風破浪的淘金故事，並釋出英國海盜以松林島為基地，伺機搶奪西班牙船隊的史實。暨今，海盜不再，厚實城牆及一尊尊銅砲為港埠城市留下歷史軌跡，成為打卡的觀光景點。

哈瓦那多次因海盜攻擊而毀於大火，但軍民仍英勇擊退海盜，卻在一七六二年阻擋不了英國的入侵。英國佔領古巴西境達十一個月之久，期間擴大蔗糖種植規模，終結西班牙壟斷殖民地的貿易制度，同時也埋下解奴運動的種子。古巴對西班牙而言是價值連城的殖民地，西班牙於是與英國簽訂《巴黎條約》，以佛羅里達為交換條件，向英國換回古巴。古巴是開啟美洲的鑰匙，佛羅里達則是前進加勒比海的跳板，果然，美國獨立後，虎視眈眈，從佛羅里達窺探著古巴的一舉一動。

一八四〇年代，古巴爆發解放奴隸運動，造成勞動人口銳減，嚴重影響蔗糖經濟。為了替補勞力，古巴於是從中國引進華工，華工美其名「契約勞工」（los chinos contratados），其實是「苦力」（los culíes），亦即變相的奴隸，與黑奴悽慘命運相較下，中國苦力絕對有過之而無不及。華工在契約解除後辛勤做工經商，漸漸在哈瓦那的一角匯集成華人街。在古巴獨立運動期間，華工展現英勇一面，加入行伍為民主國家催生。華工在古巴歷史留下雪泥鴻爪，嗩吶也隨之走入古巴音樂，成為嘉年華會與其他傳統節慶中，不可或缺的樂器。

當拉丁美洲各地爆發獨立運動之際，古巴依舊是西班牙死守的殖民地。在漫漫的解放之路上，古巴經歷了兩次獨立戰爭，第一次的解放之戰持續了十年之久，但終究以失敗收場，史稱「十年戰爭」（一八六八—一八七八）。一八九五年，馬蒂（José Martí）點燃第二次獨立戰爭，馬蒂卻在戰事不久後即中彈捐軀。在文壇，馬蒂是現代主義先驅；在政壇，他是古巴民族英雄。馬蒂是憂國憂民的革命先驅，以春秋之筆為大地母親謳歌，書寫政治思想，他喚起拉丁美洲各國的文化認同與團結精神，提防美國南侵的野心。

不料馬蒂的預言成真，正當古巴獨立戰爭如火如荼地展開，美國軍艦緬因號（Maine）在哈瓦那港口爆炸，軍艦官兵罹難人數達二百六十名，美國一口咬定緬因號係遭西班牙魚雷襲擊，藉故向西班牙宣戰，西班牙終究不敵。兩國簽訂《巴黎條約》，西班牙割讓最後的殖民地古巴、波多黎各、關島與菲律賓給美國。一八九九年，美軍進駐古巴，在美國托管三年後，古巴於一九〇二年正式建國。不久，美國藉雙方所通過的《普拉特修正案》（Enmienda Platt），強行永久租借古巴第三大港關塔那摩，不僅在此建立軍事基地，爾後甚至以反恐戰爭為由，將所謂的「國際恐怖份子」監禁於此。

翻閱古巴歷史，拓殖史詩、役奴悲歌、海寇詩篇、解放之聲、美軍進行曲、獨裁頌樂……革命前夕的歷史篇章淬煉出一首動人的交響曲，動盪中又夾雜著紙醉金迷氛圍。一九二〇年代，美國實施禁酒令，古巴是美國人買酒尋歡的樂園。一九三〇年代，全球文人雅士、仕紳名流、歌手藝人、健將能手紛至沓來，連美國黑手黨也隨著巴蒂斯塔（Fulgencio Batista Zaldívar）掌權而滲透。到了一九四〇、五〇年代，觀光大飯店附設賭場，加上夜總會、俱樂部、銷金窟林立，哈瓦那儼然名副其實的聲色場所。

邱吉爾（Winston Curchill）、愛因斯坦（Albert Einstein）、海明威（Ernest Miller Hemingway）、法蘭克・辛納屈（Frank Sinatra）、馬龍・白蘭度（Marlon Brando）、貝比・魯斯（Babe Ruth）……均曾駐足古巴。其中，邱吉爾是老煙槍，鍾愛「羅密歐與茱麗葉」（Romeo y Julieta）雪茄，他喜歡抽著雪茄漫步於哈瓦那，他還戲謔說道，他總是將古巴含在雙唇之中。至於海明威則愛上古巴的海釣、鬥雞、蘭姆酒，他於一九三一年初次造訪古巴，後來在古巴居住長達二十年，他的足跡成為社會記憶，並發展出觀光路線，吸引許多喜歡海明威的讀者前往朝聖。每一位人物、每一樁事件，皆為古巴劃下歷史軌跡，豐富了古巴文化。

看似紙醉金迷，其實古巴陷入獨裁統治、美軍干預、美商經濟剝削的囹圄之中長達半世紀之久。

一九五六年歲末，卡斯楚（Fidel Alejandro Castro Ruz）揭竿起義，掀起古巴大革命。一九五九年一月，卡斯楚取得政權，並進行大規模社會改革和企業國有化政策；孰知，卡斯楚的改革政策動及美國利益，造成美古交惡，兩國之間的衝突日益白熱化。為了推翻卡斯楚，美國中情局滲透古巴，展開顛覆行動。不久，一支反革命部隊入侵古巴豬玀灣（Bahía de Cochinos），不料大敗，凸顯古巴軍民精誠團結，以及卡斯楚的領導智慧和戰鬥能力。接著，卡斯楚主動出擊，爆發「古巴飛彈危機」，卻讓在「豬玀灣事件」受挫的甘迺迪暫時扳回一成，展現危機處理魄力，而這段過程也被好萊塢拍成電影《驚爆十三天》（*Thirteen Days*）。

「古巴飛彈危機」化解後，美國允諾不以武力入侵古巴，卻對古巴進行貿易禁運和經濟制裁。更為甚者，在美國的運作下，拉丁美洲國家紛紛與古巴斷交。在冷戰時期，除了蘇聯與其他共產國家外，古巴孤立無援，宛如被漁網纏住的鱷魚，動彈不得。然而，古巴無懼於禁運，以傲人的醫療水準做為籌碼，與拉美和非洲國家重建關係。蘇聯解體後，古巴善用外交槓桿原理，為自己爭取生存空間。漁網終於有了破口，古巴曾當選聯合國安理會非常任理事國，也加入加勒比海國家協會、世界貿易組織等，更重返美洲國家組織。

美古對峙逾半世紀後，歐巴馬（Barack Obama）總統釋出善意，兩國終於在二〇一四年冰釋前嫌；然而，川普（Donald Trump）繼任後，美古關係又回到原點，即使拜登（Joseph Robinette Biden）對古巴政策緩和許多，美古關係正常化仍有一步之遙，而古巴這位神秘女郎依舊如迷霧一般，令國際政治觀察家難以捉摸。

古巴詩人尼可拉斯．奇彥（Nicolás Guillén, 1902-1989）在〈一隻長長的綠鱷魚〉（Un largo lagarto verde）裡，以綠鱷魚來比喻古巴，除了頌揚古巴風光旖旎、資源豐富之外，也道出古巴的困境；亦即，古巴因蔗糖致富，也因蔗糖而淪為殖民地，古巴因居商業樞紐而重要，也因而成為兵家必爭之地，無庸諱言，古巴的威力實在不容小覷，她絕對有反敗為勝的本事，在面對困境時亦會伸出爪子來反擊：「從地圖伸出爪子：／一隻長長的綠鱷魚，／有寶石與水汪汪的眼睛。」

古巴文化多采多姿，讓人為之神往；古巴景色詩情畫意，令旅人遊子流連忘返；古巴歷史高潮迭起，令人想一探究竟。坊間有關古巴歷史的書籍不少，有以古巴角度切入，有以美國視野書寫，立場及意識形態各有不同，導致略有偏頗。歷史學家艾達．費瑞（Ada Ferrer）於二〇二一年所出版的《古巴：一部追求自由、反抗殖民、與美國交織的史詩》（*Cuba: An American History*），則開啟了另一個視角，引領讀者更透澈地觀看古巴。

艾達．費瑞出生於古巴，於襁褓期間隨母親流亡美國。在卡斯楚進行社會主義時，約百萬人流亡美國，艾達．費瑞即其中之一。她是歷史見證者，於是將個人經歷與學術研究融為一體，以歷史為主軸，從哥倫布「發現」古巴切入，擴及政治、社會、信仰、人文等面向，重建古巴與美國之間的糾葛，有嚴謹的史學考證，也有被淡忘的歷史事件，還有作者個人的家族史，字裡行間充滿文學性，筆觸略帶感性又有哲思，如此獨特的寫作方式備受好評，而於二〇二二年獲得普立茲歷史獎。誠如艾達．費瑞所言，歷史是無數生命的縮影，無論名人、亦或小人物皆在古巴歷史長河中留下印記，諸多你我不知道的史實全在《古巴：一部追求自由、反抗殖民、與美國交織的史詩》裡，為一部令人愛不釋卷的好書，值得用心品讀。

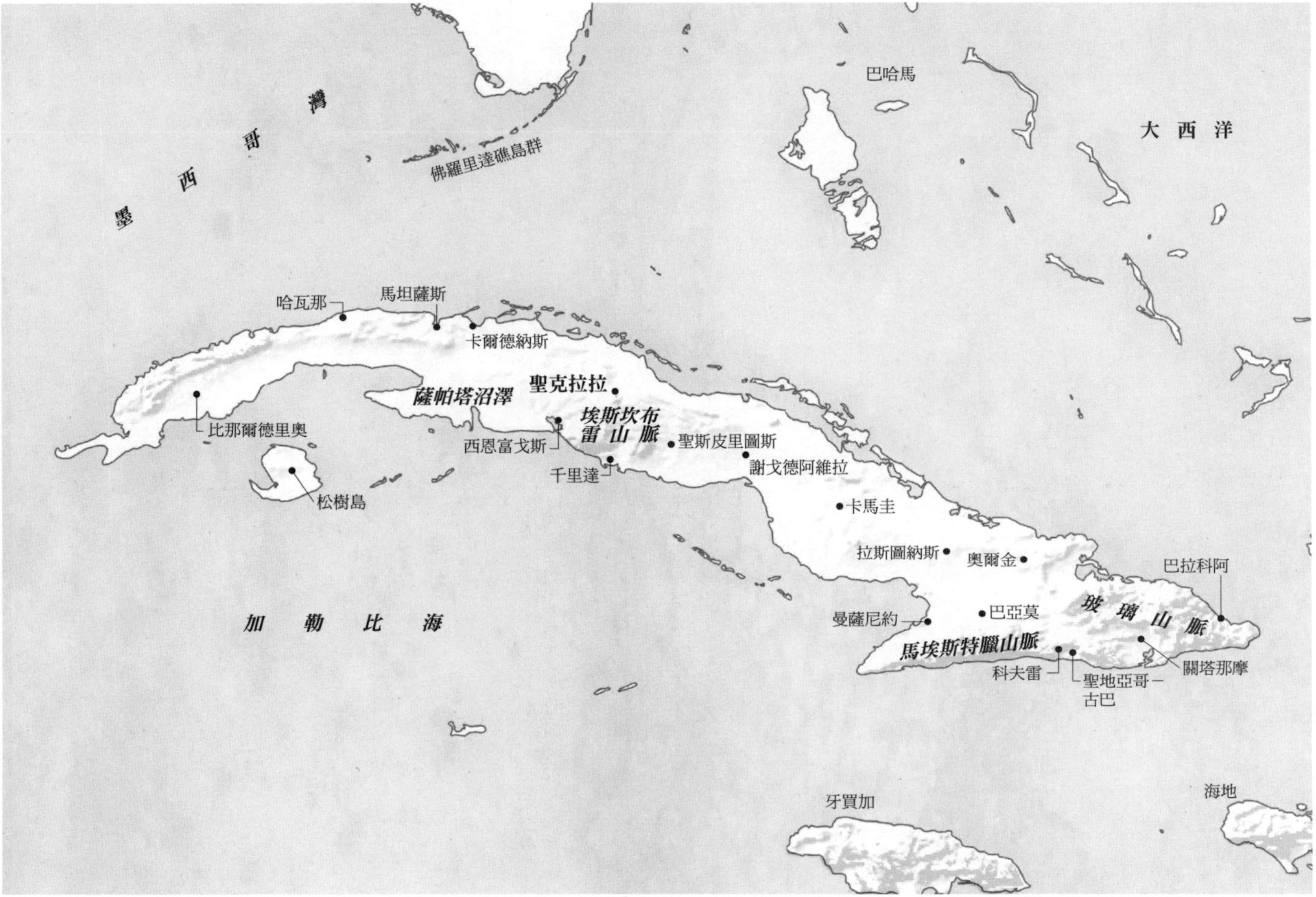

古巴地圖。出處：M. Roy Cartography

前言　那邊和這邊

本書敘述大西洋和加勒比海之間，一座離美國不遠的熱帶島嶼的故事。這是一部跨越五百年以上的歷史，從克里斯多福．哥倫布到來之前，到斐代爾．卡斯楚（Fidel Castro）去世，甚至比這段時間更久的歷史。然而，對於一部範圍宏闊的歷史來說，這也是一部深刻的個人著作。

我在哈瓦那出生，在一九六一年豬玀灣（Bay of Pigs）入侵和一九六二年古巴飛彈危機之間。當時我的父親在紐約，他在幾個月前離開古巴島。我的母親獨自分娩，自己叫了一輛計程車到「工人婦產醫院」（Workers' Maternity）。醫院這個名稱符合當時的狀況；畢竟當時古巴正處於激進革命的陣痛之中，全國瀰漫在公開的社會主義和強烈的反帝國主義的氣氛中。然而，這家醫院是距離當時二十年前，在富爾亨西奧．巴蒂斯塔（Fulgencio Batista）統治下建成的，巴蒂斯塔正是卡斯楚在一九五九年推翻的獨裁者。這家醫院在規模和風格上都具有紀念意義，建成後贏得建築獎項。它最有代表性的特徵是聳立在主入口處的一尊高聳的母子雕像，由西奧多羅．拉莫斯．布蘭科（Teodoro Ramos Blanco）創作，他是古巴最著名的藝術家之一，也是一名黑人雕塑家。在一九六二年六月的那個早晨，我的母親在進入醫院分娩前，她停下腳步，抬頭看看這個雕像，好像是在默默祈禱。十個月後，她離開古巴，穿著高跟鞋，懷裡抱著我這個嬰兒。

我們是在傍晚六點離開家的。我九歲的哥哥正在外面和朋友玩，媽媽沒有告訴我的哥哥，我們將會離開，而且不帶著他；因為哥哥的父親，也就是媽媽的前夫，不同意他離開。在機場，一個穿制服的女人把手指放在我的耳垂上，摸著那對小小的金耳環，似乎想拿走它們，然後又改變主意。到達墨西哥後，我的母親不得不依靠一個陌生人的好意才得以進城。幾個月後，當我們到了種族隔離法案時期的邁阿密，我的母親遇到一位舊識，他幫官員把新來的人分配到各自的旅館。

在美國，我的母親可能會被視為黑人，但在古巴，她不算黑人。她的老朋友把我們分配到一家白人開的酒店。幾天後，我們到了紐約機場，我向正在等我們的父親張開雙臂，彷彿我認識他似的。這些故事，還有其他的故事，都是關於我們離開古巴和抵達美國的記憶。

經歷最初的搬家——哈林、布魯克林、邁阿密，我們最終在紐澤西州的西紐約定居下來，這是一個以古巴人為主的受薪階級社區。星期六，我寫信給在古巴的兄弟和祖母。星期天，我聽我們的神父為島上的政治犯得到釋放而祈禱。每年九月八日，我都會參加為古巴的守護聖徒「慈善聖母」（La Caridad del Cobre）舉行的遊行，走過塗有反卡斯楚塗鴉的建築物。下班後，我母親有時會為仍在家鄉的人哭泣，特別是為她的兒子哭泣。古巴是一個不存在的地方，也是一個無所不在的地方，古巴永遠縈繞在我們的生活裡。

最後，我不再嘗試逃離這個現實，而是決心去了解它。在我聽了這麼久的故事中，我開始把我自己的問題也放進去。我的父母沒有因為革命而失去財產或收入，為什麼他們要離開？為什麼他們的兄弟姊妹大多留下來？革命能改變人嗎？遷徙會改變人嗎？我的哥哥變成怎樣的人，如果我們留下來，我又會變成怎樣的人？伴隨著圍繞在我身邊的幻想中的古巴，我開始想像屬於自己的古巴。

然後在一九九〇年，我第一次回到古巴。我拜訪我們留下的人——那些仍然活著的人。我聽他們講故事，研究他們的老照片。我前往父母出生的鄉下，每個人都在島上的不同地方。我甚至去了工人婦產醫院，給拉莫斯・布蘭科的母子雕塑拍照。我使古巴成為我的國家。事實上，我把它當成我一生的工作。我埋頭在它的圖書館和檔案中，開始長達數十年的過程，從看似殘破不堪的舊文件中重建這個島嶼的過去，也重建我自己的過去。有時，文件頁上的墨水變成粉末掉在我的手上；有時我會看到那些筆跡顫抖的X——它們實際上是畫的十字，我就會停下來，因為這些X代表的是不會寫字的人的簽名。在試圖喚起古巴的過去的過程中，我開始重新看待它。我學會從內部和外部來看待這個國家，拒絕華盛頓、哈瓦那和邁阿密的高層非黑即白的強加解釋。我開始為美國人翻譯古巴，為古巴人翻譯美國。然後我利用這一切，用不同的眼光來看待我自己、我的家人和我自己的家——美國。

這本書是此一努力的結果之一，是三十多年工作的產物，也是在我一生中，在我出生的國家和我生活的國家之間轉換視角的產物。它既是我繼承到的歷史，也是我從許多可能的歷史中形成的歷史。換句話說，它是我從沉重的遺產中創造出來的東西。

古巴的歷史適合紀念性、史詩般的敘述。這是一個關於暴力征服和佔領的故事；關於反對奴隸制和殖民主義的計畫；是關於試圖進行的革命、勝利的革命和失敗的革命的故事。然而，史詩往往是民族國家所喜歡的敘述方式。因此，在敘述這段歷史時，我試圖聽從已故的霍華德．津恩（Howard Zinn）的告誡，不要讓歷史成為國家的記憶。我還記得列夫．托爾斯泰在《戰爭與和平》第二篇後記中的建議，不要把我們的歷史僅僅集中在君主和作家身上，而是要敘述「人民生活的歷史」。[1]因此，在這部古巴歷史中，國王和總統、革命者和獨裁者會與許多其他人共享書中的負面空間。有些篇幅是關於那些歷史上的男人和女人的一般人視角的，人們為那些人建立紀念碑。其他人——無論是在革命中拿起武器的人，還是在奴隸小屋中對著螢火蟲的光亮一針一線地縫紉的人，或者是建造木筏出海的人，他們在這裡沒有名字，因為這些人並不總是在歷史記錄中存活下來。他們也是這段歷史的嚮導，因為他們也推動這些頁面中的戰爭、和平和生活的故事。

然而，在古巴歷史上還有一股重要的力量——雖然不像古巴人民那樣重要，但也很關鍵，這個重要力量就是美國。因此，這本書不僅是一部古巴的歷史，也是一部古巴與美國的關係史，一部兩國之間有時親密、有時爆炸、總是不平衡的關係史。這也是我為這本書如此命名的原因。

ㄋ和美國之間的連繫可以追溯到幾個世紀以前，而且是雙向的連繫，但是思考過古巴對美國意義的美國人可能不多。在美國革命期間，古巴人為支持華盛頓的軍隊籌集資金，來自古巴的士兵在北美和加勒比地區與英國人作戰。隨著十三個殖民地失去與其他英國屬地的連繫，西班牙殖民地古巴成為重要的貿易伙伴。事實上，哈瓦那儲存的令人垂涎的銀幣有助於資助這個新國家的第一家中央銀行。後來，在佛羅里達州和德克薩斯州於一八四五年成為聯邦州之後，有產階級的南方人——甚至還有一些北方人，將古巴視為一個潛在的新的奴隸制國家，以此來支持奴隸制的力量和經濟。

一八九八年，美國對古巴進行軍事干預，並向西班牙宣戰。透過這次干預，美國將歷時三十年的古巴獨立運動變成歷史上的「美西戰爭」（Spanish-American War）的衝突。在一八九九年一月一日中午，隨著長達約四百年的西班牙統治結束，島上每一面西班牙國旗同步地緩緩降下，這是一個儀式。但取而代之升起的，卻不是古巴國旗，而是美國國旗，全面的軍事佔領由此開始，直到四年後，古巴領導人在巨大壓力下同意給予美國政府干預古巴的權利後才結束。如果說一八九八年的事件對古巴來說是致命的，那麼它們也幫助美國產生兩個重要的發展：第一，南方和北方的白人在幾十年的分裂之後實現和解；第二，美國作為一個帝國強權出現在世界舞台上。

一個多世紀以來，美國在古巴獨立中的作用一直是爭論不休的主題，這是一段共同的歷史——但看待它的視角卻是對立的兩極。從歷史上看，美國政治家傾向將美國在一八九八年的干預視為美國仁慈的表現。美國為了一個鄰國的獨立志業而團結一致，並為實現它而宣戰。在這個歷史版本中，古巴的獨立是美國人的禮物，為此，古巴人欠他們一份感激。然而，在古巴，一八九八年代表完全不同的東西：與其說是禮物，不如說是偷竊。在那裡，一八九八年，古巴人幾乎戰勝了，但美國橫掃勝利的果實，並作為一個事實上的殖民政權來開始統治古巴。

一九五〇年在哈瓦那出版的一本重要書籍標題就是——《古巴的獨立不欠美國的情》。[2]

除了美國人的臆想和古巴人的怨恨，幾十年來兩個國家裡各種各樣的人形成密集的人際關係。古巴的國旗是由流亡美國的古巴人首次設計和懸掛起來的。第一份支持獨立的古巴報紙是在費城出版的，第一部民族小說是在紐約創作的。在古巴最著名的愛國者和作家荷西・馬蒂（José Martí）成年後，他在美國度過的時間要比他在古巴的時間更久。古巴最重要的戰爭英雄安東尼奧・馬西奧（Antonio Maceo）的盛大追悼會，則是在紐約的柯柏聯盟學院（Cooper Union）舉行的。古巴人前往美國，在哈佛、塔斯基吉（Tuskegee）學習，在邁阿密購物，在美國黑人聯盟（American Negro Leagues）打棒球，躲避獨裁者，以及去尼加拉瓜的著名瀑布觀光旅遊。

美國人則是朝另一個方向旅行：在美國的禁酒令期間，美國人去古巴喝酒，購買土地和抽雪茄，去向古巴人傳播新教，建立黑人的團結網絡，人們到古巴度蜜月和釣魚，去古巴聽爵士樂和墮胎。美國人聽古巴音樂，而古巴人看美國電影。美國人買古巴糖；古巴人買美國電器。實際上，古巴人幾乎從美國購買（除了糖以外）所有的東西。

然後，這一切都改變了。確切地說，雖然不是一夜之間的變化，但也相差無幾。當斐代爾・卡斯楚在組織和對抗富爾亨西奧・巴蒂斯塔的革命時，很少有人能預見到即將發生的劇烈變化。但在一九五九年一月革命者奪取政權後的兩年內，這兩個國家將陷入真正的戰爭。古巴新政府將美國的財產收歸國有，古巴人在街上演出模擬的葬禮，棺材上寫著埃索公司（Esso）、聯合水果公司（United Fruit Company）等美國企業的名字。人群推倒緬因紀念碑上的美國鷹，緬因號正是發起美西戰爭和美國介入古巴局勢的船隻。他們推倒一部分古巴島上第一任總統湯瑪斯・埃斯特拉達・帕爾馬（Tomás Estrada Palma）的紀念碑，他曾經也是加入古巴籍的美國公民。美利堅帝國的歷史——以及對它的否定，就寫在哈瓦那的街道景象中。

很快地，兩國關閉對方的大使館並禁止雙邊旅行。一九六一年，由古巴流亡者組成的美國軍隊入侵，後來這些人被俘，最終以藥品和嬰兒食品為交換條件才返回美國。在冷戰的高峰期，長期以來曾是美國客戶的古巴成為美國政府公開的敵人——蘇聯的堅定盟友。現在，古巴生產的蔗糖被運往蘇聯，曾經來自美國的石油和機器，現在則是來自蘇聯。一九六二年十月，美國在歷史上第一次面臨有核彈頭會從攻擊範圍內瞄準自己的威脅。戰線不僅劃定，也設置路障和地雷。

冷戰的緊迫性意味著，幾十年來美國人普遍認為古巴主要是蘇聯的一個小衛星，甚至是危險的近距離衛星。然而，儘管古巴在這場全球衝突中發揮了作用，但不能只在冷戰框架內理解一九五九年發生的革命。古巴革命不是一個鐵板一塊的東西；它在目標和方法上，是隨著時間的推移而改變的。在取得政權之前，它顯然不是共產主義，也不是特別反美。古巴人對於反對強人富爾亨西奧．巴蒂斯塔的運動的支持，並不是因為他們希望生活在社會主義下，或是想要與美國交戰。

革命在相對較快的時間內產生上述這兩個結果。解釋這一切如何發生，以及接下來會發生什麼事，與其說是冷戰的背景，不如說是革命與歷史的關係。因此，理解這段歷史就成了至關重要的事。雖然理解古巴的歷史本身就是一件迷人的事，但試圖理解古巴與美國的棘手糾葛則是一件耐人尋味的事。事實上，為了克服兩國半個多世紀以來根深柢固的敵意，向前邁出的第一步，就應該是清醒地認識過去、認識歷史。

然而，歷史總是看起來不一樣，這取決於人們所處的位置。而這樣的觀察，將成為本書的出發點。這是一部古巴的歷史，也是一種美國的歷史。它是一部影射的歷史，是一部從古巴的土地、古巴的水面上重新想像出來的、必然是有選擇性的、不完整的美國歷史。從這個角度看，美國看起來是不一樣的美國。事實上，它甚至不是美國，古巴人和世界上許多其他人一樣，用「亞美利加」這個名字命名的不是美國，而是西半球的兩個大陸和島嶼。從理論上來看，「亞美利加」既屬於古巴（或墨西哥、阿根廷和加拿大），也屬於美國。這也是本書書名的另一個原因，要打破對美國是什麼，以及不是什麼的期望。同時，古巴的歷史可以是許多東西。其中之一是美國歷史的一面鏡子。那麼，在這本古巴歷史中，美國讀者可以透過另一個國家的眼睛看到自己國家的折射；從外面觀看，這就像我一生大部分的時候在古巴和在美國的視角一樣。

CUBA

第一部

來自第一個美洲的消息

描繪哥倫布的船隻在伊斯帕尼奧拉島靠岸景象的木刻畫，這幅畫也出現在 1494 年描述哥倫布抵達新世界的信件的翻譯版上。（圖片出處：Courtesy of the John Carter Brown Library）

第一章　天堂和地獄

古巴的歷史始於美國歷史開始的地方。當然，「歷史」這個詞有著多種含義。它可以指過去發生的事——戰爭與和平，科學突破和大規模移民，一個文明的崩潰，一個民族的解放。但「歷史」也可以指人們經歷這些過去的故事。在第一種意義上，歷史指的是所發生的事；在第二種意義上，指的是據說已發生過的事。古巴的歷史與美國的歷史是在第二種意義上開始的：歷史作為一種敘述，作為許多可能的敘述中的一種，總是比另一種歷史——生活中的歷史，更宏大，也更渺小。[1]

對於古巴和美國來說，第二種歷史，也就是作為敘事的歷史，往往是始於一四九二年，也就是美國人所熟知的那位熱那亞航海家克里斯多福．哥倫布史詩般的誤打誤撞。在當時，哥倫布的誤判是一個完全合理的失誤。他曾研究過同時代人和古人的航海地圖和論文；他曾乘坐葡萄牙船隻航行到冰島和西非。就像很久以前的希臘人和穆斯林，以及自己時代的大多數歐洲人一樣，他知道世界不是平的。他利用這些知識和經驗，提出一個看似簡單的論點。從歐洲出發，到達東方的最佳途徑是向西航行。

在一個每個歐洲探險家都競相尋找通往亞洲的新貿易路線的時代，哥倫布找到幾個歐洲君主，提出他的西行路線。葡萄牙國王說不行。西班牙國王斐迪南（King Ferdinand）和王后伊莎貝拉（Queen Isabella）兩次拒絕他的建議。最終，在他第三次嘗試後，他們就決定讓他姑且一試。這年是一四九二年。西班牙君主們剛剛發動基督徒再征服戰爭（Christian Reconquest）的最後一場勝利戰役，終結穆斯林在伊比利半島上長達七百年的控制。一四九二年一月二日，壯美的格拉納達城（Granada）——穆斯林的最後據點，已落入天主教國王的手中。

哥倫布當天就在那裡。他看到斐迪南和伊莎貝拉的皇家旗幟在阿爾罕布拉宮（Alhambra）的塔樓上飄揚，他看著穆斯林國王單膝跪下來親吻兩位統治者的手。在那個月的晚些時候，哥倫布還在城裡，斐迪南和伊莎貝拉下令他們王國裡的猶太居民要皈依基督教，或自行離開，否則將被驅逐。因此，哥倫布見證好戰、不寬容的宗教信仰的最後勝利。事實上，他是受益者，因為只有在戰爭結束後，天主教君主才同意哥倫布的不尋常冒險。

一四九二年八月三日星期五，就在西班牙猶太人離開的最後期限三天後，在日出前半小時，哥倫布啟程了。他帶著國王和王后授予他的頭銜。大洋彼岸的高級將領，以及他可能發現的所有島嶼和大陸的總督和終身總督。作為一個有這樣地位的人，他滿懷信心地注視著地平線。富裕、繁榮的亞洲正等著他，就在他確信可以「在順風的幾天時間裡」渡過的大海另一邊。[2]

兩個月又九天後，在一四九二年十月十二日，哥倫布和他疲憊的水手們在一個小島上登陸。他確信自己是在亞洲某個地方，當時的歐洲人稱之為印度，他要求兩位船長「忠實地證明他在所有的人面前，為國王和王后佔有上述的島嶼。」[3]哥倫布指示一位秘書和他一起上岸，把這個事件寫成文字，並以此載入史冊。沒有任何寫過的東西是以其原始形式保存下來的，甚至連哥倫布自己的日記都沒有。在岸上觀看的人（由於哥倫布的錯誤，歐洲人後來將他們稱為「印第安人」），根本沒有寫過任何東西。即使有第一本日記倖存下來，即使第二本日記也存在，但在當下那一刻所產生的任何文字，都不可能傳達出這些事件後來的重大意義。哥倫布和他的人來到另一個世界——對他們來說是新的，但是對那裡的人來說是古老的。隨著哥倫布的到來，開啟的不是歷史本身，而是歷史上最重要的篇章之一。

幾個世紀以來，美國讀者對哥倫布到達所謂「新世界」的故事，已完全爛熟於心。美國早期的國歌之一名叫

「萬歲，哥倫比亞」（Hail, Columbia），標題裡的名字當然就是哥倫布。在這個年輕的國家裡，許多城市和城鎮都採用哥倫布的名字。在美國首都哥倫比亞特區，自一八五〇年代以來，一幅名為《哥倫布的登陸》（*Landing of Columbus*）的畫作一直在為國會大廈的圓形大廳增添光彩。

直到今天，哥倫布的登陸日期仍然是一個全國性的節日。一代又一代的美國小學生都學過哥倫布的故事，通常只是在學會閱讀後才知道這個故事的一點內容。大部分細節都被遺忘了，這點可從普利茅斯岩石國家紀念碑的一名公園管理員最近的經歷中略窺一二，這個紀念碑是五月花號朝聖者首次登陸的地點。但是這位公園管理員曾解釋，她從遊客那裡得到的最常見的問題卻都與那位著名的熱那亞水手有關。「這裡是哥倫布第一次登陸的地方嗎？」遊客們經常問她這個問題。許多人困惑地問，為什麼該地的歷史標記上寫著一六二〇年，而不是一四九二年？[4]哥倫布不僅在這種眾所周知的概念中開啟美國的歷史，而且在美國的大部分的歷史著作中也是如此，從十九世紀初最早出版的那些書，一直到哈佛大學教授和《紐約客》撰稿人吉爾・利博爾（Jill Lepore）二〇一八年出版的《這些真相：美國的歷史》，都是以哥倫布作為美國歷史的起點的。[5]

幾十年來，許多歷史學家和社運人士都指出作為歷史的哥倫布神話所具備的兩個明顯問題。他們關注的是哥倫布的到來所釋放出的暴力——它所開啟的漫長而悲慘的種族滅絕和原住民遭到剝削的歷史。在這裡，哥倫布根本就不是英雄。二〇二〇年，美國各地社運人士把目標對準紀念哥倫布的雕塑——人們在明尼亞波里斯用繩子綁住他的雕像並把它拉下來，在波士頓，一座哥倫布雕像被敲掉頭，在里奇蒙則是有一座雕像被點燃後扔到湖中。社運人士和歷史學家們也指出另一個簡單的事實：即哥倫布並沒有發現美洲。他在一四九二年抵達的那些土地上的人們本來就知道他們在那裡。這個半球的人口明顯多於歐洲，城市規模可與歐洲媲美。它的人民有政治制度、農業、科學、他們自己的歷史感，他們自己的起源故事在哥倫布之前早已存在。這種對哥倫布神話的批判和準確評價不僅適用於美國，也適用於古巴和整個美洲。

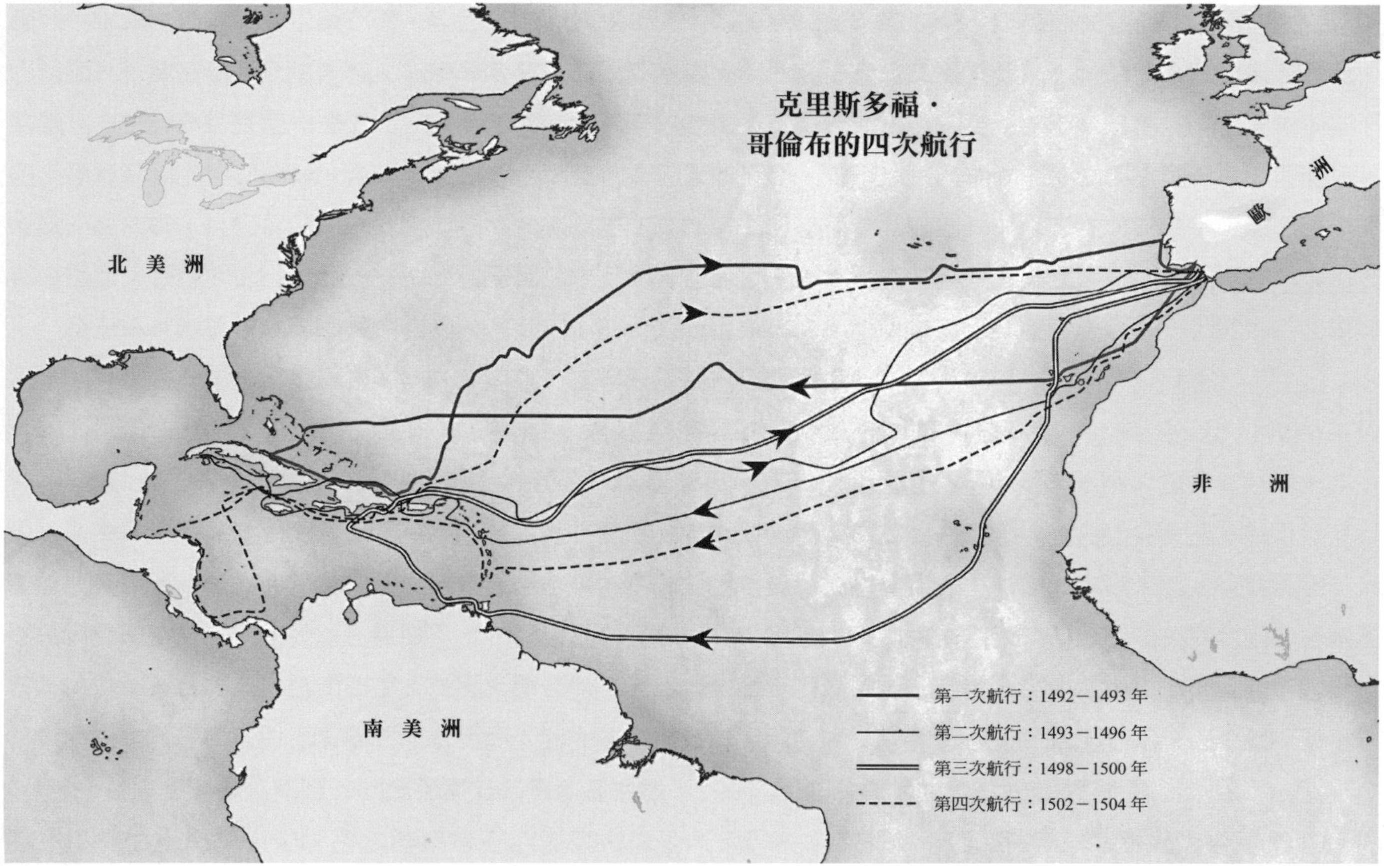

哥倫布四次航行圖。（出處：M. Roy Cartography）

然而，把哥倫布作為美國歷史的開端，還產生進一步的歪曲。我在哈瓦那機場等待登機時，在與一位康乃狄克州商人的閒聊中，提到自己正在寫一本關於從哥倫布到現在的古巴歷史的書。他的問題是真誠的：「哥倫布，也發現古巴嗎？」我猶豫了一下才回答，感覺有點像普利茅斯岩的公園管理員。我說：「他確實在古巴登陸」，我放棄「發現」這個詞。但他從未踏上過我們現在稱之為美國的任何地方。這個商人狐疑滿腹地看著我。這是一個簡單的、無可爭議的事實，就像一個啟示：哥倫布從未到過這個美國。

一段甚至沒有發生在北美大陸上的歷史，怎麼就強制性的成為美國歷史的起點呢？畢竟還有其他的可能性——即使是對於那些堅持以歐洲人的到來為起點的人來說也是如此。比方說，西元一〇〇〇年的萊夫・埃里克松（Leif Erikson）和維京人，或一四九七年的喬瓦尼・卡博托（John Cabot），一六〇七年的詹姆斯敦（Jamestown），或一六二〇年的普利茅斯岩，這些都是最明顯的例子。學者們有時認為，新獨立的美國為了尋找一個不是來自英國（它以前的母國）的起源故事，轉而接受克里斯多福・哥倫布和一四九二年。然後，重新編排的故事就卡在這裡了。[6]

然而，以哥倫布為起點還有另一個便利性的原因。美國歷史起源於一四九二年的概念正是在新國家的領導人開始制定領土擴張政策時出現的。早在一七八六年，湯瑪斯・傑佛遜（Thomas Jefferson）就預言西班牙的帝國即將崩潰，他表示希望美國能「一片一片地」獲得它。[7]一八二〇和三〇年代，傑佛遜隨口說出的願望已成為國家政策的一部分。一八二〇年代，門羅主義（Monroe Doctrine）成為明確的國家政策，它試圖限制歐洲在新獨立的拉丁美洲的影響力，這讓拉美大陸開始對美國日益增長的力量敞開大門。一八四〇年代，出現了「昭昭天命」（Manifest Destiny）的政治口號，也就是指美國要經過印第安人和西班牙領土一直延伸到大陸的太平洋海岸。正在崩潰的西班牙帝國——一個由哥倫布一四九二年的航行造就的帝國的土地，現在正處在美國領導人的視野中。

美國最早的歷史著作之一的作者喬治・班克羅夫特（George Bancroft）就是這些政治家之一。作為海軍部長和代理的戰爭部長，他的行動將推動美國在詹姆斯・波爾克（James Polk）執政期間向曾經屬於西班牙的德克薩斯和加利福尼亞擴張，而波爾克本人也是美國擴張主義的堅定倡導者，他也是提議從西班牙手上購買古巴的幾位總統之一。

當班克羅夫特等早期美國歷史學家將從來沒有踏上過美國土地的哥倫布，推上這個新生國家的傳奇故事的開端時，他們基本上是抓住一段外國歷史，並將其變成自己的歷史，其中一些人完全期待著這段歷史所發生的土地，也會很快成為他們的土地。今天，美國人知道哥倫布的故事，但往往沒有意識到它是在美洲的另一塊土地上發生的事實。如果說哥倫布是美國歷史的開端，那部分原因是，自覺或不自覺地，帝國主義的野心也從一開始就塑造了美國歷史。而古巴——哥倫布登陸的地方，是美國歷史中的一個重要存在。

一四九二年，哥倫布第一次登陸的地方不是古巴，而是巴哈馬群島的最東邊的一個島嶼。他立即宣布這個島現在歸西班牙所有，儘管那裡的人們一直將這個地方稱為瓜納哈尼（Guanahani），但哥倫布則是將其命名為聖薩爾瓦多（San Salvador）。哥倫布第一次見到當地人就認為他們會是很好的僕人，而且很容易改宗基督教。他們划著哥倫布和他的手下從來沒有見過的一種獨木舟向西班牙人的船隻划去，帶著一串串的棉線、鸚鵡、飛鏢，以及許多各種各樣的小東西，哥倫布宣稱這些東西的明細太繁雜冗長，無需贅述。他心裡有別的想法。「我很細心，不厭其煩地確定那裡是否有黃金……透過一些蛛絲馬跡，我確定在南邊……有一個國王，他的杯子很滿。」第二天，哥倫布帶著幾個原住民嚮導，離開了瓜納哈尼，繼續他的旅程。他沒錯過途中經過的任何一個島嶼，宣布對所有島嶼的佔有，他認為事情就該如此。他給每個島嶼都取了一個名字，儘管它們都有名字了。[8]

在十月二十八日，哥倫布到達一個他認為比周圍所有島嶼都大的島嶼。他是對的。它的面積超過四萬兩千平方英里，擁有三千七百英里的海岸線，其中大部分位於北部和南部海岸。它的東部和西部之間的距離約為七百五十英里，大致相當於紐約市和喬治亞州薩凡納（Savannah）之間的距離。有人說，該島非常狹長的形狀使它看起來像一隻短吻鱷，這種鱷魚就是這裡的原生物種之一。

哥倫布在該島的東北部海岸登陸。他大聲說這是「眼睛所能看到最美的地方」。他看到不會叫的狗，品嚐了美妙的不知名水果，像西西里島一樣豐茂的土地，有像美麗的清真寺一樣的山峰，晚上的空氣芬芳而甜美。雖然這裡的人稱該島為「古巴」或「Cubanacán」，但哥倫布堅持認為它是「Cipangu」（日本國），這是馬可波羅對日本的稱呼，這是一個擁有巨大財富的地方。對哥倫布來說，不幸的是，古巴沒有繁華的城市，沒有黃金穹頂的宮殿；沒有銀子，也沒有四目所及源源不絕的黃金。[9]

最終，出於對這個頑固現實的尊重，哥倫布做了兩件事。首先，他修改自己最初的假設。古巴不是「日本國」，而是「契丹」，也就是中國的內陸。（哥倫布在十多年後死去時也仍然沒有接受古巴僅僅是古巴的事實）。第二，當這個島嶼令他失望時，他做了許多人至今仍在做的事：離開。在抵達三十八天之後，哥倫布揚長而去，到別處尋找更多的土地和更多的黃金。他絲毫沒有氣餒，他寫信給他的皇家贊助人，好像所遇到的事根本就不是什麼挫折。他強調其他形式的財富：自然美景和柔韌有餘的印第安人，他們的靈魂可能很容易被拯救。他懷著幾個星期的探索所帶來的自信，承諾棉花的種植將非常興旺，可以在「大加那利（Gran Can）的許多城市出售，這些城市毫無疑問將會被發現的，還有許多由其他領主統治的城市，他們將樂意為西班牙國王和王后服務。」[10]

哥倫布從古巴出發，向東前往另一個島嶼。古巴人稱這個島為 Bohío 或 Baneque；該島的人稱其為 Ayiti，或高山之地。西班牙人將其簡單地稱為伊斯帕尼奧拉（Española，英文是 Hispaniola），今天的海地和多明尼加共和國都在這裡。在一四九二年十二月二十五日，在他到達幾週後，他的一艘船擱淺了。哥倫布在此建立歐洲在新大陸的第一個永久定居點，他把它叫做 Navidad（聖誕節）。幾個星期後，他把四十個人和受損的船隻留在那裡，帶著黃金樣品、六個原住民和令人興奮的發現，啟程返回西班牙。

哥倫布向人們敘述他為西班牙帶來的土地——不一定是他所發現的那樣，而是經過修飾的，是他所希望的那樣。他所到之處，人們都把他當作英雄來敬重。他騎在馬背上，緊靠著國王，人們爭先恐後地自願加入他的下一次航行。對於哥倫布和西班牙君主來說，第二次遠征的目標是在他們認為是亞洲中心的地方建立一個永久性的西班牙基地，以支援貿易、探索和征服。

當哥倫布再一次揚帆啟程時，他是一支由十七艘船和大約一千五百人組成的遠征隊的首領。隊伍中有一名地圖繪製者，一名醫生，但沒有任何的女人。雖然有幾個神父加入探險隊，希望把他們的上帝帶給原住民，但大多數乘客都希望得到更多的世俗回報——黃金。在那次航行中，哥倫布還攜帶甘蔗。他當時沒有辦法知道，蔗糖對加勒比海島嶼的影響要遠遠大於上帝或黃金。

當探險隊於一四九三年十一月抵達伊斯帕尼奥拉島時，迎接他們的是一個新的現實。上岸後，這些急切趕來的人發現海岸附近散落著基督教徒的衣物，西班牙人的屍體在稀疏的灌木叢中腐爛。當地人解釋，定居者們的行為激怒他們的近鄰，因為他們殺了一些男人，並分別帶走五個女人，「以滿足（他們）的樂趣。」哥倫布把這場屠殺留在身後，繼續航行並建立一個新的定居點——伊莎貝拉（La Isabela），以這個名字來榮耀他的女王。他讓他的兄弟留在這裡執掌局面，他自己幾乎是立刻離開這裡，去做他最喜歡的事：航行和探索，希望能找到黃金。他回到古巴，探索該島的南部海岸。在該海岸的東部地區航行，他將看到突然上升到數千英尺高的山脈；在南部海岸的更西邊，他將注意到這裡的景觀主要是沼澤地和紅樹林島嶼。從那裡，他繼續展開探索，第一次在牙買加登陸。但他很快做出推測，找到黃金的最佳機會在伊斯帕尼奥拉島，他現在把那裡比作《聖經》中的示巴地，於是他回到那裡，宣布自己是那裡的總督。[11]

正是在伊斯帕尼奧拉，歐洲人對美洲的征服和殖民化的第一階段真正展開。然後，麻煩立刻就出現。內部爭鬥分裂了西班牙定居者群體。雖然其中一些衝突集中在質疑哥倫布的權威上，但大多數衝突來自一個事實——每個定居者似乎都想要更多的黃金和更多的人去開採。與島上原住民所遭受的痛苦相比，西班牙人之間的糾紛是微不足道的。為了指揮他們勞動，西班牙人把原住民從村莊裡帶走，把他們運到離家很遠的礦場去工作，沒有休息的時間。殖民者與原住民的關係迅速惡化，有時甚至爆發了公開的戰爭。在無情的工作、營養不良、戰爭和疾病之間，人口下降的情形是災難性的。據估計，到了一五〇〇年，也就是西班牙征服後的不到十年內，每十個原住民中就有八個以上死亡。到了一五三〇年，伊斯帕尼奧拉島的原住民人口已減少約百分之九十六。[12]

隨著勞動力的減少甚至比黃金減少的速度更快，殖民者開始在附近的島嶼上展開獵捕奴工的行動，他們從巴哈馬、古巴和其他地方獵捕當地人，為給自己帶來財富的礦場增添勞動力。當這裡不足以維持定居者的生活時，他們就把目光投向附近的島嶼。

從那時起，對古巴的征服和殖民化正式開始了。一五一一年，曾陪同哥倫布進行第二次航行的迪亞哥・貝拉斯克斯（Diego de Velázquez）在島上建立第一個西班牙定居點，並成為該島的總督。本地原住民稱這個地方為巴拉科阿（Baracoa），雖然貝拉斯克斯稱它為「Nuestra Señora de la Asunción」，但原有的名字保存了下來，後來的西班牙人和其他人都繼續以巴拉科阿來稱呼該島，也就是今天的名字。該定居點靠近島嶼的頂端，面向加勒比海的東部。從它背後聳立的山峰上，人們可以看到伊斯帕尼奧拉島就在不遠處，乘坐原民獨木舟航行五十英里就可以抵達。原住民經常穿越這些水域捕魚、貿易和交流訊息，逃離他們蓄著大鬍子的新主人。當西班牙人在伊斯帕尼奧拉島對原住民的奴役開始破壞生活和社區時，一些人渡過這些水域逃往古巴。因此，當西班牙人第一次到達巴拉科阿時，那裡的人們已知道歐洲人和他們在伊斯帕尼奧拉的所作所為。

其中有一個叫哈圖伊（Hatuey）的人，他是伊斯帕尼奧拉島的貴族和酋長，他帶領他的追隨者到古巴躲避征服者。哈圖伊最後一搏的故事之所以流傳下來，是因為從殖民者變成神職人員的巴托洛梅・卡薩斯（Bartolomé de Las Casas）把這件事寫進他對西班牙征服的嚴厲譴責中，他寫下的《西印度毀滅述略》（*A Short Account of the Destruction of the Indies*）一書被英國人翻譯成《西班牙人的殘酷》和《印第安人的眼淚》等標題。[13] 卡薩斯是出於良知而反對征服。他充滿激情的聲音，以及他所述內容的道德性，有時使他的故事具有寓言的感覺。他在敘述哈圖伊的歷史時就是如此。但是，儘管他也許是為了敘述而使用文學性的語言，但他的敘述的基本輪廓——征服的暴力、被征服者的痛苦和反抗，則是不可否認的。

卡薩斯告訴我們，有一次在古巴，哈圖伊把他的人民聚集在一條河邊，然後對他們說：「你們知道了，據說基督徒就要來這裡了；你們有經驗，他們是如何對待……海地的那些人；他們來這裡也會那樣做。」他問他的聽眾，為什麼西班牙人要這樣做，他們猜測這是出於殘忍和邪惡。不，哈圖伊堅持說，「不僅僅是出於這個（原因），而是因為他們有一個非常崇拜和熱愛的上帝；為了讓我們崇拜他，他們努力征服我們，奪走我們的性命。」然後哈圖伊對著一籃子黃金做了手勢，並沉吟道：「看啊，這就是基督徒的上帝。」為了擺脫那些新來者，他們就必須要擺脫黃金，哈圖伊下了結論。然後他就把籃子扔進河裡。[14]

但是，西班牙人還是來了。起初，哈圖伊和他的追隨者展開抵抗。然而，入侵者很快地抓住他，並判處他在火刑柱上燒死。在判決執行之前，一位西班牙神父給予哈圖伊一個機會，讓他皈依基督教，從而拯救他的靈魂，升入天堂。哈圖伊問基督徒是否上天堂。當神父回答說好的人有，哈圖伊馬上回答說他更喜歡地獄，「這樣他就不會在有西班牙人在的地方了。」[15] 這可能是在古巴土地上記錄的第一個政治演講。但這並不能避免哈圖伊的死亡，也不能將原住民從降臨到他們身上的災難中拯救出來。

哈圖伊和他的人民後來被稱為泰諾人（Taínos），無論他們在一四九二年或一五一一年是如何稱呼自己的，如今我們已不得而知了。泰諾人生活在加勒比海四個最大的島嶼（伊斯帕尼奧拉、波多黎各、古巴和牙買加）以及巴哈馬。在古巴，泰諾人不是唯一的原住民群體，但他們是迄今為止人數最多的群體，他們首當其衝地遭受歐洲人的征服。他們至少在五百年前就在古巴定居，在哥倫布到達時，他們的人數在一、二十萬人之間。這些人口的大部分集中在該島的東部和中部地區，他們在村莊裡生活，有時有數百名居民和一個稱為「cacique」的領袖。他們簡陋的茅草屋（bohíos），看起來很像典型的農村住宅，至今仍然星星點點地分布在古巴的部分鄉村裡。他們沒有刀耕火種，而是開發一套複雜的農業系統，將土壤堆成幾英尺高、幾英尺寬的土堆。這種堆積的田地被稱為「conucos」，可以改善排水，防止水土流失，而且特別適合種植木薯（yuca）等根莖類蔬菜，木薯是泰諾人的主食，最終也是古巴人的主食。一位學者寫道，conucos 系統是「人類對熱帶自然環境的模仿，是一種多層文化植被，在各個層次上都有生產，從地下的塊莖到底層的鴿子豆……第二層的可可和香蕉，到果樹和棕櫚樹的樹冠……這種組合可以充分地利用光線、水分和土壤。」在西班牙征服的三個世紀後，conucos 的一個版本仍被當地人所使用——不是泰諾人（當時他們的人數相對較少），而是被那些被變成奴隸的非洲人使用，他們的人口在島上佔很大的比例，也是主要的財富來源。[16]

泰諾人則是自己種植菸草，也抽菸和咀嚼菸草，並將其介紹給從未見過菸草的歐洲人。他們還會用刮壺（güiros）和沙槌（maracas），這是一種今天在拉丁美洲和加勒比海地區仍然普遍的樂器。婦女們向女性生育能力的守護神阿塔貝拉（Attabeira）祈禱，希望能安全分娩。泰諾青年會用橡膠做成的球，進行一種精心設計的球類遊戲。西班牙人以前從未接觸過橡膠，也沒有描述橡膠的作用的動詞，他們努力描述他們看到的東西。「這些球……即使只是讓它們從手上輕輕滑落到地上，它們也會比開始時反彈得更高，它們會跳起來，然後再跳，再跳，一直跳好多次。」另外，泰諾人稱呼颶風（Huracán）、鯊魚（tiburón）等事物的詞彙，在一四九二年之前的西班牙是不為人知的，而現在整個西班牙語世界仍在使用這些詞彙。[17]

在古巴的西班牙人偶爾也會記錄這類觀察。但在大多數情況下，他們對泰諾人的文化並不關心，而是想從他們身上榨出財富來。為了統治泰諾人，西班牙人使用他們在伊斯帕尼奧拉開發出來的相同手段。在這兩個地方（以及後來在墨西哥和南美洲），早期殖民統治的基礎是一種叫做「encomienda」（監護征賦）的制度。根據監護征賦制度的規定，西班牙總督將每個村落的酋長及所有居民分配給一個西班牙定居者，即現在的「encomendero」（征賦監護人）。有一些征賦監護人會接收大約三百名原住民；有一些則是接收更多；有些只有四十或六十人。然後，酋長負責派遣一批又一批的勞工到礦區，每次為期數月，為莊園主收穫黃金。當那些工人回去或死了，就由其他的人補上。[18]

西班牙王室希望監護征賦制度能在古巴獲得比伊斯帕尼奧拉島更好的效果，因為後者的黃金與原住民都在迅速減少。為了避免在他的新領土上出現同樣的命運，一五一二年，也就是西班牙人剛開始在古巴定居時，國王要求官員們起草一套法律。新的立法旨在遏制西班牙人殺雞取卵地濫用，並確保這史無前例的事業能夠順利運作並長久存在。例如，這套法律禁止征賦監護人用鞭子或棍子懲罰原住民，也禁止稱他們為狗。[19]

這個時期的另一項法律要求征服者在第一次進入村莊時要宣讀一份已寫好的文書。這份一五一三年的文件被稱為《彰命書》（*requerimiento*），它告訴原住民「從上帝、教皇、國王，再到征服者的秩序傳承」《彰命書》還要求原住民領袖承認教皇和皇室的權威，並不加抵抗地交出他們的土地和人員。對於那些加入的人，該文件承諾：

> 他們尊貴的殿下和我們以其之名，將以所有的愛和善意來對待你們，並讓你們、你們的妻子、你們的孩子和你們的土地自由，不受奴役……他們不應強迫你們成為基督徒，除非你們自己在得知真相後希望改變信仰。

然而，對於那些拒絕征服者要求的人，《彰命書》中承諾了不同的命運：

在上帝的幫助下，我們將威武有力地進入你們的國家，並對你們發動戰爭……使你們受盡折磨……使你們受到教會及其尊貴權威的束縛和服從；我們將抓走你們、你們的妻子和孩子，並使他們成為奴隸……我們將奪走你們的貨物，並對你們進行我們所能進行的一切破壞和損害。由此產生的死亡和損失是你們的錯，而不是尊貴殿下或我們的錯。[20]

這份文件書寫於西班牙在古巴建立第一個永久定居點的前夕，從理論上指導歐洲在那裡的殖民化進程。國王告誡古巴總督貝拉斯克斯不要過分依賴對原住民的戰爭，並敦促他執行《彰命書》。然而，即使是在當時，一些觀察人士也認識到這份文件有多荒謬。它使用西班牙語向不懂這個語言的人宣讀。一些編年史學家說，文件是在樹上和空蕩蕩的小屋裡宣讀的，居民都嚇到逃走了。其他評論者甚至懷疑是否有人真的會去宣讀它。[21]

在這些自相矛盾的野心的鼓動下，西班牙人征服古巴並定居下來。在短短的四年時間裡，迪亞哥·貝拉斯克斯建立七個城鎮。巴拉科阿（Baracoa）、巴亞莫（Bayamo）、聖地牙哥（Santiago）、千里達（Trinidad）、卡馬圭（Camagüey）、聖斯皮里圖斯（Sancti Spíritus）和哈瓦那。起初，至少對西班牙人來說，這些新城鎮是繁榮的。貝拉斯克斯在每個城鎮都任命了議員、法官、警長和公證人。他下令種植莊稼，建造教堂、金礦和處理礦石的冶煉廠。所有的勞動都由泰諾人完成。[22]

根據法律規定，作為對這些勞動的交換，征賦監護人必須讓他的勞力吃飽穿暖，接受基督教教育，而且不能讓他們過度勞累。然而，在理論和實踐之間，存在著一條鴻溝。征賦監護人不僅無法養活僕人，因為他們實際上是受到僕人的供養，是僕人用勞動和知識來種植所有人必需的食物。一般來說，征賦監護制度對泰諾人的社區造成嚴重的破壞。古巴的大部分黃金都遠離現有的村莊。當西班牙人動員人們去開採金礦時，他們把勞力帶離自己的家園和生計。礦區附近沒有食物來源，飢餓加劇過度勞累的苦難。西班牙人沒收村莊的食物來餵養工人，但供應從來都不充足，開採使村莊更容易受到飢餓的影響。

在這樣的條件下，人們的反抗並不令人驚訝。寧願下地獄也不願與基督徒分享天堂的哈圖伊是第一批最著名的反抗者之一。但抵抗並沒有因他被處決而結束。一五二八年，兩位自稱擁有超自然力量（對西班牙武器免疫，能夠看到並知道島上任何地方發生的一切）的泰諾酋長被抓獲並被殺害。另一個名叫瓜馬（Guamá）的人領導多年的反西班牙運動，直到他在一五三〇年代初被殺害。[23] 還有許多的其他人，他們的名字沒有在歷史記錄中留存下來，他們用逃走或是其他的方式進行抵抗。

過度勞作、饑荒和戰爭的結合，足以造成大量的生命損失。但美洲各地的原住民還面臨著對他們來說完全陌生的疾病——天花、麻疹、雅司病和流感，他們對這些疾病沒有免疫力。週期性的流行病蹂躪著嚴重受損的人口。根據一項估計，原住民人口在一五一一年約有十萬，到了一五五〇年，人口減少到不足五千人。死於自我了斷的人數不詳。一個西班牙人作證說，在某些地區，一半以上的原住民都自殺了。當這個人發現有三個男孩因為吃土而生病——吃土的行為也是一種潛在的自殺形式，他「把他們的陰莖和睪丸切下來……讓他們吃沾了土的這些東西，然後他把（這些男孩）燒死了。」這個人從來沒有考慮過，也可能從來不關心，以酷刑來阻止自殺行為的做法可能只是會導致更多的自殺。幾十年來，古巴的原住民人口減少了百分之九十五之多。[24]

由於急於尋找更多可以統治和為他們工作的人，定居者們開始向其他海岸擴散。一五一六年，一支前往猶加敦半島海岸外的島嶼的探險隊帶回價值兩萬披索的黃金——這佔了古巴在一整年時間裡積累下來的黃金數量的五分之一。一五一七年的另一支探險隊在墨西哥登陸，並帶著兩名原住民和關於擁有珍貴礦物的土地以及原住民人口沒有減少的傳說返回古巴。此一發現的消息「使基督徒們瘋狂地想要擁有他們所描述的國家。」[25]

一五一九年二月，另一支探險隊離開古巴前往猶加敦。該探險隊的隊長是埃爾南・科爾特斯（Hernán Cortés），他對財富的渴望遠遠超過古巴所能提供的。他無視與他存在長期糾紛的總督，非法登船。在一五一九年四月時，他的部隊登陸，開始為西班牙爭奪墨西哥的行動，並開始向阿茲特克帝國的中心進軍。在那裡，他向國外發出消息，任何希望來征服和定居在新發現的土地上的人都會得到金銀和珠寶的報酬，而且一旦國家平定下來，他們就會被授予征賦監督權。[26]對於那些來到新世界尋求財富和重塑人生的人來說，更多的黃金和更多的原住民的前景太誘人了，他們無法放棄。

因此，征服者們開始從古巴撤走。島上第一個反西班牙的戰士哈圖伊是正確的。大鬍子白人確實在追尋黃金。就像幾年前西班牙人湧入古巴一樣，他們現在也湧出古巴，到其他地方追求財富和榮耀。在一五一七年至一五二〇年間，約有兩千名西班牙人離開古巴島；在一五二〇年至一五四〇年間，古巴又失去約百分之八十的西班牙人口。為了阻止人口外流，並保有西班牙擁有的領土，西班牙國王規定，離開古巴將受到財產和生命損失的懲罰。但當時沒有足夠的官員來執行這個命令，西班牙人繼續離開古巴前往墨西哥。一五三〇年代之後，他們前往南美洲神話般的印加帝國，或者前往佛羅里達，「這是塊一切都是未知、但一切都可期待的大陸。」[27]

然而，這句話應該被稱為這個島嶼的詛咒。土地是有形且有限的。機會似乎也是如此。許多有能力離開的人都離開了。首都聖地牙哥只剩下三十個西班牙家庭；千里達被遺棄了；第一個歐洲人定居點巴拉科阿淪為「一個小村莊的……影子」。一五四四年對全島人口的統計顯示，只有一百二十二個西班牙人戶主，大約九百個自由身的原住民，以及大約七百個淪為奴隸的靈魂。

這些數字並沒有把小規模的原住民社區計算入內，這些社區透過隱藏和不被西班牙人計算在內而生存下來。

同樣重要的是，這七百名被奴役的人不僅包括原住民，還包括非洲人，這些人因新生的跨大西洋奴隸貿易而來到古巴島，我們稍後將對此進行討論。[28]

當然，並不是每個西班牙人都離開了，也不是所有的原住民都死了。一些原住民社區悄悄地重建起來。人們有了孩子和孫子，有時是西班牙人和泰諾人或非洲人生下的混血小孩。今天在古巴，有一小部分人自豪地聲稱自己是泰諾人。在最近的一項基因研究中，參加取樣的婦女中有百分之三十五是美洲印第安婦女的後代。[29]而古巴人往往在不知不覺中經常使用泰諾人留給他們的東西：從菸草到吊床，再到許許多多的日常用語，這些東西的起源會讓人回想到哥倫布之前的漫漫歷史。

但是，在一五二〇或三〇年代，如果你駕駛著一個熱氣球飛越古巴島的上空，上面說到的遺產並不會被一眼看到。與此相反，熱氣球裡的人會看到一些零星的城鎮和定居點，結構簡陋，人跡罕至。那是一些幽靈般的、有韌性的地方，倖存下來的人會在這些地方追憶大量喪失的人口。在島的四周，熱氣球裡的人會看到美麗、茂盛的森林。再往下走一點，他可能會注意到那些豬，數以萬計的豬。征服者把豬帶到新大陸，它們在熱帶地區繁衍生息，吞食農作物，在沒有大量人類定居的情況下，成為土地的主人，多年後，成為古巴人最受歡迎的食物。

第二章　通向印度群島的鑰匙

從西班牙探險家和征服者抵達新世界的那一刻起，就開始遺產的爭奪。胡安・龐塞・狄・里昂（Juan Ponce de León）並不是他們中最幸運或最有成就的人。他曾短暫擔任波多黎各總督，但由於與哥倫布家族的競爭而失去了這個頭銜。也許是為了補償，國王授權他去探索北方的土地，為王室開疆拓土，並作為總督終生統治這些土地。一五一三年，他急於獲得一些成績，於是率領一支由三艘船組成的船隊，駛向一個被稱為比米尼（Bimini）的島嶼，根據一些傳說，這個島因黃金而聞名，而根據另一些說法，這個島上有一眼不老之泉（Fountain of Youth）。[1]

龐塞・狄・里昂卻發現另外兩樣東西。第一個是一個巨大的半島，他將它命名為佛羅里達。但他並不打算為他所遇到的第二件更奇怪的東西命名：一股比風更強大的水流，就像海中央一條溫暖、奔騰的河流。它形成於墨西哥灣（當時尚未被命名），在古巴、佛羅里達和巴哈馬之間的海峽處達到最大速度。在它最強大的地方，也就是龐塞・狄・里昂所說的海流角，儘管天氣晴朗，但他的一艘船還是失蹤了好幾天。他的水手們不知道的是，洋流繼續向北，與北美海岸平行，而西班牙人還沒有意識到這是一塊大陸。最後，它轉向東面，進入大西洋，這個時代的人把它簡單地稱為大洋，認為在整個宇宙中只有一個大洋。[2]

兩個多世紀後，班傑明・富蘭克林在更北的地方遇到相同的水流，為了進行研究，他採訪新英格蘭捕鯨者，也閱讀古人的航海記錄。然後繪製地圖，將其命名為「灣流」。但在一五一三年，這股強大的洋流只是提供許多自然之謎的時代中另一個謎團。

安東・狄・阿拉米諾（Antón de Alaminos）在一五一三年首次遇到灣流的航行中擔任領航員，他善於在正確的時間出現在正確的地點，靠近正確的人。在他與龐塞・狄・里昂一起航行過的幾年之後，他成為埃爾南・科爾特斯麾下從古巴前往墨西哥的遠征隊的重要船員。幾個月後，科爾特斯派他到西班牙，帶去墨西哥被征服的最新消息和新世界第一批的大量財寶。科爾特斯無視古巴總督的命令而離開古巴，他警告阿拉米諾在航行中要避開古巴。但這位經驗豐富的水手想起他與龐塞・狄・里昂一起遇到過的奇怪、強大的水流，他知道自己的路線會是什麼。他駛入墨西哥灣，向北繞過古巴的西端，到達哈瓦那。

然而，在一五一九年八月時，哈瓦那還不是哈瓦那。以這個名字命名的西班牙定居點仍然在該島的南部海岸，那裡的人們飽受蚊子的困擾，正準備搬遷到今天哈瓦那所在的地方。因此，阿拉米諾比哈瓦那本身正式抵達的時間還早了幾個月，率先到達這個北部海岸的小定居點。鑑於科爾特斯與古巴總督的恩怨，阿拉米諾並不希望在港口正式停靠，也不可能自投羅網去監獄裡度日。他只想獲得補給，並找到他以前記得的那股奇怪的水流。然而，古巴總督的手下有一些間諜，他從間諜那裡得知阿拉米諾已到了古巴。當阿拉米諾起航前往西班牙時，人們聚集在一起觀看他們的行動，對於他的船所走的不同尋常的路線感到奇怪，他們說，這是一條未知的危險路線。後來，古巴的總督前思後想，為什麼阿拉米諾「航海的方式如此熟練」，要前往「一條從未有人航行過的路線呢？」[3]阿拉米諾知道一些其他人還沒有弄清楚的事：哈瓦那即將移動的地方幾乎就在他幾年前發現的那股非凡水流的視線之內。他現在利用這股水流將自己和他攜帶的財寶推向北方，然後隨風向東，一直到西班牙。

在將近三百年的時間裡，西班牙的尋寶船隊載著數量驚人的黃金和白銀沿著同樣的路線前進。墨西哥和秘魯有大量的貴重礦物，而且這兩個地方都有龐大的原住民帝國，能夠提供開採這些礦物的勞動力，這使西班牙很快成為地球上最富有和最強大的地方。而引導寶船前往西班牙的灣流的發現，使哈瓦那成為「通往新世界的鑰匙」。

隨著西班牙擁有的財富飆升，其他歐洲國家也在密切關注事態的發展，想知道如何讓自己也獲得來自新世界的財富回報。英國和法國開始委託航海家在西班牙船隻滿載金銀，返回歐洲時對其發動攻擊。地中海上到處都是海盜和私掠者。沒過多久，他們就明確地意識到，西班牙人的財寶途經加勒比海地區時是更脆弱的，因為西班牙在那裡的堡壘和船隻數量比較少，士兵和水手的人數也較少。

哈瓦那是西班牙船隻在橫跨大西洋的長途旅行前通常停靠和休息的地方，特別容易受到攻擊。這時的哈瓦那是一個小村莊，還不是殖民地的首都，在一五三八年，也就是已知的第一次發生海盜襲擊的那一年，那裡只有幾十個西班牙家庭。關於這次襲擊的資料很少，但不管發生什麼事，它促使西班牙王室下令建造島上的第一個堡壘。[4]

監督其建設的西班牙總督是一位女性。伊莎貝爾（或伊尼斯〔Inés〕）．狄．博巴迪拉（Isabel de Bobadilla）於一五三八年與她的丈夫埃爾南多．狄．索托（Hernando de Soto）一起抵達哈瓦那，後者是一位剛從秘魯回來的征服者，他曾為被法蘭西斯科．皮薩羅（Francisco Pizarro）處決的印加國王籌集部分黃金贖金。西班牙國王任命狄．索托為古巴總督，並諭令他組織一次征服佛羅里達的遠征。雖然西班牙人已知道佛羅里達，但還沒有開始在那裡殖民。到任後不到一年，他就帶著六百人離開古巴，並指定他的妻子接替他的位置。四年後，他死在密西西比河的西岸，再也沒有回到古巴和妻子身邊。

古巴人的古老神話將伊莎貝爾．狄．博巴迪拉塑造成一個因丈夫的離開而傷心欲絕的人。今天，有一座女人的銅像坐落在這個城市現存最古老的堡壘頂部的風向標上，人們傳說這就是伊莎貝爾。幾個世紀以來，這座雕像一直是哈瓦那的象徵。在城市的高處，她掃視著地平線，永遠向北望向佛羅里達州，「永遠地注視著會將她失蹤的丈夫帶回家的風」。[5]然而，在現實生活中，伊莎貝爾一定是忙得不可開交。她是一個越來越重要的城市的總督，在危險時期中，她必須保護著這座城市的領土不受海盜的攻擊，並監督著新堡壘的建設。在旁邊，她還擁有位於科伊瑪（Cojimar）的幾個糖廠，它們就在哈瓦那的東邊不遠處，後來的美國人知道這個地方是因為這裡就是海明威寫下《老人與海》的地方。

在伊莎貝爾．狄．博巴迪拉的統治結束後不久，西班牙王室做出了一個改變哈瓦那命運的決定。根據國王的命令，所有從西班牙前往新世界的船隻將以不少於十艘有一百公噸的船隻為一組，並由一艘戰艦陪同，在當時被稱為「無敵艦隊」（armada）。在返回西班牙的航程中，這些船隻被要求先在哈瓦那集結，然後一起穿越大西洋。一五五一年，也就是西班牙引進著名的武裝大帆船的那一年，一支由三十多艘船組成的艦隊在哈瓦那停留過冬。這座城市規模小、無天險可守、毫無準備，卻突然發現自己成了全球最大寶藏的倉庫。[6]

哈瓦那的生活是圍繞著每年寶藏船隊的到來而展開的。在船隊到來之前，旅館老闆們會打掃、整理住處，並為船隊的到來做好準備。在城外，農民們種植食物，以備餵養日後到來的水手們。他們養了大量的豬，把切好的肉在陽光下曬乾，供應給船員們。在一五五〇年代和一五六〇年代，滿載墨西哥財寶的船隻在古巴平均停留近兩個月；來自南美的船隻則停留約四十天。有時，多達六十艘船帶著數千名水手和船員匯聚到哈瓦那。當船隻停在港口時，這個昔日的沉睡小村莊會變得充滿活力。酒館的數量超過城市的常年住戶，裡面人聲鼎沸，生意興隆。客棧老闆在這兩個月的時間裡就可以賺到他們一年的收入。在了解島上原住民的一些生活方式後，他們也將吊床租給訪客們。為了幫助他們打發時間，又或許是為了提前享受快樂，讓他們在未來的漫長旅途中留住美好的回憶，水手們尋求烈酒、賭博和各式各樣的人類伴侶。他們也關注一些實際問題：他們在這裡修理船隻，為穿越大西洋購買物資。一些人尋找公證人，「在駛過一個由未知的野獸和眾所周知的海盜組成的海洋之前，他們得先料理好自己的世俗事務，那些海盜都是天主教陛下的敵人。」[7]

在許多方面，哈瓦那的樣子成為它在未來幾個世紀裡的範本：一個面向外面的世界的地方。它的經濟依賴來自新世界其他西班牙領土的珍貴礦物，以及來自全球許多角落的貨物和市場。哈瓦那越來越成為一個世俗的、商業導向的、文化多元的場域。在十六世紀初的日常生活裡，大海是人們生活的基礎，人們以外向的生活來實踐這種世俗、商業導向的文化。所有的人——無論他是駐紮在堡壘上的衛兵、在官邸裡的總督，還是在海邊行走的普通人，都急切地在地平線上尋找每年可靠的甘露來源：滿載金銀的船隻，船上的人們急於分享（和支付）哈瓦那提供的一切。

然而，當時存在一個重要的問題，那就是：如果財富來自外部，那麼，破壞財富的暴力也會尾隨而至。市議會多次向國王抱怨，敵人很容易奪取港口，如果發生這種情況，對王室的損害就會很嚴重。「願上帝禁止這種事發生」他們補充說，以表現出自己謹慎的態度。他們哀嘆哈瓦那城裡只有三十個戶主，其中許多人年老體弱，沒有能力抵禦外來的攻擊，一旦有攻擊，他們只能準備滅亡。[8]這個城市的生存依賴外部世界。但居民們也知道，隨著歐洲其他國家對西班牙的統治地位提出越來越多的挑戰，這座城市潛在的毀滅也可能來自外部，來自那些地平線上可以看得到的那些船。

一五五五年七月十日日出時分，駐守在城市對面海灣岬角的衛兵看到一艘船，便舉起信號旗發出信號。當這艘船駛過港口，向西行駛時，衛兵知道來者並不是一艘普通的船。總督指派兩人騎馬沿著海岸線跟蹤這艘船，他們在探明情況後趕緊回來警告大家：這艘船拋錨了，從船上走下許多全副武裝的人。他們大約有兩百人，排著整齊的隊列，從陸路向哈瓦那進軍。正如許多人所擔心的那樣，這座城市對一場攻擊毫無準備。在他們到達後的半小時內，入侵者就燒毀最近才建造起來的堡壘大門，抓了二十幾個俘虜，並在堡壘上掛起他們的旗幟。一位目擊者說：「這一切發生得如此之快，似乎是夢中的事。」[9]

這次攻擊的領導者是法國海盜雅克・狄・索爾斯（Jacques de Sores）。他的綽號是「行刑天使」（Exterminating Angel），曾在惡名昭彰的獨腳海盜「假腿」（Peg Leg）手下當過船長。像大多數法國海盜一樣，索爾斯是一個新教徒。也許正是因為這個原因，他很開心地和一位天主教神父談判，商量哈瓦那要繳納多少贖金，他提出三萬披索的巨款要求。當神父提出的還價要比他的預期低得多時，索爾斯回答說：「我以為只有法國有瘋子。」他警告：除非他收到贖金，否則他就將「掃平這塊土地」。[10]

這座城市沒有贖金可付，因此，在七月二十八日，索爾斯下令將整個哈瓦那燒成一片焦土。在伊莎貝爾·狄·博巴迪拉的統治下建造起來的堡壘遭到嚴重的破壞，已無法再使用了。只有三座建築物在襲擊中倖存下來：一座醫院、一座教堂和海盜們藏身的房子。索爾斯的人進到教堂裡褻瀆了一番。他們用神父的長袍做成斗篷和披風。他們偷走聖杯和聖體壇、破壞聖母瑪利亞的木雕，並脫去另一個木雕的衣服。他們還肢解十字架上的耶穌雕像，再將十字架燒毀。海盜們還襲擊農村。在科伊瑪附近，他們燒毀農場，捕抓更多的俘虜，其中有六個被奴役的非洲人，索爾斯要求居民們再付贖金。居民們拒絕支付，因此這些被奴役的非洲人——編年史家懶得記錄下他們的名字——被吊死在海盜巢穴門外，並被留在原地曝屍，讓所有的人都看到。然後在一五五五年八月五日，那是一個月圓之夜，索爾斯和他的手下帶著兩千二百披索的贖金和一條金鍊子啟航了，根據一份記載的內容，在他們離開時，哈瓦那的情形「並不比希臘人離開特洛伊時更好。」[11]

索爾斯發動的攻擊向西班牙王室表明，哈瓦那是一個非常容易受到攻擊的目標。由於哈瓦那是西班牙所有新世界財富的季節倉庫，哈瓦那的弱點使整個西班牙帝國變得脆弱。到一五八〇年代時，據說加勒比海的水域裡「到處都是海盜」，「像拉羅謝爾到處都是法國人一樣。」[12] 英國人也拒絕承認西班牙對美洲的壟斷。英國私掠者只要是發現西班牙城市和船隻，就會立即對其發動攻擊，無論是在亞洲（西班牙統治著菲律賓）、南美洲太平洋沿岸的秘魯附近，還是在大加勒比地區的所有島嶼和海岸。在戰時，英國政府許可每年可以有多達一百艘私掠船對西班牙船隻發動攻擊。[13]

為了應對這些威脅，馬德里加強其防禦政策。它開始任命軍人——而不是律師，來擔任該島的總督。它派出遠征隊，攻擊法國在佛羅里達的前哨，並重新確認西班牙對該半球表面上由上帝賦予的權利，該權利是由一四九四年的教皇詔書確立的。國王下令建造一個新的巨大堡壘——皇家堡壘（今天它的頂部矗立著人們口中傳述的伊莎貝爾．狄．博巴迪拉的雕像）。不久之後，他又下令在海灣兩側各建一個新的堡壘。面向港口的聖薩爾瓦多堡壘（fort of San Salvador）於一六〇〇年建成。坐落在港口對面海角上的三賢士城堡（Castle of the Three Wise Men）在一五九四年已部分建成，並於一六三〇年完工。所有這些軍事設施都將有長期駐軍，並由來自墨西哥的白銀資助。[14]

這些巨大的新建築共同宣告西班牙帝國的實力。這就是新的哈瓦那。在一五九一年，一位著名的義大利哲學家稱它為「不僅是通往這個島的鑰匙，而且是通往整個新世界的鑰匙」。恰如其分的是，當西班牙國王菲利普二世在一五九二年給哈瓦那頒發屬於它自己的城徽時，它上面的形象正是三座堡壘塔樓，上面有一把金鑰匙。[15]

與幾乎所有新世界的財富一樣，哈瓦那的財富也有其另外一面：非洲奴隸。自從西班牙統治開始以來，來自非洲的俘虜就源源不斷地被送到古巴，他們陪同著哥倫布和隨後一波又一波的西班牙定居者來到這裡。從非洲直接到古巴的航行直到一五二六年才開始，當時有兩艘船從西非海岸抵達，船上有一百一十五名俘虜。第一次有文字記錄的到哈瓦那的航行發生在一五七二年。隨後，其他船隊陸續抵達，到十七世紀的第一個十年，非洲人口幾乎佔了哈瓦那人口的一半。[16] 他們的勞動隨處可見。在農村裡，黑人奴隸和他們的後代以勞作來提供食物，供養著城市、士兵和流動的艦隊。王室提供的貸款推動了十七世紀初建立的近二十個新糖廠，所有這些糖廠都使用奴隸勞工。[17]

在哈瓦那，被奴役的非洲人建起讓哈瓦那堅不可摧的堡壘。非洲人開採、砍伐、雕刻和開鑿巨大的石塊；他們砍伐樹木，為防禦工事挖掘隧道。有些人在非洲學過鐵匠工藝，現在為堡壘製作炮彈和鐵鏈。被奴役的婦女從事其他類型的勞動，為士兵和水手做飯、打掃和洗衣服。有些人出租房間，或依靠性服務賺錢。在城市裡，被奴

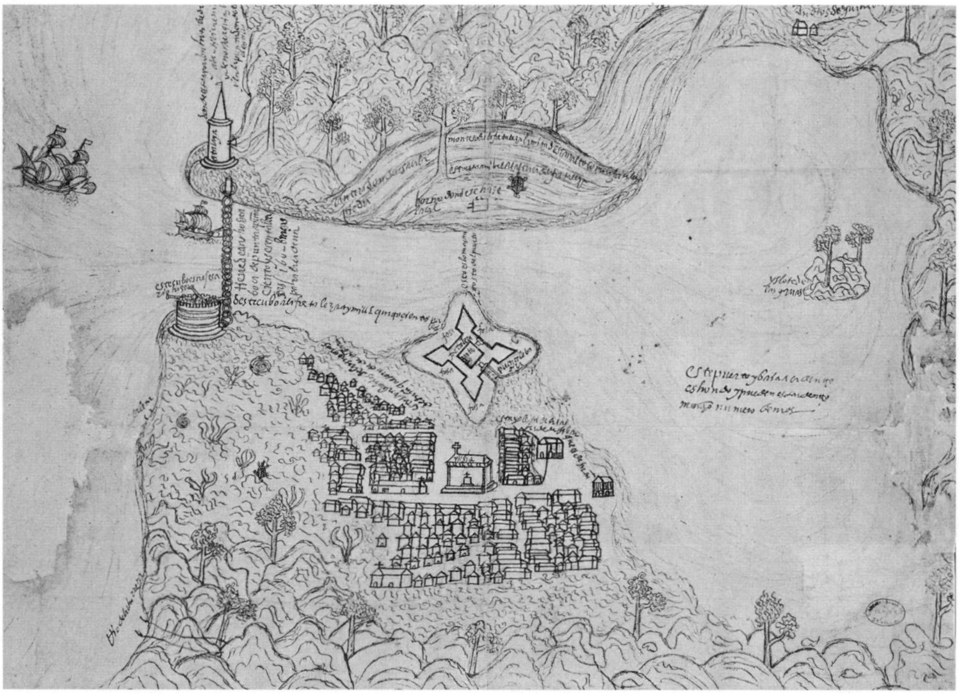

哈瓦那是著名的「通往印度的鑰匙」，是新世界中最堅固的城市。在這張 1567 年後繪製的哈瓦那地圖上，四角堡壘（La Fuerza）佔據主要的位置。海灣兩邊較小的防禦工事之間有一道圍牆，禁止未經許可的船隻進入。（圖片出處：Archivo General de Indias, Fondo Mapas y Planos, Santo Domingo, 4）

役的人有更多的機會把自己出租給別人，這種安排使他們能夠保留他們為主人賺取的一部分現金。他們用這些錢買了很多東西：一隻母雞來補充他們的飲食，一條星期天穿的裙子，甚至是一個屬於自己的奴隸。

古巴早期的奴隸制是按照一份十三世紀的律法文書所管理的，這些文書被稱為《七法典》（*Siete Partidas*）。從理論上講，這些法律為被奴役者提供採取法律行動的可能，這在英國人統治的北美地區是未曾有過的。古巴的被奴役者可以譴責其主人的虐待行為，這些譴責可能導致他們被轉移給另一位表面上善待奴隸的主人。奴隸們還可以透過分期付款來購買自由身分，無論是他們自己的自由還是他們所愛的人——孩子、伴侶、兄弟姐妹、父母的自由。獲得自由的合法途徑，加上活躍的商業經濟所提供的機會，意味著有色人種裡的自由人數目急劇增加。到了一六一〇年，大約百分之八的哈瓦那人是有色人種的自由人。到了一七七四年，也就是古巴第一次人口普查的那一年，他們佔了島上有色人種人口的百分之四十以上。不論是在當下或是未來，他們將在古巴的歷史進程中發揮重要作用。[18]

那些在古巴（以及西班牙美洲的其他地方）被奴役的奴隸可以求助自我贖買等法律制度，這最初可能表明，這些地方的奴隸制比英屬北美或後來的美國的奴隸制度要更溫和且更靈活。[19]但理論上的有限權利很少等同實踐中的權利。以體罰問題為例，西班牙中世紀的奴隸制法律對其進行嚴格的限制，但奴隸主們卻肆無忌憚地實施體罰。由於懲罰的普遍性和嚴重性，當局不得不介入。一五七三年公布的古巴島第一部市政法律指出，主人虐待他們的奴隸，「鞭打他們……往他們身上淋上各種樹脂後再點火燃燒，以及其他殘忍的行為，導致他們喪命。」為了阻止這種行為，法律規定受到主人虐待的奴隸將被沒收，並受到其他未指明的懲罰。然而，沒收的情況很少發生。[20]

另一種現象讓所謂「溫和仁慈的奴隸制」說法不攻自破，即被奴役者的自救行為。許多被奴役者透過逃離奴隸制來改善生存狀況或是尋求自由。逃亡者有時會前往附近山上的定居點（哈瓦那與古巴東部不同，沒有山可以作為庇護的地方）。

他們可能會躲在城市裡，希望能混入越來越多的自由身和被解放的黑人中。男人們試圖逃到港口的船上，去那裡找工作，並搭乘前往其他地方的船。逃離奴隸制的情況非常普遍，以至於試圖懲罰奴隸主殘酷行為的同一條市政條例，也規定了支付抓獲逃跑奴隸者的報酬。[21]

在這個由海盜、堡壘建造者和逃亡者組成的十六世紀世界中，古巴歷史的一些持久性的輪廓開始形成了。其中之一是哈瓦那相對於該島其他地區的壓倒性力量。隨著新首都的繁榮，老首都聖地牙哥在很大程度上是靠違禁品生存的。有時，過了好幾年才會有一艘西班牙船隻抵達。由於受到西班牙的忽視，古巴東部的人們有時候到哈瓦那尋求機會，但更多的時候則是把目光投向加勒比海，那裡有越來越多渴望向他們買賣貨物的法國人、荷蘭人和英國人。這些接觸並不是隨機、零星的接觸，而是一個充滿活力的非法貿易系統的一部分。一位歷史學家認為，哈瓦那的繁榮「是官方存在的結果，是對殖民政策的捍衛；古巴東部的繁榮則是法外之地的結果，是對殖民政策的蔑視。」[22]無論是在哈瓦那還是在聖地牙哥，另一個古巴的持久性的輪廓出現了——作為一個島國，人們不得不將目光投向其海岸之外，拯救和解脫來自外部，但入侵和毀滅也同樣如此。

第三章　銅聖母像

在哈瓦那以東約五百英里處，離哥倫布首次登陸古巴島的地點更近的地方，綠色的山脈點綴著高大的棕櫚樹，它們突兀地聳立在海平面以上六千英尺處。這些都是驚人的、豐饒的山區。在西班牙征服期間，這些山區是躲避西班牙入侵的泰諾人避難所；後來，這些地方也保護逃離奴隸制的非洲人。在十九世紀，它們庇護那些留鬍子的古巴愛國者，這些古巴人對曾經的殖民宗主國西班牙發起獨立戰爭。在二十世紀，這些山脈又守護著所謂「不留鬍子」的革命者，他們不久後就會對一個較新的帝國主義強國——美國的霸主地位發起挑戰。

十七世紀的哈瓦那是新世界寶藏的中轉站，東部山區則以另一種方式迅速發展，因為那裡蘊藏著豐富的銅礦。銅在當時是一種重要的商品，有著很大的需求量：信徒們祈禱用的祭壇油燈是用銅鑄造的，現代早期世界的人們也是用銅鑄造的教堂鐘來計算他們一天的生活，人們用銅鑄造的武器來奪取敵人的性命。在古巴東部山區開採的銅為哈瓦那的大炮鑄造廠提供原料，而使用銅礦製成的大炮則用於新的防禦工事，以抵禦如雅克．狄．索爾斯的海盜入侵者。

在古巴東部的銅山高處，有一個小定居點，其歷史意義遠遠比它的規模更大。這個小定居點成立於一五九九年，比英國在北美的第一個定居點——維吉尼亞州的詹姆斯敦的建立還早了近十年。它被命名為「聖地牙哥．普拉多皇家礦場」（Royal Mines of Santiago del Prado），但很快就以更簡單的名稱 El Cobre（銅）而聞名，這就是它今天的名字（中文譯音作「科夫雷」）。從礦區沿著陡峭的山坡向大西洋走去，是一片平坦而肥沃的土地，原住民和被奴役的非洲人在那裡種植木薯、玉米和大蕉（plantains），並且飼養牛、豬和雞。

而在北方的海岸，他們收集鹽。他們收穫的農作物和他們曬乾、保存和用鹽調味的肉，養活了開採銅礦的男女奴隸。[1]有一天，可能是一六一二年九月，名叫羅德里戈（Rodrigo de Hoyos）和胡安·狄·霍伊斯（Juan de Hoyos）的一對原住民兄弟以及一位名叫胡安·莫雷諾（Juan Moreno）的十歲奴隸男孩從該定居點出發，奉命去尼佩灣（bay of Nipe）的海岸採鹽。當時正值颶風季節，惡劣的天氣迫使這些人在一個被稱為 Cayo Francés 的地方（這個地方可能是以一個持續威脅他們的法國海盜為名）附近過夜避難。第二天清晨，海面異常寂靜，三個人動身去挖鹽。

但出乎意料之外，他們遇到一個神奇的經驗。在水中，他們看到一個漂浮在遠處的白色物體。七十五年後，已成為一名白髮老者的胡安·莫雷諾描述他們當初的發現：[2]

> 走近一看，他們覺得它像一隻鳥，再近一點，印第安人說它看起來像一個女孩。他們一邊討論，一邊靠得更近一些，然後認出聖母瑪利亞的形象，她的懷裡抱著一個孩子，站在一塊小木板上。
>
> 其中一個人俯身在獨木舟的邊緣，用他的帽子舀起了這個非比尋常的發現。這座雕像很小，只有大約四英寸高。她所站的那片木頭上有「很大的字母……寫著『我是聖母』」。他們感到驚訝的是，雖然她的衣服是用布做的，但卻沒有濕。」

當三個人帶著聖母像回到家時，大家都對此感到驚嘆不已。有幾個人很快就做了一個樸素的祭壇，並用樹枝、樹葉和鮮花來裝飾。當地的監督員責成一位被奴役的非洲人安東尼奧·安哥拉（Antonio Angola，他是以其出生的非洲地區命名的）把此事匯報給科夫雷當局。在那裡，銅礦的管理者命令建造一個聖所，派人將一盞（銅製的）燈放在祭壇上，下命令說這盞燈的火苗要長燃不熄。[3]

但神秘的事發生了。不只一次，聖母像在半夜從祭壇上消失，當她早上再出現時，銅像上的衣物已濕透。有人懷疑在海上發現她的兩兄弟之一羅德里戈·狄·霍伊斯（Rodrigo de Hoyos）把她藏起來。泰諾人經常把宗教物品——cemís（祖靈雕像）藏在河裡，以保護它們不被敵人發現。一些目擊者還聲稱曾聽到他說過，聖母像是他的，不能讓白人擁有她。

但即使是當局在晚上把羅德里戈綁起來，以防止他把雕像藏起來，聖母像還是會失蹤。當局很擔心，決定把聖母像帶到聖地牙哥市，在那裡她可以得到適當的保護和尊重。雕像在皇家士兵的護送下，伴隨著音樂和一排排的步槍禮炮，以盛大的遊行隊伍前往聖地牙哥。根據一個說法，當隊伍走到通往聖地牙哥和科夫雷礦區的岔路口時，隊伍走上通往科夫雷的路，而不是通往聖地牙哥的路——有人說，這是上帝的意志，或是聖母的意志。[4]

科夫雷的主要居住者是被奴役的非洲人，現在則成為聖母像的家園。當地政府下令在教區教堂裡為她建造一個祭壇。在那裡，關於聖母像神蹟的報導也不脛而走。據說她能給人們帶來拯救和治癒，她燈裡的燈油會神秘地自動充滿。就像之前發生的那樣，她開始在半夜消失，有時一連幾天都是如此。根據一個傳說，一個名叫阿波羅尼亞的年輕女孩在山中尋找她的母親——一個在礦區工作的被奴役婦女，但她卻在山頂一塊岩石上發現失蹤的聖女像。於是神父舉行彌撒，信徒們祈禱聖母可以給聖殿的選址地點提供指導。另一個傳說則是描述在那天晚上，山頂出現了三道光，正是從年輕的阿波羅尼亞發現聖母之處所發出。據說同樣的光在第二天晚上也出現了，教堂選址的問題的答案似乎已很明確了。就在這個銅山的高處，一六一七年建成了第一座永久的聖母院（Virgin of Charity）。[5]從此以後，由奉獻和神話構成的歷史延續了五百年，慈善聖母也成為古巴的守護者和該島最持久的文化象徵之一。今天，所有的古巴人都知道她的故事，無論他們住在聖地牙哥、哈瓦那、邁阿密或紐約。

然而，還有另一個關於銅聖母像的故事，這個故事在很大程度上從大眾記憶中消失了。與她的奇蹟出現的故事不同，這是一個關於現實世界的故事，在這個世界上，聖母的崇拜生根發芽，蓬勃發展。它是科夫雷礦村一個由受奴役的男人和女人組成的獨特社區的歷史。科夫雷的人們是慈善聖母的信徒；他們將聖母視為他們的養育者和保護者。多年來，這個由有色人種的奴隸和自由人組成的社區籌集資金，建造和修復她的祭壇和聖殿，他們用遊行、祈禱和承諾來崇拜她。他們祈求聖母的代禱，以幫助自己在來世尋求救贖，在今世爭取解放。

科夫雷是一個忙碌而繁榮的礦區。它的銅礦不僅在當地、也在五百英里外的哈瓦那、甚至大西洋彼岸的塞維亞和里斯本冶煉。然而，在十七世紀下半葉，礦場陷入停滯狀態。礦主們管理不善，而且沿海地區的海盜猖獗無比，讓銅料幾乎無法成功運達目的地。這對礦主來說意味著災難，但是對礦工來說卻是福音。隨著銅產量的下降，科夫雷的社區則蓬勃地發展起來。被奴役的和自由身分的科夫雷人都為自己的生計和利益而工作。大多數男人耕種土地；女人則從事地面銅礦的開採。他們出售的銅，一旦經過冶煉，就會被用來製作鈴鐺、燈具和其他裝飾品，而不是用來製作大炮。憑藉他們的努力和收入，許多人用錢為自己或家人贖回自由。一位當時的觀察者說，科夫雷的奴隸們「已歸化了自由」（have been naturalized by Liberty）[6]。

然而，當馬德里當局在一六七〇年沒收無利可圖的礦場時，他們並沒有想到這些問題。這片土地上唯一有價值的東西是由兩百七十一名男子、婦女和兒童組成的被奴役勞動力，而國王的計畫卻是賣掉他們。關於他們即將被出售的傳言震撼了這個幾十年來幾乎都生活在自由中的社區。一六七七年，當工匠們得知當局即將進行正式檢查，大概是要開始出售他們時，他們中的一百人拿著棍棒，逃亡至更高的山區。他們的領導人中就有胡安．莫雷諾（Juan Moreno），他曾在十歲時目睹聖母在海上顯靈的奇蹟，並在三十多歲時擔任聖母隱修院的監護人。現在他七十多歲了，成了科夫雷反抗者的領袖。[7]

在山上，胡安．莫雷諾成為社區的代言人，他表示這個社區是由「謙卑的黑人，我們的國王陛下和上帝的奴隸」組成的。他們和平地生活，養家餬口，在銅礦裡工作，並出力建造一座座的教堂。一位當地官員也認為，科夫雷的奴隸「與其他人不同；他們是國王的。他們對寫下來的白紙黑字有著特別的重視。」一六七七年，莫雷諾利用這種對承諾的重視，懇求國王「寬恕我們，讓我們留在我們的 pueblo（字面上指原住民的泥屋村落）裡，在我們找到（購買）我們的自由的（手段）時，以任何得到認定的方式支付我們的贖金。」莫雷諾的請願書將人民稱為「pueblo」，這是一個法律上的術語，表示一個具有權利和義務的法人實體。透過這個術語，莫雷諾提出，他們的社區是一個合法的政治單位。當他提到其成員希望購買自己的自由時，他援引西班牙法律中規定的一項長期權利。莫雷諾胸有成竹地知道自己在做什麼了。[8]

請願書起了作用。整個地區的傳令員大聲地宣讀一項新法令，它代表國王陛下承諾，不會將任何人從社區中出售或帶走。原住民社區回到他們在村莊中的家裡，以一個村落和西班牙國王的奴隸身分生活，為他們的自由而努力。他們將空地或廢棄的土地改造成自己事實上的小農場，並在教區教堂周圍建造新的家園，這是這個最不尋常的社區的核心。他們是否將他們的勝利歸功於慈善聖母的代禱，我們不得而知。但在同一個十年裡，他們用自己的資金開始為她建造一座新的教堂。他們建立一個新的祭壇，用一盞新的燈來紀念她——現在是用銀，而不是銅做的。[9]

然而，勞動者的勝利並沒有結束對他們的權利和自由的追求。在隨後的幾十年裡，該社區多次與當地總督和礦區管理者發生衝突。一七〇八至〇九年間，總督試圖解除他們的武裝。在一七一〇至二〇年代，政府縮減他們的土地面積。一七三一年，總督下令所有「心懷不滿」的奴隸都會被帶出村子，並且出售到別的地方去。因此，大多數厭倦自身權利遭到侵犯的居民起身反抗，趕走鎮上的幾個官員，並一起逃亡到更高的山區。在路上，他們在聖母瑪利亞的聖所處停了下來，並帶走雕像。「他們說這是他們的，她是他們的慰藉。」事實證明，這次叛亂是值得的。國王訓斥總督，命令科夫雷的皇家奴隸要得到善待，不受壓迫。[10]

然而，這種緩和只是暫時的，因為當地官員不斷地挑戰科夫雷人的特殊權利。到了一七八〇年，這種近乎是持久性的雙方對峙局面即將迎來終結，並給科夫雷人民帶來一場慘痛的失敗。西班牙皇室急於恢復（和徵收）古巴銅業，將礦場和周圍的土地交給私人業主，也就是十六世紀時的原業主們的後代。這些皇家奴隸將被賣到聖地牙哥、哈瓦那，甚至遠至牙買加和卡塔赫納。在聖地牙哥修築防禦工事的一些科夫雷人聽到這個消息後，急忙警告的同伴。數以百計的科夫雷人一起上山舉起反叛的旗幟。

同時，農民工們尋求以法律的途徑進行抗議。他們向馬德里派出一名代表，他名叫格雷戈里奧·科斯梅·奧索里奧（Gregorio Cosme Osorio），是一名出生在科夫雷的有色人種自由人，他娶了一名同鄉的被奴役女子。

科斯梅·奧索里奧向王室提交社區的請願書。與一個多世紀前胡安·莫雷諾的請願書一樣，請願書談到他們對國王和教會的奉獻和忠誠。近二十年來，科斯梅·奧索里奧一直在馬德里為其社區辯護。他收到家鄉鄰居的來信，敘述新礦主的虐待行為，他們派人拿走礦工的錢、衣服和珠寶；他們捆綁和鞭打男人和男孩，並偷走他們的牲畜。[11]一位礦工代表整個社區寫信給科斯梅，敦促他抓緊時間完成任務：

兄弟，上帝保佑，快一點，因為新主人們正在毀滅我們。他們把我們當作死敵，用不人道的懲罰來對待我們。我想告訴你更多，但沒有筆能夠表達它們。不要忘記慈善聖母……我相信她會助你成功。[12]

最終國王聽從他的請願，在一八〇〇年四月七日下令，從今以後，所有的社區村民都將獲得自由。他們將獲得不能被出售、分割或剝奪的土地份額。空餘出來的任何土地都將被授予其他的社區村民。一八〇一年三月，來自王室的自由法令在慈善聖母的聖所處被隆重地宣讀，所有社區的人都在場。[13]他們獲得的自由幾乎比古巴的奴隸制結束整整早了一個世紀。這是一個奇蹟嗎？也許吧。但是，這個不尋常的小村莊獲得自由，主要歸功於較不神秘，而是更為現實的力量。這種力量是孕育了一個半世紀的強大社區意識，為追求自由和權利而進行的合法和非法抗爭。

慈善聖母像從古巴東部偏遠山區的一個模糊不清的地方符號，最終成為這個國家擺脫四百年西班牙統治的最重要的文化符號之一。在適當的時候，我們將會探討古巴的獨立抗爭。然而，值得一提的是，當一八六八年的第一次古巴獨立戰爭打響時，其領導人懸掛一面由裝飾在他家小教堂裡的慈善聖母祭壇的罩幕製成的旗幟。古巴反抗者們把她的徽章釘在他們的內衣上；有時他們從教堂借來她的雕像，帶入戰鬥。然後，在贏得獨立後，反西班牙戰爭的老兵們向梵蒂岡教廷請願，他們成功地得到聖母為古巴共和國的聖人和女守護者的認可。[14]

然而，隨著時間的推移，關於聖母顯靈的故事發生了變化。她的膚色變淺了。她第一次顯靈時的三個當事人也發生了變化。她的發現者從兩個原住民和一個黑人奴隸，變成一個原住民、一個黑人和一個白人，代表古巴國家基礎的三種文化。這三個人的名字也被改變了；他們變成三個「胡安」——也就是三個叫約翰的人，或是三個古巴的「普通人」。黑胡安——來自科夫雷的被奴役的十歲男孩，在年老時曾經代表他的社區向西班牙國王請願，後來提供唯一已知的關於聖母顯靈的現存記錄，如今他至少在名字上與其他人沒有區別了。他沒有被完全遺忘，但幾乎被遺忘了，就像他所屬的科夫雷社區一樣。

然而，生活中的歷史總是有著豐富的層次，它比起有時候打著歷史幌子的神話要豐富得多，也更有人性的味道。無論古巴守護者的神話如何被粉飾，故事的另一部分——科夫雷人爭取自由的抗爭，是確實存在的。在科夫雷人的勝利之後，島上各地的被奴役者也紛紛效法科夫雷的先例。一八一一年古巴起義的一些奴隸表示，我們想要像科夫雷人那樣的自由。幾十年來，山區庇護了逃離奴隸制的逃亡者，奴隸制在古巴一直存在到一八八六年。那些在一八〇〇年贏得自由的科夫雷黑人後代在十九世紀的晚些時候發起另一次的抗爭，為古巴在一八九八年獨立。今天，在科夫雷，這些和其他抗爭的痕跡只能是徘徊在表面之下。它們靜靜地躺在聖母的聖殿中，比如說，一枚獎章、一根枴杖、一顆由戰爭倖存者提供的子彈。人們會在獻給聖母的祭品上悄悄地寫下：「受祝福的聖女，請您保護古巴的自由」，一個名叫西斯托·瓦斯孔塞羅（Sixto Vasconcelos）的人在一九〇三年一月十一日這樣寫道。[15]這些反抗者的聲音在一九九七年建在科夫雷山坡上的紀念碑上深深迴盪，而這些紀念碑是為了紀念成千上萬逃離奴隸制的人們，其中包括了嘗試在比哥倫布更古老的土地上創造其他歷史的科夫雷人。

CUBA

第二部

價值連城的殖民地

A View of the Franciscan Church & Convent in the City of Havana, taken from the Alcalde's House in Granby Square.
Drawn by Elias Durnford, Engineer.
Engraved by Edward Rooker.

在十八世紀，哈瓦那是新世界的第三大城市，比英國的十三個北美殖民地上的任何城市都更大。這幅 1768 年的雕版畫呈現建於 1738 年的聖法蘭西斯科．阿西斯修道院，這座建築物位於哈瓦那的港口附近。（圖片出處：Courtesy of the Library of Congress）

第四章　哈瓦那換佛羅里達

今日座落在哈瓦那的三賢士城堡可能是古巴最具代表性的地標了。它的堡壘和燈塔俯瞰著這個在十八世紀是美洲第三大城市的城市。當時哈瓦那的規模比墨西哥城和利馬更小，但比英國的十三個北美殖民地中的任何一個都更宏偉和富裕。有一千艘船可以在哈瓦那港口停泊而不混亂，這裡的造船廠是新大陸上最大的造船廠。這座城市擁有石頭建造的優雅建築和近十座教堂，許多教堂都裝上了燈、燭台和金銀飾物。加勒比海上，到處都是現金短缺的島嶼殖民地，但銀幣在哈瓦那可以自由流動，因此一位英國商人把它比作聖經中的所羅門王的土地。[1]

皇家堡壘和聖薩爾瓦多堡壘，是兩座守衛哈瓦那港口入口的大型堡壘，它們與莫羅堡壘（Morro fortress）相似，讓哈瓦那成為新世界防禦最堅固的城市之一。在島嶼北岸的東部和西部，厚牆的塔樓阻礙了沿海登陸，並阻斷了可能將敵人從不同路線引向哈瓦那的河流。一道厚達五英尺、高達三十多英尺的巨大石頭和砂漿牆保護著城市中心。這些防禦工事加在一起，似乎可以保證摧毀任何潛在的入侵者。事實上，在一五五五年的海盜襲擊後的許多年裡，大多數人都不敢輕易嘗試攻打這裡。哈瓦那是不可戰勝的，「是西班牙在大洋西部不可侵犯的主權象徵。」[2]

七年戰爭（The Seven Years' War）造成了這種狀況發生變化的威脅。這場戰爭有時被稱為法國和印第安戰爭，始於一七五六年，是英國和法國為爭奪北美的爭議領土而發生的衝突。雖然這場戰爭吸引了許多歐洲國家成為一個或另一個陣營的盟友，但在戰爭的大部分時間裡，西班牙一直設法保持在邊緣狀態。

然而，在一七六一年八月，法國和西班牙國王簽署了一份「家庭契約」，之所以這樣稱呼是因為他們代表了波旁王朝的兩個分支。該協議公開規定，在與英國人的衝突中，兩個簽署方必須相互提供支持。作為對該協議的回應，英國於一七六二年一月四日向西班牙宣戰。馬德里立即向哈瓦那發出了消息，但意外（或早有計畫）發生了。英國人俘獲了這艘運載信件的船。儘管關於衝突的傳言很快就開始四處流傳，但來自西班牙的消息從未傳到古巴。[3]

因此，在一七六二年六月六日星期天的早晨，在這座每個歐洲國王都想擁有的美麗而堅固的城市裡，沒有人確切地知道他們的政府正在打仗，甚至連站在莫羅堡壘上、遙望海面的人也不知道。那天早上，哨兵發現了一些不尋常的事：兩百多艘英國戰艦正在迎面駛來，直奔哈瓦那。他立即派人去找總督胡安・狄・普拉多（Juan de Prado）。普拉多當時正在前往參加彌撒的路上，但他還是轉向了海灣對面，去評估潛在的危險。當他在燈塔頂上的望遠鏡觀察了一番之後，他似乎沒有覺得驚訝，而是因為受到打擾而生氣。他確定這只是一支商業船隊，也許因為英國和法國在打仗，所以規模比平時大。沒有理由驚慌失措。[4]

普拉多離開港口，繼續星期天的日常作息。但他發現整個城市陷入了混亂。哈瓦那的居民發現了英國船隊，並認為這是最壞的情況。教堂的鐘聲響起了警報；人們紛紛湧向軍械廣場（Plaza de Armas）備戰。那天早上，總督第二次變得很惱火。他認為所有人都反應過度了。當船隻駛過港口時，他的冷靜似乎是正確的。[5]

然而，普拉多的雲淡風輕只是短暫的。英國人的船在城市東部航行了幾英里，然後就停了下來。總督越來越確信這些船正準備進攻，於是他召集了首都的所有軍隊——海軍部隊、西班牙正規軍、雇傭兵和志願民兵、自由黑人和黑白混血（mulatto）營。他呼籲奴隸主把他們的奴隸送到城市來支援防衛。對士兵和志願者的緊急呼籲也傳遍了全島。然而，由於對西班牙和英國之間的戰爭沒有確切的了解，許多人仍希望能得到一個解釋，這使得所有的這些準備工作變得毫無意義了。[6]

英國戰艦上的人只是在等待大風和海浪，然後再發動攻擊。在這座長期以來被認為是不可戰勝的城市面前，喬治．凱珀（George Keppel）——阿爾伯馬爾伯爵（Earl of Albemarle）、這次戰役的總指揮，也許感受到部下們的擔憂，於是他召集手下的將領，發表了一個在當下並不令人驚訝的演說。「鼓起勇氣，我的小夥子們」他鼓勵道：「我們很快就會像猶太人一樣富有，哈瓦那鋪滿了黃金，這些黃金是那些肥西班牙人為我們收集的，海軍上將剛剛允許我們拿下那邊的小鎮和所有的財寶。」然後，人們為勝利乾杯。[7]

第二天早上，六月七日，天亮了，海面上風平浪靜。遠征軍的海軍司令波考克上將（Admiral Pocock）帶著十二艘船趕到港灣入口處。由於西班牙人準備在那裡擊退他們，阿爾伯馬爾伯爵領導的遠征軍中的大部分人開始在哈瓦那以東的六英里處登岸。「在一個小時內，在沒有遭到反擊或損失一個人的情況下，整個軍隊登陸了。」然後他們開始在陸地上緩慢行軍，他們的目的地是堅不可摧的莫羅堡壘。六月十一日，他們在被稱為卡巴納（La Cabaña）的地方建立了一個堡壘，這是莫羅以東的一個凹凸不平的丘陵地區。在那裡，英國士兵們「被熱帶的驕陽折磨著」，他們開始建造炮台，以重擊莫羅及其守軍，使其迅速屈服。[8]

西班牙人從最初的驚訝中恢復了過來，開始瘋狂地阻止入侵者。他們從莫羅炮台向阿爾伯馬爾伯爵率領的從東面來的英國小隊開火。在霍雷拉（La Chorrera），兩支英軍隊伍中人數較少的一支從西邊逼近，哈瓦那的黑人民兵進行了激烈的抵抗。在城市裡面，總督普拉多命令婦女、兒童和所有不能拿起槍或刀的人立即撤離城市。穿著修女服的修女們開始徒步穿越因降雨而幾乎無法通行的地方，將聖物飾品藏在長袍的褶皺裡，以防止它們落入英國人（和新教徒）手中。普拉多下令燒毀城牆外的居民區，不讓他們成為敵人的避難所。住在那裡的人將拿起武器戰鬥或是為守兵提供協助；如果他們無法做到這點，他們就被命令離開城市。由於擔心英國人可能會向加入他們的奴隸提供自由，普拉多先發制人地下令，所有保衛城市的奴隸都將獲得自由身，他還宣布，當地人每抓到一名英國士兵並將其交給當局，都將獲得現金獎勵。最後，他還下令擊沉港口入口處的三艘西班牙軍艦。這些被擊沉的船隻以及莫羅堡和彭塔堡壘之間的鎖鏈圍欄，將阻止入侵的海軍部隊進入港口。[9]

然而，英國人擁有任何此類措施都無法抵銷掉的兩個優勢：更多的船和更多的人。阿爾伯馬爾伯爵率領著三十艘軍艦、兩百多艘運輸和支援船隻來到這裡，而哈瓦那只有十八艘軍艦，其中四艘已經停用。入侵一方的部隊大約有一萬名水手、一萬兩千名士兵、兩千名奴隸和六百名自由黑人民兵。[10]

一切似乎都在朝著對英國有利的局面發展。阿爾伯馬爾伯爵帶著大部分入侵部隊從東面逼近，並準備對莫羅堡壘發起攻擊。波考克的部隊準備從西部擠壓西班牙人。毫無疑問，這是整個七年戰爭中最大膽、最雄心勃勃戰役的吉兆開端。要拯救這個被英國人稱為「哈凡那」（Havannah）的地方，需要奇蹟降臨才行。

然而，戰爭有一種逆轉優勢的方式，就是將痛苦強加給每個參與者。圍攻一個月後，一位英國軍官抱怨說，這個努力被證明是「艱難的工作，而西班牙人比最初想像的更堅決。」[11]隨著西班牙軍隊的抵抗，這場衝突不再是一場海上圍攻，而變成了一場陸地上的消耗戰。

雖然英國人的數量遠遠超過西班牙人，但一個意志堅定的對手仍然可以造成相當大的破壞。在最有決心要打敗英國人的對手中，有當地的有色人種。一些人是自由黑人和黑白混血民兵的成員，他們透過服兵役來維護自己的合法自由和獲得榮譽和尊嚴的權利。另一些人是被奴役的人，他們受到總督准許換取自由身的承諾所激勵。六月二十六日，駐紮在莫羅堡壘的十三名這樣的人發出了反攻，他們擊退了一支由十四名英國士兵組成的先遣隊。他們手持砍刀，殺死了一個英國人，還抓到七個俘虜。總督立即授予他們自由。有了這個先例，自願服役的奴隸數量與日俱增，為了接納他們，一支新的戰鬥部隊也應運而生。在六月二十九日，一群黑人奴隸俘虜四十七名囚犯，繳獲三面旗幟，並殺死一名上尉；七月十三日，黑人戰士們俘虜四百名英國士兵；七月十八日，另一群黑人奴隸殺死一名炮兵上尉並俘虜十八名英國士兵。自由確實是威力強勁的心理動力。[12]

對於那些與英國人作戰的被奴役者，我們所之甚少。有時候，他們的名字之所以能夠流傳下來，正是因為他們的犧牲：安東尼奧．波維達（Antonio Poveda）在七月二日被步槍打死；安東尼奧．奧古斯丁（Antonio Agustín）在七月四日被炸彈碎片擊中；佩德羅在七月七日被炮彈擊中。他們在戰鬥中死去，而他們的名字卻被記住了，因為國王提出要賠償他們的主人，以補償他們作為移動資產的損失。但是，即使黑人戰士的名字沒有被記錄，他們的事蹟卻流傳了下來。半個世紀後，自由的黑人木匠荷西．安東尼奧．阿蓬特（José Antonio Aponte）是保衛哈瓦那的黑人民兵的孫子，他所畫的正是這樣的場面，黑人軍隊俘虜英國人，黑人士兵守衛的軍營。事實上，阿蓬特將利用這些繪畫來招募黑人參加反對奴隸制的重大計畫。[13]

在一七六二年，英國人還面臨著其他可怕的敵人——那些根本不需要訓練的敵人：氣候和疾病。雖然在圍攻前就已大雨滂沱，但在他們到達後，數個星期的酷熱、無雨的天氣使圍攻的日常行動變得異常艱難。補給品很快就用完了，士兵們也無法定期獲得淡水。當他們試圖在卡巴納山（Cabaña hill）上建造炮台以攻擊莫羅堡壘時，受酷熱烘烤過的泥土把他們工具的尖頭都磨壞了。由於高溫和乾燥（以及雙方武器的射擊），在七月三日至四日的半夜，英軍醒來時發現他們建造的所有炮台都被燒毀了。在一個小時內，大約六百人在兩個多星期裡的工作成果幾乎完全灰飛煙滅了，這些成果本來可以讓他們在幾天時間內就攻佔莫羅堡壘。[14]在七月四日寫的一篇日記中，一位英國軍官承認，士兵們越來越疲憊。「莫羅堡壘沒有像他們一開始希望的那樣被迅速摧毀，這讓他們很失望」他還補充說：「這讓（他們）的士氣很低落。」[15]

疾病也壓抑了他們的精神。西班牙人稱這種病為「vómito negro」，意思是黑色嘔吐物，因為病人的嘔吐物中的血液使其呈現出黑色。英國人用另一種顏色來命名它：黃熱病，因為它造成的肝臟損傷使患者的皮膚變得枯黃。在當時，黃熱病是最致命的傳染病之一，奴隸貿易和戰爭使成千上萬的人跨越大陸和島嶼，這也加速了黃熱病的傳播。

第一批英國逃兵在登陸的四天後就到達了西班牙人的一側，但是人們卻陸陸續續地病倒。一位英國軍官曾經寫道：「這個國家吃腐肉的烏鴉不斷地在墳墓上盤旋，這些墳墓上只有薄薄一層土覆蓋死者的屍體，烏鴉把稀少的泥土撥開，在每一具殘缺不全的屍體上都留下難以言喻的噁心和恐怖的景象，那些從事同樣事業的人也面臨著同樣的命運。」英國人如此絕望，以至於阿爾伯馬爾伯爵很快就考慮結束圍攻，帶著部隊去別處休養。哈瓦那依然堅挺如初，畢竟它是不可攻克的。[16]

當然，這也是西班牙人所希望的。如果他們能拖延交戰的時間，就能迫使英國人停戰。[17]但是對西班牙人來說，不幸的是他們和英國人一樣受到天氣影響，而且也遭受黃熱病的禍害。事實上，自一七六〇年以來，西班牙人就一直遭受黃熱病的困擾，當時一場流行病肆虐該市及周邊地區。現在情況更糟，風險也更大。[18]

死亡無處不在：在這個被圍困的城市裡，在保護它的堡壘裡，在環繞它的水域裡，都有死亡的景象。六月十六日時，普拉多宣布，任何被抓到的人，哪怕是最輕微的盜竊行為，都將不經審判，就地絞死。每天都有人被處決——因為搶劫、向敵人提供情報或出售物資，有時則是因暴力襲擊。懸掛在絞刑架上的屍體成為被圍困的首都景觀的一部分。總督下令殺死城中所有的狗——因為飢餓，牠們徹夜嚎叫，這個命令被立即執行了。在許多戰鬥結束後，人們舉起儀式性的休戰旗。然後，西班牙人在他們的敵人中穿梭，取回他們的屍體並將其埋葬。戰爭雙方的人有時會透過跳入水中來逃避殺戮，然後溺斃在水中。在一些日子裡，港口會擠滿溺斃者的浮屍。[19]雙方被鎖在一場激烈的、傷害性的等待遊戲中。由於無法與英國人抗衡，普拉多希望能取得被動的勝利，不是靠軍事力量，而是靠黃熱病和颶風季節。與此同時，阿爾伯馬爾伯爵在考慮是該撤退，還是祈禱他們對莫羅堡壘緩慢、痛苦的推進能夠取得成果，他的心思在這兩個念頭之間搖擺不定，而他們仍有足夠多的人活著，可以佔領這座城市。

就在這時，在圍城七個多星期後，英國援軍從紐約市抵達了。從一開始，喬治國王就知道，攻佔哈瓦那不是一件容易的事，北美部隊是必要的。然而，大多數殖民者不願意在加勒比地區作戰，那裡的熱帶疾病幾乎與外國軍隊一樣致命。因此，王室願意做一些誘導工作。喬治國王授權阿爾伯馬爾伯爵向當時被稱為「省民」的人們提供「更多的好處……並特別注意要給予他們特別的照顧，讓他們得到恰當的關注和人性的對待。」[20]

最後，籌備北美部分的遠征行動所需的費用比欺騙還來得更便宜。北美英軍指揮官傑佛瑞·阿默斯特（Jeffrey Amherst）寫信給紐約、康乃狄克、紐澤西和羅德島的總督，要求他們提供必要數量的志願兵。他承諾，這些人將會得到一切好處，他們不會因為過去戰役中的長途跋涉而感到疲憊，而且他們會很快返回家園。阿默斯特沒有提到古巴，儘管他知道哈瓦那是他們的目的地。也許是因為他故意含糊其辭，或者是因為關於加勒比海戰役的謠言四起，紐約的殖民地議會要求保證這些人將只在北美大陸上工作。阿默斯特支吾其詞地說：「他們的目的地在當下必須要保密，因此我不能隨意透露。」[21]

一旦這些人到了紐約，沒過多久大家就知道了他們的目的地。來自康乃狄克的人數（約一千人）最多。菲尼亞斯·萊曼（Phineas Lyman）少將和後來成為革命戰爭英雄的以色列·普特南（Israel Putnam）中校擔任這支部隊的指揮官。隊伍中還有十七歲的利維·雷德菲爾德（Levi Redfield），他自願服役，渴望在北美與法國人作戰。現在，他和數千名像他一樣的志願兵，坐在停泊在紐約港的十一艘船中的一艘上，他們被禁止離船上岸，因為擔心一旦這些人意識到他們是要去古巴，就會偷偷跑掉。[22]

七月二十八日他們抵達哈瓦那，這讓疲憊不堪的英國人感到歡欣鼓舞。也許現在他們終於可以攻克莫羅堡壘了。在卡巴納的英軍營地和莫羅堡壘之間，有一條在堅硬岩石上鑿開的大溝，寬五十六英尺，深六十三英尺。英國工程師決定，他們攻佔莫羅堡壘的最大勝算是在岩石中打入一個深井，在裡面埋設地雷，然後引爆。爆炸會把大量的岩石扔進海灣，從而使英國軍隊有可能徒步衝進堡壘。來自紐約的特遣隊及時趕到，完成這項工作。[23]

七月三十日下午兩點，英國人引爆地雷，爆炸後的碎石四處飛濺，不只填滿溝渠，也立即造成西班牙哨兵和擲彈兵的大量死亡。然後，英國人在皇家亞美利加第三團的帶領下衝進堡壘。西班牙人試圖抵抗進攻，但還是無濟於事。他們的指揮官路易・貝拉斯科（Luis Velasco）受了致命傷。他是一個在海上漂泊三十五年的五十歲老水手，曾與英國人抵抗四十五天。當他倒下時，其他人都投降了。當天，西班牙方面有五百多人被打死、打傷或俘虜，其餘的人乘船逃往哈瓦那或在逃亡中被淹死。到下午五點，英國國旗在要塞上空升起。[24] 經過足足七週又五天的圍攻，不可征服的莫羅堡壘終於淪陷了。

剩下的只是時間問題了，而且用不了多長時間。隨著西班牙人在莫羅堡壘的戰敗，英國人可以從四面八方進攻哈瓦那。三十個來自英屬北美殖民地的人被派去建造平台，以便莫羅堡壘的火炮能夠攻擊海灣對面的西班牙堡壘。炮火是無情的，只有在莫羅的老指揮官路易・貝拉斯科匆匆下葬時才短暫地停歇下來。隨著更多的部隊從紐約趕來，他們建造更多的炮台，炮火也不斷加強。在八月十日，阿爾伯馬爾伯爵給西班牙總督寫了一封信。他說，投降吧，這樣可以避免城市被徹底摧毀。普拉多拒絕了。八月十一日拂曉，所有英國炮台上的四十三門大炮和八門迫擊炮一同開火。剩餘的西班牙陣地一個接一個地被壓制，直到下午兩點，西班牙人投降了。[25] 哈瓦那——通往新世界的鑰匙，現在和北美的十三個殖民地一樣，都是不列顛帝國的領土了。

在世界各地的英國人都在慶祝。在倫敦，坎伯蘭公爵給阿爾伯馬爾伯爵寫信說：「你讓我成為有史以來最幸福的人。」的確如此，他是那麼的高興，以至於當他在一個聚會上看到阿爾伯馬爾伯爵的老母親時，他幾乎在客廳裡公開親吻了她。富蘭克林從費城寫信給一位朋友，祝賀他拿下哈瓦那；這將有助於保證在剛剛結束的戰爭中獲得有利的和平條件，前提是「約翰・布爾不會因為勝利而喝得酩酊大醉，握緊拳頭，讓全世界都親吻他的屁股。」在波士頓，一場紀念勝利的公開祈禱會則是以不同方式開誠布公地吐露了心聲。「我們找到了一筆巨額資金，我們希望在阿爾比馬爾伯爵將軍和波考克上將的帶領下，我們的部隊將從他們的巨大努力和勇氣中獲得豐厚的回報。」[26]

作為哈瓦那的征服者，阿爾伯馬爾伯爵也希望得到同樣的東西。他以勝利者的身分進入該市並擔任總督後，立即舉行了宴會。哈瓦那的大人物都來見他。根據後來被講述給西班牙國王的一個故事的情節，一位訪客向他贈送了一隻 Guacamaya——當時原產於古巴、現已滅絕的彩色金剛鸚鵡，但阿爾貝馬勒伯爵卻興趣缺缺。「他不想要鳥」，報告人這樣說：「他想要銀子」。另一位訪客從當地的糖廠老闆那裡收集捐款，並向他贈送大量的糖。新的英國總督再次拒絕了，「連英國的一個旅館老闆也能拿得出比這更多的財富」，他抱怨說。「他應該得到十倍於此的財富！」[27]不管這些特別的故事是否屬實——它們是由阿爾伯馬爾伯爵最激烈的詆毀者轉述給國王的，但不可否認的是，征服城市的人獲得了豐厚的利潤：阿爾伯馬爾和波考克各獲得近十二萬三千英鎊，其餘的錢則是按級別向下遞減分發，一直到普通士兵和水手，他們分別只得到三英鎊和四英鎊。[28]

對於許多英國人來說，也許特別是對普通士兵和水手而言，這筆錢似乎與他們遭受的苦難不相稱。即使在圍攻結束後，士兵們也一個接著一個地倒下。在西班牙投降後的兩個月裡，阿爾伯馬爾伯爵的部隊有三千人死於疾病。在黃熱病流行達到頂峰時，抵達哈瓦那的北美新兵是英軍中死亡率最高的。按照國王的承諾，他們被送回了紐約。但在船上，他們仍陸續喪生。自願服役的康乃狄克州少年利維·雷德菲爾德眼看著他的兄弟和其他二十一人死在回家的路上。不僅許多人是帶著疾病和悲痛回家的，而且許多人還帶著滿腔憤恨。他們認為，在遭受這麼多的苦難後，所得到的回報簡直是微不足道。[29]

與此同時，阿爾伯馬爾伯爵留在哈瓦那，並獲得了金錢收益。不管他收穫的利益有多少，勝利也使他成為哈瓦那及其所有人民的總督。現在，從技術上講，西班牙人是英國國王的臣民，他們可以自由地信奉天主教，就像他們被允許完整地保留他們的所有財產一樣。根據協議，哈瓦那的市議會繼續運作，並管理政府的日常工作。阿爾貝馬爾伯爵從舊有的人馬中任命他的次長和其他官員。他禁止英國士兵去酒吧，以避免與當地人發生潛在的爭執，他還精心舉辦每週一次的夜宴。在那裡，英國軍官和商人與哈瓦那最著名的家族成員一起用餐和飲酒。種植園主和商人的女兒與英國軍官跳舞；一些人開始求愛，甚至激盪出一些風流韻事。[30]

雖然很難想像的是，作為忠誠的西班牙臣民，哈瓦那的富裕居民本來就希望英國人取得勝利，現在勝利已到來，他們急著讓英國人的勝利能對他們有利——意思是要發展製糖業，對他們來說這比任何事都重要。

在今天，蔗糖是如此稀鬆平常、不起眼的東西，讓我們很難感同身受當初哈瓦那菁英階層所感受到的那種無盡熱情。糖曾經是貴族階層中的奢侈品，很快也成為歐洲和北美的窮人和受薪階層人口飲食中的主要食材。糖可以給苦味的茶和咖啡增添甜味及熱量，這些都是正在變得日益重要的熱帶產品。

隨著工業革命的深入，糖與茶或咖啡相結合，有時成為食物的替代品——套用人類學家西尼・明茨（Sidney Mintz）的話來說，糖是無產階級的飢餓殺手。[31]

糖從國王的食物變成了大眾消費的產品，這個事實也改變了新世界和非洲的歷史。它導致了西半球大量植被的砍伐，以及重新定居的人們湧入了那些因征服而導致人口大量減少的地方。由於糖需要大量的勞動力，這項產業成了跨大西洋奴隸貿易的主要推動力。在被迫登陸新世界的近一千一百萬非洲人中，大約有三分之二的人最終從事了製糖工作。

糖的生產數量巨大，利潤豐厚。在圍攻哈瓦那時，也許英國人比其他人更清楚這點。英國對這種作物的第一次試驗是在巴貝多（Barbados），這是一個只有十四英里寬的島嶼。來自歐洲的甘蔗、大部分被清空的原住民土地，以及進口來的數十萬非洲人的勞動（在一六二五年至一七五〇年間估計有三十五萬人），這三種因素的結合使這個小島成為英國當時最賺錢的殖民地。隨著土壤的枯竭，英國人在其他地方複製這種模式。到一七六二年圍攻哈瓦那時，牙買加取代了巴貝多成為大英帝國最耀眼的明珠，它接收的非洲勞工超過五十一萬三千人，其中大部分是從英國奴隸販子手裡得來的。[32]

相比之下，哈瓦那的腹地只有不到一百家製糖廠，奴隸總數約為四千人，與英屬牙買加相比，完全不值得一提。[33]但擁有這些糖廠和奴役這些人的人們心裡十分清楚，誰才是哈瓦那的新征服者。那就是大英帝國，它的加勒比海殖民地生產世界上大部分的糖，它的船隻運載大部分在美洲出售的非洲俘虜。當英國人成為這些古巴種植者的統治者，他們很快就得出結論，現在輪到他們發財了。他們將利用英國人的佔領來為自己收穫製糖的巨大回報。

英國人在古巴的政策有助於他們做到這點。阿爾伯馬爾伯爵立即廢除西班牙的稅收制度。英國商人（包括來自北美十三個殖民地的商人）來到哈瓦那。在英國佔領期間，有七百多艘英國私人船隻抵達這裡（而在此之前一整年也只有不到二十艘）。商人們來購買古巴的菸草、皮毛、肉類、玳瑁、木材，當然還有糖。其中有像威廉·貝德洛（William Bedlow）這樣的人，他是紐約市的第一位郵政總長，也是貝德洛家族的一員，自由女神像所在的島嶼就是以他的家族來命名的。北美商人也來到這裡出售他們的產品：麵粉、布匹、製糖設備，甚至海狸皮帽，儘管氣候並不適合，但海狸皮帽在哈瓦那已成為一種流行。一位西班牙官員抱怨說，抵達哈瓦那的北美商品數量太多，要花幾年時間才能全部消費完。[34]

但古巴糖業種植者最渴望的是一種非常不同的商品：人類。種植園主在倡導擴大奴隸貿易了，他們認為獲得廉價勞動力將推動他們實現更大的繁榮。當時，英國人是跨大西洋奴隸貿易這個有利可圖業務的主要參與者。英國商人知道哈瓦那的兩件事：這裡有一個尚未開發的非洲奴隸市場，而且買家有現成的銀子。

根據一份檔案的說法，曾有一艘英國奴隸船在港口等待西班牙的投降成為最終確定的結果，當西班牙一投降，這艘船就駛入港口，開始出售它的人肉貨物。阿爾伯馬爾伯爵選擇利物浦商人約翰·肯尼恩（John Kennion）來經營佔領時期的古巴奴隸貿易，身為十艘奴隸船的合夥船東，他已積累足夠的資金在牙買加購買自己的糖廠。阿爾伯馬爾伯爵給予他一個進口非洲俘虜的專賣許可。在肯尼恩的客戶中，有一些是該市最有名的人，比如勞雷亞諾・查孔（Laureano Chacón），他是一名市政官員，不久前才帶人與英國侵略者交手過，還有塞巴斯蒂安・佩納弗（Sebastian Peñalver），他在佔領期間擔任過阿爾伯馬爾伯爵的次長。總體而言，英國人在佔領的十個月時間裡大概向哈瓦那引進三千二百人左右的非洲俘虜。為了幫助我們理解這個狀況，我們不妨回顧一下，在佔領之前，哈瓦那周圍的糖廠中的奴工人數約為四千人。換句話說，在不到一年的時間裡，英國人將哈瓦那的奴隸人口規模擴大了約百分之八十。有了更多的奴隸勞工，加上貿易障礙的消除，製糖業飛速發展起來。[35]

也許正是因為這個原因——對製糖業和奴隸制的推動，英國對哈瓦那的佔領在古巴歷史上常常被賦予巨大的重要性。雖然古巴的製糖業並非英國人的首創，但它確實給古巴帶來了巨大的改變。它是一個新古巴的預兆，而且是一個持久的預兆。在英國統治下的幾十年裡，這個島嶼對製糖業的依賴將大大增加；事實上，這種依賴將持續兩個多世紀之久。

當哈瓦那的人們對英國人的佔領加以調適時，身在歐洲的各國君主們正在就一項結束七年戰爭的條約進行談判。每個人都想知道這場談判會給這個長期以來被認為是通往印度的鑰匙的城市帶來什麼變化。西班牙人急切地想要收回它；英國人則是有不同意見。在議會中擁有巨大影響力的牙買加種植園主並不喜歡來自古巴的競爭。英國政治家威廉・皮特（William Pitt）長期以來一直在為奪取哈瓦那進行遊說，他認為，英國應該享有絕對的佔有。當他聽說初步商定的條約內容是將古巴交出去時，他離開了病床，親自出現在下議院。在長達三個多小時的演講中，他對「遮蓋了戰爭的所有榮耀（並）放棄了國家最重要利益」的條約內容大發雷霆。[36]

正如皮特所擔心的，根據一七六三年的《巴黎條約》（Treaty of Paris 1763），英國將會放棄哈瓦那。作為交換，西班牙則割讓佛羅里達給英國——這是光彩照人的哈瓦那和泥濘不堪的佛羅里達的命運第一次糾纏在一起，但這絕對不會是最後一次。佛羅里達的西班牙人收拾行李，駛向了哈瓦那。取而代之的是新的定居者，大多數是來自氣候比較冷的北美殖民者。他們中的一些人曾參加過對哈瓦那的遠征，幾年後他們將會參加反英革命。[37]

在哈瓦那，英國人的統治在莫羅堡壘的哨兵第一次發現阿爾伯馬爾伯爵的兩百艘戰艦出現在海平面上的十三個月後結束了。一七六三年七月四日，新的西班牙總督，里克拉伯爵（Count of Ricla）來到這裡，重新接管西班牙最古老的殖民地之一。他的軍隊進入了哈瓦那，走進了一年以前曾有許多人喪生於此的莫羅堡壘，也走進城市及其周邊地區的每個要塞和崗哨。在所有的崗哨裡，英國國旗都被降下，取而代之的是升起的西班牙國旗。食物和飲料源源不斷；宴會晝夜不停。第三天，新總督召集所有曾為西班牙作戰但尚未獲得自由身分的奴隸。來的人太多了，以至於總督花了兩個多星期的時間來審理他們的個案。他至少釋放一百五十六人，並且公開宣布他們的名字，這樣就不會對他們的身分產生混淆。[38]

在他到達後不久，里克拉開始在卡巴納山上進行一項重大的防禦工程。如果當初西班牙人在那裡有一個堡壘，那麼英國人的圍攻很可能會有不同的結果。當一七七四年這座新堡壘終於竣工並將這個消息匯報給西班牙國王時，國王要求僕人把他的望遠鏡拿過來。他說，哈瓦那堡壘花了這麼多錢，歷經這麼長時間才建成，一定從西班牙就能看到它。[39]

關於望遠鏡的故事很可能是虛構的，但如果國王能夠一眼望穿整個伊比利半島和大西洋，他就會看到一個完全不同的哈瓦那了，這座城市的樣貌不僅與阿爾伯馬爾伯爵在一七六二年入侵時不同，甚至轉變為全新的城市。巨大的堡壘守衛著這座令人過目不忘的城市。四千名正規軍和大約六千名民兵在每個星期日都會在城市的街道上操練，他們的存在使這座城市充滿宏偉的城市軍營氣息。國王還會看到，在這個溢美之詞來自四面八方的城市裡，有寬闊而深邃的港灣，有更多的船隻，載著非洲俘虜緩緩駛入，其他的船隻還滿載著菸草、木材、皮革和糖離開。事實上，在卡巴納堡壘（Cabaña fortress）完工時，糖的出口量已達到每年一萬噸左右，比英國人圍攻前多了五倍以上。然而，即使是功能最強大的望遠鏡，也無法讓國王看到那裡的常備軍現在主要是由古巴人組成，而不是在西班牙出生的人。國王也不可能看到他昂貴的新堡壘所用的磚塊來自維吉尼亞和紐約。國王也不可能發現，許多湧入港口的商人說的英語，帶有巴爾的摩和波士頓、紐約和查爾斯頓的口音。[40]

第五章 最惠國

一七七六年一月十二日，一位訪客來到哈瓦那。他是烏奇茲的菲查格（Fichagé of the Uchiz）——佛羅里達土地上二十九個印第安城鎮的首領，這些土地早先是屬於他的人民，後來則是屬於西班牙，自從一七六三年的《巴黎條約》以來，這些地方則屬於英國。這位訪客帶著鹿皮和馬匹來到哈瓦那，向從古巴到佛羅里達海岸捕魚的漁民提供保護。作為交換，他的人民想要衣服、工具和船隻——印第安人的獨木舟並不是設計用來運輸馬匹的。他還想要獲得別的東西：來自西班牙人的幫助，從而向侵佔其土地的英國殖民者開戰。像菲查格這樣的代表團在哈瓦那很常見；來自喬治亞和阿拉巴馬的克里克人（Creek）使者在一七六三至一七七六年間進行十九次的訪問。這次，哈瓦那的官員按照慣例，從三個方面答覆烏奇茲的菲查格：首先，請他們不要再不請自來地出現在哈瓦那；其次，他無權批准所要求的東西；最後，他不能向他們提供反對英國人的幫助，因為兩國處於和平狀態。[1] 七年戰爭和對哈瓦那的圍攻對每個人來說都記憶猶新，使得挑釁英國的想法成為一種令人不安的提議。

然而，這年是一七七六年，激怒英國人的提議隨處可見。在這年的七月四日，從喬治亞到新罕布夏的殖民者們都宣布從他們的母國中獨立。獨立運動的領導者們，例如維吉尼亞的喬治・華盛頓和費城的富蘭克林，他們都明白烏奇茲的菲查格也明白相同道理：戰爭需要盟友，尤其是那些擁有雄厚財力和強大海軍的盟友。

為了給美國革命尋找這樣的盟友，新成立的大陸會議（Continental Congress）向巴黎派出使者。最著名的是班傑明・富蘭克林，他戴著一頂浣熊皮帽，而不是捲曲的假髮，在巴黎人看來，他是一個新時代的化身。與富蘭克林同行的還有阿瑟・李（Arthur Lee），他是維吉尼亞的一名醫生，後來成為律師和外交官，但他卻不那麼受歡迎。詆毀他的人說他「談話時有一種令人不舒服的僵硬，有一種吝嗇男人的特徵，有一種不自然的尖酸刻薄，還有一種非常不適合他目前崇高地位的自私。」甚至阿瑟・李的盟友也抱怨他不能「輕易控制自己的脾氣」。顯然，他是一個嫉妒心很強的人，對班傑明・富蘭克林的受歡迎程度感到不滿。他是個急躁的人，擔心法國人提供援助的速度太慢。他也知道，只有法國和西班牙的共同支持才能給英國「最充分的警惕」。阿瑟・李相信自己的邏輯是明智的，而且不需要等待任何人的批准，他便開始穿越庇里牛斯山脈的危險旅程，不請自來地前往西班牙宮廷。這就是後來有人稱之為「游擊外交」的做法。[2]

當在馬德里的國王聽說阿瑟・李正在來見他的路上時，他感到很害怕。馬德里是一個內陸的小首都，到處都是英國間諜。他決定不接待這位美國人。然而，當國王拒絕見他的消息傳到巴黎時，阿瑟・李已在路上了。西班牙官員發布通知給法國邊境到馬德里每個明顯的停靠點：無論誰發現他，都要通知當局，並阻止他繼續前往西班牙首都，國王的代表也會找到他。信中說，阿瑟・李可能會使用假名字，但他還是很容易被發現：他不會說西班牙語，對這個國家完全不了解。他肯定會被一眼就認出來的。

在馬德里以北約一百五十英里的布爾戈斯（Burgos）的一家小酒館裡，一位皇室郵差輕易地發現這個美國人，並請他等待西班牙國務大臣格里馬爾迪侯爵（Marquis de Grimaldi）的到來，此人能說流利的西班牙語和法語，另外還有一人是迪亞哥・狄・加多基（Diego de Gardoqui）則是一位精通英語並在北美有豐富貿易經驗的巴斯克商人。阿瑟・李作為一個還沒有人承認的政府的代表，而且這個政府還遠未打敗英國，卻看起來十分渴望能遵守國際外交的一些禮儀。因此，當這三個人坐下來就西班牙可能支持美國革命的問題進行重要談話時，阿瑟・李堅持要他們都講法語。但有一個問題：阿瑟・李的法語極差。格里馬爾迪試圖慢慢地說，但阿瑟・李無法用他堅持的語言有效回應。在這場用三種語言進行的磕磕絆絆、令人沮喪的對話中，阿瑟・李最終傳達了他的訊息：革命的命運取決於波旁王朝的君主。沒有法國和西班牙兩國同時的援助，北美殖民者是永遠不可能戰勝英國人的。[3]

也許對阿瑟·李和美國人來說足夠幸運的是，即使是在這場令人尷尬的會面之前，西班牙人就已決定提供幫助了。西班牙人許諾要在一家位於荷蘭的銀行給大陸會議開通一條信用通路。他們會提供補給品，並立即給美國軍隊發放三千桶的火藥和毛毯。他們授權將墨西哥的白銀經由哈瓦那送往革命者手中。最終，他們以貿易的形式延伸援助。因此，參與美國革命的商人和船隻以「最惠國」的待遇在哈瓦那受到歡迎。[4]

雖然美國革命者向西班牙語世界做出的友好姿態在最初時並不算成功，但西班牙作為新世界最老資格的殖民國家，還是決定給西半球的第一個反殖民運動給予支持。對於革命者來說，西班牙承諾的援助和在哈瓦那做生意的貿易機會是一場重大勝利。西班牙的貨幣——著名的西班牙銀圓（silver pieces of eight），不僅在十三個殖民地，而且在全球大部分地區都是首選的貨幣。哈瓦那定期收到墨西哥白銀的補貼，以支付該島的軍事和行政開支。因此，西班牙的支持和其對進入哈瓦那的承諾，保證革命者能夠獲得世界上最有價值的金錢。

然而，對西班牙來說，援助美國殖民者的決定並不容易。一方面，英國是西班牙傳統上的死對頭。一個多世紀以來，英國一直在挑戰西班牙在新舊世界上的領土主張。最近在七年戰爭中的恥辱性失敗讓人記憶猶新。因此，北美的叛亂提供了一個報復的機會，可以收復那些輸給英國的領土——當然是佛羅里達，甚至可能是牙買加或直布羅陀。

但換個角度來看，西班牙人也有強大的理由不幫助美國人。西班牙擁有與反叛的殖民地相鄰的領土。如果站在革命者一邊，就會招致英國的攻擊，而西班牙會失去很多東西：密西西比河谷下游、古巴、波多黎各、聖多明各。此外，作為一個有自己的美洲殖民地需要保護的君主制國家，西班牙不容易傾向於接受北美革命者——一群為獨立於一個歐洲國王而戰的人。這豈不是開了一個危險的先例？西班牙自己的殖民者難道不會有類似的企圖嗎？這些英國殖民者到底是誰？如果他們贏了，有什麼能阻止他們向西班牙領土或曾經的西班牙領土路易斯安那、佛羅里達和其他的地區擴張呢？

因此，即使西班牙領導人承諾提供援助，他們也會在兩邊同時押寶，並轉而採取外交手段中久經考驗的做法：間諜活動。由於哈瓦那與十三個殖民地有了重要的商業連繫，馬德里當局指示其總督利用這些連繫來收集北美革命者的訊息。哈瓦那總督選擇一位名叫胡安・狄・米拉萊斯（Juan de Miralles）的商人來完成這項任務。米拉萊斯出生於西班牙，自一七四〇年以來一直住在哈瓦那，能講一口流利的英語。這個人也是一名奴隸販子，與在古巴做生意的北美商人有連繫。他曾擔任在哈瓦那壟斷奴隸貿易的公司的官方代表。這家公司在費城的代表是羅伯特・莫里斯（Robert Morris），他也是大陸會議的代表。米拉萊斯由此幾乎算是自動進入美國革命的最高層。他準備一份新的遺囑，然後在一七七七年十二月三十一日從哈瓦那啟程，準備執行他的任務。[5]

米拉萊斯假裝他的船在前往西班牙的途中遇到麻煩，在新年初，他在南卡羅萊納的查爾斯頓登陸了。他的表現超出之前所有人的預期。在一月十五日這天，查爾斯頓的市區發生一場大火，提供米拉萊斯扮演慈善家角色的機會。他借給南卡羅萊納一筆巨款來進行救災工作。城裡的名流要人們於是紛紛邀請他到他們家裡做客。只要是時機正確，米拉萊斯就會提到他希望向大陸會議提議擴大哈瓦那和十三個殖民地之間的貿易。州長接受他的建議，安排他與假期後回家的代表們一起北上，他還讓米拉利斯帶信給當時擔任大陸會議主席的查爾斯頓商人兼奴隸販子亨利・勞倫斯（Henry Laurens）。[6]

米拉萊斯的「旅行很有排場，他準備了五匹馬，這樣他隨時都可以有一匹精神抖擻的座騎。」一路上，他受到美國革命中一些最重要人物的歡迎。他參觀喬治・華盛頓在紐澤西州米德爾布魯克的總部。華盛頓急於贏得西班牙對美國獨立的承認，對他給予極大的關注。在設計當天使用的暗號時，他給米拉萊斯本人的暗號定為「唐璜」。美國人為他上演一場部隊檢閱和模擬戰鬥的演練。米拉萊斯穿著深紅色的衣服，戴著金色的盔甲，與革命領袖們一起參加遊行：華盛頓騎著「他的高頭駿馬，頗顯騎士風度」，「漢密爾頓上校身姿修長挺拔，有著出眾的風采和貴族氣質。」[7]

米拉萊斯在美國革命正處在光鮮亮麗的時期為自己佔了一個前排座位。在第一次訪問華盛頓總部後不久，當英國人在一七七八年六月最終撤出費城，米拉利斯就陪同大陸會議一同勝利地進入城市。

他參加費城第一個七月四日獨立日的慶祝活動，在費城第三街租了一間房子，每週與大陸會議主席亨利・勞倫斯共進晚餐，勞倫斯稱他是一個具有「可敬舉止」和「個人美德」的人。米拉萊斯與喬治和瑪莎・華盛頓共進聖誕晚餐，並為他們和其他七十位客人共同舉辦新年夜的宴會。[8]他在費城最親密的合夥人是商人、奴隸販子羅伯特・莫里斯，他後來被稱為是美國革命金融家。他們一起在哈瓦那和費城之間建立一個被一位歷史學家稱為「私人航道」的管道。在國會取消對麵粉出口的禁運後，他們發出數千桶麵粉，這些麵粉在哈瓦那總是能賣出高價，它們當然是以著名的、令人垂涎的西班牙銀圓來支付的。[9]

米拉萊斯在費城忙於處理業務，拜訪新的政治家，並展開社交活動。但他也在執行一項政治任務。以這種身分，他對西班牙和美國政府都施加壓力。米拉萊斯定期與馬德里和哈瓦那的官員進行溝通，對那些後來被稱為開國元勛的人們歌功頌德。他堅信美國革命者可以贏得戰爭，他們是有價值的，因此西班牙可以與他們合作。他真誠地希望西班牙與美國革命者結盟，向英國人宣戰。國王最終同意了。

與此同時，米拉萊斯也代表馬德里向美國人提出一項重要的讓利：北美人承認西班牙有權收回佛羅里達。米拉萊斯在會見國會議員時強調，這是回報西班牙為革命者提供的援助而付出的一個小代價。此外，西班牙當時是路易斯安那州和紐奧良港的宗主，它還承諾給予這個新國家密西西比河「入海和出海」的自由航行權。大陸會議於一七七九年九月十七日投票。一些代表把佛羅里達想像成他們新聯盟的一部分，這些人給提案投下反對票。但大多數人，包括喬治・華盛頓在內，認為他們需要西班牙的幫助來打敗英國，因此他們投票認可西班牙對佛羅里達的主張。為了慶祝兩個國家加強的盟友關係，米拉萊斯送給華盛頓一隻重達一百磅的海龜。[10]

現在，美國革命份子可以指望西班牙提供更多的海軍和財政援助；與此同時，英國將面臨另一個強大的威脅並且因此而分心。在寫給華盛頓的信中，米拉萊斯說，一千名正規軍已離開哈瓦那前往紐奧良，趕往密西西比河下游對英國人發動攻擊；另一隊人馬也即將啟程前往彭薩科拉（Pensacola）。華盛頓認為，西班牙在那裡發動的進攻將把英國人從南卡羅萊納和喬治亞吸引過來。他再次充滿信心地預言，「波旁家族的這個強大的聯合體，將會在短時間內成功地樹立起美國的獨立。」[11]

儘管有華盛頓的預言，勝利並沒有很快到來。一七八〇年的冬天是整個戰爭中最艱困的時期。在華盛頓位於距離紐約的英國人有三十英里的紐澤西州莫里斯敦的營地上，部隊經歷了人們記憶中最嚴重的暴風雪的襲擊。即使在他們的帳篷裡，蓋著單人毛毯的人（有時連毛毯都沒有）也得「像綿羊一樣被埋在雪裡。」[12]當米拉萊斯於四月十九日抵達華盛頓的營地進行長期訪問時，天氣仍然很冷。四天後，他發著高燒，把亞歷山大．漢密爾頓和幾個朋友叫到床邊，寫了一份新的遺囑，指定他的秘書法蘭西斯科．倫東（Francisco Rendón）和他的商業伙伴羅伯特．莫里斯為執行人。在新朋友的簇擁下，米拉萊斯在幾天之後的四月二十八日去世。漢密爾頓為他安排葬禮，他與西班牙秘書進行協商，以確保一切環節都以適當的天主教禮儀進行。莫里斯和華盛頓作為主要送葬者，與其他軍官和國會議員一起，在長達一英里多的葬禮隊伍中行走。米拉列斯的遺體穿著「繡有複雜的金邊的紅色套裝，戴著三角金邊帽……穿著大鑽石鞋和膝蓋扣，手指上戴著大量的鑽石戒指，在一塊鑲有鑽石的極品金表上，懸掛著幾枚精美的印章。」他被打扮得如此富麗堂皇，以至於墓前得安排一名警衛，以免士兵們「受到誘惑去挖掘隱藏的寶藏。」第二天，喬治．華盛頓在寫給哈瓦那的信中說：「我真心地和你們一樣感到心痛，為失去一位如此可敬的朋友，自從他一到這裡，我就開心地把他視為我最重要的朋友之一。他的家人一定會感到欣慰地得知，他的不幸離世，在全國各地都被視為巨大的不幸和損失。」[13]

儘管米拉萊斯沒有活著看到這一切的發生，但古巴繼續在美國革命的最後階段提供重要的援助。在一七八〇年代初，古巴與十三個殖民地之間的貿易蓬勃發展。在戰爭期間，哈瓦那又接納了大約一萬兩千名士兵和水手，官員們熱切地歡迎美國船隻。在一七八〇年至一七八一年間，從十三個殖民地進入古巴的麵粉數量驚人地增加百分之六百六十八。這項貿易本身就很重要，但它也是美國革命的主要銀幣來源，而且越來越多地成為北美銀行（Bank of North America，新共和國的第一家中央銀行）的主要來源。[14]

西班牙和英國間的戰爭為美國人提供另一個優勢。在貝納多・加爾維斯（Bernardo Gálvez）的領導下，以及古巴資金和軍隊的支持，西班牙從英國人手中奪取重要的領土。美國人歡迎這些發展，因為它們削弱了他們的敵人，並將英國人用來對付他們的戰爭資源分散到別處。

即使是在十三個殖民地中最重要的戰場上，來自西班牙和古巴的援助也能使一切變得不同。例如，發生在一七八一年十月著名的約克鎮戰役，勝負在很大程度上是由關鍵時刻從古巴送達的資金所奠定的。當時，華盛頓的部隊身無分文，士氣低落。既沒有錢給士兵發軍餉，也沒有錢養活他們，而且這年已發生幾次重大的兵變。與美國人並肩作戰的法國軍隊在羅尚博伯爵（Comte de Rochambeau）的帶領下也在受罪，軍費也已耗盡了。華盛頓把希望寄託在法國海軍軍官狄・格拉斯伯爵（Comte de Grasse）身上，期待他能帶著資金和援軍到來。狄・格拉斯正試著在聖多明各（今天的海地）籌集資金，那裡是當時世界上最富有的歐洲殖民地。他呼籲糖業種植者和商人提供資金，在街頭巷尾張貼印刷告示，並提供有利可圖的匯票。儘管做出這些努力，但他還是無法籌到最低限額的資金。[15]

在這種僵局下，西班牙使者法蘭西斯科・薩維德拉（Francisco Saavedra）——有人稱他為「麻煩製造者」來到聖多明各。薩維德拉說服法國人駛向哈瓦那，說那裡幾乎隨時有白銀。不幸的是，當他們在八月十五日到達時，財庫已經空了。一大批錢剛剛被運往西班牙，而墨西哥應交的銀子還沒到來。因此，薩維德拉和哈瓦那總督直接向城市居民發出呼籲，讓他們「知道這件事的緊迫性，以便每個人都盡其所能地提供他們的財產。」有人說，哈瓦那的婦女為此奉獻她們的珠寶。薩維德拉和狄・格拉斯在到達該市的六個小時內，就得到他們所需要的錢。狄・格拉斯在午夜時分帶著五十萬披索的銀子出發了。[16]

當狄・格拉斯的艦隊抵達維吉尼亞州時，所有的人都在歡呼雀躍。羅尚博手下的一位法國日記家寫道：「我們在遠處看到，華盛頓將軍搖晃著他的帽子和白手帕，表現出極大的喜悅。」一向平靜的喬治・華盛頓毫不掩飾自己的情緒，激動地擁抱羅尚博，並向他的部隊宣布這個好消息。「不管怎麼說，（這件事都）發生得不能更及時恰當了」，華盛頓寫道。然後他補充一個重要的細節。「各軍團的指揮官應立即為一個月的軍餉做一份摘要。」古巴人的財物在華盛頓的部隊和羅尚博的部隊之間分配。在半夜，存放這些財物的房屋地板因為過重而塌陷了。一位歷史學家將這些財物稱之為「美國獨立的大廈不可或缺的基礎。」美國人在約克鎮獲勝了，這是美國革命的決定性戰役。[17]

在此一勝利之後，英國人和美國人就英國承認其前殖民地的獨立進行最後的談判。但西班牙政府還沒有實現戰爭目標，對這個結果還沒有做好準備。由於無法重新征服牙買加，國王下令進攻巴哈馬群島。他希望至少能收復哥倫布首次踏上新世界的那些島嶼。軍隊從哈瓦那出發，美國私掠船也包括在內。古巴部隊包括哈瓦那的黑人民兵——他們曾在一七六二年抵禦過英國人，現在這些民兵的兒子和孫子也加入了。他們中包括荷西・安東尼奧・阿蓬特（José Antonio Aponte），他是一七六二年戰役中一名黑人戰士的孫子，他很快就成為一個獨當一面的革命人物。這點也解釋了西班牙為什麼在承認新的美利堅共和國方面表現得如此猶豫。美國的獨立會啟發其他的殖民地如法炮製。

不只是在一個方面，這個新成立的共和國都成為歐洲最古老的殖民國家的「悲傷和恐懼」的來源。正如一位西班牙政治家所預測的那樣，美國可能生下來時只是一個「侏儒」，但它很快就會成為一個巨人，一個一心想要擴張領土的「無可抵擋的巨人」。西班牙政府還擔心美國獨立帶來的經濟和商業影響。古巴和北美之間的關係已非常密切。現在，這個先前的英國殖民地不再與大英帝國及其加勒比海殖民地連繫在一起，會有什麼新情形出現呢？西班牙人已知道答案。至少，這個新國家會成為西班牙殖民地利潤的競爭對手，而古巴正是西班牙最重要的殖民地。[18]

在一七八二年八月，馬德里的官員寫了一封信送往哈瓦那以告知他們，外國船隻將不會再受到哈瓦那的歡迎。但哈瓦那當局卻無視於這個指令，因為對一個仍有戰時駐軍的城市來說，把北美運來的麵粉和其他食品拒之門外是在冒被餓死的風險。直到一七八三年五月，在對即將發生的變化進行了幾個月的猜測和傳言之後，哈瓦那總督才命令港口內的所有外國船隻加快其業務並盡快離開。從今以後，所有的外國船都只會被拒之門外。[19]

這道命令被翻譯為英文，出現在從南卡羅萊納州的查爾斯頓到羅德島的紐波特的公報上。它立即引起「廣泛的煩惱」，因為這個年輕國家的商人沒有辦法「從任何其他港口獲得他們從哈瓦那帶走的現金數量。」[20]美國人對西班牙駐費城的代表進行遊說，希望讓古巴貿易繼續進行。一份有可能是由羅伯特．莫里斯（Robert Morris）執筆的匿名請願書提出，「如果西班牙允許美國產品自由進入這個島，他們將會獲得豐富的產品……他們就能迅速地致富，從而使他們所屬的國家跟著富裕。」西班牙沒有理由擔心其屬地「可能希望獨立。」[21]

然而，馬德里政府並不相信，一七八四年二月，它頒布一項更加嚴厲的法令。所有仍在哈瓦那的北美人都必須立即離開。士兵們在街上巡邏，搜查房屋，並當眾逮捕外國人。西班牙官員拉起一艘船的錨，護送它離開港口。儘管有驅逐行動，一些商人還是非法留下，他們希望局面會轉向對他們有利的方向。[22]

這些人的預判是對的。在一七八九年，西班牙政府在其殖民地實行一項重大的經濟改革。它廢除奴隸貿易中長期以來的壟斷處置，首次允許外國個人在其港口出售非洲俘虜。美國人再次來到哈瓦那，這次是為了販賣人口。在船艙裡，他們還走私麵粉和其他貨物。不久，法國和聖多明各開始新的革命，大西洋世界籠罩在戰雲之中。為了避免飢餓，古巴官員再次歡迎美國船隻的到來。幾年後，西班牙駐費城領事對哈瓦那的狀況表示遺憾：「真正有貿易特權的港口不在西班牙，而在這裡；看起來，擁有與古巴的獨家貿易權的是美國公民。」[23]在實踐中，而非在法律上，新獨立的共和國正迅速成為古巴的「貿易最惠國」。胡安・狄・米拉萊斯若還活著，可能會對貿易的實現感到目瞪口呆——可能是作為一個古巴商人和奴隸販子，對巨大利潤感到無比期待，也可能會是作為一個西班牙官員，對美國日益增長的統治地位感到擔憂和震驚。在烏奇茲人（Uchiz）和其他曾經尋求西班牙對他們予以保護的原住民中，對新共和國的憂慮肯定是最重要的，而且擁有充分的理由。

第六章　蔗糖革命

一七八八年，哈瓦那市議會需要一個人在西班牙國王面前作為其利益的代表時，他們選擇了一位名叫法蘭西斯科・阿朗戈（Francisco Arango）的律師。這個人瘦小、優雅、黑頭髮，他將頭髮向前梳向眼睛。阿朗戈的家族在古巴的時間幾乎和在西班牙的時間一樣悠久了，他是古巴島上最富有的人之一。他擁有的糖廠「La Ninfa」（仙女）很快就成為島上最大的糖廠，擁有三百五十名奴隸，並且是世界上最大、最現代化的糖廠之一。[1]

阿朗戈幾乎在剛剛抵達馬德里後，就代表哈瓦那政府向國王提交他的第一份請願書。這是一份關於擴大奴隸貿易的建議。作為一個蔗糖種植園的成功業主，他認為，發展製糖產業的最快手段就是增加可供購買的非洲俘虜的數量。幾個世紀以來，英國王室一直向歷任公司授予將非洲人進口到其港口的獨家許可，這種壟斷造成奴隸數量供應不足，而且價格高昂的局面。因此，阿朗戈的首要任務是建議對不自由的人進行自由貿易。國王同意他的請願，下令在兩年的試行期內，任何西班牙人和標準更嚴格的外國人都可以在西班牙殖民地引進被抓獲的非洲人。這道命令的影響是決定性的。在該政策實施的兩年裡，進入哈瓦那的俘虜數量增加了兩倍多，從每年不到兩千人增加到近七千人。[2]自一七六二至六三年英國佔領哈瓦那以來，還沒有出現過這樣的增長，而更新的數字甚至使這些數字都相形見絀了。

這種狂熱使新任西班牙總督路易斯・狄・拉斯・卡薩斯（Luis de Las Casas）也急匆匆地趕來加入。當他在一七九〇年來到哈瓦那時，種植園主們送給他一份禮物以示歡迎：歸新總督自己所有的糖業種植園，還配有奴隸和機器。他們把這份禮物稱之為「友誼」（Amistad）。現在古巴的總督也是他們之中的一員了。他接受這項事業，第二年他又購買第二個種植園。為了在紙面條文上符合法律要求，他把財產登記在朋友和生意夥伴的名下。他還對不斷擴大的奴隸貿易的機會大加利用。當奴隸船抵達港口時，他會親自前往，或是派他的代理人前往倉庫，在新到的奴隸中率先挑選出合適的人選。因此，西班牙總督又成了一個實力強勁的糖業種植者。即使在西班牙官員的勾結下，古巴種植者似乎也能得到他們想要的一切。[3]

此時在馬德里，國王和國務委員會確定在一七九一年十一月二十一日舉行會議，決定是否要將開放奴隸貿易的期限延長到兩年以上，還是恢復阿朗戈和他的富有夥伴們所鄙視的舊有壟斷安排。每個人都預計開放政策會被延長。但在這次會議的前夕，一個出人意料的消息傳到馬德里。三個月前，在離古巴島五十英里的法國殖民地聖多明各（海地），奴隸們起義了。叛亂者有好幾千人，他們焚燒了兩百個種植園，殺死三百個白人居民，然後跑上山。這場叛亂將發展成為我們所知的海地革命——這是一個具有世界史意義的事件。在一個月內，叛亂者的人數高達數萬人，被破壞的財產達到一千多座蔗糖農場和咖啡園。到了一七九三年八月，為了安撫和保留殖民地，地方當局開始頒布廢除奴隸制的法令。然後，在一七九四年二月，巴黎的革命政府結束所有法國領土上的奴隸制，宣布「所有生活在殖民地的人，不分膚色，都是法國公民。」十年後，聖多明各的黑人公民宣布他們不僅擺脫奴隸制，還擺脫了法國的統治。一八〇四年一月一日，一個獨立國家——海地宣布成立，這是南半球的第二個獨立國家，也是唯一一個由前奴隸建立的，沒有奴隸制的國家。

所有這一切都發生在曾經是世界上最大的糖和咖啡生產國，地球上最富裕的殖民地上，在他們把古巴稱為安地列斯群島的珍珠（pearl of the Antilles）之前，海地也曾經被如此稱呼。在讀到叛亂的最初新聞時，阿朗戈不必知道故事的結局——他不可能想像得到——就開始擔心了。而馬德里謹慎的政治家們——這些控制著古巴命運的人，他們會不會對這個消息感到不安？他們會不會想像同樣的命運在等待著古巴？這種恐懼會不會阻止他們恢復公開的奴隸貿易呢？而奴隸貿易正是古巴種植園主們如此渴望的加大盈利和擴張的關鍵！

在不到一天的時間裡，阿朗戈就寫下一篇關於聖多明各起義的專文。遠在大洋彼岸的阿朗戈在行文中充滿自信，但這種自信來自他的算計，而不是證據。發生在法國殖民地的事不可能在古巴發生。他同情聖多明各的種植者，但他們的不幸也是西班牙和古巴的機會。他堅持認為，西班牙需要追求「對法國人的優勢和優先權。」鄰近殖民地的動盪並不值得恐懼，而是值得歡迎——它是決定性地、感激地、幾乎是神賜的禮物。[4]

馬德里的當局聽從他的意見。他們延長奴隸貿易政策的開放，並邀請阿朗戈提交一份關於如何更充分地發展古巴農業的建議。這第二篇文章是古巴殖民歷史上被引用次數最多的文件之一，它有條不紊地請求加快糖和奴隸制的擴張。套用一位法國作家的話來說，這種擴張將使這個西班牙最早的殖民地之一的古巴，最終「在價值上等同於一個王國」。阿朗戈彷彿在編織一份願望清單，提出一個又一個政策：擴大已繁榮的奴隸貿易，免除種植者的稅收，允許古巴糖和其他產品的自由貿易。而聖多明各的大規模叛亂讓現在成為採取行動的時刻。阿朗戈以預言家的口吻宣稱「我們的幸福時刻到來了」[5]。

當然，幸福的標準永遠是相對的。讓阿朗戈這樣的人繁榮幸福的製糖業，首先取決於對作為奴隸的眾多男女的殘酷剝削。在一七九〇年至一八二〇年間，超過二十七萬非洲人被強行帶往古巴。這是在西班牙統治的前三個世紀中到達古巴人數的十倍以上。正是在這個時期，古巴的黑人人口首次超過白人。在一七七四年的人口普查有百分之五十六的人口被列為白人。到了一八一七年，這個比例下降到百分之四十三點四。在蔗糖種植園密集的地區，人口變化甚至更為劇烈。在圭內斯（Güines），阿朗戈和古巴的西班牙總督都擁有位於此地的糖廠，白人人口從大約百分之七十五下降到不到百分之十。在種族構成發生變化的同時，該島的總人口也在急劇增加，在一八八四年至一八一七年期間增長了百分之兩百二十以上。[6]

哈瓦那市的規模擴大了一倍，成為充滿活力的「蔗糖革命」首都，其郊區的磨坊數量成倍地增長。為了給磨坊的機器提供燃料，人們砍掉森林中的樹木。很快的，郊區的繁榮開始超越哈瓦那市區，向西延伸到千里達（Trinidad）和馬坦薩斯（Matanzas）。從基本上而言，古巴的糖業革命鞏固了一個以單一作物出口為基礎的經濟體系，這些作物是由數量快速增長的受奴役非洲人在大型種植園生產的。糖就是這裡的國王，到了一八三〇年，古巴島生產的糖比地球上任何其他地方都多。

歷史學家很容易在事後發現這種模式。但是，即使是生活在當時的人們也能夠用自己的眼睛來發現這種變化。想像一下，在哈瓦那老城區毗鄰碼頭的地方生活或工作的人。他們會看到港口停泊更多的船隻，有更多的俘虜奴隸從船上被卸下。他們會走過新的倉庫，這些倉庫關押著非洲男人、女人和兒童，戴著鐐銬的他們不久就會在這裡被拍賣。[7]

與此同時，種植園裡的奴隸工人的身體和靈魂，也在經歷著奴隸制的擴張。隨著更多的土地被用於製糖，奴隸們往往失去對其堆積田地（conucos）的使用權，這些園地仍然保留著塔伊諾原住民曾經使用的幾個世紀的名字。隨著這些供應地的喪失，即使是基本的生計也變得更加不穩定。隨著對勞動力需求的增加，更多的非洲人來到這裡，成為「每一季都會到來的人」。種植園主們幾乎沒有任何顧慮地把他們累死——不折不扣地累死。隨著奴隸貿易現在向所有人開放，工人可以很容易地被替換。正如一位參觀島上糖廠的波士頓商人的妻子所說，「在古巴很難看到一個年老的黑人。」[8]

這項工作是殘酷的。甚至在種植甘蔗之前，工人們就必須砍伐森林和清理田地。秋天，他們在數百英畝的土地上挖掘溝渠來讓甘蔗插穗，然後他們要照顧這些插穗好幾個月時間。收穫季在一月份開始，當時甘蔗的蔗糖含量處在最高點上。收割時的工作最艱苦。日出時分，一隊隊的男人和女人前往田間砍伐甘蔗。甘蔗有高而粗的莖稈，隨著微風搖擺。彎刀揮舞兩下就能把葉子砍掉；第三下就是把靠近地面的莖砍掉，那個部分是黃色的，也是最粗的。為了保持工人的步伐輕快，奴隸主們會用鞭子抽打正在彎腰砍蔗的奴隸工人。牛車拖著甘蔗工人們穿過田野。一組工人負責裝車；另一組工人則是把甘蔗送到磨坊裡去。磨坊在最初時是用牛來提供動力的，後來換成蒸汽機動力，奴隸制工人在磨坊裡將粗大的蔗莖一根根地手動送入榨汁的滾筒中。然後，還有其他工人將這些果汁運到煮沸屋。

煮沸屋和它聽起來一樣，是將甘蔗汁在一連串大銅桶中被煮沸的設備。奴隸們站在打開的鍋上撇去雜質，用巨大的勺子將冒泡的液體轉移到其他鍋裡。隨著每次連續的煮沸，果汁中排出更多的雜質和水，最終成為顆粒狀的糖。糖被冷卻和風乾後，工人們將其裝入圓錐形的容器中，以便排出。幾週後，當他們打開模具時，裡面的糖被分為三類——白糖在上面；黃糖在中間；濕潤的紅糖在下面。黃色和棕色的糖被送到買家手中，他們會在其他國家進一步提煉。白糖被賣給直接消費的人。從容器底部流出來的物質被賣到國外，用於製造蘭姆酒。[9]

然而，對勞動過程和勞動技術的描述，並不能真正表達出工作的情況：極端的高溫、令人作嘔的氣味、無情的勞作、人們身體的疼痛。由於甘蔗的蔗糖含量在砍伐後幾乎立即開始變質，因此工作節奏從未中斷過。白天，「大家單調的歌聲在馬車上或食槽裡響起」，從不間斷。與此同時，磨坊晝夜不停地運轉著，大鍋匠們向司爐工們喊著指令。到處都是「凝重而堅定的勞動」場景。疲勞和節奏使得事故頻發——手指被劃傷，手被壓傷，手臂被機器壓斷。到了晚上，在工人宿舍裡，人們疲憊不堪，在閉上眼睛睡上幾個小時之前，被奴役者可能會祈禱、交談或是魚水之歡，螢火蟲的微弱光線為他們提供蠟燭般的光亮。但是，無論奴隸們在白天或夜晚如何休息，都不能改變這樣一個事實，即這些種植園和美國南部的同類種植園一樣，都是強制勞動營。[10]

隨著工作需求的增加，體罰也在不斷加劇。一八〇六年，來自繁榮的圭內斯製糖區的奴隸工人為不再能開口說話的同伴作證，講述體罰和酷刑無處不在的情況。他們提到一個叫拉斐爾的人，他死於一種在牙買加被稱為「德比的一管」（Derby's dose）的懲罰，即讓奴隸吃其他奴隸的排泄物；瑪麗亞·德爾·羅薩里奧則是被鎖在雞舍裡被啄死；佩德羅．卡拉巴利是被棍子打死後扔進火裡的；還有一個不知名的七歲男孩死於過程不明的懲罰。目睹和經歷這樣的暴行，有時會促使被奴役者策劃反抗奴隸制的行動。「夥伴們」，其中一位領導人說：「你們知道……白人是怎麼奴役和懲罰我們的。」現在是採取行動的時候了；是殺死他們的時候了。在調查這個陰謀的期間，當局問另一位領導人是什麼原因促使他們策劃叛亂。這位領導人坦率地回答：他們想「減輕他們被奴役的負擔。」[11]

在法蘭西斯科．阿朗戈在海地革命時為古巴的糖業和奴隸制的擴張進行背書和辯護時，他曾宣布幸福的時刻已到來。被奴役者的證詞讓我們透過那些使幸福成為可能的男人及女人視角，瞥見阿朗戈口中的幸福。

在海地革命（一七九一—一八〇四）的陰影下，糖和奴隸制在古巴扎根，這個事實塑造了主人和被奴役者的經驗和視野。來自革命的聖多明各島的船隻載著尋求庇護的人們抵達古巴。在一八〇三年的短短六個月內，有超過一萬八千人抵達古巴的東部舊都聖地牙哥，使該市的人口幾乎增加一倍。這些難民中幾乎每個人都帶著關於海地革命的第一手資料來到這裡。隨著這種談話變得無處不在，許多古巴的白人居民開始懷疑他們自己的島嶼是否會走上海地的老路。古巴第一位女小說家哥特魯狄．戈麥斯．阿芙拉妮達（Gertrudis Gómez de Avellaneda）後來回憶說，她的父親經常預言古巴的命運就會像是海地一樣——「被黑人佔領」，而且她父親還經常懇求她母親和他一起回西班牙去。這種情緒並不是罕見的例外。島上的白人居民認為，到處都隱藏著放肆和危險的跡象——一段靜悄悄的談話，自信的步態，甚至是一個眼神。[12]

事實上，對海地革命的恐懼在該島的歷史上發揮了重要的作用。大革命年代（Age of Revolution）震撼全世界，因為首先是美國，然後是法國和海地的革命，這些革命使南北半球的社會和政治生活的基礎受到質疑。在一八〇八年，拿破崙．波拿巴綁架西班牙國王，讓他自己的兄弟登上王位，整個拉丁美洲的城市開始組建獨立的軍政府，在國王不在時自行統治。即使這些軍政府最初是出於對王室的忠誠而出現的，但他們也開創了自治的危險先例。到了一八二六年，經過十幾年的戰爭和革命在整個西班牙美洲的不平衡分布，除了古巴和波多黎各，其他國家都贏得獨立。在這種情況下，傑出的古巴人權衡了他們的選擇。

哈瓦那駐西班牙宮廷的老代表法蘭西斯科．阿朗戈曾短暫地考慮過組建一個獨立的軍政府，在國王不在的情況下進行統治（而且肯定會帶來更多種植園主們一直尋求的經濟改革）。但這些努力都是半途而廢，沒有任何結果。因此，當革命首先席捲海地，然後席捲西班牙美洲時，古巴島或多或少地保持平靜。

為什麼呢？一個答案是，古巴的菁英階層害怕武裝獨立可能帶來的潛在社會動盪，因此選擇堅持與西班牙合作。用島上一位外國糖商的話來說，古巴的菁英「毫無疑問地知道，任何運動都會導致他們的毀滅，他們害怕讓自己遭受（海地）受害者的不幸命運」[13]。在這種觀點中，恐懼——而不是忠誠或愛，使古巴和西班牙持續站在一起。

然而，恐懼並不是唯一的因素，貪婪也很重要。一個新的古巴糖業大亨階層剛剛嶄露頭角，許多人不願意用一場不確定的獨立罷工來危及他們新得到的地位和財富。他們避開政治革命，並且保持對西班牙的忠誠。然後，他們利用忠誠從馬德里獲得越來越大的讓步，並保證自己的地位上升。他們住在城市裡的豪宅和鄉村裡的宮殿式莊園裡，這些莊園都以法國風格進行裝潢。他們的糖廠擁有全部進口而來的最現代化機器。他們旅行、看戲、委託製作自己的肖像畫，晚上坐著花俏的馬車去兜風。他們活得像他們世界的主人。他們不惜一切代價，避免了席捲聖多明各的破壞，現在這種破壞正以不同的方式吞噬西班牙美洲大部分的地區。

但是，在古巴作為奴隸的許多非洲人和他們的後代將面臨什麼變化呢？一方面，他們親身經歷奴隸制的鞏固，切身感受到其影響。但與此同時，他們也聽聞海地革命的消息，聽到像他們這樣的人向主人和奴隸制度開戰的消息。這些消息激發他們的想像力和可能。事實上，在海地革命期間和之後，黑人的陰謀和叛亂在全島每隔一段時間就會被揭露：一七九五年兩次，一七九六年再一次，一七九八年至少五次，然後是一八〇二年、一八〇三年、一八〇五年和一八〇六年，一八〇九年兩次，一八一一—一二年有六次之多。[14]這就好像奴隸制本身就是一種永久的對峙，只有透過另一種暴力、另一種恐怖才能避免戰爭。

在對這些事件的調查中，當局通常會強迫被告人講述他們在策劃叛亂時的對話。這種證詞使我們能夠得到各種意想不到的談話內容。比方說，兩個出生在非洲的策劃反抗者談到海地人的成功，並想知道是什麼促成這種成功。其中的一位說，在從穆斯林手中重新征服基督教歐洲的過程中，查理曼和他的十二位夥伴受到共同信仰的激勵。有時候，潛在的反叛者會在家鄉附近尋找行動的靈感。他們指出 cobreros 的例子——在科夫雷礦區和慈善聖母院附近的男人和女人，他們抵抗了好幾個世紀之久，並在一八〇〇年獲得自由。最重要的是，他們一直在討論海地的榜樣，一次又一次地討論海地領導人的功績。他們談到圖森．盧維杜爾（Toussaint Louverture）——曾經的奴隸和革命中的知名人物，這個人是如此強大，以至於拿破崙最終將他囚禁在法國瑞士邊境汝拉山脈的一個寒冷、潮濕的牢房裡。他們也談到尚．法蘭索瓦（Jean-François）——曾經的奴隸，他成為革命早期的重要領導人，並與西班牙結盟，共同對抗法蘭西共和國。在整個古巴，從東到西，在海地革命期間和之後，被奴役的人們分享了他們對黑人的欽佩和尊重，他們說黑人「拿到土地」，並且成為「自己的主人。」

在這個時期古巴所有的謀略和叛亂中，最吸引人的是一八一二年出現的一個。其領導人大多是自由黑人，他們與被奴役的人結盟，以結束奴隸制。在一個整個南半球都正在動盪之中的時代，這場運動也許是哈瓦那最接近爆發革命的一次。一八一二年三月十四日，一個名叫胡安．巴爾比耶（Juan Barbier）的自由黑人，當局說他來自南卡羅萊納州的查爾斯頓（Charleston），他離開哈瓦那去了城郊。然而，巴爾比耶是以其他人的身分旅行的，他冒用尚．法蘭索瓦的名字和身分，這位海地黑人將軍在古巴被奴役的黑人和自由黑人中的聲望很大，也很受尊敬。在哈瓦那的那個晚上，巴爾比耶穿著一件藍色的制服，上面有金色的鈕扣。他和兩個同伴來到一個糖廠，召集勞動力，用法語向他們宣讀一份文件，他堅持這是國王的命令，要帶領他們進行一場反對奴隸制的戰爭。（事實上，這份文件是費城出版商和文具商威廉・楊・伯奇（William Young Birch）的印刷廣告）。然後，他帶領奴隸們來到名叫「Peñas Altas」的第二座種植園，在那裡他們放火並殺死包括兩個孩子在內的五名白人。但叛亂者們在第三座種植園被打敗了。

在隨後的幾個星期和幾個月裡，西班牙當局僅在哈瓦那就抓獲並懲罰五十多名叛軍和嫌疑犯，公開處決並展示其中十四人的遺體。尚・法蘭索瓦／巴爾比耶被絞死了，他的頭被砍下來掛在種植園入口處的木樁上，幾週前他曾在這裡呼籲自由和革命。[15]

如果叛亂沒有被挫敗，一八一二年三月十四日的事件必然會是一場強大的、雄心勃勃的革命開端。謀劃者們企圖燒毀其他的種植園，並動員其他受奴役的勞工。在首都，他們策劃襲擊城市的堡壘和軍械庫，以奪取武器，用來武裝他們聲稱已準備好的數百名新兵。領導人口述了一份公開宣言，並釘在總督府的門上。他們已準備好要掛在他們想要安營紮寨的地方的旗幟和軍徽。他們的網絡從種植園一直延伸到首都的中心地帶，根據一些當時的描述，從最東邊的聖地牙哥，甚至可能延伸到一些外國的地方。所有這些勞動和計畫都是為了一個目的：讓奴隸們獲得自由。

這場潛在革命的策劃者是一位名叫荷西・安東尼奧・阿蓬特（José Antonio Aponte）的自由黑人木匠。我們在前文中順便敘述過他和他的祖父了。他的祖父曾在哈瓦那的黑人營中服役，並在一七六二年的英國入侵中保衛哈瓦那。年輕的阿蓬特是一八一二年策劃反抗運動的領導人，他本人是哈瓦那黑人民兵的老兵，在美國革命期間，他曾在巴哈馬與英國人作戰。而在一八一二年，阿蓬特正在謀劃襲擊城市並建立一個政府，結束奴隸制，並隨之結束種植者和殖民地官員的權力。

當哈瓦那警方在調查期間搜查阿蓬特的房子時，他們發現一批零散的文件和藝術品——關於黑人民兵的公開法律；用於叛亂的旗幟和標準的織物；聖母瑪利亞、喬治・華盛頓和海地國王亨利・克里斯托夫的圖像。他們發現了《唐・吉訶德》第三卷、哈瓦那和羅馬的城市指南、語法手冊、藝術手冊和世界歷史簡編。在一個裝滿衣服的箱子深處，當局發現一個頂部可以滑動的松木箱。裡面是另一本由阿蓬特自己創作的書。與從他家沒收的其他物品一樣，這本書的內容也是材料和圖像的混亂組合——手繪的圖片和地圖，從扇子和印刷品上剪下的場景或文字，黏貼在書頁上。所代表的是希臘女神和黑人聖徒，衣索比亞國王和歐洲教皇，哈瓦那和天國。在一幅畫中，阿蓬特畫了法蘭西斯科・阿朗戈的房子，他曾是哈瓦那在馬德里的代表，是古巴糖業革命的主要設計師。在另一幅畫中，阿蓬特把自己畫成了國王。[16]

在策劃過程中，阿蓬特向他的共謀者展示這本書，並且解釋其中的一些圖像，以幫助他們為革命做準備。他也展示在英國圍攻哈瓦那期間繪製的西班牙軍營的圖片，以說明在即將到來的戰鬥中應該把旗幟和哨兵放在哪裡。他給他們看了黑人軍隊擊敗白人軍隊的圖片，也許是為了給他們帶來希望，讓他們相信他們的計畫是有機會成功的。他還展示一些重要黑人的圖片——神父、外交官、將軍、國王，以說明像他們這樣的人在這個世界上掌握著國家權力。他給他們看書，換句話說，是為了向他們證明另一個世界是可能實現的。

對於依賴奴隸制的殖民社會的統治者來說，阿蓬特的書和計畫代表著最嚴重的顛覆形式。在長達三天的時間裡，阿蓬特被迫在當局面前逐一解釋書中圖畫的內容。幾個星期後，當局判處阿蓬特死刑，並於一八一二年四月九日在一群人面前將他吊死了。他的頭被從身體上割下來，放在籠子裡的長矛上，被放置在離他家大約一個半街區，位於從城市到糖廠的路上的一個主要十字路口處。在那裡，它一直是一個可怕的警告，讓所有人都能看到。對於那些可能懷有與阿蓬特類似意圖的人，總督發誓「可以在一瞬間就讓他們粉身碎骨」。[17]然後，在處決後的某個時候——沒有人知道是什麼時候，阿蓬特那本不尋常的畫冊消失了，而且似乎從那時起就沒有人再看到它。它所留下的只是他在審判時被迫作出的描述。

儘管阿蓬特的暴力結局和畫冊的遺失，但他的故事和形象在他被處決後仍不斷地產生共鳴。對一些人來說，阿蓬特的名字成了危險的代名詞。再一八四〇年代，「más malo que Aponte」——「比阿蓬特更糟糕」或「更邪惡」的說法流行了起來，並在一個世紀後仍在使用。然而，其他古巴人也從他的例子中得到啟發。在一九四〇年代，一群古巴獨立戰爭（一八九五－一八九八年）的老兵和西班牙內戰（一九三六－一九三九年）的共和派同情者成功遊說將哈瓦那的一條街道改為阿蓬特的名字，這條街道原來的名字是下令處決阿蓬特的州長索莫如羅（Someruelos）的名字。（然而，一位在哈瓦那的朋友告訴我，她最近看到那條街上的一個公寓的電費單，上面居然還寫著這位西班牙老總督的名字）。在一九四〇年代時，那裡放置了一個紀念阿蓬特及其同伴的銅製說明牌，但在最近幾年裡被偷走了。在哈瓦那的黑人社區中，他的記憶被一代又一代地保留下來。非裔古巴人歷史學家荷西・盧西亞諾・佛朗哥（José Luciano Franco）回憶說，在一九六〇年代，阿蓬特的成就——包括他參加美國革命的故事，在街坊巷陌中人盡皆知。在一九七〇和八〇年代，紐約布朗克斯區的一位古巴裔美國桑提亞神父（priest of Santería）與他的信眾們分享阿蓬特作為指路人和老師的故事，他在自己的祭壇上保留一幅據說是阿蓬特的畫像。二〇一七年，一個名為「阿蓬特的願景：藝術和黑人自由」的跨國展覽邀請到來自古巴、美國和加勒比地區的當代藝術家，為現在的人重新詮釋阿蓬特遺失的畫冊。這場展覽於二〇一七年在邁阿密開幕，並於二〇一九年前往古巴，在那裡受到熱烈的歡迎。

但在阿蓬特和他的子孫們的時代，發揮影響的不是阿蓬特的願景，而是恰恰與之相反，法蘭西斯科・阿朗戈的願景，這位糖業種植者將奴隸制的強化視為幸福本身。阿蓬特的反奴隸制王國並沒有實現，而阿朗戈的糖業革命飛速發展。種植園的數量和規模不斷增加，佔用了更多的土地和森林，並消耗越來越多的非洲人的生命。一個有奴隸的社會變成一個奴隸社會，奴隸制在政治、社會、經濟和文化生活中都留下痕跡。在這個過程中，古巴島不僅成為一個「價值等同於一個王國」的殖民地，而且漸漸成為年輕美國的眼中釘。

CUBA

第三部

奴隸帝國

新希望糖業（New Hope Sugar Estate）的業主是羅德島的參議員詹姆斯・狄・沃爾夫，他是在十九世紀時的古巴擁有種植園的眾多美國公民之一。此圖為狄・沃爾夫的經理喬治・豪威（George Howe）在其日記中描繪的糖廠。（圖片出處：Courtesy of the Bristol Historical & Preservation Society）

第七章　亞當斯的蘋果

在一八二二年四月七日星期日的晚上，參議員詹姆斯・狄・沃爾夫（James DeWolf）緊急拜訪國務卿約翰・昆西・亞當斯（John Quincy Adams）。狄・沃爾夫是來自羅德島的新任參議員，也是美國最富有的人之一，他的商業利益版圖從新英格蘭一直延伸到俄羅斯。他曾以紡織品製造商和商人的身分發了財；他還擁有一家蘭姆酒廠和一家銀行。然而，他的財富的一個非常重要的部分來自跨大西洋的奴隸貿易。事實上，狄・沃爾夫是美國最惡名昭彰的奴隸販子之一。一家賓夕法尼亞報紙在宣布他當選參議員時曾大膽地評論，「對於一個以偷人為業的人來說，『沃爾夫』（wolf也有『狼』的意思）是一個再適合不過的名字了。」他曾因為幾年前的一個廣為人知的案子而受過審，他被指控在一艘名為「波利」號的船上謀殺一名被抓為奴隸的女子。狄・沃爾夫既是這艘船的主人，又是它的船長。他當時載了一百四十二個非洲人從非洲的黃金海岸駛向古巴，並在船上親手殺了那個女人。他堵住她的嘴，在不接觸她的情形下把她綑綁在椅子上，因為他認為這個女人得了天花，然後就把她從船上扔下海裡。無論他在這次航行中遭遇了什麼問題，他總是一意孤行。事實上，從一七九〇年起，到一八〇八年至美國的合法跨大西洋貿易結束為止，狄・沃爾夫的船隻至少進行四十四次奴隸航行。即使在奴隸貿易成為非法貿易之後，狄・沃爾夫仍然繼續著買賣人口的勾當。在狄・沃爾夫進行的所有販奴航行中，有一半以上的船隻是前往古巴，在那裡登陸的非洲人超過兩千人。狄・沃爾夫將一些俘虜留給自己使用，他自己在島上擁有的三個蔗糖和咖啡種植園。這位羅德島的參議員在古巴做很多生意，以至於他甚至成為西班牙的歸化公民。[1]

當狄・沃爾夫在那個星期天晚上闖入國務卿亞當斯的辦公室時，他想到的正是古巴。狄・沃爾夫得到的消息是，英國人策劃在本月內佔領古巴。英國曾經是世界上最大的奴隸貿易國，當時是反對奴隸貿易的主要力量（儘管到一八三四年為止，英國在自己的加勒比海殖民地上仍維持著奴隸制）。一八〇七年，英國已將其領土上和由其公民經手的跨大西洋奴隸貿易定為非法貿易。英國海軍會在公海上抓捕奴隸船隻，英國政客們也會與外國勢力談判條約，結束各地的奴隸貿易。英國接管古巴將意味著狄・沃爾夫的奴隸貿易業務的立即終結，而他在古巴的種植園的運營正依賴著奴隸貿易。這位參議員當時有充分的理由感到憂慮，他懇求亞當斯阻止英國對古巴的圖謀。

然而，亞當斯並沒有對這位新參議員的急切心情給予太多評價。他駁回的是狄・沃爾夫提供的時機，而不是他給出的警告本身。亞當斯和狄・沃爾夫一樣，對不讓古巴落入其他國家的手中一事感興趣：英國、法國，現在還有拉丁美洲的新獨立國家。當時，墨西哥政府正在考慮入侵古巴，將其從西班牙手中解放出來，並將其納入墨西哥。墨西哥政治家們認為，該島的地理位置使其成為他們的天然附屬地——「大自然為（我們）創造了一個巨大的倉庫和船塢來讓我們享用。」一位官員說，只要看看地圖，一切就一目了然了。[2]

地理就是命運，古巴位於墨西哥灣的門戶，幾個世紀以來一直被認為是通往新世界的鑰匙。在十九世紀的頭幾十年裡，沒有人比美國的領導人更相信這點了。自美國建國以來，他們就幻想出半個地球的地圖，重新劃定現有的實際邊界。對湯瑪斯・傑佛遜來說，理想的美國地圖是包括古巴在內的。正如他在一八〇九年所寫的：「我會立即在古巴的最南端豎起一根柱子，並在上面刻上Ne plus ultra的字樣，標示我們的領土的端點。這樣，我們只需將北方（加拿大）納入我們的聯盟……我們就會擁有一個自由的帝國，這是自從我們建國以來前所未有的。」[3]早在一八〇九年，蓄奴的傑佛遜就預言了一個包括美國古巴在內的美利堅帝國。這些主張往古巴擴張的談話是如此的眾所周知，以至於西班牙外交官認為實際的測繪和地圖已完成了。一八一二年，一個西班牙人曾警告，隨著時間的推移，「這個國家的野心越來越大……一張地圖準備好了……其中包括古巴島，它是美國的天然財產。」[4]美國在一八二二年從西班牙手中獲得佛羅里達，這只會讓人對美國對於古巴的企圖更具有誘惑力。

正如亞當斯自己寫的那樣，他所使用的語言與那位墨西哥官員所說的話驚人地相似：

> 這些島嶼，從它所處的位置來看，是北美大陸的天然附屬物；而其中的古巴，幾乎就在我們海岸的視線範圍內，出於多種考慮，已成為對我們聯邦的政治和商業利益具有超越性意義的對象。以我們國家利益的總體重要性而言，它是任何其他外國領土都無法比擬的，而且幾乎不亞於把這個合眾國的各個成員連繫在一起的重要性……該島的利益與我國的利益之間確實如此……將古巴併入我們國家的信念幾乎是不可能拒絕的，它對於合眾國本身的延續和完整是必不可少的……[5]

在兩個世紀後，這樣的立場似乎顯得很奇怪。但在一八二〇年代初——美國革命才剛剛過去幾十年，一八一二年戰爭結束後不到十年，美國的疆域正在迅速向南和向西擴展——把古巴收入囊中是一個合乎邏輯的下一步行動。在當時，密西西比河匯入墨西哥灣的港城紐奧良正在成為美國通往東部沿海、歐洲和拉丁美洲的農業產品的主要港口。無論自西班牙征服新世界以來發生了多大的變化，古巴仍然位於墨西哥灣和美國東部沿海地區以及大西洋之間。這個地理位置讓控制古巴的任何國家都取得對美國的巨大影響力。位於古巴的政府可以大剌剌地拒絕數千艘船隻的安全通航，這些船隻滿載有棉花和其他產品從紐奧良離開，而這些產品都是在密西西比盆地這片廣闊的土地上生產的——這片土地有一百二十萬平方英里之遼闊，佔美國大陸面積的百分之四十以上。[6]因此，古巴的主人是有削弱美國商業的可能性的。對於十九世紀初的政治家們來說，沒有任何懷疑的餘地：為了保證年輕的美利堅合眾國的成功和持久，正如亞當斯所說的，獲得古巴是「必不可少的」。

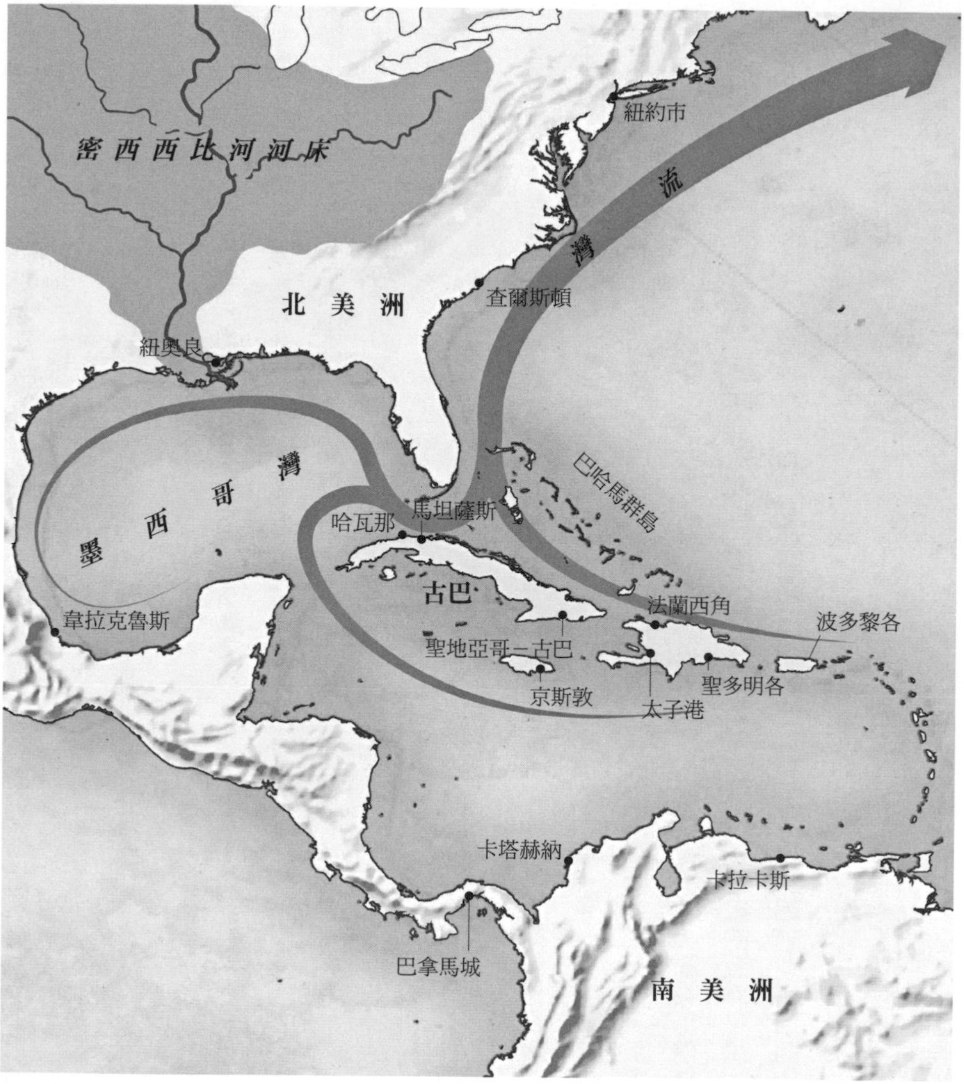

古巴區域位置圖。（出處：M. Roy Cartography）

古巴位於大西洋和墨西哥灣的交會處，這引起早期美國政治家的興趣，他們認識到無論是誰控制古巴，都有可能會削弱美國的商業。而對亞當斯來說，這不僅是一個商業和地理的問題，也是一個物理學問題。他在結束對美國和古巴之間的自然連繫的思考時，提出一個今天許多的古巴人都能從回憶中理解的預測和比喻。他寫道：

> 這裡有政治法則，也有物理引力的法則；如果一個蘋果——古巴，被暴風雨從它的原生樹上打了下來，它只能選擇掉在地上，就像是古巴，它要脫離它與西班牙的非自然連繫，而且沒有能力自立，那麼就只能向北美聯盟（North American Union）靠攏，根據同樣的自然法則，北美聯盟是不能把古巴從自己的懷抱中拋棄的。[7]

對亞當斯來說，就像他的大多數政治家一樣，問題不在於古巴是否會成為美國的一部分，而在於在什麼時候成為美國的一部分。一個屬於美國的古巴是不可避免的，它是自然界最基本的法則的結果：重力。

然而，自然法則可以考驗人類的耐心。它們誘惑著人們去嘗試和推動它們前進，愚蠢地想像他們可以加速重力的拉力。在這種情況下，那些開始這樣嘗試的人不僅是美國人，也有古巴人。從一八二二年開始，在接下來的幾十年裡，一個強大的富裕的、雄心勃勃的古巴人在與美國的正式連繫中看到了解決所有困擾他們的問題的答案。

當美洲的幾乎所有領土都在贏得獨立時，為什麼古巴的菁英們會尋求依附於美國這個有著不同語言、文化和宗教的國家呢？他們的邏輯很簡單。最富有和最強大的古巴人是奴隸主。他們擔心，獨立之路——無論是由外國入侵發起還是在古巴本土發芽，將不可避免地導致奴隸們會動員起來，這會帶來奴隸制的廢除，以及在短時間內，他們所說的「黑人優勢」的狀況出現。「奴隸制度在古巴的存在」，馬德里的一位部長這樣計算：「價值相當於擁有一支十萬人的軍隊。」一島上的西班牙總督也同意這個說法：「儘管有許多人希望不依賴西班牙，但一看到黑人，他們就沒膽子追求這件事了。」簡而言之，奴隸制——其利潤和暴力毀滅的前景，使富裕的克里奧爾人（creoles，即黑白混血的人）不敢獨自爭取獨立。[8]

然而，即使他們拒絕古巴獨立，種植園主們也會擔心繼續留在西班牙的前景。一八一七年，西班牙與英國簽署一項條約，從一八二〇年起結束對所有西班牙屬地的奴隸貿易。到了一八二二年，大約在販賣奴隸的參議員狄・沃爾夫拜訪約翰・昆西・亞當斯時，正蓬勃發展但已成為非法活動的古巴奴隸貿易正受到英國的抵制。古巴種植園主在英國日益強大的壓力面前，對於西班牙是否能夠捍衛古巴的奴隸貿易和奴隸制沒有信心。如果說獨立就是透過革命的方式來結束奴隸制，那麼繼續被西班牙統治則有可能是以外交手段的方式結束奴隸制。

現在美國人也進場了，這個國家在一八〇七年禁止在本國領土上進行跨國奴隸貿易，並且對從事奴隸貿易的船長進行處罰，但他們所攜帶的俘虜卻沒有得到解放。儘管有這項禁令，美國仍然是一個蓬勃發展的奴隸經濟體，也可以說是全球少數僅存的最重要奴隸貿易強權。而且美國也成為古巴出口貿易的主要客戶。在一八一七年，西班牙國王批准該島與美國之間的自由貿易，以此來保持克里奧爾菁英人士們的幸福，並勸他們不要追求獨立。在一八二〇至一八二一年期間，美國進口的六成以上的糖、四成的咖啡和九成的雪茄都來自古巴。事實上，古巴進口到美國的商品價值僅次於來自工業化國家英國的商品價值。[9] 在佛羅里達海峽兩岸，有錢有勢的人都在想：難道正式化並擴大古巴島與美國的連繫不是很有意義嗎？

一八二二年九月，一個名叫波拿貝・桑切斯（Bernabé Sánchez）的神秘古巴人出現在華盛頓特區，他此行的目的正是為了提出上述的問題。他在那裡代表「幾個受人尊敬和有影響力的古巴人」，沒有出示任何證明自己身分的文件。但當時的情況不同，詹姆斯・門羅總統在白宮接待他。桑切斯說他有一個緊急消息：古巴人反對西班牙統治的密謀一觸即發。然而，這麼做的真正目的不是獨立。相反的，密謀者們希望與西班牙決裂並立即與美國合併，他們要的不是讓古巴像佛羅里達那樣作為一個屬地，而是像緬因州（一八二〇年）和密蘇里州（一八二一年）那樣作為聯邦的一個正式州。這個古巴人就是來這裡評估門羅總統對這個計畫的支持度的。[10]

門羅饒有興趣地聽著，並召集他的內閣討論該提案的優點。內閣的熱情並不令人驚訝。南卡羅萊納州人約翰·卡爾霍恩（John C. Calhoun）當時是戰爭部長，很快成為南方最重要的支持奴隸制的思想家，他是最熱中於支持吞併古巴的人之一。他是房間裡最年輕的人，他聲稱自己的發言代表了湯瑪斯·傑佛遜的權威，傑佛遜兩年前剛剛告訴他，美國應該「在第一個可能的機會」上獲得古巴。討論一直持續到接下來的一週。[11]

最終，內閣決定暫時不考慮吞併古巴的問題。門羅總統告訴桑切斯，由於美國與西班牙的友誼，美國無法進行擬議的吞併。然而，在非官方的情況下，他指示桑切斯獲得更多關於古巴現狀的訊息，特別是關於那裡的吞併主義情緒的強度。「自從我們獨立以來，此事是一件意義無比重大、影響無比深遠的事件，在我們能夠採取任何措施之前，必須對所有這些進行更多的了解。」[12]

門羅還要求在古巴的美國特務收集相關情報，而特務們的報告更強化了主張吞併者的力量。一位特務向總統保證，古巴人堅決反對將該島移交給英國。由於英國反對奴隸貿易運動的力量，以及黑人佔古巴人口大多數（百分之五十七）的事實，使該島的白人居民將成為英國領土的前景視為等同於古巴奴隸制的終結，以及黑人共和國的建立。門羅的代理人將古巴人對英國統治的反感與對該島併入美國的明顯渴望進行對比。這種熱情的一個重要來源是相信美國人有意願也有能力保護奴隸制。據一位代理人說，三分之二的古巴白人居民贊成併入美國，認為這是「防止外國統治和國內叛亂的唯一保障」。無論是美國特務，或是門羅總統及其內閣，都未曾認真考慮古巴白人選擇加入美國來作為「被外國統治」的替代方案，這件事十分具有諷刺意味。目前，古巴島仍將是西班牙領土，門羅決定，這對美國人來說很合適。只要不發生變化，美國在古巴的利益就是安全的。[13]門羅剛做出這個決定，就發生了重大的變化。一八二三年四月，法國入侵西班牙，打敗一八二〇年奪取政權的自由主義革命。新上任的國王確信是自由主義改革造成西班牙帝國的失敗，於是他解散立法機構，並廢除自由主義憲法。專制主義得以恢復。

法國入侵西班牙半島的消息引發門羅政府的激烈討論。內閣成員猜測，英國可能會利用這場動亂對古巴下手。卡爾霍恩作為南方人和戰爭部長，一改他先前的謹慎，聲稱如果英國對古巴採取行動，戰爭就是一個合理的選擇。另一位內閣成員則建議，美國應敦促古巴人宣布其獨立。約翰・昆西・亞當斯承認自己可能是「一個陰鬱的厭世者」，他以特有的懷疑態度進行干預。他自信地表示，如果古巴人設法獨立，他們也將無以為繼。至於英國，如果它想佔領古巴，美國也無法阻止它。談話越來越激烈。有人想召集國會召開特別會議；亞當斯認為這個是個很荒謬的提議。那天晚上，他在日記的最後給自己留下一個簡短的說明：「備忘，此問題亟需冷靜。」然而，即使有了冷靜的看法，美國的政治家們還是不斷地回到兩種截然不同且不受歡迎的可能性上：古巴人將實現自己的獨立，或者英國人將以某種方式獲得該島。他們認為，無論哪種情況，古巴都會落到美國手裡。[14]

為了防止第一種結果——獨立，美國人有一個強大的盟友，即古巴的新任西班牙總督：弗朗西斯科・迪奧尼西奧・維維斯（Francisco Dionisio Vives）。他是在西班牙恢復專制主義後立即被國王指派，以同樣的精神統治古巴。雖然馬德里容忍古巴近年來的改革，但部分原因是為了利用該島作為打擊南美獨立運動的行動中心。現在，隨著這些殖民地被西班牙奪走，計算方式發生變化。新總督於一八二三年抵達該島，正好粉碎了一個共濟會的陰謀，該陰謀試圖宣布獨立並建立一個名為 Cubanacán 的主權共和國，這是哥倫布之前該島的名稱之一。此後，馬德里宣布共濟會為非法組織，並禁止所有貶低教會、國王或主張獨立或叛亂的書籍的進口。在一八二五年，王室成立了軍事委員會，這是一個取代傳統司法機制的軍事法庭，僅在頭七年就審判六百多名被告。最後，國王為總督授予「facultades omnímodas」，大致翻譯為「絕對權力」，相當於「皇家法令賦予處於圍困狀態的城市總督的所有權力。」這些權力包括隨意更換官員，放逐他認為可疑的人，沒收財產，以及暫停執行任何不適當或危險的任何皇家命令。該法令實施了五十多年，嚴重限制古巴人在法律下的權利，並賦予總督及其繼任者幾乎絕對的權力。

似乎是為了炫耀其對該島的鐵腕控制，馬德里為古巴授予一個新的榮譽稱號：siempre fiel，可譯為「永遠忠誠」。這句話將被印在古巴的官方國家文件上，一直到七十多年後西班牙統治結束為止。[15]

專制主義的恢復和殖民統治的加強，引發了古巴人們深深的不安。起初，一些反政府的計畫浮出水面。除了一八二三年的共濟會密謀之外，一八二〇年代還有一些其他的反政府計畫，它們大多由與奴隸制沒有什麼經濟利益關係的人領導，有時還有有色人種的自由人的參與。一八二五年還發生了一起涉及馬坦薩斯咖啡種植園的非洲裔奴隸的叛亂，這個地方也是參議員詹姆斯·狄·沃爾夫和其他美國人擁有種植園的地點。所有這些運動——無論是反對西班牙還是反對奴隸制，或者兩者都有，都沒有成功。島上根本沒有空間來向西班牙發起足夠強大的挑戰。[16]

因此，最慷慨激昂的獨立追求是出自流亡海外的古巴人也就不足為奇了，在那裡，組織政治活動的後果沒有那麼致命。費利克斯·瓦雷拉（Félix Varela）曾經是哈瓦那的一個瘦小、面容清秀的神父和哲學教授，他在受過教育的哈瓦那青年中擁有許多追隨者。在一八二一年，在西班牙的自由主義統治時期，他被選為哈瓦那的西班牙立法機構代表，在那裡他主張古巴自治。當國王恢復專制主義時，瓦雷拉逃到美國，在費城和紐約暫居二十五年以上。在那裡，他把湯瑪斯·傑佛遜的《議會程序手冊》（*Manual of Parliamentary Procedure*）翻譯為西班牙語，他還應邀參加建立紐約大學的討論，並發行被大部分人認為的古巴第一家支持獨立報紙和美國第一家西班牙語報紙。在報紙的版面上，他公開主張與西班牙分離。為此，西班牙國王下令暗殺他。

流亡中的瓦雷拉既是一股強大的古巴獨立訴求，也是一名紐約移民。在曼哈頓市中心的莫特街（Mott Street），他建立了移民教堂（Church of the Immigrant，後來改名為變容教堂），那裡的神父和教友包括西班牙人、愛爾蘭人、奧地利人、義大利人和其他人。他幫助建立救濟貧窮寡婦子女的庇護所，在一八三二年的紐約霍亂流行期間，他在市立醫院提供精神指導。今天，瓦雷拉在紐約的天主教領袖中仍然很有名，一九九七年，美國郵政局曾為他發行一枚郵票。老一輩的古巴人仍然把他說成是「教導古巴人思考的人。」[17]然而，雖然瓦雷拉被認為是古巴民族的早期代表，但他的大部分時間是在美國流亡。在古巴本土，這位面容清秀的神父幾乎是沒有一點力量的。

在島上，西班牙人仰賴著壓倒性的強制力，它讓維維斯總督能夠進行無情的鎮壓。隨著南美獨立戰爭的失敗，西班牙軍隊現在幾乎可以完全專注於保衛西班牙在古巴的利益了。美國政府了解總督在古巴的權力以及它對政治騷動的寒蟬效應。而且，美國很感激古巴的屈服，套用約翰·昆西·亞當斯的話來說，因為維維斯對古巴的「安撫與調和」，讓美國「在門羅先生的剩餘任期內，以及在我的整個任期內，都沒有再聽到古巴有意的叛亂。」[18]無論如何，目前古巴人還不能為獨立而戰。

讓美國人更加擔憂的是英國人在古巴的圖謀。英國人擔心美國人將在該島採取自己的行動，於是也對這種擔憂做出回應，率先做出姿態。一八二三年十月，詹姆斯·門羅收到英國外交部長的提議，邀請美國與英國一起承諾：第一，任何國家都不會試圖奪取西班牙現在或以前的殖民地；第二，任何國家都不會支持任何其他國家的這種奪取行為。

在蒙蒂塞洛（Monticello）過著退休生活的湯瑪斯·傑佛遜寫道，英國的提議所帶來的問題是「自從我們獨立成為一個國家以來，一直讓我在思考的最重要的問題。」對傑佛遜來說，主要問題是這樣的：「我們是否希望為我們自己的聯邦獲得任何一個或多個西班牙省份呢？」他的回答是肯定的，還有古巴。「我坦率地承認，我一直認為古巴是我們的國家體系中可能出現的最有趣的補充。」連同剛剛從西班牙獲得的佛羅里達州，美國將控制墨西哥灣「……以及所有流入墨西哥灣的水域。」鑑於古巴成為英國一部分的可能性很小——古巴人「厭惡它（英國）」，傑佛遜得出一個與亞當斯的蘋果從樹上掉下來的比喻一致的結論。也許「最好的就是靜靜地躺在那裡，準備在她要求時接受這種有趣的合併。」他總結說，「毫無疑問，這個島正是我們的國力所需要的，它是最大的利益所在。」古巴「將充實我們的政治福祉。」[19]

在這點上，樸實、精打細算的亞當斯同意傑佛遜的觀點。他明白，西班牙永遠不會重新征服它在南美的前殖民地。亞當斯喜歡用風趣的比喻來預測政治未來，他宣稱，這種可能性不會比欽博拉索（Chimborazo，安地斯山脈的一座著名山峰）沉入海底的可能性更大。假設拉丁美洲從西班牙獨立出來是板上釘釘，那麼英國人自己也會反對另一個歐洲大國對那裡進行任何干涉。因此，擬議的聯合承諾對於最近（或即將）獨立的拉丁美洲國家來說，確實沒有什麼意義。但它也大大限制了美國在古巴的手段。亞當斯掌握的所有訊息表明，古巴人永遠不會接受英國的統治。如果英國人不太可能得到古巴，那麼為什麼要放棄在未來某個時候讓古巴成為美國的可能性呢？[20]畢竟，華盛頓已收到古巴人自己提出的至少一次與美國合併的請求。

雖然時機尚不成熟，但他認為古巴併入美國只是一個時間問題，就像一個成熟的蘋果從樹上掉下來一樣，是不可避免的。在亞當斯的推動下，門羅政府決定單方面宣布自己的政策。門羅於一八二三年十二月二日在他給國會的年度致辭中宣布這個政策。這項政策後來被稱為門羅主義（Monroe Doctrine），規定從此以後西半球都不再允許歐洲殖民。他宣稱，「美洲大陸因其所承擔和保持的自由和獨立狀況，今後將不被視為任何歐洲國家的未來殖民對象。」至於歐洲在美洲的剩餘殖民地——例如古巴，美國承諾不進行干涉，並希望所有歐洲國家也能這樣做。西班牙在拉丁美洲的前殖民地只顧著建立新的國家，不可能對古巴進行冒險的探險。（而且以防萬一，美國也單獨對這種可能性施加壓力）。更重要的是，門羅主義使英國（全球最大的海軍強國和世界反對奴隸貿易的新十字軍）遠離拉丁美洲。[21]

因此，門羅主義允許美國在「政治的重力法則」下，不可避免地將古巴從西班牙分離出來，並將等待時機將其推入美利堅合眾國。它為美國的未來預留古巴的位子。而在當下，美國為一個正在出現的體系提供保護，這個體系將美國的經濟與古巴的奴隸制連繫起來。

自從美國獨立以來，美國和古巴的經濟逐漸糾結在一起，而且在西班牙於一八一七年向古巴人作出自由貿易的讓步後，這種糾結就變得更加明顯了。在門羅主義出台前夕，北美各共和國（North American republic）是古巴的主要貿易伙伴，甚至遠遠超過與西班牙的貿易。與此同時，對美國來說，古巴島一直是美國的三大貿易伙伴之一。這些貿易關係的深化首先是以古巴的蔗糖和奴隸制的擴張為前提。隨著這裡的經濟日益轉向蔗糖業務，古巴把目光轉向美國，進口美國的一切商品，無論是奢侈品（因為越來越富有的種植園主人們的品味也水漲船高），基本的食品物資（因為土地用來種植甘蔗可以獲利更多），還是工業用的機器（因為它是把甘蔗變成糖的必需品）。[22]

如果說美國企業提供了推動古巴糖業生產的機器，那麼也可以說，美國人也協助提供了從事大部分勞動的人力。美國在一八〇〇年就禁止美國公民在外國販賣人口，並在一八〇七年宣布跨大西洋的奴隸貿易在美國境內為非法。而西班牙也與英國簽署條約，在一八二〇年結束對古巴的奴隸貿易（然後在一八三五年再次結束，因為第一次禁令是效果有限）。但事實上，在三個半世紀以來被強行運到美洲的所有非洲奴隸中，有百分之七十以上人口的抵達時間，是在一八二〇年西班牙禁止奴隸貿易之後。[23]

美國人深深地捲入這種非法貿易。一八三〇年代末，懸掛美國國旗的船隻參與了進出古巴的奴隸貿易，它們的數量幾乎翻了一倍，百分之六十三的古巴進口俘虜都是由美國船隻運來的。其中許多船隻都是由紐約公司投保的巴爾的摩快船（Baltimore clippers）。他們不僅從南部港口出發，還從紐約、波士頓、巴爾的摩、羅德島的布里斯托爾和麻薩諸塞州的新貝德福德（New Bedford）出發。他們穿越到西非，在那裡買來男人、女人和兒童，經常與居住在那裡的美國代理人打交道。他們滿載著數百名被俘的非洲人，從相反的方向漂洋過海，在哈瓦那、馬坦薩斯、卡德納斯、千里達和古巴（或巴西）的其他地方登陸，以賺取利潤率的方式賣人，使得除了被俘者之外的所有人都變富有了。美國駐哈瓦那的領事沒有對這種非法貿易進行監管，而是給這種貿易的經營提供幫助。他收取費用來給人們藐視法律的行為火上澆油；事實上，他們也拿自己的收入購買自己的古巴種植園。詹姆斯·狄·沃爾夫，即使是身為美國參議員，在非法貿易結束後，他仍在繼續用他的船隻運載人肉貨物，並在古巴出售。美國人將所有這些的巨額利潤再投資於金融公司、銀行、保險公司，以及從南方的查爾斯頓和紐奧良，套用一位狄・沃爾夫家族的後裔的話來說，就是送到「北方深處」（Deep North）的城鎮和城市的製造企業中去。[24]

美國的一些產業直接與古巴的產業連繫在一起。例如，紐約的雪茄製造是一個不斷增長的業務，並且依賴於古巴菸草的進口。使用來自古巴的糖蜜蒸餾和製造蘭姆酒，讓狄・沃爾夫家族之類的家族大發橫財。紐約的煉糖廠從古巴購買紅糖原料，將其加工成精製白糖，然後在國內市場上出售，甚至利潤可觀地出口到外國去。古巴的糖都是奴隸們種植的，這意味著美國精製糖的批發價格的波動與古巴的奴隸價格的波動幾乎完全相關。與此同時，西班牙根本就沒有煉糖廠。[25]

美國商人在古巴經常有代理人。他們已習慣與喬治亞州和阿拉巴馬州等地的棉花種植者打交道。他們以同樣的方式與古巴糖業大亨打交道，為下一年的作物預付貸款。種植園主用信貸來購買非洲俘虜和工廠的機器。當收成令人失望時，美國商人可能最終會成為古巴糖業種植園的部分或全部所有者。美國商人也獨立購買種植園，他們把這項買賣當作是投資於蓬勃發展的業務或使他們的財產多樣化的一種方式。有時，來自奴隸種植的古巴糖的利潤會出現在意想不到的地方——例如，作為每月寄回家鄉的少量津貼，或者是交給羅德島州布里斯托爾的聖麥可聖公會教堂，這個地方正是狄・沃爾夫家族的故鄉。[26]然而，更大比例的糖業利潤被投資於美國的工業，如煤炭、鋼鐵、製造業、鐵路、銀行等。摩西・泰勒（Moses Taylor）是紐約的一個糖業經紀人，早期他在眾人所說的「古巴貿易」中發了財，然後他把這些錢投到銀行業和工業中。在幾十年的時間裡，他成為紐約國家城市銀行（National City Bank）的總裁，這個銀行就是花旗銀行的前身。當他在一八八二年去世時，他的遺產至少價值三千五百萬美元，這個價值大約相當於二〇二〇年的十三億美元。[27]

有很多人在近年來指出，奴隸制是連接美國南北經濟體系的命脈，是資本主義的基礎。但無論是奴隸制還是資本主義，都沒有被限制在國境線之內。來自美國南方的奴隸種植的棉花為英國和美國北方的工業革命的紡織廠和工廠提供原料。來自古巴的奴隸種植的糖協助解決了工人的飢餓問題，其利潤助長美國工業的發展。古巴——它的糖、它的奴隸制、它的奴隸貿易——是美國資本主義歷史的一部分。

美國與古巴經濟的基石——奴隸制，是牽連在一起的。如果這兩件事之間的牽連在糖價、奴隸價格，或是紐約的商業房產波動上是一目了然，那麼這種牽連在古巴的土地上，在甘蔗田、種植園和奴隸市場裡也是顯而易見。有時候，甚至在奴隸主和被他們所禁錮的男人和女人的關係中，也能看到這種牽連。

詹姆斯．狄．沃爾夫是羅德島的奴隸販子和參議員，他懇求約翰．昆西．亞當斯保護美國在古巴的利益，因為他在古巴擁有三個種植園。他擁有血緣和姻親關係的家屬還擁有另外三個種植園。新英格蘭人不僅監督為了興建工廠而開墾森林的工作；他們還負責管理糖的生產和銷售；他們買賣人口；他們會把奴隸的家人們分開並對他們實施懲罰。[28]「我在今天晚上第一次打了黑奴，因為他敢在禱告時候發笑」，狄．沃爾夫的一個種植園的新任美國經理這樣回憶說。這位經理人的日記可以證實，他那天晚上打的那個人確實只是許多被打的黑奴中的第一個。狄．沃爾夫的侄子管理著另一個種植園，他允許鄰近的奴隸主使用狄．沃爾夫家的木製刑具來懲罰自己的奴隸。[29]

馬坦薩斯地區是詹姆斯．狄．沃爾夫最大的種植園「新希望種植園」的所在地，這裡是這個時期古巴糖業繁榮的原點。這股熱潮於一七九〇年代在哈瓦那開始，隨著土地和森林的消失，種植園慢慢向東蔓延。馬坦薩斯距離哈瓦那約六十英里，位於該島的北部海岸，是這個產業增長的重要樞紐。一位觀察家說，那裡「擠滿了美國人」。據一位英國官員在一八三九年寫道，美國公民最近在該地區購買或建立「不下於四十個種植園」。馬坦薩斯的東部是卡德納斯（Cárdenas）城。它吸引如此多的美國居民和業主，以至於到本世紀中期，它贏得了「美國城」的稱號。這裡有百分之九十以上的貿易都是與美國進行的。每年秋天，美國工程師都會來到馬坦薩斯─卡德納斯地區，在五個月的收穫期中為工廠做準備，並照料美國製造的機器。將糖從種植園運到馬坦薩斯和卡德納斯港口的鐵路也是美國人修建的。在這些港口中，任何時候都有大約一半的船隻屬於美國人。從港口的奴隸船到彎腰砍甘蔗的工人，再到磨坊裡的機器，開往港口的鐵路，交易產品的代理商，美國公民參與了古巴奴隸大廈的每個部分。[30]

門羅主義所保護和扶持的正是這種新興的制度。雖然這項政策試圖限制歐洲在整個拉丁美洲的權力，但它在古巴發揮了非常特殊的作用。透過尋求使古巴免受英國——世界上最龐大的海軍強國變成反對奴隸貿易的十字軍的影響和力量，門羅主義支持奴隸制，並保障美國在那裡的一系列投資。簡單地說，門羅主義保護美國人在古巴的利益。

門羅主義還讓美國積蓄防禦力——不僅打消英國接管古巴的可能性，也打消了古巴人自己接管古巴的可能性。儘管古巴周圍許多殖民地都已成為獨立國家，但十九世紀初開始的糖業革命為古巴的菁英創造了保護現狀的強大動力。在門羅主義的影響下，古巴的糖業革命也成為美國的一項業務。而美國的力量——它的政府和資本家，成為反對變革的又一道防禦壁壘。古巴的政治地位將保持不變。英國和歐洲將置身事外；一個被削弱的西班牙將在表面上保持著控制。美國人將繼續投資和獲利。約翰・昆西・亞當斯曾經說過，當時機到來時——它是肯定會到來的，古巴就會像熟透了的果子一樣從樹上掉下來，投入美國的熱切懷抱。

第八章 酷刑陰謀

當詹姆斯・門羅或約翰・昆西・亞當斯等人正擔心英國對古巴的圖謀，或者是擔心本土的獨立圖謀時，他們正在遠處靜靜地觀察，心中算計著利害關係，並且也在策劃自己的下一步行動。他們不可避免地錯過故事發展中的一些戲劇性事件——一個不可能的聯盟、一個看似不起眼的人、一次偶然的相遇，或是一段可能會影響他們對古巴的宏偉計畫的親密家族史。

在一八〇九年的哈瓦那，有一位名叫康塞普西翁（Concepción）的西班牙芭蕾舞演員，無論從哪個角度看，她都是一個美人，她在這年生下一個男孩。孩子的父親迪亞哥是一個有色人種——在當時的詞彙中，他是一個「quadroon」，也就是混血兒和四分之一血統的非洲人。迪亞哥在哈瓦那的大劇院裡當理髮師，他在那裡遇到這位芭蕾舞女演員，並對她展開追求。在一個嚴格關注種族等級的奴隸社會裡，生下一個非白種人的孩子也許是一個白人婦女能做的最「下作」的事了。也許正是因為這個原因，在孩子出生的十八天後，這位年輕的母親就把這個嬰兒安置在哈瓦那最大的一家孤兒院。第二天，嬰兒接受洗禮，被取名為迪亞哥・加布里埃爾・狄・拉・康塞普西翁（Diego Gabriel de la Concepción），這是一個結合父親和母親之名的名字。孤兒院為他取了一個姓，叫瓦爾德斯（Valdés），這是一百多年前建立這個收容機構的神父的名字，也是所有存放在那裡的孩子的姓氏。

男孩的親生父親似乎對男孩母親感受到的恥辱並不在乎，他把孩子帶到自己的母親和姑姑家撫養。這個被叫作加布里埃爾的男孩在卑微的條件下長大，先是在哈瓦那，後來在馬坦薩斯。他用各式各樣的手段謀生。他在一家木匠鋪和一位著名黑人畫家的工作室工作；他製作玳瑁梳子，還在一家印刷廠裡排字。但他賺錢的主要方式之一，也是他最喜歡的方式，就是寫作。在十歲時，他才學會閱讀和寫作，但他對寫作充滿熱情，很快就在婚禮、洗禮和其他節日聚會上作曲、即興創作和表演詩歌，並且靠著這項才能來為自己賺取生活費。他留在詩作上的筆名是普拉西多（Plácido），這是他最喜歡的一本書中主人公的名字，而這是一本剛被翻譯成西班牙語的法國小說。歷史正是透過這個名字記住這位年輕的非婚生黑人詩人。

在古巴，沒有人像普拉西多那樣發表過那麼多的詩歌——在短短的十年裡就有近七百首之多。普拉西多的詩歌，加上他自由人、有色人種的身分，使他受到各方面重要人物的關注。在二十歲出頭時，他開始在文學界裡活動。他的同時代人認為他是一位浪漫主義詩人，受到布萊克（Blake）、華茲華斯（Wordsworth）和柯勒律治（Coleridge）等人的啟發。另一些人後來將他描述為早期的「克里歐由主義者」（criollista），也就是本土主義詩歌的表達者，這種詩歌會頌揚當地的風俗習慣，讚美島上的第一批居民，也就是那些在很久以前迎接哥倫布的男人和女人們。普拉西多有些詩歌涉及政治。在一首詩中，一隻被關在籠子裡的金絲雀在等待機會釋放自己；在另一首詩中，「一棵自由之樹」讓任何喝了樹下流淌溪水的人成為反抗者。[1]

一八四三年，普拉西多的小名氣將他帶入席捲馬坦薩斯的叛亂和陰謀的漩渦中，馬坦薩斯是美國已故參議員詹姆斯・狄・沃爾夫擁有多個種植園的富裕糖業地區。當局曾兩次逮捕普拉西多，懷疑他在反奴隸制運動中扮演重要的角色。第一次，他被監禁了六個月。第二次，幾十名證人指認他是旨在結束奴隸制、宣布古巴獨立的陰謀的「主要集會的主席、招募者、煽動者和第一批代理人之一」。在一八四四年六月二十八日清晨，在馬坦薩斯的城市中心廣場上，在包括美國領事在內的人群面前，一名政府的劊子手奪走了他的生命。[2]

普拉西多走向的那一條暴力結局的道路受到另一位古巴詩人和作家、白人——多明哥・德爾蒙（Domingo del

Monte）的影響。德爾蒙和普拉西多一樣，也創作浪漫主義風格的詩歌，也發表文學評論和政治文章。他曾試圖成立古巴文學院（西班牙當局不允許開辦），但沒有成功，他曾在費利克斯・瓦雷拉（Félix Varela）手下學習，後來這位神父搬到紐約，開始照顧移民的精神需求。德爾蒙廣受人們尊重，是一個擁有地位和影響力的人。作為古巴島上最重要的文學贊助人，他委託並出版唯一已知關於古巴奴隸制的傳記，作者是曾經被奴役的胡安・法蘭西斯科・曼薩諾（Juan Francisco Manzano）。詩人普拉西多也在同一個圈子裡活動。[3]

正如各地菁英人士的文化慣習，德爾蒙也是哈瓦那經濟菁英階層的一部分。他娶了古巴島上的一個富貴之家的女兒，成了阿爾達馬家族（the Aldamas）的女婿。該家族在哈瓦那的住宅是該市最豪華的住宅之一，是一座輝煌的新古典主義宮殿，也是在城牆外建造的第一個大型建築（它今天所在的位置已成了市中心），它裝備有古巴島上的第一個抽水馬桶，這種設備在當時甚至還沒有傳到西班牙。建造宮殿的工人是遭到奴役的非洲人，當他們起身抗議他們的工作條件時，有七人被殺，另有十個人受傷。同時，該家族的族長是鼓吹古巴併入美國的重要倡導者，也是推動美國買下古巴島的主要組織——古巴軍團（Junta Cubana）的創始成員。該家族擁有五個種植園，並奴役了數百人。德爾蒙本人擁有一座九百英畝的種植園，奴役了一百人。作為一個被財富包圍的文人，德爾蒙對自己的特權感到一種矛盾情緒。因此，當他的家族成員在奴隸和製糖方面的財富不斷增長時，或是當他們謀劃加入美國時，年輕的蒙特似乎一直在與英國廢奴主義者和黑人革命者保持著溝通。[4]

在蒙特的合作者中，有一位蘇格蘭人大衛・特恩布爾（David Turnbull），他是當時最具冒險精神的反奴隸宣傳家和外交家之一。一八三〇年代末，特恩布爾寫了一篇對古巴奴隸制的嚴厲批評文章，並將其偽裝成一篇遊記。在一八四〇年，英國政府任命他擔任駐哈瓦那領事時，遭到西班牙人強烈的反對。特恩布爾對這些反對意見置之不理，甚至可能樂在其中。他沒有謹慎行事，而是到處宣揚自己的存在。他大聲抱怨非法的奴隸貿易，並將違規行為提交給為此而設立的西班牙與英國聯合法庭。他的舉動讓自己的聲名狼藉，為了避免被捕，甚至避免被暗殺，他搬到港口一艘英國船上，這艘船在原先是要臨時安置非法奴隸販子釋放的俘虜。更具挑釁性的是，特恩布爾還積極地參與在古巴島上進行革命、結束奴隸制的雄心勃勃計畫。他與對改革感興趣並可能對廢除奴隸制持開放態度的自由派克里奧爾人建立連繫，並與有色人種中的自由人建立緊密的連繫，以謀求反對西班牙和奴隸制。古巴種植園主希望他被處決。西班牙總督卻只是將他驅逐出境。[5]

特恩布爾的副手是法蘭西斯・羅斯・科金（Francis Ross Cocking），也許他和他的老闆一樣，都是熱心的廢奴主義者。科金繼續從事由蘇格蘭人制定的計畫。他定期與一群他稱之為「白人委員會」的人會面。我們雖然找不到這群人的成員名單，但我們可以假設的是，與特恩布爾展開密切合作的主要改革者德爾蒙一定會是這個組織的重要成員。同時，科金還會見他所謂的「有色人種委員會」，如果我們有這個委員會的名單，它的領導層中肯定會有詩人普拉西多。在科金協調兩個委員會的工作的情況下，陰謀家們制定了一個計畫。這兩個團體將一起工作，並發表古巴獨立宣言。加入獨立運動的被奴役者將得到自由的獎勵，而主人將為他們失去的財產得到補償。（沒有人想到要補償之前奴隸們所付出的勞力。）一旦實現獨立，勝利者將在古巴「所有階層和膚色的人」的公民權利和政治權利方面尋求英國的援助和保護。[6]

幾乎就在這時，所謂的白人委員會成員開始有了新的想法。讓奴隸擁有武裝會是明智之舉嗎？一旦發生這種情況，是否有可能控制事件的發展？與此同時，「有色人種委員會」的成員們則是將這個計畫牢記在心，並立即開始工作，要使之成為現實。他們委派代理人到農村去準備造反。意識到白人對運動的支持正在消失，而黑人的支持正在加強，科金試圖讓他在有色人種中的自由人盟友推遲叛亂。但他們投入太多了。他們「已在全島各地串聯，（並）喚起反叛的精神，這是不容易止住的。」「他們」，科金繼續說道：「準備冒著生命危險和他們所擁有的一切，試圖為自己和他們處境更悲慘的兄弟爭取自由……作為人，他們應該可以享受得到的自由。」[7]

黑人的熱情極大地澆滅白人委員會的熱情，而且他們之間的合作本就越來越少了。德爾蒙——一個富有的種植者、合併主義者的女婿，隨即做出一件完全不令人驚訝的事：他轉向了美國。島上的特別外交人員亞歷山大・埃弗雷特（Alexander Everett）一直在與克里奧爾人裡的頭面人物會面並爭取他們加入與美國合併的志業。作為一名外交官和文學家，他與德爾蒙成了朋友。埃弗雷特甚至要求德爾蒙寫一本關於古巴的長篇歷史著作，這本書將透過講述歷史來論證古巴和美國的合併是正確之舉。[8]

一八四二年十一月，在危機四伏下，陰謀展開了，德蒙特寫給埃弗雷特一封信，承認他的疑慮，並警告他將要發生的暴力和破壞。他報告說，島上的英國廢奴主義者一直在秘密策劃一場叛亂。他們向古巴人提供獨立和保護，條件是他們必須與有色人種聯合，宣布廢除奴隸制。德爾蒙擔心，這個計畫的必然結果將是建立一個類似於海地的「黑人軍事共和國」，對他來說，這就是毀滅該島的同義詞。他也擔心自己的命運。他懇求埃弗雷特不要向任何人透露他的線人身分，「我認為我有責任不向你隱瞞這個（陰謀），儘管在我寫下這些話時，我也在擔心此時攸關我的性命」。德爾蒙沒有發生任何事。寫完這封信後不久，他就帶著家人去美國度假，他們隨後前往巴黎，不久又在西班牙定居下來，此後再也沒有回到古巴。[9]然而，他對重大奴隸叛亂的預言很快就被證明是正確的。

在一八四三年三月，也就是德爾蒙向美國官員發出警告的四個月後，馬坦薩斯的一片鄉村陷入一片火海。歷史學家艾依莎・芬奇（Aisha Finch）告訴我們：「上夜班的人首先聽到這個消息。」那是收穫季的農忙高峰，他們將甘蔗送入機器，看顧火堆，並在鍋裡攪拌沸騰的甘蔗汁。在田裡工作的男人和女人站了起來，工廠的工人很快就加入他們。他們放火焚燒甘蔗和建築物，偷取生皮作為盾牌，並殺死幾個黑人監工和一名工廠的美國工程師。從那個種植園出發，這群人「身著節慶的色彩，按照軍事紀律行進」到下一個種植園，然後去另一個，再到下一個。在新鐵路上工作的被奴役者也加入叛亂。他們以砍刀作為武裝，襲擊至少一個種植園，並釋放被關在柵欄裡的奴隸。整體來說，有五百到一千名奴隸參加叛亂。然而除了海地革命之外，現代歷史上的每一次奴隸叛亂都被打敗了，這次也不例外。在兩天時間裡，士兵和志願者捕獲、驅散並打死反叛者們。[10]

查爾斯頓醫生約翰．沃德曼（John Wurdemann）在訪問該地區時注意到，叛亂發生後，農村立即陷入深深的焦慮狀態。古巴的白人和外國人觀察著奴隸和有色人種，從最小的動作或眼神中察覺叛亂受挫痕跡，或者更糟糕的是，看到尚未發生的叛亂。與此同時，被奴役的人也感到恐懼，他們受到懷疑，甚至在不知不覺中就會受到指責。鎮壓反叛奴隸的戰鬥是殘酷的。許多人被殺；還有許多人躲在樹林裡。為了避免死在士兵或劊子手的手中，有一些人自殺了。沃德曼寫道：「他們確實如此堅決地要毀滅自己，站在藤蔓附著的樹枝下，把它們纏繞在脖子上，然後從地上抬起腳，把自己勒死。」光是在一棵樹上，就「發現有二十多個人上吊」。有時，他們會在吊死自己的樹下放上非洲的宗教工藝品。[11]

即使有那麼多人的死亡和遭受的暴力，小規模的叛亂和謀劃活動仍繼續在馬坦薩斯和卡德納斯發芽。在那之後，一八四三年的十一月，在一個名叫「三合糖廠」（Triunvirato 或 Triumvirate）的工廠爆發了有史以來最大的古巴奴隸叛亂事件。卡洛塔．盧庫米（Carlota Lucumí）出生在非洲（她的姓氏是一個民族名稱，表明她來自貝南灣的某個地方），她舉起砍刀劈向監工的女兒，並帶領她的奴隸同伴們展開戰鬥。費爾米納．盧庫米（Fermina Lucumí，與卡洛塔來自同一個非洲地區）在那裡領導戰鬥，她把反抗者帶到奴隸主的房子裡，指出可能會有人藏身的房間。但費爾米納和卡洛塔都遭到抓獲並被殺害。卡洛塔是在戰鬥中死去的。而費爾米納則是被劊子手行刑處決，她的屍體被丟進火裡，燒到幾乎沒有留下任何東西。[12]

在卡洛塔和費爾米納舉起義旗的一個月後，另一場反抗行動也在名為聖西馬千里達（Santísima Trinidad）的糖廠浮出水面，這座工廠佔地有一千八百英畝，所在的位置風景如畫，是一座非常有名的產業。莊園主埃斯特萬．聖克魯斯．狄．奧維多（Esteban Santa Cruz de Oviedo）是個惡名昭彰的人物，是一個富有的奴工和幾個種植園的擁有者，他以心狠手辣的虐待行為而聞名。在發現所謂陰謀的同一個莊園裡，他經營著全島最重要的奴隸飼養廠。據說他本人至少有二十六個孩子都是由他強暴的女奴所生。當他聽說有人計畫在聖誕節舉行新的重大叛亂時，他通知當局，當局授權他展開調查。他立即處決了十六名奴隸，並關押一百多名奴隸。這一切只是一個開頭。當局隨即逮捕二百三十多個種植園的男女奴隸。在一個種植園中，就有數百人作為反抗運動的嫌疑人被關進監獄。[13]

最終，一八四三至一八四四年的叛亂和陰謀以及隨後的廣泛鎮壓被概括稱為「La Escalera」，或是「虐人梯」。[14]這個名字來自調查過程中對嫌疑人的酷刑。一位訪問古巴的紐約律師描述被告是如何被帶到一個四周都是白色牆壁的房間裡：「房間的兩側沾滿血斑和小塊的肉，這些都是來自他們之前的那些可憐人……那裡有一個血淋淋的梯子，被告被綁在那裡，頭朝下，不管是自由人還是奴隸，如果他們不承認（審訊者）所暗示的內容，就會被鞭打到死……他們被用皮帶鞭打，皮帶的末端有一個細鐵絲製成的小型絞肉裝置……在他們的死亡證明上，醫生說他們的死因是腹瀉引起的。」單是一名審訊官就曾經把四十二個自由人和五十四名有色人種奴隸鞭打致死。美國駐馬坦薩斯領事湯瑪斯・羅德尼（Thomas Rodney）對一個明顯的（如果仍然經常被遺忘）事實提出解釋：被告所遭受的「細緻酷刑」，會使他們說出任何能停止這場噩夢的話。難怪一八四四年被稱為「鞭笞之年」。[15]

在華盛頓，政治家堅持著他們要掌控古巴的夢想，人們密切關注著事態的進展。國會議員寫信給總統，報告他們從西班牙和古巴朋友聽到的陰謀造反傳聞。從威斯康辛州到華盛頓，從紐約到紐奧良，報紙都在關注這些事件。一家報紙的頭條這樣寫道：「令人憂鬱的另一場叛亂情報」。美國總統命令三艘軍艦前往哈瓦那港，以監視來自英國的外部威脅和來自奴隸和有色人種自由人的內部威脅——這些威脅正是美國政府自門羅和亞當斯時代以來一直在密切監測的。[16]

其他美國人則是在前線觀望。他們是種植園的主人，他們是那些反抗或受懲罰的男女是他們的手中的財產，他們中也有人是那些被付之一炬的糖廠的工程師，以及在少數罕見情況下，成了反叛者手下的受害者。瑪麗亞·高文·布魯克斯（Maria Gowen Brooks）是一位新英格蘭詩人，她於一八四四年坐在馬坦薩斯的一個種植園裡寫下她最著名的詩作之一：《仰望天堂的亡靈頌》（*Ode to the Departed with a View to the Heavens*）。她解釋，這首詩「是在古巴島多年前所未聞的死亡事件中構思和提筆寫下的。」（引人好奇的是，她在馬坦薩斯創作的另一首著名的詩《約菲爾》〔*Zophiel*〕也是寫於一八二五年的另一次奴隸叛亂之後。）[17] 在五月花號的清教徒直系後裔湯瑪斯·芬尼（Thomas Phinney）手下，有被關押的七個奴隸死於鞭刑，還有另一個作為一八四四年叛亂的領導人之一的奴隸遭到審判及處決。湯瑪斯·芬尼詳細描述了「虐人梯」，然後感嘆道：「好傢伙！我們是生活在十九世紀嗎？還是宗教裁判所（Inquisition）的美好時光再次回歸了？」[18]

最後，約有三千人死於處決、酷刑、戰鬥、自殺和監獄裡的疾病。還有許多人遭到了流放或是直接下落不明。在馬坦薩斯市，幾乎所有自由的有色人種都成了目標。至少有三十八人被處決，七百四十三人被囚禁，四百四十三人被流放。根據西班牙一八二三年在古巴建立的「全面權力」，所有被處決和被放逐者的財產都被收歸政府所有。古巴最早和最重要的音樂家之一，黑人小提琴家、低音提琴手和樂隊指揮克勞迪奧·布林迪斯·狄·薩拉斯（Claudio Brindis de Salas）遭到逮捕和流放。多年後，當他回到馬坦薩斯並試圖重組他的樂隊時，他發現他的樂隊成員幾乎全都被處決了。正如美國駐馬坦薩斯領事所觀察到的，一八四四年的鎮壓就像一場「榨乾最後一粒糧食」的收穫。他在哈瓦那的領事同行，在距離發生地很遠的地方監視著事件，一直在關注一種不同的可能性：古巴的奴隸革命可能會蔓延到美國南部。從這個前提出發，他得出結論，為了維護他所認為的奴隸制的「有益的制度」，「任何的懲罰都不會太嚴厲」。[19]

在一八四四年六月二十八日上午被處決的人中包括詩人普拉西多，就是那位西班牙芭蕾舞演員和黑人理髮師的兒子。在三十二名證人的證詞中，他是那個在秘密計畫中無處不在的那個人，他參加了會議，分派了責任分工，將城市和種植園、自由人和奴隸的世界連繫起來。一份美國報紙稱他是「一個黑白混血兒詩人，據說非常聰明……如果陰謀按計畫進行，（他）將被稱為普拉西多一世皇帝。」一位見證他被處決的美國領事，曾描述這個詩人的最後時刻：普拉西多「像男子漢一樣支撐著自己，並在真正的抗爭中死去，第一次射擊讓他中了三彈，但這並沒有殺死他。」他大喊出了「火！」和「再見了，世界！」然後在新的一輪槍林彈雨中倒了下去。從普拉西多身上，國家沒有沒收任何東西；因為他沒有任何東西可以被奪走。與此相反的，他留下了一首詩，是他被處決前不久的創作。他把這首詩命名為「對上帝的懇求」——「萬王之王，我祖父母的神」，他向神宣稱，自己是無辜的。[20]

在普拉西多被處決的幾個月後，一八四四年十月五日，也就是他的守護聖徒日，一場巨大的颶風肆虐了馬坦薩斯和虐人梯陰謀的鄉村。種植園和村莊被夷為平地；船隻在港口沉沒；人們在喃喃自語提到了那位黑白混血兒詩人、神的報應和世界末日的到來。一八四四年，一位英國記者報導說：「這裡的一切顯然是平靜的」，但這是一種恐怖的平靜。[21]

時至今日，沒有人能夠絕對確定普拉西多的罪與非罪。有些人懷疑一八四三年十二月是否存在任何的陰謀，也就是在養奴人的種植園裡被從奴隸口中招供出來的那場陰謀，它導致最血腥的鎮壓。一些學者認為，該種植園主的反應過激了，西班牙政府只是在這時候進場佔了便宜。為了確保其在古巴的未來，它發動一場殘酷的鎮壓，破壞有色人種的自由人階層——他們擁有上進心，對英國廢奴主義和從西班牙獨立出來的念頭都抱有同情心。同時，在被奴役者中，以西班牙總督的話來說，暴力鎮壓提供一個「停止如此危險的想法」的理由。暴力和動亂也對考慮在古巴本土進行獨立抗爭的白人克里奧爾人起到震懾作用。西班牙人剛剛表明，這其中的利害關係是巨大的，對白人克里奧爾人來說，其結果可能是致命的。然而，透過證明這點，西班牙政府無意中增加了讓古巴併入美國的吸引力——對於那些希望得到最可靠的奴隸制保護的人來說，這是最可靠的解決方案。

第九章　掌控之夢

這是美國歷史上最糟糕的就職典禮。當新總統孤零零地站在那裡宣誓就職時，他的表情顯得很沮喪。在兩個月前，新總統十一歲的兒子在一次火車事故中喪生。他的妻子，現在的第一夫人，拒絕參加就職典禮。她對丈夫接受提名這件事感到很憤怒，而且在目睹兒子的死亡後，她罹患了嚴重的抑鬱症。也許是為了對妻子讓步，也許是因為他自己的痛苦，總統取消傳統上的就職典禮舞會。當他發表就職演說時，甚至連天氣都拒絕配合，一場大雪開始飄落。我們不知道，當時新總統是以多大的精力或信念來發表其演講中最令人震驚的話：「本屆政府的政策將不會被任何害怕對外擴張所造成的惡意所裹挾。事實上……我們作為一個國家的態度，以及我們在全球的地位，為了獲得……對我們來說非常重要……的某些財產。這對保護我們的國家而言是非常重要的。」所有人都知道他說的是古巴。[1]

在一八五三年三月那個寒冷的就職典禮早晨，壓在富蘭克林．皮爾斯（Franklin Pierce）總統身上的不僅僅是天氣和個人家庭的苦難。在合眾國的歷史上，這是美國人第一次組織針對就職典禮的抗議示威，由失業工人組成的遊行隊伍表達他們對新政府的反對。人們對奴隸制的態度分歧和對美利堅聯邦未來的不確定性也給就職典禮投下長期的陰影。新當選的皮爾斯是個北方人，他拒絕廢除奴隸制，並主張領土擴張的態度吸引了南方人的支持。他的副總統是威廉．魯弗斯．金（William Rufus King），出身自阿拉巴馬州的一位富有的棉花種植園家族，他的家族擁有大約五百名奴隸。在那個時代，威廉．魯弗斯．金被視為中間派：他是激烈的奴隸制捍衛者，但同時也會痛斥那些好戰的奴隸主鼓吹要分裂聯邦。那麼，到了一八五三年，北方的皮爾斯和南方的威廉・魯弗斯・金的組合本應在這個時代最緊迫的問題上強調中庸的態度。

但是，由於這是人們記憶中最糟糕的就職典禮，因此，副總統威廉・魯弗斯・金不去現場表現中立態度或是其他姿態，也是有道理的。更何況，他正身處在另一個世界裡，身在古巴農村的一個豪華糖廠中，因競選活動而筋疲力竭，因肺結核病而奄奄一息。副總統是在醫生的建議下前往古巴。醫生希望他能在古巴鄉村的清新空氣中休養。事實上，在十九世紀，有許多美國人都在進行類似的旅行，幾乎所有的人都會在糖廠停留一段時日。「來到古巴卻不看看製糖工廠」，一位遊客說道：「就如同是讀《哈姆雷特》，卻在丹麥王子發表演講時結束一樣。」[2]和威廉・魯弗斯・金一樣，這些遊客中有一部分是出於醫療原因而前往古巴，他們是去古巴島的內陸地區治療包括關節炎、痛風及肺結核等各種疾病。不僅醫生們出版旅遊指南，雜誌也推薦古巴行程，美國人還在當地開辦旅館為病人提供服務，療養專家也分享在古巴如何養病的建議。對於肺結核，醫生們推薦一種「糖療法」（sugar cure），包括在一個活躍的糖廠裡待上一段時間，在那裡，沸騰的糖的熱量和蒸汽應該會產生奇蹟。

威廉・魯弗斯・金選擇在馬坦薩斯接受糖療很合理，因為那裡是一個蓬勃發展中的糖業生產中心，並且有許多美國人擁有的種植園。約翰・沃德曼（John Wurdemann）是一名來自查爾斯頓的醫生，他曾描述過一八四三至四四年該地區叛亂後的上吊自殺事件，他認為那裡是恢復疾病和重振體制的理想之地——那裡的鄉村被「連綿數英里的甘蔗田為大地鋪上生動的翠綠色，又有數百棵高大的棕櫚樹在這個美景中揮灑上深綠色。」正是在那裡，威廉・魯弗斯・金在阿里亞登種植園（Ariadne plantation）樹立起自己的地位，這個種植園的主人是一位在查爾斯頓生活的聖多明各人。許多訪問過阿里亞登種植園的美國旅行者都很喜歡這裡。這裡的空氣，這裡的美景，還有這裡的生活節奏（只是對那些沒有被強迫勞動的人而言），都使它成為古巴「島上最令人愉快的春日居所」——休養生息的理想之地。[3]

一月、二月和三月，也就是威廉．魯弗斯．金在阿里亞登種植園裡生活的那幾個月，是甘蔗的收穫期。即使是在馬坦薩斯的美麗山谷中，服用糖療也不是一件令人愉快的事。每天下午，威廉．魯弗斯．金在沸騰的房子裡坐了幾個小時，四周圍繞著晝夜不停地工作的男女奴隸。他看到他們從田地裡運來甘蔗，再把甘蔗稈送到磨坊的磨盤裡，然後燒火，在鍋裡攪動沸騰的甘蔗汁。我們不知道他在阿里亞登種植園親眼目睹的強迫勞動場面是否會大受震撼。畢竟，他是一個奴隸制的捍衛者，而且是一個奴隸主。被加工糖的嗆人氣味籠罩著，也許威廉．魯弗斯．金感到噁心，但他忍住了，也忍住高溫，因為他在那裡是為了躲避死亡。[4]

就如同大多數人一樣，糖療沒有讓威廉．魯弗斯．金得到治癒。由於病得太重，這位新任副總統無法回到華盛頓參加就職典禮，於是便請求國會授權他在外國領土上宣誓就職。因此，三月二十四日，在十二名證人和兩名美國領事的見證下，他在馬坦薩斯的阿里亞登糖廠完成宣誓就職。儀式在莊園的最高點舉行，這裡位於一個三百英尺高的山峰上，從此可以眺望遼闊的田野，美國人總是如此熱情地描述。那是收穫季節的一個星期四，所以那些田地裡的男人和女人們會忙著彎腰砍伐高大的甘蔗莖，沸騰屋的煙囪裡會不間斷地噴出煙霧。此時的威廉．魯弗斯．金已虛弱到無法獨自站立，但兩個美國人將他扶了起來。然後，他將手放在聖經上，複誦使他成為美國副總統的誓言。他的妹妹和侄女站在一旁看著。缺席的是他的長期的夥伴詹姆斯．布坎南（James Buchanan），這個人在過去十三年中一直與他在華盛頓特區一起生活。兩人曾經是如此密不可分，以至於人們戲稱他們是南希小姐（Miss Nancy）和芬奇姨媽（Aunt Fancy）。然而，那些日子早已逝去。這場史無前例的就職典禮讓威廉．魯弗斯．金感到筋疲力竭，他在接受祝賀後，便提出退隱的要求。包括他本人在內的所有人都知道，他將在幾個星期內，或是幾天內死去。一位觀察家說，這是一個奇怪的景象，「看著一個老人，徘徊在墳墓的邊緣，身披他已不關心的榮譽，被賦予他永遠無法行使的權力。」[5]不到兩個星期後，由於知道自己命不久矣，而且更願意在他熱愛的阿拉巴馬州死去，金於四月十七日返回他的金氏種植園，並且在隔天與世長辭。

一位美國副總統在古巴舉行就職典禮的故事是出乎人們的預料。然而，一個阿拉巴馬州的奴隸主在古巴糖業中心地帶就任美國副總統的場景，暴露了一個基本事實：他在阿拉巴馬州和華盛頓特區的家，以及在馬坦薩斯的簡易療養院，都是同一個體系的各個組成部分。至少是從一八二〇年代起，這個體系就把美國的財富與古巴的蔗糖和奴隸制連繫在一起。到一八五三年威廉・魯弗斯・金在古巴就職時，這個體系已完全成熟了。

該體系的基石是面向古巴的非法跨大西洋奴隸貿易，這個貿易在一八五〇年後飛速發展，當時輸往巴西的奴隸貿易結束了，古巴成為非洲被俘奴隸的唯一美洲市場。在一八五〇年代和六〇年代，大約有十六萬四千名受奴役的非洲人在古巴登陸。美國人是這項貿易的主要參與者。當時，在古巴登陸的奴隸船中，有將近百分之九十是在美國建造的。它們有美國資金、美國文件和美國國旗，以保護它們在公海上免受英國的檢查和扣押。這項生意，毫無疑問是非法的。但是包括北方人在內的人們，都無視於法律的存在，因為生意的利潤可能相當豐厚。一八五〇年代末時，一位佛羅里達州的參議員報告，駛往安哥拉的美國船可以用大約七十美元的價格購買非洲人，然後在古巴以近一千二百美元的價格出售他們。一八五四年夏天，詹姆斯・史密斯（James Smith）駕駛一艘船從紐約前往非洲西海岸的安布里斯（Ambriz，位於今天的安哥拉），他在那裡裝載了六百五十五名俘虜，並以七塊五美元的價格購買一個五歲的男孩作為「投資」。當他到達古巴時，他的船卸下五百個非洲人，其餘一百五十五人在途中死去了。一八六二年，「惡名昭彰的老處女」瑪麗・沃森（Mary J. Watson）因為贊助了另一次紐約—非洲—古巴的航行而受審並被判有罪，這次航行載有五百多名被俘奴隸。在一八六二年，納撒尼爾・戈登（Nathaniel Gordon）因在同一航線上的再次航行而被審判和處決了。[6] 即使在美國內戰前夕，奴隸貿易也是一項北方生意。

古巴人也是非法奴隸貿易的一個組成部分。潛規則和腐敗金字塔涉及古巴社會中各個階層，從奴隸販子和種植園主，到當地警察、燈塔管理員、漁民，甚至神父都牽涉其中。在麻薩諸塞州的科哈塞特（Cohasset）或馬里蘭州的巴爾的摩或羅德島的普羅維登斯（Providence）等地建造的船隻向著非洲海岸的方向進發。在幾個月以後，他們會滿載人肉貨物抵達古巴。在某些情況下，船員們可能會放火燒船；這樣做既銷毀了他們的犯罪證據，又使他們的利潤幾乎沒有減少。在晴朗的夜晚，人們從周圍幾英里遠的地方都能看到放火燒船的火光。然而，負責守衛海岸的人並不會「看到」它們，因為他們也收了好處。為了獲得報酬，其他人也會睜一隻眼閉一隻眼：海員們用他們的小船把數以百計的非洲男人、女人和兒童從船艙裡運出來；小商販和騾夫們帶著衣服來掩蓋俘虜的裸體；嚮導們把這些憔悴的赤腳俘虜帶到內陸的糖廠，引導他們穿過被當地人稱為「狗牙」或「地獄刀」的尖銳暗礁；神父們匆匆忙忙地進行集體洗禮，並開具證明文件，讓人覺得這些非洲人都是在古巴出生的，而不是違反所有規定跨大西洋奴隸貿易為非法的法律和條約而被帶到此處。這個利益鏈中的所有人都被牽連，他們每個人都收取費用。荷西・馬蒂（José Martí）——今天是佛羅里達海峽兩岸最重要的古巴愛國主義代表人物，在他九歲時，曾目睹其中一次奴隸船登陸，而且記憶猶新，以至於在成年後，他為這件事創作一首詩——〈簡單詩句三十行〉（*Versos sencillos XXX*）。[7]

我們完全可以肯定的是，從切割和搬運甘蔗，到美國副總統威廉・魯弗斯・金接受糖療的地方，有很多的奴工正是以這種方式來到古巴。而威廉・魯弗斯・金很可能知道這點。他在古巴的一個美國人擁有的甘蔗種植園裡宣誓就職，這呈現了體制的力量，這種體制將種植園主、奴隸販子和投資者，從紐約到查爾斯頓到非洲海岸到哈瓦那、馬坦薩斯以及該島內陸的綠色甘蔗田連繫起來。

一位美國副總統在古巴的甘蔗種植園裡宣誓就職，從另一個角度看也很合適。威廉・魯弗斯・金的勝選所依靠的正是希望讓古巴成為美國領土的選票。在選舉後第二天的勝利遊行中，支持者們打出「皮爾斯和古巴」的橫幅。在他的就職演說中，皮爾斯承諾，對於外國土地的收購和領土擴張「不再膽怯」。由副總統威廉・魯弗斯・金在古巴宣誓就職，標誌著古巴島即將成為美國領土。幾十年來，美國人一直夢想著把古巴變成美國領土。傑佛遜在十九世紀初時就開始幻想這件事了。到了一八二〇年代，詹姆斯．門羅和約翰．昆西．亞當斯曾認真考慮過這個問題，而門羅主義正是在這種背景下產生的。但是，在一八四三至四四年的「虐人梯」動亂之後的幾年裡，在威廉．魯弗斯．金的不尋常就職典禮之前，美國吞併古巴的動力比以往任何時候都更加狂熱，也更具說服力。

當美國在一八四五年吞併德克薩斯時，許多美國人的心裡預期古巴將是下一個目標。正如著名的廢奴主義者弗雷德里克．道格拉斯（Frederick Douglass）所感嘆的那樣，「古巴的歷史可以從德克薩斯的歷史中讀到。」從其他更強大的地方也傳出要求收購古巴的堅定呼聲。國務卿詹姆斯．布坎南，副總統威廉．魯弗斯．金的老朋友，似乎在翹首企盼古巴的到來。「古巴是我們的，」他在一八四九年寫道：「我在我的指尖感覺到它了。」在華盛頓，由珍．麥克馬努斯．卡茲那（Jane McManus Caznea）領導的「收購古巴」遊說團登上政治舞台，她是一個紐約人，早先在德克薩斯的吞併主義者圈子裡很有名氣，她對收購古巴的投資也越來越高。詹姆斯．波爾克（James Polk）總統非常樂意做出自己的貢獻，他向西班牙派出使者，提出高達一億美元的購買古巴提議。[8]

然而，僅僅是把古巴併入美國的動力與美國擴張主義者連繫在一起，是非常不正確的。事實上，與美國合併也是古巴政治中的一支重要力量。富裕的糖業種植者將併入美國視為他們的救命稻草——他們得以對抗英國廢奴主義者、詩人普拉西多等人和數十萬古巴奴隸的堡壘。加入美國聯盟（American Union），成為一個或兩個或三個奴隸制國家，將保證古巴奴隸制的未來。紐約的流亡組織（與古巴糖業和美國商人都有密切的經濟連繫）為古巴併入美國進行激烈的遊說。事實上，正是他們為波爾克提供資金，作為支付給西班牙的古巴交易款。[9]

但西班牙政府拒絕將古巴賣給美國——「與其看到這個島被轉讓給任何國家，還不如看到它沉到大海裡去。」但如此一來，既無法勸阻美國擴張主義者，也無法勸阻古巴的合併主義者。事實上，它讓他們當中最激進的人佔上風——這些人被稱作「私人擴張者」（filibusterers）。無論這個詞與今天美國參議院有任何連繫，在當時，它指的是對其他國家發動表面上是由私人發動的擴張遠征。在這個案例中，這些人實行了對古巴的擴張遠征，他們的目的是確保古巴立即從西班牙獨立出來，然後立即就被美國吞併，就像最近在德克薩斯所發生的那樣。[10]

在「私人擴張」的熱潮中，古巴一邊的主要人物是納西索・洛佩茲（Narciso López）。他出生在委內瑞拉，曾在西班牙軍隊中服役並打擊當地的獨立運動，在南美獨立後，洛佩茲遷往古巴。在古巴，他被任命為軍事委員會主席，該軍事法庭負責審判所謂的政治犯罪。在這個職位上，他主持一八四三至一八四四年「虐人梯」叛亂的第一次審判，下令處決幾名黑人。到了一八四〇年代末期，納西索・洛佩茲成為一名普通公民，他渴望與美國人合作，以維護古巴的奴隸制，並在此過程中賺取財富。在他的美國盟友中，最熱心、最有勢力的是門羅的舊戰爭部長、前副總統、當時的美國南卡羅萊納州參議員約翰・卡爾霍恩（John C. Calhoun）；密西西比州州長約翰・奎特曼（John Quitman）；維吉尼亞人羅伯特・李（Robert E. Lee）——在美墨戰爭中立過功的老兵，後來成為南方軍隊的將軍；以及密西西比州的美國參議員、後來的美利堅合眾國聯盟國（Confederate States of America）總統傑佛遜・戴維斯（Jefferson Davis）。在他們的支持下，納西索・洛佩茲組織了三次遠征古巴的拉鋸戰。大多數的新兵——入侵部隊裡的步兵，都是剛剛結束的美墨戰爭的南方老兵。對他們來說，從墨西哥手中奪取德克薩斯的經驗現在可以複製為從西班牙手中奪取古巴的模式。洛佩茲向他們承諾，如果遠征成功，他們可以每個月得到八美元，外加一千美元的獎金以及在古巴的一百六十英畝土地。[11]

一八四九年的第一次遠征由於受到美國聯邦特務的阻撓，擴張隊伍從未登上古巴島。一八五〇年，當第二次擴張隊伍駛向古巴時，《紐約太陽報》（*New York Sun*）在其曼哈頓的總部懸掛一面新設計的古巴國旗。這面國旗是紅、白、藍三色構成，有五道條紋和一顆星——古巴的這顆星很快就會加入當時美國國旗上的三十顆星。這是古巴國旗第一次被懸掛出來，它在紐約的上空飄揚，標誌著古巴即將併入美國。儘管有這段歷史，但這面旗幟仍然是今天古巴的國旗，很弔詭的是，這面國旗的吞併主義起源並沒有得到人們的注意。第二次擴張隊伍的許多準備工作都是在紐奧良進行，而《紐奧良三角洲報》（*New Orleans Delta*）刊登了洛佩茲的宣言，宣布「古巴閃亮的明星……將以美麗、耀眼的姿態出現，被接納到燦爛的北美星座中，這就是天命指引的方向。」但天命讓擴張隊伍再度失敗。當卡德納斯（Cárdenas）登陸後，西班牙人幾乎立刻把入侵者打敗，剩下的人匆匆地從海上撤退了。然而，兩次失敗還不足以打消吞併主義者們的熱忱。[12]

為了準備一八五一年第三次擴張遠征，整個南方的吞併主義活動達到白熱化。部隊為入侵進行公開的訓練，並在城市街道上舉行列隊遊行活動。在喬治亞州，州長用軍事倉庫裡的裝備為新兵提供武裝。在阿肯色州，有人建立一所專門為「私人擴張者」設計的軍事學校。廢奴主義者弗雷德里克．道格拉斯觀察並報導所有這些活動，他將這種氣氛與德克薩斯被吞併之前的氣氛進行比較。「當時和現在一樣」，他寫道：「這個共和國的爛攤子上，同情反叛者（私人擴張者）的人們是躁動而活躍的，和往常一樣，『自由』是自由擴張者、海盜和搶劫犯的口號和偽裝。」古巴很快就會成為美國的一部分的預言已流傳了好幾十年；一八五一年，許多南方白人想在幾個星期之內使之成為現實。[13]

在八月三日這天，納西索．洛佩茲帶著四百多人從紐奧良起航，船上的人幾乎都是美國人。他的副手名叫威廉．克里坦登（William Crittenden）——美國總檢察長的金髮碧眼侄子。在駛向古巴之前，納西索．洛佩斯和他的同伴們在基韋斯特（Key West）停了下來，他們聽說整個古巴西部都在叛亂，他們急忙趕往那裡。但這個消息只是一個陷阱，是西班牙人散布的假消息，目的是誘使擴張者們來到哈瓦那附近的某個地方。當他們一登陸，就遇到以逸待勞的西班牙人。威廉．克里坦登和大約五十個人首先被俘。西班牙人讓他們六人一組跪在地上，背對著劊子手接受槍決。當輪到克里坦登時，據稱說他拒絕這個命令，並說出後來在美國各地得到傳頌的那句話：「一個美國人只向他的上帝下跪，永遠面對他的敵人。」納西索．洛佩茲本人則是在第一次遭遇戰中倖存下來，但由於沒有增援的希望，遠征隊伍的前景十分暗淡。躲在山裡的他最後不得不吃掉自己的馬，並用烤玉米和大蕉果腹。西班牙當局抓捕他，然後迅速對他進行審判和判刑。就在他被處決之前，他大喊：「我的死不會讓古巴的前途有所不同！」然後他在一群人面前被銬上腳鐐，遭到處決。[14]

處決的消息——尤其是威廉・克里坦登之死的消息，在美國南方各州引起軒然大波。在紐奧良，遠征的大部分準備工作都是在這裡進行，憤怒的暴民襲擊居住在這裡的西班牙人的財產，並要求復仇，同時也要求再次奪取古巴。「美國人的鮮血已拋灑，」路易斯安那州的一家報紙呼籲：「我們兄弟的仇必須要報！必須要奪取古巴！」在一首流行的班卓琴新歌裡，人們這樣唱道：「五十個被殺害的美國人的靈魂在呼喚，整個北方（whole Yankee nation）繼續前進，直奔哈瓦那，為他們拋灑的鮮血報仇。」就像阿拉莫（Alamo）事件對吞併德克薩斯的影響一樣，「哈瓦那的大屠殺」也必須往佔領古巴的方向前進。[15]正是在這種失敗的記憶中，富蘭克林・皮爾斯和威廉・魯弗斯・金在一八五二年當選為美國總統和副總統。皮爾斯在大雪紛飛的就職典禮上承諾「要獲得某些財產」時所指的就是古巴。失敗的遠征已成為過去；在他的監督下，古巴將最終成為美國的領土。

這個承諾與大多數競選的承諾一樣，最終都走了樣。副總統死後幾個月，西班牙人為該島任命一位新總督胡安・佩蘇埃拉（Juan Pezuela），立即驚動古巴和美國根深柢固的奴隸主利益。他重新建立了自十年前的「虐人梯」叛亂後就不復存在的自由黑人和黑白混血兒民兵部隊。更讓古巴和美國種植園主感到憂心忡忡的是，佩蘇埃拉誓言要根除那些非法的奴隸貿易，並懲罰不聽話的官員和產業主。他發布一項公告，允許統治當局進入、搜查種植園，以確保所有受奴役的工人都是經過合法途徑進入該島。如果奴隸主無法證明其奴隸的合法來源，那麼奴隸將被沒收。幾十年來，古巴的奴隸貿易一直是非法進行的。這意味著當總督在一八五四年發布他的這道法令時，古巴的絕大多數奴隸都將會被沒收和解放，因為他們都是被非法帶到島上的。這位新總督並沒有廢除奴隸制，但他知道，美國和古巴的奴隸利益集團也知道，一旦這道法令執行後，很快就能在實踐中結束奴隸制。出於這個原因，他獲得「廢除奴隸制的將軍」的綽號。兩國的種植園主和他們的盟友都譴責他們口中的「古巴的非洲化」。

與此同時，被奴役的和自由身的有色人種在總督身上看到了一個可以合作的盟友，他們稱他為「titi Juan」，或

「胡安大叔，自由、平等的守護者」。[16]

古巴種植園主向馬德里方面提出抱怨，並以更狡猾的方式尋求美國人的幫助。現在就讓古巴併入到美國難道不是一件好事嗎？流亡美國的古巴合併主義者也加入這個行列，他們要求與皮爾斯總統會面，並遊說美國政府的高級官員。安布羅西奧·荷西·岡薩雷斯（Ambrosio José Gonzales）——在納西索·洛佩茲的一次失敗遠征中擔任副官，他發起呼籲的意圖十分明確：「（美國）是否應同意在離自己的南部邊境只有區區六十英里遠的地方，在沿海貿易的道路上，在指揮太平洋和東部商業利益的狹長航線上，建立一個由野蠻的、未開化、凶殘的非洲人組成的……殖民地呢？」[17]

南方的種植園主和政客們則不需要被勸說。密西西比州前州長約翰·奎特曼在密西西比、路易斯安那和德克薩斯州都擁有土地和人口，他是當時激進的種植園主——州長的代表人物。自一八五三年七月以來，在皮爾斯總統的支持下，他一直在組織新的擴張遠征，試圖從西班牙手中解放古巴，再將其併入到美國，成為一個奴隸制國家。奎特曼認為，再等下去，就等於在西班牙結束古巴的奴隸制之前，失去獲得古巴的可能性。「我們的命運與古巴的命運是交織在一起的。如果奴隸制度在那裡滅亡，它也會在這裡滅亡」，他在一八五四年寫道。如果是如此，到時吞併古巴還有什麼意義呢？[18]

儘管有競選時的大膽承諾，皮爾斯還是變得膽怯了。毫無疑問，他仍然想要得到古巴。但他更傾向於購買，而不是入侵古巴，而且他擔心奎特曼的冒險只會激怒西班牙人，使他的計畫脫軌。他發布一項公告，宣布成立針對外國的「敵對性質的私人企業」為非法。他私下會見奎特曼，成功地使這個密西西比人停止行動。另外，皮爾斯繼續執行他購買古巴的計畫。他的希望是合情合理的。當時西班牙正處於嚴重的財政困難中，而心煩意亂的英國正與俄國在中東地區爭奪權力。對皮爾斯來說很不幸的是，他挑選的負責與西班牙談判購買事宜的代表——路易斯安那州的種植園主、奴隸主皮埃爾·蘇萊（Pierre Soulé）則是一個不守規矩的人。他向媒體透露一份被稱為「奧斯坦德宣言」（Ostend Manifesto）的文件內容，該文件提出一個在當時已非常熟悉的觀點。它堅持認為，「只要古巴不被納入美國聯盟的範圍，聯盟就永遠無法享有安寧，也無法擁有可靠的安全。」與許多早期提案一樣，它主張美國收購古巴。這其實並不令人感到驚訝。然而這份新文件之所以引起爭議，是因為它堅持認為，如果西班牙拒絕出售古巴，美國就有理由強力將它奪走。該文件的一個版本有一個好戰而露骨的副標題：「如果你買不下古巴，那就用偷的。」這份洩露的文件清楚地表明，美國政府願意為維護古巴的奴隸制而發動戰爭。[19]傑佛遜的自由帝國，似乎在實際上是一個奴隸制帝國。

在「奧斯坦德宣言」的消息傳到華盛頓的同時，《堪薩斯—內布拉斯加法案》（Kansas-Nebraska Act）也獲得通過。該法案使美國新領土上的奴隸制的命運取決於（白人男性）人民的主權，從而有效地廢除幾十年來限制奴隸制在整個大陸擴展的《密蘇里妥協協議》（Missouri Compromise）。皮爾斯和民主黨人剛剛耗盡他們所有的政治資本來支持奴隸制在北美大陸的擴大。大多數北方的國會議員現已無法改變態度了：他們不會允許總統把國家帶入戰爭，為奴隸制獲取更多的領土。「曾經有一段時間」，一家北方報紙宣布：「北方會同意吞併古巴，但內布拉斯加的錯誤已永遠使吞併成為不可能了。」[20]民主黨人在一八五四年的選舉中失去了眾議院。由於《堪薩斯—內布拉斯加法案》的長久影響和吞併古巴的失敗，皮爾斯在一八五六年也失去黨內的提名，輸給已故副總統威廉·魯弗斯·金的長期夥伴詹姆斯·布坎南。

在布坎南的就職典禮上，與皮爾斯當初的典禮不同，當天沒有下雪，也沒有抗議。布坎南的演講就像之前皮爾斯的演講一樣，再次未指名道姓地提到古巴。「如果我們在事態的發展中仍進一步擴大我們的財產，任何國家都無權干涉或是提出抱怨。」他這樣說道。所有人都知道他所指的就是古巴。幾乎在儀式結束後，一種神秘的疾病降臨到華盛頓最大的酒店裡，許多前來參加就職典禮的客人都罹患這種怪病。這種病被稱為「國家酒店病」（National Hotel Disease），它奪走密西西比州前蓄奴州長、古巴的潛在入侵者約翰·奎特曼的生命。[21]

第十章　內戰之旅

一八三〇年代，在紐約市一所高級法文寄宿學校的大廳裡，兩個小男孩成為朋友，其中一個男孩是古巴人，另一個是美國人，後者有一個聽起來就像是法文的名字：博雷加德。幾十年後，博雷加德（P. G. T. Beauregard）將成為南部邦聯軍隊的第一位準將。而古巴人安布羅西奧·荷西·岡薩雷斯（美國人叫他岡齊〔Gonzie〕）則是馬坦薩斯一個富有種植園主家庭的後代，他家的產業離威廉·魯弗斯·金就職美國副總統的地方不遠。成年後，岡薩雷斯在陪同納西索·洛佩茲進行第二次解放古巴並將其併入美國的失敗遠征時，腿部中了兩槍。十年後，岡薩雷斯與博雷加德一起加入另一個失敗的志業：美利堅合眾邦聯。他為武裝叛軍提供武器，銷售 LeMat 左輪手槍和獲得專利的梅納德後膛步槍（Maynard Breech Loading Rifle）——這種槍用當時的話來說，就是「分離主義者所使用的槍」。後來，他成為南軍的一名上校，並擔任南卡羅萊納州、喬治亞州和佛羅里達州的炮兵官。在邦聯控制的查爾斯頓，他是有名的音樂愛好者，有時會在晚上的聚會上彈唱，最後總是以《馬賽曲》結束。一八六三年，岡薩雷斯抵禦了聯邦軍隊對查爾斯頓的進攻，他收到老朋友博雷加德的書面感謝。然後在一八六五年四月，兩個人都投降了。南方的分裂，就像古巴的吞併，最終都宣告失敗。[1]

在另一所美國學校，即紐奧良慈善修女會開辦的天主教學校裡，七歲的洛雷塔·貝拉斯克斯（Loreta Velázquez）做著她的祖先——古巴的第一位歐洲總督、西班牙征服者迪亞哥·貝拉斯克斯的白日夢。洛雷塔從骨子裡知道，女性也可以成為英雄。因此，她也做起聖女貞德的白日夢，這位法國農家女最終成為軍事英雄和聖女貞德。在她的臥室裡，年輕的洛雷塔穿得像個男人，在鏡子前大搖大擺地走路，渴望有機會建功立業。十四歲時，她秘密與一個德克薩斯人結婚，並且與丈夫一起私奔到聖路易斯，然後在不斷擴張的美國的少數幾個邊疆哨所生活。當她的丈夫在內戰開始後不久去世時，洛雷塔便偽裝成男人並加入南軍。她自稱是亨利．布福德（Henry Buford），參加牛奔河戰役（battle of Bull Run）和夏羅戰役（battle of Shiloh）。當她的女性身分被發現後，她開始以間諜身分繼續服役。[2]

在美國內戰中為南方作戰的古巴人，並不只有洛雷塔．貝拉斯克斯和安布羅西奧．岡薩雷斯，事實上約有七十名古巴人在南軍中服役。在聯邦軍隊中服役的古巴人的人數則較少。例如，法蘭西斯科．費爾南德斯．卡瓦達（Francisco Fernández Cavada），他擔任費城的一個軍團的上校。他是一位優秀的藝術家，曾經乘坐熱氣球在南部邦聯的領土上飛行，並對敵人的營地進行測繪。他在蓋茨堡戰役（Battle of Gettysburg）中被俘，並在南軍的監獄中度過九個月時間。[3]美國內戰是一場關於美國奴隸制度未來的衝突，但強大的南方人長期以來一直認為，維護南方的奴隸制也是為了維護古巴的奴隸制。他們擔心，廢除奴隸制後，古巴島上就會建立一個黑人佔多數的共和國，這會使白人至上主義在他們自己的家園遭到破壞。同時，對廢奴主義者來說，在國內挑戰和摧毀奴隸制也是在國外摧毀奴隸制。正如歷史學家格雷戈里．唐斯（Gregory Downs）告訴我們的那樣，「內戰是為了美國境內和境外的奴隸制的未來而展開的較量。」

同時，在古巴，十九世紀裡最重大和最有影響力的問題是圍繞著兩件事展開的：奴隸制和古巴的政治前途。古巴會繼續由西班牙掌控嗎？它是否會成為英國或美國的一部分？還是會自力更生？隨著美國奴隸制和合眾國本身的命運正處於搖擺不定的狀態，古巴人認為，這個島嶼的未來是與美國內戰的結果交織在一起。因此，可以理解的是，他們關注這場戰爭，並且會在戰爭中選擇立場。

不出意料的，被奴役的人們會支持北方。根據美國在古巴的兩位領事說法，古巴奴隸編了一首新歌，歌詞中有「前進，林肯，前進，你是我們的希望」的句子。在港口城市裡，據說黑人們會爭先恐後地跑到碼頭上去打聽最新的戰事消息，把這些消息視為「其種族的救贖」。實際上，林肯在古巴島上擁有大量的支持者。他在一八六五年四月的遇刺引發「無可比擬的悲痛」。在一些城市裡，男女們公開哀悼，穿戴黑色的絲帶和被刺總統的照片。當時年僅十二歲的荷西．馬蒂（José Martí）戴上一個大麻葉的手鍊，作為哀悼的標誌和對奴隸制的抗議。[3]

儘管北方在古巴很受歡迎，但南方似乎擁有更多的追隨者。西班牙政府正式採取中立政策，但它承認雙方都是「交戰方」。如此一來，它便賦予南方對美國權威的合法挑戰者的地位。美利堅邦聯合眾國幾乎立即就借由這件事而動員起來，並且任命一名特別代理人來代表他們。這個人選就是曾經擔任過美國駐哈瓦那領事的查爾斯．赫爾姆（Charles Helm）。他對自己在古巴首都受到的歡迎感到振奮。他在報告中寫道：「我發現哈瓦那的大多數人都非常熱情地倡導我們的志業，我還被告知同樣的情緒蔓延到整個古巴島。」有一次，他甚至得到「一個由古巴人組成的連隊，他們有武器，裝備齊全，而且有報酬」，以便加入戰爭，為南方邦聯而戰。[4]

赫爾姆抵達哈瓦那的第二天，便與該島的總督進行一個多小時的會面。赫爾姆向他在南方邦聯首都里奇蒙的上級報告說，這次會面很熱烈，是一次令人鼓舞的會面。州長無法作為南方邦聯的官方代表來接待他。但他鼓勵赫爾姆以「私人身分」來訪，並繼續保持他擔任美國領事時兩人之間的「友好關係」。州長還向赫爾姆保證，南方邦聯的船隻將在古巴港口繼續受到歡迎，他說到做到。幾個月後，赫爾姆報告說：「南方邦聯的旗幟在該島的所有港口飄揚，並且備受尊重。」一家南方報紙欣喜地表示，古巴對邦聯船隻的接納代表它「對邦聯國家獨立的實際承認。」[5]

僅僅在一八六二年這年，就有大約一百艘南方邦聯的船隻停靠在古巴港口。這些船為了到達那裡，就必須克服聯邦在大西洋或墨西哥灣沿岸的海軍封鎖。從紐奧良、阿拉巴馬州的莫比爾（Mobile）和其他地方，邦聯「那些衝破封鎖的船隻」來回奔波於古巴和美國兩地。他們到達古巴是為了維修、避風港，並從事貿易活動。他們出售棉花並籌集資金以支持南方邦聯。戰時的武器貿易使得在古巴的南方船隻能夠採購到步槍、火藥、子彈、刺刀、炮彈——任何可能幫助他們奪取北方軍隊生命和保衛自己的東西。衝破封鎖的船隻還交易其他東西，既是為了需要，也是為了利潤：菸草、咖啡、鹽。他們以每加侖十七美分的價格購買古巴蘭姆酒，然後在佛羅里達以二十五美元的價格出售。一個藥劑師，他是查爾斯頓人，在戰時做起從古巴進口水蛭的生意。[6]

除此之外，還存在著更為罪惡的進口生意。隨著美國南方各州奴隸制的崩潰，一些美國奴隸主試圖把那些他們聲稱是自己財產的人運到古巴來，以此來避免自己的經濟損失。他們的做法有時候是將奴隸作為移動資產加以保護，有時候是將他們賣掉。還有一些時候，面對北方軍隊的高歌猛進，種植園主會帶著他們的奴隸逃走，希望能先逃到德克薩斯州，然後從那裡前往古巴。一八六二年，聯邦軍隊抓捕了一個這樣的團體，他們的規模「有四百輛馬車之眾」。廢奴主義者認為，古巴已成為從美國南方綁架奴隸的倉庫。一個美國女子在南北戰爭期間到訪位於馬坦薩斯的一個種植園，她驚訝地發現，莊園裡的大多數奴隸都會說英語。從技術上講，他們以奴隸身分入境古巴已違反西班牙法律，但島上當局對執行這種限制不感興趣。他們更願意保護奴隸制，至少在事實上，他們站在持有奴隸制的南方一邊。[7]

但西班牙政府也很警惕。幾乎自從北美十三個殖民地獨立以來，馬德里方面就開始對美國對古巴島懷有的圖謀感到不安——西班牙人有充分的理由這麼覺得。他們還意識到，就在最近，美國人對於古巴的大部分企圖正是源於美國南方。來自北方的美國官員見縫插針地提醒西班牙官員，每一次針對古巴的擴張遠征都是在南方各州組織和發起的。為了反駁這個論點，南方邦聯的代理人們則是對過去發生的事並不遮掩，但對未來也持有相當務實的態度。是的，南方和北方一樣，確實曾經密謀控制古巴。北方這樣做是為了「商業利潤」，南方則是為了「在古巴建立三個新的州」，以便南方人在「聯邦參議院」中平衡北方的勢力。但是，一個獨立的邦聯將不再需要新的領土來平衡北方。它將擁有自己的立法機構，完全由蓄奴州組成。在南方的勝利之後，西班牙和美國邦聯將會成為最好的盟友，他們對奴隸制的共同承諾會使他們的關係更加緊密。[8]

當然，事態發展並非如此。一八六五年四月，邦聯軍隊向美國投降了。一位古巴歷史學家認為，西班牙在古巴的默許支持，讓南方在更好的條件下戰鬥更長的時間。[9]也許事實的確如此。但這並沒有改變結果：南方退出聯邦，然後打一場戰爭，最後輸掉戰爭；合法的奴隸制在美國已不存在了。南方吞併古巴的夢想也破滅了。南方主張吞併古巴的人認為，現在這麼做已沒有任何意義了：為什麼要吞併古巴然後再解放那裡的奴隸呢？

然而，即使是在他們的失敗經驗中，南方人也發現古巴的作用。幾乎在戰敗後的第一時間，南方邦聯的高階人士們就開始湧入該島。在短時間內，他們中的大多數人是為了避免受到懲罰，以及逃避他們認為非常恥辱的未來。在副總統威廉·魯弗斯·金前往古巴希望挽救自己性命的十二年後，他的繼任者，美國副總統也做了同樣的事。一八六五年六月十一日，約翰·布雷金里奇（John C. Breckinridge）乘坐一艘十七英尺長的敞篷船來到古巴，這艘船上只有一張簡陋的帆和四隻槳。當時，他不僅是前美國副總統，也是被控叛國的前參議員和剛剛戰敗的美國南方邦聯的戰爭部長。由於擔心自己會被絞死，他去了古巴。布雷金里奇只是一個著名人群中第一個這麼做的人。另一位逃往古巴的高官是前邦聯國務卿朱達·班傑明（Judah Benjamin），作為這群人中唯一會講西班牙語的人，他十分受到逃亡者們的歡迎。當布雷金里奇給他在加拿大的妻子寄去一張自己的照片時，她對他的外表感到震驚：他看起來憔悴、疲憊，而且被烈日曬得皮膚受傷。[10]

但古巴還是讓這些逃亡者們恢復活力。密蘇里州的前州長、邦聯上校和法官楚斯騰·勃洛克（Trusten Polk）被哈瓦那的美景打動了。它是「一幅壯麗的全景圖……是我見過的最美麗、最像仙境的風景。」另一位邦聯逃亡者還讚美古巴肥沃、取之不盡用之不竭的財富。他帶著失敗的刺痛，但並不反對地補充說，所有這些財富都是依靠奴隸的勞動得來的。幾乎所有的邦聯成員都住在古巴酒店（Hotel Cubano），這是一家位於哈瓦那老城的國王衛士街

（Calle Teniente Rey）日照充足的五層樓酒店。它的擁有者是美國南方人薩拉．格里爾．布魯爾（Sarah Greer Brewer），這座酒店是南軍在哈瓦那的總部。每當有邦聯的人到達後，如果他在其他的地方訂房間，就會有人去把他找回來，將他重新安置在古巴酒店。前聯邦總統傑佛遜．戴維斯不只一次住在那裡，並會到今天仍在運營的英格蘭酒店（Hotel Inglaterra）與他的同事，或是偶爾與他的妻子一起喝香檳，談論政治，思考未來，也許還會在白日夢中幻想改寫過去。對他們的志業和奴隸制持同情態度的古巴人，經常對他們表示熱烈的歡迎。在卡德納斯（Cárdenas），這裡被稱作是「美國人的城市」，一位古巴種植者騎著馬走了三十英里，結識了來訪、敗下陣來的南方政治人物。[11]

前往古巴的不僅僅是邦聯裡的官員。隨著南方邦聯在內戰中的失敗已日益清晰可見，一些南方種植者也試圖在仍然有奴隸制存在的地方尋找新的家園。有一批人（短暫地）在巴西定居下來，在那裡建立一個殖民地，並稱自己是邦聯人（Confederados）。其他人則去了古巴，去了他們已擁有的或者新買的種植園。他們試圖重新建立他們在南方失去的奴隸制社會，他們繼續把人當作財產，享受主人的特權。

伊麗莎．麥克哈頓．里普利（Eliza McHatton Ripley）是這些南方難民中的一員。她是在一八六二年和家人趁聯邦軍隊到來之前就一起逃離路易斯安那州的巴頓魯治（Baton Rouge）。他們試圖把他們聲稱是奴隸的人帶去德克薩斯州，然後再把這些人帶出美國，從而能留住他們的財產，但奴隸中的大多數人在沿途逃到聯邦軍隊帳下。里普利夫婦在墨西哥短暫停留後，前往古巴，並在馬坦薩斯購買一個佔地一千英畝的種植園。在一條三分之一英里長的小路兩側，種植著高大挺拔的棕櫚樹，這條小路通向的是這個新主人剛剛粉刷過的單層屋舍。他們把這個莊園稱為 Desengaño，也就是「幻滅」的意思。被迫放棄在美國的奴隸制，該家族繼續在古巴擁有六十五名奴隸的財產。他們中有一個叫澤爾（Zell）的人，是和奴隸主一家一同從巴頓魯治出發的，澤爾剛好錯過了亞伯拉罕．林肯所發布的《解放奴隸宣言》給予的自由。對澤爾來說，這個種植園的名字「幻滅」可能也是一個痛苦的共鳴。[12]

幾乎所有來到古巴的南軍退伍老兵都在幻滅莊園度過一段奢華款待的享受時光。雖然這些訪客可能對種植園熟悉的生活習慣感到欣慰，但也有很多東西是不熟悉的。特別是，訪客們對中國勞工的存在感到驚奇。在伊麗莎．里普利到達古巴之前的幾十年裡，西班牙政府進口數以萬計的中國勞工作為合約勞動力。政府和種植園主把他們視為高價的非洲俘虜的替代品，也是對無處不在的廢奴陰影的一種解救。到一八七〇年代中期時，幾乎有十二萬五千名中國人在古巴登陸。他們在澳門、香港、廣州、上海和其他地方被騙上或是綁架上船，然後被運到古巴，這些船通常是在美國人所擁有的。這些中國勞工會在古巴種植園工作裡八年。里普利種植園的勞動力由受奴役的非洲人和中國合約勞工組成。她讓中國勞工來為她做家務，這個事實讓種植園裡的美國客人感到很震驚。雖然中國勞工在美國修建橫貫北美大陸的鐵路了，但在伊麗莎．里普利並沒有指揮中國勞工的個人經驗。她觀察這些中國勞工，推測他們的性格，測試他們服從的限度，甚至測試他們耐受飢餓的能力。一天早上，正是出於飢餓難忍，中國勞工們聚集到種植園裡，他們向監工投擲石塊，並高喊不要再工作。在西班牙當局將他們壓制下來後，負責的官員下令剪掉造反工人的長辮子。「他們這麼快就認輸了！看起來真是膽小啊！」里普利寫道。[13]

儘管她對這場特殊的勝利感到高興，但里普利和其他在古巴的美國南方人很快就意識到，他們在古巴重建南方奴隸制社會的努力永遠不可能獲得他們渴望的成功。現在一切都不同了，他們的故鄉已變得不同，他們的新家，以及故鄉和新家之間的關係——都不同以往了。南方對古巴的興趣一直取決於奴隸制的存續，吞併古巴是鞏固和擴大美國奴隸制的一種方式。這個特殊的統治夢想現已沒有意義了，無論是在美國還是在古巴，長期以來人們所熟悉的吞併話題似乎已煙消雲散。

奴隸制，這個在美國戰敗後吸引美國南方人來到古巴的制度，如今在古巴島上的感覺幾乎和美國內戰前在國內的感覺一樣脆弱。一八六八年，從非洲到古巴的奴隸貿易終於被停止了。來自中國的合約勞工紓解了人力短缺，但這項貿易也在日益受到威脅。關於他們受到系統性虐待的報告導致中國當局向古巴派出一個委員會。這個中國委員會在採訪一千多名華工後，證實了廣泛的虐待事件是真實發生的——人們在這裡遭到毆打、非法延長契約、扣留食物、縮減休息的時間和工資，人們遭受到的虐待如此普遍，而導致自殺的發生。一位名叫林阿彭的受訪者報告說，他看到大約二十個男子死去，「他們上吊自殺、投井，或跳到煮糖的鍋爐裡。」為了回應這個令人震驚的報告，中國政府在一八七四年完全切斷這個貿易。[14]

那時，伊麗莎・里普利已離開了。她在丈夫去世不久後的一八七二年就回到美國。驅使她離開的不僅僅是個人的損失或勞工的問題。一場新的戰爭開始了，這次是在古巴，當地爆發了脫離西班牙的獨立戰爭。對於古巴的美國種植園女主人里普利來說，選擇很簡單：是回家的時候了。與她一起從路易斯安那州來到古巴的奴隸澤爾則是和他的妻子和孩子留下來，見證新古巴的崛起，不僅奴隸制很快地被廢除，不久後西班牙的統治也不復存在了。[15]

1

2

1. 木製的狗形神像，泰諾人稱之為「Opiyelguobirán」，據說它能將靈魂帶到死者的世界。（圖片出處：Courtesy of the Smithsonian Museum of Natural History）
2. 為了抵抗西班牙人的征服，1512 年泰諾族首領哈圖伊被綁在柴火堆上，受火刑而死。他在受刑前曾拒絕改信基督教，據稱他表示如果西班牙人去天堂，他寧願去地獄。（圖片出處：Courtesy of the John Carter Brown Library）
3. 1762 年，英國海軍攻佔了防禦堅固的哈瓦那市。接下來哈瓦那如同北美 13 個殖民地，成為其帝國體系的一部分。（圖片出處：Courtesy of the Library of Congress）

3

4

5

4. 哈瓦那的自由黑人民兵，不僅在 1762 年的圍城戰中與英國人戰鬥，更參與了之後與美國革命相關的戰役。這幅由黑人藝術家荷西・尼古拉斯・德拉・埃斯卡萊拉（José Nicolás de la Escalera）創作的繪畫，呈現了 1763 年時期的民兵制服。（圖片出處：Courtesy of Archivo General de Indias）
5. 十九世紀初，製糖業開始主宰古巴的經濟。製糖業的勞動模式是熱帶農業中最為嚴苛，幾乎都由被奴役的非洲人及其後代負擔所有的勞動。（圖片出處：Courtesy of the Ramiro A. Fernández Collection）
6. 十九世紀古巴的製糖莊園，在相同產業中或許是世界上最大且最先進的。這張 1857 年愛德華多・拉普蘭特（Eduardo Laplante）的銅版畫呈現了千里達的製糖莊園，該莊園是 1843-1844 年間馬坦薩斯省反奴隸制運動的地點之一。（圖片出處：維基百科）

6

7

8

Nº 850

SEÑAS GENERALES.

Estado
Profesion
Edad
Estatura
Pelo
Ojos
Nariz
Barba
Cara
Color

Señas particulares.

Firma del interesado

Sin enmienda.

Jurisdiccion de

CEDULA DE VECINDAD

CABEZA DE FAMILIA.

Expedida á favor de

natural de

empadronado

en

Calle de

Núm. 169

21 de

de 1871.

Gobernador

Pagó un escudo ó sean cincuenta cents.

Caduca al año.

7. 來自古巴東部的糖業種植者卡洛斯・曼努埃爾・狄・塞斯佩德斯透過解放他擁有的奴隸男女，發動了該島的第一次獨立戰爭——十年戰爭。（圖片出處：維基百科）

8. 自 1847 年起，古巴的西班牙政府允許引進華人男性，並簽署為期八年的勞動合同，然而系統性的虐待導致中國政府在 1874 年關閉了這項貿易。這張照片顯示的是 1871 年在馬坦薩斯的華人合同工「Jose Chuen」的身分證明文件。（圖片出處：Courtesy of the University of Miami, Cuban Heritage Collection）

9. 一群曾經被奴役的男女，在 1886 年解放後不久接受拍攝。照片由荷西・戈麥斯・德・拉・卡雷拉拍攝（José Gómez de la Carrera），他是古巴第一位專業攝影師。（圖片出處：Courtesy of the Ramiro A. Fernández Collection）

9

10

11

10. 古巴愛國者與知識份子荷西・馬蒂大部分的成年生活都在紐約度過，為古巴獨立進行寫作和組織。這張 1891 年的照片是他首次前往基韋斯特時拍攝的，此時他正在為古巴雪茄工人發表演說及籌集資金。（圖片出處：Courtesy of the University of Miami, Cuban Heritage Collection）

11. 羅莎・卡斯特利亞諾斯，通常被稱為「來自巴亞莫的羅莎」，她曾在古巴獨立的兩場關鍵戰爭中的擔任士兵和護士。之後她獲得上尉的軍銜，並受到古巴解放軍最高指揮官馬西莫・戈麥斯的表揚。這張照片在 1899 年刊登於《El Fígaro》雜誌上。（圖片出處：El Fígaro，1899 年 10 月 22 日）

12. 非裔古巴將領安東尼奧・馬西奧（後排中央）是古巴獨立抗爭中最重要的人物之一。這張照片是 1892 年他在哥斯大黎加與抗爭運動的其他成員合照。馬西奧的狗（他取名為 Cuba Libre），也出現在照片前景中。（圖片出處：Courtesy of the Biblioteca Nacional de España）

12

13

13. 1898 年 1 月，美國軍艦緬因號進入哈瓦那港，起因於美國資產遭到西班牙公民的襲擊。該艦於 1898 年 2 月 15 日爆炸沉沒，導致美國向西班牙宣戰，並介入古巴獨立的最後一場戰爭。（圖片出處：Courtesy of the New York Public Library, Prints and Photographs Division）

14

14. 1898 年 7 月，西奧多・羅斯福及其「莽騎兵」攻佔聖胡安山頂後拍攝的照片，這是他們的重大勝利。（圖片出處：Courtesy of the Library of Congress）

15

15. 這張照片呈現了哈瓦那的總督官邸，這是西班牙殖民政府的所在地，它在 1899-1902 年的美國軍事佔領初期受到美國軍隊的保護，並升起了美國國旗。（圖片出處：Courtesy of Harvard University, Houghton Library）

16

16. 在第一次美國對古巴的佔領期間，有 1200 名以上的古巴教師前往美國，在 1900 年夏季於哈佛大學進行研究。該計畫的設計者希望教師們理解古巴自治發展的緩慢性，但他們大都拒絕了此一教誨，並強調立即獨立的重要性。（圖片出處：Courtesy of the Harvard University Archives）

17-18. 美國軍事佔領只有在古巴制憲大會同意將《普拉特修正案》作為新憲法的附錄後才結束，該修正案賦予美國政府介入古巴事務的權利。在美國，《普拉特修正案》通常被視為預防性及善意（圖 17）；但在古巴，它卻等同於侵犯和搶劫（圖 18）。這兩幅當時的漫畫傳達了美國和古巴各自不同的感受。（圖片出處：Minneapolis Journal, April 22, 1901. Courtesy of the Hennepin County Library; Asalto y Robo," Política Cómica, March 21, 1901）

17

18

19

19. 在 1904 年美國製作的明信片上，印有現代古巴糖廠的圖像。（圖片出處：維基百科）

20. 1920 年代初期，美國公司主宰了古巴的糖業，並掌控前 20 大製糖廠中的 19 家。這張照片呈現了 1918 年美國所擁有的製糖工廠「Cunagua」的工人，他們正站在一些用於製糖、昂貴且現代的機器前面。（圖片出處：Courtesy of the University of Miami, Cuban Heritage Collection）

20

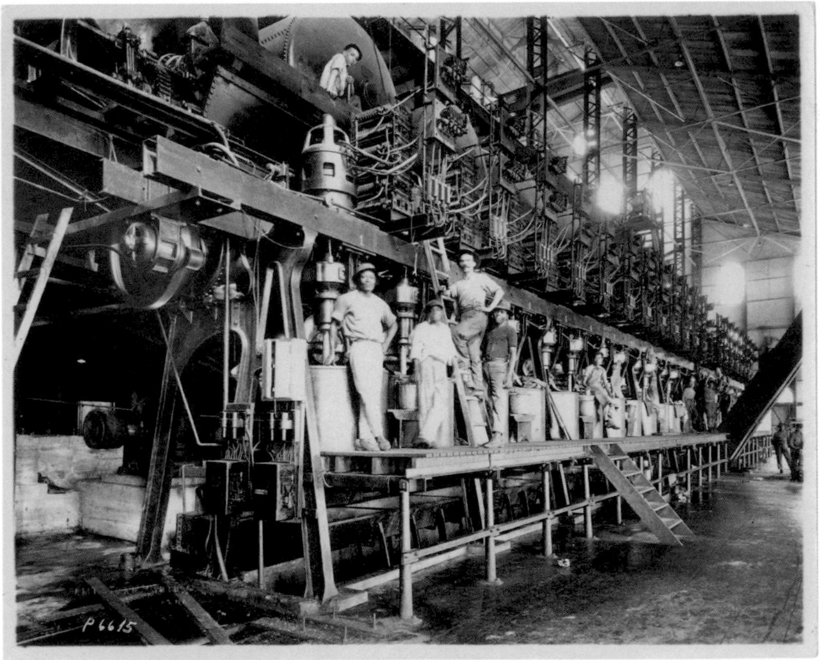

21

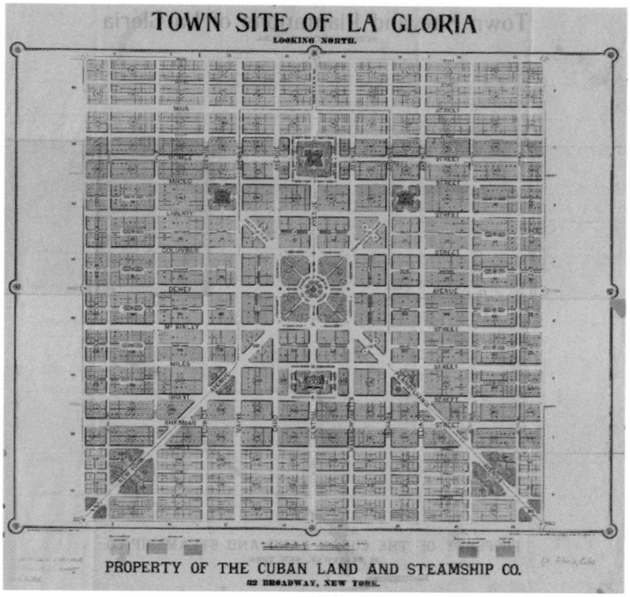

21. 在二十世紀前兩個十年裡，美國公司在古巴購買土地並建立「美國殖民地」，其中最突出的殖民地是「葛洛莉亞」（Gloria）。這張葛洛莉亞的官方地圖將藍色和粉紅色的區域指定為住宅區，黃色為商業區，紫色為公共建築和教堂，綠色為公園和廣場。（圖片出處：Courtesy of the New York Public Library, Map Division）

22. 1928 年 1 月，卡爾文・柯立芝總統訪問哈瓦那，並開啟泛美會議。他在這裡與當時正在非法延長總統任期並殘酷打擊反對派的古巴總統格拉多・馬查多合影。（圖片出處：Courtesy of the Library of Congress）

22

23

23. 在 1928 年 1 月，泛美航空開始首次的乘客航班，從基韋斯特飛往哈瓦那。科技的進步促進了美國人前往古巴旅遊的風氣。（圖片出處：Courtesy of the University of Miami, Richter Library, Special Collections）

24. 美國在禁酒時期（1920-1933）促進了美國人前往古巴旅行的興趣。此圖描繪哈瓦那的 Sloppy Joe's 酒吧，是美國遊客最愛的旅遊目的地，因此又稱為「美國酒吧」。（圖片出處：Courtesy of the University of Miami, Cuban Heritage Collection）

24

25

25. 1933 年的革命促成進步政府的崛起，該政府訴求擴大工人和農民的權利，及加強與拉丁美洲的連繫，與美國建立更平等的關係；其由拉蒙・格勞・聖馬丁（右）領導，僅持續了 127 天。曾是其最重要的軍事人物的富爾亨西奧・巴蒂斯塔（中）在擊敗新政府上發揮了關鍵的作用。（圖片出處：Courtesy of the University of Miami, Cuban Heritage Collection）

26. 工人、學生和其他公民團體敦促 1933 年的革命政府兌現其承諾。示威活動的人群舉著標語，上面寫著標語，如「古巴人的古巴」、「格勞，古巴的希望」。一張印有英文的標語寫著：「我們要廢除《普拉特修正案》。」（圖片出處：Courtesy of the University of Miami, Cuban Heritage Collection）

26

27

27. 愛德華多・奇巴斯是一位受歡迎且特立獨行的政治家。他不但譴責政府的腐敗，也創建新的政黨來打擊腐敗的政府。他原本被認為在 1952 年的總統選舉中表現出色，但他卻在 1951 年 8 月週日晚上的廣播中自殺身亡。（圖片出處：Courtesy of the Ramiro A. Fernández Collection）

28. 1952 年 3 月 10 日，原本在總統競選中名列第三的富爾亨西奧・巴蒂斯塔發動了一場軍事政變，自封為總統。此時的他正在古巴最大的軍事基地——哥倫比亞營——進行慶祝，其身後為荷西・馬蒂的肖像。（圖片出處：Courtesy of AP Images）

29. 1953 年 7 月 26 日，斐代爾・卡斯楚試圖以襲擊聖地牙哥的蒙卡達軍營來推翻巴蒂斯塔政府，這是該島第二大的陸軍基地。儘管這次襲擊迅速被擊潰，但襲擊的日期—— 7 月 26 日——後來成為卡斯楚革命運動的名稱。這張照片呈現被捕後的卡斯楚，他站在馬蒂的肖像前面。（圖片出處：Courtesy of the University of Miami, Cuban Heritage Collection）

28

29
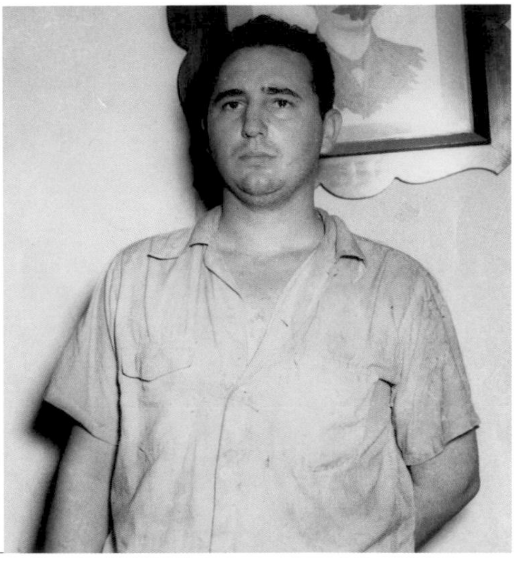

30

30. 學生領袖荷西・安東尼奧・埃切維里亞是反抗巴蒂斯塔的革命當中最傑出的人物之一，他在 1957 年 3 月對總統府的襲擊中被殺身亡。這張照片呈現 1956 年或 1957 年他在馬蒂的半身像之前發表演說。（圖片出處：不知名攝影師，作者收藏。）

31. 1957 年，一群婦女在聖地牙哥對巴蒂斯塔政府進行和平抗議，手持標語的寫著：「停止暗殺我們的兒子，古巴母親」。這類公民抗議是打敗巴蒂斯塔的運動的重要部分。（圖片出處：Courtesy of Silvia Arrom and the University of Florida, George A. Smathers Library）

31

32

33

32. 1956 年 12 月，斐代爾．卡斯楚藏身在古巴東部的山區，發動游擊戰以對抗巴蒂斯塔的軍隊。這張照片裡的人是斐代爾．卡斯楚與他的弟弟勞爾，約拍攝於 1958 年年底，就在巴蒂斯塔敗北前不久。（圖片出處：Courtesy of the Wisconsin Historical Society）

33. 革命政府在上台的頭幾個月裡，審判並處決了數百名巴蒂斯塔時期的官員。照片中，一名牧師在馬坦薩斯為一名被判處死刑的人行臨終聖事。攝影師安德魯．洛佩茲（Andrew López）因這張照片獲得普立茲獎。（圖片出處：維基百科）

34

34. 1961 年 4 月 16 日，斐代爾・卡斯楚在豬玀灣事件前夕發表演說，正是在這次演說中，他首次公開將古巴革命定義為「社會主義」。（圖片出處：Photo Raúl Corrales. Courtesy of Alamy）

35. 自 1962 年以來，蘇聯的軍事建設讓古巴成為世界上第二個（人均）軍事化最高的國家，僅次於朝鮮。蘇聯坦克在哈瓦那遊行，背景中的人物肖像畫是弗拉基米爾・列寧（右）和古巴革命家卡米洛・西恩富戈斯（左）。（圖片出處：Courtesy of the Ramiro A. Fernández Collection）

35

36

36. 1967 年一個古巴家庭在邁阿密團聚。照片中的男子乘船離開古巴，抵達德克薩斯州海岸。女子和兒子則是搭乘 1965 年至 1973 年間帶來將近 30 萬古巴人移民到美國的「自由航班」抵達。（圖片出處：Courtesy of the University of Miami, Cuban Heritage Collection）

37. 1977 年約有 15,000 名古巴人在邁阿密的小哈瓦那從事政治集會，步行到市區。（圖片出處：Phil Sandlin, Associated Press）

37

38

38. 在 1980 年 4 月至 10 月，馬里埃爾船隊大約載運了 125,000 名古巴人移民到美國，其中大多數人抵達基韋斯特（如圖所示）。古巴政府指定馬里埃爾的港口為啟航點，允許美籍古巴人在此接走親戚，前提是他們必須在政府的裁示下接載其他古巴人。（圖片出處：Courtesy of Duke University Libraries, Caribbean Sea Migrations Collection）

39 

39. 2016 年 3 月，美古關係短暫緩和，巴拉克・歐巴馬總統訪問哈瓦那，這是兩國政府長期複雜談判的結果。照片中，歐巴馬總統前往哈瓦那拉丁美洲體育場觀看古巴國家棒球隊的表演賽，向人群揮手示意。（圖片出處：維基百科）

40. 2017 年 11 月 17 日，哈瓦那街頭風景。古巴政府的政策對古巴人的日常生活造成巨大的影響，而美國對古巴的政策也有相同的效果。（圖片出處：Allen Brown, Alamy）

40 

CUBA

第四部

自由古巴！

古巴獨立的軍事抗爭是一支被稱為「自由軍」（Liberation Army）的多種族民眾戰鬥力量完成的。這張照片所拍攝的就是在1895年至1898年間，古巴自由軍在獨立戰爭期間渡河的情景。（圖片出處：Courtesy of the Cuban Heritage Collection, University of Miami）

第十一章　奴隸、士兵與公民

一八六八年十月十日，一位名叫卡洛斯・曼努埃爾・狄・塞斯佩德斯（Carlos Manuel de Céspedes）的糖業種植者和奴隸主站了出來，他宣布西班牙人在古巴的統治結束了。那天早上，他召集他的種植園裡所有被奴役的人，宣布他們自由了。他告訴奴隸們，「你們和我一樣自由。」然後，他稱呼他們為「公民」，邀請他們為「古巴的自由和獨立」提供協助。這場反叛第一個重大勝利是佔領巴亞莫（Bayamo），這裡是古巴島上最古老的歐洲人定居點之一。為了慶祝這個勝利，塞斯佩德斯帶著他的人馬走進城鎮裡的大教堂，並走到祭壇前方，讓神父為新古巴的旗幟祈禱。這面旗幟有紅、白、藍三色，但它並非一八五〇年飄揚在《紐約太陽報》報社上空私人擴張者的旗幟。塞斯佩德斯用他家祈禱祭壇上的布料縫製他的旗幟，他將旗幟帶到銅聖母主教堂裡，銅聖母就是那個在三個多世紀前出現在被奴役的男孩和他的兩個原住民同伴面前的雕塑。就這樣，第一次古巴獨立戰爭開始了——在一位貴族製糖商的領導下，在被奴役者的參與下，在古巴最受歡迎的聖母的祝福下展開了。[1]

當古巴的西班牙總督剛得知叛亂發生的消息時，他並不感到震驚。他向馬德里當局保證，他有「足夠的力量在幾天內就將它碾碎」。[2]但他嚴重失算了。這場戰爭延續了十年，期間經歷十二位西班牙總督的統治——因此稱為「十年戰爭」。

在戰爭頭幾年，軍事優勢在敵對雙方之間來回轉換，古巴叛軍——自由軍與西班牙軍隊展開游擊戰。除了軍隊，叛軍還建立了政府，一個武裝共和國，有總統和立法機構。正如人們對任何一場延續十年之久的衝突所下的判斷，這是一場殘酷的事件。它摧毀古巴東部大部分的地區，這場衝突的大部分的戰鬥都發生在那裡。雖然我們沒有關於在衝突中死亡人數的可靠證據，但破壞是可怕的。在叛軍第一個據點巴亞莫，就在西班牙軍隊從古巴人手中奪取該市之前，居民幾乎把這座歷史悠久的城市燒成灰燼。農村所遭受的破壞更加嚴重。在飽受戰爭摧殘的卡馬圭（Camagüey），到戰爭結束時，一百一十家糖廠中只有一家仍在生產。在同一地區的四千多個農舍中，大約僅一百間倖存下來。人、房屋、農場和牲畜在十年戰爭中消失了。到了一八七八年，剩下的大部分地區傷痕累累。樹木上的彈孔、舊建築上的破洞及其他戰爭遺留物，都成了近乎永久性的地標，成為向後人敘述過去曾發生了什麼的見證者。[3]

戰爭帶來的不僅是物質上的破壞，也摧毀了某些體制，其中最重要的是奴隸制。奴隸制被摧毀的部分原因是叛軍有意摧毀它，另一部分原因是革命本身的運作邏輯。考慮到十九世紀古巴的歷史，怎麼會有其他可能呢？幾十年來，古巴種植園主為了保護奴隸制和白人統治而放棄獨立。從奴隸種植的糖中獲得的利潤使奴隸主相信，他們應該要選擇因循而不是斷裂。一場把被奴役者動員起來的奴隸抗爭還有怎樣的後果呢？到了一八六八年，整個世界已大大不同以往。不僅美國的奴隸制死亡了，非法的跨大西洋奴隸貿易也已結束，而古巴奴隸制的前景也幾乎不存在了。一八六八年的戰爭以一個奴隸主放棄他的人肉資產，並邀請後者加入獨立的志業而展開，這顯示形勢已發生很大的變化，也預示古巴社會的基礎將被徹底撼動。

藉由釋放自己的奴隸，塞斯佩德斯發起了戰爭。無論此舉有多麼重大的象徵意義，它都是個人的解放行為——一名主人自願釋放他的資產。當塞斯佩德斯在同一天發表第一個革命的公開宣言時，他僅表達了對普遍解放奴隸的意願，而這個意願只有在戰爭結束及古巴人獲勝後才會奏效，而且奴隸主會得到補償。對塞斯佩德斯和他的同伴——奴隸主變成的革命者來說，這個提議似乎相當謹慎。在逐步的（和享有補償的）奴隸解放承諾下，奴隸主得知他們不會立即就遭受經濟損失。與此同時，被奴役者聽說反叛開始了，如果反叛者獲得勝利，他們將獲得自由。既然如此，這個計畫就有了明顯的戰術優勢，就是同時能吸引到奴隸和奴隸主。

這種兩邊取巧的謹慎做法成為這場戰爭的首批犧牲品之一。西班牙當局馬上就注意到這點。「我毫不懷疑」，總督寫道：「叛亂的煽動者……的考慮並不周全……事實上，在發起叛亂後不久，人們就開始燒毀糖廠，把奴隸視作自由人，……以這樣的行為喚起有色人種的鬥志。」塞斯佩德斯本人也開始擔心，戰爭超出了他所設定、逐步廢除奴隸制的進程。衝突剛開始幾天，他就承諾，叛軍將尊重所有的財產，包括人的財產。在這個月結束之前，他就明令禁止軍官在沒有他本人或奴隸主的授權下接受任何奴隸加入他們的隊伍。然後，兩週後他下令，任何襲擊農場、煽動被奴役者造反的人都將受到審判，如果獲判有罪，將被判處死刑。[4]

然而，這些措施都是徒勞。領導人的問題不僅在於叛亂者持續招募新奴隸加入，還在於被奴役的人是不需要慫恿的，他們自願為自由而戰，主動地出現在叛軍的陣營裡，為叛軍提供服務。一位名叫佩德羅·德拉·托雷（Pedro de la Torre）的奴隸來到叛軍的營地，宣稱「他希望維護神聖的志業」。另一個名叫荷西·曼努埃爾（José Manuel）的人從科夫雷附近的咖啡園逃出來，帶著叛軍宣言的副本前往鄰近的農場，以便招募更多和他一樣的人。羅莎·卡斯特利亞諾斯（Rosa Castellanos）是非洲人的女兒，是一個女奴隸，她和同為奴隸的丈夫一起參加戰爭，以「Rosa la Bayamesa」（來自巴亞莫的羅莎）的名字廣為人知。她在護理工作和作戰的上都得到反抗運動中最著名的領導人的讚揚。[5]

戰爭開始兩個月後，叛軍領導人意識到，廢除奴隸制不能再拖延了。一八六八年十二月二十七日，塞斯佩德斯頒布法令，所有屬於敵人的奴隸都將獲得釋放，他們的奴隸主不會得到任何補償。支持獨立運動並自願將其奴隸「獻給」叛軍的奴隸主將得到補償，他們的奴隸也將重獲自由。這是一個有限的解放，只有島上一小部分奴隸可以獲得，而且在許多情況下，只有在那些仍將自己視為奴隸主的人的同意下才有效。

但這嚴謹的法令改變了一切。成千上萬的奴隸趕來加入叛軍的行列。一個星期後，塞斯佩德斯寫道，昔日的奴隸現正「成群結隊，高呼自由萬歲，古巴的白人（萬歲），昨天他們（甚至）還在用嚴厲的鞭子管理他們，今天卻把他們當成兄弟，給予他們自由人的稱號」。對塞斯佩德斯來說，這是一個完美的價值展現。一方面，他看到寬宏大量的主人不僅給予奴隸自由，還邀請他們加入名留青史的行列。在另一方面，他看到昔日的奴隸，對以前的主人及其共同創造的國家心懷感激和堅定不移的忠誠。[6] 如果塞斯佩德斯能夠這樣做，他可能會選擇在那一刻停止時間，讓相互支持和滿足的實例永存下來。但恰恰相反的是，隨著時間的推移，奴隸制、種族以及它們與國家獨立的關係變得更加激烈波動。但是對最終自由的適度承諾吸引了越來越多被奴役者加入這個志業；他們的參與促使領導人為廢除奴隸制而做得更多。

幾個月後，在一八六九年四月，叛軍的文職領導人為這個正處於武裝抗爭的共和國起草憲法，奴隸的完全解放已不可逆轉。憲法的第二十四條宣布，「共和國的所有居民都是完全自由的」。第二十五條規定，「共和國的所有公民都被視為自由軍的士兵」，遭受奴役的奴隸們現已成為新共和國的士兵和公民。[7]

隨著奴隸主們不斷動員人們加入獨立運動，這場運動也引入了一種新的公民身分語言，明確誇大了種族平等。叛軍的宣言可以為奴隸社會提供令人振奮的宣告。「所有的人都是我們的兄弟，無論他們的膚色是什麼顏色」，一個人開始說道。另一個則宣布：「每個古巴人（無論白人還是黑人，因為我們都是平等的）。……所有人一律不分膚色、年齡或性別，都可以……為了自由……服役。這些宣言與早期的信念有了巨大的不同，先前的信念是，有色人種的奴隸和自由人是建國的障礙。獨立運動採用一種無視種族的公民身分的語言。被奴役的人聽到叛軍的新語言，抓住了它，並使用了它。他們稱自己（和對方）為公民，並公開宣告自己的愛國心。在獲得個人自由後，有些人甚至將自己的姓氏改成「古巴」。[8]

如果說戰爭為被奴役者打開自由和公民身分的大門，那麼也可以說，它也讓擁有自由身分的有色人種有機會擔任領導職務。非洲裔古巴領導人幾乎立即開使湧現。其中最著名、最受人愛戴的是安東尼奧·馬西奧（Antonio Maceo）。在十年戰爭之前，他住在離聖地牙哥市北部約十二英里的家庭農場中。他從小就會聽父親給他講大仲馬（Alexander Dumas）的小說，還有海地的杜桑·盧維杜爾（Toussaint Louverture）以及南美洲的西蒙·玻利瓦（Simón Bolívar）的傳記。二十三歲的馬西奧在叛亂開始兩天後就作為一名普通士兵加入了抗爭。僅僅經過了一場戰鬥，他就被提升為中士。隨後又有一系列的晉升：在戰爭的第一個月結束時，他成了一名中尉；在一八六九年一月，他又連升兩級。到了一八七三年，他成為馬西奧將軍。那時，他的名氣很大，以至於西班牙國王宣布，只要把他抓到手，就會判他死刑。[9]

然而，馬西奧在自由軍中的地位上升充滿了爭議。到了一八七三年，地理上的因素更加劇這種爭議。這一年，來自多明尼加共和國的馬西莫·戈麥斯（Máximo Gómez）是叛軍中級別最高的軍官之一，他提議由安東尼奧·馬西奧率軍對古巴西部進行大規模進攻。在此之前，戰爭還沒有蔓延到古巴西部，那裡的農村是由大型現代化糖業種植園主所控制的。在作為叛亂基地的古巴東部，糖業是一個較小的產業。比方說，塞斯佩德斯擁有的糖廠在一八六〇年全島經營的一千三百六十五家糖廠中，年產量的排名很低，只位列第一千一百一十三。東部的種植園主對奴隸制勞動力的依賴程度也比西部種植園主低得多。在古巴西部製糖業繁榮的地區，奴隸的數量往往超過白人，而在東部叛亂開始和蓬勃發展的特定地區，奴隸的人口比例一般低於百分之十。[10]這些地理和經濟上的差異在很大程度上解釋了為什麼從叛亂一開始，塞斯佩德斯等種植園主就支持革命，贊成廢奴，而西部的種植園主卻不支持。

為了在戰時劃分東西部，西班牙政府建造一條從北到南橫貫全島的巨大防禦壕溝。這條壕溝由奴隸和中國合約勞工建造，是整個美洲最大的防禦工事。西班牙人打算把它作為古巴東部戰區和該島其他地區之間堅不可摧的屏障。然而，馬西莫·戈麥斯認為，安東尼奧·馬西奧率領五百人就能越過防線，衝出東部，一路向西作戰，甚至有可能打到哈瓦那去。在路上，馬西奧將會奪取那些鋪滿甘蔗、遍布糖廠的領土，而且在一八七三年，那些地方仍然是種族奴隸制的堡壘。

多數公民領袖聽取了戈麥斯對於入侵的建議，但是他們很擔心。他們並沒有質疑馬西奧的軍事能力。他們擔心的是另一件事：派一個有色人種領導一支黑人軍隊，在擁有大型種植園和黑人人口佔多數的古巴發動戰爭並解放奴隸，這麼做是否為明智之舉呢？馬西奧的崛起引起了一些謠言，說他試圖把古巴變成一個黑人共和國，並宣布自己為領導人。馬西奧的反對者使用了西班牙和美國官員一直用來反對古巴獨立的相同、現成的理由：會造成「種族戰爭」和造成「另一個海地」的幽靈。有人問道：「我們解放自己只是為了經受海地和聖多明各的命運嗎？」[11]馬西奧的反對者們佔了上風，在十年戰爭期間，他從未能領導向西的攻勢。

戰鬥仍在繼續，但叛軍無法將他們的控制範圍擴大到更廣泛的領土範圍，也無法保持戰爭初期的巨大衝擊力。一位西班牙官員解釋，到了十年戰爭的中期，這場衝突不像是一場常規戰爭，也不像是重大的挑戰了，而更像是佛羅里達州塞米諾爾原住民（Seminoles）對美國當局的抗爭。有時叛軍領導人也承認這點。一八七七年，馬西莫．戈麥斯在他的日記中寫道，這一年是戰爭中「最令人沮喪的」一年，「很難將革命引向一條可靠的通往勝利之路。」即使是古巴軍隊中最熱心的人也感到厭戰和厭倦了。[12]

在那段最令人沮喪的一年終於結束時，西班牙總督知道，勝利近在眼前，於是他暫停敵對行動，並在卡馬圭建立一個中立區，以促進和平談判。一八七八年二月八日，叛軍的立法機構因為被自己的法律禁止與西班牙談判，於是自行解散，並任命了一個委員會來制定一項和平協議。兩天後，在一個叫桑洪（Zanjón）的地方，該委員會接受西班牙的和平建議。《桑洪協議》（Pact of Zanjón）不承認古巴的獨立，但它赦免叛亂份子，允許他們建立政黨，並承認參加過戰爭的奴隸和中國合約勞工的自由身分。於是，一個接著一個，古巴人的隊伍陸續投降了。在農村四處活動的叛亂份子對「等一下，誰去那裡？」的口頭禪回答從「古巴」改成了「和平」。[13]

然而，安東尼奧．馬西奧不想與一個既不給予古巴獨立，也不廢除奴隸制的協議有任何瓜葛。他把剩餘部隊召集在一起開會。與會者中有許多在過去十年中不斷晉升的黑人軍官。馬西奧態度強硬，稱《桑洪協議》是不光彩的、羞辱的。但他也清楚其後果：隨著其他地方的和平得到保障，西班牙軍隊現在可以空出手來全力以赴對付他們。馬西奧還要求與古巴的西班牙總督進行個人會談。在收到馬西奧的會面邀請後，總督希望馬西奧準備投降，或者至少是準備談判。但恰恰相反的是，馬西奧告訴他，只有在西班牙給予古巴的所有奴隸自由之後，他才會屈服。總督拒絕他的要求，所以馬西奧承諾繼續進行戰爭。馬西奧和西班牙總督之間會面的地方是古巴歷史上的一個重要地點。會面被稱為「巴拉瓜的抗議」（Protest of Baraguá），今天已成為不投降原則的象徵。在一個多世紀後，在二十世紀九〇年代初，在柏林圍牆倒塌和蘇聯解體後，全古巴的廣告牌上都指出，古巴本身就是一個「永恆的巴拉瓜」。它的意思是，隨著東歐向資本主義投降，古巴將會繼續戰鬥下去。但這些廣告牌沒有提到的是，儘管馬西奧有崇高和熱忱的意圖，但他別無選擇，只能在那次挑釁性的抗議之後很快放下武器。他的部隊人數已所剩無幾了；他們已戰鬥了十年，勝利是不可能的。一八七八年五月十日，根據還不存在的共和國總統命令，馬西奧離開了古巴前往牙買加，但從未正式投降。[14]

然而，對於接下來發生的事，「和平」並不是個好名字。太多事尚未解決。現在，古巴的領導層似乎有兩股力量：在桑洪的人接受的是西班牙的和平，而非獨立和廢除奴隸制；在巴拉瓜與馬西奧一起的人則要求繼續戰鬥，直到實現獨立和全面解放為止。這兩股力量繼續合作，但彼此的緊張關係一直存在著。現在，隨著大部分領導層的流亡與和平的到來，誰將繼續為古巴的志業發言和行動的問題變得緊迫起來。誰是古巴獨立的合法領導人呢？是那些自認為有司法權力在二月進行和平談判的人，還是那些自認為有道義權力在三月拒絕和平的人呢？

如果說對運動的未來存在著疑問，那麼在古巴當地還有其他更緊迫的問題。一八七八年的和平協議釋放了那些參加過戰爭的奴隸，但卻讓那些仍然忠誠的人繼續當奴隸。因此，該協議為被奴役者與可能的叛亂者結盟創造了新的、更大的動力。西班牙官員很快報告說，被奴役者正在進行「消極抵抗，拒絕服從他們的主人和監督人。」他們希望獲得像「convenidos」（這是人們對和平協議所釋放者的稱呼）的自由。一位曾經參與那場戰爭的黑人叛軍軍官，在他的報告結尾處說，「黑人（已經）不耐煩了」，而且想要揭竿而起。他說，無論任何人、任何地方都在談論「即將發生的起義」[15]。

因此，和平是短暫的就不足為奇了。一八七九年八月，十年戰爭結束後僅十八個月後，一場新的戰爭就開始了。甚至它的名字也暗示了它的命運：小戰爭（Little War，古巴第二次獨立戰爭），或稱 Guerra Chiquita。事實上，它是如此短暫，以至於許多人有時會忘記它的發生。但是，如果它的軍事重要性似乎是次要的，它以濃縮的形式完美地揭示了古巴獨立運動的核心問題，實際上是十九世紀大部分時間裡古巴歷史的核心問題。新的戰爭在很多方面都是剛剛結束的戰爭的延續。它們的地點是一樣的：古巴東部。手段是一樣的：游擊戰。目標也是一樣：廢奴和獨立。但兩者有一個重要的區別。簡單地說，新的起義比第一次的顏色更黑。被奴役的人們看到他們的老夥伴因為參加上一次戰爭而得到了釋放，他們歡迎另一個自由機會的到來。一些人把甘蔗田放火點燃，高呼「沒有自由就沒有甘蔗！」在叛亂的頭兩個月，當局估計有五千名奴隸逃離了他們的工作場所。在領導層面上，將叛亂描述為更黑的叛亂也是恰當的。第一次戰爭中的許多菁英白人起義者，他們如今成了新成立的自由黨成員，他們現在更願意追求和平的活動途徑。他們譴責新的戰爭努力，認為它是不可行的、危險的。白人菁英人士支持的退出變得更加重要，因為它與奴隸和前奴隸的大規模動員同時發生。這也為黑人叛亂領導人的崛起留下了更多空間。新戰爭的兩位主要軍事指揮官是荷西・馬西奧（José Maceo，安東尼奧的兄弟）和吉列爾莫・蒙卡達（Guillermo Moncada），他是自由人出身的黑人木匠。這兩個人都是十年戰爭和巴拉瓜抗議的老兵。[16]

然而，「更黑」這個標籤不僅僅是一種描述。在當時，它也是一種論述。叛亂一開始，西班牙官員就堅持認為它「完全由有色人種組成」，並構成「種族戰爭的前奏」。為了確保大多數人相信這點，西班牙當局設計了一些表象，使戰爭符合他們給它貼的標籤。該省的西班牙總督對這個策略十分明確：「我們必須從叛亂中去除所有的白人特徵，將其降為有色人種的叛亂」，他繼續寫道：「如此一來，它所依賴的同情和支持就會減少。」他篡改被俘叛亂份子的名單，刪除上面的白人名字，使運動看起來絕大多數都是黑人。當他確保一名著名的白人軍官投降時，作為赦免的條件，他讓該軍官公開申明，他之所以投降是因為運動的領導人想要「一場種族戰爭。」[17]

西班牙人操縱現實，使叛亂看起來更黑。他們越是這樣做，叛亂就越是黑。非洲裔古巴人領導人提出了強烈的抗議。吉列爾莫・蒙卡達稱西班牙人是「狹隘的殺手」，他們「偽造判斷，歪曲事實」，將古巴的「神聖志業」描述為「種族戰爭」。[18]但這種反對沒有起作用。西班牙人繼續執行了搬弄黑白的政策，而且這個政策繼續發揮著作用。潛在的白人戰士對是否要加入感到猶豫不決；其他人則投降了，叛亂就這樣被動搖了。

一八八〇年六月，由於意識到沒有成功的希望，荷西・馬西奧和吉列爾莫・蒙卡達與總督進行和平談判。隨著談判的進展，總督得知，白人將軍、十年戰爭的老兵卡利赫托・加西亞（Calixto García）剛剛從紐約的短暫流亡中來到古巴，準備擔任所有叛軍的指揮官。總督立即意識到，他將失去迄今為止「使大部分人站在（西班牙）一邊的東西，即白人害怕的種族戰爭。」在與蒙卡達和荷西・馬西奧的談判中，他將黑人領袖隔離開來，兩人都在沒有得知白人將軍到來的情況下投降了。然後，總督將這次投降作為進一步的證據，證明叛亂是一場種族戰爭。否則，為什麼它的兩個最著名的領導人都是有色人種，而且拒絕承認白人加西亞的領導呢？沒有馬西奧和蒙卡達的支持，加西亞的遠征很快就失敗了。[19]第二次獨立戰爭結束了，它的失敗在很大程度上是由於西班牙狡猾地利用種族作為反叛亂的有力策略。至少現在，古巴仍將是西班牙人的天下。

然而，在小戰爭結束時，獨立運動的另一個目標已然實現。全島各地都廢除了奴隸制。剛剛結束的兩場戰爭在很大程度上使這個制度無法再持續下去了。叛亂者釋放並動員被奴役的人們；他們還釋放一種平等和自由的語言在各地迴盪。一八七〇年，為了盡量減少革命對被奴役者的吸引力，西班牙政府開始頒布自己的謹慎政策，例如，宣布用鞭子打奴隸為非法，並頒布一項自由子宮法，賦予被奴役的母親今後所生的所有孩子自由身分。在古巴，不會再有孩子出生在奴隸制中了。一八七八年結束第一次戰爭的條約給予參加過戰爭的一萬六千名奴隸以自由。然後在一八八〇年二月，由於小規模戰爭仍在東部地區肆虐，扭轉歷史潮流的前景渺茫，西班牙政府廢除了古巴的奴隸制。

然而，完全的自由並沒有被立即授予。相反，奴隸制讓位給了一種學徒制度（apprenticeship system），即所謂的patronato，該制度將持續八年時間。一八八〇年廢除奴隸制的法律並沒有補償奴隸主的經濟損失，但透過保證他們的前奴隸作為學徒在八年內的勞動，該法律達到了補償的目的。與此同時，被奴役的人沒有得到任何補償，因為他們一生的勞動都是被迫和免費完成的。該法令還規定，學徒們可以透過自我購買或譴責其主人沒有遵守法律規定來申請自由。許多人急於這樣做。一八八六年，在全島只剩下了兩萬五千三百八十一名學徒的情況下，殖民政府宣布廢除了學徒制度——比預計提前兩年，在西班牙到達古巴近四百年之後。[20]

幾十年後，一位名叫熱納羅·盧庫米（Genaro Lucumí）的非洲裔老人和他的妻子艾琳（都曾是奴隸）有時會召集鄰居的孩子講故事——我的母親也在其中。盧庫米敘述在安東尼奧·馬西奧的獨立軍中戰鬥的故事；艾琳則回憶了在奴隸制的最後幾年中購買自由身分的情況。即使在他們的週日故事中，為擺脫奴隸制和古巴的自由而進行的抗爭也是同一部史詩的一部分。

第十二章　為了全世界的革命

一八八〇年十月，在西班牙廢除了奴隸制的八個月後，卡利赫托．加西亞將軍接受了《紐約先驅報》（*New York Herald*）的採訪，在此三個月前，他剛剛成為在小戰爭中投降的最後一個官員。在採訪中，他不得不面對一個意料之外的問題。古巴的獨立難道不是已成定局了嗎？加西亞陷入了沉思。也許他還皺起了眉頭，他的眉頭上有一道深深的疤痕，那是他在一八七四年為了避免被西班牙人抓捕而試圖自殺時留下的。他坦率地回答：獨立「絕不是一項容易的志業」。主要的障礙，他說道，是白人的疑慮。「在白人之中……有些人會因為這項志業的風險而一直搖擺不定，有些人的猶豫不決則是出於擔心古巴獲得了自由，隨後就有可能要與黑人及黑白混血兒發生戰爭。」[1]加西亞的話是為了解釋古巴志業最近的失敗，但它們也揭示了擺在面前的重大挑戰。

然而，改變人們心中對於種族所持有的既有假設是一項艱巨的任務，而且一直都是如此。古巴人仍然生活在種族奴隸制的末期。在它隔壁的美國，吉姆．克勞法（Jim Crow laws）在制度上規定種族隔離和不平等，種族暴力正接近其殘酷的極限。在世界各地，一種新興的「種族科學」似乎為種族主義提供專業知識的掩護。正是在這種不利的背景下，古巴的獨立運動不得不破壞這個時代對種族知識的核心主張。值得注意的是，與他們那個時代的主流假設恰恰相反，古巴的領導人們堅持認為，種族的概念是一種發明，是強大的群體為了證明擴張和帝國的合理性而召喚出的「教科書式的種族」。而對於古巴，他們堅決反對舊的論點——也就是該島過去的種族奴隸制使其無法成為國家的看法。為了堅決反對這個有多數人認可的理論，他們寫道：黑人和白人並肩戰鬥，從而打造出一個國家，戰鬥的人們作為古巴人，為古巴而戰。在這種觀點中，明確地、幾乎白紙黑字地表明了國家是在種族團結的前提下誕生的。

這種想法清楚、有力地在這個確切時刻形成，在當時，正處於一八六八至一八八〇年獨立戰爭失敗後的和平時期，渴望最後勝利的活動家們正為抗爭做準備。今天，這種超越種族的古巴身分概念仍然是古巴民族主義的兩個最重要的支柱之一。在這裡，「民族主義」一詞在這裡指的是支持獨立的情緒。可以預見的是，這種民族主義的另一個支柱強調了美國對該島的顯而易見的野心。

諷刺的是，正是在美利堅帝國的金融之都，幫助古巴戰勝西班牙的願景最偉大的作者和代言人出現了。他就是荷西・馬蒂。他是最有力地表達了超越種族的古巴國民概念的人物。今天，荷西・馬蒂的雕像和半身像在古巴和邁阿密無處不在。他的形象也出現在更遠的地方：距離亞倫・伯爾（Aaron Burr）在紐澤西州殺死亞歷山大・漢密爾頓（Alexander Hamilton）的地方不到一英里處的一個雕像底座上；紐約中央公園的藝術家之門的入口；從德里到馬尼拉，從雪梨到金斯敦的廣場和建築上。

我們在本書中提到馬蒂好幾次了——作為一個目睹古巴海岸上非法卸載奴隸的船隻的男孩，作為一個哀悼亞伯拉罕・林肯之死的少年。他於一八五三年出生在哈瓦那，父母是西班牙人，在他十六歲時，他在十年戰爭期間出版一份支持獨立的報紙，並因此而鋃鐺入獄。他被判處在只有白人的工作單位裡做六年苦役，他獲得了一個編號（一一三）和一套寬鬆的灰色制服；他的右腳踝上戴著一個鐵鐐銬，綁在腰間的重鏈上。到了一八七一年，由於他的身體狀況不斷惡化，當局解除了對他的原判，將他流放到了西班牙。他在那裡度過了三年，完成了他的大學教育，並寫下他的第一部重要作品《古巴的政治監獄》（*El presidio político en Cuba*）。「這些篇幅除了無限的痛苦之外，不應該有其他名字」，他開始敘述自己在哈瓦那採石場的監禁和強迫勞動。[2]

在離開西班牙之後，馬蒂開始四處遊走：他曾在巴黎居住一段時間；也在紐約短暫居住過（十二天），在墨西哥住過兩年，然後是在瓜地馬拉，在那裡他做過大學文學教授和其他的工作。在一八七八年，西班牙赦免了十年戰爭期間被監禁的人們，荷西．馬蒂回到古巴。他的逗留只持續了一年左右。一八七九年古巴第二次獨立戰爭（小戰爭）開始後不久，西班牙官員先發制人地逮捕了他，並判處他在北非的一個西班牙發配犯人的殖民地做苦役。馬蒂先是被送到了西班牙，然後他從那逃了出來，乘船去了紐約市避難。[3]

因此在一八八〇年，年近二十七歲的馬蒂成為美國大都市中的又一個移民。他從曼哈頓開始，搬到了布魯克林。他當過一段時間的檔案員，擔任過幾個拉丁美洲國家的駐紐約領事，並將美國文學翻譯成西班牙語。每天早上，他都要乘渡輪到曼哈頓，然後大步流星地走到他在前街（Front Street）的冰冷辦公室。他是一個有天賦的演講者，被邀請在曼哈頓的會議廳進行公開演講，其中包括第十四街早已消失的坦慕尼廳（Tammany Hall）和第五大道下段的哈德曼廳（Hardman Hall），非常靠近查爾斯．斯克里布納（Charles Scribner）之子公司的舊辦公室。

無論這些工作讓他多麼忙碌，馬蒂在紐約的主要職業是仍是寫作散文、連載小說、戲劇，以及最重要的創作詩歌和報導新聞。他為許多出版物撰稿，包括《紐約太陽報》和《紐約畫報雜誌》（*Revista Ilustrada de Nueva York*，從古巴移民牧師費利克斯．瓦雷拉的時代開始，就已出現以西班牙語出版的美國期刊）。馬蒂為幾家拉丁美洲報紙寫了他對紐約和美國的印象，描述了各種不同的事件，如紀念革命者圍攻約克城、密西西比河的洪水、排華法案的通過、瓦薩學院（Vassar College）的畢業典禮以及庫珀聯盟對卡爾．馬克思去世的紀念活動。他寫道，移民抵達砲台公園（Battery Park）的城堡花園，一年內就有四十萬人。他寫道，他們是「活的詩歌」和「和平的軍隊」。他大膽地說，這就是「美國繁榮的秘密：他們已張開了雙臂」。他的紐約之行的編年史既是精美的新聞報導，也是他所謂的「眾城之城」的日常生活見證。正如大多數紐約人一樣，馬蒂對這座城市既愛又恨。他說，紐約就像是被「一切碎成了碎片」。然而，當他離開紐約去到古巴以外的任何地方時，他感覺到他正在失去自己的一部分。[4]

馬蒂對美國針對移民、勞工領袖、原住民和非裔美國人的暴力事件有著特殊的感受。例如，在一八九二年，他描述了對一個被指控冒犯白人女性的黑人男子所展開的公開私刑：「女士們揮舞著她們的手帕，男人們揮舞著他們的帽子。朱厄爾夫人（Mrs. Jewell）（該男子的指控者）走到（綁著該男子的）樹下，點燃了一根火柴，並將火柴在黑人的（泡過汽油的）外套上碰了兩下，黑人沒有說話，在五千人的見證下，就這樣被燒死了。」[5]在他所欽佩的美國，這樣的事發生了——這不是一個政治領袖的作為，也不是出於一個惡棍之手，而是在前往教堂的五千名男人和女人面前發生，這些人為他們的鎮議會成員投票，親吻他們的孩子並道晚安，他們可以眼看著一個人被活活燒死。

馬蒂在美國生活的經歷使他能夠直視這個共和國。他在簡短的手寫筆記中記錄了他最初的一些反應。「生活在美國」，他寫道：「就像是生活在冰雹的爆擊之下。這些人講話的方式就像是在你眼前揮舞拳頭一樣。」在一個未註明日期的片段中，他描述了一位演講者「以亞美利加的聯盟為榮，當然這裡的『亞美利加』所指的是他所在的北美洲，而沒有想到可能還有另一個美洲。」這對他來說是一個啟示：他——事實上，在世界上大部分人稱之為「美國」（United States）的地方，那裡的人卻將自己的國家稱為「亞美利加」（America）。我們幾乎可以想像到，每當人們說起「亞美利加」，但是在指「美國」時，馬蒂會很生氣，因為人們「沒有想到可能還有另一個『亞美利加』。」[6]

馬蒂在那個片段中順便提到的另一個亞美利加，成為他作品的核心組織原則之一。他開始不把它稱為「另一個亞美利加」（another America），而是「我們的亞美利加」（Our America）。他把「我們的亞美利加」當成了他在紐約寫的一篇文章標題，並於一八九一年在墨西哥發表了這篇文章。它最終成為荷西・馬蒂最著名的、被選編次數最多的作品。這篇文章從未提及古巴，是對拉丁美洲團結的頌歌。它也是一個警告。「（我們的亞美利加）將被一個進取、強大的國家抓住，這樣的時刻即將到來，這個強大國家將會要求我們與她建立密切的關係，儘管我們不認識她，而且厭惡她……對這個可怕鄰居的厭惡，是我們的亞美利加的最大危險，這個危險是緊迫的，因為脅迫的日子臨近了。」[7]當然，這個可怕的鄰居就是美國。

在將近五十年的時間裡，馬蒂一直生活在紐約，並寫了大量的文章。然而，在那段時間裡，他最關心的事就是古巴的獨立。一八九二年，他創辦了一份名為《愛國報》（*Patria*）的報紙和一個名為「古巴革命黨」的政黨，這兩個機構都致力於古巴的獨立志業。他與該運動的其他重要人物展開了密切合作，他們包括安東尼奧・馬西奧和馬西莫・戈麥斯，這兩人被認為是未來的軍事領導人；湯瑪斯・埃斯特拉達・帕爾馬（Tomás Estrada Palma），十年戰爭期間的獨立共和國的總統。馬蒂還與古巴菸草工人合作，並從他們那裡籌集資金——其中許多人是有色人種，有些人住在布魯克林和佛羅里達，在一八八〇年代時，這兩個地方出現了大量的雪茄工廠。

馬蒂在紐約最親密的伙伴之一是拉斐爾・塞拉（Rafael Serra），他曾是一名菸草工人，後來當了記者和教師。拉斐爾・塞拉是出生在哈瓦那的黑人自由人，一八八〇年到達紐約時已是一名教師。在那十年的晚些時候，他成立了一個協會（La Liga 或聯盟），致力提高來自古巴和波多黎各的黑人工人的地位。該協會位於格林威治村（Greenwich Village）的華盛頓廣場公園附近，並開辦了一所夜校，馬蒂每週四晚上在那裡授課。[8]

無論是在黑人工人夜校裡授課、為《愛國報》撰稿，還是與志同道合的活動家會面，荷西・馬蒂都是在為古巴獨立的目標而不懈努力。除了努力組織下一場戰爭，他還在深入思考接下來的和平，思考如何創建一個公正和有價值的共和國。套用他的話來說，就是「一個人人共享的共和國」。

荷西・馬蒂想像中的共和國的一個核心特徵是深入人心的種族和諧和超越種族。「人」，他寫道：「不會僅僅是因為他屬於一個或另一個種族就擁有特權。當你說到『人』這個字的時候，你已賦予他們所有的權利。」如果說馬蒂相信這是一個普世性的命題，那麼他也相信，古巴的獨立運動本身就是在鑄造這個真理。第一場戰爭將奴隸轉化為一個有抱負的共和國的士兵和公民。在他看來，黑人和白人已成為一個共同體。他們在戰場上同歸於盡，他們的靈魂在永恆的懷抱中升入天堂。他熱情似火地堅持說：「在古巴永遠不會有種族戰爭。」一面對懷疑者和擔憂者，馬蒂提出一個以種族團結為前提的國家的強大形象：一種新的共和國，它將不是白人或黑人，而只是古巴人的共和國。[9]

這就是荷西・馬蒂在紐約所設想的古巴。事實上，在美國的生活讓他相信，古巴，作為一個獨立的共和國，其未來所需要的不僅僅是這些。當他看到美國社會中由膚色劃定的界線越來越僵硬，越過這條線的後果越來越致命時，馬蒂深刻地明白了圍繞在他身邊的不公正。有了這些見識，他就能用新的眼光來看待自己的古巴。正是這種對比，使他認識到了古巴正在進行的運動是多麼的獨特和強大。透過動員和團結前奴隸和前主人、黑人和白人，古巴的獨立將是一種新的東西，一種深刻的好東西。它可以成為這個半球的典範，甚至成為全世界的典範。

當他坐在紐約思考古巴的未來時，他也想到了「我們的亞美利加」（our America），以及那個蔑視她的強大鄰國。這些思考也使他將古巴的獨立視為一種全球性的影響力。如果古巴人能夠抵制美國的力量，那麼這個新生的共和國就將是對「美國的亞美利加」向另一個亞美利加擴張的一種制約。如此一來，他的古巴也會成為西半球的福地。

最終，馬蒂認為如果古巴獨立真的成功，那將會為世界帶來兩件事。首先，它將成為美國擴張的阻力。第二，它將成為世界上一個新型共和國的榜樣——一個反對當時在美國很容易出現的種族和民族暴力的共和國。作為種族正義的典範，作為對美國帝國的制約，古巴革命將是一場世界性的革命。到一八九五年年初，荷西・馬蒂和他的同伴們已準備好讓這場革命成為現實了。一八九五年一月三十一日上午，荷西・馬蒂篤定自己要成為這場戰爭的一部分，他要在戰爭中寫作和戰鬥，他登上了一艘離開紐約的汽船，這是他最後一次離開紐約，離開他的眾城之城。

在為古巴獲得自由的道路上，荷西・馬蒂來到伊斯帕尼奧拉島，這是西班牙在新世界的第一個殖民地，也是海地和多明尼加共和國的所在地。在邊境城鎮蒙特克里斯蒂（Montecristi），馬蒂與馬西莫・戈麥斯將軍會合了。在那裡，馬蒂撰寫了一份公告（兩人都簽了字），向全世界宣布古巴的獨立戰爭。公告宣布，古巴將成為一個位於世界十字路口的自由和繁榮的群島，將會是全人類的福音。大約兩個星期後，在一八九五年四月十一日，馬蒂和戈麥斯在關塔那摩附近的一個荒涼海岸登陸了。二月二十四日開始的戰爭如今在古巴東部全面展開了，這個地區先前還曾發生過第一次和第二次古巴獨立戰爭。[10]

在美國，人們密切關注著事態的進展。對古巴的長期關注以及美國對古巴投資的日益增長的重要性，使美國人把注意力集中在這個島嶼的政治命運上。在戰爭的頭三個月裡，古巴在美國報紙上至少上了七千次頭版。《紐約先驅報》派出一名特約記者喬治・布賴森（George Bryson）到農村採訪叛軍領導人。經過幾天的跋涉，他在五月二日晚間抵達了荷西・馬蒂和戈麥斯的營地，當時這些人正在安頓晚餐，吃著麵包和乳酪。這位記者向領導人提供了一個機會，讓他們在一家美國大報的版面上陳述他們當前的狀況。馬蒂看到這個努力的價值，並在當晚與喬治・布賴森一起工作到了凌晨三點，然後又在第二天一直工作。[11]

在他們漫長的談話中，《紐約先驅報》的記者轉述了許多令人不安的消息——一個「北方人集團」與「貪婪的西班牙白人」合作的相關消息。傳聞他們要在古巴建立一個「立足點」，以及一些「搞法律的人」正在策劃以某種形式，將權力從西班牙轉移到美國來。這些都並不令馬蒂感到驚訝。幾個星期後，他在給墨西哥的一位密友的信中說，他清楚地認識到他和他的同胞所面臨的挑戰的艱巨性。他寫道：

> 現在，我每天都面臨著為我的國家和職責獻出生命的危險……為了透過古巴能夠及時獨立，從而防止美國將其控制權擴展到整個安地列斯群島，並以更大的力量落在我們的亞美利加的土地上……我生活在龐然巨獸的旁邊，我知道它的陷阱——我的武器，就是往昔大衛的武器。[12]

荷西・馬蒂從來沒有寫完這封信。他開始了了一句，「有一些感情是如此微妙的誠實……」然後就有東西打斷了他的寫作。第二天，他在戰鬥中喪生了。具有諷刺意味的是，就在他去世的那天，《紐約先驅報》發表了他給記者的公告。一八九五年五月十九日，第一版的標題是「古巴領導人向先驅報如是說」。

在這場戰爭開始的三個月後，荷西・馬蒂去世了。事實證明，這場戰爭比任何人所預料得都要長。對革命者來說，戰爭的高潮是對古巴西部的進攻，這是一場從古巴東部的山脈和山谷，向該島最西端的大規模進軍。自由軍的領導人從第一次戰爭開始就一直在策劃這樣的入侵，但直到一八九五年底他們才獲得成功。叛軍分成了兩個龐大的縱隊向西行進——一支縱隊由軍隊總司令馬西莫・戈麥斯領導；另一支則是由被人們稱為「銅鑄巨人」的安東尼奧・馬西奧將軍所領導。第三支較小的縱隊是由昆丁・班德拉（Quintín Bandera）將軍率領的，他是十年戰爭和小戰爭中傑出的黑人英雄，正在帶兵向該島的南部海岸挺進。他們一起越過了西班牙人為遏制他們而修建的防禦線。然後他們繼續推進，向西穿過中部的聖克拉拉省，然後穿過馬坦薩斯和哈瓦那農村，這些地方都是盛產甘蔗的地方。

一位參加攻勢的士兵曾觀察到，當他們在沿途的城鎮和農場行進時，「每個人都異口同聲地說：馬西奧來了，馬西莫・戈麥斯來了……帶鼻環的黑人首領昆丁・班德拉來了。」甚至在叛軍到來之前，古巴西部的人們就已聽到關於黑人軍隊帶鼻環的傳言，有些人對此十分好奇。這可能是真的——古巴東部離得很遠，其習俗可能不同。但黑人叛軍戴鼻環的說法也聽起來像是政府的謊言。荷西・埃雷拉（José Herrera，綽號「芒果仔」）是哈瓦那省一個十五歲的糖廠工人，是一位非洲裔助產士的孫子，他與朋友們詳細討論了這個問題。由於無法抑制自己的好奇心，他們中的一個人從哈瓦那向東走去，想在入侵的軍隊到來之前一睹其風采。他回來時得到了一個權威的、來自目擊者的答案：他親眼看到了叛軍，但他們沒有戴鼻環。[13]

隨著自由軍的逼近，人們伸長了脖子，想第一次看到這些惡名昭彰的叛亂份子，並且能親自給他們下判斷。數以千計的人騎著馬，以迅雷不及掩耳之勢趕來。馬蹄鬆動的泥土將他們的皮膚、頭髮、鬍鬚覆蓋著一層塵埃。人們靠在門外和門廊上為他們歡呼，大聲呼喊著「馬西莫．戈麥斯、安東尼奧．馬西奧、自由古巴萬歲。」但是，西班牙人和他們的盟友長期以來一直在指責古巴人的人格和動機，以至於一位叛軍軍官認為「婦女和兒童睜大的眼睛（也）掩蓋了我們所帶給他們的恐懼或害怕，在看我們的時候，他們在我們臉上尋找可怕和凶殘的跡象，因為他們沒有看到西班牙人說的鼻環。他們驚訝地發現事並不是這樣。」[14]自由軍來到古巴西部，這對那裡的人們來說是一個清算的時刻，在這個時刻，長期持有的假設和新出現的關於種族和民族的想法都得到了肯定、否定和修正，所有這一切都是在他們看到未配戴鼻環的叛亂者時發生的。

在糖業種植園裡，反抗者的到來在另一個方面也是一個清算的時刻。奴隸制已消亡九年了。但自由本身仍是有待爭取。在叛軍的行軍路上的各個種植園裡，工人們成群結隊地加入了叛軍。有些是年輕的黑人男子，他們是在糖業中心地帶的奴隸制被廢止時，由那些受奴役婦女生下來的自由人小孩。其他人則是曾經的奴隸。對這兩種人來說，加入自由軍不僅是幫助古巴獲得自由的一種方式，也是賦予他們自己的自由以意義的一種方式。他們中的大多數人都不識字，所以很少有戰爭日記或回憶錄留下來記述他們的經歷。事實上，目前已知的只有兩本。一本是綽號叫「芒果仔」的荷西．埃雷拉寫的，他曾與朋友們辯論過鼻環的問題；另一本是里卡多．巴特雷爾（Ricardo Batrell）寫的，當叛軍來到他砍甘蔗的種植園時，十五歲的他加入了反叛的行列。就是這個位於馬坦薩斯的種植園，在一八四三至一八四四年期間曾是「虐人梯叛亂」的中心地區，在當時，有黑人男子和婦女被綁在梯子上慘遭刑訊逼供。[15]

像巴特雷爾和荷西．埃雷拉一樣，成千上萬的新兵，使自由軍的隊伍不斷壯大。當自由軍到達正好位於古巴島中點以西的西恩富戈斯（Cienfuegos）時，叛軍人數增加了一倍。就在哈瓦那的視線範圍內，叛軍敲響了一八九六年的新年鐘聲。在首都，學生、作家和有抱負的專業人士們在英格拉酒店的咖啡館裡待了好幾個小時（這就是戰敗的美國南方人療傷的那家咖啡館），他們在那裡歌頌安東尼奧・馬西奧，並計劃如何加入反抗者的戰鬥。然而，就在那時，叛軍的隊伍變得如此龐大，以至於他們不得不拒絕新兵加入。從哈瓦那的鄉下出發，部分軍隊繼續向西進發，一直抵達了古巴島最西邊省份的西境城鎮曼圖阿（Mantua）。[16]

全數算起來，在為期九十天的七十八次行軍中，叛軍走了一千多英里路，打了二十七場大仗。溫斯頓・邱吉爾曾目睹了早期的一場戰鬥，他在抵達古巴時感到非常震驚：「這裡是一個重要的行動現場……這裡是一個肯定會發生事的地方。我的骨頭可能會留在這裡。」他幾乎言中了，因為邱吉爾身後的馬被古巴人發射的子彈打死了。與整個行動相比，那場小規模的衝突顯得微不足道。從古巴島的一端到另一端，獨立戰士們勢不可擋，他們如今對西班牙人在古巴的四百年統治構成最致命的威脅。[17]

一場軍事行動在勝利邊緣徘徊的當下往往是最高潮的時候。反叛者對西部的進攻就是這樣一個時刻。但是，在勢頭停滯不前和勝利從手中溜走之前，有些關鍵時刻就是那麼稍縱即逝。在這場戰爭的案例中也不例外。

一八九六年一月，馬德里政府任命了古巴的新總督：巴萊里亞諾・韋勒（Valeriano Weyler）。他在到任一個星期後，便展開一場無情的鎮壓叛亂運動。他最著名的政策叫作「再集中」（reconcentration），這是在之後二十世紀的其他地方發生的更加惡名昭彰、更加殘酷的集中營的先驅術語。巴萊里亞諾・韋勒命令所有生活在農村（或未設防的小城鎮）的人遷往指定的西班牙人控制區，人們在那裡將無法給叛軍提供協助。然後，他派軍隊進入鄉村，摧毀剩餘的農作物、房屋和牲畜——任何可能為叛軍提供養料或庇護的東西。在兩個月內，全世界的報紙都在報導明顯的後果——飢餓、疾病和死亡。歷史學家現在估計，可能有大約十七萬人死去——這個數字佔該島人口的十分之一。人們稱巴萊里亞諾・韋勒為「屠戶」。哈瓦那的一首很流行的詩描述這個人長著「爬行動物的外表，侏儒的身體，有著豺狼的本性，污泥般骯髒的靈魂。」在美國，報紙詳細報導了「再集中」行動帶來的痛苦，刊登了憔悴兒童和填滿古巴人屍體的萬人坑照片。這種報導幾乎是為了奪人眼球而興起的，它開啟所謂的「黃色新聞」（yellow journalism）的先河——一種新的聳人聽聞的新聞報導，用大膽而驚人的標題來吸引關注。[18]

無論世界對巴萊里亞諾・韋勒的看法如何，西班牙政府都只能把保住古巴的希望寄託在他身上。馬德里方面為他派遣了增援部隊，並把對他的政策的道德性或有效性的質疑丟在一邊。韋勒將與敵人的交戰升級，並下令處決受傷、被俘或投降的戰鬥人員。他在哈瓦那以西從北岸到南岸建立第二條防禦線。其目的是將馬西奧和他的部隊困在遙遠的西部比那德里奧（Pinar del Rio）省，然後用集結在首都周圍的新援軍攻打他們。全面戰爭已來到哈瓦那的門前。

然而，馬西奧對此的態度卻十分不屑一顧。當西班牙人在吹噓他們最新的強化戰壕時，馬西奧宣稱，敵人的做法根本起不到什麼作用。他認為如果在西行途中遇到戰壕，那麼只要他決定向東行進，就能越過戰壕的阻隔。當西班牙人在播報馬西奧已死亡的假消息時，他透過在哈瓦那周圍挖出一個巨大的圓圈來廣而告之他還活著。當西班牙人宣布西部的比那德里奧省已平定時，他便回過頭來證明它並沒有平定。馬西奧的名聲越來越大，在古巴、西班牙、歐洲和美國都是如此。

然而，名聲大噪並不能保證勝利到手。韋勒和西班牙人發誓，當他們殺死馬西奧時，他們就會用他的鬍子做一把掃帚。在古巴人中，馬西奧受到廣泛的尊重和愛戴，但古老而長期的緊張關係有時使他的領導層感到不安。公民領袖抱怨說，馬西奧未經他們的批准就給人升職。馬西奧則抱怨說，民政府給他送戰爭物資的速度太慢，而且在軍官之間玩弄人情關係。他暗示自己得不到民政府的支持。運動的兩個分支——文職和軍職之間的緊張關係是一個政治理論問題：在一個新的國家裡，文職的民政府和軍隊權力之間的關係應該是怎樣的？但是，軍隊主要是黑人，而獨立運動的文職部門主要是白人，這個事實也使這些緊張關係更披上一層明顯的種族色彩。[19]

安東尼奧．馬西奧盡全力去忽略這件事。但當時馬西莫．戈麥斯回到了東部的卡馬圭省，那裡也是叛軍政府的總部，他每天都要面對這個問題。當政府制定一項法律，要求他提交軍隊的「作戰計畫」供政府批準時，戈麥斯寫信給馬西奧尋求他的幫助。他懇求馬西奧回到東部，以便他們可以一起對抗政府的壓力。戈麥斯說，革命的生存需要馬西奧身在卡馬圭。因此，馬西奧準備再次穿越古巴島，但這次的方向卻是由西向東。[20]

安東尼奧．馬西奧和他的一小隊人馬離開比那德里奧省，接著進入哈瓦那省。這次行軍加重他在戰鬥中的舊傷——他身上的第二十四處傷口，在六個月以前，一顆子彈打碎他小腿上的骨頭。一八九六年十二月七日，馬西奧在一個廢棄的糖業種植園改成的臨時營地休息，他躺在一個吊床上。他的副官正在他身邊編寫戰爭紀事，這個文書記錄工作已持續一年，當副官正在大聲朗讀他對馬西奧最勇敢的一次戰鬥的描述時，他們突然聽到真正的槍聲。一顆子彈擊中馬西奧的臉。另一顆子彈，即致命的子彈，擊中了他的胸部。馬西莫．戈麥斯的兒子也在他們的行列中；然後他也受到致命傷，其餘的人被迫逃離，無法帶著他們的犧牲者一起撤離。西班牙士兵剝去死者身上的衣服和貴重物品。他們並不知道他們剛剛殺死的是著名的安東尼奧．馬西奧和幾乎同樣著名的馬西莫．戈麥斯的兒子，而是把他們的屍體留在身後。由於這個原因，沒有人把馬西奧的鬍鬚做成掃帚。[21]

關於馬西奧死亡的傳言開始像野火一樣蔓延開來。許多人希望他能像往常一樣，用一些大膽的軍事壯舉來駁斥這個消息。然而，即使未證實，人們還是會擔心最壞的情況發生了。馬西莫．戈麥斯的參謀長寫道：「一種痛苦的氣氛籠罩在每個人頭上。」當戈麥斯收到了馬西奧的死亡確認後，他宣布為期十天的哀悼。士兵和將軍們都流下熱淚。甚至遠在紐約的人們也在哀悼。在紐約的古巴同情者們組織了一次紀念遊行，最後在柯柏聯盟學院舉行紀念安東尼奧．馬西奧的儀式。參加的人不計其數，以至於人群從學院大樓湧到了柯柏廣場上。

美國參議院外交關係委員會要求對這位將軍的死亡方式進行調查。在整個美國，非裔美國人稱頌安東尼奧．馬西奧是本世紀最偉大的一位英雄，他們開始給自己的兒子起名叫馬西奧，不過他們的發音方式是把重音放在第一個音節上，唸出來的方式是「May-se-oh」。在一八九七年三月十五日，一個名叫馬西奧・安東尼奧・里奇蒙德（Maceo Antonio Richmond）的男嬰出生在愛荷華州，他的母親是一名家庭主婦，父親是一名鑄造工人，他是第一批名叫「馬西奧」的美國人之一。[22]

古巴的獨立抗爭失去了兩個重要人物：荷西・馬蒂和安東尼奧・馬西奧。然而，西班牙人看起來並沒有更接近勝利。一八九七年十月，一個決心結束古巴戰爭的新政府在馬德里上台了。它罷免遭人憎恨的巴萊里亞諾・韋勒，並開始向古巴人提供優惠和赦免。十一月，西班牙宣布從一八九八年一月一日起，將賦予古巴島政治和經濟自治的權利的計畫。根據該計畫，古巴人，無論擁有的財產多寡或文化程度如何，都將能選舉出一個議會，從而掌管所有的島內事務，包括貿易、農業、工業、教育等等。與此同時，馬德里將保留對軍事、法律和外交事務的控制。

這些新的讓步和對戰爭的厭倦情緒是否足以在獨立到來之前產生和平，就像前兩次古巴獨立戰爭中發生過的那樣呢？叛軍的領導人們決定，再次產生和平的可能性並不大。為了以防萬一，他們禁止人們討論在西班牙統治下的讓步問題，並發誓對任何違反法律的人進行審判和處決。他們發布公開聲明，對沒有獨立地位的和平的念頭加以譴責：「如果我們與西班牙進行（談判），而缺少古巴擁有絕對獨立地位的談判前提，那麼我們已犧牲的英雄們，還有那些被韋勒將軍無情殺害的十五萬無助的古巴人的名字，將會在天上譴責我們。」[23]

許多忠於西班牙的古巴西班牙人也憎恨自治。對他們中最保守的人來說，這是一種軟弱的表現。一八九八年一月一日，這些人在哈瓦那街頭組織了遊行，高呼「讓自治見鬼去吧！」和「韋勒萬歲！」由於美國一直在敦促西班牙給予古巴自治權，以此作為恢復古巴島秩序的一種方式（從而保護美國在那裡的投資和貿易），親西班牙抗議者們還襲擊了美國領事的辦公室。作為回應，美國將緬因號戰艦開到了在哈瓦那港。華盛頓方面表示，這是一次友好訪問，但也是對那些盯著美國人或是對美國人在古巴的財產有任何企圖的人的有力震懾。[24]

島上的大多數人都不相信馬德里能守得住古巴，無論做出多少讓步也不能。他們中的一些人——地主和商人、西班牙人以及那些並不特別贊成獨立的古巴人很擔心獨立會帶來什麼後果。他們還想知道，讓美國進行某種形式的統治是否比獨立更可取。二月，哈瓦那的有權勢的西班牙人成立了一個委員會，開始與美國進行接觸。「母國不能保護我們……如果留給叛亂份子，我們的財產就會喪失殆盡。因此，我們希望美國能拯救我們。」根據美國駐哈瓦那外交官的說法，「古巴種植園主和西班牙財產持有者現在認為，古巴島必須很快從西班牙手中滑落，並歡迎美國立即進行干預。」[25]

來自美國的干預曾是荷西·馬蒂最擔心的問題，也是他最擔心的戰爭結果。在他去世前一天未來得及完成的信中也表達同樣的擔憂，他痛斥那些總是喜歡「有一個主子，無論是美國人還是西班牙人」的人。這就是為什麼荷西·馬蒂不僅為獨立而戰，正如他在信中所寫的那樣，並回顧說：「透過讓古巴能及時獨立，從而防止美國擴大它的控制力……讓我們的亞美利加能夠更有力。」[26]

在荷西·馬蒂寫下這封信並在戰鬥中犧牲的大約三年以後，古巴人即將贏得這場勝利。在一八九八年一月，馬西莫·戈麥斯預言勝利將在年底以前到來——他說，這是他第一次敢於做出如此具體的預測。古巴領導人正策劃著最後進攻的方式，他們確信西班牙的失敗已近在眼前。美國政府也知道這點。在一份機密備忘錄中，美國助理國務卿說明：「西班牙在古巴的衝突完全沒有希望了……西班牙在財政上和力量上都已筋疲力盡，而古巴人則越來越強大。」[27]

如果說這個事實讓古巴人感到振奮，那麼他們北方的強大鄰國則讓他們深感憂慮。自從一七九〇年代的傑佛遜開始，一直到一八二〇年代的亞當斯和門羅、一八四〇年代的波爾克，以及一八五〇年代的皮爾斯和布坎南，在華盛頓上任的幾乎每一屆總統行政團隊都把古巴想像成美國最終的領土。由於無法徹底實現這個目標，他們只好將其歸於一個弱小的西班牙。它永遠不可能屬於其他的任何人，甚至不屬於古巴人，在歷任的美國總統們看來，古巴人無論如何都沒有能力維持其獨立地位。現在，在一八九八年初，古巴人似乎站在勝利的邊緣上。然而，荷西．馬蒂關於美國將會席捲勝利果實的預言是否會實現，還有待時間來觀察。

隨後，在一八九八年二月十五日星期二晚上九點四十分，美國的緬因號戰艦在哈瓦那港口爆炸，至少有二百六十名美國水手喪生。時至今日，西班牙人和古巴人都認為，是美國人自導自演了這次爆炸，從而將它作為向西班牙宣戰並使自己成為古巴主人的藉口。美國人從一開始就在指責西班牙。《華盛頓晚報》（*Washington Evening Times*）的頭版新聞裡是這樣報導的：「被西班牙所炸毀……有兩百五十名美國水手成了鯊魚的食物。」戰爭的呼聲一觸即發。甚至在緬因號戰艦沉沒之前，開戰的呼聲就已在美國大眾中流行了，他們對古巴平民的死亡和有關「再集中營」的生動、詭異的新聞報導感到十分敏感。緬因號沉沒後，這種呼聲變得如雷貫耳。《紐約日報》（*New York Journal*）印製了一百萬份的特刊，呼籲美國向西班牙宣戰。荷西．馬蒂多年前曾經描寫過的那些報童也在街頭巷尾高聲呼喊著戰爭。「參議院在談論開戰了」，報童們喊道：「西班牙的時間不多了。」[28]

新當選的美國總統威廉．麥金利（William McKinley）希望盡可能不要透過戰爭來保護美國在古巴的利益。在緬因號沉沒一個月後，麥金利指示他的駐西班牙大使提出收購古巴的建議。這將是西班牙解決衝突的一種方式，而不至於在戰爭中失敗——無論是被古巴叛軍打敗，還是被美國軍隊打敗，對西班牙人而言都是一種恥辱。但馬德里還沒有準備好自願放棄古巴島。於是，美國試圖在西班牙和古巴叛軍之間撮合和平談判。作為對美國人所施加壓力的回應，西班牙要求停火。但古巴人拒絕放下他們的武器。叛軍領導人寫信給麥金利說：「你能提出的任何建議都不會像停戰那樣對西班牙如此有利，對古巴如此不利。如果您真誠地執行停戰，那將意味著古巴軍隊的解散和解體。」而這支軍隊為什麼會在沒有實現獨立的情況下自我解體呢？馬西莫．戈麥斯宣稱：「現在戰爭比以往任何時候都必須全力以赴地繼續下去。」[29]

停戰調停的失敗，以及來自美國國會和大眾的對古巴進行干預的持續壓力，似乎使戰爭的呼聲不可能被阻擋下來。在一八九八年四月十一日，麥金利請求國會授權對西班牙宣戰。科羅拉多州參議員亨利・泰勒（Henry Teller）成功地給授權戰爭的聯合決議加入了一個條款。該條款被稱為「泰勒修正案」（Teller Amendment），它不承認任何「對上述島嶼行使主權、管轄權或控制的意圖，除非是為了平定這裡的形勢。」它還宣稱，當平定工作完成後，美國將「把該島的政府和控制權留給其人民」。就這樣，美國於一八九八年四月二十日向西班牙宣戰了。[30]

美國人前往古巴，與西班牙作戰，幫助古巴人爭取獨立。然而，古巴人本來就接近勝利了。每個人，包括麥金利的政府成員都知道這點。因此，美國在一八九八年的干預並不是為了幫助古巴人取得對西班牙的勝利，勝利早晚都會到來。美國干預的目的正是為了阻止古巴人的勝利。

CUBA

第五部

美國的介入

1898 年美國透過向西班牙宣戰，從而干預了古巴的獨立戰爭。對美國人來說，美西戰爭是內戰後國內族群和解的機會。在這張由聖路易斯攝影師和內戰老兵菲茨・蓋林（Fitz W. Guerin）在 1898 年左右拍攝的照片中，內戰中的敵手聯邦和邦聯為了古巴的自由而走在一起，一個年輕的白人女孩也打破了束縛她的枷鎖。（圖片出處：Courtesy of the Library of Congress）

第十三章　一場改了名字的戰爭

一八九八年四月二十三日，在國會對西班牙宣戰的兩天前，威廉．麥金利總統發出徵集十二萬五千名志願兵的呼籲。美國人上一次為戰爭而發起動員還是在內戰時期，當時人們加入軍隊是為了南北方的對抗；四年來，他們在這場至今仍是美國傷亡最多的戰爭中戰鬥、殺戮和死亡。但在一八九八年的情況，則是和內戰大相逕庭。美國士兵將會戰鬥四個月，而不是四年。與內戰不同，在這場新的戰爭中，美國士兵的參與度很低。美國人在戰鬥中死亡的人數（在所有的戰場上）不到四百人。最後，如果說內戰的核心是分裂，那麼一八九八年與西班牙作戰的人似乎代表了一個新的美國聯盟的凝結——「穿藍軍服的小夥子們和穿灰軍服的小夥子們」現在是為了同一個總體目標而團結如兄弟：他們要打敗最古老歐洲的暴政。這場戰爭，歷史學家葛雷．格倫丁（Greg Grandin）寫道，是一場「鍊金術。它將南方邦聯維護奴隸制的『失落事業』轉變成了人類世界的自由事業。」[1]

甚至在緬因號沉沒之前，時任海軍助理部長的西奧多（泰迪）．羅斯福（Theodore[Teddy] Roosevelt）就把自己稱為是「一個默默的『自由古巴』擁護者」，他「以他所擁有的全部熱情和激情宣揚（美國人）有責任干預古巴，並利用這個機會將西班牙人趕出西半球。」他從內心深處知道，如果戰爭來臨，他就會走上戰場。因此，他很高興，在國會對西班牙宣戰的當天，美國戰爭部長要求他率領一個由「擁有高超騎術和槍法、具備特殊資格的邊民」組成的志願軍團——這些人就是所謂的「西部牛仔」。這些志願軍很快就被稱為「莽騎兵軍團」（Rough Riders）。羅斯福辭去海軍助理部長的職務，登上從華盛頓特區開往德克薩斯州聖安東尼奧的火車，在那裡，他遇到了他的密友倫納狄・伍德（Leonard Wood），這位陸軍外科醫生將與他一起領導莽騎兵軍團，並在短期內成為古巴的總督。[2]

莽騎兵團是由各色人等組成的。他們中有礦工和演員、律師和木匠、警官和逃犯。在一個經常被重複，但從未被證實的故事中，一個逃犯發現自己面前的是一直在追捕他的警官。他本以為會被逮捕，但卻在當場被赦免了。「我不是為抓你而來的」，警官這樣告訴他，「我在這裡和你一樣，是在羅斯福的領導下戰鬥……現在除了西班牙人之外，我沒有任何敵人。」莽騎兵的成員來自全國各地。有些是羅斯福在哈佛和曼哈頓的朋友和熟人——其中有一位冠軍遊艇手，一位著名的障礙賽騎手，以及不只一位哈佛橄欖球隊的老將。其他自願加入的人們則是來自東海岸城市的移民——愛爾蘭人、波蘭天主教徒，以及東歐猶太人。[3]

然而，大多數莽騎兵則是來自新墨西哥、亞利桑那、奧克拉荷馬和所謂的印第安人領地的年輕人，當時這些地方還都不是美國的州。他們不是移民，而是幾個世紀以前這些地方的西班牙殖民者的後代。新墨西哥的執政長官米格爾・奧特羅（Miguel Otero）報告說，他們渴望代表古巴和美國參戰，而且他們的雙語能力有可能證明他們的存在是美國軍隊的福音。在這些西班牙裔人中，F部隊的隊長馬克西米利亞諾・盧納（Maximiliano Luna）是一名曾經當過警長的保險代理人，他也是新墨西哥立法機關裡的共和黨成員。羅斯福寫道：「在我的祖先來到哈德遜河口，或是當（倫納德）伍德於普利茅斯登陸之前」，盧納所帶領的「人們就已在格蘭德河上了」[4]。

莽騎兵在塵土飛揚的西南地區進行訓練。他們穿著新的卡其色制服，它比傳統的羊毛制服更涼爽，他們揮舞著大砍刀，就像古巴叛亂者們攜帶的大砍刀一樣（恰好是在康乃狄克州的哈特福德製造的）。他們登上的火車上妝點著寫著「記住緬因號」字樣的大橫幅並開往聖安東尼奧。這座城市擁有一個重要的軍事基地和軍火庫，周圍是那些養馬的地方，並且距離墨西哥灣上的港口也很近。聖安東尼奧就是阿拉莫戰役發生的地方，這和當下的現實產生了一種莫名的呼應。「銘記阿拉莫」的口號現在變成了「銘記緬因號」。德克薩斯現已成了美國的一部分；古巴可能也會很快成為美國的一部分嗎？當志願兵們等著離開聖安東尼奧走上戰場時，這些相似之處肯定會在心中引起迴響。對許多莽騎兵來說，戰爭代表了一個機會，展示他們作為男子漢和美國人的價值的機會。F部隊的盧納上尉堅持服役，以「證明他的人民和其他任何人一樣，也是忠誠的美國人。」無論是移民、西班牙裔、盎格魯牛仔還是哈佛大學的詩人，對戰爭的熱情和自願參戰的渴望都是他們作為美國軍事和道德力量代表的價值的正面證明。無論他們的出身背景是什麼，莽騎兵團的成員們都擁有這些共同的信念和目標。[5]

然而，非裔美國人卻被禁止加入羅斯福的部隊。但他們還是參加了戰爭，而且人數眾多——作為「免疫兵團（immune regiments）」（被誤認為是對熱帶疾病免疫的人組成的自願部隊）的志願兵，以及美國軍隊四個黑人兵團（Black regiments）之一的成員。無論他們是作為職業軍人還是志願兵服役，許多人都認為戰爭是一個證明他們作為男子漢和美國人價值的機會。然而，對他們來說，這種推理是由一段與新移民或美國西南部長期居民非常不同的歷史造成的。在美國內戰結束後，南方的重建工作曾承諾帶來最深刻的變革。在所有的前邦聯州，新憲法將平等權利和保護擴展到了不分膚色的所有公民身上。起草新州憲法的會議包括了幾十名黑人代表，而憲法本身的通過是因為前奴隸和其他有色人種行使了選舉權。一八六八年批准的美國憲法第十四修正案（The Fourteenth Amendment）將這些成果寫入了國家的基本法，宣布所有本地出生的人都是美國的正式公民。正是這些變化使重建時期具有了革命性的意義。

然而——正如古巴人即將發現的那樣，任何革命都無法擺脫過去侵襲未來的危險。在一八九八年美國對古巴進行干預之前的幾年裡，美國南部發生了重建時期的劇烈逆轉。新的州憲法削減非裔美國人所獲得的權利，對有色人種公民行使選舉權的連續限制嚴重縮小了選民人數。比方說，在路易斯安那州，一八八〇年代有近十三萬名黑人選民，但一八九八年的新州憲法規定，兩年後可以參與的黑人選民數字縮減到了僅有五千三百多人。伴隨著這種剝奪公民權的故事，還有同時上演著另一種更加殘暴（或是不同方式的殘暴）的故事——私刑。這些儀式化的法外處決行為經常是在眾目睽睽的人群面前進行的，而且常常是受到白人歡迎的。[6]

黑人們正是在這種境況下考量了他們要對一八九八年的古巴戰爭持有怎樣的立場。許多人渴望為戰爭服務，行使被他們視為神聖的公民義務，從而使自己同樣神聖的權利和保障得到確保。然而，從一開始，動員黑人軍隊參加古巴戰爭就突出了黑人公民身分在二十世紀初美國的局限性。在一八九八年，正規軍中有四支黑人部隊，全部（儘管士兵們怨聲載道）由白人軍官指揮。非裔美國人部隊曾參加過針對美洲原住民和偷牛賊的戰爭，被人們稱為水牛兵（Buffalo Soldiers）。在一八九八年春天，就像是莽騎兵團一樣，他們也登上了開往坦帕（Tampa）的火車。當他們穿越北美大平原時，沿途的人們為他們歡呼。黑人士兵從他們的制服上扯下鈕扣，扔給人群作為紀念品。但是，當火車進入到了美國南方時，人們的情緒發生變化，人群的目光也變得充滿敵意。[7]

坦帕是美軍前往古巴的登船地點，這裡有一個充滿活力、政治活躍、多種族的古巴人社區，其中許多人是雪茄工人。那裡的古巴革命俱樂部經常接待荷西．馬蒂，為獨立運動籌集資金。但坦帕也是一個南方城市，自從一八五五年以來，它一直受到佛羅里達州的種族隔離法的約束。在大多數古巴移民生活和工作的社區——宜博市（Ybor City），古巴人設法抵制了吉姆．克勞法案的嚴格二分法。現在，突然出現了由白人和黑人共同組成的美國軍隊，使本已脆弱的事態變得更加緊張了。白人士兵侮辱當地的非洲裔古巴人。非裔美國人士兵按照指示搭起帳篷，但該地區的白人居民卻對他們的出現，以及對種族隔離制度的挑戰表達不滿。當黑人試圖進入酒館和商店時，店主們把他們趕了出去。然後，在部隊前往古巴的前一天晚上，爆發了暴力事件。一群來自俄亥俄州的醉醺醺的白人志願兵用一個兩歲的黑人兒童當作靶子來練習槍法。他們從母親手中搶過孩子，讓他四竄奔逃，而那些人則是對著離孩子盡可能近的地方開槍並避免射到他。他們輪流擋住尖叫的母親。贏得這場變態遊戲的人成功地扯下了男孩的衣服而沒有讓他流血。當非裔美國士兵聽說了這件事後，他們走出來要懲治作案者。在隨後的對抗中，至少有二十七名黑人士兵和三名白人士兵受到重傷。當地報導說，坦帕的街道「被黑鬼的血染紅了。」[8]

隨軍牧師喬治・普利奧（George Prioleau）出生於查爾斯頓的奴隸家庭，他目睹眼前所發生的一切，並公開提出許多其他非裔美國人所質疑的問題。他寫道：「你們談論自由，談論解放……談論戰鬥和解放貧窮的古巴，談論西班牙的殘暴行為……但美國比西班牙更好嗎？難道這個國家的人民沒有每日遭到殺害卻得不到法官或司法公正嗎？」[9]其他非裔美國人預測，他們在戰爭中的服務將永遠不會讓他們在國內獲得完全的公民權。事實上，一些人擔心，美國對古巴的干預非但不能促進非裔美國人的事業，反而會讓吉姆・克勞法案所導致的種族隔離和種族暴力蔓延到古巴。[10]在坦帕會議結束後不久，部隊就踏上了前往古巴的旅程。在某種程度上，戰爭的結果已確定了。沒有人想到西班牙會贏得勝利。但是，其他的謎團的解開也迫在眉睫。當美國日益僵化的種族制度在古巴遭遇到有意識地挑戰種族不公正的多種族民眾動員時，會發生什麼事？坦率地說，正如荷西・馬蒂幾年前所問的那樣，一旦美國人到來，有誰能讓他們離開呢？

一八九八年六月二十二日，美國軍隊在位於聖地牙哥和關塔那摩（Guantánamo）之間的戴奎里（Daiquirí）海灘登陸。隨著這些人的到來，古巴的獨立戰爭再度被改寫了。如果說大多數觀察家已預測到西班牙的失敗，那麼美國對西班牙的宣戰讓所有人都可以預測到，現在西班牙的失敗肯定只是一個極短的時間問題了。這種新的確信改變了古巴獨立戰爭和發動戰爭的古巴軍隊。自一八九五年二月以來（以及在此之前的十年戰爭和小戰爭期間），爭取獨立的活動一直由一支極其多樣化的戰鬥部隊進行，他們的行列中包括前奴隸和前奴隸主、農民和律師、工人和醫生。在古巴自由軍的軍官中，也許有百分之四十是有色人種。在普通士兵和中士中，這個數字雖然不詳，但肯定要比這個比例高得多。事實上，以黑人將軍昆丁・班德拉的話來說，古巴自由軍的大部分成員都是卑微的人，是「鄉下人」和「人民的兒子」所組成的。[11]

在一八九八年春天，美軍的到來和西班牙戰敗的迫在眉睫，為古巴軍隊帶來了大量來源不同的新兵。這是讓一位觀察家稱之為「雪崩」的新兵潮。如此多的人在最後一刻加入自由軍，甚至讓那些有資歷的反叛者們為他們發明了外號。在比那德里奧，他們被稱為被封鎖者（因為他們是在美國海軍封鎖之後才加入的）；在聖地牙哥，他們被稱為不情願者（因為他們自願加入的時間太晚）；在卡馬圭，他們被稱為火燒尾巴的人（因為他們在尾巴著火的情形下才能加入）。在古巴島的其他幾個地方，他們獲得所有外號中聽起來最聰明的一個：向日葵，因為他們總是轉向陽光普照的地方。然而，改變這支軍隊的並不是他們的人數，而是他們的出身。在所有加入古巴自由軍的農村工人中，大多數是在緬因號沉沒前加入的。然而，在擁有更為社會菁英的職業的新兵中，更多的人是在那之後加入的。新兵是「富裕家庭的兒子們」，他們「衣著得體，裝備精良」，老資歷的叛軍成員這樣說。他們中的很多人是從美國流亡過來的。許多人是專業人士；他們會講英語；有些人甚至是歸化美國籍的人。[12]

這場新兵雪崩是在戰爭結束時出現，其意義甚至超過了其人數。經過三十年的獨立抗爭，叛軍已模糊了社會差別的界線。黑人與白人並肩作戰，黑人走在白人前面。但是，隨著和平的到來，以及這個願景最有力的倡導者——荷西．馬蒂和馬西奧的去世，繼續拉平社會等級的前景有了不同的含義。在一八九八年二月，作為所有叛軍的指揮官，馬西莫．戈麥斯要求他手下的主要軍官們推薦軍銜晉升的人選。在提出要求的同時，他還發出了一個警告：在推薦時要進行最嚴格的審查，「以免以後發現我們身邊有一些我們不知道該如何是好的軍官」，古巴東部叛軍的指揮官卡利赫托．加西亞同意了。只有被認為是光榮和文明的人，才配得上結束戰爭的權力地位。在保密的情況下，他向另一位同事強調，古巴領導人將「必須盡快找到新的人擔任某些職位，因為我們無法保留目前的職缺。」他的結論類似於一個暗示的眼色：「你，作為一個專業人士，一個有文化的人」一定明白我在說什麼。[13]

在整個島上，老人們目睹新指揮官的突然出現。一個姓菲格雷多的年輕人從流亡地來到這裡，在一八九八年八月被提拔為中尉，他此時在軍隊裡只待了三個月。像他這樣的人還有很多：這些人幾乎是在戰爭結束時才到達的，卻「把所有的榮譽都據為己有了」，一位觀察家這樣說道。里卡多・巴特雷爾（Ricardo Batrell），一位來自馬坦薩斯的黑人製糖工人，在叛軍入侵古巴西部時加入，他稱這些後來者為「假明星」；他們「偽造了自由軍的歷史。」[14]

對於像巴特雷爾這樣參戰多年的士兵來說，在最後一刻提拔新人開始越來越像是他們自己機會的失去。以西爾維奧・桑切斯・菲格拉斯（Silverio Sánchez Figueras,）為例，他是前兩次獨立戰爭的黑人老兵。馬西奧死後不久，桑切斯開始了一段向反叛軍政府提出請願的漫長過程，要求正式承認馬西奧給予他的晉升，並要求給予他認為自己完全應得的新晉升。在幾次請求被拒絕（或被忽視）後，西爾維奧・桑切斯・菲格拉斯給叛軍政府的戰爭部長寫了一封信，說他「觀察到了一些情況，有很多關於特權種族存在的雜音，他們的軍階不是合理得來的。」其他黑人軍官還直接遭到降職。膚色「黑如烏木」的馬丁・杜恩（Martín Duen）在戰前是一名廚師，也是馬坦薩斯一個團的指揮官，在一八九八年三月，他的職位被當地一個顯赫家族的兒子奪走了。杜恩繼續盡職盡責地服務，直到敵對行動正式結束，但至少在精神上，當他被剝奪指揮權時，真正的戰爭對他來說已結束了。在他最後一次落筆寫下的戰爭日記上，他抄下了他的前上司要求他在接受降職時要有「愛國心和服從精神」的內容。[15]如果說戰爭動員了卑微的人，那麼即將到來的和平似乎需要他們被降職處置。

在戰爭的最後幾個月裡，兩個過程交織在一起。獨立派的領導人們關注的是誰將在戰爭結束後佔有權力地位的問題，他們開始提拔特殊類型的人——不那麼卑微，不那麼土氣的人選。與此同時，美國的介入也讓許多新人匯聚進來，他們中有相對較多人是來自更好的出生背景，是在城市裡長大，受過教育的人。現在看來，這些人成為擔心如何在和平時代擁有政治權力的那些白人長官們眼中的誘人目標。對於古巴領導人以及他們的追隨者而言，也有其他非常重要的事需要擔心。這件事就是美國。隨著授權對西班牙開戰的聯合決議的《泰勒修正案》（Teller Amendment）的通過，最初對美國動機的質疑已得到紓解。該修正案否定了美國對古巴行使主權的任何意圖，並聲稱承認這種主權只屬於古巴人民。然而，當美國在七月份擊敗西班牙時，人們想要知道的是仍在古巴的那些美國軍隊會做什麼。事實上，即使在西班牙認輸後，美國軍人仍在不斷地抵達古巴。古巴人聚精會神地觀察著。他們把所有行動和所有聲明都視為一個信號：懸掛美國國旗而不是古巴國旗；美國官員把文具上古巴共和國的印記抹掉了。卡利赫托．加西亞皺著他傷痕累累的前額，並解釋：「我們處於巨大的陰霾之中，前景最為暗淡，因為我們完全不了解美國政府對這個國家的計畫。」在所有的不確定性中，古巴領導人確信一件事：美國政府已將決定古巴命運的權力授予了他們自己。「我們正站在一個陪審團前，而這個陪審團是由美國人組成的」，馬西莫．戈麥斯這樣形容。這個事實要求所有的古巴人都要注意外表，保持和平，並尊重人民和財產。「只有這樣」，戈麥斯說，古巴人才能「向世界證明，（他們）希望獲得自由和獨立是完全正確合理的。」[16]

但這個假設也將一些非常重要的事視為理所當然。它認定過去幾十年來的美國領導人們，會願意改變他們假定古巴人不適合獨立的想法。但一些美國人對這個想法嗤之以鼻。例如駐古巴美軍指揮官、內戰中聯邦軍隊的老兵威廉．沙夫特（William Shafter）將軍就曾喊道：「自治政府！？」「為什麼？這些人根本就不適合自治，就像火藥不適合地獄一樣！」[17]

一八九八年七月一日，當美國軍隊擊敗西班牙軍隊並攻佔聖地牙哥市時，古巴軍隊遭到禁止，他們無法進入城市。兩個星期之後，美國和西班牙官員在聖地牙哥舉行了會議，達成初步的和平協議。會說英語和西班牙語的新墨西哥莽騎兵馬克西米利亞諾．盧納上尉在那裡進行翻譯。但沒有古巴人得到邀請。一名叛軍使用美國歷史的比喻來表達他的失望：「我們的感覺就彷彿是華盛頓領導下的愛國者在佔領紐約後，法國人卻禁止美國人和他們的旗幟進入的感覺一樣。」令古巴觀察家們驚訝的是，美國官員保護了西班牙官僚，給予他們繼續任職的權力。儘管戰爭中失敗的一方是西班牙，但被要求放下武器的卻是古巴士兵，而不是西班牙士兵。由於無法在聖地牙哥或哈瓦那舉行集會或慶祝活動，反叛者們找到其他方式來紀念他們的勝利。一些人前往「慈善聖母」的聖地朝聖，那是島上受人愛戴的銅聖母像，人們去那裡為勝利表示感謝，並請求她在等待中的政治未來裡給古巴以祝福。[18]

在一八九八年七月十七日這天，卡利赫托・加西亞作為古巴自由軍東線軍隊的指揮官，寫信給指揮聖地牙哥的美國將軍。這封信完美地捕捉到許多古巴人在西班牙戰敗的時刻所感到的沮喪和不理解。這封信的內容值得詳細地摘錄如下：

> 聖地牙哥城向美軍投降了，這重大事件的消息完全不是你手下的人提供給我的。我沒有榮幸地得到你的一個字，告知我關於和平談判或西班牙人投降的條件。西班牙軍隊投降的重要儀式和您對城市的佔有是後來發生的，我只是透過公開的報導才知道這兩件事。
>
> 先生，我既沒有得到您的好意，也沒有受到您的邀請，或是沒有任何我手下的軍官得以在那個值得紀念的場合代表古巴軍隊。
>
> 將軍，一個荒唐得令人難以置信的謠言，描述你所採取的措施和禁止我的軍隊進入聖地牙哥的原因，在於害怕屠殺和對西班牙人的報復。請允許我，先生，對這種想法提出抗議。我們不是無視文明戰爭規則的野蠻人。我們是一支窮困潦倒的軍隊，就像你們的祖先在爭取獨立的崇高戰爭中的軍隊一樣窮困潦倒，但就像薩拉托加和約克城的英雄一樣，我們對我們的志業非常尊重，不會用野蠻和懦弱來玷汙它。

我們不清楚威廉・沙夫特是否曾費心對加西亞的投訴做出任何回覆。[19]

一八九八年十二月，西班牙和美國的代表在巴黎舉行會議，簽署了結束西班牙在古巴統治的條約，但古巴人再次被剝奪了談判的席位。《巴黎條約》（Treaty of Paris）授予美國對四塊西班牙領土的控制權：菲律賓、關島、波多黎各和古巴，這四個國家都沒有代表參與到談判中。根據協議，西班牙對所有這些領土的統治將在這年年底失效。[20]

在古巴，一八九九年一月一日中午十二點整，所有的西班牙國旗都降了下來。主要的降旗儀式是在哈瓦那的莫羅燈塔處舉行的，幾個世紀以來，這座燈塔一直守衛著進入城市的入口，只在一七六二年英國的致命圍攻中屈服過一次。歷史上第二次，莫羅燈塔上的西班牙國旗倒下了，這次被一面新的旗幟所取代——這面旗幟有紅、白、藍三色，還有五道條紋和四十五顆星。一位出席儀式的「傑出的美國參議員」指著美國國旗，悄悄地說出了一個預言：「這面旗幟在這個島上永遠不會倒下。」當天，古巴自由軍的士兵沒有出席；美國當局禁止他們在首都參加正式的權力移交儀式。自由軍的最高級別指揮官馬西莫・戈麥斯也沒有出席，他是一位六十二歲的父親，在爭取古巴獨立的抗爭中失去了兒子和許多最親密的朋友。戈麥斯拒絕參加升旗儀式。「我們的旗幟是古巴的旗幟，是為之流了這麼多眼淚和這麼多血的旗幟。」[21]

對戈麥斯和許多其他人來說，這一切都沒有講得通的道理。為古巴獨立而進行的幾十年的戰鬥以西班牙人失敗而告終。但是，就像變戲法一樣，有人從他們腳下移走了土地，調換了發生失敗的那場戰爭的位置。古巴獨立戰爭——三十年來的第三次獨立戰爭，似乎突然變得無關緊要了，它在剎那間被美西戰爭所取代了（就像那些黑人軍官突然被降級，從而能支持那些新來的人）。「美西戰爭」是這場戰爭的新名稱，在這個名稱中，古巴甚至不值得一提。在古巴和西班牙的糾葛和戰鬥中，獲得勝利的是美國。

第十四章 被佔領的島嶼

在統治古巴島四百年後，西班牙政府在撤離時帶走了它的士兵、船隻和文件。西班牙人是一個多產的紀錄者，所以要運輸的文件堆積如山。當負責搬遷的工人們厭倦在存放記錄的大樓裡上上下下時，他們開始把捆綁好的文件從窗戶扔到下面等待的小車上。許多文件落在地上，或者在馬車開走時掉了下來。留下來的工人把它們收集起來。這些文件是隨機的，來自不同的時期和政府的許多不同部門。沒有人能夠弄清楚它們的歸屬。最終，它們成為古巴共和國國家檔案館中一個單一收藏品的核心，我就是在那裡第一次聽到這個故事的。這個收藏品的名字是「雜項檔案」（Miscellany of Files），對於這些不符合任何現有歸納類別的文件組合而言，這的確一個恰當的標題。今天，它的內容被列在一份二十八頁的索引中，這些索引是用薄薄的洋蔥皮紙打出來的，一點不誇張地說，其中有些卷宗的紙張化成了灰。[1]

這些亂七八糟的文件的故事——歷史的原始材料，是這段時期的歷史模糊性的一個恰當的隱喻。經過多年的武裝和非武裝的獨立抗爭，這個島嶼不再屬於西班牙了。但除此之外，古巴是什麼呢？幾十年來，西班牙女王伊莎貝爾二世的雕像一直矗立在哈瓦那的中央公園裡。但現在時代不同了，古巴人必須要決定用誰的肖像來取代她。一份受歡迎的古巴雜誌向其讀者徵求了意見。那期雜誌的封面設計說明了一切：一個空蕩蕩的基座，上面有一個問號。[2]美國軍事佔領政府的存在是讓這一切都變得如此不確定的原因之一。在美軍干預之前，它曾公開否認自己有對古巴行使主權的任何意圖。美國曾經承諾，在平定（pacify）古巴局勢之後，美國軍隊就將立即撤離，並建立一個擁有完全主權的古巴共和國，這個國家會擁有自己的憲法和民選政府。然而，美國軍方將會決定這個平定局勢的過程要維持多久。因此，當時的美國暫時統治了古巴。美國官員會發布軍事和民事命令，並將其作為國家的法律發揮作用。美國人會編寫古巴的預算；他們還任命市長和部門秘書人選。他們為再集中營中的被關押者以及戰爭中的孤兒寡母建立療養院。為了消除島上的黃熱病，美國人與古巴醫生卡洛斯・芬利（Carlos Finlay）進行了合作，這位醫生是第一個發現這種疾病是由蚊子傳播的人。為了養活飢餓的人並開始戰後重建，他們要求人們打掃街道和修建道路，並以口糧支付他們的勞動。

無論戰後重建的工作有多重要，美國人都會把一項不同的任務視為安撫的關鍵：得弄清楚如何處理古巴自由軍的問題。這支軍隊由大約五萬人組成，他們的手上持有武器，現在大多數的人處在失業狀態（因為農村已被戰爭徹底摧毀了）。在一八九八年同年被美國收購的菲律賓，美軍佔領區裡正面臨著菲律賓軍隊的嚴重叛亂，他們一直在為從西班牙獲得獨立而戰鬥。為了避免在古巴出現類似的戲碼，美國人急於解散古巴曾經的叛軍並解除其武裝。

古巴自由軍的解散過程歷時三個月，於一八九九年夏末結束。古巴士兵要向美國當局報到，提供他們的姓名和軍銜，以供登錄名冊並收繳他們的武器（他們交給了古巴市長，因為他們拒絕把武器交給美國人）。作為交換，士兵們在得到七十五美元後，返回了荒蕪的鄉村，他們的家園和農場在大多數情形下不復存在。佔領軍政府最終建立一支農村警衛隊，以取代為獨立而戰的多種族的民兵部隊，主要負責保護當地的財產。美國當局從他們認為是「最好的退伍軍人」中挑選軍官。成員必須有足夠的錢來購買自己的馬匹，而且一旦被接受，他們就會宣誓效忠美國佔領政府。《紐約時報》曾指出，農村衛隊的衣著和組織都十分精良，與組成古巴自由軍的「雜牌軍」判若雲泥。[3]對佔領國政府來說，這正是關鍵所在。隨著最緊迫的救濟工作的完成和叛軍的解散，古巴可以說已平定了。一位古巴的省長、未來的總統說，這個島國「準備好了，能夠自己管理自己了」[4]。這是否意味著《泰勒修

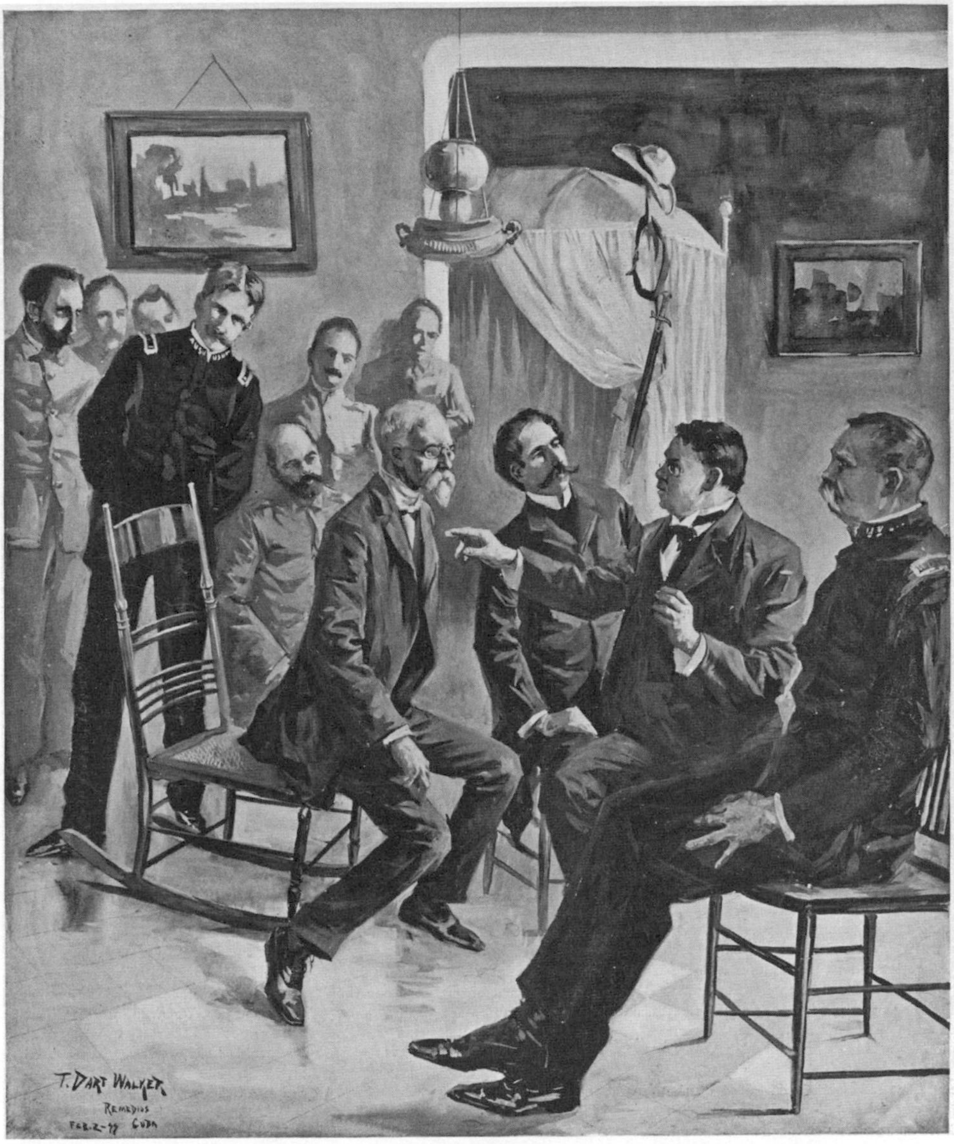

解散古巴自由軍成為美國佔領軍政府的優先考慮事項。這支軍隊是由五萬人組成的多種族戰鬥部隊。該軍隊的首領馬西莫・戈麥斯將軍坐在椅子邊沿處，正在與美國當局討論解散事宜。（圖片出處：Courtesy of the Miriam and Ira D.Wallach Division of Art, Prints and Photographs,The NewYork Public Library）

正案》所規定的撤軍條件已得到滿足了？這是否意味著美國人現在可以離開了？

對這個問題答案的猜測在人們中間爆發開來。在美國，新成立的反帝國主義聯盟（Anti-Imperialist League）呼籲結束對古巴的佔領。知名的進步人士們對這個呼籲做出有力的響應，他們中包括社會改革家簡・亞當斯（Jane Addams）、社會主義者尤金・德布斯（Eugene V. Debs）、勞工領袖塞繆爾・貢普斯（Samuel Gompers）和黑人民權領袖布克・華盛頓（Booker T. Washington）。在古巴，關於美國人計劃長期佔領古巴的傳言引起人們要求立即取得完全獨立的熱烈呼聲。一個新成立的自由軍老兵協會直接給麥金利總統寫了信；全島的古巴市長們也做了同樣的事。在這之後，從一八九九年十一月二十九日至十二月七日，古巴的各個城市中都出現了集會和抗議活動；人們舉著印有「自由古巴」和「不獨立毋寧死」等口號的橫幅。一個美國參議院小組委員會訪問了古巴，他們在回到華盛頓後報告說，「古巴的所有階層……都希望建立一個獨立的政府，一個古巴共和國。」人們普遍持有的觀點認為，古巴已平定了。現在是美國政府明確地表示出撤離安排的時候了。[5]

然而這件事並沒有發生。在佔領古巴一年後，美國當局將他們的口號從平定改成了自治政府（self-government）。美國官員公開表示，美國人不會在該島被平定時離開，而是要在古巴人證明他們有能力管理自己時才離開。沒有人願意具體說明什麼才是證明，但所有人都明白，美國政府將充當裁判。

隨著一八九九年和十九世紀的結束，一位新的美國總督——倫納狄・伍德將軍開始統治古巴。這位總督是五月花號成員的後代，曾經是一名外科醫生，後來成為軍人，最近擔任過莽騎兵團的指揮官（與西奧多・羅斯福一起）。一八九八年，他曾因參與美軍對阿帕契部落領袖傑羅尼莫（Geronimo）的最後一戰而獲得一枚獎章。四十歲的倫納狄・伍德身材高大，肌肉發達，皮膚白皙，頭髮金黃，有些人把他比作維京人。套用他自己的話來說，他的工作是「為古巴人民的自治做準備。」[6]如果自治能力是美國撤軍的必要條件，那麼古巴人需要說服的就是他。他是做出所有的決定的人。「坦率地說」，他提醒他們，「這是一個軍事佔領。」[7]

倫納狄・伍德接受了他的新角色，好像他一生都在等待這個角色一樣。作為古巴的最高權威，他推行了許多雄心勃勃的政策，這些政策內容從文化，到政治，再到經濟，幾乎無所不包。最終，在他的統治下所進行的變革是為了使古巴的利益從屬於美國的利益，並且以美國的利益為基礎來重新定義何謂古巴的利益。如此一來，伍德的政策往往具體而有形地呈現美國主導力的夢想，這種主導力的夢想在古巴獨立之前就已存在，而且長期以來一直在試圖拖延古巴的獨立。

讓我們從一個功勳卓著的美國將軍看起來最不可能改革的主題開始：公立學校。教育是倫納狄・伍德在古巴最看重的項目之一。當他在一八九九年十二月執掌政府時，整個島嶼只有三百多所公立學校。在九個月之後，古巴有了超過三千三百所免費、強制性的、男女同校的學校，以供六至十四歲的兒童接受教育。倫納狄・伍德的辦公室收到許多美國年輕人的詢問，他們渴望能夠為這些學校的工作人員提供幫助。所有這些詢問都被拒絕了。相反的，佔領當局雇用了古巴人，並給他們提供與美國教師相當或更高的薪資。事實上，倫納狄・伍德將島上幾乎四分之一的預算用在公共教育上。他認為，這項開支是完全合理的。正如一位當代觀察家所指出的，「教育將作為一種媒介，一種中立的、無攻擊性的媒介，它可以透過一種不同於武裝控制的力量來接觸人民。即使我們的存在被撤走了，教育也將繼續發揮作用。」[8]美國設計的新學校將透過間接的、無異議的方式推動古巴人民的「美國化」。換句話說，它們將作為美國軟實力的一個工具發揮作用。

由美國人擔任主席的校監會決定哪些課題要教，如何教，什麼時候教，以及教多久。學生們與古巴人一起學習美國的歷史。他們記住了每一位美國總統的名字，而且至少在理論上學會了英語。美國教育家們特別關注所謂的道德和公民教育，因此佔領區實施了一個「學校城市」計畫。該計畫最初是為移民兒童較多的地方的美國學校設計的，旨在「透過實際手段教授公民意識，並將其質量提高到最高標準。」根據學校城市計畫，每所學校都像一個模範國家一樣運作，由一部名為「學校城市憲章」的憲法管理。[9]

然而，美國教育家和官員們在將該計畫帶到古巴時對其進行了調整，專門為古巴教師編寫了一份憲章附錄。它以一個政治哲學的課程開始：人類在任何地方都有一個走向君主制的自然趨勢。課程繼續說，在西班牙美洲，這些君主人物不是國王，而是「拿著砍刀和槍的頭腦發熱的演說家。」古巴現在有機會成為一個民主共和國，但前提是它必須能夠戰勝人類的這種自然傾向。附錄中警告說，這是一個巨大的挑戰；「這個目標需要幾十年，甚至幾個世紀的時間才能完成。」[10]這就是美國人希望古巴人吸取的教訓：獨立永遠不應該被催促。憲章附錄向教師說明了這個情況，然後教師會將這個觀點傳達給他們的學生。但是，憲章只是一個憲章，附錄只是一個附錄。官員們知道，教師需要花更多的時間才能將這個課程深入內心，更不用說學生了。

在為實現這個目標而制定的所有計畫中，最引人注目的是古巴學校的美國校長和哈瓦那的一位知名美國商人之間的一次會面。他們兩人都是哈佛人，而哈佛是他們計畫的核心。他們提議在一九〇〇年夏天派出一千四百五十名古巴教師去那裡學習。這個計畫吸引了所有人的想像力。倫納狄・伍德對古巴教育有著雄心勃勃的計畫，他本人也是哈佛大學的畢業生，他很喜歡這個計畫。哈佛大學校長查爾斯・艾略特（Charles Eliot）與倫納狄・伍德一樣充滿熱情。他說，古巴兒童是古巴明天的公民，「我們有什麼辦法能比透過古巴教師來更好地對古巴兒童開展工作呢？」哈佛大學籌來了七萬五千美元，這個數額超過了原先的估計成本。哈佛大學的學生自願將他們的寢室（但當然不是共用一張床或是床單）提供給男教師；當地居民同意在他們的家裡接待這些婦女。一位美國的觀察人士聲稱，當古巴人得知這個計畫時，「只有那些完全了解拉丁人性格的人才能想像這種席捲全島的興奮浪潮。」教師們中的「無處不在的呼喊」就是「我們想去哈佛！」[11]

他們去了，一共有一千二百七十三人。其中有大約三分之二的教師是女性。這麼多的女性，有些年僅十四歲，在無人陪伴的情況下前往外國，與男性相對親密地相處，這在一開始似乎是不可想像的。一位美國官員驚嘆於父母允許女兒參加的事實，認為這可能是「任何國家所贏得的最大的道德勝利。」古巴教師在麻州劍橋的暑期活動中大放異彩。他們隨處可見，佩戴著印有古巴和美國國旗的識別徽章。商店老闆在所有的招牌上都貼了西班牙文；一個天主教俱樂部接管以著名新教徒命名的房間；一個寫著「自由古巴！」的巨大旗幟飄揚在大學堂的白色花崗岩外牆上。一位觀察人士評論說：「我不知道它有多大用處，但它很雄偉，而且你不會去探究那些雄偉事物是做什麼用的。」[12]

但這個計畫的美國建築師的期待遠不止於讓人嘆為觀止。古巴的學校校長用崇高的語言解釋了這種雄偉設計的目的。「我希望這些古巴男女……能看到普利茅斯岩和邦克山，知道這些東西對我們意味著什麼，這樣當他們回到自己的國家時，就可以講述共和政體的偉大成就。」然而，理想的情況是，他們回到古巴後也會傳播另一個訊息：實現一個自治的共和國是一個非常緩慢的過程。正如學校城市憲章所指出的那樣，哈佛大學的行政人員和教師也是這麼認為的。哈佛的校長向他的教職員工解釋，他希望古巴人「看到經過了八代人的努力，公民、政治、社會和工業自由的穩定、緩慢發展所帶來的成果……（美國人）在發展自己的制度方面一直很有耐心和緩慢。對古巴教師來說，這裡有一個很大的教訓。」教授美國歷史的老師也採取了同樣的傳遞路徑，他總是強調「我們國家制度發展的特點是緩慢發展。」古巴人則砍掉了他的課。[13]

事實上，古巴教師們經常表現出他們對於絕對的、立即的獨立以外的任何東西的反對。他們把關於美國特殊性的課程內容拿來為自己辯護。「我們古巴人對美國人懷有深深的感激之情，而在我們的古巴獨立的那一天，我們的感激之情會更加強烈」，一位古巴教師這樣寫道。另一位教師則寫道：「看到這些偉大而強大的人民，一想起他們為我的國家所做的一切，我我總是能感受到愛；我相信他們會遵守他們的承諾——古巴人的古巴，自由和獨立。」[14]但無論古巴教師們在哈佛大學學到了什麼，他們都拒斥了美國官員最希望他們接受的教訓。教師們不會成為一個告訴古巴人民要無限期地等待獨立的訊息渠道。由於這個原因和其他的一些原因，利用教育作為一種緩慢滲透的間接手段，使古巴人美國化並說服他們不要立即獨立的計畫失敗了。

雖然教育可能是倫納狄·伍德在古巴實施的核心政策，但他對經濟政策也給予了相當大的持續關注。事實證明，這個領域的變化更容易植入，而且在伍德離開後的很長一段時間裡，其真實的影響仍然是顯而易見的。簡單地說，美國佔領時期的經濟政策為古巴人從戰爭中恢復經濟的能力設置障礙，同時為美國的投資消除了障礙。

一八九五至九八年的獨立戰爭摧毀了古巴的農村。一八九四年在古巴島上經營的大約一千一百家糖廠中，只有二百零七家在戰爭中倖存了下來。幾乎所有地方的農業都受到了影響。農作物被燒毀，機器被破壞，牲畜遭到殺死或是丟失。古巴人要求美國佔領官員向試圖恢復或建立農場的農民提供信貸。這樣做將有助於重建農村，並為最近才遭到遣散的自由軍成員提供就業機會。儘管有這些呼籲，佔領國政府還是拒絕提供信貸——這清楚地表明，一個到處都是古巴人擁有的簡陋農場景象，並不是美國政府為古巴所設想的未來。[15]美國官員還拒絕了古巴人提出的驅逐西班牙人或徵用其土地（正如美國在革命後對英國效忠者所做的那樣）的建議。最後，結束美西戰爭的條約設立了一個美國—西班牙條約索賠委員會（US-Spanish Treaty Claims Commission），負責對獨立戰爭期間的損失進行賠償。但只有美國公民才有資格提出索賠。古巴業主則沒有這樣的追索權。這些政策加在一起，對古巴的土地所有人，特別是那些沒有大量資源的土地所有人是不利的。

與此同時，伍德總督為美國投資者收購古巴土地提供了便利。古巴的佔領當局在一八九九年宣布暫時停止收債，從而保障人們在戰後不久的時間裡不至於失去土地。但在一九〇一年，伍德取消了暫停令，允許債權人在未償還債務的情況下索取抵押的財產。由於戰爭帶來的破壞，抵押貸款的餘額往往大大高於土地的實際價值。在大多數情況下，土地所有人沒有能力支付這些貸款。其結果是出現了大規模的剝奪財產和破產浪潮。在談到他的政策對古巴糖廠老闆的影響時，倫納狄·伍德的話十分直接了當：「這類人沒有擺脫困境的希望。」[16]

其他的佔領政策也造成了類似的影響。第六十二號民事令（Civil Order 62）解決了美國官員所說的西班牙土地所有權的「混亂」問題。他們在這裡所指的「混亂」是在古巴，尤其是在東部普遍存在的大型公有土地制度。在這種制度下，個人業主對最初由西班牙授予的、有時是在幾個世紀前授予的大型公有土地的一部分持有權，即所謂的 Pesos de posesión。但是，這些個人持有權並沒有指定是哪一塊特定的、劃定的地產。因此，這些人確立了「在較大的公有土地邊界內的某個地點的土地上的權利。」經過幾代人的運作，業主們已轉讓、出售和分割了 pesos de posesión，但大塊公有土地的邊界從未改變，只是特定持有人的持有百分比發生了變化。這些土地從來沒有被勘測過，邊界是用吹海螺號角的聲音能夠被人聽見的測距方式來測量的。當美國官員試圖理解和描述這些土地時，他們認為這裡的情況混亂不堪，而且模糊不清。不過，他們已充分了解，認定這種制度阻礙了他們所希望能在古巴實現的那種發展。[17]

一個為研究公有土地而成立的古巴委員會告訴美國佔領官員，這種制度是該島部分地區農業社會的基石。三、四代人以來，人們一直在彼此之間分配他們的所有權，對許多人來說，獲得土地是保證「一個家庭的體面給養」的唯一途徑。委員會謹慎地提出了建議，認為不要執行任何會破壞這些經年日久的所有權的政策，而是應該要先「在耕種者之間分配土地」。[18]

美國官員無視了這個建議，而是發布了第六十二號民事令。該命令允許人們聘請律師和土地測量師來確定一塊公有土地的邊界。然後，官員們審查了所有對該部分土地的個人要求，確定其合法性，並頒發更符合美國財產概念的新土地所有權。根據設計，該命令使有律師和現金的人可以很容易就獲得這些土地，而沒有這種機會的古巴小農幾乎不可能留住這些土地。其他沒有正式納入法律的事也增加了現有產權持有人的負擔。例如，戰爭摧毀了如此之多的土地，這意味著舊的產權——無論多麼模糊或不精確，並不總是存在。除了支付測量員和律師的費用外，潛在的買家還經常賄賂當地的官員，他們的工作就是確定舊的公有土地所有權的合法性。正如一位大莊園的經理後來承認的那樣，打破公有地產的法律程序就是透過「惡名昭彰的邪門歪道，在這件事上沒有例外可言。」[19]

因此，第六十二號民事令摧毀該島舊有的土地所有權制度，並在這個基礎上創造一個繁榮的古巴土地市場。它用其他的方式完成美國聯邦政府花了一個多世紀時間才在北美完成的事——利用土地調查、立法和赤裸裸的暴力，在原住民、西班牙人和墨西哥人的土地上所創造的新投機領域。在古巴，這個了不起的舉動是由第六十二號民事法令完成的，它為農村現代企業發展的出現奠定了基礎。事實上，美國佔領下的土地制度的特點將持續數十年，直到一九五九年斐代爾・卡斯楚上台後的革命開始將它摧毀。以符合美國要求的方式開展古巴的政治生活，這是古巴島上的佔領政府的另一個主要關注點。但與經濟和土地政策不同，關於古巴政治未來的辯論在美國和古巴都引起了激烈的爭論。

伍德總督在這方面必須解決的首要任務之一是確定選舉的性質。後西班牙時代古巴的第一次選舉定於一九〇〇年六月舉行，從而選出市政當局。因此，在古巴的美國政府需要決定一些基本問題：誰有選舉權？誰可以競選公職？伍德希望是有限選舉權，只提供給那些能夠證明擁有財產或識字的人。但古巴人反對。他們指出，伍德的制度將剝奪數以萬計的為西班牙獨立而戰的人的投票權。這很可能正是伍德的意圖，但古巴人的壓力迫使他作出了妥協。一九〇〇年四月的選舉法將投票權授予二十一歲以上、符合以下三個條件之一的男子：財產兩百五十美元，識字，或曾在古巴自由軍中服役。

第一次選舉是在六月舉行。如果選舉遭到暴力的破壞，美國人可以利用這點來證明古巴人還沒有準備好進行自治。但是，從各方面來看，選舉都是和平進行的。然而，選舉結果令美國官員感到不滿。在全島範圍內，獲勝的都是伍德口中的「極端份子和革命份子」，他所指的是那些最強烈地主張美國要立即撤離古巴的人。勝利的古巴民族黨（Cuban National Party）成員給麥金利總統發電報，說他們滿懷信心地等待著他迅速決定遵守泰勒修正案，並且為了古巴人的利益而離開古巴。[20]

市政選舉的一個月之後，軍政府公布將舉行制憲會議（Constitutional Convention）代表的選舉。制訂憲法是建立新共和國過程中的關鍵一步。但是，當命令的文本公布後，古巴人仔細閱讀後，最初迎接宣布的熱情和寬慰變成了猜疑。美國人的指示指出，除了起草憲法外，大會還將通過憲法，而這通常是由該國人民承擔的事。指示進一步指出，制憲會議將「與美國政府商定美國政府與古巴政府之間的關係。」[21]

這句話是個不祥之兆。古巴人曾期望由他們新成立的政府——正式選舉產生的主權政府，來決定該島與美國的關係。美國的新提議若被採納，將意味著古巴會由一個小型制憲會議決定古巴與美國的關係，而不是由一個自由和獨立的政府來決定。它將在美國軍隊仍然佔領該島的情況下作出決定，而這個決定將永久呈現在共和國的建國憲法中。古巴人再次動員了起來。各政黨組織了抗議集會；公民向麥金利發出了電報。當時七十二歲的薩爾瓦多．西斯內羅斯．貝當古（Salvador Cisneros Betancourt）是十年戰爭和獨立戰爭的老兵，他代表古巴向美國人民發表一份慷慨激昂的呼籲。他說，要求制憲會議審議美古關係問題是毫無意義的。這不是一個憲法問題。一旦古巴有政府當選和成立，關於與美國建立何種關係的決定就將由古巴政府決定。事實上，他認為美國對古巴的佔領需要在制憲會議召開之前就結束。[22]

與投票要求一樣，美國政府認為自己必須修改其最初的計畫。制憲會議將起草並通過憲法，一旦這個過程結束，作為一個單獨的問題，制憲會議將對美國和古巴的關係提出意見。伍德將這個讓步視為一種挫折，並擔心他所看好的候選人在投票中落敗，伍德決定在選出制憲會議代表之前先穿越全島。他每到一處，都發出不那麼隱晦的威脅。如果古巴人選出了「許多政治跳梁小丑作為代表，他們一定不要指望他們的工作會得到非常認真的對待」。他所說的不認真對待的意涵在另一個警告中得到澄清：「請記住，沒有提供穩定政府的憲法將不會被美國接受。」[23]就在這裡，美國的意圖暴露了。古巴人很快就會開會制定憲法，但如果沒有美國政府的批准，憲法就無法通過。如果沒有美國政府的批准，美國對古巴的軍事佔領就不會結束。

儘管有伍德的告誡，大會成員的選舉結果是最狂熱的「立即獨立」派別獲勝。套用伍德的話來說，選民選出了「古巴最糟糕的一些煽動者和政治流氓」，他說，其中有「大約十個絕對一流的人，大約十五個資格可疑的人，以及大約六個古巴最壞的流氓和騙子。」[24]

制憲會議於一九〇〇年十一月五日開始審議。伍德宣布會議開始，祝願其成員一切順利，然後就離開了。在將近三個月的時間裡，代表們審議人們期待的問題：國家領土的邊界、政府結構、公民的權利。最後，他們產生了一份文件，在許多方面與美國憲法相似，然而還是有些不同，比如古巴憲法從一開始就包含男性普選權。

伍德總是質疑古巴人的自治能力，但他對這部憲法的印象卻一反常態。「我並不完全同意這部憲法中某些條款的明智之處」，伍德寫道：「但它規定了一個共和制的政府；它是經過長期耐心的考慮和討論後通過的；它代表了古巴人民選出的代表的觀點；它不包含任何特徵，可以證明根據它組織的政府不是一個美國可以適當轉移其保護生命和財產的義務的政府。」[25]

伍德在哈瓦那寫下以上的話，但這並不是華盛頓的掌權者想聽到的。事實上，擔任該機構與古巴關係委員會主席的參議員奧維爾．普拉特（Orville Platt）一直在幕後阻止古巴憲法的直接通過。他的理由很簡單：古巴人把他們的獨立歸功於美國。感恩是應該的。而這種感激的形式由美國來決定。他寫道：

美國確保了古巴的自由。這個事實使美國在古巴享有某些權利和特權……例如，我認為國會可以宣布根據什麼條款和條件停止對古巴的軍事佔領，並且在這樣做時，可以就我們未來的關係應該在其憲法中表現出任何必需的保障來發表意見。[26]

在此，他指的是古巴的憲法，而不是美國的憲法。普拉特希望新憲法能賦予美國干預古巴的權利，並割讓土地作為美國海軍基地。

伍德在古巴待了很久，已足以預測到古巴人對這種提議會做出什麼反應了。他沒有把會議成員叫到他的辦公室告訴他們，而是邀請他們陪他去打鱷魚。他在開往豬玀灣以西的大沼澤地的火車上向他們透露了美國立場的消息。人們不難想像，當代表們聽到普拉特的條件時，他們臉上的苦惱和不相信。當他們在大會代表簽署憲法的當天收到美國的書面提議時，最糟糕的情況得到了證實，這使本來可能是一個更值得慶祝的場合受到影響。老薩爾瓦多・西斯內羅斯・貝當古拒絕同意美國人提出的任何建議。事實上，他甚至反對向華盛頓發送憲法的副本。「古巴現在是獨立的」，他堅持說，「我看不出有什麼理由要把這部憲法送到美國去獲得接受。美國政府無權對其進行表決。」[27]

古巴代表拒絕了普拉特的條件，並提交他們自己的相反建議。其中沒有一處提到美國有權干預古巴。然而，他們確實表示，古巴永遠不會允許其領土被用於反對美國或任何外國勢力的行動，如果美國人真的擔心第三國利用古巴來反對他們，那麼從理論上來看，這個建議應該可以消除美國人的擔憂了。[28]

無論古巴代表們在制定提案時是如何的謹慎，美國政府都沒有理會他們。僅僅幾天後，一九〇一年二月二十五日，普拉特參議員提出一項決議，作為軍隊撥款法案的修正案。該決議被稱為《普拉特修正案》（Platt Amendment），它著眼於歷史並完全改寫了歷史。它錯誤地指出，一八九八年授權戰爭的聯合決議規定，只有在古巴人根據一部明確規定「美國與古巴的未來關係」的憲法建立政府之後，美國才有義務離開古巴。然而，聯合決議沒有這樣說。相反，它承諾一旦該島平穩下來，就把古巴留給古巴人。在三年的佔領期間，美國官員將這個最初的基準變成了一個新的和更模糊的要求，即古巴人要證明他們的自治能力。現在，華盛頓正在將這個門檻轉換成一個更明確的門檻：古巴的自治能力只能透過接受《普拉特修正案》來證明。

而該修正案確立了什麼呢？它的內容不是徹頭徹尾的殖民主義，而是接近殖民主義的東西——美國在古巴行使永久、間接統治的特權。除其他事項外，《普拉特修正案》的八條規定限制了古巴政府與第三國簽署條約或自行承擔債務的能力。它將古巴領土留給美國作為海軍基地和補給站使用。第三條，也是古巴人最鄙視的一條，賦予美國在沒有受邀時對古巴進行干預的權利，而無需收到邀請。

古巴人感到難以置信，並且非常憤怒。在哈瓦那和全島上的各個地方，他們組織了抗議集會和火炬遊行。古巴人幾乎異口同聲地強烈反對《普拉特修正案》。大會代表們的反應是一樣的：失望和憤怒。最有力的發言來自代表胡安·瓜爾貝托·戈麥斯（Juan Gualberto Gómez），他出生於一八五四年，父母是奴隸，在他出生前就購買了自由身分。在一八八〇和九〇年代，戈麥斯曾是一名記者和荷西·馬蒂的親密伙伴，也是古巴獨立和黑人民權的傑出活動家。現在，作為制憲會議的成員，戈麥斯撰寫了一篇長篇論文，駁斥《普拉特修正案》的假設和主張。他特別關注了第三條，此條的內容授予美國以多種名義進行干預的權利：維護古巴獨立；維持一個有秩序的政府；保護生命、自由和財產。戈麥斯否定了所有這些理由。為了維護古巴的獨立？古巴人肯定比美國人更關心這個問題。「對於美國人來說，保留決定何時獨立受到威脅的權利，從而決定他們何時應該干預以保護獨立，就是把我們房子的鑰匙交給他們。」以此類推，給予美國為維持政府秩序而進行干預的權利，將會使華盛頓控制國家的內部政治生活。他問道，根據什麼邏輯，美國人應該比古巴人自己有更大的權利來決定古巴政府何時是適當的？關於美國為了保護生命和財產而進行的干預，戈麥斯說，這是沒有必要的，因為這是每個政府的首要職責。如果這種保護的最終權力落在美國身上，根據定義，古巴政府就會生來無能，只是一個名義上的政府，不配擁有「共和國」的頭銜。[29]

整個大會也採取了同樣的立場。四月六日的投票以二十四票對兩票的優勢否決了《普拉特修正案》。一批大會代表前往華盛頓，與麥金利和美國戰爭部長埃利胡・羅脫（Elihu Root）會面。羅脫提出了一個修正主義的歷史，即美國一直擁護古巴獨立——儘管自從一八二〇年代以來，美國一直奉行一項專門的政策，以確保古巴仍然是西班牙的，直到美國能夠使其成為自己主導的國家為止。羅脫堅持認為，《普拉特修正案》只是對一八二三年門羅主義的更新，似乎這可以作為對古巴人的安慰。情況變得越來越清楚：古巴人若不接受《普拉特修正案》，他們就得繼續接受美國的軍事統治。事實上，美國人明確地這樣說。羅脫告訴倫納狄・伍德，要讓古巴人看到「除了美國的干預政府，他們永遠不可能在古巴有任何進一步的政府，除非他們採取行動。」他所說的採取行動，指的是接受《普拉特修正案》。[30]

一九〇一年六月十二日，在沒有其他合理選擇的情況下，大會代表以十六票對十一票的結果通過《普拉特修正案》，並將其作為附錄納入到了《古巴共和國憲法》中。投反對票的人包括最近的專著作者胡安・瓜爾貝托・戈麥斯和可敬的薩爾瓦多・西斯內羅斯・貝當古。一些投贊成票的人解釋，他們這樣做是因為這是建立古巴共和國的唯一途徑，是結束美國軍事佔領的唯一途徑。但每個人都肯定記得胡安・瓜爾貝托・戈麥斯最近才說過的話，他認為根據《普拉特修正案》，古巴島「將只有一個虛構的政府」。甚至連倫納狄・伍德在一九〇一年十月二十八日給西奧多・羅斯福寫信時也基本上承認了同樣的事：「當然，根據《普拉特修正案》，古巴幾乎沒有真正的獨立。」[31]最終的權力，最終的主權將掌握在美國政府的手上。

無論古巴人是如何痛恨《普拉特修正案》——大多數人都對它深惡痛絕，它在某種程度上標誌著美國對古巴企圖的部分失敗。倫納狄・伍德早期的信念——古巴可以透過那些已經美國化了的「更優階層」的影響力來巧妙的、間接地進行統治，但這被證明是不可行的了。這些人沒有在投票中獲勝。相反的，古巴人——包括許多現在已遭遣散的自由軍成員，一直在選舉中支持那些尋求結束美國佔領和建立主權共和國的候選人。伍德希望古巴教師能塑造出新一代順從、親美的公民，但他們拒絕扮演這個角色。令華盛頓方面感到失望的是，大多數古巴人傾向於要求全面的、立即實現的獨立。在這種情況下，《普拉特修正案》是一種保證——一種有效的和預示性的保證，確保新的古巴共和國將奉行與美國利益不相牴觸的政策。只有確立這個權利，美國才準備把古巴或多或少地交給古巴人。

CUBA

第六部

古怪的共和國

在 1902 年古巴獨立後，美國對這個島國施加了相當大的經濟、文化和政治影響。在 1920 年代，古巴首都哈瓦那每年會接待約九萬名美國遊客，並進口了近五千輛美國汽車。照片中呈現一群坐在斯圖貝克牌老爺車裡的美國遊客在雄偉的總統府前合影，這座總統府建於 1920 年，今天是古巴革命博物館的所在地。（圖片出處：Courtesy of the Ramiro A. Fernández Collection）

第十五章　蔗糖帝國

一九〇二年五月二十日上午十一點五十五分，在古老的西班牙總督府，倫納狄．伍德從左邊步入大廳，古巴的新總統湯瑪斯．埃斯特拉達．帕爾馬則從右邊進入。他們在中間相遇並握手，伍德把政府權力交給了埃斯特拉達．帕爾馬。古巴從此有總統了，而且他是古巴人。[1]在《普拉特修正案》的影響下誕生的新古巴共和國，並不是大多數古巴人在爭取獨立抗爭時所設想的。但這是他們唯一的共和國，所以他們進行了慶祝。人群簇擁在新落成的濱海道（Malecón），觀看古巴國旗在莫羅島上空升起。這裡是今天的哈瓦那標誌性的海堤和濱海走廊。主要街道的臨時拱門上放著馬西奧和荷西．馬蒂以及代表自由和古巴的婦女的照片。人們舉辦了宴會和詩歌朗誦會，當夜幕降臨時，人群聚集起來，一同欣賞煙火表演。在大張旗鼓的宣傳中，人們在那天晚上可能是自信地、興高采烈地走路回家的。也許他們古怪的、新生的共和國會持續地成長茁壯。

當宴會結束後，在美國佔領政府撤離後，當這個新生共和國的公民進入到他們的新生活裡時，他們感覺腳下的地面既堅實又搖晃。他們來到界線的另一邊，來到邁入新時代的時刻。獨立，這將會是他們親手建造出來的嗎？

新政府有很多工作要做，這是毫無疑問的。湯瑪斯．埃斯特拉達．帕爾馬總統已將近七十歲了，他是古巴共和國的前總統，是荷西．馬蒂在紐約的親密合作者，是一個皈依的貴格會成員，曾加入美國籍。國會裡充滿了剛剛結束的戰爭的重要老兵，他們準備進行立法工作。所有立法者都是男性；他們中有幾個是非洲裔古巴人。擺在

1902 年，湯瑪斯・埃斯特拉達・帕爾馬和他的內閣在舊總督府中。這是一張有立體效果的照片，可以給使用立體鏡的觀眾以「進入」會議的印象。（圖片出處：Courtesy of the Cuban Heritage Collection, University of Miami）

古巴新政府面前的首要和最重要的事項之一，是確定古巴與美國的商業關係。《普拉特修正案》規定了兩國之間的政治關係是不可談判的；但是，在佔領國官員的鼓勵下，古巴政治家們認為，他們接受《普拉特修正案》，就可以在其他領域從美國獲得一些讓步。他們最想要的讓步是進入世界最大經濟體的優惠條件。

這些努力的結果是一九〇二年在哈瓦那簽署了一項商業互惠條約，並在一九〇三年得到兩國的批准。該條約削減了進入古巴的美國產品的關稅，並將進入美國的古巴糖的關稅大幅降低了百分之二十。當時，古巴領導人認為這是一個重大的勝利：他們剛剛在迅速擴大的美國糖業市場上擠進了更大的份額。在一八九九年，美國人平均每年消費六十三磅糖；在第一次世界大戰前夕，他們每人吃八十一磅。[2] 現在，古巴將成為大部分糖的供應者。有了永久的市場保證，並且由於關稅的降低，利潤也將擴大，古巴的製糖業似乎正處於新的繁榮的邊緣。由於糖是國民經濟的基石，這種繁榮也可能是古巴的繁榮。無論如何，這就是古巴新政府成員的希望。

但他們的計算沒有充分考慮到的是，古巴的製糖業正變得越來越不像古巴產業。美國的佔領政策使土地變得容易獲得而且廉價，而美國公民和公司是主要的受益者。對美國擁有的土地比例的估計差別很大，從三分之一到三十分之一不等。到了一九〇七年，外國人在古巴所有農村財產裡擁有大約百分之六十的份額。居住在古巴的西班牙人擁有另外百分之十五的土地，如此一來，只有四分之一的農村財產是古巴人所有的。這個數字是如此的驚人，值得用稍微不同的術語來重複：在獨立後不到十年的時間裡，古巴領土的四分之三可能是屬於外國人的，其中相當一部分屬於美國人。在一些地區，這個比例甚至更高；例如，在中部的聖斯皮里圖斯地區，美國人擁有大約八分之七的農村土地。事態的發展方向非常明確，以至於獨立戰爭的傳奇老兵、制憲會議上對《普拉特修正案》最激烈的批評者之一曼努埃爾・桑吉利（Manuel Sanguily）在一九〇三年起草了一部法律供古巴參議院審議。它的第一條是明確的：「從今天起，嚴禁簽訂任何將財產轉讓給外國人的契約或協議。」然而這個草案並未進入辯論階段，之後一九〇九年和一九一九年的類似提案也遭遇了同樣的命運。[3]

在某些情況下，美國公司購買土地，將其分割開來，並作為單獨的地塊出售給美國買家。他們吹噓土壤的肥沃，永久的陽光，以及美國政府對古巴財產和穩定政府的保證。紐約的一家公司以這種方式購買十八萬英畝土地；洛杉磯的一家公司購買十五萬英畝；匹茲堡的一家公司購買十三萬五千英畝。芝加哥的古巴土地貸款和產權擔保公司則購買一大片土地，這些土地不久前還是馬希巴哥阿（Majibacoa）的公有土地，這個名字是一個泰諾人的名字。這間芝加哥公司隨後用了另一個原住民的名字「奧馬哈」給這片土地重新命名，這是美國中西部原住民的名字。這家公司將土地進行分割，並招募美國定居者，給家庭免費提供十英畝的土地，以吸引他們來到古巴定居。作為交換，這些家庭必須建造房屋，用柵欄圍住土地，為一所英語學校支付十美元的稅款，每月提供一天的勞動，修建通往最近的古巴城鎮的道路，並在第一年種植兩點五英畝的柑橘作物。新的奧瑪哈鎮（Omaja，西班牙語中的字母「j」聽起來像英語中的H）很快就像是一個位於熱帶的美國中西部社區了，它有一個新教教堂、聖經學習小組、教堂義賣、社交俱樂部和青年舞會。一九〇三年，在古巴有三十七個這樣的美國「殖民地」；十年後，這個數字上升到了六十四個；到了一九二〇年，大約有了八十個。其中最大的美國人定居點葛洛莉亞（La Gloria），在其鼎盛時期有一千名居民。[4]

儘管美國城鎮在古巴很流行，但到目前為止，美國土地所有權在二十世紀之初崛起的最重要結果是製糖業的全面美國化。當美國參議員詹姆斯．狄．沃爾夫擁有幾個古巴莊園時，或者當副總統威廉．魯弗斯．金在馬坦薩斯種植園的山頂上宣誓就職時，製糖業將大片的甘蔗種植地與加工甘蔗原料的工廠綜合起來。然而，從一八七〇年代開始，技術的進步將無力進行現代化改造的磨坊主趕了出去。三次獨立戰爭的破壞，又淘汰了一些人。剩下的業主投資於新技術，並併吞了那些失敗者的土地。在十九世紀的最後三十年裡，製糖業變得越來越集中化。一八六〇年大約有兩千家糖廠，到一八九九年只剩下了兩百零七家。在美國佔領後，土地的集中化仍在繼續，到一九二九年只剩下了一百六十三家工廠在運營。[5]

在獨立之前，現代糖業種植園大部分集中在古巴西部和中部。在美國的佔領下，這種情況發生了巨大的變化。在東部地區，戰爭對農業造成的破壞最大。此外，現代糖業生產還沒有滲透到這個地區。因此，美國對糖業的大部分新投資將集中在東方省和卡馬圭省。依靠美國佔領時期頒布的法律，美國製糖公司購買了數十萬英畝的土地，並將它們從茂密的硬木森林轉變為大規模的製糖企業。其中一家公司——聯合水果公司購買了二十萬英畝的土地，該公司後來控制了中美洲、加勒比海和南美洲部分地區的大片土地。[6] 一九〇三年互惠條約所保證的大部分利潤將歸於這些新機構。

這些新的美國產業是規模巨大的企業。它們的經營中心是大型的、現代化的工廠，在西班牙文中是「central」，在英語中有時被叫作「中央工廠」。在那裡，工人和機器將甘蔗變成原糖，然後變成加工糖。閃亮的機器有時有著奇怪的名字——振動器、切碎機、粉碎機、離心機、綠漿燃燒器、多效蒸發器，這些機器從事著幾個世紀以來的奴隸們的工作。他們把自己的一些土地租給農民（colonos），讓他們種植和收穫甘蔗，根據契約，這些甘蔗只能賣給糖廠老闆。在製糖業繁榮的年份，有多達五萬八千名工人從海地和牙買加來到這裡工作。公司建造了營房來安置他們。事實上，他們在糖廠周圍建造了整個公司城鎮。在一些觀察人士看來，這些美國人所擁有的中央工廠——與之相鄰的城鎮和工人營房，以及向各個方向延伸的大片甘蔗田，就像是一個外來王國佔據了越來越多的古巴領土一般。[7]

在一九二五年古巴產量最高的二十家糖廠中，只有一家是古巴人的，其他十九家則是由美國人擁有，它們都位於卡馬圭省和東方省，這兩個省在古巴獨立後開始了現代糖業生產。為方便將糖運往港口而修建的鐵路系統也在東部地區擴展。二十世紀初在古巴建立的所有美國工廠中，查帕拉（Chaparra）是最大的一個。這家企業的奠基人是德州共和黨議員羅伯特・霍利（Robert Hawley）。霍利是德克薩斯州加爾維斯敦（Galveston）的一位糖業經紀人，

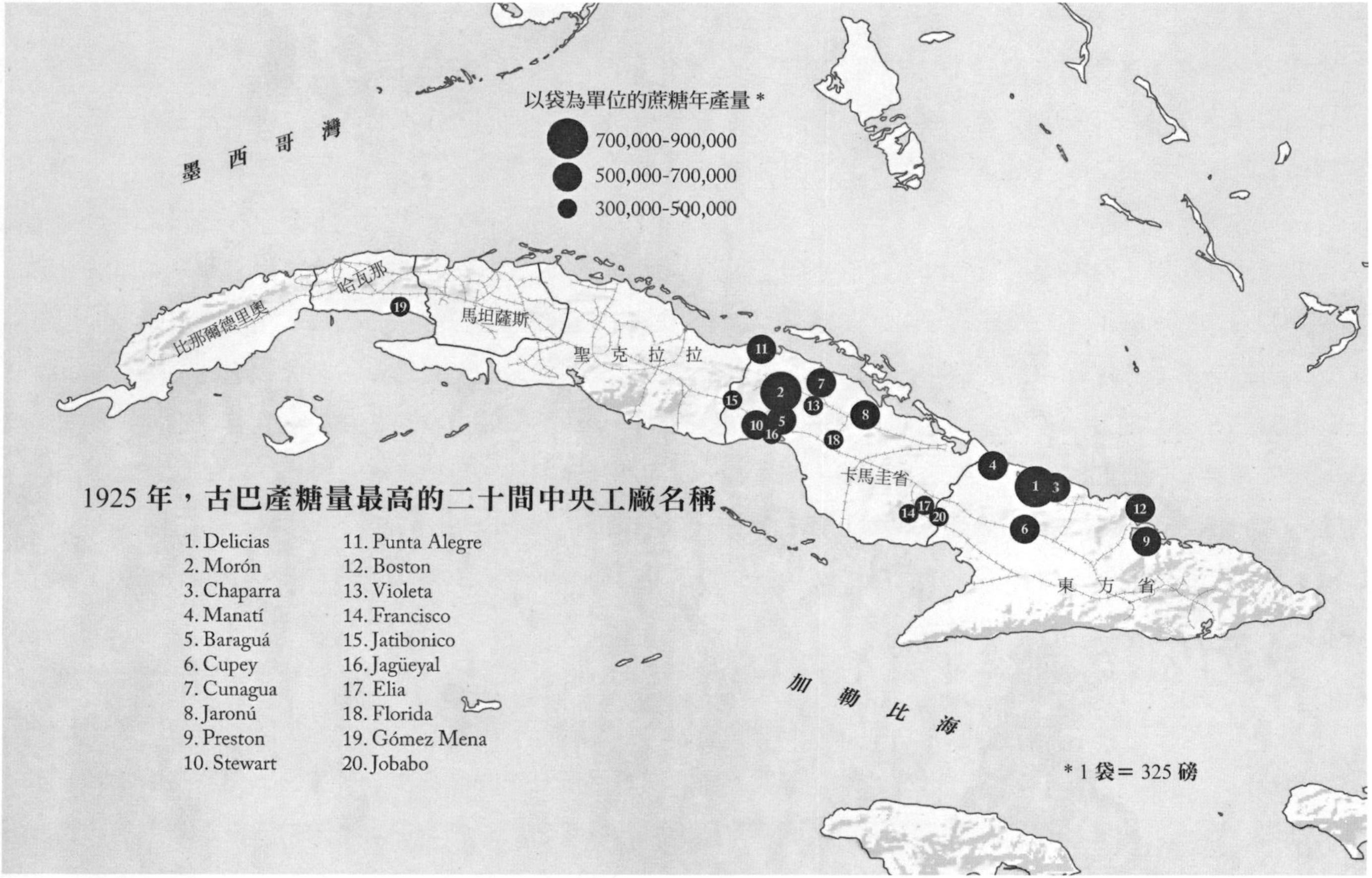
以袋為單位的蔗糖年產量 *
700,000-900,000
500,000-700,000
300,000-500,000
墨西哥灣
比那爾德里奧
哈瓦那
馬坦薩斯
聖克拉拉
卡馬圭省
東方省
加勒比海
1925 年，古巴產糖量最高的二十間中央工廠名稱
1. Delicias
2. Morón
3. Chaparra
4. Manatí
5. Baraguá
6. Cupey
7. Cunagua
8. Jaronú
9. Preston
10. Stewart
11. Punta Alegre
12. Boston
13. Violeta
14. Francisco
15. Jatibonico
16. Jagüeyal
17. Elia
18. Florida
19. Gómez Mena
20. Jobabo
* 1 袋＝ 325 磅

1925 年古巴糖廠分布圖。（出處：M. Roy Cartography）

也是路易斯安那州一家煉糖廠的老闆。一八九九年，他與一群紐約的投資者合夥前往古巴尋找有利可圖的機會。霍利在哈瓦那的聯絡人是瑪利歐·加西亞·梅諾考（Mario García Menocal）。梅諾考家族的一些祖先是擁有頭銜的貴族，他們在十七世紀時來到古巴，並從西班牙王室那裡獲得土地擁有權。在近年來，梅諾考曾前往美國學習工程學。他曾在古巴自由軍中擔任過將軍，在戰爭的大部分時間裡駐紮在現在開放美國人投資的地區。當霍利於一八九九年前往古巴時，「能力出色而且擁有雙語能力」的梅諾考已在為美國佔領政權效力了。他建立並領導了哈瓦那警察部門，並曾短暫地擔任過公共工程的檢查員。但梅諾考擁有更高的目標，而且不只是在一個方面。[8]

梅諾卡說服德克薩斯州議員購買了一個名為查帕拉的舊糖廠以及圍繞它的六萬六千英畝的原始森林。這裡位於古巴的東北部海岸，梅諾考對這個地區非常熟悉，他曾作為古巴自由軍的一名軍官在這裡的許多地方活動過。霍利聘請梅諾考勘察這裡的土地，並監督在這裡建立一個新的糖廠。霍利擔任總裁，資本額為一百萬美元，總部設在華爾街，查帕拉糖業公司於一八九九年十月成立。[9]

在哥倫布第一次航行到新大陸時探索的那片海岸附近，樹木紛紛倒下。茂密的森林變成了巨大的甘蔗田。「在古巴建立龐然大物一般的糖廠」，一家美國報紙這樣報導，它是如此巨大，以至於在「古巴甚至在整個世界的歷史上都沒有先例」。這並不是美國政治人物第一次在古巴擁有糖業財產，但從來沒有人接近過這種規模。該企業是古巴歷史上最大的企業，它擁有島上第一個十二輥磨坊，最初的產能為二十萬袋（四萬噸），佔一九〇〇年全島糖產量的十分之一。一九一〇年，該公司收購了相鄰的德里西亞斯（Delicias）糖廠，並將兩者合併經營，這份產業成為世界上最大的糖業公司。[10] 到了一九一〇年代，查帕拉公司的城鎮由近六百所房屋組成，其中既有簡陋的房屋，也有優雅的小木屋。它擁有寬闊的大道、一家酒店、多達十所學校、三家電影院、一家共濟會會所、一家乾洗店、一家牙醫診所、一家藥局、一家郵局、一家公司醫院，甚至還有一家ＹＭＣＡ青年會。查帕拉公司發行的流通貨幣——一種代幣，可以在其境內的商店使用。但由於古巴硬幣的短缺，代幣成為古巴貨幣的實際等同物，在古巴東部甚至西至馬坦薩斯的地方都經常使用。由於它從鄰近島嶼引進工人，查帕拉決定了該地區的移民模式和人口構成。因為它把土地租給了農民，所以它決定了人們可以種植什麼，在哪裡種，以及什麼時候種。換句話說，查帕拉的控制力表現在所有的地方。[11]

工廠是美國人開的，但瑪利歐・梅諾考以總經理的身分管理著它。他選擇了廠址；他不僅監督土地的開墾，也設計且監督工廠的建設。他任命古巴人——其中許多是他在古巴自由軍中的同袍或下屬擔任工廠各部門的負責人，並將甘蔗農場分配給他們，以及他的六個兄弟。他還捐贈了一片查帕拉的土地作為古巴農村警衛隊的永久駐地，該部隊是美國佔領政府為保護農村財產而設立的。[12]在幾年後，一位西班牙記者訪問了這家工廠，因為他聽聞關於工人受到殘酷甚至是致命懲罰的傳言。但沒有人願意公開或具體地說出來。在查帕拉的旅館過夜時，這位記者躺在床上聽見遠處有人在唱一首令人不安的歌：

砍下甘蔗，
輕手輕腳，
快點走，梅諾考來了，
手裡揮舞著鞭子。[13]

正如一位古巴歷史學家後來寫道的：「位於我國農村腹地的每個糖廠都讓它所在地區的整個經濟體系得以鞏固，並且佔據了政治和經濟上的主導地位……而對他們來說，法律和任何抗議都是不現實的。」[14]

查帕拉糖廠可能是美國在古巴最大的糖廠了，但它實際上可能只是最大的之一。一九〇五年，美國在古巴的糖廠生產的糖佔該島年產量的百分之二十一。在隨後的幾十年裡，這個趨勢不斷加快。到了一九二六年，七十五家美資糖廠的糖產量佔據古巴全年糖產量的百分之六十三。這些糖廠加在一起，代表了美國在古巴建起的一個糖業王國。既然如此，古巴出口到美國市場的蔗糖的最大份額是在美國人擁有的土地上生產的也就不足為奇。古巴與美國在一九〇三年簽下的互惠條約確保古巴糖業生產者在美國市場中所佔的主要份額，並降低古巴出口到美國的糖的關稅。在獨立的二十年後，互惠條約的影響已非常明顯了：古巴的主要出口產品的利潤絕大部分都歸美國公司所有。[15]

互惠條約還降低了美國產品進入古巴的關稅。美國製造的廉價商品充斥在古巴市場上，這讓剛剛起步的古巴企業幾乎無法與之競爭。在全島範圍內，有三百五十七家古巴人擁有的製造商倒閉。互惠條約使政府難以實現國民經濟的多樣化和工業化。由於它阻斷了新產業的發展，並使老舊的產業更不可能生存，互惠條約加強了這個島對糖業的依賴性。單一種植業將繼續存在。[16]

對一些古巴人來說，經濟發展和機會的最實際保障就是成為美國資本的「小夥伴」。這樣的夥伴關係隨處可見。以荷西・拉格雷（José Lacret）的例子而言，他本是一名獨立戰爭的老兵，被選入了一九〇〇年的制憲會議。他曾支持男子普選權，反對美國限制普選權的企圖，他也曾強烈反對《普拉特修正案》。他稱修正案通過之日為「哀悼之日」。然而，到了一九〇二年，他卻成為有意在古巴投資的美國人的房地產顧問。他在哈瓦那的英文報紙《哈瓦那郵報》上刊登廣告，表示可以利用他「對整個島嶼的實際了解」來協助「買賣農場和種植園、採礦業、本地木材和各種租賃。」[17]

越來越多的與美國投資者合作的人也在古巴政府中擔任職務。奧連特省帕德雷港（Puerto Padre）的一個美資莊園的監督員是該鎮的議會成員；關塔那摩的市長曾在那裡的一家美國工廠裡工作長達二十五年；古巴眾議院主席和一位參議員都是總部設在紐約的古巴甘蔗公司的董事會成員；另一位參議員是聯合水果公司在古巴的高級顧問。在聯合水果公司的糖廠所在地巴內斯（Banes），該公司不納稅，而該鎮的鎮長卻也是糖廠的律師。而查帕拉公司雄心勃勃的總經理瑪利歐・梅諾考——也就是那個手持皮鞭的梅諾考，在一九一二年成為最高長官，不是查帕拉公司的最高長官，而是古巴的總統。[18]

在古巴農村的這個大角落裡，美國製糖公司就是這裡的國王。他們利用當地的盟友顛覆或歪曲法律——比如避稅，或者體罰工人卻不用受罰。但是，即使有古巴的幫助，有參議員在他們的工資單上，有總統在他們的董事會上，美國公司也知道，歸根結底支持他們的人不在古巴，最終的仲裁者是在華盛頓特區。美國投資者可以向他們提出申訴，要求獲得從炮艇巡邏海岸到進口廉價勞動力的全權委託。在一九〇一年的《普拉特修正案》的陰影下，他們的特權得到了保障。根據一九〇三年簽訂的兩國互惠條約，他們的利潤也得到了保障。一九〇三年簽訂的另一項條約進一步保證了美國土地所有者在古巴東部的利益。在這年簽下的《永久條約》（The Permanent Treaty）給了美國四十五平方英里的領土，這片土地是從一個名為關塔那摩的大海灣兩邊向上延伸，一直到今天，這裡仍然是美國海軍基地的所在地，華盛頓長期以來稱之為「Gitmo」。這片土地的租金是每年兩千美元；沒有規定租約結束日期。因此，現在，除了容易獲得的古巴土地、有利的貿易保障、美國建立的農村警衛隊的保護等種種利好之外，美國的地主們還牢牢地抓住了美國軍隊，而且軍隊的距離只有咫尺之遙。對於美國投資者來說，這個陌生的古巴共和國真是一塊諸事皆宜的樂土。

第十六章　夢想之城

沒有一個國家是不存在內部差異的。在與古巴東部的美國糖廠有著天壤之別的哈瓦那，一個名叫芮內·門德斯·卡波特（Renée Méndez Capote）的女孩與新世紀一起到來了。她在後來寫道，她母親受孕懷胎的時間，是和一小群當選者在哈瓦那開會為即將成立的古巴共和國起草憲法的活動同時發生的。她的父親主持了草擬憲法的審議工作，並於一九〇二年成為參議員，更在一九〇四年成為古巴的副總統。由於她的家庭是這些圈子裡的常客，自從芮內·門德斯·卡波特還是小女孩的年紀起，她就認識許多共和國的早期政治家。總統湯瑪斯·埃斯特拉達·帕爾馬知道她的名字。參議院議長曼努埃爾·桑吉利是獨立戰爭的老兵，也是《普拉特修正案》的批評者，他對於芮內的熟悉程度足以讓他可以開她的玩笑。桑吉利每個星期都會和芮內在波多黎各詩人洛拉·羅德里格斯·德蒂奧（Lola Rodríguez de Tío）的家裡一起喝茶。洛拉是一個「摩登」女性，留著短髮，總是戴著耳環。她允許年幼的芮內也參加她在家中舉辦的文學沙龍。正是在那裡，芮內看到了一個比她年紀大不了多少的男孩的精湛鋼琴演奏，他就是音樂奇才埃內斯托·萊庫納（Ernesto Lecuona），他至今仍被認為是古巴最出色的鋼琴家和作曲家之一。然而，沙龍上的談話比現場音樂更頻繁，當大人們爭論政治、文學和生活時，芮內安靜地坐著聆聽。有時，女主人會對她的家鄉波多黎各島感到絕望，該島仍在美國的直接統治之下，曼努埃爾·桑吉利將手放在她的肩上以示聲援。年輕的芮內看著這一切，吸收著這些感覺、想法、奇特人物之間的來來往往，以及人們在一個新共和國的繁榮首都，對於一個新世紀的到來的種種興奮。[1]

一種新的活力——一種現代的活力，在她的周圍隨處可見。在整個哈瓦那，以國王名字命名的大道上現在出現了獨立運動英雄們的名字。在哈瓦那最古老的西班牙拉彭塔城堡（La Punta）外，矗立著一個新的音樂台。現代公園開始取代舊的殖民時期的廣場，成為城市居民最喜歡的地方。一個康尼島（Coney Island）風格的遊樂園於一九〇六年開幕，它也是在古巴拍攝的第一部電影的主題。戴著白帽子的年輕女士們從又高又曲折的溜滑梯上滑下，臉上洋溢著對未知事物的興奮。濱海大道越來越受歡迎，它為當時剛剛出現在城市裡的汽車提供了寬闊的駕駛道路，到一九一〇年，哈瓦那的汽車超過了四千輛。新的電車以其自驅動力在哈瓦那街道上行駛。每天約有六萬名乘客乘坐這些電車。最受歡迎的無軌電車線路將哈瓦那老城和韋達多（El Vedado）連接起來，韋達多曾經位於首都的郊區，現在是一個繁榮的、令人嚮往的住宅區。[2]

在那個年代，對於芮內這個社會階層的女孩來說，她對電車線兩邊的社區非常熟悉。她心目中的導師洛拉·羅德里格斯·德蒂奧的沙龍就在哈瓦那老城，在位於阿吉亞爾街（Aguiar Street）的一棟房子裡。她還經常去哈瓦那老城，陪她母親去奧萊利街（O'Reilly Street）的一家優雅的裁縫店，在那裡她第一次體會到了「漂亮衣服的價值」。從那裡，他們去了老哈瓦那最好的冰淇淋店。即使有馬車，他們也是走了又走，總是很晚才疲憊地回到位於韋達多的家。[3]

像她這樣的女孩是不會去哈瓦那老城的其他地方，這裡所說的地方中最重要的是位於老城一角的聖伊西德羅（San Isidro）受薪工人階層的居住區，這裡靠近港口和後來變成了國家檔案館的舊兵工廠；聖伊西德羅也是被委婉稱為「寬容區」的賣淫區所在地。汙穢和犯罪充斥著這裡的十二個街區，人們在那裡從罪惡中獲得利益，或是參與作惡。圍繞著這些妓院，輔助性的服務也不斷增加：有現場淫穢表演、廉價色情雜誌攤、音樂酒吧、賭博窩點。街頭小販兜售著他們的食物和商品。人口普查數據記錄了該市三百三十八家妓院中有七百多名妓女。這些妓女大多數是白人和在古巴出生的人，但也有各種膚色和多種族的女性在這裡出售她們的肉體。據說，是法國妓女將口交引入了哈瓦那的性產業。為了競爭，古巴和西班牙妓女甚至推出了在服務中加入狗的選擇（顯然是讓狗在交媾中舔客戶的生殖器）。哈瓦那的賣淫區在國際上很有名，名聲遠至巴黎和紐約。[4]

這個小街區有它的國王，因為大家都這麼叫他——「亞里尼國王」（King Yarini），他的真名是阿爾貝托・亞里尼・龐塞・狄・里昂（Alberto Yarini y Ponce de León）。他的父親是很久以前的義大利移民後代，他的母親來自一個古老的貴族家庭，與最初來尋找不老之泉（Fountain of Youth）的探險者有一些連繫。這個家族很富裕，受人尊敬，男人們都是醫生和牙醫。其中一人的名字至今還留在哈瓦那的加西亞總醫院（Calixto García General Hospital）的一個沙龍裡。這個顯赫的家族中沒有人能弄清楚這個被大家稱為「亞里尼國王」的兒子的營生。[5]

亞里尼掌管著這個街區和大部分的性交易。沒有人知道在他統治聖伊西德羅時，有多少女性為他工作，但他和其中一些女子住在這個社區相鄰的一個街區。當地的傳說稱亞里尼受人愛戴，富有魅力。他的身高只有區區五英尺六英寸（一六八公分），但他身材很瘦，衣著考究，英俊瀟灑，而且身上總是散發著香水的味道。他常常帶著一個保鏢和兩隻純種的聖伯納犬在附近散步。[6]他也是一名政治家，是古巴保守黨的地方政治人物，這個黨正是年輕的芮內的父親所主持。有些人認為亞里尼自己也是個愛國英雄。他太年輕了，沒有參加過對西班牙的戰爭。但自從獨立以來，他因支持古巴人反對外國勢力而聞名。在一九〇八年，他和朋友們坐在普拉多大道（Prado Avenue）上的一家優雅的咖啡館裡，無意中聽到一些美國人在貶低古巴人的種族寬鬆態度，因為在咖啡館這麼高級的地方，居然黑人和白人可以如此隨意地混坐。當要起身離開時，他讓他的朋友們先離開，然後自己去與那幾個美國人對峙。他們怎麼敢對一個英雄不敬呢？那幾個人美國人並不打算道歉，於是亞里尼用拳頭說話，打斷了其中一位原來是美國大使館中間人的鼻子。美國人提出了指控，但當地的政客卻順手就把案件壓了下去。[7]

兩年後，亞里尼死了，在一次與性交易中的法國對手的暴力決鬥中被殺。他的葬禮就像是國王葬禮一樣隆重。靈車由八匹披著羽毛的高頭駿馬拉著，後面跟著四輛馬車的鮮花和花圈。一百多輛馬車和數千人的隊伍（有人說這個數字多達一萬）與棺材一起行進。送葬者中有高級別的政治人物、獨立戰爭的英雄、醫生和律師、裝卸工人、木匠、音樂家、女演員，還有在聖伊西德羅賣春的鶯鶯燕燕。葬禮花圈上的絲帶上寫著其中一些人的名字。他主持的地方黨委贈送的花圈上寫著「致以我們永懷於心的主席，聖伊西德羅的保守黨委員會」。[8]

對亞里尼的英雄式追悼激怒了美國的觀察人士們——不是那些經常去附近逛妓院的美國人，而是那些身在更遠方的觀察人士。奧克拉荷馬州的一家報紙認亞里尼的隆重葬禮是古巴人傲慢和忘恩負義的表現：

美國人為了讓古巴擺脫束縛而拋灑鮮血。古巴人從來沒有因為得到了這個國家的幫助，擺脫了暴君的統治而表現出真誠的感激……作為對美國人的侮辱，古巴人在幾天前在古巴白奴販子、惡名昭彰的領頭人阿爾貝托・亞里尼的葬禮上表現出了巨大的同情和尊重。這個惡棍是古巴人的偶像，是哈瓦那反美主義的主要表現者，因為他曾襲擊在（一九〇八年）……襲擊了美國公使館（代辦）。古巴報紙卻稱讚亞里尼是一位傑出的愛國者。[9]

在參加亞里尼葬禮的人中，很可能包括了多明戈・門德斯・卡波特，他是亞里尼所代表的保守黨的主席，也是活潑的小女孩芮內的父親。

芮內並不屬於亞里尼的聖伊西德羅，而是屬於嶄新鋪設路面的電車線的另一端：韋達多。這個地區毗鄰大海，離一五五五年著名的法國海盜雅克・狄・索爾斯（Jacques de Sores）入侵哈瓦那的地方不遠，在殖民時期的大部分時間裡，該地區一直被封鎖起來，無法開發——因此被稱為 vedado，也就是「禁地」的意思。雖然一些建築在十九世紀末開始在這裡出現，但這個地方是在獨立之後才開始真正起飛的，當時有錢人開始在這裡建造豪宅，厭倦了哈瓦那老城的過度擁擠。很快，這裡就成了舊自由軍的知名富豪軍官、新共和國有抱負的年輕政治家以及哈瓦那的美國居民的家。

與老哈瓦那狹窄的街道和緊靠著人行道的建築不同，韋達多是現代化的。它的布局是有序而理性，街道被組織成一個簡單的網格。與海岸平行的是奇數街道；與這些街道垂直並從濱海道上坡的是有字母的街道，後面是偶數的街道。樹木和附近的豪宅一樣莊嚴，長出的樹枝向下延伸，在地面上扎根。年輕的杜爾塞・瑪麗亞・羅納茲（Dulce María Loynaz）和芮內一樣，都是未來的古巴作家，她也是獨立戰爭時期一位將軍的女兒，她描述了她位於十九街和E街的新房子是多麼的怡人又美麗，它的周圍是「一個枝繁葉茂的花園，到處是海棠、茉莉、罕見的丁香紫的大花、金銀花、藍色、白色和紅色的藤蔓，以及結實的樹木。」這裡甚至還有白孔雀，杜爾塞・瑪麗亞・羅納茲寫道。

芮內則回憶了城市裡的那些夜空中的蝙蝠和貓頭鷹。對她而言，她所成長在的這座花園城市是令人驚嘆的。有一天她醒來時，發現她所在的街區裡出現一座帳篷搭起來的城市，人們稱之為吉普賽城。他們開起了商店，裡面有各種新奇活動。男人在裡面給馬穿鞋；女人算命；還有一隻熊在跳舞。幾天後，他們離開了，去了別的地方開店，但她從來不知道在哪裡。[10]

當芮內接受了韋達多的好奇和無限可能性時，她也注意到了其他的一些事——平凡的、有時令人不安的事，成年人往往會用這個詞來解釋——政治。她注意到，西班牙人在這裡佔上風。他們擁有大多數的零售商店（有一些例外，包括中國店主和非洲裔古巴婦女的裁縫店）。她還注意到，許多警察也是西班牙人。對於一個年輕女孩來說，這是一個敏銳的觀察——是由她所不知道的數據可以證實的。在一九〇二年至一九一六年間，有四十多萬西班牙移民來到古巴。在最近的戰爭中被打敗的西班牙，成為其剛剛失去的領土的主要移民來源。西班牙移民成為幾乎所有正在擴張的經濟部門的勞動力。西班牙礦工佔該島礦工的百分之九十；他們取代非洲裔古巴人成為家中的僕人；他們擁有哈瓦那大約一半的雪茄廠。在少數案例中，有二十個西班牙人甚至加入新的共和政府，他們的人數超過人數只有九個的非洲裔古巴人。因此，在獨立後的古巴，西班牙人的突出地位對年輕的芮內來說並不奇怪。但她的父親，一位富有的保守派政治家，可能不會與她討論這些問題。[11]

如果社會習俗允許工人與雇主的小女兒進行政治對話，那麼她家裡的一個男人肯定會提出這個問題。這個人就是埃瓦里斯托·埃斯特諾茲（Evaristo Estenoz），他是一位建築大師，在一九〇四至〇五年設計並監督了芮內的父母和他們隔壁鄰居的房子的建造。在芮內的記憶中，埃斯特諾茲是一個優雅的人，有一雙綠色的眼睛和一頭卷髮。他總是穿著白色的衣服，戴著一頂巴拿馬帽。他用左手上長長的小指甲敲打雪茄尾部的菸灰。她形容他是一個「mulatto」（黑白混血兒），因為他的父親是白人，母親是黑人。[12]在美國，「一滴血規則」（one-drop rule）會使他被歸類為黑人。但古巴沒有這樣的規則。

埃斯特諾茲是古巴自由軍的一名老兵。他來自古巴東部，在戰爭結束後搬到哈瓦那。在一八九九年，作為砌磚工人工會（bricklayers' union）的負責人，他領導了西班牙統治後的第一次大規模工人罷工，並為罷工者贏得八小時工作制的權利。在埃斯特諾茲為工人的權利進行宣傳的同時，他也為非洲裔古巴人的權利做了同樣的努力。在美國佔領期間，許多古巴白人領導人敦促他們的黑人同胞不要提出要求，因為他們擔心這樣做會延長美國的存在。隨著美國不再直接統治古巴，埃斯特諾茲和其他黑人退伍老兵希望享受他們認為已充分贏得的公民權——畢竟非洲裔古巴人構成獨立戰士中的大多數。在一九〇二年五月二十五日，在美國佔領結束的僅僅五天後，他們成立了一個黑人退伍軍人組織。在六月，該組織的代表團兩次與古巴總統埃斯特拉達·帕爾馬見面，爭取他們更大的代表權和法律面前擁有平等的保障。埃斯特諾茲也在代表團中，他們抱怨無論是聯邦政府還是市政警察部隊，黑人老兵經常被排除在國家工作之外，這些工作基本上都被白人佔據了。黑人退伍軍人向總統解釋，為了創建他們共同為之奮鬥的共和國，就必須保證有色人種的權利，並且對於種族歧視予以打擊。埃斯特拉達·帕爾馬以不方便為由拒絕了他們的懇求。當這些人堅持時，他告訴他們，要求黑人權利，就是在搞種族主義。[13]

埃斯特諾茲沒有被嚇倒。他繼續倡導非洲裔古巴人的權利——他們在報紙上撰文，參加與其他黑人老兵和活動人士的會議。他把他的活動與謀生的要求結合起來。他與妻子在哈瓦那老城合住，離惡名昭彰的阿爾貝托・亞里尼被殺的地方只有步行不到十分鐘的距離。就在那裡，他的妻子胡安娜（Juana）經營著一家高級法國服裝和帽子精品店。在這期間，他的工作是建築師，為韋達多地位顯赫的白人老兵們建造房屋，例如芮內・門德斯・卡波特家的房子就是埃斯特諾茲在一九〇五年春天完成的。[14]

也許正是靠著這份工作的收入，埃斯特諾茲在那個夏天訂好了前往紐約的機票。他與馬蒂的老合夥人，黑人政治家、教育家、作家拉斐爾・塞拉一起踏上了旅程。根據美國黑人媒體的報導，埃斯特諾茲此行是為了觀察美國黑人的狀況。他會見了著名的黑人商人和知識份子，包括出生在波多黎各的阿圖羅・朔姆堡（Arturo Schomburg），他是黑人歷史研究協會（Negro Society for Historical Research）的創始人，埃斯特諾茲後來成為這個協會的通訊會員，該協會後來發展成了今天紐約公共圖書館位於哈林區的朔姆堡黑人文化研究中心（Schomburg Center for Research in Black Culture）。[15]

除此之外，我們對埃斯特諾茲一九〇五年的紐約之行知之甚少。但就在他回到古巴的幾個月後，埃斯特諾茲成為推翻湯瑪斯・埃斯特拉達・帕爾馬的陰謀的領導者之一，後者當時正在競選第二個任期。這是自美國佔領結束以來的第一次總統大選，因此也是古巴共和國歷史上的首次總統大選。雖然埃斯特拉達・帕爾馬第一次當選總統時沒有黨派身分，但現在他以溫和黨（以前稱為保守黨）的名義競選。他的副總統是芮內的父親多明戈・門德斯・卡波特。與他競爭的是荷西・米格爾・戈麥斯（José Miguel Gómez），他是獨立戰爭的老兵，代表正在積極成功地爭取黑人選票的自由黨（Liberal Party）。

只要是在競選期間，幾乎從來都不會缺少每天爆出的欺詐、腐敗和虐待的指控。溫和黨（Moderate Party）的領導人解僱了不與他們政黨結盟的公務員，甚至學校教師。在選舉前兩個月，選舉名單上出現十五萬個虛構出來的名字。作為反對派的自由黨的一位領導人在西恩富戈斯遭到暗殺。在這種情況下，在許多人認為將會是一場欺詐的選舉前夕，埃斯特諾茲參加了一場反對政府的叛亂。叛亂份子積聚了武器，用來在哈瓦那附近的農村與農村警衛隊交戰；警察聲稱，城市裡的另一伙人要刺殺總統本人。他們很快遭到了逮捕，選舉如期進行。湯瑪斯·埃斯特拉達·帕爾馬獲勝，但這場勝利意義不大。自由黨廣泛抵制了選舉，該黨的總統候選人擔心自己的生命安全，在幾個星期前就逃到了紐約。在那裡，他呼籲美國根據《普拉特修正案》的條款進行干預。[16]

這就是美國人即將了解到的《普拉特修正案》的條款內容：由於美國在法律上有義務為了保護生命和財產而進行干預，反對者和有志於掌權的人不一定非要打敗現任政府。如果他們構成了足夠可信的麻煩威脅，可能進行干預的謠言就會爆發出來。一位美國參議員早些時候就預言了這種危險。「假設他們舉行了一次選舉。一個政黨或另一個政黨將被擊敗。輸掉的一方很可能會抱怨，而在我看來，有了這樣的規定……透過製造麻煩和困難，輸的一方就會創造條件來導致美國干預，將獲勝的一方排擠掉。」[17]

然而，一九〇五年的騷動遠不止於此。曾經反對西班牙統治並參加了獨立運動的古巴人對這樣的結果感到失望。美國人的佔領是這種失望情緒的一部分。但是有許多人抱著這樣的希望，認為隨著一九〇二年美國軍事統治的結束，政府將履行共和國的承諾。可是這件事並沒有發生。恰恰相反的，古巴人的財產被美國買家拿走了，工作被西班牙移民拿走了。非洲裔古巴人是古巴自由軍的主體，他們比大多數人更能深刻地感受到這種刺痛。在他們周圍，他們遇到的是對他們的發展前途緊緊關上的大門。

知名建築師埃瓦里斯托·埃斯特諾茲是古巴自由軍老兵，也是有色人種退伍軍人協會的成員，他是那些願意呼籲政府承擔責任的人之一。雖然他因參與選舉前夕的叛亂而遭到了監禁，但他和他的同伴們在一九〇六年五月十九日得到了埃斯特拉達·帕爾馬的赦免，這天是後者身為古巴第二任總統就職的前一天，也是荷西·馬蒂去世十一週年紀念日。但埃斯特諾茲和其他黑人老兵的抗爭仍未完成。在他們被赦免後不久，他們加入了一個新的反對總統的自由黨叛亂。叛軍建立了他們所謂的憲法軍隊。據一些人估計，這支軍隊由舊的自由軍老兵組成，黑人比例高達百分之八十。其主要領導人之一便是昆丁・班德拉，他是黑人將軍和三次獨立戰爭的老兵，在一八九五年曾與安東尼奧・馬西奧和馬西莫・戈麥斯一起在西古巴入侵期間領導古巴軍隊，人們傳言他所領導的部隊是戴鼻環的部隊。[18]

昆丁・班德拉是許多曾經的革命者在獨立後感到失望情緒的典型人物。在戰爭和美國佔領發生之後，他無法找到合適的工作。他向政府遊說，希望得到一個職位，但從來沒有如願。他的生活是如此沒有保障，以至於他發出了尋求援助的表格；他的朋友和同事在哈瓦那的帕雷劇院（Teatro Payret）為他組織了一次籌款活動。他曾經在參議院開會時衝進參議院，譴責針對他這個戰爭英雄的待遇。當他要求擔任哈瓦那警察局長時，政府給了他一個參議院大樓門衛的職位。他曾經做過洗衣女工肥皂樣品的分發員。著名的古巴坎達多肥皂公司將他的照片印在廣告上，並在照片下寫道：「我是人民的兒子」。為了生計，他曾一度被迫當起了收垃圾的人。為了表明自己的態度，並以自己的屈辱來抗議那些欺壓他的人，他會穿著將軍制服收集垃圾。[19]

因此，當新的自由黨起義在一九〇六年八月爆發時，昆丁・班德拉指揮了其中一支起義部隊，建築師埃瓦里斯托・埃斯特諾茲很快也加入他的行列。儘管在哈瓦那以東的農村獲得一些成功，但在起義開始的一週內，班德拉就知道這個志業已注定失敗。他提出投降的條件，來換取一條離開古巴的安全通道。他在城外一個農場裡等待著政府的回應。當軍隊在半夜出現時，他以為自己的要求得到了滿足，便站起來迎接那些士兵。然而，他們臉上的表情向他透露出他們的目的並非如此。七十三歲的昆丁・班德拉向這些來勢洶洶的年輕士兵提醒他為古巴奮鬥了幾十年。但這句話並未讓他們退卻。在政府的命令下，他們對班德拉開槍，然後以大刀向他身上砍去，又向他開了幾槍。他的屍體被毫不客氣地扔進一輛馬車，送到首都。在位於奈普圖諾公園（Neptuno Park）的停屍地點外，聚集了一大群人，他們大部分是黑人，人們站在一起，在壓抑的沉默中靜靜地看著眼前的場景。昆丁・班德拉少

昆丁・班德拉將軍。（圖片出處：Courtesy of the Cuban Heritage Collection, University of Miami）

了一隻左耳，殘缺不全的身體被展示在大眾面前。當他的遺孀呼籲索回他的遺體以便適當地將他埋葬時，埃斯特拉達・帕爾馬總統回絕了她的要求。班德拉的簡陋棺材被放在一輛用來運煤的車上，沒有旗幟，也沒有他的軍銜應有的榮譽。隨後，棺材被送到了科隆公墓（Colón Cemetery），埋在一個簡陋的墳墓裡。在一九四〇年代時，人們在哈瓦那市中心的一個小公園裡為他建造了一座紀念碑。直到今天，昆丁・班德拉的後人仍然譴責他在生前、死後和國家記憶中的待遇。他在哈瓦那的房子如今幾乎成了一片廢墟，儘管他的家人和黑人活動家都懇求政府為此做些事，以保護他的房子和對他的記憶。[20]

在班德拉被暗殺時，自由黨對政府的叛亂已蔓延到每個省份。大多數參加過獨立戰爭的老兵都被席捲到這一邊。查帕拉糖業公司的總經理、主要退伍軍人協會的領導人瑪利歐・梅諾考嚐試介入叛亂，在總統和叛軍之間進行調停，但他的努力也無濟於事。到處都有人要求美國根據《普拉特修正案》第三條進行干預的呼聲，來自土地和企業主的呼籲尤其有力。

在美國華盛頓，昔日的莽騎兵、今日的總統西奧多・羅斯福正在大發雷霆。「我對那個該死的小古巴共和國非常生氣，我想把它的人民從地球上抹去。」羅斯福派美國戰爭部長和助理國務卿前往哈瓦那，在雙方之間進行調停，但沒有取得任何進展。三天後，美國海軍部隊在聖地牙哥登陸了。一週後，古巴總統和整個行政團隊提出了總辭，並將國庫交給了這兩個美國人。美國戰爭部長威廉・霍華德・塔夫脫（William H. Taft，他將成為美國的下一任總統）成為臨時總督。十天後，他任命了自己的繼任者查爾斯・馬貢（Charles Magoon），他曾是美國巴拿馬運河區的總督，現在他成為古巴共和國的新總督。[21]

一九〇六年的佔領解決了古巴兩個政黨之間的直接衝突、有爭議的選舉帶來的動盪以及對非法勝利者的叛亂。但它沒有解決其他更實質性的問題。首先是《普拉特修正案》裡的明顯矛盾。美國有義務對古巴進行干預以維護秩序和財產，這使得這兩國都會受到對方的擺布。古巴人必須始終考慮美國對任何特定政策的立場；與此同時，美國政府擔心古巴人可以操縱他們祭出干預行動以擊敗國內的反對者。第二，導致第二次干預的衝突根源是來自真正實現古巴獨立的人們心中的強烈不滿。他們為自己在對西班牙的戰爭中的表現感到自豪，但他們發現自己在獨立後的古巴缺乏機會。這種不滿的感覺在非洲裔古巴老兵中特別強烈，他們正是像昆丁·班德拉和埃瓦里斯托·埃斯特諾茲這樣的人。美國的干預永遠不會成為解決此一特殊問題的辦法。

美國新一次的佔領持續了三年。哈瓦那繼續繁榮；芮內·門德斯·卡波特在韋達多的社會地位和優雅程度不斷提高。在農村，美國人——無論是以個人身分還是以公司負責人的身分，仍在不斷地收購土地。在一九〇八年，在佔領結束之前，古巴舉行了新的選舉。自由黨以壓倒性優勢獲勝，獨立戰爭老兵荷西·米格爾·戈麥斯成為古巴總統。然後，美國人離開了；大多數人都希望這是好的。但《普拉特修正案》仍然存在，這意味著沒有人可以確定。考驗很快就會到來。

第十七章　自相殘殺

一九一〇年五月十八日，哈瓦那的人們注視著海灣對面的莫羅燈塔，認為世界末日到來了。在那裡，哈雷彗星「甩著尾巴出現在人們眼前。」這顆著名的彗星大約每隔七十五年就會在地球附近出現一次。但在一九一〇年，它距離地球特別近；事實上，這次地球將直接穿過哈雷的尾巴。災難性的預言比比皆是。一些人認為，尾巴中的氣體將滲透到地球的大氣層中，並摧毀地球上的所有生命。而它就在那裡，幾乎要碰到人們心愛的燈塔的頂端了，所有敢抬頭向上看的哈瓦那人都能看到。「人們被嚇得眼淚直流」，一位著名的哈瓦那女演員後來回憶說。藥局裡的鎮靜劑和嗅鹽用完了；一些人死於心臟病。在古巴西部的比那爾德里奧（Pinar del Río），一場事故引爆了軍械庫中的一箱炸藥，造成約五十人死亡，一百五十多人受傷。人們相信這次爆炸是由彗星的氣體引起的，因此紛紛擠上街頭大聲尖叫。[1]

在古巴東部，關於哈雷彗星的預言與另一種更熟悉的恐懼融合在一起，造成了更具破壞性的恐慌。這個故事的中心是著名建築師埃瓦里斯托．埃斯特諾茲，這個戴著白色巴拿馬帽的優雅男人在韋達多建造了豪華的房子。作為獨立戰爭、勞工罷工和一九〇六年自由黨起義的老兵，埃斯特諾茲在一九〇八年成立了PIC（Partido Independiente de Color），也就是「有色人種獨立黨」。這個新的政黨在選舉中推出了自己的候選人（沒有取得很大成功），並在埃斯特諾茲位於哈瓦那老城的家中出版了一份週報，後來又出版了日報。它的第一份原則聲明解釋了該黨的目標：「一個和諧的國族，正如荷西．馬蒂所設想的那樣，就像是馬西奧……和所有傑出的古巴黑人們所為之流血奮鬥的那樣。」該黨的綱領要求進行專門為種族正義服務的改革，包括結束歧視和平等獲得公共工作。它還呼籲擴大免費的義務教育，廢除死刑，並將土地分配給古巴人。「古巴人的古巴」，該報紙的第一期就這樣宣誓。[2]

一九一〇年，根據有色人種獨立黨自己的統計（也許有所誇大），它在全島擁有一百五十個分支機構和大約六萬名成員，其中包括一萬五千名獨立戰爭的老兵，包括十二名將軍和三十名上校。該組織日益壯大的實力讓自由黨感到擔憂，因為在此之前，自由黨一直是島上大量黑人選票的主要受益者。在自由黨內外，其他人擔心PIC明確的種族訴求會破壞國民團結。出於這兩方面的考慮，在一九一〇年，古巴立法機構禁止了成立以種族為成員資格標準的政黨。撰寫該法律的參議員本身就是一個有色人種：馬丁·莫魯阿·德爾加多（Martín Morúa Delgado）。其他非洲裔古巴立法者——他們在參議院和眾議院的人數約佔百分之十五，同樣拒絕了黑人政黨的想法。他們認為這將會遭到許多古巴人的強烈反對，他們認為在既定的機構內工作更有利於爭取平權抗爭。他們幾乎一致支持將基於種族的政黨定為非法的法律提案。[3]

為了在該法案獲得通過之前將其阻擋下來，PIC在古巴全島進行動員。埃斯特諾茲發起一次雄心勃勃的巡迴演講；有數百人去聆聽了他的演講。他告訴聽眾，他正在繼續安東尼奧·馬西奧的抗爭。幾乎只要有機會，埃斯特諾茲和其他領導人就都會爭辯說，他們只想要平等和正義，而不是像反對者所說的那樣，想要對白人擁有優勢。他說：「和平是我們的陣地，而投票則是我們的（武器）。」[4]

儘管有他的解釋，一九一〇年五月四日，當哈雷彗星接近古巴的天空時，埃斯特諾茲的有色人種獨立黨成為非法政黨。領導人在全島組織了和平抗議活動。但所有這些似乎都遭到了人們的置若罔聞。政府逮捕了包括埃斯特諾茲在內的黨內活動家，並向那些看起來特別脆弱的地區派遣了軍隊。在一些地區，士兵的存在加劇了恐慌；在另一些地區，士兵的缺席也加劇了恐慌。古巴東部的一些白人官員預言，PIC的活動份子將利用哈雷彗星的到來「殺死所有的白人。」他們說一位黑人領袖甚至開始自稱「哈雷」了。在聖地牙哥，執政長官向哈瓦那發出了瘋狂的信件，預測埃斯特諾茲和他的手下將「砍下幾個人頭」。在科夫雷，報紙聲稱黑人政黨的成員在聖母像面前發誓要消滅白人。在關塔那摩，據說白人在彗星經過的當晚沒有睡覺，因為他們預估會在床上受到攻擊。而在關塔那摩海軍基地以北的漁村凱馬內拉（Caimanera），白人居民在恐懼中逃離，划著船逃到鄰近的小島上，冒著遭到當地得命的凱門短吻鱷（caiman alligator）攻擊的危險，露營過夜。[5] 當然，這些預防措施是完全沒有必要的。儘管近乎混亂，但彗星或種族戰爭造成的雙重破壞從未發生。

不過，我們可以說，接近種族戰爭的事確實發生了——只不過是晚了兩年，而且不是以大多數預言家所想像的方式發生。儘管有色人種獨立黨在一九一〇年就被取締了，但它仍在繼續動員和遊說，要求推翻該法律，以便它能在選舉中派出候選人。由於這些努力沒有什麼結果，該黨決定組織一次全國性的武裝抗議，來反對莫魯阿法（Morúa Law）。時間定在一九一二年五月二十日，這天正好是古巴共和國成立十週年紀念的日子。埃斯特諾茲和獨立戰爭的老兵、該黨領導人佩德羅·伊沃內（Pedro Ivonet）一起，選擇了東部的東方省作為抗議的主要地點，這裡是古巴獨立抗爭的發源地，也是非洲裔古巴人佔選民人數高達百分之四十四的省份，是全古巴比例最高的地方。抗議的目的不是叛亂，而是在選舉年有紀律地展示黑人的力量。埃斯特諾茲堅持認為，他所承諾的目標是建立一個以種族博愛為基礎的古巴。但共和國最近的歷史使他相信，為了使這個承諾有效實現，黑人活動家必須面對古巴非常真實有效的種族歧視。最終，有色人種獨立黨領導人的希望是，在獨立日的重大武力展示可能會促使總統荷西·米格爾·戈麥斯——一個過去曾與黑人官員和選民結成聯盟的自由黨人，在一九一二年的選舉前廢除莫魯阿法，使ＰＩＣ合法化。這種武力展示是標準的政治手段，但有時——就像一九〇六年發生的那樣，它們可能導致武裝衝突和美國人的干預。而這次將會發生的事幾乎震驚了所有人。[6]

抗議活動一經宣布，反對者就給它貼上了熟悉的老標籤。一個標題寫道：「種族革命」，另一篇文章則宣稱「這是一場種族主義的起義，是黑人的起義」。報紙把它說得好像整個東方省都著火了，島上的其他地方也很快就會燃燒起來。他們聲稱領導人不僅是黑人，而且是海地人。他們報導了關於黑人叛亂份子強暴白人女性的可怕謠言。埃斯特諾茲試圖反駁這些描述，他接受媒體採訪時明確表示：「我們不搶劫或滋擾女性，更不會刺殺白人……認為這是一場種族戰爭的想法是錯誤的。」[7]但是事態發展已成定局。新聞報導推波助瀾地創造出一個反黑人浪潮的勢頭，這將粉碎兄弟般的共和國的概念。

不管新聞媒體所扮演的作用如何，策劃一九一二年的暴力和無情鎮壓的是古巴政府。在五月二十一日，戈麥斯總統開始派遣軍隊並向古巴東部輸送武器。兩天後，政府要求平民志願者加入軍事行動。歷史學家艾琳．赫爾格（Aline Helg）寫道，在整個古巴島上，「數以千計的白人組織了當地的『自衛』民兵，並自願前往東方省作戰。」在這些志願者中，有許多是自由軍的老兵。安東尼奧．馬西奧的一名前白人副官組織了一支五百人的志願民兵，乘坐一艘名為愛國號（Patria）的船離開哈瓦那前往東方省。獨立戰爭老兵瑪利歐．加西亞．梅諾考——美國人擁有的查帕拉糖廠的總經理，也是保守黨在一九一二年的總統候選人——表示願意帶領三千名志願者去鎮壓黑人運動。在鎮壓中發揮最大作用的將軍荷西．狄．赫蘇斯．蒙特古多（José de Jesús Monteagudo）也是一名獨立派老兵。在五月二十七日，他帶著一千兩百人駛向東方省，指揮打擊ＰＩＣ抗議活動的行動。四千多名普通士兵、農村衛隊和志願者已在那裡，準備在他到達時加入行動。[8]

在美國華盛頓，塔夫脫總統正在觀察並思考是否要根據《普拉特修正案》而再次出手干預。[9]古巴東部是美國近來在古巴的大部分投資的所在地——那裡不僅有大規模的糖廠，還有鐵路和礦山。該地區還有幾十個美國「殖民地」，有數百名美國公民居住在那裡。因此，當五月二十四日塔夫脫政府宣布將向關塔那摩派遣軍艦和七百五十名海軍陸戰隊員以保護古巴東部的美國財產和美國公民時，沒有人感到完全驚訝。六月五日，美國派出了四艘軍艦和四百五十名海軍陸戰隊員。美國當局聲稱這次的派遣部署只是「預防性質」的行動——不是祭出干預的前兆，而是為了提供保護，以避免干預成為必要。[10]

戈麥斯總統十分惱怒。他向華盛頓方面抱怨說，干預是沒有必要的：因為他已掌控一切。他必須要向美國人證明所謂的「黑人叛亂」已受到控制，這個事實讓戈麥斯更有理由升級對抗議者的鎮壓強度。為了保護美國人財產，美國軍隊駐紮在古巴，他們的存在也使得古巴軍隊更能放手打擊人數少，而且大多沒有武裝的叛亂者。[11]鎮壓黑人獨立份子的軍事行動進行得果斷而堅決。關於大規模濫殺行為的消息流傳了出來。關塔那摩市市長是一名獨立戰爭的老兵，他親手殺死了五十名他所判定的叛亂者。在五月三十一日，卡洛斯．門迭塔（Carlos Mendieta）將軍——另一位古巴自由軍的老兵，也是古巴未來的（臨時）總統，他邀請了記者們來到演習場上，親眼觀看新式機槍在模擬攻擊叛軍營地的行動中的效率。實際上，所謂的叛軍營地根本就不是一個軍事駐點，而是一個小村莊，換句話說，那裡的人是非戰鬥人員。在那天，古巴軍隊在村子裡槍殺了大約一百五十人。在整個地區，軍隊單位和志願民兵幾乎把所有的有色人種都視為嫌疑犯。在廣泛的報導中，當士兵在農村遇到一個黑人農民時，他們就會認定他們是叛軍，並立即將他們槍殺。目擊者說，農村很快就擺滿了黑人的屍體。受害者的死亡方式多種多樣，有的是在戰鬥中被掃射，有的是被定點射殺。有些人是被砍刀砍死的。有一次，白人志願兵帶了所謂黑人叛亂者的耳朵進入了一個城鎮。其他時候，黑人男子被吊死在樹上。一份報紙的標題問道：「林奇先生來了嗎？」這句雙關語指的是美國盛行的私刑。[12]（譯者註：英文單字「lynch」有私刑之意。）

有人把古巴政府應對ＰＩＣ運動的反應描述為威脅與回應的失衡，這實在是一種嚴重的輕描淡寫。事實上，ＰＩＣ的抗議活動規模相對較小，對財產或人員的威脅也不大。據保守估計，有三百名抗議者參加了五月二十日在古巴東部的示威。他們中的大多數人都沒有武器；許多人剛剛結束季節性的收糖工作，「只帶著工作用的砍刀和吊床」參加了抗議活動。面對暴力和成功機會的渺茫，他們大多數人都試圖撤退到山區。據報導，他們在那裡偷了一些馬匹和農村商店的商品。在五月三十一日這天，他們進行一些破壞性活動。在六月一日，一些人打敗一小群農村衛隊並控制拉瑪雅鎮（La Maya），那裡的居民大多數是非洲裔古巴人。但在這個時間點上，抗議者們是在反對政府的焦土政策。政府的鎮壓是在實際叛亂之前展開的。[13]

當然了，將這場衝突描述為黑人和白人之間的衝突並不總是正確的。無論是出於意識形態的原因，還是出於他們目睹的那種鎮壓的恐懼，許多古巴黑人並沒有加入或支持抗議活動。然而，人們很難避免得出這樣的結論：在開始不到兩個星期的時間裡，政府在東方省的軍事行動演變成接近種族戰爭的狀態。幾乎所有用於該運動的政府部隊都是白人。同樣的，受害者也幾乎都是黑人。因此，鎮壓實際上是大部分武裝起來的白人男子針對大部分手無寸鐵的黑人男子。[14]

在六月五日這天，政府暫停了古巴東部的憲法保障。一位觀察人士說，現在軍隊可以「殺死黑人，而不需要法院的介入。」鎮壓的暴力和殘暴程度進一步升級了。甚至連政府行動的指揮官蒙塔古多將軍（General Monteagudo）也承認，這場運動已成為單純的屠殺。[15]在中止憲法保障的一天之後，戈麥斯總統向古巴人民發布了一項公告。人們可能會認為這是在試圖恢復平靜，呼籲結束暴力，然而這其實是呼籲民眾拿起武器。他再次將ＰＩＣ運動稱為種族戰爭，並且將古巴政府打壓ＰＩＣ運動視為一種文明衝突。他呼籲更多志願兵的幫助，以對抗「凶殘的野蠻行為……它們超越了人類文明的界限。」這裡的言外之意是，敵人甚至不是人了。[16]

埃瓦里斯托．埃斯特諾茲透過向古巴人民撰寫自己的宣言作出回應。這也是一個呼籲，反對政府對他們的殘暴行動。埃斯特諾茲強調，抗議者並不想戰鬥。他們現在這樣做，埃斯特諾茲說，是「帶著遺憾和悲傷」來打敗「不公正和壓迫……在這片同樣屬於我們的土地上，因為我們在這裡出生，這裡是我們用我們的汗水澆灌了四個世紀的土地，我們用自己的鮮血為自由進行了大量的抗爭。」奴隸制下的黑人和作為獨立戰士的黑人們創造了古巴。現在，他們要求在古巴共和國中擁有自己的地位。在整個宣言中，埃斯特諾茲沒有把自己和運動說成是對文明的威脅，而是說成是文明的化身。他們的敵人才是以「野蠻的自私」行事的人。這份文件不僅是對他的行為和他的種族的辯護，而且是對他曾經認為可能的古巴的呼籲。他最後直接反駁了總統的宣言：「我們想讓大家知道，這不是一場種族戰爭。」[17]

埃斯特諾茲從來沒有機會分發或出版這份宣言。在六月十三日，他在逃離追捕者時，把宣言留在身後。一位陸軍上尉發現宣言後，並把它送給了他的上級。然後，它被刊登在幾家古巴報紙上。在六月二十七日這天，也就是發表宣言幾天之後，埃瓦里斯托・埃斯特諾茲犧牲了——他曾經是優雅的韋達多的建築大師，但現在他在五十名追隨者的注視下被近距離射殺。古巴士兵將埃斯特諾茲的屍體運到聖地牙哥市。屍檢後不久，兩名醫生和一群白人軍官站在桌子上的埃斯特諾茲的裸體後面拍照。他的軀幹似乎被肢解了，他的肉被重新縫在一起。鏡頭裡看不到他的臉，因為他的頭被放在另一個方向。一名醫生用手托著埃斯特諾茲的頭，示意背部的大彈孔。這張照片被刊登在全國各地的報紙上；甚至有人把這張令人毛骨悚然的照片做成了紀念明信片。埃斯特諾茲的屍體被運到聖地牙哥，在三次反西班牙獨立戰爭的黑人英雄吉列爾莫・蒙卡達的名字命名的軍營前公開展示。觀察家們注意到，該市的非洲裔古巴人的情緒很低落。然後，埃斯特諾茲被埋在一個沒有墓碑的普通墳墓裡，以防止該地成為朝聖地。[18]

埃斯特諾茲只是一九一二年眾多傷亡人員中的一個。古巴官方消息稱，叛軍的死亡人數為兩千人。居住在該地區的美國公民以及一些倖存的ＰＩＣ成員估計，死亡人數在五千到六千之間。最近一位古巴學者認為死亡人數為三千人。儘管死了這麼多人，政府只是沒收了不到一百把左輪手槍和幾十把獵槍、步槍和砍刀。畢竟，大多數被政府殺害的人都是沒有武器的人。同時，根據官方統計，政府方面被殺的人只有十六人。其中有八名非洲裔古巴士兵是被他們的同伴殺死的。[19]

一九一二年的故事是一個如此醜陋的故事，種族暴力的故事總是如此。事實上，這可能是古巴共和國歷史上最醜陋的一個篇章了。數千名古巴公民——大多數是黑人，手無寸鐵，他們被他們的白人同胞殺害。「種族戰爭」的指控在古巴是很常見的。從歷史上看，這個詞是為了喚起白人心中的恐怖陰影，指的是黑人對白人施展暴力；正如對種族戰爭的恐懼往往意味著白人對這種暴力的恐懼一樣。然而，在古巴的例子中，也許可以是在大多數的案例中，暴力行為是國家和它所授權的白人平民所為的。無論白人公民在種族戰爭的謠言中感到怎樣的恐懼，與黑人對白人暴力的恐懼相比，其強度都是微不足道的，黑人所感受到的巨大恐懼也是其來有自的。

無論對這個故事的複述有多麼的令人不舒服，當我們把這件事放在之前發生的獨立運動的背景下來思考，它就更加令人不舒服了。先前的獨立運動頌揚了種族平等的原則。其勝利的工具是一支完全由多個種族組成的古巴自由軍，在這支自由軍中，黑人男子可以透過軍銜晉升，爬升到擁有權力的職位上。在荷西．馬蒂的設想中，這個奮鬥是一場愛的革命，在這場革命中，白人不僅與黑人並肩作戰，有時還心甘情願、恭恭敬敬地跟在黑人的身後。從表面上看，一九一二年的暴力是對這些原則的否定。

然而，使一九一二年的暴力事件變得最醜陋的事在於，敵對雙方的參與者往往正是在那場爭取一個包容的共和國的抗爭中一起並肩戰鬥過的人。他們曾經是同袍戰友，是一支自豪地宣揚反種族主義原則的多種族軍隊的成員，如今，他們卻在戰場上針鋒相對，而這場戰鬥恰恰是出於他們對這個願景的意義和限度在哪裡的分歧。當黑人退伍軍人作為古巴黑人動員起來，要求權利，譴責歧視，揭露政府未能實現曾經共享的反種族主義共和國的理想時，白人退伍軍人指責他們是在從事危險的分裂行為，是對共和國建立原則的否定。在這一刻，這個角度的解釋使白人出手鎮壓在政治上成了可行的做法。然而，正是一九一二年事件的赤裸裸的殘酷性，使人們對古巴獨立所依據的基礎產生了懷疑。它使古巴在某種程度上超越種族主義的願景成為謊言。正是由於這個原因，如何看待一九一二年的歷史至今仍是古巴歷史對話中最具挑戰性和爭議性的話題之一。

在事件發生後的第一時間，人們的確談論了這個議題。由於暴力是自由黨發起的，因此自由黨的反對者們便利用這個可怕的事件來反對現任統治當局。事實上，這件事正是荷西·米格爾·戈麥斯總統（他將永遠受到一九一二年的政治困擾）在當年的選舉中敗給了瑪利歐·加西亞·梅諾考的原因之一，獨立派老將梅諾考曾是巨大的美資產業查帕拉糖廠的總經理。在古巴人在投票中擊敗了一九一二年大屠殺的設計師的二十多年後，政府在哈瓦那為梅諾考建立了一個巨大而豪華的紀念碑。它今天坐落在韋達多的兩條主要街道——第二十三街和總統大道的交叉口。沒有人為埃斯特諾茲建造紀念碑。

在一九一二年後，黑人政治家、活動家和知識份子都不得不特別小心。這一年的事件使人們難以對種族歧視提出具體的指控，也幾乎不可能按照種族路線進行新的動員。在獨立十年後，曾頌揚人人享有共和國理想的多種族運動已嚴重破裂了——這並不是戰爭造成的後果，而是在美國影響力陰影下所形成的有缺陷的和平的後果。也許正是對這個現實的深刻失望，在一九一五年九月二十四日，兩位年邁的黑人將軍成為一支由兩千人組成隊伍的首領，這些人都是古巴自由軍的老兵。他們騎著馬走出聖地牙哥市，踏上了曾經經歷過一九一二年的殘酷恐怖的土地。但這些人並不都是黑人；他們屬於各個種族和各個政黨。這些人也不是去打仗的。正相反，他們的目的地是位於科夫雷山頂的慈善聖母的古老聖地。遊行隊伍的領導人帶著一份古巴退伍軍人寄給梵蒂岡的請願書副本。它要求梵蒂岡教廷承認他們心愛的聖女為古巴共和國的守護聖徒。[20] 她就是四百年前出現在兩個原住民和一個年輕的非洲男孩面前的那個棕色聖母。在後來的故事版本中，其中一個原住民變成了白人，如此一來，聖母出現在一個原住民、一個非洲黑人和一個西班牙白人面前，這樣的故事敘述正好展現了古巴民族的歷史根源。

這就是古巴人應該談論種族的方式——多種族的愛國隊伍，擁護著一個和諧古巴的多種族象徵。對遊行隊伍中的黑人成員來說，參加這個活動可能意味著什麼呢？許多人在三年前曾直接目睹了難以言表的種族暴力。至少，這種經歷會讓他們對於其遊行和請願所表現出的古巴原則有所懷疑。即使大多數人懷疑這樣的一個和諧古巴的真實存在，但同時也有許多人仍然相信這個原則。若是如此，讓棕色聖母成為所有古巴人的守護聖徒的努力，也許是對這個原則的祈禱，以某種方式讓此原則更加真實地存在。儘管一九一二年發生了難以言喻的恐怖事件，古巴的黑人繼續行動著，繼續尋求職位，出版報紙，組織罷工，成立組織，所有這些努力，都是為了實現他們對一個對所有人張開懷抱的古巴共和國的願景。

第十八章 轟隆隆，轟隆隆，醒了

在一九一七年四月七日，古巴總統瑪利歐・梅諾考宣布向德國宣戰。這天正是伍德羅・威爾遜（Woodrow Wilson）總統宣布美國加入第一次世界大戰的整整三年後。愛國號戰艦（Patria）——曾載著士兵和自願前往古巴東部鎮壓黑人政治抗議的戰艦，載著來自「古巴最好的家庭」的人們離開哈瓦那港。他們將前往加爾維斯敦（Galveston）和聖安東尼奥，接受戰爭飛行員和機械師培訓，然後以古巴護衛隊（escadrille cubaine）的身分前往法國前線。[1]當他們準備出發時，戰爭結束了。古巴加入第一次世界大戰，最終只是一個象徵性的姿態。

然而，第一次世界大戰卻給古巴帶來了重大的變化。由於戰爭使歐洲的甜菜產地變成戰場，人們對古巴糖的需求量甚至比平時更高了。即使有戰時價格控制，利潤也很高。一旦戰爭結束，控制被取消後，利潤就飆升了上去。一九一九至一九二〇年的收穫幾乎是像變魔術一樣。一開始時，世界市場上的糖價是每磅七點二八美分，這個數字本已超過行業的目標。但是僅僅六個月後，到收成結束時，糖的價格飆升至每磅二十二點五一美分。最終，那一次收穫帶來了大約十億美元的收入，比一九〇〇年至一九一四年所有收穫的總和還要多。這是古巴歷史上最大的繁榮期，「像做夢一樣」，觀察家們認為這樣的榮景更像是出現在電影裡，而不是在現實生活裡。人們把這段時期稱為「肥牛時代」，或者更優雅地稱為「數百萬人的共舞」。[2]

人們利用糖的超高價來進行計算，借貸、購買和投機。但是，就像開始時的飆漲一樣，價格很快就跌到了谷底。所有那些在幾個月前以糖價為基礎借款的糖廠老闆突然發現自己破產了。糖廠拖欠貸款；然後銀行倒閉。有二十家古巴銀行連同三百三十四家分行關閉歇業。有美國母公司支持的美國銀行倖存了下來。事實上，隨著新的危機和隨之而來的違約，越來越多的財產進到他們的控制之下，美國銀行也在蓬勃發展。古巴四分之一的糖廠轉手給了紐約的城市銀行，到了一九二二年，三分之二的糖產量是由美國擁有或是美國控制的公司生產的。[3]

美國對古巴經濟的主導地位並不完全是新的。在第一次軍事佔領期間制定的政策促進了土地向外國業主的轉移，而古巴的業主則受到了權利剝奪。但第一次世界大戰及其後的變化加速了這個進程，使美國在古巴的權力更加穩固了。

美國的經濟影響不僅是強大的，而且是持久的。它可以塑造古巴人的生活方式，塑造他們如何吃飯，如何旅行，如何工作，如何享受，甚至是塑造了古巴人的外表。當美國大規模製造業興起時，古巴是一個容易進入的市場。一九一四年，古巴從美國進口的商品金額為六千九百萬美元；一九二〇年，是糖業繁榮的高峰期，來自美國的進口商品額飆升到了四點零四億美元。在這些進口產品中，有古巴出口經濟所不可或缺的產品：提高糖廠產量的先進機械，以及擴建縱橫交錯的鐵路和公路的設備。但美國進口商品的清單範圍要比這大得多，從成衣時裝，到簡單家用電器，從香菸到收音機，從電話到電梯，從廁所到汽車。汽車，也許比任何其他進口產品都更能象徵一個新的時代。隨著西班牙統治的結束，汽車於一八九九年首次抵達古巴島。根據一位外國記者的報導，到了一九一九年，古巴的人均汽車數量已超過世界上任何國家；但是這種觀察只是基於印象，而不是準確的統計數字。事實上，古巴的人均汽車擁有率在拉丁美洲排名第三（僅次於阿根廷和墨西哥），而哈瓦那的汽車擁有率與紐約市相似。例如，在一九二二年進口的五千一百一十七輛汽車中，有四千七百二十二輛是美國汽車。其中大多數是福特汽車，它有各種型號，比其他的各種競爭品牌更實惠。哈瓦那的第一輛計程車就是福特汽車，幾十年來，古巴人把搭計程車稱為「搭福特」。[4]

汽車、閃閃發光的電器、廣泛鋪設的鐵路、無軌電車和高速公路系統；豪華電影院，有些甚至有音響；高大優雅的酒店，有奢侈的大堂和最新的電梯，所有這些都使哈瓦那人具有明顯的摩登氣息，而且這座城市的人口在一九一九年至一九三一年間翻了一倍。但是，現代性當然不排除貧窮或不平等。在離現代汽車和無軌電車行駛路線不遠的地方，在裝滿現代產品的貨櫃在碼頭爭奪空間的地方，棚戶區越來越多——街道沒有鋪設柏油路面，生活條件惡劣，家戶擠在脆弱的結構中。哈瓦那和該島其他地區之間也出現了差距。省城享受了許多與哈瓦那相當的現代化福利，但小城市，特別是農村，則變得更加落後了。

隨著美國經濟滲透的推進，已十分巨大的美國政治影響也變得更加穩固了。一九一七年，就在糖業極度繁榮和迅速崩潰的三年前，在一次有爭議的選舉導致幾個省發生叛亂後，美國出手進行了干預。在一九二〇年十二月，在普遍的經濟危機和另一次有爭議的選舉後的動亂謠言中，伍德羅·威爾遜總統派遣伊諾·克勞德（Enoch Crowder）作為他的特別代表前往哈瓦那。克勞德是密蘇里州人，也是將幾代美國人徵召入伍的《義務徵兵法》（Selective Service Act）的起草者，他於一九二一年一月六日抵達了哈瓦那，並迅速明確了他的意圖。他明確表示，根據《普拉特修正案》，美國在古巴的權力擴展到了「維持一個足以保護生命、財產和個人自由的政府可以援引的每一項規定。」他開始對古巴政府的政策發號施令，告訴新總統阿爾弗雷多·薩亞斯（Alfredo Zayas），除非古巴接受他的改革，否則古巴將得不到美國的貸款。利用他所謂的「脅迫性影響」和「堅持不懈的意見、建議和最後的虛擬要求」，他迫使阿爾弗雷多·薩亞斯解散了他的內閣。也許自一八九九至一九〇二年和一九〇六至〇九年的美國軍事佔領以來，美國在古巴的政治權力從未如此不受約束。[5]

戰後的變化也加速了美國在古巴的另一種力量——旅遊的力量。在通常的狀況下，美國人都會選擇去歐洲度假，但由於戰爭的影響，他們沒辦法去歐洲旅遊。美國人於是轉而把古巴當作旅遊目的地，而且他們很喜歡那裡。一戰結束後，美國人前往古巴遊玩的速度幾乎和糖的價格一樣成倍增長。從第一次世界大戰到一九二九年的股票市場崩潰，訪問古巴的遊客數量增加了兩倍，美國人湧向古巴的人數越來越多：一九一四年為三萬三千人；

一九二八年為九萬人；一九三七年為十七萬八千人。旅遊業如此繁榮，以至於一些古巴人開始將其視為該島潛在的「第二農作物」——當然是排在蔗糖之後。[6]

古巴旅遊業的發展源於美國在一戰後所享受到的特殊繁榮期。根據一項計算，美國百萬富翁的數量在二十世紀初期增加了十五倍——從一八七五年的約一千人增加到了一九二七年的一萬五千人。在一九二〇年代，這些百萬富翁中的許多人都喜歡去古巴旅遊。根據一本流行的旅遊書中的說法，哈瓦那正迅速「成為以前去義大利海濱過冬的那部分聰明人的第二個家。」那些美國富豪中的最重要的名人都去了那裡：范德堡家族（the Vanderbilts）、惠特尼家族（the Whitneys）、阿斯特家族（the Astors）。各類名人也是如此：阿米莉亞・埃爾哈特（Amelia Earhart）、歐文・柏林（Irving Berlin）、查爾斯・林白（Charles Lindbergh）、賈利・古柏（Gary Cooper）、格洛麗亞・斯旺森（Gloria Swanson）、蘭斯頓・休斯（Langston Hughes）、阿爾伯特・愛因斯坦、紐約市市長吉米・沃克（Jimmy Walker）、可口可樂公司和大通銀行的總裁。巴爾的摩的連鎖酒店老闆約翰・鮑曼（John Bowman）在哈瓦那擁有一家豪華酒店，他建造了從哈瓦那到巴爾的摩的遊艇和鄉村俱樂部。他把它宣傳為「地球上最棒的地方」。它是如此偉大，以至於它的廣告要求每個字母都要大寫：「有一天，巴爾的摩—哈瓦那將成為醫生的處方。」另一則廣告的主角是一個年輕的、「英俊的、面帶微笑的約翰・雅各・阿斯特五世……在古巴的白沙灘上伸著懶腰，正要在學校寒假期間玩一場多米諾骨牌遊戲。」[7]

戰後美國的增長也擴大了中產階級的規模。更多的人擁有了更多的可支配收入。與此同時，每週五天工作制和帶薪休假的興起創造了另一種有價值的商品：休閒時間。技術的進步進一步普及了到前往古巴的旅遊。一九一〇年代，從紐約出發，先乘鐵路到基韋斯特（Key West），然後從那裡登上汽船去往哈瓦那，總時程需要五十六個小時；到一九二〇年代末時，這個行程縮短到了不到四十個小時，目的地比歐洲近得多，而且古巴的冬天比歐洲更溫暖、更陽光明媚。同樣在一九二〇年代，商業航空旅行的出現更大幅度地拉近了兩地的距離。美國公司開始組織員工到古巴島工作旅行，選擇它作為年度會議的地點。一代又一代的美國新婚夫婦也會去古巴度蜜月。[8]

金錢、時間、氣候和距離都促使古巴成為美國人的旅遊目的地。但也有一些完全不同的因素：美國的道德觀念——更確切地說，美國國會決定聽從激進禁酒者的呼籲，通過了禁止生產、運輸和銷售酒精飲料的第十八修正案，這條法案俗稱「禁酒令」（Prohibition），從一九一九年到一九三三年一直是美國的法律，這段時間也恰恰是美國人赴古巴旅遊的第一次熱潮的全盛時期。這也解釋了為什麼當時最受暢銷的古巴旅遊書是巴塞爾．溫（Basil Woon）的《古巴雞尾酒時間到了》（*It's Cocktail Time in Cuba*）。

一九二〇年代，哈瓦那擁有大約七千家酒吧。有些是在禁酒令期間搬離了美國的美國酒吧。埃狄．多諾萬（Ed Donovan）把他在紐澤西州紐瓦克的酒吧，包括裡面的桌子、椅子、鏡子、招牌，甚至酒吧本身都打了包，然後在哈瓦那的普拉多大道開張，那條大道通往該市的中央公園和新落成的國會大廈，後者的建築設計也與華盛頓的美國國會大廈非常相似。美國酒客接踵而至——「愛玩的派對人、放蕩的寡婦、數以千計的遊輪乘客。」他們下船後，第一站通常是在登陸碼頭對面的眾多酒吧中的某一間。「白髮的女士們緊緊抓住 Sloppy Joe's 酒吧的欄杆」，這是一個受歡迎的旅遊酒吧，古巴人簡稱為「美國酒吧」。這裡的九成顧客都來自美國，他們在那裡喝八十多種雞尾酒中的任何一種（或好幾種），或者是喝這家酒吧自有品牌的陳年蘭姆酒。旅遊小冊子稱哈瓦那是「雞尾酒的天堂」，古巴是「七百英里的遊樂場」[9]。

喝酒只是誘惑的一個部分。哈瓦那還以另一種消遣而聞名，這個行為在美國同樣是非法的：賭博。在一九一九年，古巴國會在梅諾考總統的敦促下，將賭場賭博合法化。當普拉亞賭場開業時，總統的家人以獨家經營（並從中獲利）回力球遊戲為樂。一九二〇年，當貝比．魯斯（Babe Ruth）在哈瓦那打了十天的棒球（美國大聯盟球員經常在古巴打「冬季球」），他每場比賽收取兩千美元的費用，並將大部分收入花在回力球遊戲上。在球場不遠處是東方公園，這是一個可以容納一萬左右觀眾的巨大的賽馬場，擁有著名的高額獎金。在一九二五年的賽季開幕式上，新上任的總統格拉多·馬查多（Gerardo Machado）也是一名養馬人，他有自己的觀賽包廂，上面掛著一面古巴國旗。[10]

賭博、喝酒，一切在古巴似乎都是合法的。這也成為美國人理解古巴的一個重要部分。美國旅行者稱讚這個島是一個一切皆有可能的地方。一位記者在一九二一年稱古巴是「個人自由的理想國。……當我們明年再次來到這裡時」——畢竟這個島值得我們再次造訪，屆時「我們應該帶上自由女神像，把它放在哈瓦那港口，因為那裡才是它的歸宿。」另一位作家認為，越來越多的美國人到古巴旅行，因為他們想「按照二十世紀的版本追求生命、自由和幸福。」她說，古巴人把他們的國家稱為「自由古巴」，這對她來說非常有意義。對於美國遊客來說，這種自由可能意味著喝酒或賭博而不必觸法。它甚至可能意味著無過錯離婚（no-fault divorce），在美國第一個州採用這個做法的五十多年前，它在古巴就已合法化了。[11]

美國遊客的自由感不僅來自不必擔心觸法；還來自他們有機會表現得與他們在白雪皚皚的匹茲堡或波士頓認識的自己不同。他們可以穿得更露骨，或是以更有暗示性的節奏跳舞，而他們中比較矜持的人可以在其他人跳舞和搖擺時簡單地窺視一下。這麼多尋找異國娛樂的外國遊客的到來助長了夜總會的熱潮。露天的馬德里城堡提供餐飲、舞蹈和精心製作的表演，其中包括倫巴舞者、美國輪滑運動員、古巴歌手、美國爵士樂手，甚至還有美國西部片中的電影明星偶像。有好幾十家新的夜總會在不遺餘力地宣傳他們的產品：快樂的夜晚、哈瓦那最好的表演、熱辣的甜美音樂，當然還有「漂亮女孩」。[12]

古巴雖然近在咫尺，但卻讓人感到陌生和浪漫，也許還有一點危險。《紐約客》和《新共和》的作家沃爾多·法蘭克（Waldo Frank）是這樣描述古巴的：

> 那麼，這個哈瓦那——古巴人的這個哈瓦那，是一個不真實的地方……我的這種感覺如此鮮明，我在潮濕悶

熱的睡夢中醒來，我半夢半醒，我身在危險之中。我為什麼要躲避這輛汽車，因為它只是一個夢？……許多世界，像在夢中一樣混雜在一起……西班牙和加勒比海，非洲，蒙古，猶加敦附近樹木叢生的廢墟，一雙眼睛，在剎那間閃過。就像一個真實的昨天隨著夜幕的降臨而變成一個瘋狂的夢境一樣，古巴人的哈瓦那也是如此。不現實的東西無處不在。百家得蘭姆酒……是一種揮之不去的香水：當你喝完杯子裡的酒，就好像一個夢在你嘴裡徘徊。古巴的水果是一種模糊不清的味道。芒果、馬米果、木瓜、酪梨、芭樂……每一種都是對其他水果、其他地區的微妙回憶……甚至景觀的夢想。……你知道休息的特點：眼睛看到的東西是如何與混濁的幻想融合的。這就是古巴的特點。[13]

歐內斯特．海明威則更粗礪地表達他對古巴的喜愛。據一位朋友回憶，他喜歡古巴是因為它「既能釣魚又能做愛。」哈瓦那的街道、郊外的海灘，甚至港口對面貧窮（但「有趣」）的工人階層的雷格拉街道都吸引了美國遊客，他們渴望在一個特殊的地方感受到「你可以做任何你想做的事，而且知道沒有什麼是錯的。」[14]

古巴人是如何看待這一切的呢？為了獲利，一些人迎合了這點。著名的 Sloppy Joe's 酒吧的老闆將他的生意從主要出售食物轉變為提供飲料。他對人們把他的生意稱為「美國酒吧」沒有異議。其他許多人高興地用英語來命名他們的生意，並在他們的櫥窗裡做廣告。他們迎合美國人的口味，因為遊客大多是美國人，而且他們是花錢的人。但其他不從事旅遊行業的古巴人則擔心。一位政治家問道：「遊戲和飲料的旅遊是否將該島變成了一個美國的『廁所』？」旅遊業的新主導地位是否預示著美國化的悄悄到來，民族文化的淡化？也許正是這種不安促使一些古巴人注意到遊客的行為方式，「在一種高高在上的權力感支持下，（他們）可以盛氣凌人地說話和發號施令。」[15]

當然，並不是所有的遊客都扮演了「醜陋的美國人」的角色。事實上，大多數人可能沒有這樣做。他們是與妻子一起旅行的推銷員、認真的蜜月旅行者、教會團體、孤獨的寡婦和鰥夫，以及普通的、善意的度假者。有些人可能看到了色情表演，但他們也紛紛去參加了更加穩重的娛樂活動，陽光明媚的海灘和一流的爵士樂表演，甚至可能是去參加一九二一年在哈瓦那舉行的世界象棋錦標賽，古巴象棋天才荷西．勞爾．卡帕布蘭卡（José Raúl Capablanca）贏得了冠軍，並且將獲獎紀錄一直保持到了一九二七年。愛因斯坦也在一九三〇年造訪哈瓦那，他在國家科學院發表了演講。他知道這個城市必須比時尚的酒店和表演更有意義，並堅持要去參觀貧困地區和棚戶區。其他美國人則是來釣魚、療養健康、觀看冬季棒球或打棒球。許多被隔離的美國黑人聯盟的成員喜歡在古巴打棒球，原因不只是天氣。他們可以在一個美麗迷人的城市，在一流的綜合體育場裡進行所有的比賽，而且不必遭受他們在吉姆．克勞時代的美國所受到的羞辱。雖然許多古巴球隊都有美國球員（包括黑人和白人），但古巴的棒球推廣者有時會把整個大聯盟的球隊請來與古巴球隊比賽。這些比賽吸引了最多的觀眾。在這個古巴棒球的黃金時代，許多人多年後都會記得這樣一場比賽：貝比．魯斯沒有得到一支安打，而古巴明星克里斯托瓦爾－托里安特（他也曾在美國黑人聯盟打過球）打出了三支全壘打，古巴人以十一比四的比分擊敗了紐約巨人隊。[16]這是透過激烈競爭所能得到的最好結果，雖然競賽的目的主要是為了娛樂。在這個時期到訪古巴的數萬美國人中，最引人注目的是一九二八年一月到訪的美國總統卡爾文．柯立芝（Calvin Coolidge）。這次訪問是柯立芝在其總統任期內的第一次，也是唯一一次出國訪問，而且他也是直到二〇一六年三月巴拉克．歐巴馬（Barack Obama）訪問古巴為止，唯一一次由在任美國總統對古巴的訪問。柯立芝受到了奢華的款待；為了專門接待他和他的妻子，古巴總統府建築的一個側翼得到了翻新。當他在無意中得到蘭姆酒時，他遵守了美國的禁酒令，優雅地拒絕了。當然，柯立芝在那裡的身分不是遊客，而是在那裡進行正式的國是訪問，為第六屆泛美會議（Pan-American Conference）開幕，這是西半球國家的定期會議。在一八二六年的第一次泛美會議上，美國代表曾經反對了新生的拉丁美洲國家為使古巴擺脫西班牙統治而作出的任何努力。

在一個世紀之後，為了歡迎美國總統的再次到來，古巴政府在最近建成的緬因號紀念館周圍舉行了精心設計的廣場落成儀式，正是因為緬因號的爆炸，從而引發美西戰爭和後來的一系列發展。這個新廣場擁有河岸線、花園，還有威廉・麥金利總統和西奧多・羅斯福總統的半身像，以及古巴前軍事總督倫納狄・伍德的半身像。泛美會議和地點和緬因廣場都一清二楚地提醒人們，美國與古巴獨立之間的關係是長期而又千絲萬縷的。但無論是古巴的東道主還是美國的來訪者，都不想讓人注意到這點。在那次的泛美會議上，古巴還是設法避免了對美國政策的明確譴責，而此時美國正在海地、多明尼加共和國和尼加拉瓜進行軍事佔領。[17]

當柯立芝起身向代表們講話時，他的講話彷彿那段歷史從未發生。「本著克里斯多福・哥倫布的精神」，他開始說：「所有美洲人都有一個永恆的團結紐帶，一個只留給我們的共同遺產。」談到那些「所有美洲國家」的其他美國人，他堅持認為他們是平等的：「這裡所代表的所有國家都站在一個完全平等的基礎上。最小和最弱的國家在這裡發言，與最大和最強大的國家具有同樣的權威。」代表們起身鼓掌，這個舉動與其說是相信此一聲明的真實性，不如說是熱切地希望它是真的如此。凝視著會場，柯立芝還談到了古巴的歷史和現在。「在三十年前，古巴是外國的財產，被革命蹂躪，被敵對勢力破壞……今天，古巴是一個自己擁有主權的國家。她的人民……在其政府的穩定性方面，在投票箱前真正表達民意的方面獲得一席之地……贏得了普遍的尊重和欽佩。」[18]

柯立芝知道但沒有說出來的是，在一九二八年，古巴政府正在把投票箱變成一個假象。一九二四年，參加過最後一次獨立戰爭的老兵格拉多・馬查多以明顯的多數票當選為總統，他是一個進步派的改革候選人，承諾對基礎設施進行大規模投資並結束惡名昭彰的《普拉特修正案》。從一開始，他就承諾不競選連任。然而，在他的任期還剩下不到兩年時，他知道自己還想要得到更多。他沒有違背不競選的承諾，而是試圖透過推動憲法修正案來延長他的總統任期，他提出的修正案仍禁止總統連任，但將任期延長至六年，從而使他自己的任期可以再多兩年。古巴最高法院拒絕了這些修正案，認為不能禁止連任，也不能在事後延長總統任期。目前的任期仍為四年，連任是合法的。但以後的總統任期將是六年而且沒有連任的可能。根據新規則，馬查多可以完成他的四年任期並再次競選六年的新任期。如果他贏了，他將繼續擔任總共十年的總統，一直當到一九三五年。透過一系列涉及恐嚇和賄賂的不軌行為，馬查多還設法在沒有對手的情況下競選第二任期，並作為唯一代表每個主要政黨的候選人。當柯立芝到達哈瓦那時，他知道有這些陰謀的存在。然而，他仍然稱讚了古巴的選舉是非常民主的，是大眾意見的理想代表。[19]

如果說柯立芝歪曲了古巴選舉制度的狀況，那麼當他用主權一詞來描述古巴時，許多人也認為他說錯了。事實上，古巴人一直在談論主權，當他們這樣做時，他們通常會譴責美國在他們島上的權力。一個最近成立的古巴法學家協會發表了反對《普拉特修正案》的法律論據。工會成立了一個全國性的工人傘式組織；女權主義者成立了自己的組織並召開了全國婦女大會。所有人都支持結束《普拉特修正案》。歷史學家有時將古巴在一九二〇年代末稱為「民族主義覺醒的時刻」[20]，這樣的說法是有充分理由的。

最後，古巴的政府和美國的客人都提出要對反政府情緒的上升和政府對其反對者越來越多的法外行動的關注。在柯立芝訪問的前夕，政府大規模逮捕了潛在的麻煩製造者。其中有兩名勞工領袖和兩名學生活動家因張貼反帝國主義的海報而遭到了抓捕。在柯立芝離開後不久，有一具屍體被沖到了碼頭邊，屍體已腐爛，還被監獄的鐵鏈壓著。據人們說，另一個人的遺體在一條鯊魚的肚子裡被發現，屍體沒有被消化。在這件事發生後，政府突然禁止了捕鯊活動，這讓警惕的古巴人猜測，囚犯是從卡瓦尼亞堡壘地牢的一個舊暗門被扔出去餵鯊魚的。[21]

哈瓦那大學的學生也參加了挑戰馬查多和反對美國在古巴行使權力的音樂會。哈瓦那大學位於一個山丘上，這個山丘連接著哈瓦那市中心和正在快速發展的韋達多地區，大學的主要入口是一個寬大的樓梯，樓梯頂端是一個坐著的女人雕像，它的作者是一個在捷克出生的美國雕塑家。他採用了白人女性菲利西安娜．維拉隆（Feliciana Villalón）作為雕像面孔的模特兒，她是一位數學教授和獨立戰爭老兵的十六歲女兒。雕像身體則是取材自一位年長的混血女子。但是與菲利西安娜不同，這位混血女子的名字並不為人所知——這件事也再次提醒我們，歷史學家用來重建歷史的檔案，往往存在著無聲的偏見。

寧靜的哈瓦那大學是一個吸收新知的地方，但在一九二〇年代，它也成為反對派政治的主要場所。在一九二一年，當學生們得知大學官員正在考慮將榮譽學位授予伊諾．克勞德時，他們舉行了示威，克勞德聲稱自己有權對古巴內部事務行使「脅迫性的影響」。學生們贏得了這次抗爭，哈瓦那大學沒有給伊諾．克勞德頒發榮譽學位。一九二三年，學生們建立了一個聯合會，要求大學從政府那裡獲得自治權。為了應對學生的騷亂，當局宣布停課三天，學生聯合會則佔領了大學，公布了將繼續授課的教授和將取代那些不上課學生的進步學生的名字。他們讓大學不僅向學生開放，還向全體古巴大眾開放。[22]

學生聯合會的主席——在學生佔領大學期間被指定為「臨時教務長」的年輕人名叫胡里奧．安東尼奧．梅拉（Julio Antonio Mella）。他的父親是多明尼加人，母親是愛爾蘭人，由於這對夫婦沒有結婚，所以他們的兒子的正式名字冠有的是母親的姓氏——麥克帕特蘭（McPartland）。但大家都知道他叫梅拉。他不是一個成績最優秀的學生，但他是一個賽艇冠軍，一個優秀的籃球運動員，也是一個產生了許多學生政治家的國家中最重要的學生之一。梅拉是佔領大學並在一九二三年對大眾短暫開放的策劃者。他利用這個行動之便，帶頭進行了另一項工作：他在同一年成立了荷西．馬蒂人民大學（José Martí Popular University），為工人提供關於古巴歷史、勞工權利和國際政治的免費夜間課程。在這項工作和其他工作中，梅拉和他的同伴們以一種緊迫感和動力四處發表演說、舉行集會和寫作。但他們進行的活動對於那些來古巴尋找其他東西的遊客來說幾乎是無法察覺的。[23]

梅拉的目光遠遠超出了大學的範圍。他在一九二五年共同參與創立了古巴共產黨（一九四四年改名為人民社會主義黨）。梅拉對俄國革命特別感興趣，儘管他也主張施行一位歷史學家所說的那種「真正的古巴馬克思主義」。在一篇關於列寧逝世的文章中，他寫道：「我們不（渴望）在我們的情形下對其他國家的革命進行簡單化的複製……人們（必須）根據自己的意願行事……人們（必須）按照自己的思維行事……我們要的是人，不是綿羊。」梅拉是一九二五年震動了整個首都的罷工和抗議浪潮的最重要領導人之一。他因為當局所謂的煽動反政府的恐怖主義活動而被捕，他為此進行了為期十八天的絕食抗議，這個舉動更是動員起了更多的人反對政府，並為梅拉贏得了大眾的同情。梅拉的一個合作人後來面見了馬查多總統，就釋放梅拉進行了溝通談判，但據稱這位來訪者稱，馬查多就是一個「帶爪子的屁股」，談判就此破裂。女權主義俱樂部的成員採取了不同的方法。他們在聖克拉拉拜訪了馬查多的母親，他們對梅拉糟糕的身體狀況的描述感動了她，致使她給在總統府的兒子發去了一封電報。[24]

不知道是因為這些營救努力，還是要求釋放梅拉的更普遍的呼聲，總之馬查多服從了。不久後，梅拉秘密離開了古巴。他冒充商人，以胡安·洛佩斯（Juan López）的假身分登上了一艘開往宏都拉斯的香蕉船。他很快在墨西哥城定居下來，與當地的共產主義者、知識份子和藝術家打交道，其中包括壁畫家迪亞哥·里維拉（Diego Rivera）、藝術家芙烈達·卡蘿（Frida Kahlo）和蘇聯大使斯坦尼斯拉夫·佩斯特科夫斯基（Stanislav Pestkovsky）。梅拉在這個時期積極地從事組織活動和四處旅行，例如，他參加了在布魯塞爾舉行的反帝國主義聯盟的成立會議，並前往蘇聯。在墨西哥共產黨的官方報紙《馬切特報》（*El Machete*）的版面上，梅拉對馬查多的統治和柯立芝的權力進行了抨擊，反對他認為的資本主義和帝國主義的雙重暴政。[25]

梅拉是一九二〇年代古巴民族主義覺醒的關鍵人物，是改變古巴政治的一群活躍知識份子的領袖。在一個大眾消費的時代，他們倡導了一種新的「大眾政治」，工人和學生在其中進行抗議、遊說和組織。他們知道，對大

在墨西哥城的學生活動人士和古巴共產黨的創始人胡里奧・安東尼奧・梅拉。這張拍攝於 1928 年的照片是由他的愛人，著名的義大利攝影師、共產主義者蒂娜・莫多蒂（Tina Modotti）拍攝的。（圖片出處：Tina Modotti.Wikicommons）

多數古巴人來說，旅遊小冊子和雜誌廣告中吹噓的現代古巴只是一種幻覺。他們試圖圍繞社會和經濟正義問題組織起來，並將這些問題與國家主權問題明確地連繫起來。對他們來說，實現一個公正的古巴社會需要與美國建立一種非常不同的關係——一種美國人不會輕易同意的關係。梅拉和志同道合的同胞們因此確定了兩個政治敵人：「美帝國主義」（Yankee imperialism）和不能或不願意捍衛古巴主權的古巴政府。這是古巴激進主義潮流的起源，它將在本世紀餘下的時間裡產生巨大的力量——一九三三年即將發生的革命，以及更著名的一九五九年的革命。

但是，如果梅拉和他的同伴將當前的古巴政權視為敵人，那麼古巴政權則以更大的力量進行了回擊。一九二九年一月十日晚，當梅拉與他的情人——義大利攝影師、女演員和共產黨員蒂娜·莫多蒂走在回家的路上時，有人開槍打死了他。墨西哥政府試圖將這起暗殺事件歸咎於共產黨員，但人們普遍認為馬查多派出的特務才是真兇。[26]

當梅拉在一九二九年一月被暗殺時，古巴的經濟正遭受糖價下跌的影響。然後是十月紐約證券交易所的崩盤，接下來的是在其他各地的連環崩潰。古巴陷入了它所經歷的最嚴重的經濟危機。到一九三二年為止，糖的價格已暴跌到每磅半美分多一點。製糖商解僱工人，降低工資，並將收穫期縮短到兩個半月左右。一九三〇年，糖廠支付給工人每天八十美分的砍伐、提升和運輸甘蔗的費用，而在本世紀初，這項工作的平均工資是每天一點八至兩點五美元。根據一份報告裡的說法，當下古巴工人的工資是「自奴隸制時代以來最低的」，而奴隸制時代是在四十多年前結束的。觀察人士們寫道，各地都出現貧困現象。在古巴東部的部分地區——美國主導的新糖業經濟的中心，人們據說是要靠甘蔗和山藥來維持生計。在公共部門，政府削減工資和解僱工人，關閉醫院、郵局和其他國家機構，以努力渡過危機。公務員有好幾個月沒領到工資。[27]

經濟危機加劇了已存在的政治危機。政府試圖禁止大眾示威，但學生和工會不斷地組織一次又一次的示威。

一九三〇年三月，約二十萬工人舉行了大罷工。同年的五一勞動節的示威活動至少在一個城市裡導致了暴力事件，不久後，在其他地方也發生了衝突。當六個月沒領到工資的學校教師威脅要進行罷工時，馬查多宣布他將部署軍隊來對付他們。到一九三〇年底，馬查多關閉了哈瓦那的主要報紙（一份保守的日報）、哈瓦那大學，甚至哈瓦那遊艇俱樂部——美國富裕的度假者和哈瓦那上流社會的傳奇場所，指控它窩藏恐怖份子和其他的國家的敵人。由於沒有錢支付教師工資並擔心學生反對他的政府，馬查多關閉了所有學校。在一九三〇年十月，他在哈瓦那暫停了憲法保障，一個月後又在古巴境內的其他地方暫停了憲法保障。[28]

然而，下滑的趨勢仍在繼續。被勒令停業的報社從一家變成了十五家；大學學生會的每個成員都被逮捕；八十五名教授被起訴，罪名是煽動和陰謀推翻政府。前任校長試圖進行談判，然後公開造反；但是上述的一切努力都沒有成功。馬查多動不動就擴大政府的鎮壓能力，增加了一個新的專家小組、酷刑專家和政府的死刑隊（Partida de la Porra）。反對派的策略也在升級。一個自稱為ABC的新團體組織了秘密小組，並承諾以暴力回應政府的暴力。馬查多手下的鎮壓「專家們」的領頭人在一輛路過的汽車上被射殺。警察局長被暗殺，參議院議長也遭到了暗殺。也有幾次暗殺嘗試是針對馬查多本人的。關於全面革命的流言像四處燃起的野火，當然還有關於美國是否會援引《普拉特修正案》並派美軍在古巴登陸的流言。一個謠言認為，馬查多即將下台，紐約市著名的浮誇（而且腐敗）市長吉米・沃克即將成為古巴總統。然而，馬查多並不打算下台。[29]

在美國，報紙報導了古巴正在發生的麻煩；在這些報紙的邊緣處還有一些廣告，將讀者的目光轉移到其他更令人愉快的事上。例如前往「狂歡哈瓦那」的度假遊輪套餐的廣告；他們敘述在東方公園舉行緊張刺激的賽馬比賽；他們甚至指出，馬查多和他的妻子為其中一場比賽捐贈了漂亮的獎盃。在一九三一年即將結束時，他們預測新的一年將是哈瓦那的「最佳旅遊年」。[30]在哈瓦那，馬查多奢侈地慶祝了聖誕節。一九三一年平安夜的前一天，他向古巴大眾發表講話，彷彿他能打消自己面前的麻煩。他站起來，用他厚厚的眼鏡框後面剛毅的眼睛盯著他的聽眾。他說，他將繼續擔任古巴總統，直到一九三五年五月二十日中午，「一分鐘都不能多，一分鐘都不能少。」[31]

美國記者魯比．哈特．菲利普斯（Ruby Hart Phillips）在一九三三年八月三日的哈瓦那日記中寫道：「在政治上，小事有時會發展成大事。」她所指的「小事」是一個星期前開始的哈瓦那公車司機為抗議漲價和新的汽油規定而舉行的罷工。幾天之內，這個城市就完全癱瘓了。鐵路工人、計程車和卡車司機、路面電車操作員和垃圾收集者舉行了展現同情的罷工。商店關門；甚至報紙也開始罷工。很快，「小」公車司機的罷工變成了總罷工，在島上的每個省和幾乎每個經濟部門都很活躍。帶著機關槍的警察在城市的中央公園安營紮寨。但街頭傳來的普遍呼聲都是「馬查多，辭職！」沒有一個總統能承受住這種考驗，大家都這樣說。[32]

八月七日下午晚些時候，當人們聽到馬查多已逃離古巴的消息時，人們相信事真的如此，並且感到歡欣鼓舞。在國會大廈前，也許聚集了五千人。在街對面的一個街區外，有人爬上了中央公園的荷西．馬蒂雕像。人們高喊著馬查多已辭職了。但這並不是事實。而當人們向總統府行進時，警察開始向他們開火。在著名的 Sloppy Joe's 酒吧前，警察向「擁擠的人群」傾瀉子彈。《紐約時報》稱，當天的衝突和其他衝突造成至少二十人死亡，一百二十三人受傷，其中許多傷者預計都無法活下來。[33]

這次暴力對抗是一條不歸路。負責拉丁美洲事務的助理國務卿薩姆納．威爾斯（Sumner Welles）幾個月來一直在哈瓦那試圖透過談判在馬查多和反對派之間達成和解。在八月七日這天，他坦率地告訴馬查多，如果事繼續下去，美國將別無選擇，只能根據《普拉特修正案》對古巴進行干預。馬查多很不服氣。當天晚上，他在廣播中抨擊美國對古巴事務的干涉，並呼籲古巴人在美國干預的情況下保衛古巴島。馬查多很清楚，富蘭克林．羅斯福（Franklin D. Roosevelt）總統上任才僅僅五個月，並不想對古巴進行軍事干預。馬查多對這點心知肚明，認為美國大使只是在虛張聲勢。第二天早上，在與威爾斯的另一次私人會面中，馬查多讓他「通知美國總統，他更願意接受武裝干預」，而不是接受任何要求他在他經常對大眾說的一九三五年的日期之前離任的美國提案。他暗示說，如果進行干預，古巴人就會和你打起來。[34]

整體而言，古巴民眾對美國干預古巴政治感到深惡痛絕，然而，他們當下也對馬查多抱持著相同的憎恨。雖然馬查多可能樂於激起古巴人的鬥志，從而擊退美國的干預，但古巴軍隊並不這麼想。軍隊現在向馬查多發出最後通牒：離開，否則我們將用武力把你趕下台。除了自己的小圈子以外，馬查多沒有一個盟友。事到如今，他才開始才面對眼前嚴峻的現實。在一九三三年八月十二日深夜，他和幾個同伴——有些人還穿著睡衣，前往機場。聖地牙哥前市長、著名音樂家和同名演員的父親老德西．阿納茲（Desi Arnaz）正在幫忙把一袋袋的黃金搬到等候他們的飛機上。「情節進入了一個相當精彩的電影高潮」，《紐約時報》作家魯比．哈特．菲利普斯喃喃道：「當飛機咆哮著衝上跑道時，一群復仇者開著汽車瘋狂地衝了上來，尖叫著要殺了這個暴君，但他們只能憤恨地對著迅速消失的飛機開火。」坐在飛機上，馬查多透過灰色的細雨看向窗外。他可以看到煙霧從下面升起，混亂吞噬了古巴首都。[35]當時他肯定意識到，獨裁者的欲望只是國家政治生活中的一種力量。強大的馬查多倒下了。

CUBA

第七部

共和國，第二階段

從1920年代一直到1950年代，古巴工人和學生成為一支重要的政治力量。照片為1940年的工人集會，在同一年，古巴人熱情地通過了一部新憲法。（圖片出處：Courtesy of the Ramiro A. Fernández Collection）

第十九章　真實的群眾

在一九三三年八月十三日上午八點，美國駐巴哈馬拿騷（Nassau）的領事給他在華盛頓的上司發了一份電報：「前總統馬查多在今日清晨抵達。」來自三個方面的壓力，使馬查多從一個擁有無與倫比的權力的總統，變成了一個在槍林彈雨中逃離自己國家的「前總統」。古巴軍隊不再支持他的決定，使得他擔任總統最後幾天的命運就這樣被注定了。一旦發現馬查多無法維持秩序，美國大使便開始努力將他趕下台，這件事也同樣是無法克服的。將馬查多趕下台的第三種力量是高度動員起來的大眾，他們發出了自己的聲音和力量。工會、學生和失業工人組織了罷工；他們抗議和集會；他們發言、寫作，並處處向馬查多發起挑戰。即使總統派他的秘密警察來抓他們，其他古巴人也加入抗議者的行列。薩姆納．威爾斯和古巴軍隊可能是給馬查多最後一擊的力量，但群眾政治的力量在多年來一直是一種持續的、不可抗拒的序曲。是總罷工最終打敗了總統。大眾在趕走舊政權方面發揮了如此關鍵的作用，這就是為什麼古巴人和歷史學家把一九三三年發生的事件稱為革命，而不是政變。

隨著馬查多的離去，誰都能猜到這三股力量——軍隊、美國政府和古巴大眾，將如何塑造未來和眼前的局面。首先，出現了混亂。群眾襲擊了馬查多的老官員，洗劫了他們的家。馬查多的秘密警察首腦在普拉多大道的一家藥局被槍殺，他的身體「被子彈打得千瘡百孔，人們舉著他的屍體勝利遊行。」警察局長在意識到自己被困住時自殺了。

根據一些估計，有一千多人被殺，在馬查多下台後，約有三百多所屬於政府成員的房屋成為襲擊目標。英國大使報告說，「衣著光鮮的家庭開著帕卡德和凱迪拉克來了，(並)搶走了路易十五的櫃子和鍍金的椅子。」人們甚至闖入總統府，大喊現在是他們的房子。一位婦女帶走了一盆高大的盆栽植物。[1]

在混亂中，一個臨時政府上台了。新總統是在美國出生並接受過教育的卡洛斯·曼努埃爾·狄·塞斯佩德斯——他是古巴第一位獨立英雄的兒子和同名人，這位英雄解放了他的奴隸，並宣布獨立，反對西班牙。小塞斯佩德斯是一個中立的人物；他的名字讓他得到了尊重。但即使從氣質上看，他似乎也不適合革命的時局。他優柔寡斷，在他父親的遺產面前過於謙虛。有人聲稱，他的錢包裡有一張老塞斯佩德斯的照片，每當他對要採取什麼行動感到困惑時，就會詢問這張照片。[2]

塞斯佩德斯也諮詢了一位有血有肉的顧問：美國大使薩姆納·威爾斯。許多古巴人認為，塞斯佩德斯是威爾斯欽點的人選，事實上，威爾斯對他擁有巨大的權力。他挑選了總統內閣的一些成員，並對大大小小的決定進行了評議。新政府成立不到一週，威爾斯就開始抱怨這個負擔：「我的個人情況變得越來越困難。由於我與塞斯佩德斯總統的親密私交，以及在過去幾個月中我與他的所有內閣成員形成非常密切的關係，我現在每天都被要求對影響古巴政府的所有事項作出決定。」在這個星期內，他對他周圍正在發生的「普遍的解體過程」感到悲哀。騷亂仍在繼續，傳聞中的陰謀無處不在。[3]

然而，有一件事變得非常清楚：馬查多的倒台只是解決了馬查多的問題。新政府沒有得到什麼支持，也沒有正當性。助長危機的經濟蕭條繼續有增無減。最重要的是，那些被動員起來推翻馬查多的人們仍然在叫囂著要改變。製糖工人仍然在罷工，要求提高工資並接管糖廠。港口工人、鞋匠、紡織工人、製帽工人、紙板工人、麵包師傅，都在繼續罷工。八月二十日在哈瓦那舉行的示威吸引了一萬名抗議者，他們提出經濟訴求，並要求起訴馬查多的黨羽。在八月二十四日，學生們發表了一份宣言，譴責新政府，他們說新政府不代表古巴的利益，也不代表推翻了馬查多的人民的願望。他們要求建立一個新政府，一個能夠抵制美國的干涉並恢復秩序的政府。他們還想要其他東西：徵用大宗土地所有權，在無地者中分配土地，以及婦女投票權。他們甚至想要一部新憲法——一部不是在美國的監督和壓力下制定的憲法，就像一九〇一年的憲法那樣。他們說，解除馬查多的職務只是第一步；現在，真正的革命要開始了。[4]

在他們進行革命的努力中，學生們找到了一個意想不到的盟友——軍隊，特別是軍中的中士和下士。一群中士召開了好幾個星期的會議，討論大大小小的不滿。他們希望得到保證，以杜絕士兵將失去職位和被削減工資的謠言。他們希望軍隊清除前馬查多的中堅力量，並要求將那些直接參與獨裁者鎮壓的人繩之以法。他們抱怨工資微薄，晉升的機會同樣微薄。在九月四日下午的一次會議上，他們準備在當晚向哥倫比亞營（Camp Columbia）的上級提出他們的要求，哥倫比亞營是古巴島上最大的軍事設施，位於哈瓦那郊區的馬里亞諾（Marianao）。到了晚上八點，大多數高級官員都已離開了。留下來的少數人則拒絕聽取中士們的抱怨，他們讓中士們向軍隊的臨時負責人反映情況後，就離開了，他們並不認為抱怨會得到什麼結果。但是，由於沒有人阻止中士們，他們沒開一槍，就掌握了基地的指揮權。然後他們召集了島上所有的基地，隨後宣布，中士們獲得了軍事指揮權。接電話的中士們都歡迎這個消息。消息像野火一樣散播開來。一個消息靈通的士兵走過了哈瓦那中央公園，走到一個下士面前，問他是否聽說了士兵們接管哥倫比亞營的消息。另一個人問道：「誰在負責？」「巴蒂斯塔」，回答說。誰是巴蒂斯塔呢？「速記員」，士兵說。[5]

這位速記員是三十二歲的富爾亨西奧．巴蒂斯塔。他出生在美國主要糖廠的所在地巴內斯附近，曾在一所貴格會學校短暫上過夜校，並在很小的時候就開始工作賺錢了。他在一條美國人擁有的鐵路上當過剎車員；他砍過甘蔗；他在一個種植園的工作小組裡當過水手，然後是計時員。在二十歲時，他加入了軍隊，後來在農村警衛隊服役，並最終回到了軍隊，到了一九二八年，他是一名中士速記員，經常旁聽高層會議，記錄討論內容。當他在一九三三年登上政治舞台時，觀察家們評論說他「很和氣，經常微笑」，而且英俊又有魅力。一個《紐約時報》的撰稿人說他「講話擲地有聲，十分有說服力」。

當然了，並不是每個人都這樣看待他，但有一點是顯而易見的：巴蒂斯塔有重要的政治手腕。他只是那些善於使出狡猾手段的領導人中的一個，但環境、聯盟關係和狡猾在他身上結合在一起，使他在九月四日的事件中佔據了中心位置。那天晚上，他成為古巴軍隊中不滿的士兵和下級軍官的發言人。從此，巴蒂斯塔就主宰了古巴政治——不僅僅是在那一刻，而是在接下來的二十五年裡，直到斐代爾・卡斯楚來到古巴將他推翻。[6]

當中士起義的消息在哈瓦那傳開後，大學生們紛紛趕去了軍營。他們希望與譁變者結盟。實際上，他們想要的不僅僅是這個。難道士兵們沒有意識到，透過奪取軍隊，他們現在控制著國家的命運？他們能實現的遠不止於小幅加薪；他們能推翻一個被廣泛認為是非法的政府。簡而言之，學生們想讓士兵們成為革命者。而這至少在短期內是有效的。[7]

塞斯佩德斯總統和他的內閣下台了。九月五日，一份報紙的標題宣稱，政府的方向盤傳到了「真正的革命」手中。起初，革命者試圖作為一個團體執政，建立了一個五人執政核心小組，被稱為「五權」。巴蒂斯塔成為軍隊的總司令。也許只是恰好，這個五人政府只持續了五天就放棄了他們的試驗，他們任命了一個臨時總統：拉蒙・格勞・聖馬丁（Ramón Grau San Martín）。[8]

格勞是學生們的寵兒，也是哈瓦那大學的生理學教授，自從一九二〇年代以來一直支持學生運動，並曾因反對馬查多的活動而在監獄中服刑。現在，一九三三年九月十日，他走到總統府背面的露台上，在眾多觀眾面前宣誓就職。他拒絕在古巴憲法上宣誓，他說這是不合適的，因為憲法中包含了《普拉特修正案》。因此，他將手臂伸向聚集在陽台下的人群，並解釋，他是透過宣誓效忠人民來進行宣誓的。陽台上有人走近他，說華盛頓在打電話給他。格勞用很大的聲音，讓眾人聽到，他說：「告訴華盛頓，讓他們去一邊等著。我現在和我的人民在一起。現在是我照顧他們的時候了。」一陣熱烈的歡呼聲隨之響起。（事實上，當時在電話線上的是古巴駐美國大使。）[9]

第一個沒有得到美國明示或默許上台的第一個古巴共和國政府，就這樣開始了它的統治。格勞立即宣布他打算廢除《普拉特修正案》。他在沒有與美國進行任何事先討論的情況下宣布這個消息，甚至沒有發出任何警告。當然，許多古巴人都雄辯地談到了取消《普拉特修正案》的必要性。然而，直到那一刻，沒有人像這樣，站在總統府的露台上這樣做。

當下最緊迫的問題是美國政府會怎麼做。它是否會進行干預，恢復它曾幫助建立的塞斯佩德斯政府的權力？許多人都預測到這點。事實上，被中士起義推翻的軍官們正躲在美國大使薩姆納·威爾斯居住的韋達多地區豪華的、由美國人擁有的國家酒店裡，等候著美國的軍事干預。威爾斯向華盛頓的頭頭提出了同樣的要求。在中士起義的第二天，他要求有「一定數量的部隊」登陸。四十五分鐘後，他要求提供一千人。兩天後，他建議「在哈瓦那登陸一支相當大的部隊，在共和國某些最重要的港口登陸較小的部隊。」在九月七日，美國戰列艦印第安納波利斯號進入了哈瓦那港，隨行的還有驅逐艦戈爾夫號和小樹號。在戰艦上的是美國海軍部長本人。[10]

哈瓦那，很久以前的「印度群島的鑰匙」，當然是一座水上城市。從微風習習的濱海道，或是從林蔭大道和以海堤為起點（或終點）的狹窄街道上，都不可能錯過美國軍艦進港的情景。那天中午，大量的人群出來見證他們的到來。人們排滿了整個普拉多大道，從海堤向內幾乎到了中央公園，並沿著濱海道一直到海關大樓。可能超過十萬人的人群對船隻發出噓聲和嘲笑。在卡巴納（La Cabaña）要塞，古巴士兵重新定位了大炮的位置，把炮口指向了美國軍艦的方向。[11] 無論是哈瓦那還是華盛頓，都還從來沒有見過這樣的事。英國駐古巴大使描述了當時緊張的局勢：

在通常的情況下，美國駐古巴大使的實際權力就像是總督一樣……他關於政府和任命的願望都會被當作法令來接受。然而，新的革命政府是在沒有與威爾斯先生協商的情況下建立的，幾乎與他的願望背道而馳……就這樣，我們在古巴的這個星期就過去了，在一個沒有得到承認的事實政府下，在一個由中士領導的軍隊下，美國大使住在旅館裡，被士兵和機槍包圍著，然後這個島又被美軍包圍著。

不久，將會有二十九艘美國政府的船隻在古巴水域裡巡邏，「以備有不時之需。」[12]

在美國政府考慮如何處理面前的狀況時，「真正的」革命正在進行。新政府開始進行了一項又一項的改革。人們把它稱為一百天，和另一位進步政治家富蘭克林・羅斯福的百日新政相似。在格勞就職後的三個月裡，古巴婦女贏得了選舉權；大學從政府那裡獲得了自主權。農民得到了留在他們耕作的土地上的權利，以及一輛牛、一頭母牛、一些種子和科學建議。工人們——包括甘蔗砍伐工，贏得了最低工資、工人賠償和強制仲裁等權利。當古巴美國糖業公司拒絕與它的兩個最大的糖廠——著名的查帕拉糖廠和鄰近的德利希亞斯糖廠的工人進行談判時，新政府將這些糖廠收歸了國有。這個國有化的事件清楚地表明，有意義的社會和經濟變革，即使是在國內開始的，也不可避免地與美國在古巴的現實權力發生衝突。[13]

在國際關係方面，政府也制定了一個新的方針。在十月，它宣布古巴軍隊將不再與美國軍隊一起訓練，而是與革命政府當權的墨西哥一起訓練。在十二月，古巴的新政府派出了一個代表團參加在烏拉圭舉行的泛美大會。當古巴代表團團長起身發言時，他捍衛了拉丁美洲國家的主權，譴責了外國干預，並譴責了《普拉特修正案》。這與之前在馬查多的鎮壓下，由卡爾文・柯立芝於一九二八年在哈瓦那正式召開的泛美會議形成了巨大的反差。[14]也許這次在古巴，革命會成真。

然而，那些試圖鞏固這場革命的人卻面臨著巨大的障礙。從一開始，美國大使薩姆納．威爾斯就警告華盛頓方面，一場影響深遠的革命很可能在古巴扎下根來。格勞就職一個星期後，威爾斯分享了他最擔心的事：「在可能的範圍內……正在進行的社會革命會失去控制。美國的財產和利益正受到嚴重損害，物質損失……很可能會非常大。」他說，新政府是「坦率的共產主義。」它的「沒收」政策表明，它想限制「美國在古巴的任何形式的影響。」[15]

最初，威爾斯認為最好的解決辦法是干預。躲在國民飯店裡的被罷免官員（由於工作人員都罷工了，他們自己做飯和打掃）對威爾斯所持有的立場感到安慰，希望他能說服華盛頓恢復他們的權力。但他們都判斷錯了。十月二日，巴蒂斯塔領導的新軍衝進了這家豪華酒店（此時威爾斯已搬走），逮捕了官員，並殺死了其中的十四人。此舉消除了對新政府的潛在威脅，同時也鞏固巴蒂斯塔作為關鍵人物的地位。[16]

與此同時，在美國，由富蘭克林．羅斯福領導的新政府一心想要改變它與拉丁美洲的關係。在本世紀的前三十年裡，美國在該地區進行了二十多次軍事干預。雖然有些是短暫的——一九一四年對墨西哥的軍事干預，但其他的，例如對海地和尼加拉瓜的佔領則持續了幾十年。羅斯福想把這段歷史放在一邊。軍事干預只是一個太過直接和昂貴的工具。它也是適得其反的，在整個地區引起了強大的反美情緒。這次美國不會進行軍事干預。

隨著干預措施的取消，威爾斯繼續透過其他手段開展活動——努力阻止美國對格勞政府的承認。他給華盛頓發了電報：他在十月五日寫道：「如果我們的政府承認現有的古巴政府」，這將「意味著我們向一個受到古巴所有的商業和金融利益集團所反對的政權提供官方支持。」他還繼續說道，承認古巴政府將「招致古巴那些階層的反感……一旦這種不正常的狀況過去，他們是仍將會管理這個國家的。」[17]華盛頓同意並拒絕承認古巴的革命政府。這種拒絕造成了嚴重的不確定性和不穩定感。這使得其他國家很難向古巴提供自己的承認。當時，只有墨西哥和烏拉圭這樣做了。更重要的是，美國的拒絕承認促使了那些反對政府的古巴人繼續破壞新政權。

「在每個街角，無時無刻都有人群隨時都在忙碌著，為新的秩序做安排……每個人都在談論政治，任何時候都在談論政治。這就像我們生活在一個瘋人院裡一樣。」一個美國觀察人士這樣說。[18]表面上看是政治上的瘋狂，其實只是革命動盪的徵兆。正如威爾斯所預言的那樣，社會革命是無法被遏制住的。古巴人——尤其是受到大蕭條衝擊的窮人和工人階級，不斷地提出要求：要求提高工資、增加耕種土地、提供食物以抵禦飢餓。學生們支持這些要求，並提出了其他要求：例如，不支付外債，以及更有力地拒絕美國的干涉。抗議者、罷工者和活動人士並不尋求推翻新政府。相反，他們是在推動政府迎接革命的到來。格勞的政府可能已頒布了增加工人工資等方面的法律，但企業主們，他們清楚地意識到美國還沒有承認新政府，則是拒絕遵守政府的法律。因此，工人們明白，他們有必要施加壓力，以使政府迫於恢復正常經營的壓力，履行其對真正變革的承諾。

糖是古巴經濟的支柱，也是美國在該島投資的一個重要領域。正是在這個部門，工人們提出了最激進和最堅定的要求。該行業的勞工騷亂並不新鮮，而且原因也很充分。自一九二五年以來，政府一直在透過削減產量和限制收穫期來應對糖業市場的危機，以推動糖價上漲，但這是徒勞的。到了一九三三年，傳統上的一百二十天的收穫期已減少到微不足道的六十六天。馬查多的下台所造成的真空——國家及其鎮壓機構的削弱，為製糖工人提供了更多的空間來滿足他們的要求。一位歷史學家把馬查多下台後在古巴糖廠發生的事，稱為「革命雪崩」。[19]

這的確是一場雪崩，甚至在中士和學生發動政變和發起他們的「真正的革命」之後，事態還在繼續，實際上還更加劇了。中士們的起義發生在九月四日。九月五日，查帕拉的美國龐然大物的工人從管理人員手中奪取了工廠，並迫使他們在港口的一艘英國貨船上尋求庇護。兩天後，卡馬圭的魯嘉麗諾（Lugareño）工廠被五百多名揮舞著砍刀和棍棒的工人佔領。到九月底，工人們已控制了三十六家糖廠。[20]

在其中八個地區，工人們建立起了「蘇維埃」或工人委員會來管理工廠。在一些地區，他們建立了「飛行大隊」，從一個工廠到另一個工廠，幫助其他工人成功組織起來。來自奧爾金附近的塔卡約（Tacajo）的數千名工人劫持了一列火車，然後去到了鄰近的工廠與管理層對峙。從那裡，一支由兩家工廠的工人組成的大隊開始向第三家工廠出發。當他們到達時，一名農村警衛員建議他們選出一個十五人的委員會，與管理層進行談判。但是，當警衛員爬上一棵樹來看看這支隊伍有多大規模，結果看到了一望無際的罷工者時，他只是打開了大門，把人放了進來。人群走到塔樓前——這是高大威猛的糖廠力量的象徵，在上面貼上了兩面新的旗幟。一面是古巴國旗；第二面是巴黎公社和俄國革命的紅旗，這是勞工運動和社會主義的國際象徵。在佔領糖廠時，以及在佔領其他地方的案例中，工人們都唱了古巴國歌，然後唱了共產主義的《國際歌》。[21]

當工人佔領工廠時，他們從管理層手中奪取控制權，並自己行使控制權。他們決定了新的工作任務和時間表。他們把糖賣給買家，用這些錢來支付工人的工資。他們建立了施食所，分發食物，以及工具甚至土地。在一家工廠，工人們建立了一所學校、一個法庭和一支自衛隊。在許多工廠，他們驅逐了農村警衛隊並接管了公司的商店。他們逮捕工廠經理（甚至是美國人），並組織棒球比賽之類的休閒活動。他們還進行了象徵性的權力翻轉，迫使管理層的人住進工人宿舍，吃工人的食物，或者自己燙衣服。[22]

正是這種來自下面的持續動員，迫使新政府對過去幾年裡出現的政治革新議程採取了行動。最積極響應這些要求的政府人物是安東尼奧．吉特拉斯（Antonio Guiteras）。在一九三三年九月十日，當他被任命為格勞內閣的新內政部長時，他的年紀才要剛滿二十七歲。他的短髮從中間分開，梳到大耳朵後面。他只擁有一套西裝；他經常穿著它，以至於有人稱他為「只有一套西裝的人」。大多數人都叫他「托尼」。吉特拉斯出生於費城郊外，母親是美國人，父親是古巴人，他的大部分時間都在古巴度過，在哈瓦那大學攻讀藥學博士學位，並且像他那一代人中的許多人一樣，參與了學生政治。他曾因反馬查多的活動在監獄裡待了大約四個月，隨後獲得大赦。一旦得到釋放，他就又回到政治活動中。事實上，當馬查多逃離古巴島時，他正在古巴東部策劃革命。在他一九三二年為該運動撰寫的綱領中，他主張取消大宗土地所有權，並將公共服務領域（如交通和電力）的私人壟斷權國有化。現在，作為革命內閣的成員，他將開始把他的方案付諸實踐。當時採訪他的一位記者稱他為古巴的約翰・布朗（John Brown）——內戰前美國的激進廢奴主義者和潛在革命者。[23]

當吉特拉斯開始頒布他的政策——最低工資、降低公用事業費率、將美國擁有的三大企業國有化時，一個主要的障礙就出現了：來自受這些變化影響的企業資本家們的反對。資本家們拒絕向新政府納稅；他們大刺刺地違抗政府的新法律；他們拒絕支付新的最低工資或與罷工工人進行談判——該死的新政府。他們的拒絕也是由於美國沒有承認格勞政府，這也助長了資本家對於這個政府可能很快就會消亡的猜測。[24]

在整個過程中，吉特拉斯試圖利用他的權力在工人和雇主之間進行調解，並確保有利於前者的新立法得到後者的尊重。在十一月時，古巴電話工人因公司拒絕了他們的要求而舉行了罷工，吉特拉斯進行了干預。他親自主持了雙方的會議，並最終說服了公司遵守工人的要求。在鐵路工人和鐵路公司之間的衝突中，他也做了類似的事。事實上，不同運輸行業的勞工糾紛說服了吉特拉斯開始探索建立一個國家運輸系統。在十二月時，在著名的美資查帕拉糖廠發生了為期好幾個月的衝突後，吉特拉斯將其和同一公司擁有的另一家糖廠收歸國有。接下來的一個月，他將美國擁有的古巴電力公司收歸了國有。即使是美國企業，他也毫不猶豫地將其國有化。事實上，在這些特殊情況下，他可能更樂於採取行動。正如吉特拉斯後來解釋的那樣，「一個不反帝國主義的運動不可能是革命的運動。」[25]而吉特拉斯是一個革命者。然而，當吉特拉斯面對強大的財產擁有者的抵抗時，另一個主要問題變得很明顯：革命政府內部存在著巨大的鴻溝。事實上，問題一直都在那裡，它就是新革命政權核心的內部分歧。

被責成進行「真正的革命」的政府從根本上說是分裂的。吉特拉斯代表了左翼。在中間的是格勞總統本人，他是個改革派，他的首要任務是制定一部沒有《普拉特修正案》的新憲法。他致力於許多社會立法，但隨著立法的通過導致越來越多的對抗，格勞擔心並主張採取更緩慢、更和解的方法。太多的對抗可能意味著美國永遠不會承認政府，這將使政府難以生存下去。格勞認為，他們的重點應該放在政治獨立和重建共和制度的規範上，如此一來，以後正式選出的政府就可以在新憲法的基礎上實施更深遠的經濟改革。對吉特拉斯來說，這種區分是沒有意義的：「就如同眾所周知的那樣，沒有經濟獨立，政治獨立就不可能存在。」[26]

無論格勞表達了怎樣的疑慮，吉特拉斯面臨的來自政府另一部門的障礙更為可怕。革命政府是由於中士叛亂而上台的。但是，正如美國大使薩姆納．威爾斯所堅持的那樣，那次兵變「不是為了讓（這個政府）上台而發生的。」當吉特拉斯一手制定革命政策時，軍隊——特別是巴蒂斯塔，卻用另一隻手來阻止它。[27]吉特拉斯向工人讓步；而巴蒂斯塔總是支持他們的雇主。新政府核心的巨大分歧對革命的持久性是個壞兆頭。其中一位領導人對另一位來說過於激進，而另一位對前一位來說則過於保守。

美國十分仔細地關注古巴內部的分歧，並率先利用它們來促進美國的利益。美國大使威爾斯在巴蒂斯塔身上下了很大力氣，與他進行私人秘密會面。他向巴蒂斯塔保證，他「是今天古巴唯一代表權威的人」，是唯一得到「古巴絕大多數商業和金融利益的支持」的人。隨著威爾斯在這些層面上打開了溝通管道，而且巴蒂斯塔也接受了這個看起來大力推崇他的權力的人，威爾斯開始隨心所欲地提出他的建議。他問巴蒂斯塔「是否打算讓不可容忍的狀況繼續下去，這種狀況在糖廠裡已持續了五個星期了」，他所指的當然是許多工人的罷工和對工廠的佔領。根據他的遣詞造句和口氣，威爾斯暗示了他想要聽到的答案是什麼。巴蒂斯塔服從了命令：軍隊將驅逐外國煽動者，監禁古巴共產黨人，保證業主和行政人員的權利，並在「必要時使用軍隊恢復秩序。」巴蒂斯塔言出必行，他的軍隊襲擊了被佔領的糖廠。正如巴蒂斯塔在島上的主要報紙上解釋的那樣，「將不惜一切代價維持糖廠的秩序。」在其他地方，他甚至說得更直接：「要麼是收穫蔗糖，要麼就是血腥。」[28]十月，在卡馬圭的美資哈洛努（Jaronú）糖廠——當時世界上最大的糖廠，巴蒂斯塔的士兵向九月八日以來就控制著糖廠的工人們開槍，造成至少十人被殺。在這個國家最古老的糖廠裡，士兵們暴力拘留了罷工委員會的所有成員。在附近的科塔德拉（Cortaderas），農村警衛隊殺害了二十二名工人，並造成數十人受傷，其中大部分是來自海地的季節性甘蔗砍伐工。[29]

但對威爾斯來說，麻煩要比這更大，它超過任何特定工廠的任何特定衝突的麻煩。他確信格勞的政府是一個過於激進的政府，而他希望能有一個新政府。威爾斯於十一月離開了哈瓦那（他的離開在此之前就已計劃好了），但這裡仍然沒有新政府。接替他的是傑佛遜·卡弗里（Jefferson Caffery），他在一九二八年聯合水果公司的香蕉工人罷工和屠殺期間曾擔任美國駐哥倫比亞大使。在加布列·賈西亞·馬奎斯的《百年孤寂》一書中，他曾對這場屠殺進行了著名的描述。幾乎從卡弗里到達的那一刻起，他就開始重複他的前任長期排練的台詞。不，美國不會承認目前的古巴政府。它有「共產主義傾向」；它的措施是「沒收性的」；它的行動「缺乏準備」，它的支持者是「被烏托邦式的承諾所誤導的無知群眾。」[30]

與威爾斯一樣，卡弗里在巴蒂斯塔身上看到了一個潛在的安全來源。兩人定期會面和交談。在一月十日，巴蒂斯塔直截了當地問他，要如何獲得美國的承認。如何才能讓美國承認古巴的政府呢？卡弗里的回答是外交性的：「我不會提出具體的條件；你們政府的問題是古巴的問題，要由你們來決定如何處理它。」他補充說：「要考慮到我們重申的關於我們對承認的立場的聲明。」這些聲明是什麼？幾個月來，大使館一直在說，「古巴現政府沒有滿足任何條件……來使我們的承認成為可能。」因此，在一月十日，當巴蒂斯塔問美國大使要怎樣才能贏得美國的承認時，大使可能說了，「一個新政府。」[31]

一月十三日，巴蒂斯塔會見了格勞總統並告訴他，他應該辭職；美國人永遠不會承認他。兩天來，部長、官員和學生們開會、辯論，甚至發生了衝突。但在憤怒中，每個人都接受了顯而易見的事實。沒有美國的承認，格勞的總統任期就結束了。兩天後，他辭職了。以一百天的雄心勃勃和意義深遠的法令和提案作為執政開端的政府，總共只統治了一百二十七天。抱負遠大的真正的革命已結束。一月十八日，巴蒂斯塔的寵臣、也是美國大使的親信卡洛斯·門迭塔宣誓就任總統。僅僅五天後，一月二十三日，美國駐古巴的大使館收到了在格勞任內從未出現過的電報：「根據總統的授權，請你立即代表美國向古巴政府表示正式和友好的承認。」[32]這並不需要太多，只是換一個新政府而已。

在巴蒂斯塔對格勞發動政變四個月後，古巴歷史上的一個重大事件發生了。一九三四年五月二十九日，在古巴共和國成立三十二年之後的一週，古巴和美國政府廢除了《普拉特修正案》，這是美國在一九〇一年強加給古巴的一項遭人唾棄的立法，經常被用來威脅或證明干預是合理的。古巴的進步力量長期以來一直在為消除該修正案而奮鬥。具有諷刺意味的是，這個結局是在進步派自己失敗之後才出現的。

第二十章 新憲法

富爾亨西奧．巴蒂斯塔的陰謀就這樣結束了：改革派的總統和將美國公司國有化的革命部長的職務都遭到了解除。被廢黜的格勞總統在邁阿密僑居，加速了古巴政治流亡者會去邁阿密落腳的漫長歷史。格勞在那裡建立了一個新的政黨，並稱其為 Auténtico 或 Authentic，以示對「正宗革命」理念的承諾。儘管有這個名字，但該黨和格勞本人在任時一樣，都是改革派。安東尼奧．吉特拉斯——最近的內政部長和格勞政府中最激進的成員，也在重新整旗鼓。他成立了另一個政治團體——青年古巴（Joven Cuba），這個名字包含了美國和舊政治階層所蔑視的東西：革命者的年輕氣盛，以及他們所受指責的毫無準備，他們想要抹去前幾代政治人物們的所作所為。

至於巴蒂斯塔，即使沒有共和國總統的頭銜，他也成為古巴政治中最有權力的人物。大家都知道，從一九三四年的政變到一九四〇年的選舉，在任的總統基本上都是傀儡。所有這些人最終都聽命於古巴武裝部隊的指揮者巴蒂斯塔。正是以這種身分，他試圖平息一九三三年革命的每一項激進的殘餘。軍隊暗殺了吉特拉斯和其他反對派領導人；警察監禁了數百名學生和工人；國家解散了工會，中止了公民權利，並宣布了戒嚴令。許多在鎮壓中倖存下來的人離開了古巴，他們在佛羅里達組織起來，浸染墨西哥革命的政治氛圍，加入西班牙內戰的共和派。隨著巴蒂斯塔的反對派被徹底擊敗，這位前速記員變成了古巴軍隊的總司令並統治了整個古巴。一個激進的反對者提出了一個敏銳的意見：巴蒂斯塔「具有速記員的想像力」，而他的權力和統治方法都來源於此。像所有優秀的速記員一樣，他「有能力迅速解釋一個混亂的符號、一個毫無意義的段落，或者，如果是應用於政治上，就是能迅速應對一個困難局面……在今天的古巴，他也許是擁有最佳政治技巧的人……（他）在衡量自己的力量時……從未忘記同時衡量他的敵人的力量。」[1]

巴蒂斯塔明白，他的敵人的力量主要來自民眾對於有實效性的改革的支持。自從一九二〇年代末以來，社會上很多人都要求提高工資，獲得土地，改善學校，制定新憲法，以及從美國手中獲得更多的獨立。巴蒂斯塔在一九三四年粉碎了格勞的政府，並在隨後的兩年裡粉碎了剩餘的反對派，在一九三六年，巴蒂斯塔開始推行他的敵人的政策，好像這些政策一直都是他所秉持的政策一樣。

這個變化與其說是受意識形態的驅動，不如說是受實用主義的考慮。巴蒂斯塔意識到，持久的穩定需要對過去二十年的民眾要求做出一些讓步。他明白，解決這些要求所帶來的人氣會給他帶來更大的權力來對付潛在的敵人。因此，巴蒂斯塔披上了民粹主義改革者的外衣，成了一個為無權無勢的庶民效勞的人民之子。他並不是唯一這樣做的人。整個拉丁美洲的領導人——無論是右派還是左派，從阿根廷到墨西哥，從巴西到多明尼加共和國，都在以人民的名義發言，並在這個過程中改變政治文化、國家與社會的關係以及該地區的未來。

巴蒂斯塔馬不停蹄地推行了一項又一項新計畫。他在一九三六年制訂了一項將士兵派往農村的計畫，讓士兵參與教育和社會計畫。在一九三七年，他又發布了一個「三年計畫」，其中包括健康和養老保險，廢除大型地主莊園，讓糖業工人和工廠主之間進行利潤分享，建立新學校，推行農作物多樣化，以及發起掃盲運動。巴蒂斯塔的三年計畫是如此雄心勃勃，以至於懷疑論者將其稱為「三百年計畫」。在一九三八年四月，他又開始給農民授予小塊的國有土地。到了一九三九年，他頒布了全國性的租金管制並降低了抵押貸款利率。巴蒂斯塔越來越受歡迎，他開始進一步擴大自己的基礎，讓共產黨合法化，並取消了對工會組織的限制。從此，工會領導層將由古巴共產黨員主導，與巴蒂斯塔密切合作。歷史學家通常將這些年稱為「巴蒂斯塔和平」（Pax Batistiana）。巴蒂斯塔弭平了反對派，並與一部分菁英改革者結成了聯盟。他知道美國駐哈瓦那大使館是他的後盾。因此，巴蒂斯塔可以自由地按照自己的條件，解決長期存在的民眾要求。[2]

巴蒂斯塔絕非一個沒有雄心壯志的人。他想在別人失敗的地方取得成功。為此，他認為沒有比給古巴共和國制定一部新憲法更好的途徑了。現有的一九〇一年憲法是在美國的佔領下制定的，參加會議的代表們被迫接受了授予美國干預古巴的權利的《普拉特修正案》。該修正案已於一九三四年廢除，但它仍然作為憲法的附錄存在。在一九三三年的革命中，陷入困境的格勞總統曾承諾為新的制憲會議舉行選舉，但他還沒來得及這樣做就倒台了。現在，廢黜他的人將親自出馬。

為了給新憲法鋪平道路，巴蒂斯塔赦免了他以前的反對者，允許在格勞下台後逃離或被流放的人回國。巴蒂斯塔讓新的政黨或是以前遭到取締的政黨擁有了合法地位，為廣泛參與憲法進程創造了可能。最重要的是，政府安排了選舉，而古巴人民將透過選舉產生制憲會議的代表。[3]

大眾被拉進了所有的準備工作中。報紙和雜誌刊登了關於憲法條款的建議。大眾講座和會議都在討論同一主題。也許這些活動中最重要的一次是在阿特納斯俱樂部（Club Atenas）舉行的，這是哈瓦那的一個黑人菁英社交俱樂部。從一九三九年二月開始，在此後的四個月裡，阿特納斯俱樂部接待了來自各政黨（無論大小）的代表，他們向俱樂部成員們介紹了他們的政黨對新憲法的建議。制定新憲法的思考有兩個部分：讓選舉代表的選民了解大會的候選人和他們的方案，並且要創造一個空間，讓投票的大眾和可能參加大會的代表可以一起考慮古巴的基本法內容。[4]

對制憲會議的熱情和緊鑼密鼓的準備工作讓選舉代表的投票率達到了百分之五十七，這也許是古巴共和國歷史上最高的投票率之一。選民們選出了代表不同意識形態的九個政黨的七十七名代表。代表們分為兩大投票陣營：一個陣營是與政府和巴蒂斯塔結盟，另一個則是代表反對派，由前革命總統拉蒙．格勞．聖馬丁領導，他獲得的票數超過了大會的任何一個候選人。有六名代表的共產黨人最初拒絕加入任何一個集團，但後來加入了政府和巴蒂斯塔聯盟。即使如此，反對派仍保持了微弱的多數。[5]

代表們來自各個地區和各行各業。他們當中有常見的律師、教授、銀行家和知識份子。值得注意的是，美國對製糖業的控制給古巴的大規模土地所有權設置了障礙，在這樣的一個社會中，只存在少數的莊園主、農場主和獨立的蔗農。代表們包括一名女權主義者、一名鐵匠、一名瓦工、一名勞工領袖、一名農民活動家、一名製糖工人和一名鞋匠。還有一位愛國英雄安東尼奧・馬西奧的後裔；一位黑人女共產主義者和藥劑師埃斯佩蘭薩・桑切斯・馬斯特拉帕（Esperanza Sánchez Mastrapa）；一位演講功力深厚的黑人共產主義教育家薩爾瓦多・加西亞・阿奎羅（Salvador García Agüero）；一位明顯的反共產主義記者和電台主持人愛德華多・奇巴斯（Eduardo Chibás）；以及一位前總統（格勞）。[6]

一九四〇年二月九日下午兩點左右，當選的制憲會議代表們陸續抵達了國會大廈，開始了他們的制憲審議工作。代表們看到了大量的民眾圍繞著大樓，在宏偉的五十五級樓梯上排成了一條長龍。人們擁擠在走廊裡。在會議廳內，人們在長廊、包廂，甚至在通常為議員保留的區域裡就座。當天大約有五千人來到現場見證這個歷史性的事件。[7]

下午三點二十分，召集大家開會的鐘聲響起了。那是一九〇一年制憲會議開幕時的相同鈴聲。第一位發言的代表是一位六十六歲的老人，也是其中唯一一位也曾參加過第一次制憲會議的人。然後是點名和三次發言。第一個發言的是二十世紀重要的知識份子豪爾赫・馬納赫（Jorge Mañach），他是反對派聯盟的代表。他說：「如果我們出現在這裡，那是因為人民想要我們這樣，我們在這裡是為了人民想要的東西。」接下來發言的是曼努埃爾・科蒂納（Manuel Cortina），他代表親政府聯盟發言。他引用了荷西・馬蒂的話——「馬蒂的祖國必須屬於所有人，與所有人在一起，並為所有人的利益服務。」他獲得了熱烈的掌聲。第三位是代表共產黨的胡安．馬里內洛（Juan Marinello）。他也提到了人民，或者更具體地說——「人民群眾」。他們「近年來的主要渴望，是一個符合時代和他們需求的憲法憲章。」有人宣讀了雷格拉（與哈瓦那隔海相望的小鎮）童子軍的說明，恭敬地捐贈了一面古巴國旗，希望它能保護和激勵聚集在那裡起草憲法的男女。從一開始以及之後的每一次會議，專業速記員都一絲不苟地記錄了會議過程，這些記錄每天都在《會議日報》（*Diario de Sesiones*）上發表，在任何一個銷售報紙的地方都可以買到。[8]

然而，即使是對會議記錄作最仔細的閱讀，也還是會忽略制憲會議最重要的因素之一：高度動員和熱情的大眾。每一天，人們都聚集在大樓外，並在走廊上觀看會議議程。在二月二十四日，當大會主席指出這天是古巴最後一場獨立戰爭開始的週年紀念日時，民眾們站起來鼓掌，並且高聲地喊著「古巴萬歲！」制憲會議的反響遠遠超過了會場建築。人們透過電台廣播收聽了會議的實況。古巴是拉丁美洲擁有收音機比率最高的國家之一。但是，即使那些沒有收音機的人也能聽到廣播。在城市裡，酒店允許人們進入酒店大堂收聽辯論會。其他人則是在朋友或家人的家裡聽廣播。在農村，小村莊有時會在簡陋的中心廣場上安裝揚聲器，人們會步行數英里去廣場上收聽。[9]

大眾除了聆聽或閱讀憲法辯論外，還做了其他的很多事。他們還積極地參與其中。那些站在國會大廈外的人用歡呼聲或口號聲來迎接到來的代表們。他們向代表們散發傳單和小冊子，並就代表們正在討論和決定的事表明立場。工會、社會俱樂部和公民個人給代表們寫信和發起呼籲，有時還把它們刊行出來供人閱讀。各種協會都組織了明信片活動，並向國會發出支持或反對特定提案的呼籲。一些寫給代表的信在會議期間被大聲朗讀，確保公民的聲音能傳到全島的廣大廣播聽眾耳中。[10]

辯論是透過廣播進行的，而且許多代表也在這年稍晚的選舉中參加公職競選，這意味著在場的每一位代表突然有了一個專屬於自己的講壇，只要他或她想就可以。然而，在大多數情況下，討論的基調是有禮貌的和經過深思熟慮的。辯論往往很熱烈，有時出人意料。例如，關於是否在憲法序言中援引上帝的討論引起了激烈的分歧，分歧的程度就像是是否對幾個月前遭到蘇聯入侵的芬蘭發出聲援訊息的提議一樣。一項限制代表發言時間的提案即使沒有得到普遍遵守，也很快得到了批准。最重要的是，辯論是真誠的。代表們極其認真地對待編寫國家基本法的任務，鑑於古巴的第一部憲法是在美國佔領下編寫的，因此有些人認為這部憲法才是古巴共和國首部的真正的憲法。

大會上最令人印象深刻的辯論之一是對憲法第二十條的討論，該條規定了古巴人在法律面前人人平等。為了理解為什麼一個看似不言自明的原則會引起如此大的爭議，我們必須回到古巴歷史上最棘手的問題之一：種族。擬議的條款以一九〇一年憲法中使用的相同措辭開始：「所有古巴人在法律面前都是平等的。共和國不承認豁免或特權。」但一九四〇年的提案則更向前進了一步：「所有因性別、種族、階級或其他有害於人類尊嚴的動機而產生的歧視，都被宣布為非法，並應受到懲罰。法律將規定對那些違反這些規範的人進行制裁。」因此，該條款超越了抽象的平等原則，明確地將歧視定為犯罪。

此創新的最有力倡導者是黑人共產主義教育家和知識份子薩爾瓦多・加西亞・阿奎羅。他說，古巴黑人在任何地方都面臨著歧視。在勞動力市場上，在公共空間裡，都有歧視。他詼諧地說，在宗教學校裡，甚至連上帝都歧視。顯然，一九〇一年憲法中嚴格抽象的「法律面前人人平等」的原則，並沒有保證這種平等。他支持關於明確禁止歧視的建議。但他希望法律能走得更遠。他認為，在沒有實際定義的情況下禁止歧視，會使禁令失去效力。他希望憲法能明確規定它所宣布的非法和應受懲罰的行為。只有這樣，該條款才會有效。[11]

因此，加西亞・阿奎羅和其他共產黨代表提議將提案修改如下：「所有因種族、膚色、性別、階級或其他歧視性原因而阻礙任何公民充分享受公共服務或公共場所、工作和文化各方面的權利，或阻礙充分享受其所有公民和政治活動的行為或行動都應被宣布為非法並予以公布。在六個月內……法律將規定對違反這些規範的人的制裁。」條款中提到的歧視形式在古巴很常見，但大多數古巴白人堅持認為歧視並不存在，而且他們自己肯定也沒有實施歧視。透過賦予歧視一個更具體的含義，該條款試圖使其更容易被識別，因此更容易受到懲罰。[12]

共產黨的修正案堅持了島上許多黑人社會俱樂部所表達的原則。古巴有色人種協會全國聯合會發表了一份宣言，呼籲大會明確懲罰歧視行為，以便平等的「動情宣言」不會成為簡單的「司法虛構」。人們親自寄送明信片，表達自己對通過反歧視條款的支持。其中一位明信片作者名叫荷西・安東尼奧・阿蓬特（José Antonio Aponte）——也許是那位同名男子的後代。那位阿蓬特正是創作了神秘的、後來失傳的畫冊，並策劃了一八一二年在哈瓦那發生的反奴隸制密謀行動的黑人反抗者。[13]

儘管有這種支持，在四月二十七日，共產黨人提出的修正案還是以微弱的劣勢未獲通過。當反對者站起來解釋他們的投票時，他們無意中透露了為什麼修正案的作者認為首先需要定義歧視。一位有發言權的保守派代表德利奧・努涅斯・梅薩（Delio Núñez Mesa）否認種族主義或歧視的存在，他堅持認為，可能出現的歧視並不是國家的錯，甚至也不是古巴白人的錯：「黑人根本不要求他們的憲法權利。他們不知道如何要求（權利）……無論是憲法還是國家的任何法律，都不能使這些公民了解該如何像有尊嚴的人一樣保護自己。」讀到這裡，我們幾乎可以聽到喧囂爆發之前的不安、低級的嗡嗡聲。然後會議就結束了。[14]

但一九四〇年是一個選舉年；大會的會議都是透過廣播進行的，國會大廈的公共長廊裡坐滿了密切關注著議題辯論的公民。當代表們在五月二日回來繼續討論憲法第二十條時，他們在國會大廈外受到了民眾的歡迎，民眾在代表們進入大廈時向他們分發小冊子。對一些代表來說，穿過這條道路的感受就像是遊街受辱一樣。[15]

五月二日的討論議題的關鍵不是共產黨人提出的修正案，它被駁回了。辯論現在集中在宣布古巴人在法律面前平等和歧視（未定義）應受法律懲罰的原始條款上。剛剛被否決的修正案的作者加西亞・阿奎羅現在提出了一項修改，在憲法禁止的歧視形式中增加了「膚色」，而不僅僅是種族。如果說增加的內容看起來是小事，那麼它的支持者堅持認為它不是。「在一個像我們這樣的國家裡，有著如此深刻和複雜的混合，要區分一個種族和另一個種族之間的任何明確界限是非常困難的。這是一個不斷重複的任務。在這裡，是顏色把人分開……人們正是根據一個人的膚色較淺或較深來進行區別對待和歧視的。」[16]

雖然這個修改被接受了，而且沒有什麼爭議，但基本問題——是否將歧視定為犯罪，仍在激烈爭論之中。週五引發爭議的那位保守派代表起身發言說：我仍然認為，歧視在古巴並不存在。其他代表感到不可思議，問他是否真的能誠實地說：古巴不存在歧視。他回答說，即使是有歧視，「那也是他們自己所允許的。」他這句話中的「他們」指的是非洲裔古巴人。房間裡的溫度再次升高了。[17]

這場辯論呼應了古巴歷史上長期存在的圍繞種族的更廣泛的緊張關係。在整個殖民時期，種族奴役是最殘酷的剝削形式。在獨立戰爭期間，大量加入抗爭的古巴黑人總是不得不證明他們對古巴的忠誠大於對其種族的忠誠。在共和國初期，當那場戰爭的黑人老兵譴責種族主義並動員起來反對種族主義時，古巴白人將這場運動本身視為種族運動，視其為對古巴國族的危險侮辱。現在，在一九四〇年，當代表們——尤其是黑人代表們，在這片土地上最崇高的講台上公開譴責種族歧視時，同樣的舊論調和指控再次出現了。

這位保守派代表繼續說道：「處理古巴的種族主義問題是一件反古巴的行為，也是不愛國的；我認為每個人都必須非常小心地處理這個問題，沒有例外，因為它可能變得非常危險。」另一位保守派代表在國會大廈外聚集的大量人群中看到了這種危險的預兆。「一進門……就有人把指責的小冊子放在我手裡，用粗魯的語言，憤怒地攻擊那些投票反對修正案的代表們。這個問題失控了……在這個過程中，以前不存在的問題被製造出來了。」有一度，討論變得如此激烈，變成人身攻擊。一位保守派代表指責黑人共產黨代表薩爾瓦多・加西亞・阿奎羅試圖恐嚇他，企圖讓他保持沉默。加西亞否認這個指控。隨後雙方進行了短暫而激烈的交鋒；各自憤怒地指責對方是說謊的人。在對峙中，一位保守派代表站起來，援引了一個古老而可靠的做法：秘密會議。大眾被清除了，辯論持續了兩個小時，沒有留下任何官方記錄。[18]

無論這些論點多麼熟悉和陳舊，其實時代改變了。當天晚上恢復公開辯論時，該條款的反對者已退讓。一位保守派人士公開宣布他對該條款投了贊成票；他認為該條款不會有效，但還是投了贊成票，希望他的懷疑會被證明是錯誤的。最後，投票是全票通過的。古巴新的基礎性的憲法第二十條將寫道：「所有古巴人在法律面前都是平等的。共和國不承認豁免或特權。任何基於性別、種族、膚色或階級的歧視，以及其他類型的破壞人類尊嚴的歧視，都被宣布為非法並應受到懲罰。法律應規定違反本規定者應受的處罰。」儘管投票是一致的，但關於種族和平等的辯論是整個大會中最激烈和最有爭議的。[19]

審議工作一直持續到六月二十一日，代表們完成了憲法的起草工作。不久之後，所有的代表——黑人、白人、共產黨人、自由派、保守派都登上火車，前往古巴東部一個叫瓜馬羅（Guáimaro）的小地方，那裡是一八六九年古巴第一部憲法——武裝叛亂共和國的憲法簽署的地方。一九四〇年七月一日，在一個小的農村校舍裡，代表們一個接一個地拿起用古巴學童捐贈的資金購買的高級黃金、琺瑯和鑽石筆，在新的共和國憲法上簽字。人群揮舞著旗幟，高聲呼喊著「自由古巴萬歲！」一四天後，憲法在國會大廈的門廊上正式頒布了，「人群把高高的台階擠得水泄不通，人潮還湧向了人行道、街道、陽台，甚至有人站在周圍建築物的屋頂上。」[20]

一九四〇年頒布的古巴憲法，共有十九節、二百八十六條，很顯然是一部進步的憲法。它在國家的基本法律中載入了群眾在幾十年來的動員中所追求的一系列社會權利。這些權利中有許多與勞動有關。第六十一條規定了全國最低工資；第六十二條規定了男女同工同酬；第六十四條禁止了長期以來以代幣或代金券支付工人工資的做法。第六十五、六十六和六十七條規定了工人的社會保險、八小時工作制和帶薪休假制。同時，第六十八條給予了婦女享受帶薪產假的福利，第七十至七十二條保證了勞工擁有工會和舉行罷工的權利。其他措施主要針對農村社會。第九十條旨在調整土地所有權的模式。它宣布「latifundio」（非常大的土地所有權）為非法，並規定了農村私有財產的最大規模，這個措施本身就會嚴重影響美國在古巴的投資。事實上，該條款還更向前進了一步：「法律應限制外國人和公司獲得和擁有土地，並應採取措施使土地恢復為古巴人所有。」第二七一條的範圍更廣，它規定「國家應指導國民經濟的發展，為人民謀福利，以確保每個人的適當生存。」憲法還承認了傳統的個人權利：投票權；宗教自由；言論自由；集會自由；財產自由，以及不受任意扣押的自由。它引入了與直接民主相關的措施，賦予了公民向立法機構提出法律提案的權利，如果公民能收集到一萬名選民對其提案的簽名，立法機構就必須對提案予以審議。[21]

歷史學家拉斐爾·羅哈斯（Rafael Rojas）提供了憲法的最終歸納和分析，指出涉及「個人權利」的條款有二十條，而涉及「社會權利」——與工作、教育、家庭、文化和教育有關的條款超過了四十條。總的來說，新憲法代表了一種意識形態上的轉變，即從傳統自由主義的信條轉向「溫和的左派路線」。它承認傳統上的自由主義財產權，但將財產權與社會功能的關注予以了調和。與古巴憲法最接近的類似憲法可能是墨西哥一九一七年的革命憲法，葛雷·格倫丁將其稱之為「世界上第一部完全構想的社會民主憲章」。在墨西哥的文件之後的二十五年裡，有十四個拉丁美洲國家重寫了他們的憲法，其中大多數國家像古巴一樣，在傳統的政治和個人權利之外增加了新的社會權利。最後，雖然古巴新憲章的條款可能呼應了羅斯福政府新政的主旨，但這種政策從未被寫進美國的憲法。[22]在古巴，一九四〇年的憲法代表了一九三三年革命高潮的呼籲，它揭示了一九三〇年代早期的許多革命思想已成為古巴政治生活主流的一部分。

這部古巴憲法在一九四〇年十月十日生效，這天正好是富爾亨西奧·巴蒂斯塔擔任總統的第一天。這是古巴歷史上第一次由一部沒有外部總督（無論是西班牙人還是美國人）參與起草和簽署的憲法來施行統治。在憲法頒布時，顯然其條文內容是大膽的進步，而且非常受民眾歡迎。許多涉及勞工和社會權利的條款，以及其起草工作所引起的全神貫注和熱情動員都證明了這部憲法受人歡迎的程度。

然而，在新憲法頒布後不久，另一件事卻變得不言而喻了：即它本身是無法落實的。為了使憲法成為現實，需要制定「補充性法律」。對於這些法律，古巴大眾等了很長時間。歷史學家路易斯·佩雷斯（Louis Pérez）寫道：「就其所有開明的條款而言，一九四〇年的憲法實質上仍然是一個目標的聲明，是一個未來成就的議程。」[23]然而，整個制憲過程調動了古巴大眾的積極性，使他們對憲法產生了興趣。因此，無論是否可以執行，該文件在古巴政治中都是一個重要的存在。每個人都在引用它。政治人物們以對憲法的忠誠和使其成為現實的承諾來獲得民眾支持。在憲法文件簽署的十二年後，對憲法內容的實現成為一位名叫斐代爾·卡斯楚的年輕政治人物的第一聲號召。

第二十一章　行李箱

這可能是古巴歷史上最糟糕的一次就職典禮了。在五天以前，也就是一九四八年十月五日，一場颶風——幾個星期之內的第二次，在古巴西南海岸登陸，持續風速高達每小時一百三十二英里，造成了至少十一人死亡，另有兩百人受傷。在哈瓦那，海水穿透了古老的防洪設施，破壞了數百座建築物。颶風甚至摧毀了當選總統卡洛斯・普里奧・索科拉斯（Carlos Prío Socorrás）的遊艇。在這個當下，不是每個人都有及時恢復電力的能力，有很多人沒法打開收音機，聽到新總統的就職演說或是對一九四〇年憲法的宣誓。在總統府的陽台上，普里奧向聚集在下面的人們講話。一支閱兵隊伍沿著慣例路線前進。這是一次普通的、不引人注目的就職典禮。但是，使它成為古巴歷史上最糟糕的一次就職演說的並不是儀式本身，而是在於人們關注行政權力的儀式性轉移時，就在幾個街區之外，發生了一些別的事。[1]

在附近的國庫大樓，一件非同小可的事件正在迅速展開。停在大樓車庫內的四輛綠色通用卡車，似乎都來自教育部。即將離任的部長荷西・曼努埃爾・阿萊曼（José Manuel Alemán）站在一群拎著行李箱的人的前面。警衛認識他，並開玩笑地說：「你不會是要搶劫國庫吧？」「誰知道呢？」部長俏皮地回答。然後他把他的同伴們領進了內部金庫；他們打開手提箱，開始往裡面裝現金：古巴披索、英國英鎊、法國法郎、蘇聯盧布、義大利里拉，還有一大筆美元。阿萊曼拿著裝有美元的手提箱直奔機場，登上了一架 DC-3 飛機，大約一小時後，飛機在邁阿密降落了。當海關人員問他攜帶了什麼時，這個小偷很誠實：我帶了大約一千九百萬美元。當入境官員試圖阻止他時，阿萊曼指示他們給華盛頓方面打電話，確認一件他瞭然於心的事：沒有任何法律禁止攜帶大量美國貨幣進入美國。就這樣，在古巴的就職典禮上，一位即將離任的政府部長帶著從古巴國庫中搜刮來的財富來到美國。[2]

阿萊曼用這筆錢和其他透過收取他的教育部數千名幽靈工人的工資而盜取的可疑款項，在佛羅里達和哈瓦那之間建立了一個雙岸帝國。他擁有一座豪宅、公寓和酒店，這些地產散布在邁阿密海灘和後來被稱為小哈瓦那的邁阿密西南部地區。他買下了卡彭（Al Capone）曾經擁有的一座豪華莊園，他還買下了比斯坎（Key Biscayne）——所有的島都被他買下了。在古巴的家中，他擁有一家糖廠、一家貨運公司、一支棒球隊，並在與老城隔海相望的哈班那德埃斯特（Habana del Este）擁有大片的土地。他在不到兩年之後死去，積累下了七千萬到兩億美元的財富。[3]

就職典禮日搶劫案發生在古巴歷史上通常被認為是正式民主的巔峰時期，也就是一九四〇至一九五二年間。這個時期是在新憲法的標誌下開始的。該憲法似乎承諾了一個重新注入了活力的共和國，一個建立在社會正義基礎上的生機勃勃的民主國家。每位總統候選人都以實現這個承諾為競選目標。然而，令人為之震驚的是，在憲法的支持下，當選和就職的三位總統都違背了承諾。

首先背叛承諾的是富爾亨西奧．巴蒂斯塔。在一九四〇年，經過多年的周旋，巴蒂斯塔在一次公平和自由的選舉中奪得了總統職位。在他手中統治的是一個相對穩定的國家。蔗糖的收成是幾十年來最豐厚的，美國正在購買該島的大部分蔗糖收成。然而，腐敗醜聞困擾著他的政府。一項一九四二年的訴訟案件顯示，在分配給公共工程的近兩百萬披索中，只有微不足道的一千六百二十三塊美元被用在購買物資上。其餘的大部分錢都被用於大家所說的「botellas」上，也就是雇用「幽靈工人」，這些幽靈工人根本不會預期來上班，支付給他們的薪水是為了獲得他們的選票和忠誠。[4]

一九四四年，根據新憲法規定的不再競選原則，巴蒂斯塔退居二線，希望他的總理將成為當選的繼任者。然而，大多數古巴人更喜歡另一位候選人：拉蒙．格勞．聖馬丁，也就是一九三三年百天新政的平民革命總統。他的當選主要是基於人們對「真正的革命」的好奇心和期待。一九三三年將他推上總統寶座的那一代學生已進入自己掌舵的時代。他們的革命曾在一九三四年被巴蒂斯塔竊取。現在，輪到他們了。因此，在一九四四年，他們這一代人再次把總統職位交給了格勞。然而格勞執政的結果卻是令人失望的。在總結格勞的四年任期時，英國歷史學家休．湯瑪斯（Hugh Thomas）毫不吝嗇自己的批評言辭，他說這四年是「被情緒化的民族主義演說所掩蓋的一場偷竊的狂歡。他在扼殺古巴民主實踐的希望上，做得比其他任何人都要多。」[5]

曾擔任格勞總理的普里奧於一九四八年當選為總統，並繼承了他導師的榜樣。作為總統，他建造了「這個半球上最奢華的豪宅之一」。這座豪宅位於哈瓦那郊外，擁有一個游泳池、瀑布、一個動物園、一個阿拉伯馬廄和一個空調理髮店。他最激烈的批評者反問道：既然沒有任何錢可以用在學校、公共工程或支付獨立戰爭的老兵的事上，建設豪華地產的錢是從哪裡來的呢？[6]

貪腐問題連續困擾著三任總統：巴蒂斯塔（一九四〇—一九四四）、格勞（一九四四—一九四八）和普里奧（一九四八—一九五二）。如果說腐敗是一種道德上的失敗，那麼它也算是一種體制結構上的失敗。美國的經濟實力繼續限制著古巴經濟發展的途徑。外國和美國資本主導著製糖業、鐵路、公用事業等。正如一位美國記者在十年前觀察到的那樣，「除了政府之外，古巴人在島上真的沒有什麼可以稱之為自己的東西。」有些人憤世嫉俗地說，「官僚機構」——及其貪汙和腐敗的機會，是該島的第二種作物或第二種收成。政府高官們或多或少地從預算中抽出一部分錢來謀取私利——購買鄉村莊園、旅遊、在邁阿密購物，甚至在那裡購買房地產。這個時期的每一屆總統政府都用現金或用受薪任命的方式收買選票，他們將政府契約授予朋友或親戚，而這些人往往不用履行合約上的責任，他們還將槍手列入政府支薪的工資單上。[7]最後要說明的是，在整個一九四〇年代的所有三屆總統的政府都與世界上最有效的貪汙和非法行為的傳播者之一：美國黑幫合作。

美國黑幫在禁酒令期間首先將目光投向古巴，將這個島嶼作為酒精的轉運點。但作為黑幫會計而聞名的梅耶・蘭斯基（Meyer Lansky）看到了在古巴建立一個更大帝國的潛力。古巴島可能是許多事的答案。隨著禁酒令的結束，它可以提供一種使黑幫企業多樣化的手段。投資於賭場的資金將增長並資助其他投資，到一九四〇年代末，這些投資主要包括毒品。而所有的利潤都是美國政府無法追查的。

梅耶首先向黑幫頭目兼合伙人、「老大中的老大」路奇・盧西亞諾（Lucky Luciano）提出進軍古巴的計畫。盧西亞諾立即看到這個計畫的優點。然而，為了向古巴擴張，蘭斯基和盧西亞諾還需要來自古巴方面的支持。具體而言，他們需要古巴的政治家對該計畫表示贊同，當然，這要付出一定的代價。在一九三三年底，蘭斯基和一位同事帶著滿滿一箱現金飛往哈瓦那。據稱，他們在酒店見到富爾亨西奧・巴蒂斯塔。這次會面的故事從未被證實，但根據黑幫的傳說，蘭斯基打開行李箱，巴蒂斯塔盯著錢靜默了片刻，然後兩個人握了握手。[8]

在大蕭條、古巴的政治動盪，以及路奇・盧西亞諾在一九三六年入獄的事實之間，花了一些時間來啟動合作。但到了那十年的末尾，堅定的巴蒂斯塔準備好了。蘭斯基開始定期前往哈瓦那，並獲得一份數家賭場的經營契約。然後，隨著第二次世界大戰結束後的一輪新繁榮，蘭斯基向古巴擴張的計畫真正開始了。路奇・盧西亞諾在一九四六年從監獄中獲釋（作為幫助盟軍對義大利和德國作戰的獎勵），他的釋放條件是留在義大利，而不是在美國。他剛剛在歐洲的新家安頓下來，就收到他的老友蘭斯基一張寫著秘密訊息的紙條：「十二月——國民酒店。」沿著一條迂迴路線，他從那不勒斯啟程，經過里約熱內盧、加拉加斯和墨西哥城，盧西亞諾於一九四六年十月二十九日在古巴登陸，並與蘭斯基會面了。當他到達國民酒店的房間時，服務員打開了垂在大窗戶上的窗簾，盧西亞諾感到很自由。「當我從窗邊俯瞰加勒比海時，我意識到了另一件事；這裡的海水和那不勒斯灣一樣漂亮，但它離美國只有九十英里。這意味著，我實際上又回到了美國。」盧西亞諾找到了一個新家。[9]

蘭斯基把盧西亞諾叫到哈瓦那的國民酒店，參加一場包含美國所有重要黑幫家族的會議。這是十四年來第一次召開這樣的會議。三個月來，盧西亞諾和蘭斯基為這次聚會奠定基礎。在會議開始的幾週前，酒店的工人威脅要因工資糾紛而罷工，從而危及整個會議的進行。古巴總統親自出面，迫使各方進行談判，從而讓這個不可能的峰會能夠順利進行。[10]

一九四六年十二月的會議，在黑幫歷史上是一段惡名昭彰的紀錄。據說約有二十幾名代表來到國民酒店，現場不對任何的大眾和媒體開放。在四天時間裡，來訪者的生活比平時更加奢侈。據一些人說，他們吃了烤海牛、烤紅鶴胸肉，以及古巴農業部長親自提供的鹿肉。他們有自己的私人保全和一個由五十輛豪華轎車組成的車隊。在適當的（或不適當的）時間，他們從哈瓦那的主要夜總會，熱帶雨林（Tropicana）、三蘇西（Sans Souci）、蒙馬特（Montmartre），以及哈瓦那最著名的高端妓院那裡請來了表演者。法蘭克·辛納屈（Frank Sinatra）也來到現場獻藝。除了休閒和頹廢的活動，所有人出現在那裡也是為了他們的生意。古巴就位列在他們的議程上。他們考慮將這個島嶼西南海岸的松樹島變成一個宏偉的熱帶蒙地卡羅，規模要比拉斯維加斯還大。但盧西亞諾提出的最雄心勃勃的建議是，套用美國麻醉品和危險藥品管理局局長的話來說，就是讓古巴成為「所有的國際毒品的行動中心。」[11]

擴大黑幫在古巴的活動範圍的周全計畫需要有古巴人的參與，尤其需要有權勢的古巴人在必要時願意幫忙轉移視線。在古巴經營了幾家賭場的梅耶·蘭斯基有這些關係。而新近落腳在哈瓦那的路奇·盧西亞諾則以獨特的能量培養了這些關係。在十二月的會議之後，盧西亞諾在哈瓦那豪華的米拉瑪（Miramar）郊區租了一個寬敞的房子，離格勞總統的私人住宅不太遠，格勞總統的政府為盧西亞諾提供了來古巴的簽證。盧西亞諾與古巴著名的政治人物們一起娛樂和社交；他邀請他們喝酒和吃飯；他在泳池邊、賭桌上、色情表演前和政治人物們分享雞尾酒。他甚至向一位參議員的妻子提供一輛全新的汽車。盧西亞諾的政治好友名單令人大開眼界。愛德華多·蘇亞雷斯·里瓦斯（Eduardo Suárez Rivas）是一名參議員，美國特務將其歸類為販運古柯鹼的毒販子。據美國特務稱，未來古巴總統的兄弟法蘭西斯科（帕科）·索科拉斯（Francisco [Paco] Prío Socorrás）是另一位從事毒品販運的參議員。英達萊西奧（或內諾）·佩蒂拉（Indalecio [Neno] Pertierra）是一名國會議員和東方賽馬場賽馬俱樂部的經理。美國緝毒人員稱他是古巴和美國黑幫的「軸心」。他是一家名為 Aerovías Q 的新航空公司的共同所有人。在格勞總統的祝福下，該航空公司在軍用機場外運營，並定期飛往哥倫比亞購買古柯鹼。不出所料，惡名昭彰的荷西·曼努埃爾·阿萊曼——也就是後來成為一九四八年就職典禮日國庫大樓搶劫案的主謀，也是路奇·盧西亞諾在哈瓦那的另一個親信。[12]

一九四七年二月，所有人——甚至連美國政府都知道盧西亞諾躲在哈瓦那。事實上，他並沒有真正躲藏起來；他一直在公開進行輪流交易和聚會。有一次，在法蘭克·辛納屈據稱為他攜帶兩百萬美元的現金後，一場熱鬧非凡的聚會被一位修女和一支女童子軍無意中撞破了，她們想見見這位著名的歌星。盧西亞諾在哈瓦那的出現，在古巴和整個美國引發沸沸揚揚的醜聞報導。華盛頓向哈瓦那施壓，要求將盧西亞諾驅逐出境；作為回應，格勞總統則順勢大聲疾呼說不要「外國干涉」。但是，當美國威脅要扣留其對古巴的所有藥品出口時（可能是因為盧西亞諾有可能將這些藥品轉入活躍的黑市），格勞讓步了。在一九四七年三月二十九日，盧西亞諾被送上了一艘離開哈瓦那的船。參議員帕科·普里奧和其他古巴人朋友特意去了港口為他送行。[13]

盧西亞諾的退出是一個挫折，但美國黑幫從未放棄他們在古巴的計畫。梅耶·蘭斯基仍然與他在古巴的人脈保持著密切的聯繫。黑幫人物繼續在哈瓦那投資，在那裡過冬，管理賭場，經營毒品，以及司空見慣地賺錢和藏錢，所有這些都得到了古巴政治家的批准。黑幫並沒有控制古巴，但套用一位歷史學家的話來說，它顯然是「制度性腐敗的一部分，定期向古巴政府官員支付回扣」[14]。一隻手總是在為另一隻手提供掩護。

這種關係如此緊密，以至於有時古巴國家本身的某些方面也開始和黑幫類似了。越來越多的政治派別會雇用自己的私人保安隊伍，從事黑幫式的暴力活動。一些壯觀的黑幫式處決向古巴大眾強調了這種相似性。人們為這個時期的政治風格創造了一個新的術語：一個帶有西班牙文後綴的美國詞——gangsterismo（幫派風格）。[15]

也許這種「黑幫風格」是說明在一九四〇年代大眾和公民的士氣所發生的巨大變化的有力例子。這十年是以制憲會議的希望和原則開始的。但當這個十年結束時，在腐敗猖獗的狀況下，包括在黑幫協議和就職日對國庫的襲擊的襯托下，制憲會議的辯論顯得極為脫離事實和幼稚。

任何國家都不可能只有一個面向。儘管一九四〇年代存在政治弊端，但在文化領域裡卻充滿活力和生機。像曼波（mambo）這樣的新音樂流派開始興起；新的文學運動推出了新的出版物；古巴藝術家在紐約的現代藝術博物館、羅馬、太子港、倫敦和加拉加斯展出。即使在政治上，轉變也不盡然是徹底的，總統行政當局的腐敗從來不是全部。這個時期的政府不僅對經濟多樣化投入越來越多的關注，更創建了新的發展銀行，旨在減少古巴對糖和進口食品的依賴。從一九四六年到一九四八年，古巴的法學家在聯合國幫助起草了《世界人權宣言》。在同一個十年裡，退伍軍人動員起來，推動了政府對例如荷西．安東尼奧．阿蓬特、普拉西多（反奴隸制詩人）和昆丁．班德拉將軍（一九〇六年被自己的政府暗殺）等黑人領袖的紀念。即使是一九三〇年代初的革命熱情已破滅，人們仍然在持續地向他們的政府提出要求。事實上，在這十年結束時，一九三三年幫助擊敗馬查多的民眾動員，以及一九四〇年圍繞著新憲法進行的動員已演變成具有相當力量的公民行動主義。越來越多的古巴人參與其中，要求結束腐敗。

愛德華多．奇巴斯或許可說是使政府變廉潔的戰鬥中的要角。他年輕，面容清秀，經常穿著白色的西裝，他和其他許多人一樣，是在哈瓦那大學的學生時代進入政界的。在一九三〇年代初，他曾對抗馬查多的獨裁統治，並在格勞總統的百日新政政府中支持他。在一九四〇年，奇巴斯作為格勞新成立的政黨Auténtico的一員被選入了制憲會議。事實上，除了格勞本人，他獲得的選票比任何一位代表都多。在一九四四年，當格勞贏得總統職位時，奇巴斯也是他的支持者，並作為同一政黨的成員贏得了一個參議院席位。[16]

如果說愛德華多．奇巴斯對格勞一九四四年的總統任期感到失望，那麼這樣的措辭可以算作是一種再輕描淡寫不過的說法了。奇巴斯認為：「從來沒有一個政府如此迅速和徹底地背棄了古巴人的信仰。」不幸的是，對格勞來說，奇巴斯不僅僅是一個政治家。他也是整個古巴最受歡迎的電台主持人，而古巴有很多的電台。每個星期天晚上八點，成千上萬的人都在收聽奇巴斯的節目。擁有收音機的人接待那些沒有收音機的人。在比那爾德里奧（Pinar del Río）的科爾特斯（Cortés）農村小村莊，約有八百人步行到菲利伯托．波文（Filiberto Porvén）家收聽。當他們聽到他們喜歡的東西時，他們會鼓掌，「就像（奇巴斯）親自在場一樣。」聽奇巴斯節目的人比聽其他政治家廣播的人都多。他的聽眾比 Auténtico 的官方廣播節目多得多。在政治節目中排名第二的是薩爾瓦多．加西亞．阿奎羅主持的節目，他是一九四〇年制憲會議的黑人共產黨代表，在一九四四年成為哈瓦那的參議員。不過，奇巴斯的聽眾人數要多得多。他的節目受歡迎的程度甚至可以媲美熱播的電視劇。[17]

他用激昂的演說和尖銳的譴責，痛斥古巴政府官員的弊端。他在節目中批判的是眾所周知的行為，方法又是如此的有效，以至於當人們想罵別人的任何不正當行為時，他們會威脅要「告訴奇巴斯」。在一九四七年一月，他向格勞總統發出了一封十二頁的公開信，敦促他解僱腐敗的部長並將他們繩之以法。格勞沒有理會他。但奇巴斯不斷公開要求他承擔責任。幾個月後，在五月十一日的節目中，他「表示準備在經濟獨立、政治自由和社會公正的最初理想基礎上建立一個新的政黨。」接下來的星期四，奇巴斯主持了一個由志同道合的公民一同出席的會議。出席會議的人中有一位二十歲的哈瓦那大學法律系學生，名叫斐代爾．卡斯楚。議程上的主要議題就是與 Auténtico 的分裂。奇巴斯決定給格勞七十二小時的時間來召開黨的會議。但格勞再次忽略了他。[18]

因此，五月十八日星期日，在最後期限過後兩小時，奇巴斯在廣播中宣布，他正在組建一個新的政黨。它將被稱為古巴人民黨（Partido del Pueblo Cubano）——古巴人民的黨，通常被稱為Ortodoxo（正統黨）。新黨的總部設在被稱作「巧克力小子」的前世界拳擊冠軍埃利吉奧・薩爾迪納斯（Eligio Sardiñas）的舊體育館內。他們稱這是一個用他們的「革命力量來打倒腐敗和骯髒的政治活動」的地方。該黨選擇了「Vergüenza contra dinero」作為自己的標語，這句話可以翻譯為「要榮譽，反金錢」。由於該黨提議掃除腐敗，於是它採用了一把掃帚作為黨徽。這個司空見慣、熟悉的物品代表了該黨想要的政治類型——廉潔。支持者們開始將掃帚放在他們的前門或門廊上，以示支持並聲明反對政府腐敗。正統黨立即贏得了足夠的支持，並得以在一九四八年的選舉中派出自己的候選人。奇巴斯本人參加了總統競選。為了發起競選，他飛往古巴東部，從那裡，他與一群人結成了隊伍一起旅行，一路發表演說、會見選民，然後回到了哈瓦那。他們在聖地牙哥舉行的一次集會吸引了約六萬人參加，其中數千名參加者的手中拿了一把掃帚。[19]

在整個古巴島上，奇巴斯都在倡導一種新的政治。但是人們，甚至是支持者，往往認為舊式的政治仍然在佔據著統治地位。他的秘書後來解釋，人們會來找他，求他幫忙——為孩子提供獎學金，為生病的父母提供病床。作為交換，一些人會拿出錢；另一些人則是會拿出他們的身分證，意思是有人可以用它來為黨投票。當奇巴斯拒絕接受這些禮物時，「人們十分不理解，因此他必須要多次解釋自己為什麼要拒絕禮物。」[20]奇巴斯還試圖消除政治家和選民之間的傳統障礙。據一位傳記作者說，他經常「從卡車上跳下來，投入支持者的懷抱。」他每個星期都是步行往返於自己節目的演播室，沿途與大量的支持者聊天。奇巴斯是一個政治明星。有傳言說，大選的潛在贏家普里奧非常擔心奇巴斯的聲望，因此普里奧把總理的職位給了奇巴斯，還把一半的內閣職位給了他的政黨。但這個特立獨行的政治新人則回答說：絕不可能。[21]

奇巴斯在投票中的表現令人驚奇。但這並不足以讓他贏得選舉。其他政黨獲得的票數都大大低於其成員人數。與此同時，正統黨獲得了約兩倍於其註冊成員的票數。由於這個原因，儘管輸了大選，但每個人都對正統黨

愛德華多·奇巴斯的支持者舉起掃帚，象徵著正統黨的清廉政府的立場。（圖片出處：Courtesy of the Cuban Heritage Collection, University of Miami）

的表現讚嘆不已。一位美國選舉觀察員稱這是「一場偉大的道德勝利。」島上最受歡迎的雜誌《波西米亞》（*Bohemia*）的一位專欄作家將其視為一個奇蹟，預示著美好的事物即將到來：「（奇巴斯）沒有為人安插工作、收受賄賂或其他類似的東西，他所贏得的選票可以作為一個槓桿，可以藉此建立一個偉大的政黨，一個可以在未來幾年成為無可爭議的反對派領袖的政黨。」[22]

選舉失敗後，奇巴斯也不再是參議院的一員，他開始把自己全部的精力投入到黨的建設中，並在他看到的任何地方譴責腐敗。他指責法官、總統的兄弟和總統本人。「告訴我，卡洛斯．普里奧，你怎麼能買得起這麼多農場……而你同時又說沒有錢，沒有材料來修路……告訴我，你為什麼突然放走了你在國民酒店逮捕了的著名跨國毒梟，他為秘密警察的頭目帶去了一批毒品。」不只一次，他的節目因為這樣的譴責而被暫停。但奇巴斯將慷慨激昂的指責變得十分普及且司空見慣了，只要他一入獄，已蓬勃發展的媒體就會介入，擴散他的訊息，反擊政府對他的壓制。[23]

普通公民也試圖以奇巴斯為榜樣，寫下他們自己對政府腐敗的譴責。有時，新聞界和公民也會動員起來反對除了貪腐之外的事務。比方說，在一九四九年三月，有一名喝得酩酊大醉的美國海軍陸戰隊員爬上了哈瓦那中央公園的荷西．馬蒂紀念碑的頂端，並在雕像的頭上撒尿。學生和共產黨人在美國大使館前組織了抗議活動；然而，抗議聲遠遠超出了這兩個群體，美國大使被迫在全國電視上發表了道歉聲明，並在紀念碑腳下發表了另一份道歉聲明。道歉的效果沒有想像中那麼好，因為大使在講話時忘記了馬蒂的名字。但如果沒有大眾的參與和活動，可能連道歉都根本就不會有。[24]

愛德華多．奇巴斯開創了一種讓年輕的改革者紛紛效仿的新風格。他的演講以針砭時弊為主，經常重複「我指控」（yo acuso）這句話——很快就成為古巴政治的主旋律。斐代爾．卡斯楚在一九五二年競選參議員時，在競選演講中使用了奇巴斯的「yo acuso」這句話，令他成為一個政治和演說天才。其他的政治人物也以愛德華多．

奇巴斯為榜樣，而且不僅僅是在演講方面。有人曾向古巴刑事法庭提起了一樁訴訟案，指控前任和現任政府官員盜竊了超過一億七千四百萬美元（$174,241,840.14）的鉅款。該案被稱為第八十二號訴訟案，詳細說明了猖獗的貪汙和欺詐行為，其中大部分是由一九四八年策劃了就職日國庫強劫案的教育部長荷西・曼努埃爾・阿萊曼所犯下的。

發起第八十二號訴訟，共三十三頁指控的作者是參議員佩拉約・奎爾沃・納瓦羅（Pelayo Cuervo Navarro）。當他開始收集證據來證明這個案子時，他的朋友們勸他不要這樣做。他們警告他說，你早晚會被扔到莫羅堡壘附近的海裡餵鯊魚。但他仰賴他的兒子們作為全天候的保鏢，並堅持了下來。很快，支持控訴的證據開始以神秘的方式陸續來到他的手上：匿名電話，在意想不到的地方留下的紙條，告訴他哪裡有文件會等他去取，比方說，「財政部大樓六十四室的第三個架子上」。他在韋達多的房子裡放滿了與該案有關的文件。雖然最初有幾位法官拒絕審理此案，但有一位法官同意了。這批文件——數量超過五千份，被轉移到了法官辦公室，並確定了審判日期。但是，在一九五〇年七月二十二日凌晨兩點，一輛綠色的美國通用牌卡車停在法院門口。五個人提著行李箱走進法官的辦公室，他們收走每一張紙，然後便不知所蹤了。參議員花了將近一年的時間來重新收集證據。法官下達了一份起訴書，其中包括古巴前總統（格勞）和他的十位前部長，其中就包括腐敗的教育部長阿萊曼。等到有罪判決下來時，判決的金額較小（四千萬美元而不是當初的一億七千四百萬美元），而阿萊曼在此時以超級富翁的身分死去了。[25]

在許多方面，八十二號訴訟案都算得上是古巴這個歷史時期的最好象徵。一方面，它暴露了這個時期古巴政治的腐敗深度。另一方面，它突出了公民行動主義的強大和持久，見證了記者、政治人物、學生和公民在面對被腐敗和粗暴的盜竊所扭曲的政治時的頑強不懈的努力。

然而，在這個時期又發生了兩起意想不到的盜竊案。第一起是由奇巴斯本人也許在無意之中發起的，在當時，奇巴斯是即將在一九五二年舉行的選舉中贏得總統職位的熱門人選。他正在對新任教育部長發起一番廣播節目攻勢，指責該部長盜用學校的學生早餐資金在國外購買房產，奇巴斯做出承諾，要在一九五一年八月五日的星期日廣播中將無可辯駁的盜竊證據公之於眾。他帶著一個小手提箱出現在電視台，人們以為裡面裝著證據。但由於至今仍不清楚的原因，他沒有提出任何證據。他情緒十分激動，重複了對現任總統、前任總統和現任及前任教育部長的常規指責。然後他進一步提高了音量，「為了經濟獨立、政治自由和社會公正！」他大聲喊道。「讓我們清除政府裡的騙子！古巴人民，站起來，行動起來！古巴人民，覺醒吧！這是我的最後一次敲門！」然後他打開公事包，拿出一把槍，在直播中開槍自殺。但他說得太長了，就在槍聲響起之前，節目切到了皮隆咖啡館（Café Pilón）的廣告。我有一些朋友當時不在世，或者太年輕，不記得這段情節，但他們記得他們的母親和祖母告訴他們，在奇巴斯在節目結束時開槍自殺的那一刻，他們正在做什麼。[26]

沒有人知道奇巴斯是否真的想自殺。子彈射到了他的肚子裡；他在死亡邊緣掙扎了一個多星期，想要活下去，在一九五一年八月十六日，奇巴斯停止了呼吸。就這樣，奇巴斯終結了自己的選舉。在當時，他是古巴最受歡迎的政治人物；可能會成為古巴的下一任總統。他的葬禮是該國有史以來最盛大的一次。大約三十萬人陪同棺材從哈瓦那大學停放棺材的大禮堂一路走到了科隆公墓。[27]此後，一切都變得不一樣了。他的政黨試著延續這樣的勢頭。新的選舉口號沿用了他的名字和形象。該黨成員認為對他的記憶和他所留下的榜樣，將會帶領他們在選舉日取得勝利。

然而，這件事並沒有發生。不過，奇巴斯和他的政黨還是留下了一份持久的遺產。他將一九二〇年代末開始出現的對社會民主的廣泛、長期的承諾與一種新的政治激進主義連繫在一起。這種連繫將在整個五〇年代持續存在；事實上，這份遺產有助於解釋斐代爾·卡斯楚的吸引力和崛起的原因。

一九五二年三月十日，這段時期最大的盜竊案悄然發生。富爾亨西奧・巴蒂斯塔正在競選總統。他的競選廣告牌是一張巨大的剪影，他身著西裝，下面寫著「Este es el Hombre」——這就是那個人。但在十二月的雜誌民調中，他的支持率只排名第三。每個人都懷疑他是一個即將敗選的人。[28]

在凌晨時分，太陽還沒有完全升起，我的母親當時正在去上班的路上，看到巴蒂斯塔坐在一個車隊的領頭吉普車裡，開進了哥倫比亞營。他到那裡是為了竊取總統職位。而他成功了。巴蒂斯塔在那天早上發動的政變持續了一小時十七分鐘——有人說，古巴人對於政治的普遍冷漠和深刻批判限制了他們的反應能力。但巴蒂斯塔沒有冒險，他精心策劃了政變的細節，使抵抗變得徒勞。他的手下奪取了整個城市的軍隊駐地，並在所有戰略地點設立了指揮部。軍事路障使人們無法進出哈瓦那。軍隊佔領了公車和火車站、銀行和政府辦公室、廣播電台和電視台。當居民醒來，打開新聞來看看事態是否像猖獗散播的政變謠言一樣嚴重時，他們只能聽到不間斷的音樂。坦克在哈瓦那市中心行駛。普利奧離開了總統府，很快逃到墨西哥，然後又逃到邁阿密。巴蒂斯塔立即解散了國會，並在國會大廈周圍安排了軍事警衛，以防止國會議員和他們的工作人員聚集。政變後一天，巴蒂斯塔向大眾發表了講話，取消了他即將失敗的選舉。在不那麼大張旗鼓的情況下，他將自己的總統薪水從每月兩千美元提高到一萬兩千美元。[29]

起初，即使巴蒂斯塔政變的殘酷高效也沒有壓制住廣泛的反對聲音。學生們，就如同往常一樣，發動了遊行和口誅筆伐。他們聚集在第二十五街和醫院街交會處的荷西・馬蒂半身像前，象徵性地埋葬了一九四〇年的憲法。年長的政治人物尋求了聯合國和美洲國家組織的幫助。奇巴斯創立的正統黨的年輕成員試圖組織抵制活動；婦女決定不購買化妝品或衣服。在電影院的陽台上，匿名的活動家們向下面的人群散發傳單，勸說：「古巴人，守護你的榮譽！」

在政變發生的一個星期內，學生們聚集在愛德華多・奇巴斯的墓前譴責這場政變。斐代爾・卡斯楚就在人群中，他爬到一個墳墓的頂上，揮舞著手臂，呼籲大家用暴力推翻巴蒂斯塔。一個星期後，也許是不相信武裝叛亂能取得成功，也不相信有足夠的人願意去發動暴力，卡斯楚對巴蒂斯塔提起了訴訟。該案詳細說明了巴蒂斯塔違反了一九四〇年憲法的每一項行為，並要求對他的每一項違憲行為判處最高刑罰，即總共超過一百年的監禁。但這個案件沒有取得任何進展。[30]

巴蒂斯塔發動的政變成功了。但政變的成功是出於外科手術式般精準的定點鎮壓，而不是因為古巴人對政治的漠不關心。政變發生的兩個多星期後，美國的杜魯門（Harry S. Truman）總統對巴蒂斯塔政府給予了正式的外交承認。在紐約市，梅耶·蘭斯基收拾好行李，訂好機票，前往國民酒店。他認為，事態正在向有利的方面發展。[31]

CUBA

第八部

起源故事

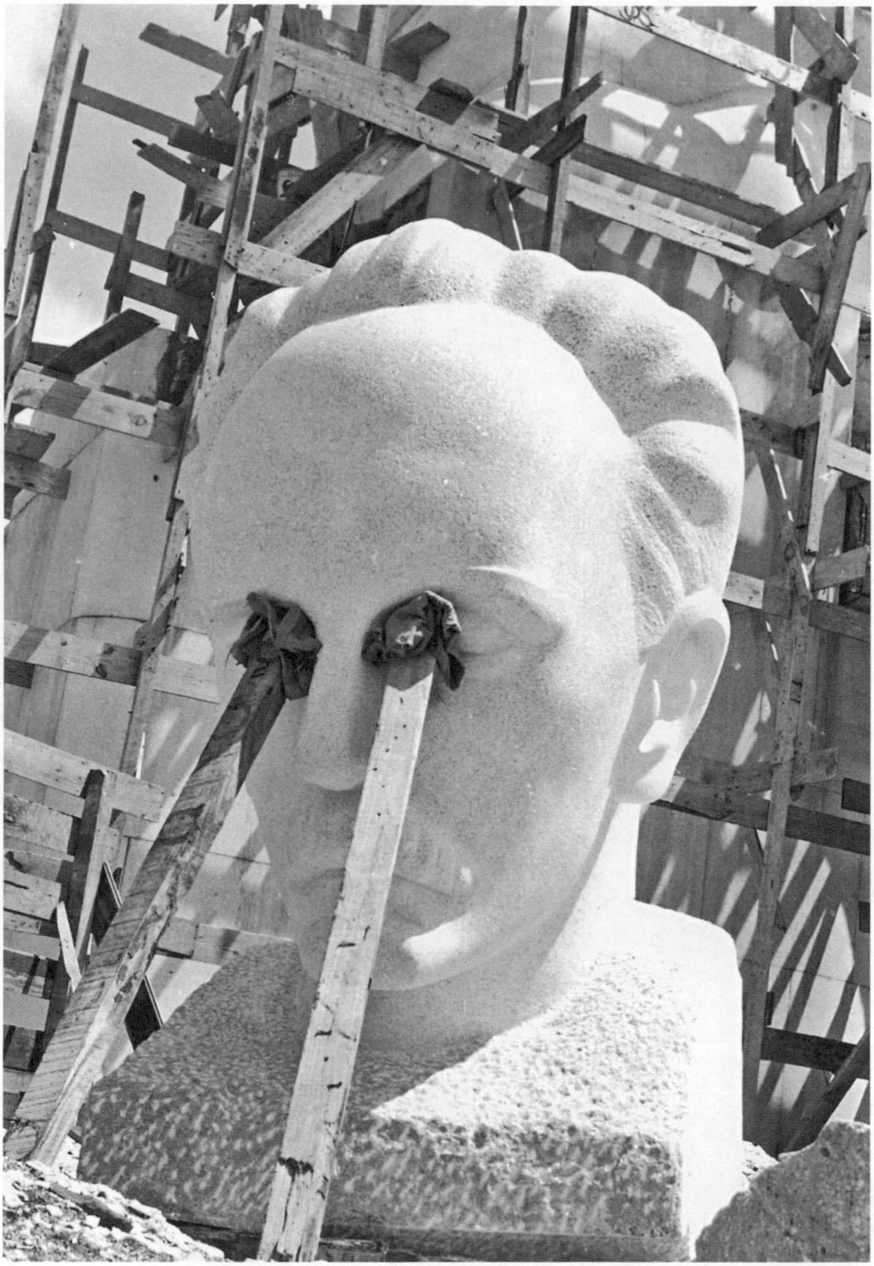

1953 年，古巴人慶祝了國家英雄荷西・馬蒂的百年誕辰。這年，工人們為哈瓦那新的公民廣場上的紀念碑破土動工，這個廣場後來更名為革命廣場。（圖片出處：Courtesy of Ernesto Fernández）

第二十二章　百年誕辰的星火

一九五三年，古巴人慶祝荷西．馬蒂的百年誕辰，他是古巴裔紐約人，也是讓古巴從西班牙統治下獲得獨立的意見領袖。人們計劃為他的百年誕辰進行為期一整年的紀念活動，預計花費一千萬美元。一九四五年的一項國會法案規定，工人們將每年拿出一天的薪水來支付紀念活動的費用。當一九五三年一月二十八日荷西．馬蒂誕辰一百週年紀念日到來時，整個古巴都準備好了。大量人群聚集在哈瓦那的中央公園，觀看向他的紀念碑敬獻花圈的儀式。在幾個街區外，著名的文學朗誦家貝爾塔．辛格曼（Berta Singerman）在燈光的映襯下，站在哈瓦那大教堂前搭建的平台上朗誦了馬蒂的詩歌。著名的鋼琴家舉辦了音樂會；國際學者舉辦了講座。工人們在山上興建了白色大理石紀念雕塑，荷西．馬蒂坐在那裡，手臂垂在膝蓋上，正在陷入沉思；在他身後，有一座高達三百五十多英尺的灰色大理石五角塔。政府發行了許多面額的新硬幣，都有馬蒂的輪廓和「馬蒂百年紀念」的字樣。這些硬幣是在美國鑄造的。[1]

在國家慶祝馬蒂百年誕辰時，富爾亨西奧．巴蒂斯塔最近的政變已過了一年。巴蒂斯塔知道，即使是那些憎恨荷西．馬蒂的人，也不能抗議或抵制這位被古巴人稱為「使徒」的人。然而，即使在官方行為中，人們也意識到了在巴蒂斯塔統治下紀念國家的自由象徵的諷刺性。在官方百年紀念的第一個晚上，哈瓦那大學的學生們舉行了一次火炬遊行，並透過向獨裁者高喊「自由」的方式來向馬蒂致敬。為了保護自己免受警察的報復，他們在火炬上加上了尖銳的釘子。

在古巴島的另一邊，在馬蒂一八九五年戰死的群山附近，發生了一個非常不同的紀念活動。一位年輕的教師提議在古巴的最高點為荷西・馬蒂建立一座紀念碑：特奎諾峰（Pico Turquino）海拔六千四百七十六英尺，位於馬埃斯特拉山脈（Sierra Maestra）鬱鬱蔥蔥的山中，很久以前，逃離西班牙人的古巴原住民、逃離奴隸制的男人和女人、守望慈善聖母的礦工以及與西班牙軍隊作戰的叛軍都在這裡找到了庇護所。藝術家吉爾瑪・馬德拉（Jilma Madera）用青銅雕塑了這座荷西・馬蒂的半身像。沒有人付錢給她，所以她是靠出售紀念章和微型模型來為這個計畫籌集資金的。[2]

在古巴東部，這位雕塑家依靠的是一位鄉村醫生的智識和後勤支持。他是百年誕辰慶典全國委員會地區分會的主席，是島上考古學會的成員，是正統黨地方分會的創始人，也是巴蒂斯塔的激烈批評者。因為他是那種非常熱中於大眾政治活動的人，所以他請求雕塑藝術家同意，讓他四個女兒中的其中一個去參加在特奎諾峰的考察。這位鄉村醫生對藝術家說：「她日思夜想地想要見到你」，而且「希望陪同我們一起去實地考察。」[3]

女兒的名字叫西莉亞・桑切斯（Celia Sánchez）。三十三歲的她又高又瘦，有一頭黑髮，手指和四肢很長。她在一所小型公立學校開始接受教育，所有年級的學生都在一個房間裡學習；下雨時，「老師會用右手在黑板上寫字，用左手撐著一把傘。」稍後，當她的父親接受了一個糖業中心的醫生職位時，家庭狀況有了改善。那時，西莉亞・桑切斯上了私立學校，一家人搬進了通常為公司裡的美國行政人員和工作人員保留的漂亮黃房子中的其中一棟。作為該地區唯一的醫生的女兒，她認識當地工人和農民的家庭。和她的父親一樣，她也是正統黨的組織者；實際上，在愛德華多・奇巴斯一九四八年競選期間在鎮上演講時，西莉亞就站在他旁邊的講台上，那是在奇巴斯戲劇性地在廣播中自殺的幾年前。現在，她和她的父親、雕塑家以及其他荷西・馬蒂的信徒們一起參加了百年紀念活動中最浪漫的紀念活動——將荷西・馬蒂的半身像安放在古巴島的最頂端。他們說，這位使徒將在這裡注視整個國家的道德命運。[4]

五月十九日是荷西・馬蒂的忌日，這群人聚集在他的墳墓之前。第二天，他們排成一列縱隊進山，男人們輪流承擔雕像和設備的重量。當他們於五月二十一日上午到達特奎諾峰時，他們用當地的岩石為雕塑建造了一個底座，這樣可以讓他們省去拖動更多材料的任務。一百六十三磅的青銅雕塑被小心翼翼地安放在山頂上，面向東邊升起的太陽和海地。在底座的一側，他們固定上了藝術家專門為紀念碑選擇的馬蒂名言：「和群山一樣珍貴的，是那種能夠從山上往下看，以一個國家和人類的靈魂來感悟前方的人。」在基座的背面，他們放置了一個牌子，上面寫著使整個努力成為現實的人們的名字。名單裡有西莉亞・桑切斯，一位有公民意識的鄉村醫生之女。當天拍攝的照片顯示，面容狹長的西莉亞在一座既宏偉（畢竟是在島上的最高點）又卑微的紀念碑前微笑，這座紀念碑是由一位年輕女性免費製作，由平民自發地按照力所能及的條件將它豎立起來的。[5]

在一九五三年，當西莉亞・桑切斯帶著荷西・馬蒂的半身像攀登馬埃斯特拉山脈時，斐代爾・卡斯楚正身在哈瓦那，他是一個身材魁梧、脾氣急躁的年輕人，他當時二十六、即將滿二十七歲，正在謀劃一件比在山頂豎立一座雕像更不可能，也更危險的事。

那時，斐代爾・卡斯楚在哈瓦那待了十一年。但從根本上說，他是一個來自古巴東部的人。斐代爾・卡斯楚出生於一九二六年，他的父親是西班牙人，曾在古巴獨立戰爭期間為西班牙作戰，母親是古巴人（是他父親的第二任妻子），曾在他家做過廚師，他生命的最初幾年是在巴內斯附近的比蘭村（Birán）附近的一個佔地兩萬五千英畝的種植園度過的。那裡離慈善聖母首次向黑人和當地漁民顯容的海灣並不太遠，離克里斯多福・哥倫布首次在古巴登陸的海岸也不遠。在二十世紀初美國糖業投資和擴張的衝擊之前，這些土地的大部分都尚未開發。在古巴，很少有地方會像斐代爾年輕時的鄉村那樣被美國資本所支配。卡斯楚一直待在那裡，直到父母把他送到了東部首府聖地牙哥的一所耶穌會學校。在一九四二年，他去了哈瓦那，進入該國最著名的學校——耶穌會貝倫學校（Jesuit Colegio de Belén），獲得了全國最佳全能學生運動員獎。他在一九四五年作為法律專業的學生進入了哈瓦那大學，並

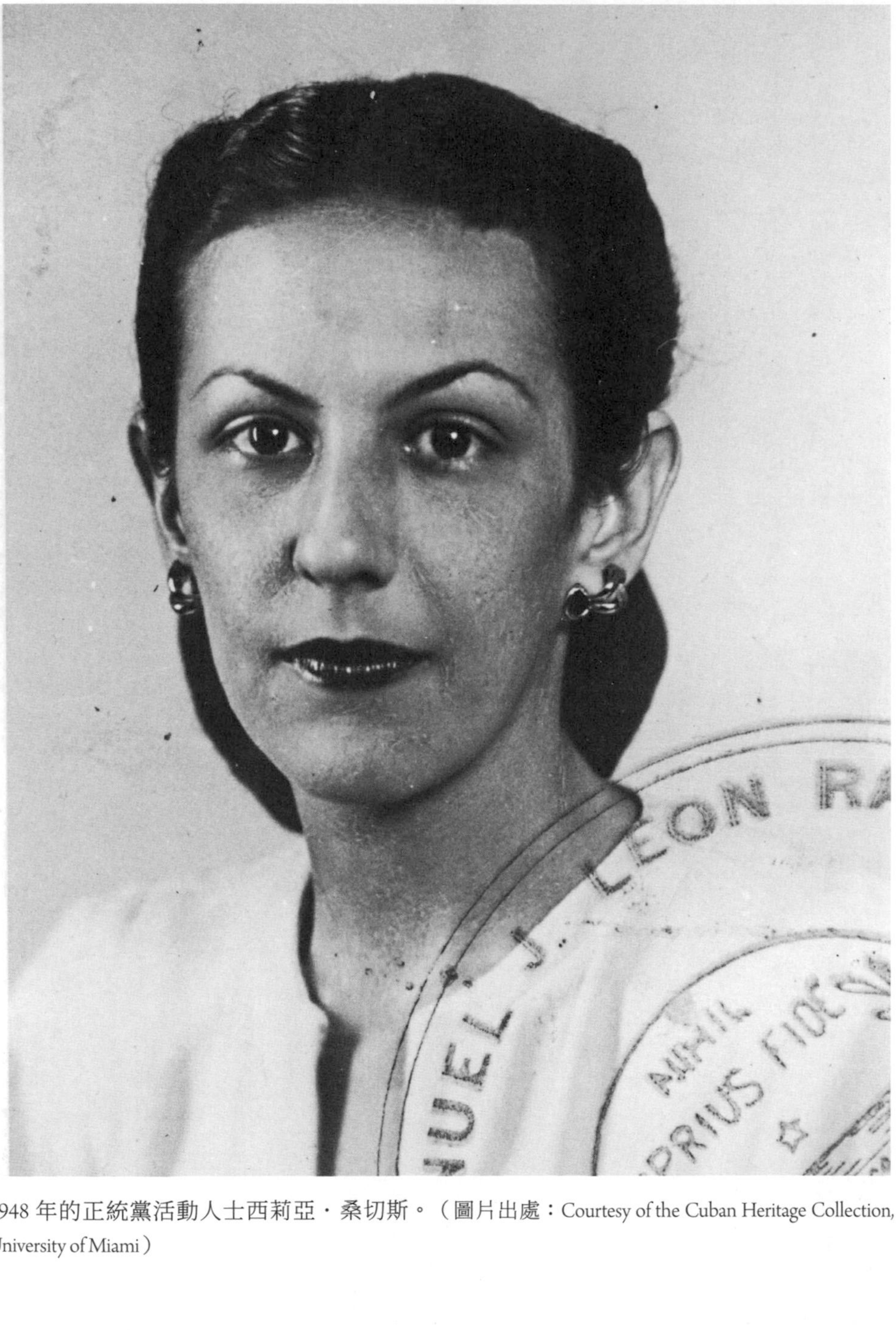

1948 年的正統黨活動人士西莉亞・桑切斯。（圖片出處：Courtesy of the Cuban Heritage Collection, University of Miami）

迅速參與到動盪的學生政治中，幾十年來，這種政治一直是國家體制裡的主流，而「幫派風格」（gangsterismo）最近也開始主導了古巴政治。在一九四八年，普里奧的總統就職典禮和教育部長惡名昭彰的搶劫案發生的兩天之後，卡斯楚與一位古巴政治家的女兒米爾塔・迪亞斯・巴拉特（Mirta Díaz Balart，她後來是美國眾議院兩位頑固的反卡斯楚議員的姨媽）結婚。巴蒂斯塔是她家的朋友，送來了一份結婚禮物，這對夫婦在紐約度了蜜月。在巴蒂斯塔於一九五二年發動政變時，卡斯楚是一名執業律師，也是正統黨中一名有抱負的政治人。在政變發生後，他立即對巴蒂斯塔提起訴訟，指控其篡奪權力和違反古巴憲法，但未獲成功。卡斯楚對巴蒂斯塔的自鳴得意越來越感到沮喪，他相信現在是時候來點新東西了，甚至可能是一些里程碑式的東西。[6]

卡斯楚很快就確定對古巴第二大的軍隊設施——聖地牙哥的蒙卡達軍營（Moncada barracks）發動武裝襲擊的想法。斐代爾與他的兄弟勞爾合作，為獲得武器和汽車籌集資金，並招募年輕人，其中許多人來自正統黨的青年部。他知道他們成功的機會很渺茫。只有一百三十五名叛亂份子參加襲擊，他們的人數將嚴重不足。但有幾件事對他們有利。他們把攻擊的時間安排在聖地牙哥的狂歡節期間，這是島上最熱鬧的地方。慶祝活動意味著許多士兵和警察都會喝得爛醉如泥。繁忙、擁擠的狂歡節也有助於掩蓋陌生人的到來。襲擊者們將穿上正規軍的制服，以便進入軍事設施，從內部給士兵一個驚喜。最後，叛亂者們期望，一旦他們在軍營實現了名義上的控制，士兵們就會加入反對巴蒂斯塔的抗爭。卡斯楚起草了一份宣言，在最初的勝利後立即在廣播中宣讀。這份宣言是面向「全國」的，落款署名為「古巴革命」，聲稱要「以祖國神聖權利的名義，為（馬蒂）百年誕辰紀念而發聲。」[7]

為了攻擊軍營，斐代爾・卡斯楚將他的部隊分成了若干組。勞爾・卡斯楚和他的人將攻擊司法宮；他們可以從它的屋頂上發起攻擊，然後控制通往鄰近軍營的通道。阿貝爾・桑塔瑪利亞（Abel Santamaría）是哈瓦那一家龐蒂克牌汽車經銷商的二十四歲的簿記員，也是正統黨的成員，他將控制隔壁的軍事醫院，監督對所有傷員的照顧。

斐代爾本人將領導對軍營的攻擊，他率領了九十五人，其中大多數人穿著軍裝，乘坐不同的車輛抵達。這就是計畫。[8]

在一九五三年七月二十六日清晨，前四名襲擊者走到軍營的三號大門前，向衛兵敬了軍禮，隨後順利進入了軍營內部。然而，幾乎在同一時間，有人認出這些人是外來者，並拉響了警報。陸軍部隊開始射擊。在斐代爾率領的九十五人隊伍中，已知只有四十五人抵達軍營。有一些汽車在城裡迷了路；有許多叛軍來自城外，他們發現自己要走的預定路線被狂歡節活動封住了。同時，與桑塔瑪麗亞在醫院的，以及和勞爾・卡斯楚在司法宮的許多人都被擊斃或是俘虜。斐代爾・卡斯楚的汽車則遭到槍擊，他從來沒能進入到軍營裡。他隨即逃進了附近的山區，幾天後才被抓住。[9]這次襲擊是一次壯觀而無可爭議的失敗。

然而，後來，斐代爾・卡斯楚對蒙卡達軍營的攻擊將成為一個扣人心弦的起源故事：幾個抱持理想主義的年輕男人（與兩個女人）本著荷西・馬蒂的精神向獨裁政權發起攻擊的故事。蒙卡達襲擊事件成了初始的失敗，但在事後看來，它將不可阻擋地走向勝利。到了一九五五年，斐代爾・卡斯楚將會用蒙卡達襲擊事件的日期來命名他的革命計畫，稱之為「七月二十六日運動」。在他於一九五九年上台後，這次襲擊的週年紀念日將成為整個古巴最重要的全國節日，在革命廣場上，在荷西・馬蒂的雕像的注視下，舉行盛大的政治慶祝集會。[10]

但即使在這些事到來之前，在失敗的攻擊之後的幾天和幾星期內，卡斯楚在大眾輿論的對抗中也取得勝利。在這點上，他得到了巴蒂斯塔政府的無心幫助。軍隊在這次襲擊中損失了三十三名士兵，並進行了惡毒的報復。軍隊在俘虜了五十多名叛亂者後將他們殺害。在某些情況下，他們把襲擊者的屍體扔在可能看起來像是在戰鬥中死亡的地方。許多死者被埋葬時沒有眼睛或牙齒。兩名參與襲擊的女子被用菸蒂燙傷過。她們遭受的其他酷刑則更嚴重。當局向其中一名女子海迪・桑塔瑪利亞（Haydée Santamaria）出示一個托盤，上面放著她弟弟的眼睛和她男友的罪丸。記者和後來的歷史學家稱政府對蒙卡達襲擊事件的反應是「獨立戰爭以來對囚犯最大的一次大規模屠殺」。[11]

這個事實將一次失敗的、軍事上無關緊要的攻擊變成了斐代爾・卡斯楚的政治勝利。這並不是說大多數古巴人支持對軍營的攻擊，也不是說他們對發起攻擊的人以及他們的具體目標一無所知。而是因為，一個本就不受歡迎的政府的做法是如此的粗暴和殘酷，以至於大眾的同情心立即傾向了年輕的叛軍。在整個古巴島上，法官、記者、大學官員、神職人員，甚至島上的兩位大主教都譴責了軍隊的行動，要求對被告進行公平審判，並尊重憲法保障（巴蒂斯塔在襲擊發生後立即暫停憲法保障）。[12]

因此在九月底，當蒙卡達襲擊案中倖存的叛亂者接受審判時，許多人都對此事予以了極大關注。在一九五三年九月二十一日，對卡斯楚的審判開庭了。他走進被擠得水泄不通的法庭，站在舞台中央，所有人都在注視著他。「他在那裡」，圍觀者喃喃自語，指著斐代爾，他的身高超過六英尺，穿著他最喜歡的海軍羊毛套裝，波浪髮型梳理得十分到位，新鬍鬚也剛剛打理過。卡斯楚被帶到了法庭前面，他立即將手臂舉過了頭頂，露出手上的手銬，對法官說：「法官先生……我在這樣的審判上能擁有什麼保證呢？即使是最壞的罪犯，也不會被這樣關押在一個自稱是正義殿堂的大廳裡……一個被銬上手銬的人是得不到正義的……」全場靜默了，然後法官命令摘掉他的手銬。被告人於是變成了原告人。而國家對斐代爾・卡斯楚的審判，即將變成一場斐代爾・卡斯楚對國家的控訴。[13]

在幾分鐘內，卡斯楚再一次讓所有人目瞪口呆，他聲稱自己作為一名律師，有權利擔任自己的辯護人。法官再次同意他的要求，並命令給卡斯楚一件黑色的律師袍，就像是其他的律師一樣。在接下來的審判中，擔任律師的斐代爾穿上黑袍，而當他恢復到被告的角色時則脫下黑袍。向斐代爾提出的第一個問題很簡單：你是否參與了對蒙卡達軍營的攻擊？是的，他回答道。律師指著他的一些叛亂者問道，那麼其他這些年輕人呢？這次斐代爾的回答更長：「這些年輕人和我一樣，都熱愛自己國家的自由。他們沒有犯罪，除非為我們的國家爭取最好的東西是一種犯罪。他們在學校不是教我們要這樣嗎？」法官打斷了他的話，建議他只需回答問題。當律師們問他從哪裡得到攻擊的錢時，斐代爾將自己與荷西．馬蒂相提並論。正如馬蒂沒有接受不義之財一樣，他也沒有接受腐敗政客的錢。他有什麼政治地位來動員全體人民？一位律師問道。斐代爾的回答是將自己比作每個古巴人都知道的獨立英雄：年輕的律師卡洛斯．曼努埃爾．狄．塞斯佩德斯，他在開始第一場獨立戰爭時依靠的是同樣的地位，一個名叫安東尼奧．馬西奧的趕馬車人也是這樣起身反對西班牙的。這兩位愛國者在開始時都不太出名。當被問及誰是攻擊蒙卡達的幕後首腦時，斐代爾回答說：「只有荷西．馬蒂，我們獨立的使徒。」法庭上的人們報以掌聲，法官不得不進行干預。

在審判的最後一天，在法官宣判前，在一個有策略地不對大眾開放的法庭上，卡斯楚發表了他一生中最重要的演講之一。講話有五十多頁，儘管言詞迂迴曲折，但仍然是一篇控訴的檄文。它細數了國家機器對年輕革命者犯下的罪行，包括對投降或被俘人員的酷刑和謀殺。它拒絕了對他提出的主要指控的判定基礎——對國家憲法權力的攻擊。「請問檢察官是生活在哪個國家」，他反問道：「首先，壓迫國家的獨裁政權不是憲法權威，而是違憲的權威：獨裁政權的建立本身就違背了憲法，它凌駕於憲法之上，違反了共和國的合法憲法。」在審判期間，他援引了古巴歷史上的荷西．馬蒂、馬西奧、戈麥斯、塞斯佩德斯這些英雄人物，但他的觀點也遠遠超出了歷史人物的範圍：一六八八年的英國革命，一七七六年的美國革命，一七八九年的法國革命。除此之外，他還引用了湯瑪斯．潘恩（Thomas Paine）和盧梭（Jean-Jacques Rousseau），以及許多不為人所知的人：宗教改革的哲學家、蘇格蘭改革者、德國和西班牙的法學家、一位維吉尼亞的牧師。他在談到古巴人民時，詳細地澄清了他所指的是什麼。

「我們談論的是六十萬沒有工作的古巴人，他們希望誠實地賺取每天的麵包，而不必離鄉背井到國外去尋找生計；我們談論的是五十萬生活在悲慘的棚屋裡的農場工人，一年中工作四個月，其餘時間忍飢挨餓……；我們談論的是四十萬產業工人和勞動者，他們的退休基金遭到了侵吞……；還有十萬小農，他們在不屬於他們的土地上苦苦耕作，活著和死去……」

這個名單還在繼續：教師、小商人、年輕的專業人士、藝術家。他說，所有這些人都是人民。[14]

最後，卡斯楚談到自己的革命。他解釋了若他們能在蒙卡達軍營獲得勝利，即將在廣播中宣讀的五項革命法律。第一項法律恢復了一九四〇年的憲法，承認它是「真正的國家最高法律」。另一項法律是向農民承諾提供土地；還有一項法律是命令沒收所有不義之財。這些擬議的法律聽起來很熟悉；自一九二〇年代末以來，經過一九三三年的革命和一九四〇年憲法的起草，它們一直是古巴政治願景的一部分。可以說，對軍營發動的粗暴攻擊是不正常的，但是這個行動的目標似乎並未違背常理。斐代爾．卡斯楚透過不同的手段，宣揚了一個人們知之甚詳的政治綱領，引起古巴社會的廣大民眾的共鳴。該方案反映了人們對民主原則和社會正義的共識。

然而，共識並沒有拯救他。斐代爾以他最著名的一句話結束了他堪稱最著名的演講：「判決我吧！沒有關係。歷史將宣判我無罪。」法官判處了他十五年監禁。這是他所期望的結果。在演講中，他還透露了一些他預料到的事情：「我知道，我的監禁將會比任何人的監禁都更難捱。」[15]

卡斯楚是在古巴最現代化的監獄中服刑的。這是位於松樹島（Isle of Pines）的模範監獄（Presidio Modelo），建造於馬查多統治的一九二〇年代末，由圓形建築組成，四周環繞著牢房，中心是瞭望塔。現代監獄作為一個全景式的設計，以希臘神話中的多眼怪獸命名，是由英國法學家傑瑞米．邊沁（Jeremy Bentham）在十八世紀發明的，這種全景式監獄讓一名警衛能在任何時候監視任何一間牢房，囚犯卻無從得知自己正在被監視。

對斐代爾來說，被監禁時他最厭惡的事情之一，就是很難暢所欲言。他在獄中寫給一位朋友的信中說：「被囚禁，就是注定了只能沉默，能聽到和讀到一切，但不能說出來……」[16]在服刑的前四個月裡，斐代爾是被單獨監禁的。當然，在那裡，他遭受了最嚴重的孤立和噤聲。但在此之後，他被允許與他的兄弟勞爾．卡斯楚同住一間牢房，並與其他一起被判刑的蒙卡達襲擊者進行交流。斐代爾被允許為自己和小組成員一起做飯。他們可以烹煮花枝，並嘗試了義大利麵的醬汁。這些人有充足的時間在院子裡活動。斐代爾經常穿著短褲坐在戶外，感受陽光和吹吹海風。「卡爾．馬克思會對這樣的革命說些什麼呢？」他在心中思忖。[17]

卡斯楚對他的手下實行了一個類似於學校課程的日常學習計畫，這裡成了一個政治、歷史和意識形態的實用學校。每天早上，斐代爾都會召集他的同伴並發表演講——第一天是哲學，第二天是世界歷史。他的小組的其他成員就其他主題發表演講：古巴歷史、語法、算術、地理，甚至是英語。到了晚上，他們又聚集在一起，斐代爾發表當天的第二次演講。每個星期有三個晚上會由他來講授政治經濟學。另外兩個晚上，他教他們「大眾演講技巧」，「如果你可以這麼叫它的話」，他在寫給一個朋友的信中寫道。在那堂課上，他將朗讀半小時，要麼是「關於一場戰鬥的完整描述，例如拿破崙．波拿巴的步兵在滑鐵盧的進攻」，要麼是「荷西．馬蒂對西班牙共和國的講話之類的意識形態文本，或是類似的東西。」然後，學生們就這個主題進行了三分鐘的演講，並由評委頒獎。每個月的二十六號，為了紀念他們七月二十六日對蒙卡達的攻擊，他們不上課，而是舉行派對；每個月的二十七日，他們會紀念他們喪生的同伴。卡斯楚把他的臨時學校稱為阿貝爾．桑塔瑪利亞思想學院，以被殺害和遭受殘酷折磨的簿記員和蒙卡達襲擊者的名字命名。[18]

斐代爾還組建了一個監獄圖書館，裡面大約有三百多本書，大部分是朋友送來的。事實上，他在監獄裡的大部分時間都在如飢似渴地閱讀。他每天閱讀十個、十二個或十四個小時——「直到我無法睜開眼睛為止」，他在給一個朋友的信中寫道。他閱讀古巴作家，特別是荷西．馬蒂的著作。在讀完康德的《空間和時間的超驗美學》

後立即進入夢鄉。在偉大的法國小說家中，他特別喜歡巴爾扎克（卡斯楚推測，他的寫作風格對卡爾・馬克思的《共產黨宣言》有著很大影響）。維克多・雨果的《悲慘世界》也讓他興奮到「無法用語言表達」，即使他感覺作者「有過度的浪漫主義，他的詞藻和他的博學」有時候會「令人厭倦和感覺太誇張。」他似乎更喜歡杜斯妥也夫斯基的小說，並讀了幾部：《白癡》、《被侮辱和被傷害的人》、《窮人》、《死屋手記》、《罪與罰》。他讀了四卷西格蒙德・佛洛伊德的作品集，並要求一個朋友寄來了另外十四卷，因為他想「自己理解它們的重要性，並將它們套用在杜斯妥也夫斯基的一些人物身上。」[19]

卡斯楚讀書不僅僅是為了娛樂，也不是為了打發他十五年刑期中的許多時間。他讀書是為了學習和思考——關於古巴、關於歷史、關於人性、關於當代政治。他想像著一旦獲得自由，就會運用這些經驗。他讀了關於富蘭克林・羅斯福的書，他自從十四歲起就對羅斯福感興趣了，當時他還給羅斯福寫了一封信，寫給「我的好朋友羅斯福」，並為自己蹩腳的英語道歉，並要求得到一張「綠色的十美元鈔票」。在監獄裡，讀到關於羅斯福新政的內容，他感到十分驚訝：「考慮到美國人民的性格、心態和歷史，羅斯福實際上做了一些很棒的事，但他的一些同胞卻從未原諒他的做法。」[20]

然而，從一開始，考量到他入獄的原因，斐代爾感興趣的就是革命，而不是改革。他向一位朋友坦言：「說實話，我很想把這個國家從頭到尾革命一遍！我相信這會給古巴帶來幸福！我確信這將給古巴人民帶來幸福。我不會被幾千人的仇恨和惡意所阻止，即使這當中有我的一些親戚、我認識的一半人、三分之二的專業人員和五分之四的舊同窗。」年輕時，卡斯楚曾喜歡閱讀關於拉丁美洲解放者西蒙・玻利瓦的文章。現在，他大快朵頤的是法國和俄國革命的史詩般的歷史。在閱讀過程中，他思考了關於什麼能使革命成功或失敗，甚至造成革命發生的問題。是領導革命的那個人嗎？還是因為革命發生的具體時刻和環境？還是潛在的結構條件？卡斯楚認為，若是在凱薩琳大帝的時代，弗拉基米爾・列寧有「可能是布爾喬亞階級的堅定支持者。」若是生在七年戰爭中，荷西・馬蒂會捍衛西班牙對抗英國。具體的時空背景始終是關鍵。但斐代爾也喜歡考慮所有革命的內在邏輯。他的閱讀使他得出結論，每場革命的高潮都是「激進份子扛起旗幟的時刻」。在那之後，革命的浪潮就會開始退卻。在法國，革命的頂點是由羅伯斯比代表的，他是革命最激進和最血腥階段的領導人。卡斯楚解釋了他對這個法國人的好感：「革命處於危險之中，邊境被四面八方的敵人包圍著，叛徒們隨時準備把匕首插到一個人的背後，圍觀者擋住了道路，一個人必須嚴厲、不靈活、強硬——走得太遠比裹足不前要好……」至於古巴，斐代爾總結說，古巴「需要更多的羅伯斯比。」[21]

卡斯楚在革命方面的閱讀幫助他思考了自己的策略。在閱讀了關於「革命人格」和「革命技術」的晦澀文本後，他開始相信政治宣傳的獨特重要性，他指的是在公共場合持續不斷地投射革命的存在和聲音。在給一位盟友的信中，他認為這種宣傳是他們運動的首要任務：他寫道：「政治宣傳是每一場抗爭的靈魂。」斐代爾的監獄教學大綱還包括政治理論的一般文本。他發現弗拉基米爾・列寧的《國家與革命》非常吸引人，他連續不間斷地閱讀了六個小時。他還讀了卡爾・馬克思的《法蘭西階級鬥爭》和《路易・波拿巴的霧月十八日》。他「徹底研究了」馬克思的《資本論》，他稱其為「五卷鴻篇經濟學巨作，以科學的精確性進行了研究和解釋。」事實上，在他所讀到的關於革命的所有內容中，似乎最能吸引他的，就是卡爾・馬克思的著作。[22]

斐代爾・卡斯楚將會在恰當的時刻從全景監獄中獲釋，我們會在下文中檢視當時的狀況。但現在，也許我們應該在卡斯楚與馬克思主義的關係這個長期問題上稍作停頓。幾乎從一開始，他的反對者就指責他是一個共產主義者。在很長一段時間裡，斐代爾強調拒絕這樣的蓋棺定論。他甚至在他上台後仍繼續對此否認。一九五九年四月，他在紐約時宣稱「民主是我的理想……我不是一個共產主義者。」直到兩年後，也就是在美國入侵豬玀灣的前夕，他才公開宣布，他和他的革命是社會主義的。他在當年稍晚時的另一次演講中說：「我們將永遠是社會主義者；我們將永遠是馬克思列寧主義者。」[23]

卡斯楚最初對共產主義的否認和他公開接受馬克思主義的時間是相對較晚的，這為學術界和大眾對他究竟何時成為一名共產主義者的問題的研究，提供了一個名副其實的「各自表述」的空間。同時，自由主義者傾向於將其共產主義看成是在革命本身的背景下發展起來的，因為與美國的對抗失去了控制，而且古巴大眾——對受挫的革命感到沮喪，最終將他推向左傾。在這種來自國外的壓力和來自下面的支持下，也許斐代爾決定，就像羅伯斯比那樣，「走得太遠比裹足不前要好。」

多年來，卡斯楚本人對於他是在什麼時候成為一個馬克思主義者的問題，有著不同的答案——從他執政最初幾年的強烈否認，到一九七〇年代的官方聲明，他聲稱自己從一九五三年就開始以馬克思列寧主義指導革命了。在卡斯楚的晚年，也許有些諷刺的是，他的解釋與右派長期以來的論點很相近：他一直是個共產主義者。二〇〇五年，在與他唯一授權的傳記作者伊格納西奧．拉莫內特（Ignacio Ramonet）進行的最後一次長時間訪談中，斐代爾．卡斯楚解釋，甚至在閱讀馬克思或列寧的著作之前，他就是「一個烏托邦式的共產主義者了。」在監獄裡閱讀和研究這些東西，只是讓他有了更堅實的基礎。他說，馬克思主義對他來說，就像羅盤對哥倫布，或是海妖的歌聲對尤利西斯一樣——是一場漫長旅途中不可或缺的指南，同時也是引人神往的、不可抗拒的誘惑。但是在革命之前，他從來沒有成為古巴共產黨的成員。「不」，他對拉莫內特說，「這是經過深思熟慮的。但那是另一個故事。也許我會在時機成熟時告訴你。」[24]

關於斐代爾在革命時期和之後的幾十年裡的經歷，則沒有那麼多的神秘感和顧慮，他在當時受到了荷西．馬蒂的影響，為了紀念他的百年誕辰，他對蒙卡達軍營發動了命運多舛的攻擊。在其他許多場合，卡斯楚會說，他的政治哲學來自於他對馬蒂和馬克思的特殊融合。在與拉莫內特的訪談中，斐代爾逐字逐句地引用了馬蒂寫的最後一封信，也就是荷西．馬蒂在一八九五年五月十九日戰死前未完成的那封信。以下是斐代爾引用馬蒂的話的情形：

馬蒂坦言：「現在，我每天都有為國家獻身的危險……為了讓古巴及時獨立，防止美國將其控制範圍擴大到整個安地列斯群島，進而以更大的力量壓迫我們美洲的土地。我到目前為止所做的一切，以及我將做的一切，都是為了這個目的。」然後卡斯楚補充說：「這件事必須在沉默中進行，而且是間接地進行，因為有些事情必須隱藏起來才能達到目的。如果將它們公然昭示，就會引起難以克服的障礙。」這是一字不差的引用。（馬蒂）在他最後一封未完成的信中這樣說……他說的很好：隨著古巴和波多黎各的獨立，防止美國以更大的力量撲向美洲的土地。「我到目前為止所做的一切，以及我將做的一切……」他說道，然後又補充說：「必須在沉默中完成。」他解釋了原因。這就是這個人（馬蒂）留給我們古巴革命者的不可思議的遺產。

斐代爾對他的傳記作者講述上文所有的那些話。也許是由於斐代爾逐字逐句地引用馬蒂的信，並兩次引用了其中的部分內容，拉莫內特說：「這些話似乎在你身上留下了印記。你是否將這些話作為你自己的政治綱領呢？」卡斯楚的回答斬釘截鐵：「是的。沒錯。正是從這些話中，我開始獲得了政治意識……」[25]

斐代爾顯然是被荷西．馬蒂所認同的暗渡陳倉的政治價值所吸引了，他相信為了獲勝，要隱藏真實的意圖。斐代爾對他的馬克思主義信念也做了同樣的事嗎？在二〇〇五年的採訪中，他當然也暗示了這點。但我們無法知道這種解釋是否為後來出現的，作為政治領導人——以及所有人，都會在事後進行自我塑造和重新加工。因此，雖然我們可以確定斐代爾公開宣布其革命的社會主義和馬克思主義特徵的確切時刻，但我們可能永遠無法清楚地知道斐代爾．卡斯楚為自己下決定的時刻。

不過，卡斯楚對馬蒂最後一封信的重視還是出人意料地揭示了一些事。馬蒂的這封信在他戲劇性地捐軀沙場之前還沒有完成，這肯定會讓斐代爾受到殉道的想法所吸引。更重要的也許是，斐代爾認同馬蒂信中明顯對美帝國主義的厭惡。這種厭惡如此之深，馬蒂曾寫道，他所做的一切或將要做的一切都旨在挫敗美帝國主義。也許斐代爾在一九五八年從古巴東部山區寫下自己的戰時信件時，就想到了馬蒂的話。他把這封信寫給了他的朋友西莉亞・桑切斯，這位女士在一九五三年曾出力將馬蒂的紀念碑安放在古巴的最高峰上。在目睹美國提供的火箭彈擊中一個朋友的房子後，斐代爾寫道：「我對自己發誓，美國人將為他們的所作所為付出沉重的代價。當這場戰爭結束時，對我來說，另一場更長、更大的戰爭即將開始：我將對他們發動戰爭。我意識到這將是我真正的天命。」[26]他真正的命運——或者，套用馬蒂的話來說，那是他所作所為的一切的目標。

第二十三章　叛亂路線

對古巴感興趣的人經常會犯一個錯誤，就是對斐代爾·卡斯楚給予過度的分析。這是一個可以理解的錯誤。他高大、魁梧、自信，常常顯得孤注一擲、赴湯蹈火，好像注定會獲得勝利和權力。但在一九五五年初，當卡斯楚坐在監獄裡閱讀卡爾·馬克思和維克多·雨果的著作時，他只不過是眾多革命者中的一個。自一九五二年的巴蒂斯塔政變以來，古巴的男男女女們一直在以各種方式抗議這個違憲的政權。他們在大型百貨公司外抗議警察的暴力行為；她們在百褶裙裡夾帶傳單，從劇院的陽台上拋灑而下；他們穿著古巴國旗的衣服出現在集會上；他們上演「愛國的街頭戲劇」和「集體足不出戶的日子」。他們所做的這一切都是為了抗議巴蒂斯塔的統治。[1]

一九五四年十一月，巴蒂斯塔在一次被反對派抵制的、他自己作為唯一候選人的假選舉中贏得了總統職位。如果他希望這種可疑的勝利會讓人們把他視為民選總統，而非一名軍事政變設計師，那麼古巴人則是在不斷地證明他打錯算盤了。人們仍然希望巴蒂斯塔下台。然而，意識到這個任務的艱巨性，民眾有時會把注意力放在更為直接的訴求上。在巴蒂斯塔當選之後，活動家們發起了一場大規模的運動，要求對政治犯進行全面大赦。這場運動成功的機率很高，因為這種赦免是古巴政治中一個常見的特徵。特別是在選舉之後，勝利者往往會給被監禁或遭流放的反對派進行大赦，以示對國家統一的支持。巴蒂斯塔急於獲得合法性，並在選舉後創造一種正常的感覺，他決定順應民眾的請願，而且在他之前當選的總統也經常這樣做。他批准了對政治犯的大赦。在一九五五年五月得到大赦的人，包括在政府壓力下離開古巴的反對派人物，像是前總統卡洛斯·普里奧（一九五二年被巴蒂斯塔的政變推翻）。其他在離開古巴後又秘密回國，隱密地生活和組織活動的持不同政見者，也從隱蔽處走了出來。當有傳言說斐代爾．卡斯楚和他的蒙卡達同夥們不會被納入大赦範圍時，活動人士再次提出了抗議。學生領袖荷西．安東尼奧．埃切維里亞（José Antonio Echeverría）在《波西米亞》雜誌上發表了一份振奮人心的呼籲：「任何將蒙卡達的戰鬥人員排除在大赦之外的企圖都將受到大眾輿論的廣泛反對……不要讓任何反對獨裁統治的戰鬥人員繼續被監禁。」巴蒂斯塔默許了。斐代爾獲得了自由，這要歸功於民間活動人士，但他們當中有許多人已被歷史遺忘。[2]

歷史學家有時會認為，卡斯楚的大赦是巴蒂斯塔所犯下的「最大的判斷錯誤」。[3]但事後諸葛是歷史學家常常看待歷史事件的方法，而政治人物並不會如此做出判斷。在一九五五年，巴蒂斯塔的決定並沒有什麼值得注意的地方。他只是透過對大眾訴求和民主實踐的例行讓步來尋求合法性。其他總統也曾赦免過更大的敵人。斐代爾的赦免彷彿可以表明當時的觀察人士，包括巴蒂斯塔本人在內，都對卡斯楚對國家構成的威脅看得很淡。他是對軍隊的一次引人注目但失敗的攻擊的始作俑者，他的手下遭受了殘酷的鎮壓作為報復。在出獄後，斐代爾．卡斯楚也不是反對派的領袖人物。在一九五五年，反對巴蒂斯塔的運動不是一個單一的運動；沒有一個人明確地佔有主導地位。在卡斯楚獲釋後的幾年裡，反對巴蒂斯塔的運動將擁有多個戰場：包括古巴島上的幾乎所有的城市、東部的山區，甚至是在墨西哥。它將涵蓋古巴社會的大多數階層：學生、製糖工人、中產階級家庭主婦、農民、天主教徒、律師，甚至美國大學生。在三年多的時間裡，這些地方和這些人所做的運動在多條軌道上展開，它們有時會交會，有時不會。簡單地說，古巴人是如何在一九五九年一月一日將獨裁者富爾亨西奧．巴蒂斯塔趕下台的故事，總是一個多條敘事的故事。只有當我們以事後諸葛的視角逆向閱讀歷史時，我們才會得到革命從一開始就是斐代爾．卡斯楚主導的想像。

當卡斯楚和他的同伴們作為自由人走出監獄時，巴蒂斯塔最積極和最有力的反對者是哈瓦那大學的學生。自一九五二年政變以來，他們一直在遊行、抗議和參與公民抗命活動。他們的全國性學生團體——FEU（大學生聯合會）可以說比斐代爾・卡斯楚和他的蒙卡達襲擊者們享有更多的知名度和支持。事實上，學生是爭取卡斯楚獲得大赦出獄的最有力遊說者。

而且在一九五五年，學生們的行動主義正在加劇。在這年，學生領袖們決定創建一個新的組織，名為「革命委員會」（Revolutionary Directorate）。在荷西・安東尼奧・埃切維里亞的領導下，這個新組織將秘密運行，其成員在秘密小組中組織起來。他們的目的和以前一樣，是要推翻巴蒂斯塔。但手段將不再是和平的公民抗議，而是武裝抵抗。當警察襲擊他們時，他們會進行反擊。事實上，他們想激起警察對他們的攻擊。透過這種方式，他們令抗爭升級，使大眾變得激進。這就是古巴人越來越多地稱之為「叛亂路線」的東西。[4]

古巴革命者喜歡紀念日。因此，由學生主導的革命委員會選擇在一九五五年十一月二十七日，也就是一八七一年西班牙當局處決醫科學生的紀念日這天，首次公布他們的新戰略。在一九五五年，學生們用瓶子、菸斗和石頭做準備；護理專業的學生帶來了酒精瓶；醫科學生帶來了酸液瓶。大約四百人從哈瓦那大學的大樓梯上下來，走向警察的路障。當警察叫他們停下來時，他們就往前擠。警察在學生們投擲的大量物體下開始撤退，然後再次衝鋒，追擊抗議者。有學生狙擊手從屋頂上開槍。一些警察受傷，許多學生遭到毆打和逮捕。[5]

一週後，在十二月四日，學生們在一場全國電視轉播的棒球比賽中舉行了戲劇性的抗議活動。在一場雙打比賽的第二局第三次出局後，有二十二個學生衝上了球場，高喊著「打倒巴蒂斯塔！」並拉開了一條橫幅，上面寫著「打倒獨裁政權！」警察衝進了球場，開始用棍棒毆打這些學生。群眾對警察報以噓聲，並開始高呼「打倒警察」。電台的一名體育記者驚恐地敘述了這一幕：「學生們手無寸鐵，他們沒有武器……他們有的坐著，有的跪著。警察在毆打他們，踢他們！這是一次可恥的展示！這是不應該的！」第二天，報紙譴責了政府的行為，將這些學生與一八七一年被西班牙人處決的學生相提並論。[6]

隨著全國大部分地區的關注，革命委員會加快了其抗議活動。在一九五五年十二月七日，這天是非洲裔古巴將軍和獨立英雄安東尼奧．馬西奧傳述中戰死的五十九週年紀念日，數百名學生和工人聚集在以他名字命名的哈瓦那公園裡。一位學生領袖登上了馬西奧的騎著高頭大馬的雕像，發表了激烈的演講，並要求人群跟隨他前往大學。隨著這群數百人的遊行，其他人也從沿途加入進來。警察試圖阻擋遊行者，當這招不起作用時，他們開火了。約有二十名學生受傷，其中有一個仍然面目清秀的卡米洛．西恩富戈斯（Camilo Cienfuegos），他後來成為一個重要的革命人物。從窗戶和陽台上觀看的人們憤怒地喊叫著，從上面向警察發射花盆、煎鍋和手工工具。同樣的，新聞界幾乎普遍譴責了政府的行為。[7]

三天後，學生們抬著一口假棺材從大學出發，為一名最近遭到警察槍殺的學生舉行象徵性的守靈和葬禮。但是，政府派出的便衣人員在沒人發現的情況下混入了遊行隊伍。他們把棍子藏在捲起的報紙裡，然後突然對學生們大打出手。人們目睹了這一切，就像幾天前他們在陽台上，幾天前在棒球場上看到的那樣。他們驚恐地想，這真的是我們嗎？這就是我們的處境嗎？這種不認命和憤慨的情緒助長了大眾對學生運動的支持，並產生了對巴蒂斯塔策略的強烈反彈。[8]

學運參與者知道，如果繼續示威，他們就有可能遭到殘酷的報復，但他們也感覺到，隨著政府的反應越來越強硬，古巴大眾也越來越反對巴蒂斯塔。革命委員會利用了這個勢頭，擴大了他們的抵抗活動。革命委員會主席荷西．安東尼奧．埃切維里亞呼籲舉行罷工，聲援學生，反對巴蒂斯塔警察的暴行。公車司機在行駛途中停下了他們的公車；許多私家車也這樣做了。服務員停止了服務；電台播音員停止了廣播。工廠工人罷工；藥局員工、電話工人、港口裝卸工人、古德里奇輪胎公司的工人也紛紛罷工。參加罷工的工作場所的名單在一份報紙上佔滿了一個版面。罷工不僅發生在哈瓦那，也發生在聖地牙哥、馬坦薩斯和整個古巴島其他城市。這是自巴蒂斯塔政變以來的第一次大規模動員。它的成功和廣泛的影響超出了策劃者的預期，並表明現在學生的志業也是許多其他人的志業。[9]

事實上，在學生們計劃他們的抗議活動時，製糖工人——它們一直是古巴勞工的主要組成群體，正在進行他們自己的抵抗。從年初開始，他們至少在十四家工廠裡組織了勞工行動，抗議各種工作和工資的損失。在一九五五年十二月，在政府宣布將減少給糖業工人的傳統獎金後，五十萬糖業工人舉行了罷工。工人集體癱瘓了一些工廠。警察或農村警衛隊向罷工者開槍，抗議者轉而採取焚燒甘蔗這個過時的策略。罷工和其他抗議行動蔓延到了全島。在馬坦薩斯，紡織工人和印刷工人舉行了聲援罷工的集會；在拉斯維拉斯省的蘭徹羅鎮（Ranchuelo），建築工人、菸草工人和其他人也舉行了罷工以支持製糖工人。在與哈瓦那市融為一體的馬里亞諾，傳說中的托皮卡納夜總會的員工也進行了罷工。大約有二十個城鎮發生了「死城」的抗議活動，這是一種普遍的公民罷工，大多數企業關門，人們不上街，不進行戶外活動，彷彿整個古巴都在哀悼。[10]這些支持糖業工人的聲援行動的程度，暗示了更廣泛的不滿和挫折感的來源。

隨著抗議加劇和國家暴力的螺旋上升，許多人越來越相信，和平變革是不可能的。公民反對派團體，例如共和國之友協會（Society of Friends of the Republic）曾傾向於對巴蒂斯塔採取更大的和解立場，但他們也失去了吸引力，大眾對其解決方案失去了信心。而隨著反對派越來越多地追求叛亂、對抗的策略，反對派也變得越來越激進和受歡迎。就在那時，時值一九五六年初，革命委員會發表了它的第一個公開聲明。聲明的落款日期是二月二十四日，也就是獨立戰爭打響的週年紀念日，它提出了向巴蒂斯塔開火的理由。「面對一個卑鄙的叛徒暴君強加給我們的四年騷擾、羞辱和毀滅，面對每一次和平解決的嘗試的失敗，古巴人民，以主權所賦予的權利宣布，將會堅決地決定走上抗爭和犧牲的道路。」只有「革命叛亂」才能打敗巴蒂斯塔。[11]革命委員會並不是唯一有武裝抗爭目標的團體，但在一九五六年初，它展現出自己是最有力、最突出的。它的宣言文件以這句話作為結尾：「為了古巴革命」。

然而，到了一九五六年秋天，革命委員會修正了想法——不是關於他們要推翻巴蒂斯塔的目標，而是關於推翻巴蒂斯塔的最有效手段。為了給自下而上的普遍叛亂創造條件，他們決定對高層下手。在哈瓦那，革命委員會策劃了針對內閣部長、警察局長和巴蒂斯塔本人的暗殺計畫。他們在蒙馬特夜總會槍殺了調查局的局長。在不久之後的交火中，他們殺死了警察局長。警方報復性地處決了十名革命者。調查局選擇「以牙還牙」，然後警方也是如此。「每天都有死於槍殺的學生屍體被發現……到了晚上，（革命委員會）的行動小組會引爆炸彈。」[12] 這種局面循環往復，週而復始。

當這一切正發生時，斐代爾．卡斯楚離得很遠——他沒有被忘記，但也不是大多數古巴人心中的反巴蒂斯塔革命領袖。在出獄一個月後，他與他的兄弟勞爾．卡斯楚和其他蒙卡達囚犯一起來到墨西哥。在他流亡墨西哥的早期，斐代爾遇到了切．格瓦拉，這位阿根廷醫生變成了全球革命家。他們第一次見面時，兩人談了一整夜，在對話結束時，切．格瓦拉「成了未來要去古巴遠征的醫生」。那晚最讓他印象深刻的是斐代爾的樂觀精神：「他有一個不可動搖的信念，一旦他離開，他就會到達古巴；一旦他到達，他就會戰鬥；一旦他開始戰鬥，他就會勝利。」[13]

身在墨西哥，斐代爾仍然一直關注著古巴，他也在試著讓古巴大眾的眼睛和耳朵也關注他。他在古巴報刊上發表了他執筆的信件和文章；他在有大量移民社區的美國和加勒比海城市舉行巡迴演講，發表振奮人心的演說。在一九五五年八月八日，斐代爾．卡斯楚在墨西哥待了一個多月後，提筆寫下了《致古巴人民的第一號宣言》（Manifesto No. 1 to the People of Cuba）。這是一份篇幅很長的文件，將革命的目標概括為十五點，包括過去古巴革命的經典進步目標。首先是土地改革，宣布 latifundio（非常大的土地所有權）為非法，並將土地分配給農民。其他目標包括沒收過去古巴政府中貪汙者的資產、公共服務國有化（如電力和電話設施）、擴大公共教育，以及恢復被巴蒂斯塔破壞的工人權利。在宣言的最後，他簽了字：「為了七月二十六日的革命運動，斐代爾．卡斯楚。」他的革命現在有了名字。[14]

當然了，名字很重要。在這件事上，卡斯楚用了一個日期來命名他的運動——他在一九五三年七月二十六日襲擊莫卡達軍營的日期。這個不尋常的名字有幾個作用。首先，因為有這麼多人在那天的襲擊中喪生，因此這個名字讓這個組織有了現成的烈士。它還使卡斯楚的團體與其他反巴蒂斯塔的團體不同。這個名字比斐代爾在一九五三年使用的「百年一代」要具體得多，「百年一代」實際上定義了敵視巴蒂斯塔的整整一代人。最後，這個新名字將他的組織與首都哈瓦那拉開距離，區隔了這個組織和哈瓦那的傳統政黨及其傳統政黨領導人。新命名的七二六運動完全是新現象，它有一個領導人，這個人就是斐代爾．卡斯楚。

整個過程中，斐代爾．卡斯楚知道，要推翻巴蒂斯塔，他就必須回到古巴作戰。他知道需要錢來購買武器和物資，以及能夠運送他的人員和裝備的船隻。卡斯楚在美國的古巴移民、墨西哥和拉丁美洲出生的古巴商人中籌集資金。他甚至向他的老對手，他曾熱切指責對方貪腐的前總統卡洛斯．普里奧求援。在一九五六年八月的一個晚上，斐代爾和幾個同伴駕車數小時來到美墨邊境，據說他們游過了格蘭德河，到了德克薩斯州麥卡倫的一家汽車旅館，與前總統見了面。普利奧同意給斐代爾送去五萬美元，以支持對古巴的武裝遠征。他後來又寄了更多的錢。到一九五九年一月卡斯楚掌權時，普里奧已捐助近二十五萬美元。[15]

除了籌集資金外，卡斯楚還在古巴國內尋求組織援助和聯盟。他與革命委員會進行了溝通，並在墨西哥與革命委員會的領導人荷西．安東尼奧．埃切瓦里亞進行了兩次會面。儘管他們並不一定同意對方的行動方法，但他們簽署了相互支持的團結宣言，以完成打敗巴蒂斯塔的共同目標。卡斯楚還在革命委員會之外尋求了其他的聯盟。一個新的盟友是一個名叫法蘭克・派斯（Frank País）的年輕的行動派。派斯是聖地牙哥第一浸信會牧師的兒子，他是一名有抱負的教師，積極參與當地的反巴蒂斯塔抗爭。他是一個秘密組織的主要成員，該組織正在迅速積累革命的經驗，包括對當地軍火庫的襲擊和在聖地牙哥的一些爆炸事件。在一九五五年，斐代爾向派斯提出了一個建議：將他的組織與「七二六運動」合併，作為回報，派斯將擔任古巴東部地區的行動和破壞活動負責人一職。派斯接受了這個建議，並在一九五六年夏季和秋季兩次前往墨西哥。卡斯楚將籌備一九五六年十一月三十日在聖地牙哥舉行的人民起義的重責大任交給了派斯，這天斐代爾和他的手下計劃在古巴登陸，武裝起來，準備戰鬥。[16]

回到聖地牙哥後，派斯為起義打下了基礎。他與工人和工會成員會面，討論大罷工。他還為斐代爾的遠征確定了可能的登陸地點，就在聖地牙哥市和曼薩尼約港（port of Manzanillo）之間的漫長海岸上的某個地方。曼薩尼約港位於廣闊的瓜卡納亞博（Guacanayabo）海灣上。在過去的幾個世紀裡，各式各樣的海盜和海上叛變活動就是發生在這裡。這片海岸也是西莉亞・桑切斯的家，她在一九五三年的旅行將荷西・馬蒂的半身像放在古巴最高峰上。在當下的一九五六年，她在古巴東部積極開展反對巴蒂斯塔的秘密抗爭。[17]

在組織斐代爾和他的手下登陸的過程中，派斯向西莉亞尋求了幫助。她了解海岸和附近的鄉村；她了解當地人；她能識別潛在的盟友和潛在的敵人。在克魯斯角糖廠附近，她獲得周圍農村和山區的詳細地圖。她的父親曾是那裡的醫生，西莉亞在那裡度過她大部分的年少時光。她與工人和他們的家人交談，其中許多人仍然把她當作他們老醫生的女兒。她找到了一個惡名昭彰的農民家長，名叫克雷森西奧・佩雷斯（Crescencio Pérez），他是她父親的老熟人，幾十年來持續對抗農村警衛隊。佩雷斯沒有絲毫的猶豫就上了船，成為西莉亞不斷擴大的反巴蒂斯塔網絡中熱切的新成員，準備動員當地人接待並協助卡斯楚的遠征。佩雷斯徒步進入了他熟悉的山區，沿途與願意提供幫助的人建立聯繫。在預定登陸的前幾天，當地的農民開始在他們被告知的遠征隊將會抵達的海岸線上巡邏。按照計畫，他們準備好卡車，可以把抵達的戰士帶到他們需要去的地方。[18]在農村，就像在聖地牙哥一樣，未來的革命者們在等待斐代爾．卡斯楚和他的手下從墨西哥到來。

斐代爾．卡斯楚在十一月二十五日星期日的凌晨起航，在格藍瑪號上有八十二人，這艘遊艇的設計載客量也許是二十人。當天晚上，墨西哥當局發布了風暴警告，並要求船長將他們的船隻停靠在碼頭。但斐代爾要麼是沒有意識到這個警告，要麼就是認為留在原地（和被逮捕）的風險更大。在墨西哥灣，格藍瑪號遇到了高聳的海浪和嚴酷的海風。他們沒有取得什麼進展，船員們開始暈船。由於運載了太多的乘客、額外的燃料和武器，船艙開始進水了。至少有一些人考慮試圖游回墨西哥海岸，儘管他們似乎離海岸還很遠。但是，套用一位乘客的話來說，「除了純粹的物理力量外，還有其他的力量在抵抗風暴，並驅使船隻駛向目的地。」[19]

與此同時，在聖地牙哥，一封電報送到了七二六運動的一位當地代表家中。「要求的書已絕版。傳播出版社。」這封電報是商量好的暗號。它從墨西哥發出，秘密地宣布斐代爾的隊伍將在四十八小時內在古巴登陸。由於登陸時正值聖地牙哥發生全面叛亂，該訊息也是對叛亂的呼應。每個當地的謀劃者都開始行動起來，十一月三十日星期五一早，他們第一次戴上了現在眾所周知的紅黑袖章，上面用白布縫上了數字「二十六」。接著，一切都出了問題。負責操作迫擊炮的人被一名警察認出來了。他口袋裡的一張名為「迫擊炮行動」的地圖立即將他牽扯了進來，但不清楚這位警官是否需要有證據才能逮捕他。叛亂份子在警察總部附近與警察交火了，但叛亂者被擊退了。當局正處於高度警戒狀態。叛亂份子們摘下了他們的臂章，盡力混到人群裡面，但至少有三十人被抓並遭到監禁。聖地牙哥的叛亂幾乎才開始，就失敗了。[20]

在哈瓦那，行動甚至還未開始。七二六運動的哈瓦那分部沒有及時得到警報，無法採取任何有效行動。同時，革命委員會只有約三十人的武器。試圖用這麼少的武器叛亂，簡直是癡人說夢。無論如何，他們有自己的方法——對政府高層進行針對性的打擊，以及他們自己的計畫——暗殺巴蒂斯塔。當斐代爾．卡斯楚航向古巴時，這個計畫可能比斐代爾在抵達後點燃一場總叛亂的計畫更有可能成功。[21]

卡斯楚部隊的登陸——就像未能迎接他們的城市叛亂一樣，發生了意外。載著遠征軍的船遲到了兩天，而且抵達錯誤的地點。在科羅拉達海灘（Playa Colorada）離岸近百碼的地方，他們放下了一艘救生艇，由於人太多，救生艇立即開始下沉。他們不得不在泥濘的海底涉水，但大海似乎永遠沒有盡頭。他們面對的是無盡的水，然後是泥漿和紅樹林。當這些人到達堅實的地面時，他們的大部分補給已用完了，他們的腳起了水泡，士氣低落。在頭頂上，傳來了政府飛機的呼嘯轟鳴聲。巴蒂斯塔的軍隊正在搜查整片地區，之前一直在等待他們的農民不得不撤退。斐代爾的人孤立無援，又餓又渴，幾乎沒有武器，而且疲憊不堪。「我們是一支影子軍隊」，切．格瓦拉回憶說。[22]

在古巴的第四天清晨，由於無法再行軍，這些人在一片甘蔗地邊上的一個叫阿萊格里亞．狄．皮奧（Alegría de Pío）的地方紮營。如果他們能與派來接應他們的任何一個農民嚮導聯繫上，他們就會知道這不是一個紮營的好地方。到了中午，這些人聽到了飛機的聲音。巴蒂斯塔的軍隊正在向他們進攻。斐代爾的隊伍有三個人在攻擊中死亡，其餘的人被打散了。斐代爾發現自己只剩兩個人和兩把步槍；他弟弟勞爾的隊伍有八個人和七把步槍。[23]

在哈瓦那，政府得意洋洋地宣布了斐代爾．卡斯楚的死亡。巴蒂斯塔打電話給美國大使，一個經常和他們夫妻一起打牌的親密朋友告訴他，一艘試圖在古巴東部登陸的船隻被古巴空軍擊中，只有幾個人倖存下來，這些人都被逮捕，而斐代爾也在死者之列。聯合通訊社駐哈瓦那記者報導了這個消息，十二月三日，《紐約時報》把這則消息放在頭版。標題寫道：「古巴消滅了入侵者；首領在內的四十人死亡」。哈瓦那和其他城市的人們為陣亡者的家屬進行了募捐。但是，當然斐代爾．卡斯楚沒有死。革命現在有了一個新舞台：馬埃斯特拉山脈（Sierra Maestra）。革命也有了一個新的戰略：游擊戰。在紐約報紙刊登報導的兩個星期後，卡斯楚兄弟重新聚在一起。

現在，他們帶著十五個人和比這更少的步槍，向更高的山區進發。由此開啟了改變古巴命運的游擊戰。

第二十四章 山巒疊起

一九五七年一月十七日，在一個海拔九百多英尺，名叫拉普拉塔（La Plata）的小地方，斐代爾・卡斯楚的山地叛軍取得了他們的第一次勝利。切・格瓦拉對這個事件的描述幾乎像電影劇本一樣。叛軍在一個小的軍隊前哨站紮營，然後抓了兩個農民，這兩個農民告訴他們，軍隊的駐軍只有大約十五個士兵，而且附近種植園的一個不受歡迎的工頭馬上就要來了。當叛軍眼見這個人走過來，騎在騾子上，看起來有點醉醺醺的，其中一個人喊道：「站住，以農村警衛隊的名義！」然後工頭就隨口說出了通關密語，這意味著叛軍現在掌握通關密語了。卡斯楚假扮成了一名從山區下來，剛剛執行完偵察任務的軍官，他走到那名工頭面前，抨擊軍隊無法把游擊隊徹底剿滅。然後向他詢問了地區居民的情況，以了解哪些人值得信賴。當工頭說某人值得信賴時，斐代爾便知道誰是需要避開的人；當工頭把某些人看成是麻煩人物，斐代爾便知道這些人可能是叛軍的盟友或新成員。切・格瓦拉後來回憶說，斐代爾如何說服這個人陪他出其不意地跑到哨所那裡，明顯是為了讓士兵們明白這個哨所有多麼不堪一擊。在路上，這位工頭向斐代爾吹噓說，他穿著被他殺死的一個叛軍的鞋子，而且他殺死過兩個農民，而沒有遭受任何後果，他愛「他的」巴蒂斯塔將軍。這個人正在自掘墳墓。當他們到達駐軍時，叛軍便打死了這個不知情的嚮導，並朝士兵們開火，殺死了兩人，打傷了另外五人，還沒收了槍枝、彈藥、食品、燃料和衣服。叛軍在這次襲擊中沒有損失任何人。[1]

隨著這次勝利和僅僅五天後的第二次勝利，卡斯楚的山區游擊隊自一個多月前的失敗登陸後首次嚐到了成功的滋味。對巴蒂斯塔的戰爭開始了，也許是第一次，這些人感覺自己準備好了。

在取得這些勝利之前，卡斯楚早就想像自己準備好了。他在監獄裡時，就已在腦海中模擬了這場戰爭。即使在那時，他也明白，在一場革命中，軍事戰略只是戰鬥的一個部分。他說，另一部分是政治宣傳——每場革命的大眾形象。從他的部隊贏得第一次軍事勝利的那一刻起，他就在考慮如何進行爭取人心的戰鬥。他已決定，他的第一項任務很簡單：讓古巴人知道他還活著，而且正在山區作戰。為了抵制關於他死亡的假新聞，七二六運動的城市裡的活動份子已組織電話網絡。一個人給另外十個人打電話，然後這十個人又給另外十個人打電話，以傳播斐代爾還活著，而且剛剛在某個地方戰鬥並取得了勝利。但卡斯楚知道這還不夠。他希望能有更大的影響力。為此，他做了古巴人經常做的事：向美國求助。

在叛軍取得第二次勝利的大約一週後，斐代爾向哈瓦那派出了一名送信人，帶著沉重的任務和少量指示：找到了一名願意到古巴東部山區親自採訪他的外國記者。送信人得到了哈瓦那的七二六運動份子的幫助，並透過他們得到古巴國家銀行的前董事、巴蒂斯塔眾所皆知的敵人費利佩·帕索斯（Felipe Pazos）的幫助。人脈很廣的帕索斯立即聯繫魯比·哈特·菲利普斯（Ruby Hart Phillips），她是《紐約時報》自一九三〇年代以來駐點在哈瓦那的記者。帕索斯後來回憶那次在她家的會面：「當時還有三四個人，進進出出的閒雜人等很多，有來自雜貨店和藥局的男孩、女傭、朋友等等。在我提出私下交談時，她把我帶到了一個隔壁房間，這裡沒有門可以和大廳隔開，其他人都在那裡，最多相隔五碼。我小聲地告訴她，斐代爾·卡斯楚希望有一個外國記者到馬埃斯特拉山區來採訪他，她用最有穿透力的大嗓門回答說：『所以，你和斐代爾·卡斯楚有聯繫！我真不敢相信！請告訴我你知道的一切！』」她無法抑制自己的胃口，知道這將是一個重要的、不得了的頭條新聞。但畢竟那個時代和現在不同，他們兩人都認為，一個美國女人在馬埃斯特拉山區行動會太顯眼、太危險。另一位記者將會獲得這個獨家新聞：

《紐約時報》記者兼社論版作家赫伯特・馬修斯（Herbert Matthews）。[2]

馬修斯和他的妻子於一九五七年二月九日抵達了哈瓦那，並在那裡等待下一步的指示。二月十五日深夜，他們收到消息說，他們將在數小時內搭車前往古巴東部。他們假扮成購買房地產的美國夫婦，抵達東部沿海城鎮曼薩尼約，這裡的城市地下組織正在西莉亞・桑切斯的領導下蓬勃發展。西莉亞會見了這對夫婦，並與其他活動家一起，護送記者上山去見斐代爾。這也將是西莉亞與他的第一次見面。[3]

二月十七日，當卡斯楚聽說記者來到他的營地時，他轉身命令他的士兵要「看起來精神抖擻、銳利無比，要像士兵一樣。」他穿上了嶄新的制服，戴上了戴高樂式軍帽。他打開了一盒新雪茄，遞給了馬修斯，讓他先挑一根。他們交談了三個小時，馬修斯寫了七頁筆記，每頁都是橫向摺疊成三段。這些筆記記錄了談話的片段，用匆忙、潦草、不同行文方向的字記在紙上。馬修斯縮寫了一些詞語，幾乎沒有使用標點符號。有些東西他用引號寫下來，意在表明它們是斐代爾的話：「我們正在為一個民主的古巴，與結束獨裁統治而抗爭。」斐代爾向他展示了用棕色布包裹的看起來像幾千美元的東西，然後告訴他「我們得到了所有我們想要的錢。」馬修斯還記錄了他自己對於眼前風景的印象（「幽靈一般的棕櫚樹林」和「腳下的爛泥」），還有關於叛軍的印象（「多麼的年輕啊！雜亂的武器和制服」），當然還有關於斐代爾・卡斯楚的印象：「蒼白，又有力，伸縮槍。」在另外的地方寫著：「一個天生的領袖」，而在最後一頁寫著：「強大的信仰和自信」、「所有的人都聚在他的麾下」，馬修斯猜測道。[4]

在長達數小時的談話中，一名叛軍士兵打斷了他們，「我們已成功聯絡上了第二縱隊。」士兵氣喘吁吁地向斐代爾傳話。卡斯楚訓斥他打斷了他們的談話，然後解釋，在山區的其他地方還有其他的叛軍士兵縱隊，這個人剛剛從其中一個縱隊回來。這純粹是一場戲，與斐代爾後來給他的部隊不按順序編號的政策有著異曲同工之妙，這麼做可以讓人覺得他的部隊比實際上的人數多。他的算計在當下起了作用。馬修斯記下了叛軍「以七或十人為一組或小隊，有少數為三十或四十人。」在當時，其實斐代爾的叛軍只有一個縱隊，人數超過十人，但不到四十人。[5]

採訪結束後，馬修斯要求斐代爾在他的採訪筆記上簽名並註明日期，以證明其真實性。在最後一頁的末尾，用墨水寫的方向與頁面上的其他東西不同，是醒目的簽名，與他多年前向美國總統羅斯福索要「綠色的十美元鈔票」的簽名沒有太大區別。帶著這些紀錄，馬修斯離開了古巴，把斐代爾親筆簽名的筆記藏在他妻子的腰包裡。他急於把自己的所見所聞寫在紙上，在回國的飛機上就開始起草報導文章。[6]

對斐代爾．卡斯楚來說，《紐約時報》報導的時機再好不過了。巴蒂斯塔政府再次散布了假消息，說叛軍已被擊潰，軍隊殺死了他們所有的人。沒有任何比《紐約時報》頭版對叛軍領袖本人的採訪更有效地平息這些謠言了。斐代爾在採訪中也暗示了這點。當被問及他為什麼不更多地宣傳他的存在時，他回答說他會「在適當的時候」這樣做，「讓延遲的效果更好。」馬修斯的採訪是在適當的時候採取的適當手段，而且比叛軍當時能夠贏得的任何軍事戰鬥都更有效。

馬修斯的文章在一九五七年二月二十四日星期日刊登了出來，這篇文章是作為三部曲的第一部，以一個單句的段落開始的，完美地傳達了卡斯楚本人想要傳達的主要內容。「斐代爾．卡斯楚，古巴青年的反叛領袖，他還活著，並在崎嶇不平、幾乎不可逾越的馬埃斯特拉山脈的據點中艱難而成功地戰鬥著。」「fastnesses」（據點）這個詞——對於報紙文章的開頭來說也許有些晦澀難懂，它指的是一個安全的避難所，一個被自然地形保護得很好的地方。文章旁邊的圖片更生動地傳遞了訊息：斐代爾．卡斯楚，生龍活虎地活著，留著鬍子，穿著制服，拿著他最喜歡的伸縮步槍，身後是茂密的叢林，在他的照片下，是他在筆記上的親筆簽名：「斐代爾．卡斯楚．魯茲。馬埃斯特拉山區。一九五七年二月十七日。」這是卡斯楚還活著的「第一個確切消息」，馬修斯寫道。「除了本記者，沒有哪個與外界有所聯繫的人……見過卡斯楚先生。在哈瓦那沒有人，甚至是擁有所有資訊管道的美國大使館也不會知道。直到這份報導發表後，我們才知道，斐代爾・卡斯楚真的在馬埃斯特拉山區。」[7]

在這三篇連載文章中，《紐約時報》的讀者了解到的，是一個身材高大魁梧、自信、親切的斐代爾・卡斯楚。這位資深記者描述了卡斯楚歡迎他來參加會議，給他提供食物、飲料和雪茄的作派。馬修斯分享了這位領導人告訴他的事。斐代爾並不反對美國人民，儘管毫無疑問，他確實認為自己是一個反帝國主義者。他抱怨說，美國政府提供了巴蒂斯塔用來對付自己人民的武器。雖然他在與巴蒂斯塔的軍隊作戰，但古巴士兵並不是他的敵人。馬修斯猜測了古巴人民對斐代爾的看法。他們「完全支持斐代爾・卡斯楚」，他寫道，並且越來越多地「反對巴蒂斯塔總統。」但是，這位《紐約時報》的記者首先強調的是，除了斐代爾沒有死這個簡單的事實之外，卡斯楚還抱持著「強烈的自由、民主、社會正義的理念，籲求恢復憲法，舉行選舉。」雖然卡斯楚的計畫是「模糊的」，但它代表了「古巴的新追求，激進的、民主的，因此是反共產主義的。」[8]

古巴當局立即斷然否認這個報導。一位政府官員告訴《紐約時報》駐哈瓦那的記者，該採訪充滿了「想像的訊息」，是由「（馬修斯）的想像力」所美化出來的。巴蒂斯塔的國防部長給《紐約時報》發了一份官方電報，宣稱「政府的意見認為，我相信古巴大眾的意見也是如此，記者馬修斯的採訪和筆下描述出來的冒險，可以被視為一部奇幻小說的一個章節。馬修斯先生並沒有採訪到親共產主義的叛亂份子斐代爾・卡斯楚……」《紐約時報》刊登了古巴政府的指控，隨後是馬修斯的聲明和一張馬修斯與卡斯楚並肩而坐的大幅照片，馬修斯在塗鴉卡斯楚在點雪茄。[9]現在真相大白了，政府已無可否認。

古巴反對派以自己的方法來傳播了這個故事，揭露了政府的謊言。活動家們在報導發行出來之前就前往美國購買報紙。他們複印了這篇文章，並將大約三千份拷貝塞入寄回古巴的郵件中。在邁阿密，《紐約時報星期版》幾乎立即售罄；副本在黑市上以每份一塊五美元的價格出售。當這些副本用完後，人們還出售原件的影印本。報紙和影本被旅行者們偷運回古巴，或者經過郵件寄達。即使面對政府的審查制度，馬修斯報導的那幅扣人心弦的照片還是在島上流傳。[10]

在這個半球最重要的報紙上發布的採訪，是卡斯楚在公共關係上的一次重大勝利。一旦世界發現他還活著，並且仍在戰鬥，其他人也會想要來親眼看看，尤其是在巴蒂斯塔一直堅稱馬埃斯特拉山區沒有游擊隊營地的情況下，人們的好奇心就更旺盛了。美國記者安德魯．聖喬治（Andrew St. George）在馬修斯之後的大約一個月時間裡長途跋涉，來到古巴。由於不會說西班牙語，他是用英語寫下問題的方式採訪的。斐代爾則是用西班牙語提供書面答覆。對於聖喬治提出的關於他是否「親共」的問題，他回答說：「這個問題就像是告訴古巴人民我已經死了二十多次一樣荒謬。」

接下來一個月，羅伯特．塔伯（Robert Taber）和攝影師溫德爾．霍夫曼（Wendell Hoffman）來到卡斯楚的營地，為哥倫比亞廣播公司的紀錄片進行了現場採訪。這部紀錄片於一九五七年五月在美國各地播出，向美國觀眾展示了身穿制服的游擊隊員在山上跋涉，用樹枝喝水，在吊床上休息的場景。美國人看到女叛軍成員西莉亞．桑切斯和海迪．桑塔瑪利亞與男人們一起徒步行軍。他們還看到，並直接聽到了三個年輕的美國人說話，他們的年齡分別為十五歲、十七歲和二十歲，是駐紮在關塔那摩海軍基地的美國公民的兒子。在為美國觀眾拍攝的鏡頭中，其中一人解釋，他們參加革命是「為世界的自由盡一份力，真的。」羅伯特．塔伯跟隨叛軍上了山，一直走到了古巴最高的特奎諾峰上。在那裡，在一九五三年百年誕辰時安放的荷西．馬蒂紀念碑前，斐代爾與羅伯特．塔伯坐下來接受鏡頭前的採訪。「與首都的傳言相反，我們倆看起來都在馬埃斯特拉山區」，塔伯開始說：「斐代爾，我相信你在這裡。」斐代爾用停頓但清晰的教科書式英語解釋，他們正在為自由而戰，反對「暴君（tirano）巴蒂斯塔」，「暴君」這個詞他用了母語西班牙語。他直視著鏡頭，繼續說道：「這只是個開始；最後的戰鬥將在首都進行。（關於這點）你是可以肯定的。」斐代爾和他的士兵們圍著荷西．馬蒂紀念碑，大聲地唱起了古巴國歌。然後他們舉起步槍和拳頭，對著巴蒂斯塔示威。這部廣受關注的紀錄片讓美國觀眾在鏡頭上親眼見到了馬修斯曾經寫過的那個斐代爾，現在，他比以前更加自信了。[11]

四月底，卡斯楚對塔伯說了一些他在二月時不可能對赫伯特・馬修斯說的話，因為當時還不是事實，即那些山區的居民每天都會來到他的營地，自願為他效勞。正在組織運動的城市中的浸禮會牧師的兒子法蘭克・派斯從聖地牙哥和其他城市派出了增援部隊。錢和武器彈藥也運到了。當哥倫比亞廣播公司的紀錄片在美國播出時，明星斐代爾正在崛起。勝利的前景可能仍然很渺茫，但事態看起來肯定與六個月前不同了。卡斯楚相信——正如他一九五五年在墨西哥對切・格瓦拉所說的那樣，也正如他剛剛對塔伯及所有在哥倫比亞廣播公司觀看他的節目的美國人所說的一樣，他的革命將會勝利。

《紐約時報》的採訪和哥倫比亞廣播公司的紀錄片開啟了美國媒體和斐代爾・卡斯楚之間的蜜月期。每個人都想要採訪他。從一九五七年到一九五八年，《時代》雜誌——在美國最有影響力的出版物，刊登了三十一篇關於卡斯楚的山區革命的文章。它的作者們把斐代爾稱為「年輕的律師」，「富裕的二十九歲敢死隊員」，以及「高大威武、留著大鬍子的反巴蒂斯塔叛軍的領袖」。美國的大學生們在暑假期間出發前往古巴，去加入他的隊伍。甚至連德懷特・艾森豪（Dwight D. Eisenhower）總統的親兄弟都把卡斯楚稱為「崇高革命的象徵」。他不僅是一個家喻戶曉的名字，而且已成為一個浪漫、不可抗拒的英雄。在蒙卡達軍營襲擊事件後，作為一個被關在監獄裡的年輕人，他曾思考過政治宣傳的至關重要性，思考過塑造大眾形象和敘事的不可估量的價值。當美國人開始敬畏地提起他的名字時，斐代爾可能會懷疑他的成功超出了他曾經做夢都不敢想的程度。[12]

隨著卡斯楚和他的「七二六運動」不斷地站穩腳跟，巴蒂斯塔的其他對手則失去了他們的立足地。由荷西・安東尼奧・埃切維里亞領導的革命委員會遭受了最慘重的損失。在一九五六年，它曾是反對巴蒂斯塔的最重要和最有影響力的團體。該組織的目標是透過打擊政府高層來打垮政府。他們制定了一個精心策劃的計畫，並希望透過暗殺巴蒂斯塔本人來實現這個目標。在哈瓦那大學裡制定的暗殺計畫是這樣的：一共有三隊人馬。一個由五十人組成的小組將進入總統府，在巴蒂斯塔的二樓辦公室襲擊他。第二組人數更多，一旦第一組攻破府邸的防線，他們就會衝進府邸內部。第三組由埃切維里亞領導，他們將衝進時鐘電台（Reloj Radio）的演播室，這是一個很受歡迎的國家新聞台，在廣播宣讀一份聲明，宣布巴蒂斯塔的死亡並呼籲所有古巴人起來反對政府。

在一九五七年三月十三日，學生們將他們的計畫付諸行動。下午三點半左右，埃切維里亞發動了襲擊，衝進時鐘電台的廣播室，奪取了話筒：「獨裁者富爾亨西奧．巴蒂斯塔剛剛受到了革命審判。在總統府周圍可能還聽得到消滅暴君血腥生活的槍聲。」他繼續說道：「我們革命委員會，古巴革命的武裝力量，對這個仍在垂死掙扎的可恥政權給予了最後一擊。」當埃切維里亞透過電波宣讀他的聲明時，槍聲確實包圍了總統府。他的同伴們已進入大樓，並登上了巴蒂斯塔的二樓辦公室。但是，革命者們無從得知的是，總統正好在三樓的辦公室工作，而他們卻不知道有這個辦公室。由於無法接近他，這些人開始撤退。但此時軍隊的增援部隊已到達，學生們遭到了無情屠戮。埃切維里亞在電波中宣布巴蒂斯塔被暗殺，但他對事態發展毫無所悉。當他在宣布後幾分鐘離開廣播站時，一名警察認出了他，並近距離向他開了三槍。他的同伴們跑開了，他們知道如果他們試圖幫助他，也會被槍殺。埃切維里亞獨自躺在那裡，躺在血泊中，皮帶環上掛著一顆手榴彈，也許他正在垂死掙扎，正如他幾分鐘前對巴蒂斯塔的獨裁統治所說的那樣。除了一群修女外，沒有人敢上前施以援手，他在被槍擊後約一小時倒斃在街上。[13]

對總統府的攻擊失敗後，革命委員會遭到了滅頂之災。一個月後，警察在他們發動襲擊後一直藏身的洪堡街七號的大樓裡，暗殺了剩下的幾個學生領袖。在斐代爾在古巴東部登陸時，革命委員會是最重要的反對派團體，但由於對總統府的攻擊失敗，革命委員會被摧毀了。從那時起，反巴蒂斯塔的年輕、進步反對派陣營主要都朝斐代爾．卡斯楚的七二六運動匯聚。

然而，在當時，七二六運動並不完全是卡斯楚的山區游擊隊的同義詞。山區的游擊隊行動只是該運動的一部分，而且它並不總是數量最多、最突出的。「七二六」也是一個城市運動，在哈瓦那、聖地牙哥以及全島的省城、小城市和城鎮都有成員。這些地方分支機構或多或少地獨立行動，儘管它們表面上由一個全國性的協調人指揮。這個人就是法蘭克．派斯，他曾在墨西哥與斐代爾會面，幫助他組織了格藍瑪號的登陸，並為山區抗爭徵集新兵、武器和資金。作為該運動的國家戰略負責人，法蘭克．派斯在全國各地遊走，組織和籌集資金。他命令地方分支機構對橋梁、發電機、電話線和高速公路發動攻擊。毫無疑問，法蘭克．派斯是「七二六運動」城市派的最重要人物，是當時的人們和現在的歷史學家所稱的「城市地下」的代表。[14]

在一九五七年夏天，派斯帶頭發起了兩項行動。第一個是大規模的總罷工，這場罷工使整個古巴島的上上下下都陷入了癱瘓。上一次類似的總罷工還是在一九三三年，推翻了古巴先前的獨裁者格拉多．馬查多。從在墨西哥的第一次會面開始，斐代爾和派斯就同意，組織罷工的任務將由派斯來承擔。套用切．格瓦拉的話來說，兩人都把總罷工設想為「最終的武器」。巴蒂斯塔不可能在罷工中倖存下來。[15]

法蘭克．派斯的第二項任務更加模糊抽象，而且這件事是由他自己——而不是由斐代爾發起的。由於卡斯楚在山區作戰，派斯對反對派和獨裁政權的狀況有更好的了解。他的感覺是，叛軍領導層需要向全國人民展示反對派的執政能力。正如他在給斐代爾的信中所解釋的那樣，「沒有人會再對這個政權的垮台有所懷疑了，但（人民）關心的是（我們）重建這座大廈的工程師的素質如何。」在派斯未和他的領導人協商的情況下，他開始招募了「一系列來自國家公共生活中極具代表性和價值的人」，將他們納入了七二六運動，邀請他們與卡斯楚在馬埃斯特拉山區會面。[16]

會議最直接的結果也許是一份聯合聲明，由斐代爾和兩位最著名的與會者簽署：勞爾．奇巴斯（Raúl Chibás，愛德華多．奇巴斯的兄弟，愛德華多為正統黨的創始人和電台播音員，在直播中自殺）和費利佩．帕索斯（古巴國家銀行的創始董事）。該宣言被稱為《馬埃斯特拉山區宣言》（*Sierra Maestra Manifesto*），並且在一九五七年七月二十八日在《波西米亞》雜誌上刊登出來，承諾一旦巴蒂斯塔下台，反對派團體就會任命一個臨時政府，而不是軍政府。該政府將統治一年，屆時將舉行民主選舉。它將推行一個堅持古巴進步政治的長期訴求的方案：政治犯的自由，資訊和新聞自由，承認一九四〇年憲法賦予的所有政治和個人權利，深入開展掃盲運動及土地改革方案。它還明確拒絕外國對古巴的調解或干預，並呼籲美國停止向巴蒂斯塔運送武器。

卡斯楚熱情擁抱來訪者的照片出現在《波西米亞》雜誌上，全國人民都能看得到。這正是法蘭克．派斯在安排會議時想要的：向大眾展示斐代爾和他的山區游擊隊是一個更廣泛的運動的一部分，這場運動中集結了具有管理新政府所需的威望和經驗的人。把更多的傳統反對派帶到斐代爾和山區運動中來，實現了兩件事。它讓斐代爾作為游擊隊領袖的令人振奮、質樸、浪漫的形象，顯得不那麼虛幻，而是擁有了政治家的風範。第二，雖然會議和宣言將斐代爾與更多的傳統反對派人物連繫了起來，但也將他們與斐代爾連繫在一起，來到他的地盤上，甚至在他設定的條件下商談事宜。宣言宣稱要團結一致，但整個事件讓斐代爾的七二六游擊隊運動佔據了最重要的位置。無論是在報紙的標題中，還是讓斐代爾作為產生文件的會議的主持人，以及文本的本身，都是如此。「馬埃斯特拉山成了固若金湯的自由堡壘，深深扎根在我們愛國者的心裡。」斐代爾這樣斷言。因此，在美國記者的傳奇採訪的幾個月之後，已在國際舞台上吸引到目光和人心的斐代爾，在古巴本土的聲譽有重大提升。[17]

在《波西米亞》刊登了《山區宣言》的兩天後，會議的策劃人法蘭克．派斯在聖地牙哥被警察槍殺。有六萬人（這個數字超過了該市三分之一的人口）參加了他的葬禮。商店、餐館和劇院仍然關閉；公車也停止運行。派斯是浸禮會教徒，但在葬禮隊伍中，身著黑衣的天主教婦女走在他母親身後，在整個路線上用念珠做著祈禱。公民團體和共濟會的成員也參加了遊行；參加葬禮的隊伍中有婦女和男子，青少年和老人，黑人和白人。遊行者們唱著古巴國歌，不時地喊著「巴蒂斯塔去死」的口號。當遊行隊伍蜿蜒穿過老城區的狹窄街道時，人們從陽台上扔下鮮花。這不僅僅是一場葬禮；這是整個城市對獨裁政權的譴責。[18]

到一九五七年夏末時，有兩件事再清楚不過的了。首先，對巴蒂斯塔的反對是普遍的。根據聖地牙哥的一位觀察人士的估計，該市百分之九十五的人口現在都反對巴蒂斯塔。島上的美國領事官員告訴了他們在華盛頓的上司，巴蒂斯塔很難恢復秩序。他的警察和軍隊的殘暴行為只會「加劇這種情況，使許多迄今為止對巴蒂斯塔持冷漠態度的古巴人加入了叛軍的行列。」[19]另一件很明顯的事是，雖然反對派無處不在，而且人數越來越多，但著名領導人的數量卻越來越少。到一九五七年八月時，古巴城市裡反對巴蒂斯塔的兩位主要領導人——革命委員會的荷西・安東尼奧・埃切維里亞和七二六運動城市派的法蘭克・派斯都已遭殺害。正如幾個月來所發生的那樣，現在局勢已決定性地轉向斐代爾・卡斯楚和山區游擊戰。斐代爾・卡斯楚一向非常受人歡迎，現在輕易地成了反對派最突出的象徵和領導人。

當然了，並不是其他反對派人物都死了。老政客們繼續密謀著他們的算計。流亡在邁阿密的前總統普里奧為反對巴蒂斯塔的抗爭提供了數以萬計的資金。他甚至還發動了一次自己的武裝遠征。這次遠征失敗後，他被紐約的一個聯邦大陪審團以違反美國中立法的罪名起訴了。就其本身而言，在襲擊總統府失敗和大部分領導層死亡之後，革命委員會被削弱了，它正試圖將自己重組為反對派的另一個分支，與七二六運動區隔開來。但現在他們不再向政府高層發動襲擊了，而是也奉行斐代爾的革命戰略，在古巴中部的埃斯坎布雷山區（Escambray mountains）建立自己的游擊戰線。與此同時，與斐代爾一起簽署了《馬埃斯特拉山宣言》的帕索斯和奇巴斯繼續他們主要是在邁阿密的活動。一九五七年十月，反對派力量在那裡舉行了一場會議，敲定了一項新的統一協議。

就像是《馬埃斯特拉山宣言》一樣，後來被稱為《邁阿密公約》（Miami Pact）的文件承諾將反對派的「道德和物質力量」統一起來，以便在巴蒂斯塔垮台後建立「憲法和民主秩序」。然而，與《馬埃斯特拉山宣言》不同的是，《邁阿密公約》沒有提及反對外國干預古巴事務。因為它假定巴蒂斯塔的滅亡或多或少是迫在眉睫的，所以新協議的談判更多地圍繞著臨時政府的細節，以及巴蒂斯塔倒台後誰將擔任臨時總統的問題展開。會議由溫和的、穿著西裝革履的政治人物主導。當時，斐代爾認為自己的地位比其他談判者——舊政黨和正在掙扎的新團體們要強大得多。在這個關鍵時刻，當斐代爾可能強大到可以發號施令，為什麼還要把權力讓給他們呢？在一九五七年十二月十四日簽署，一九五八年二月二日在《波西米亞》上刊登的一封長信中，斐代爾的七二六運動退出了《邁阿密公約》。他認為，就其性質而言，在邁阿密籌建的臨時政府「既不具有革命性質，也不能善用我們需要的力量來實現國家所需的巨大社會和政治變革。」[20]他所想像的革命不同於溫和派領導人所希望的革命。他的革命不會隨著巴蒂斯塔的離開而結束。

在《邁阿密公約》於一九五八年初發布時，沒有人比斐代爾・卡斯楚和他的山區游擊隊享有更高的知名度、地位和壽命。而在一九五八年，他的軍隊在數量上也在不斷增長。在那一年的春天，它擁有大約四百名士兵，而且不斷有更多的人加入。到了夏末時，叛軍的人數已接近三千人，其中約四分之三是當地農民。天天都有聖地牙哥及其周邊地區的年輕人離開家，加入到卡斯楚的部隊中。天主教的神父們會為宗教紀念章祈福，並將它們送到山區的戰士手中。這場運動勢不可擋，斐代爾的手下開闢了新的戰場，其中包括由勞爾・卡斯楚指揮的位於關塔那摩以北的克里斯塔爾山脈的第二東方戰線（一九五八年三月），以及由切・格瓦拉指揮的位於古巴中部埃斯坎布雷山區的新戰線（一九五八年十月）。其他團體也有小規模的游擊活動，但都沒有斐代爾叛軍的力量和經驗。[21]

當然，沒有任何團體擁有像斐代爾在古巴東部山區建立的革命基礎設施。一位參觀者稱他的基地是「一個名副其實的軍事—農業國家」。臨時營地已成為馬埃斯特拉山脈的一個完整的總部。它被稱為拉普拉塔司令部，在遺世獨立的山中，有十六個小屋都經過偽裝，讓空中的飛機遍尋不著。斐代爾的房子有多條秘密的逃生通道，以防止巴蒂斯塔的士兵找到他們。其中一間小屋是解放區民政局，擁有司法、衛生、土地問題、公共工程、財政、教育等部門。在叛軍主要總部以東和以北的玻璃山（Sierra Cristal）上，勞爾·卡斯楚建立了一支警察部隊和情報部門，從當地農民中招募人員。他還建立了學校，教士兵和當地兒童讀書。學校甚至還教授公共演講，堅持要求學生使用*para*（為）的正確雙音節發音，而不是縮短的（而且仍然無處不在的）*pa'*。[22]

為了做到這一切，叛軍建立了自己的稅收制度；事實上，在一九五八年，該地區四十一家糖廠中有三十六家是在向叛軍交稅的。叛軍還負責主持結婚儀式，使離婚合法化，並進行出生登記。它管理司法，對它認為有罪的人進行懲罰——無論是處決，還是監禁。作為他們所稱的解放區的最高權力機構，叛軍國家制定了自己的法律。例如，早期的叛軍法令規定種植和銷售大麻為非法，並為咖啡的收穫設定價格。後來的法律範圍更廣。最重要的是第三號法律（Law No. 3），它將土地交給了耕作者。然而，一紙法律對當地農民來說是不夠的。法律簽署後，他們立即開始吵著要立即執行。[23]在這個不斷擴大的山地王國裡，革命幾乎大權在握了。

當然了，在哈瓦那還有一個實際的國家，由富爾亨西奧·巴蒂斯塔掌舵。巴蒂斯塔急於保住自己的權力，並竭力讓他的安全部隊在對抗敵人時擁有更大的優勢，因此他經常發布臨時中止憲法保障的命令。一九五八年三月，他因害怕暴力叛亂而關閉了全國各地的學校。但他所做的一切都無法維持和平，因為有他在位，就不可能有和平。在哈瓦那，僅在三月的一個晚上，就有一百多枚炸彈在整個城市裡被引爆。每天，抵抗運動都在進行破壞和示威活動。每天都有反抗者被警察殺害。聖地牙哥有一種被佔領的城市的感覺，而佔領軍不是外國軍隊，而是古巴的警察和軍隊。炸彈、爆炸、破壞、甘蔗田縱火、謀殺、毆打和酷刑的消息充斥在美國領事的派遣信中。局勢變得如此動盪和難以為繼，以至於在一九五八年三月十五日，代表二十萬人的民間機構公開對巴蒂斯塔呼籲辭職下台。糖廠老闆和甘蔗種植者協會撤回了對巴蒂斯塔的支持。天主教會現在成了反對派。古巴的共產黨——正式的名稱是社會主義人民黨，也是巴蒂斯塔以前的盟友，正式對卡斯楚的七二六運動表示支持。對巴蒂斯塔的權力造成重大打擊的是，美國在三月宣布將停止向古巴運送一切武器。[24]

然而，巴蒂斯塔仍不肯罷休。他用越來越強大的武力來對付革命者的堅持，而這只會增強革命者的決心和他們的人數。在五月，巴蒂斯塔全力投入他認為可能解決所有問題的行動：他稱之為「結束斐代爾行動」的大規模軍事進攻。但它失敗了。一九五八年聖誕節前夕，也許是為了獲得另一種力量，巴蒂斯塔在俯瞰哈瓦那港的山頂上奉獻了一座巨大的耶穌基督雕塑（由吉爾瑪・馬德拉創作，即擺放在古巴最高峰上的荷西・馬蒂雕像的作者）。然而這也沒能拯救巴蒂斯塔。一個星期後，在新年前夕的中午，他取回了自己的護照，並下令準備好一架飛機。然後在午夜過後不久，新年伊始，巴蒂斯塔最後一次離開了古巴。

CUBA

第九部

革命現在開始！

1959 年 1 月，古巴人民以極大的熱情迎接富爾亨西奧・巴蒂斯塔的流亡，並歡慶斐代爾・卡斯楚領導的革命政府上台。在這張照片中顯示的是人群在革命初期湧向哈瓦那標誌性的濱海大道。（圖片出處：Courtesy of the Ramiro A. Fernández Collection）

第二十五章　第一次

那是一九五九年的新年首日，大約上午十點左右，古巴媒體開始報導富爾亨西奧・巴蒂斯塔逃離的消息。人們走上街頭，跳起沒有音樂的舞蹈。汽車響起喇叭聲；教堂敲響了鐘聲。巴蒂斯塔的警察留在屋內，城市革命者佔領了政府大樓。在一些地方，童子軍走上了街頭指揮交通。[1]

許多人把收音機調到了秘密叛軍電台的頻段，他們立刻聽到了獨裁者最大剋星的聲音。「暴君巴蒂斯塔逃跑了」，斐代爾・卡斯楚志得意滿地說。但戰鬥並沒有結束。在他離開時，巴蒂斯塔留下了他的一名將軍控制軍隊，並由最高法院院長負責政府工作。因此，卡斯楚命令叛軍向聖地牙哥和哈瓦那挺進，並宣布舉行大罷工。他誓言說：「除了革命的勝利，我們……不會忍受任何別的結果。」然後，他彷彿在等待全世界能夠跟上他的節奏，也許是想像著聽眾正在當下興奮不已地召喚著自己的朋友和鄰居，大喊著「快來聽，巴蒂斯塔走了！斐代爾在廣播裡說話呢！」他放慢了速度，以不同的話再次重複了他的觀點：

> 現在，一個與暴君沆瀣一氣、勾結在一起的軍政府正在掌權，以確保他和他的殺手們能夠逃離，並阻止革命的浪潮，搶走我們的勝利。古巴人民和工人必須立即準備明天（一月二日）在全國各地舉行大罷工，作為支持武裝革命者的一種方式，從而保證革命的全面勝利。

他命令他在古巴中部的指揮官切．格瓦拉和卡米洛．西恩富戈斯向哈瓦那進軍，他的弟弟勞爾則向關塔那摩進軍。最後，他宣布自己向聖地牙哥市進軍，這座城市靠近山區，兩年來他的手下在那裡與巴蒂斯塔的軍隊展開了游擊戰。[2]

他們到達時幾乎剛入夜。「一隊又一隊留著大鬍子的叛軍」，一位大鬍子叛軍寫道「簡直是被喜出望外的人們包圍了。」在城市的中心廣場上，斐代爾向數十萬的人群發表了演說。按照他的習慣，他滔滔不絕地講了好幾個小時。他的演講稿被人們抄錄下來，篇幅超過一萬兩千字和三十頁紙，儘管他在演講時面前沒有任何一頁的講稿。[3]

「我們來了」，卡斯楚在雷鳴般的歡呼聲中說。然後，他宣布一個讓所有的人大吃一驚的消息，這個消息早已被人忘記了。他宣布，哈瓦那不再是國家的首都了。從那一刻起，首都的角色將落在聖地牙哥身上，聖地牙哥在西班牙征服時期曾是古巴島的首都，也是斐代爾自己家鄉的省城。然而，這不僅僅是一個在地人的家鄉自豪感的問題，它也是一個權宜之計的問題。在那天晚上，巴蒂斯塔任命的將軍仍在掌控著哈瓦那。叛軍擁有聖地牙哥，所以聖地牙哥將成為首都。

但是卡斯楚宣布的這個消息，幾乎從第一刻起就失去了意義。第二天，切．格瓦拉和卡米洛．西恩富戈斯就抵達了哈瓦那，控制了哈瓦那的主要軍事設施。就這樣，哈瓦那保留了國家首都的地位。然而，當斐代爾．卡斯楚站在眾人面前發表他的第一次勝利演說，並宣布一個幾乎馬上就失去意義的消息時，他在無意中透露了關於這場新的古巴革命的更根本的東西。「這麼做」，他說，指的是他關於國家首都的聲明，「可能會讓一些人吃驚。誠然，它是新的。但革命的特點恰恰在於它的新，在於它將做以前從未做過的事。」在勝利的時刻，在權力的邊緣，這是斐代爾．卡斯楚的第一個承諾：革命將是空前的，它將做出許多的第一次。

要理解這句話的重要性，以及理解當卡斯楚說這句話時聽眾的想法，就意味著要理解之前所有的古巴革命或任何革命的嘗試。正是在先前數次革命的基礎上，斐代爾給現在賦予了意義和目的。「革命從現在開始！」他喊道。但它不會像以前那樣。它不會像一八九五年的獨立戰爭那樣，美國人在戰爭結束時橫掃而來，奪走了勝利果實，阻止了古巴軍隊進入聖地牙哥市。這次在他的命令下，革命者進入城市，聖地牙哥發出了贊同的咆哮聲。這場革命不會像一九三三年的學生和工人起義那樣，有新政府頒布革命措施，但巴蒂斯塔和他的軍隊卻將其全部推翻。它也不會像一九四四年那樣，讓滿懷希望的古巴人根據新憲法選舉了一位曾經是革命者的總統，結果他卻成了腐敗和貪汙的典範。「既不是盜賊，也不是叛徒，更不是干涉者。這次真的是革命。」（Esta vez sí que es la Revolución.）[4]

但是，如果古巴人從未經歷過一場真正的革命，他們怎麼會知道一場革命是什麼樣子和感覺呢？弄清楚這點是現在的目的，而這個當下有多美好。在最初的幾天裡，一種令人振奮的能量和興奮感席捲了整個國家。人們不僅為這個非比尋常的時刻歡欣鼓舞，也為他們周遭出現的共識歡欣鼓舞。百貨公司、共濟會、保險公司，甚至銀行和公司都發表了支持革命的聲明。舊的正規軍成員立正站好，向走過的大鬍子叛軍敬禮。年輕人戴上紅色和黑色的臂章，表明自己是七二六運動的追隨者，如果沒有這些臂章，他們就穿上紅色的T恤衫，以示支持。城市裡的年輕男子立即開始留起了鬍子，流亡者開始從邁阿密回國歡慶和貢獻。在一九五九年二月，由極度主流、鮮明的中產階級雜誌《波西米亞》上進行的民意調查顯示，認為革命政府「一切都做得很好」的人口比例達到驚人的百分之九十二。一家美資糖業公司的一位美國官員似乎也同意：「到目前為止，這場革命是多年來最令人驚喜的。」甚至連美國政府也在效仿。一月七日，艾森豪總統的政府正式承認了新政府。[5]

與大多數的革命一樣，一種典型節奏佔據了上風。一份哈瓦那報紙勸告其讀者：「要快，我們已失去了五十年。」這裡指的是半個多世紀前的正式獨立。時間本身不再是一個既定事實，而是成為古巴人可以掌握的東西。

斐代爾・卡斯楚經常一連說上幾個小時，彷彿他可以按照自己的意願彎曲時間，將時間濃縮，使一個長達數小時演講的夜晚不再是夜晚。與此同時，新政府似乎將時間拉到了極致，彷彿它可以在幾天內完成幾個月的變化，在幾個月內完成幾年的變化，在幾年內完成幾十年的變化。政府接二連三地頒布法令。今天的法律廢除了上個月的法律，或擴充了昨天的法律。僅僅在一九五九年一月六日這天，政府就通過了十四項新的法律，包括一項中止所有現有公職的年齡要求的法律。年輕的革命者現在可以擔任政府職務了。在頭九個月裡，新政府頒布了大約一千五百項法律、法令和命令。它提高工資，降低電話和電費，減少城市租金，沒收了過去政府官員的財產，並且作為其最堅決的行動，通過了民眾期待已久的土地改革。在短短幾個月內，革命完成了有時在幾十年前就承諾的事。正如斐代爾・卡斯楚一月一日在聖地牙哥所說的，這次革命是貨真價實的。[6]

斐代爾・卡斯楚一月八日在首都哈瓦那的壯舉，讓古巴人感受到了這場革命可能有多麼不同。他乘坐一輛坦克從東部進入首都。似乎整個哈瓦那都出來迎接他了。公車車窗上的擋風玻璃雨刷器和高檔建築的陽台欄杆上掛著「謝謝你，斐代爾」的標語。卡斯楚的第一站是總統府。西莉亞・桑切斯在他身邊，在那裡會見了新任命的總統曼努埃爾・烏魯蒂亞（Manuel Urrutia）。他是一位備受尊敬的法官，也是巴蒂斯塔的公開批評者，在勝利之前的幾個月裡，他是斐代爾・卡斯楚和其他革命者一致認可的人選。在總統府的陽台上，烏魯蒂亞對斐代爾表示了感謝和歡迎，人群為之瘋狂。然而，當他上前講話時，他一反常態地沒有什麼話可說：他討厭總統府，寧願在其他地方，在哈瓦那郊區的大型軍事設施向古巴人民講話。他說：「我希望人民去哥倫比亞營，因為哥倫比亞營現在屬於人民。讓現在屬於人民的坦克走在人民的前列，為人民開闢一條道路。現在沒有人會在那裡阻止他們進入了。我們將在那裡見面。」卡斯楚對人群中的數十萬人說了這番話，彷彿在大約七英里外的一個地方再次會面，不會有任何後勤和動線方面的障礙。他並非要求人們只聽他的話，而是要求他們用腳來跟隨他。斐代爾繼續說道：

現在我想讓哈瓦那的人們給我提供一些證據。上面有人剛剛告訴我，說我需要有一千名士兵才能穿過這樣的人群。而我不同意。我打算獨自穿過人群……不要一個士兵在我前面開路。我要號召人民開闢一條寬闊的過道，我將與共和國總統一起穿過它。這樣，我的同胞們，我們將向全世界，向在座的新聞工作者證明，古巴人民有紀律和公民意識。打開一條通道，我們將穿過它，這樣他們就會看到，我們不需要一個士兵就能穿過人群。[7]

事情就這樣發生了。日落之後，卡斯楚在一隊坦克和吉普車的帶領下抵達了哥倫比亞營，後面是一支龐大的隊伍。沒有人阻擋他們的進入。從分析的角度來看這個事件，很明顯，斐代爾正在將民眾對革命的支持從一個公民權力的場所——總統府，轉向一個平行和競爭的權力場所——古巴島上的主要軍事設施。但在那一刻，人們感受最深的並不是這些，而是可觸及的解放感和可能性。

斐代爾大約在晚上八點開始在哥倫比亞營發表演講，到了凌晨一點半時，他仍在滔滔不絕地講。他說，他根本不累，但他明白，人們可能要走很遠的路才能回家。人們喊道：「不要緊！繼續前進！」彷彿時間、距離、甚至睡眠對新革命來說都不是障礙。在那場漫長而曲折的演講中，有一個延長的時刻完美地預示了卡斯楚將在多大程度上顛覆傳統的政治規範。他解釋，為了保證革命的成功，新政府的首要任務是確保和平，避免過去在推翻其他獨裁者後出現的混亂和暴力。一個傳統的政治人物可能會在這裡就此打住。斐代爾沒有這樣做。他解釋，就在這個時候，一些革命團體正在集結武器。他沒有提到任何人的名字，但他指的是革命委員會，這個由學生主導的團體曾是反對巴蒂斯塔的主要力量。有時，它與斐代爾的七二六運動合作，但這兩個組織也有衝突和競爭。現在似乎正在醞釀一場衝突，斐代爾正在強調他的優勢。他以自己招牌式的形式，直接向群眾發出了呼籲：「我想問人民一個問題，我對這個問題的答案非常感興趣……為什麼要集結武器？和誰戰鬥？反對得到民眾支持的革命政府嗎？為了什麼要拿武器？為了反對革命嗎？……威脅和平嗎？」[8]

當斐代爾談到和平時，太陽早已消失，一隻白鴿在他的頭頂上盤旋，然後落到了他的肩膀上。一位目擊者說，這隻鴿子彷彿是聖靈降臨在耶穌基督身上，彷彿聖父親自來到哈瓦那宣布：「這是我的愛子」。人群漸漸安靜下來；有些人可能做了畫十字的手勢。第二天，革命委員會的成員開始交出武器。[9]在一月一日，斐代爾承諾了新的東西。如果我們從一週以來的政治言論的主旨來判斷他，那麼一切似乎都表明他將會兌現承諾。

當然，政治必然不只是言論，不只是場面。而一場革命——就像歷史本身一樣，總是比革命領導人的聲明要更複雜。為了避免先前的革命中遭遇到的熟悉結果，比方說美國出兵干預，或是古巴軍事政變，因此新的革命必須以實際、具體的方式鞏固對權力的控制。第一件事，就意味著要建立一個政府。在勝利後的第一天，總統的內閣就得到了任命。如果進步的、反腐敗的正統黨在選舉中獲勝，就會成立這樣的內閣。《時代》雜誌對內閣的描述是「大多數成員都是負責任的、溫和的人，準備著手開始工作。」這些人是律師、法官和受過美國教育的經濟學家。總理荷西・米羅・卡多納（José Miro Cardona）是哈瓦那律師協會的主席。在幾年之前，他曾為前總統格勞・聖馬丁辯護，當時格勞被起訴在任期間侵吞了八千四百萬披索。奧斯瓦爾多・多蒂科斯（Osvaldo Dorticós）——一位富有的律師，曾擔任過西恩富戈斯遊艇俱樂部的官員，成為一個新部門的負責人，負責研究革命法律並提供建議。而在山區加入卡斯楚叛軍的內政部長曾經主持過大學的反共學生團體。新任財政部長和國家銀行新行長都曾在格勞總統和普里奧總統的政府中擔任過高級職務。還有一些年輕的人，其中許多人來自七二六運動的城市派。卡斯楚也擁有一個重要的官方職位：軍隊的指揮官和首長。在不久前才開業的美資哈瓦那希爾頓酒店裡，有一個位於二十三層樓的套房作為卡斯楚的新總部和家。[10]

新政府成立後，對舊政權的清洗開始了。第一批頒布的革命法律解散了國會，解除了所有的現有民選官員的職務、解散了現有政黨和舊軍隊，並廢除巴蒂斯塔的秘密警察和其他鎮壓機構。有家報紙自信地宣布，用這些法令，「我們結束了過去所有的惡習，一切舊的政治遊戲。」上台不到兩個星期時間，新的內閣就修改了兩項憲法條款，允許不經審判就能沒收財產和執行死刑。這些措施為政府掃清了道路，不僅消除了舊的政治遊戲，而且消除了舊的政治階層。幾乎每個人都在歡呼叫好。[11]

事實上，對於那些為巴蒂斯塔做過髒活的人，給他們以公正的審判有時似乎是大眾帶頭的。在古巴全島，人們要求對前幾年恐嚇他們社區的巴蒂斯塔黨羽進行報復。在聖地牙哥附近的一個村莊，居民們最近發現了一個被巴蒂斯塔軍隊殺害的受害者的秘密萬人坑，人們要求懲罰肇事者。一些城鎮的居民組織了罷工和抗議活動，反對他們認為不夠嚴厲的懲罰。由於擔心民眾的報復行為會像一九三三年馬查多倒台後立即發生的那樣，新政府設立了革命法庭來審判前巴蒂斯塔官員。在每次審判中，由叛軍老兵和當地社區成員組成的陪審團在大眾面前聽取證人的證詞。母親們與殺害他們兒子的凶手對質；孩子們指控殺害他們父親的凶手。有時，巴蒂斯塔軍隊中的前士兵會詳述其上司的犯罪行為。在許多情況下，受審的人都承認了指控。他們常常採用其他更著名的審判中的典型辯詞：「我只是奉命行事。」[12]

在一個一月的早晨，在聖地牙哥，七十一名囚犯遭到處決，他們都是巴蒂斯塔盟友領導的私人民兵的成員。這場處決引起了廣泛的迴響。記者和攝影師在現場記錄了這一切，並向哈瓦那和紐約的新聞節目提供了錄影。觀眾看著一個又一個被告面對行刑隊；他們聽到了開槍的命令，看到了屍體被子彈射入的樣子，看到他們翻身倒地，然後躺在地上一動不動。新聞攝影師捕捉到了這樣的畫面：一個神父正在聽取一個死刑犯的懺悔，其他已被處決的人的屍體在他們身後排成了一排。有一些照片顯示了長四十英尺、寬十英尺、深十英尺的溝渠，堆放處決後的屍體。[13]

到了一月底，這些審判導致全島的兩百五十多人被處決。到三月時，被處決人數的數字已超過五百人，其中大部分是被指控對囚犯實施過酷刑或執行謀殺的前軍人、警察和國家情報人員。[14]新的革命國家與所有的國家一樣，建立了對暴力的壟斷。只有它能夠施行懲罰和判決。隨著處決消息的流傳，美國政治人物和記者開始大聲地提出反對。國會議員們發出憤怒的譴責。一位奧勒岡州的共和黨人在參議院會議上譴責了這場「血洗」。[15]《時代》雜誌發表了一篇譴責審判的長篇文章。文章的細節描述十分生動，從影像鏡頭中得到的照片也刺人心魄。

然而，在古巴，審判和處決得到了大部分大眾的支持，他們認為這些審判是對殺人犯迅速、公正的判決。二月的《波西米亞》民意調查顯示，新政府的支持率超過了百分之九十，在政府開始做的任何事當中，「革命的正義」是唯一最受歡迎的事項。專業協會、學生，甚至天主教神父和他們的教友都寫信給艾森豪總統，表示他們對審判的支持。例如，國際獅子會（Lions' Club）哈瓦那分會認為，美國人對審判有所誤解。它堅持認為，革命法庭的建立是為了審判那些犯下野蠻的酷刑行為的人。政府的措施和革命法庭的行動都是為了「避免更大的流血。」[16]

雖然大眾對審判表示支持，但他們最有力的辯護人是斐代爾·卡斯楚。在一月十七日的一次演講中，他指責美國試圖阻撓革命及革命政府對司法的合法使用。他質問，美國憑什麼妄想能對自治的人民指手畫腳。為了向美國和世界證明審判是古巴大眾的正當要求，卡斯楚邀請了一個由加拿大、拉丁美洲、英國和美國的記者和政府官員組成的代表團，親自見證審判。然後，為了表明審判是人民的意願，他宣布於一月二十一日在總統府舉行集會。[17]

美國大使館說有五十萬古巴人參加了那場集會；古巴政府則說有一百萬人。不管最後的數字是多少，許多人都認為這次集會的人數甚至比一月八日歡迎斐代爾到哈瓦那的集會的人數還要多。英語和西班牙語的橫幅表明了人群的立場：「為了革命的正義！」「引渡帝國主義的走狗！」「古巴婦女要求處決殺人犯！」[18]

斐代爾當天的演講是一次言辭火爆的演講。它讓人們初步品嚐了反美謾罵的滋味，這種謾罵很快就會成為他的標誌性主題。「我不需要向任何美國議員交代」，他告訴全場的觀眾：「（他們）與古巴事務無關。」然而，他確實作了交代，只不過不是美國政客們所期望的那種。根據卡斯楚的估計，在古巴，每處決一個人，就有一千個男人、女人和小孩在十四年前被美國廣島和長崎的原子彈炸死。備受讚譽的紐倫堡審判是根據事後制定的法律對人進行定罪，而在古巴，被告是違反了已存在的法律。最後，他將古巴的批評者現在的憤慨與他們過去的沉默進行比較。他問道，在巴蒂斯塔政權殺人時，這些批評者在哪裡？他們當時有發出抗議的聲音嗎？他的結論是，現在譴責的唯一解釋不是審判本身，而是一場反對革命——反對所有聚集在那裡聽他講話的古巴人的聯合行動。

正如幾週前他在進入哈瓦那時的講話一樣，斐代爾直接呼籲聽眾，並要求他們幫個忙，「我要問人民一件事：那些同意正在執行正義的人，那些同意應該槍斃那些走狗的人，請舉起你們的手。」一位歷史學家寫道：「海量的古巴人舉起了他們的手表示同意」，還有一些人舉起了兩隻手。然後斐代爾把臉轉向了他的三百名受邀嘉賓，說道：「外交使團的先生們，整個大洲的記者們，代表各種觀點和社會階層的一百萬古巴人組成的陪審團投票了。對於那些民主人士，或者那些自稱是民主人士的人，我要對你們說：『這就是民主……』」[19]

然而，並不是所有的古巴人都對這些審判感到滿意。在二月中旬，有一部分原因是出於對審判形式的擔憂，以及對卡斯楚新展現的政治風格的失望，革命政府的第一任總理荷西．米羅．卡多納辭職了。斐代爾成為新總理。大約在同一時間，一項新的法律賦予了總理職位更多的權力，而總統的權力則大大減少。

政府行動的步伐甚至更快了。在革命政府成立後的第一個半月裡，大量的法律主要是涉及對舊政權的拆解，而且這些法律主要影響到與舊政權有直接關係的人。在卡斯楚擔任總理後，政府頒布了一系列影響更深遠的政策。第一個重大政策是在三月出台的。它被稱為「城市改革法」，將城市租金降低了一半。巴蒂斯塔曾頒布過他自己的城市改革，但沒有這麼大的規模，也沒有在如此大規模的民眾動員的背景下進行。在一九五九年，有百分之六十三的古巴人是租房居住的，新的城市改革法讓許多房東的收入突然大幅減少，更大的群體突然成為革命政策的受益者——這兩種情況都與他們與巴蒂斯塔政府或革命的關係無關。新政權在該法律之後又進行了一系列其他改革：增加工資，降低水電費，採取措施反對種族歧視。歷史學家路易斯·佩雷斯寫道，在短短幾個月內，「數十萬古巴人在革命的成功中，形成了直接和持久的利益關係。」[20]

然而，把這些變化簡單地說成是新政府對充滿期待的大眾的饋贈是不對的。大眾充滿了期待，的確如此。但它也是被動員起來的。革命者一上台，公民的要求就膨脹了。非洲裔古巴人活動家要求採取反歧視措施。女性組成了新的團體，要求建立日間護理中心、食堂和夜間營業的雜貨店，為工人階級女性服務。[21]大眾想要土地，並對要求耐心的呼籲感到不滿。甚至在斐代爾於一月八日到達哈瓦那之前，一些地區的人已開始實施他們自己事實上的土地改革，分發小塊土地的所有權了。這種自下而上的即興土地改革非常普遍，以至於革命政府在二月二十日通過了一項法律，規定任何不等待土地改革法而佔有土地的人，都將失去對該法以後所賦予的利益的所有權利。[22]

工人和工會也向政府施加壓力，要求將工資全面提高百分之二十，改善工作條件，重新談判勞動契約，恢復因政治原因被解僱的工人的工作等。在執政的頭幾個月裡，面對勞工動亂的可能性，政府出面進行了調解。國家調解勞資糾紛的做法對革命來說並不新鮮，但沒有一個政府（也許除了一九三三年短暫的革命政府）像這次的政府這樣做——僅在一九五九年初，就調解了超過五千次。國家沒有像工會所要求的那樣實施普遍的工資增長，但它利用了個別調解，得到了在大多數情況下有利於工人的決定。透過這種方式，僅在頭十個月，政府就為製糖工人增加了六千六百萬披索的工資，為其他領域的工人增加了兩千萬披索的工資。總的來說，在革命的第一年，工資增長了百分之十四點三，而之前兩年的平均年增長率為百分之四點二。[23]

這些行動與革命執政後頭十個月的一千五百項法令中的許多法令一樣，都是為了響應街頭巷尾、報紙專欄、電台廣播和教堂布道中爆發出的持續不斷的動員和要求，也是與這些動員和要求密不可分的。富裕階層也被動員起來了，他們湧入政府辦公室補交稅款。到一九五九年六月時，即使政府開支很大，但國庫仍有三千四百萬美元的盈餘。哈瓦那的共產主義報紙指出，這些資金使新政府擺脫了美國的束縛。[24]

當然了，美國人正在密切關注著事態的發展。除了研究法律以了解其對美國利益的影響以外，他們還密切觀察斐代爾·卡斯楚本人。他們記錄他的話語，傾聽他的語氣，記下誰在何時何地圍繞著他，解讀他的部長和軍隊任命，估計他的群眾規模，為他的講話計時。他們甚至還記錄了他說話的速度，據統計，每分鐘可講三百個字。美國駐哈瓦那大使館建議華盛頓「習慣於在一座火山的邊緣小心行走的感覺，而且這座火山在最輕微的挑釁下就會爆發出硫磺般的煙霧。」[25]

然而，儘管有這些觀察，但美國內部對斐代爾·卡斯楚和古巴革命並沒有一致的看法。一位觀察家宣布他是一個不折不扣的共產主義者；另一位觀察家則堅持相反的觀點。後者是中央情報局拉丁美洲問題首席專家的結論：「卡斯楚不僅不是共產主義者，而且是一個強有力的反共鬥士。」同樣的不確定性圍繞著美國人對卡斯楚對美國態度的評價。當斐代爾說他不反美時，一些人相信了他的話；另一些人則不同意。一位南方民主黨人說：「卡斯楚憎恨這個政府，就像魔鬼憎恨聖水一樣。」[26]

部分混亂源於斐代爾本人，相互矛盾的信號和聲明使人很難解讀到底發生了什麼事。以選舉問題為例，一九五九年一月八日到達哈瓦那時，斐代爾宣布選舉將在十八個月內舉行。幾天後，他又說是十五個月。一個月後，他說立即進行選舉是不公平的，因為他將得到「壓倒性的多數」。然後他說，選舉將在政黨組織起來後進行，沒有指明日期。他一次又一次地回到這個問題上，並指出，當他提到選舉時，群眾就會發出噓聲和嘶吼聲。在一次演講中，他要求聽眾如果想要選舉，就舉起他們的手；舉手者寥寥無幾，甚至無人舉手。然後他又問誰不希望選舉。許多人舉起了手，似乎一致同意。在另一次演講中，他問大家希望在一年內還是十年內舉行選舉。此起彼伏地傳來「十年」的應和聲。四月時，他創作出了一個新的座右銘：先革命，後選舉。他喊道：「土地第一，選舉在後；每個古巴人的工作第一，選舉在後；所有兒童的學校和老師第一，選舉在後；醫院和醫藥第一，選舉在後；司法正義第一，選舉在後；國家主權第一，選舉在後。」觀眾歡聲雷動。[27]

美國官員和美國大眾很快就有機會近距離觀察和詢問卡斯楚了。應美國報紙編輯協會的邀請，卡斯楚的美國之行於一九五九年四月十五日開始。他晚了兩個小時到達哈瓦那機場，穿著一件皺巴巴的制服，看起來比平時更緊張。更加焦慮的是與他一起出訪的那些鬍子乾淨、西裝革履的部長們，國家銀行行長和財政部長。他們擔憂卡斯楚對禮節的厭惡、他的不可預測性和他近期熱中的反美論戰。他們在陪同卡斯楚時了解到，此行的主要目的是請求美國提供財政援助，而且他們在準備訪問時與卡斯楚分享了有關援助的建議。因此，當斐代爾在華盛頓的第一次新聞發布會上宣布他不是去要錢時，他們感到驚訝是可以理解的。第二天，當卡斯楚在美國報紙編輯協會上用英語發表演講時，他注意到了他的財政部長正起身要去和美國財政部長會面。據《紐約時報》報導，斐代爾在演講中途暫停，轉而用西班牙語對部長說：「記住，魯弗，我不希望你是去要錢的。」然後他接著用英文繼續演說，並在經久不息的掌聲中結束他的演說。[28]

事實上，他在所到之處都會引來長時間的掌聲和攢動的人群：弗農山莊、傑佛遜紀念館、紐約賓夕法尼亞車站、中央公園、普林斯頓大學、哈佛大學的校園。他曾在一個會場上轉身對他的財政部長說：「他們是美國人，他們喜歡我，魯弗！」在紐約皇后區，他與戴著綠色帽子，留著大鬍子的古巴裔美國男孩和女孩合影。（有一家美國玩具製造商在不久前上市了十萬套斐代爾帽和鬍鬚套裝）。在林肯紀念堂，他用英語朗讀了「蓋茨堡演說」，並在林肯像的腳下獻上了花圈。《紐約時報》報導，卡斯楚似乎不僅是從另一個世界來到華盛頓，而且是「從另一個世紀，從山姆・亞當斯、派屈克・亨利、湯姆・潘恩和湯瑪斯・傑佛遜的世紀」橫空出世。該記者繼續說：「也許是因為他激起人們對革命歷史的長期模糊的記憶，挑動曾深入人心的革命熱情……斐代爾・卡斯楚成功地止住人們的懷疑，至少是暫時打消人們心中的部分疑慮。」[29]

雖然美國大眾把斐代爾當作英雄來盛情款待，但美國政府的態度卻沒有太大動搖，甚至可能比他到來之前更加困惑。卡斯楚的訪問不是一次正式的國是訪問，這使得每個人都很難決定要如何行事。艾森豪決定在訪問期間離開華盛頓去打高爾夫，讓副總統理查・尼克森（Richard Nixon）去會見古巴領導人。只有這兩個人和他們的翻譯參加了這次會議。斐代爾在抵達時感到「心急如焚，緊張萬分」，擔心他在當天早些時候的「記者面對面」節目中表現不佳。尼克森則向他保證：這是任何政治人物可能面對到的最艱難的演出，而且斐代爾是勇敢地用英文上台的，令人印象深刻，副總統確認了這點。但很快地，尼克森就把話題轉向了建議和指責。為什麼要花這麼長時間來舉行選舉呢？他建議卡斯楚明確指出，他希望在可行的情況下盡快舉行選舉，而且肯定不會超過四年時間。尼克森還就處決問題責備了他。在會議即將結束時，尼克森建議斐代爾效仿波多黎各總督的經濟榜樣——這個地方在當時和現在都是美國領土。也許沒有什麼比這個隨口說出的建議更能顯示出美國政府對斐代爾・卡斯楚的了解有多少了。「他對這個建議的看法非常含糊」，尼克森在會面後寫道。卡斯楚則告訴他，「古巴人民『是非常民族主義的』，他們會懷疑在他們認為是美國『殖民地』的地方發起的任何計畫。」[30]

在面對尼克森的詰問時，卡斯楚用他自己的建議進行了反擊。尼克森轉述了其中的一些建議：「你們美國人」（You in America）——儘管斐代爾肯定說的是美國而不是美洲，「不應該過多地談論你們對共產黨可能在古巴或在拉丁美洲、亞洲或非洲的一些其他國家所做事情的恐懼。你們應該更多地談論你們自己的優勢，以及你們的制度優於共產主義或其他類型的獨裁制度的原因。」一位在辦公室外等候的國務院官員報告說，尼克森從會議中走出來時看起來「非常疲憊」，需要從「相當艱苦的兩個半小時」中放鬆下來。

幾天後，當尼克森準備他的會議報告時，他已不那麼累了，但他的態度也沒有變得比之前更清晰：「我自己對（卡斯楚）這個人的評價有點複雜。我們可以確定的一個事實是，他具有那些使他成為民眾領袖的難以界定的品質。無論我們對他有什麼看法，他都將成為古巴發展的一個重要因素，而且很可能成為拉丁美洲事務的一個重要因素。」當然了，尼克森的判斷是對的，而且這麼認為的人並不只有他一個。美國國務院也得出了同樣的結論。「低估這個人將會是一個嚴重的錯誤」，艾森豪讀了這句話之後，提筆在空白處潦草地寫道：「備案。我們將在一年之後檢視！」[31]

艾森豪的驚嘆號是一個不經意的前兆，預示著局勢在這年當中會發生多麼巨大和迅速的變化。卡斯楚結束了訪問並回到了哈瓦那，他宣布了一個即將發生的重大變化。他稱這是「我們革命的基本法律，我們革命的決定性法律。」[32]當然，他說的是土地改革。因為在二十世紀的大部分時間裡，土地改革一直是古巴一切政治衝突的核心，許多古巴人把土地改革的失敗視為共和國先前所有缺陷的象徵。那麼這次若真的如斐代爾在一月一日所說的那樣，革命是貨真價實的，那就沒有什麼能比向無地產者分配土地更無可辯駁地證明這點了。

這個國家準備好了。在一些地區，農民和他們的盟友在不等待政府的法律的情況下先行分割土地了。渴望土地改革的不僅僅是農村的人。全國各地的城市和城鎮的人們都在鼎力支持。三月一日，《波西米亞》雜誌發起了一場名為自由行動（Operation Liberty）的募捐活動，為土地改革計畫籌款。現場有各個階層的古巴人，還有人郵寄現金和支票，並以電話捐款的方式來支持這個志業。籌款活動開展三天後，該雜誌收集了超過二十五萬披索的資金。《波希米亞》雜誌會定期公布捐款人的姓名和捐款數額。各家公司也都參與進來了：哈圖伊啤酒（巴卡迪蘭姆酒的子公司），兩萬五千披索；哈瓦那公車總站的藥局老闆，一百三十六披索；美國國際人壽保險，一千披索。有時人們會集體捐款：比那爾德里奧第八十七學校的教師，八披索；芝加哥市的古巴人，十五點五披索；櫻桃咖啡店的工人，二十披索。不過，大多數情況下，人們都是以個人或家庭的名義提供他們力所能及的：獨立戰爭老兵拉蒙・雷納爾多（Ramón Reynaldo），一披索；阿琳娜・薩烏爾（Alina Saúl），四披索；李奧納多・埃斯特維斯（Leonardo Estévez）和家人，兩點二五披索；馬西亞斯（A. Macias），二十五美分。總的來說，認捐的金額超過了一千三百萬。這也是一次大規模的群眾運動。它不是由斐代爾・卡斯楚號召的，不像是那些高喊著斐代爾口號的群眾，而像一個以「一個心存感恩的女子」（Una señora agradecida）為名的女子那樣，謙遜地捐出了五披索。[33]

一九五九年五月十七日，在馬埃斯特拉山脈舉行的一場儀式上，土地改革被簽署成了法律，革命運動在掌權之前曾在那裡通過了第一次土地改革。在一九五八年，馬埃斯特拉山脈的第三號法律將土地分給了叛亂地區的農民。如今，一九五九年的法律使土地改革成為整個古巴的土地法。在某些方面，新法律與一九五八年的法律密切相關。它廢止了latifundio（大片土地所有權），將所有土地的所有權限制在三十caballerías（約四百公頃或一千英畝）以下，儘管某些類型的農場——食用糖種植園和養牛場被允許擁有更大的面積。超過規定限額的土地將被國家徵用，所有者將獲得二十年的債券補償，年利息為百分之四點五。法律規定了政府徵用土地的三種可能的用途：向無地者提供小額土地；提供給農業合作社；以及提供給由國家雇用的農業工人組成的國有農場。最後兩種形式——農業合作社和國營農場，讓很多人對此感到驚訝，因為它們並不是一九五八年《馬埃斯特拉法》的一部分。新法律還禁止進一步將農民從他們耕作的土地上驅逐出去，正如它禁止外國人進一步收購古巴土地一樣——這個限制也出現在一九四〇年的憲法中，但從未被執行。最後，新法律設立了一個國家土地改革研究所來監督整個過程。[34]

總體來說，這部法律是相當溫和的，而且完全屬於那個時代經濟思想的主流。它對大量土地佔有的禁止不僅出現在一九四〇年的古巴憲法中，而且也出現在聯合國等國際機構提出的土地改革建議中。古巴的新法律與蘇聯式的集體化也相差甚遠。但是，即使是得到大多數人熱烈支持的溫和法律也產生了敵人，特別是在遭受損失的土

絕大多數古巴人都支持 1959 年的土地改革，許多人慷慨解囊地捐獻資金以協助土地改革的實施。在這張照片上，一群海關工作人員為該運動捐贈了一台拖拉機。1959 年哈瓦那狂歡節的女王埃斯佩蘭薩・布斯塔曼特（Esperanza Bustamante）站在照片中間偏右的位置。（圖片出處：Courtesy of the Cuban Heritage Collection, University of Miami）

地所有者中。例如，卡馬圭省的牧民和比那爾德里奧省的菸草種植者公開表示反對該法律。[35]

然而，改革的最強大的敵人來自美國。華盛頓的一些政策制定者和經濟學家明白，溫和的土地改革越來越被視為發展政策的基石。然而，問題是，在古巴，許多直接受到《土地改革法》影響的土地都是美國人持有的。在六月十一日，美國發出了正式的外交照會，抗議《土地改革法》，要求迅速的、有效的賠償（即以現金而不是法律規定的債券，支付期限在六個月之內，而不是二十年內），而且要按照市場價值（而不是按稅收價值）。古巴政府在四天後就做出了回應，對其選擇進行了說明和解釋。所提供的利率比美國在二戰後在日本提供的利率更慷慨。古巴沒有現金作為補償，因為巴蒂斯塔掠奪了國庫。最重要的是，土地改革是革命的精髓，政府不能等著手上有現金再來實施它。儘管兩國都清楚地表明了自己的立場，但是考慮到時下的狀況，討價還價是要有分寸的。[36]

六月份時，當古巴政府根據新法律實行第一次土地徵收時，在被沒收的財產中，有一片佔地四萬英畝的莊園，是由擁有德克薩斯國王牧場（King Ranch）的同一家公司持有的，這是當時美國最大的私有土地。該公司的總裁立即寫了一封信給總統艾森豪，要求他查封古巴在美國的所有資產，並派海軍艦艇前往加勒比海。他說，總統還應該提醒古巴人「在一八九八年，是我們為把古巴從（西班牙）的暴政中解放出來而出兵的——我們現在不會袖手旁觀，讓共產主義永久地摧毀這種自由。」[37]

在一九五九年，一八九八年的美西戰爭還不是遙遠的、被遺忘的歷史。而且在革命的背景下，每當斐代爾·卡斯楚做出挑戰美國利益的事時，一些美國人就開始舊事重提。「在人們的記憶中，是我們把這個島從中世紀的束縛中解救出來；我們給予它秩序、活力、科技智慧和財富，現在我們卻因為文明和合作的美德而受到了詛咒！」一位參議員在一九六〇年憤怒地說。甚至連艾森豪總統也表達了同樣的情緒，在美西戰爭發生時，他才七歲。「我們是讓他們獲得自由的人。當他們遇到麻煩時，我們去實施佔領……然後再讓他們站穩腳跟，再放手讓他們自由。」古巴現在憑什麼挑戰美國？[38]

這種情緒呈現古巴人和美國人長期在理解同一段歷史時所遇到的僵局。這兩種解釋存在著天壤之別。美國人認為他們的介入是無私的仁慈行為，而古巴人認為美國的介入是強加於人的殖民主義。這種理解上的對立現在比以往任何時候都重要，因為古巴革命開始挑戰的正是美國和古巴之間的殖民關係。由於美國人無法將這種關係視為一種殖民關係，因此美國人對於在古巴發生的事感到不知所措，並迅速將這一切事情視為天真的忘恩負義，或是在最壞的狀況下，是赤裸裸的共產主義造成的。

隨著土地改革的推行，政府開始沒收土地，關於古巴的政府是共產主義政府的指責也明顯增多了。在土地改革之前，《時代》和《新聞週刊》雜誌只發表過一篇文章，暗示古巴革命是共產主義的；土改法通過後，這些雜誌和其他美國媒體上的此類文章數量開始激增。在古巴，即使是在政府內部，沒收土地也讓共產主義在革命中扮演何種角色的內部分歧變得更加尖銳了。在一九五九年六月，內閣發生了重大動盪。農業部長辭職了，這位部長曾參加了馬埃斯特拉山的《土地改革法》的起草（但是卻被排除在一九五九年五月的立法工作之外），他辭職是為了抗議他所認為的共產主義對國家土地改革研究所的滲透，他說該研究所正在成為一種運作中的影子政府。其他的溫和派和反共的部長也在同一個月辭職或被斐代爾．卡斯楚逼走了。[39]

古巴總統曼努埃爾．烏魯蒂亞是站到最後的溫和派之一。在六月，他多次在廣播中譴責共產主義在革命中的影響越來越大。他並沒有指責卡斯楚本人。「在……部長委員會裡，我不知道有誰是共產黨員。斐代爾．卡斯楚博士，你可以肯定，他不是共產黨。」即使如此，卡斯楚也感到不高興。幾個星期以來，兩人在這個問題上發表了針鋒相對的公開聲明。但斐代爾比總統更受人歡迎。他也知道這點。在一九五九年七月十六日晚，卡斯楚在電視上宣布他辭去總理職務。他解釋，由於與總統的分歧，他決定辭職。他認為，像烏魯蒂亞所做的那樣把共產主義的幽靈拿出來講，激勵了正在排著長隊反對古巴革命的強大利益集團——在國內和國際上都是如此。當卡斯楚向全國發表講話時，支持他的訊息湧入電台。群眾聚集在總統府外，要求烏魯蒂亞辭職而不是斐代爾辭職。到當晚十一點，總統烏魯蒂亞也辭職了。[40]

國家失去了總統和總理。內閣拒絕接受卡斯楚的辭呈，一些工會領導人呼籲舉行大罷工。人們打出橫幅和標語，表達對斐代爾的極度忠誠：「沒有斐代爾的革命是叛國」，哈瓦那大學的一個標語寫著：「斐代爾，我們與你同在」。在一輛城市公車上還寫著「無斐代爾，毋寧死！」[41]

當全國上下都在觀察和等待卡斯楚是否會重新掌權時，它為近期記憶中最大的集會進行了動員。一九五九年七月二十六日，也就是一九五三年聖地牙哥蒙卡達軍營被襲擊的週年紀念，這次集會也是革命上台後的第一個慶祝活動。在七月二十五日午夜，教堂的鐘聲響起。哈瓦那的大教堂舉行了一場隆重的彌撒，以紀念那些在一九五三年的攻擊中犧牲的人。一個名為「大鬍子」（Los Barbudos）的球隊在一場棒球比賽中亮相；斐代爾．卡斯楚是那場比賽的開場投球手。[42]

但這次慶祝活動不僅僅是慶祝一個週年紀念日，它甚至不是慶祝革命。按照設計，這是對土地改革的讚美，可能有五十萬農民來到哈瓦那參加。公車公司為他們提供交通；哈瓦那居民自願提供他們的房子，酒店提供大幅折扣的房間。到處都有「歡迎來到哈瓦那」和「哈瓦那是你的」的標語和廣告。紡織廠為他們生產白色的瓜亞貝拉襯衫和傳統的雅雷帽。著名的古巴（以及後來的古巴裔美國人）天后西莉亞．克魯茲（Celia Cruz）為這個場合創作並演唱了一首歌。[43]

活動的亮點是在公民廣場舉行的大型集會，這個地方在當時尚未改名為革命廣場，但已擁有為紀念荷西．馬蒂百年誕辰而建造的巨大大理石紀念碑。有人估計那天的集會有一百萬人參加，包括前往哈瓦那參加慶祝活動的農民。擠滿人群的照片呈現出一片白色的瓜亞貝拉和草帽的海洋，上面裝飾著「我和斐代爾在一起」的標語。男人們揮舞著大砍刀，在刀尖上旋轉他們的草帽。

卡斯楚坐在講台上，但已不是總理，因為他辭去了這個職位。他感受到了人群的能量。他聽到了要求他回來的呼喊聲。他站起來，走到新總統奧斯瓦爾多．多蒂科斯身前，湊在他耳邊說了些什麼。然後，多蒂科斯說：「作為共和國總統，我可以向你們宣布，面對人民的呼聲，斐代爾．卡斯楚博士同意回到總理的位置。」[44] 人群瘋狂地歡呼起來；農民們把帽子高高地拋向空中；他們把大砍刀的刀刃敲打在一起，發出最熱烈的，震耳欲聾的響聲。

這些反應是人們最純粹的讚美。這年的第一天，迎接巴蒂斯塔出逃消息的那種欣喜若狂的感覺再次湧現出來。但在一九五九年七月二十六日下午和晚上，它展現出了一些不同的性質。它更穩健，更穩定。革命正在實踐它所許諾的；人民是重要的；未來是他們的。斐代爾站在講台上，看著下面黑壓壓的人群在為他的回歸歡呼。人民和他在一起，人群的狂喜在他眼中變成了盛大的景象。

也許，單獨挑出某一個時刻，然後說它就是讓未來變得清晰可見的，這樣的作法也許是錯的，因為未來從來都不是某一個單一時刻能預見的。但在那一刻，一切似乎都有可能。一場真正的革命觸手可及。在一九五九年的七月，絕大多數的古巴人民似乎對這樣的看法沒有什麼異議。畢竟，這場真正的革命也是他們所促成的。

第二十六章　激進不停歇（或一次訪問和三場葬禮）

如果說一九五九年是以一種感覺作為開始的，那麼它很快就變成了一個問題。這個問題看似簡單，實則不然：這個新的古巴革命會是什麼？然而，要回答這個問題，古巴人不能讓時間暫停，也不能讓世界消失。他們必須在現實中，腳踏實地、具體地創造和定義他們的革命。如果他們有選擇，那麼他們可能會想要這場革命發生在全球歷史上其他的時空背景下。可事與願違的是，古巴人的革命恰好被困在冷戰最激烈的時間點上。

在古巴革命之前的十年裡，冷戰將世界分成了兩個分別由蘇聯和美國領導的敵對陣營。在一九五九年，這場衝突的輸贏遠未確定；事實上，美國在當時正在處於守勢。蘇聯領導人尼基塔．赫魯雪夫曾在一九五六年承諾要「埋葬」西方的資本主義國家。一九五七年，蘇聯出人意料地將世界上第一顆衛星發射到太空，這讓美國大跌眼鏡。一九六〇年人，蘇聯擊落了一架美國間諜飛機，這也令美國人震驚。此外，隨著非洲和亞洲各地的殖民地獲得政治獨立，並在一個日益兩極化的世界中尋求新的盟友，兩個超級大國之間不斷升級的衝突正在展開。由於冷戰的結果一點也不明確，每個新政府的決定都非常重要。

無論是出於哲學上的原因還是戰略上的原因，斐代爾．卡斯楚在最開始時試圖迴避這個將世界一分為二的冷戰的嚴酷分裂。他一次又一次地說，革命代表了資本主義和共產主義之間的中間道路，是前者的飢餓和後者的不自由的折衷。他問道，既然古巴為世界規劃了第三條道路，為什麼還要爭論共產主義呢？他斷言唯一可以與古巴革命相連繫的「主義」是「人道主義」。「有自由而且有麵包，有麵包而且沒有恐懼」。一九五九年四月，卡斯楚在紐約時說道：「這就是人道主義。」[1]然而，無論卡斯楚多麼想迴避共產主義的問題，這個問題根本無法迴避——在當時的那個世界裡，在那個時代，身為一個與冷戰時期的超級大國有著如此糾纏不清的關係的國家，和誰站在一起的問題是必須要說明白的。

在古巴，所有的人都在討論共產主義的問題。有時，這個問題甚至會從天而降，因為新近流亡到美國的古巴人會開著飛機從天上投下了成千上萬的傳單，敦促古巴人對抗「共產主義獨裁政權」。他們還以打擊共產主義的名義向糖廠和甘蔗地投擲炸彈。這個問題還侵入到了星期日的教堂布道，有時候還會導致教堂外的喊叫和爭吵。這個問題也主導了學校課堂上的討論和大學裡的會議。在哈瓦那的中央公園裡，年輕人不厭其煩地辯論著這個問題。他們都認為自己是革命者，但他們中的有些人十分強烈地反對共產主義，有些人則認為「如果斐代爾是個共產主義者，那我也加入！」每一方都在公園裡有自己抒發己見的長椅。那些曾積極地參加反對巴蒂斯塔的抗爭，並且在巴蒂斯塔倒台時歡欣鼓舞的天主教學生團體指責另一條長椅上的古巴人是莫斯科的跟班。這些人則反擊說天主教徒是梵蒂岡的奴才。這不僅僅是言語攻擊和表態；人們是在認真、嚴肅地思考革命的性質。他們知道它的意義有多麼重大。[2]

在政府的最高層，共產主義的問題是爆炸性議題。在一九五九年的早些時候，這個問題導致了革命的第一位總統辭職。在十月，當一位前七二六運動的成員胡貝爾・馬托斯（Huber Matos）辭去政府職務以抗議他認為的共產主義影響時，卡斯楚將他作為叛徒抓了起來。部分內閣成員感到憤慨。一位成員說，如果馬托斯因為反對共產主義而被逮捕，那麼他們中的一些人也應該被逮捕，因為他們也反對共產主義。在隨後的幾個月裡，更多的部長辭職了。到一九五九年底和一九六〇年初，共產主義不是一個主要的理論問題了。它使其他問題退居到邊緣，並成為一個象徵一切的爭論。

對一些人來說，也許特別是那些曾經與巴蒂斯塔作戰、現在開始從革命政府辭職的人來說，提出要反對共產主義是強調和保護革命的最初目標的一種方式。那場革命是古巴歷史上基礎最廣泛的聯盟的結果。它包括天主教徒和學生，流亡者和農民，傳統政黨和非傳統的秘密組織，中產階級和工人階級。這些人中的大多數為之奮鬥的革命在社會上是進步的，政治上是民主的。但它也明顯不是共產主義的。雖然個別共產黨員參加了革命，但人民社會主義黨是直到最後才支持了這場革命。從一九五三年卡斯楚的「歷史將宣判我無罪」的演說，到一九五七年和一九五八年在山區發布的宣言中，沒有任何一次公開的革命宣言是支持建立一個共產主義國家或社會主義經濟的。同樣重要的是，在奪取政權之前，許多革命者是明確反共的。現在，隨著革命的勝利，其中一些人認為，在這個決定性的時刻採取反對共產主義影響的立場，就是在捍衛他們為之奮鬥的革命。

然而，對於斐代爾·卡斯楚和革命聯盟的另一部分人來說，情況恰恰是相反的。在實現革命的承諾之前，革命成果總是面臨著被推翻的危險。對他們來說，關於共產主義幽靈的指責是為了削弱革命政府——他們堅持認為，不是因為革命是共產主義，而是因為在冷戰的背景下，在美國的陰影下，這種指控使新政府特別容易受到攻擊。瓜地馬拉的例子近在眼前。就在幾年前，一個合法的民選政府頒布了一項進步的農業改革；美國稱其為共產主義，並策劃了一場政變，推翻了政府並終止了農業改革。在古巴指責共產主義的幽靈，特別是在古巴進行了自己的土地改革之後這麼做，是在招致類似的結果。以這種觀點來看，反共產主義簡單地說就是反革命。[3]

正是在這種情況下——溫和的政府官員紛紛辭職，傳單和炸彈從天而降，瓜地馬拉的前車之鑑，關於共產主義在革命中扮演什麼角色的爭論不斷湧現且日益激烈。不斷陸續出現爭議；每個爭議都建立在先前的爭議之上，並在其後產生新的爭議。隨著爭議的積累，一個趨勢變得很明顯了：不斷加強、延續不斷的激進化，從根本上重新定義了這場最著名的古巴革命的特徵。

一九六〇年的第一次爭論來自一次意外的和危險的擁抱。二月四日，蘇聯副總理阿納斯塔斯·米高揚（Anastas

Mikoyan）抵達哈瓦那進行訪問。他在那裡為一個關於蘇聯科學、技術和文化的新展覽揭幕。這個展覽先前在墨西哥城和紐約展出，卡斯楚邀請米高揚將其帶到哈瓦那。在當時，古巴和蘇聯還沒有建立外交關係。歷史上，古巴在國際事務中一直跟隨美國的步伐，在聯合國與美國一起投票，承認美國承認的政府，迴避那些美國不承認的政府。因此，米高揚的訪問代表美國的宿敵來到古巴的土地上——而且是在冷戰的最高峰，受到古巴政府的邀請。

古巴政府大張旗鼓地接待了這位蘇聯訪客。它為他的四十人代表團提供了一個前巴蒂斯塔盟友的豪華莊園，這個盟友現在早已搬到邁阿密安家落戶了。米高揚帶著卡斯楚親自參觀了展覽，讚揚了蘇聯的技術和文化成就，攝影師們紛紛拍照。米高揚戴著一頂前面畫有古巴字樣的農民式草帽，與斐代爾一起參觀了該島。在哈瓦那的中央公園，他向民族英雄荷西·馬蒂的古老紀念碑敬獻了花圈。在與多蒂科斯總統的私下會晤中，米高揚對一些人說古巴的土地改革是共產主義表示驚訝。在一次公開演講中，他力勸古巴政府要更進一步，推行「沒收——沒有任何補償，沒收所有的生產資料。」[4]

在蘇聯展覽的最後一天，古巴媒體公布了兩國之間貿易協議的消息，沒有人感到特別訝異。蘇聯人同意在未來五年內購買古巴每年收穫的百分之二十的糖。他們支付的額度只是美國人額度的一小部分，付款方式為現金、機器、石油和島上的蘇聯技術人員的服務。米高揚，似乎只是最先來到革命的古巴的蘇聯公民。[5]

米高揚的訪問和古巴—蘇聯貿易協議的消息在華盛頓引起了震動。一次次的閉門會議接踵而至，每一次的結論都比前一次更加嚴峻。國務院的一名工作人員準備了一份題為「挽救古巴的可能性」的長篇備忘錄。他的評估是極端悲觀的。「在我們的國家歷史上，我們從來沒有經歷過像（古巴革命）那樣的反美情緒、主張沒收財產，或蘇聯對該半球的威脅的規模」，他寫道：「我們自己的人民沒有足夠清楚地認識到，卡斯楚之前的古巴不會再出現，或者說，如果我們要在古巴重新建立影響力，就必須在不同於過去的背景下進行。」他勸告他的上級，必須要謙虛。[6]

就古巴人而言，他們似乎對蘇聯的高調訪問和貿易協議作出了支持甚至是熱情的回應。當米高揚在公開場合發表演講時，他因為經久不息的掌聲而不得不多次停下來。當他提到貿易協議時，群眾高呼「還有槍和飛機！」「無論是出於信念還是謹慎」，歷史學家莉莉安・古艾拉（Lillian Guerra）寫道：「大多數人選擇把米高揚的存在當作古巴新發現的國家主權的證明。」[7]還有什麼比與美國的敵人進行貿易更清楚地表明古巴獨立於美國的方式呢？

然而，並不是每個人都歡呼雀躍。那些曾對共產主義日益增長的影響發出警告的人，也是首先對蘇聯的訪問提出反對的人。天主教學生抗議米高揚出現在馬蒂紀念碑前。他們移走了來訪者留下的花圈，並在原處放上另一個花圈。上面寫著：「這是送給你的，使徒，為刺客米高揚的來訪做出補償。」他們還高喊：「要古巴，不要俄國佬！」島上最古老的報紙《海洋日報》（*Diario de la Marina*）刊登的標題是「要民主，不要共產主義！」；「為古巴犧牲，是；為莫斯科犧牲，否！」「謝謝你，米高揚先生，你的訪問……劃定了陣營」，一篇社論寫道。[8]

關於這次訪問的激烈爭論充斥著古巴媒體。但這些辯論從來都不只是關於這次訪問。根本上它們是關於另一個問題，一個媒體已問過的問題，一個不會消失的問題：古巴革命與共產主義的關係是什麼？但是，由於一件事總是很快導致另一件事，媒體關於米高揚和共產主義的辯論很快引發了另一場重大爭議——關於古巴革命中自由媒體的所扮演的角色。

幾十年來，古巴的報紙一直在轉載美聯社（AP）和合眾國際社（UPI）等國際通訊社的報導。隨著革命的深入，古巴沒收了美國財產並接待了蘇聯官員，這些報導對古巴政府的批評越來越多。他們對共產主義提出指控，貶低古巴領導人，並對兩國之間的爭端採取親美立場。這時，這種立場越來越被認為是反革命立場了。因此，記者和排版工人的專業協會宣布，每當一家報紙刊登國際電訊報導時，該報紙的工人有權刊登澄清說明，聲明他們不同意該報導。其中一個例子是：「上述訊息是本公司在合法利用古巴存在的新聞自由的情況下發布的。但是，本公司的記者和排版人員，根據這個權利，聲明這篇文章的內容不符合事實，也不符合最基本的新聞道德。」這些被戲稱為 *coletillas*（小尾巴）的澄清，很快就開始到處出現。[9]

一九六〇年一月十六日，《消息報》（*Información*）要刊登美聯社和合眾國際社的兩篇報導，其工人堅持要加上一個「小尾巴」。然而，報社老闆拒絕了他們的要求。工人們找來了警察，在警察的干預下，他們成功加入了他們的澄清說明。第二天，許多自由派（和保守派）媒體發表了捍衛《消息報》老闆的內容，並且對加上「小尾巴」的做法予以斥責。但其中的許多辯護後面，又加上了工人們新的澄清聲明，然後出版商又對工人的澄清做出了澄清，最後是工人的最後澄清。有時候，「澄清說明」所佔的篇幅與文章本身篇幅不相上下。不同字體的拼貼效果和單頁報紙上就出現了各種文字框，都直觀地傳達了異議的喧囂，也許還有為強加共識喝采的吶喊助威。[10]

「小尾巴」可以在這裡繼續存在。但大多數傳統報紙則不然。就在《消息報》的衝突發生兩天後，《邁進報》（*Avance*）的出版商不願意印刷「小尾巴」，並暫停了該報的出版。還不到一個星期內，他就出現在美國，開始為《邁阿密先鋒報》（*Miami Herald*）撰文了。[11]二月份，政府查封了其他報紙，這其中包括《世界報》（*El Mundo*）和《國家報》（*El País*），後者透過完全不發表國際電訊報導而避免了「小尾巴」的困擾。但是，當該報決定刊登一位著名神職人員對米高揚訪問古巴的譴責時，它遇到了麻煩。工人們急忙加入他們的反對意見，出版商辭職了。當工人們在他缺席的情況下開會決定下一步該怎麼做時，卡斯楚出現在會議上，宣布報紙的辦公室將被改造成新成立的國家出版社的總部。僅僅兩個月後，國家出版社就出版了它的第一本書，是古巴版的《唐．吉訶德》，有一篇評論說這本書是關於一位「普世英雄」的「不朽之書」，這個英雄在一九六〇年的古巴還活著，還留著大鬍子。[12]

然後，在五月，古巴最古老的報紙倒閉了。《海洋日報》是一家成立於一八三二年的保守派報紙，曾為西班牙殖民主義、美國干預以及格拉多·馬查多和富爾亨西奧·巴蒂斯塔的獨裁政權辯護。一九五九年一月，它刊登了歡迎斐代爾·卡斯楚和他的大鬍子革命者來到哈瓦那的內容。但蜜月期稍縱即逝。在報紙的社論版上，反政府立場的熱度與日俱增。五月時，當這個報社的一群員工簽署了一封為陷入困境的編輯做辯護的信時，事態發展到了頂峰。報社裡的另一群工人拒絕印刷這封信，並打破了印刷機的工作台。不久之後，出版商向外國使館遞出了庇護申請並離開了古巴。[13]

這份報紙的最後一期是在一九六〇年五月十二日出版的。頭版的標題是「與人民站在一起一天；為反動派服務一百二十八年」。頭版內容還包括一封致「古巴人民和革命政府」的信。這封信是由報紙的工作人員寫的，他們宣布接管了報紙，並決定永遠關閉該出版物。他們的信以一句拉丁文作結：Requiescat In Pace, DIARIO DE LA MARINA（安息吧，海洋日報）。恰如其分的是，就在這些話的右邊，刊登的是一個葬禮公告——報紙本身的葬禮。「古巴人民！今天我們將把一百二十八年的恥辱一舉埋葬。」送葬的隊伍從哈瓦那老城的報社外開始，一直到大學，人們帶著棺材和所有的人一同行進。一位與會者後來寫道，有十萬人參加了葬禮；美國大使館估計有幾千人參加了葬禮。發言人指出，另外有三座墳墓已準備好了——估計是為其餘三家尚未與政府掛鉤的報紙準備的。葬禮後四天，其中的另一家報紙（《自由時報》〔*Prensa Libre*〕）關門了。其出版商離開了古巴，政府接管了它的辦公室。[14]

與《海洋日報》的整個爭論，雖然部分是關於新聞界在古巴的作用的爭議，但其核心是關於革命的性質和範圍的對抗。媒體將在多大程度上維護備受人們推崇的一九四〇年憲法所保障的、在巴蒂斯塔統治下被踐踏的傳統政治權利呢？主要獨立報紙的出版商大聲呼籲恢復和保護這些權利。這些機構的許多工作人員，像新政府一樣，反駁說，在這個時候公開提出這樣的要求，就是給國內外的反對派加油助威。正如《海洋日報》葬禮上的發言者所認為的，現在在古巴只有兩條路可以走：革命或反革命。前者是古巴的道路；後者是老巴蒂斯塔和美國干預的道路。「保衛革命」，該報的工作人員宣稱，「除了保衛古巴之外，別無他法。」[15]

如果說保衛革命就是保衛古巴，那麼從本身而言，攻擊革命就是攻擊古巴了。即使是對革命提出質疑也可能為潛在的攻擊打開大門。這場革命似乎是在貫徹長期以來就提出的、一直受挫的承諾（最明顯的是土地改革），許多人把這些成就看得更重，而不是其他潛在的令人不舒服的現象。也許是因為在這之前的每一場革命都被挫敗了，所以在大眾心中沒有一個整體、長期的革命的概念，也許也沒有辦法在這個過程的早期，知道這次革命會有多大的不同。當一連串如野火般蔓延的事件削弱了新聞界或獨立工會時，一些人肯定會擔心。但是，人們的注意力仍然集中在革命目標，以目標的正確來證明手段的合理。所以，在當下，人們把報紙埋在臨時的棺材裡，堅持擁護社會革命的計畫和它的掌舵人。但是，假如有天他們改變了主意，如此一來會發生什麼事呢？有什麼樣的報紙會表達這種意見呢？

在一九六〇年，對政府的支持還有一個重要的原因：美國。斐代爾・卡斯楚多次提到美國敵對政府急於懲罰古巴的人民革命。而美國似乎每次都能證明卡斯楚的觀點是對的。他引用了一些美國立法者的話，這些人曾威脅說要派幾名海軍陸戰隊員來觀照古巴，然後這些立法者又會給卡斯楚提供更多可以引用的聲明。他警告說，攻擊可能來自美國，飛機出現在頭頂上，投下傳單和炸彈。在古巴，人們很容易——而且合情合理地相信美國政府會無情地反對他們的革命。而這種信念有能力把許多古巴人團結和動員起來，力挺他們的新政府。

這種統一戰線在法國庫布雷號（*Le Coubre*）輪船爆炸後表現得淋漓盡致。在一九六〇年三月四日下午三點十分，裝載著來自比利時的彈藥、停靠在繁忙的哈瓦那老港的法國輪船在沒有任何警告的情況下發生了爆炸。船的上部結構幾乎被完全摧毀了；船尾沉到了水裡；周圍的碼頭和建築物立即燃起了熊熊大火。四十五分鐘後，正在大家急著滅火和搶救傷員時，發生了第二次爆炸。總共有七十五人死亡，兩百多人受傷，其中包括古巴碼頭工人、船上的法國船員、士兵、急救人員和趕來救援的平民，他們都在第二次爆炸中喪生了。[16]

時至今日，沒有人知道爆炸的真正原因。在古巴的美國官員指責沒有經驗的工人不習慣裝卸危險材料。同時，擁有這艘船的法國公司認為沒有理由指責「有瑕疵的卸貨過程」，並對爆炸的原因「完全不知情」。《紐約時報》記者赫伯特·馬修斯所採訪到的碼頭工人相信，這是一場破壞活動。古巴政府也是這麼說的，並把責任推給了美國。面對似乎是在古巴土地上發生的致命攻擊，古巴人響應號召，團結一致，眾志成城。即使是像譴責米高揚訪問古巴和共產主義滲透革命的天主教青年團體這樣的人，也在輪船爆炸發生後的第一時間支持他們的政府。[17]

全國都在哀悼，而且這是一個真正的葬禮。餐館、酒吧和企業都關門歇業，大量的人群出來向受害者致敬。斐代爾·卡斯楚、多蒂科斯總統、切·格瓦拉和勞爾·卡斯楚率領著面色陰沉的遊行隊伍。斐代爾發表了主要的講話，這是一篇激烈的演說，其中提到美國三十多次。他說，調查正在進行中，但犯罪者一定是那些想讓古巴毫無防備的人，那些不想讓古巴政府得到船上的戰爭物資的人。那是誰呢？答案很明顯：美國，幾個月來，美國一直在向其他國家政府施壓，不讓它們向古巴出售武器。卡斯楚毫不意外地提到了一八九八年緬因號在同一港口的爆炸事件。美國將這次爆炸歸咎於西班牙，將其作為戰爭的藉口，然後對古巴進行干預。但他警告美國，今天的古巴人不是一八九八年的古巴人。他說，這一代古巴人將戰鬥到最後一個人，流盡最後一滴血。

在這裡，在這些死者中……讓我們把話挑明……古巴人民——工人、農民、學生、婦女、青年、老人，甚至兒童，將毫不猶豫地、冷靜地堅守他們的崗位，毫不退縮，甚至連眼睛都不眨一下，要是有任何外國勢力膽敢於在我們的海岸上登岸，無論他們是乘船來，還是乘降落傘來，還是乘飛機來，無論他們來多少人都一樣。[18]

人們熱烈地歡呼；他的政府部長們用讚許的目光看著他。一位著名的古巴攝影師拍下了一張切·格瓦拉的照片，他的長髮垂在拉鏈夾克的領子上，星星貝雷帽戴得很正，目光專注地望向遠方。這張名為「英雄的游擊隊員」的照片後來成為切·格瓦拉的標誌形象，被世界各地的人們穿在T恤衫上。另一個標誌是在那次葬禮——政治集會——上誕生的，卡斯楚當時用顫抖而沙啞的聲音，說出了那句革命新格言：「Patria o Muerte」——祖國或死亡。[19]

如同往常一樣，美國官員正在豎著耳朵聆聽。駐哈瓦那大使館起初建議採取觀望態度，但不情願地屈服了。「只要古巴政府是被斐代爾·卡斯楚、勞爾·卡斯楚、切·格瓦拉和與他們志同道合的人所控制，美國就沒有希望能夠與古巴政府建立令人滿意的關係。」在提到庫布雷號爆炸和卡斯楚的指責時，國務院駐華盛頓的古巴辦事處官員寫道：「從那時起，真的沒有什麼可談的了。」[20]

事實上，華盛頓當局早就在考慮這個問題了。一九五九年十一月，艾森豪簽署了國務院關於古巴的新政策。該政策的主要建議是「美國政府所有的行動和政策都應旨在鼓勵古巴和拉丁美洲的其他地區反對卡斯楚政權的極端主義和反美路線。」然而，在這點上，該政策代表的是一個總體方向，而不是一個具體計畫。更具體的政策是在一九六〇年的頭幾個月裡制定出來的。當庫布雷號輪船爆炸和斐代爾讓「祖國或死亡」的口號成為自己標誌時，美國對古巴政策的性質已變得非常清楚了。該計畫名為「針對卡斯楚政權的秘密行動方案」（A Program of Covert Action against the Castro Regime），由艾森豪總統在一九六〇年三月十七日召開的國家安全委員會會議上得到了批准。該政策的明確目標是「用一個更致力於古巴人民真正利益、更被美國接受的政權來取代卡斯楚政權」。然而，政權更迭將會「以避免出現任何美國干預的方式」進行。[21]

秘密行動方案包括四項政策建議。首先，中央情報局要建立「一個負責任的、有吸引力的、統一的反對卡斯

庫布雷號輪船爆炸受害者葬禮上的埃內斯托・切・格瓦拉，由阿爾貝托・科爾達（Alberto Korda）拍攝。這艘輪船在卸下運載的武器裝備時爆炸，斐代爾・卡斯楚將這次爆炸歸咎於美國的破壞行為。（圖片出處：Wikicommons）

楚政權組織，而且要公開宣布是反卡斯楚的，因此這個組織必須是在古巴境外。」中情局與幾個外部反對派團體接觸過，並希望將它們合併成一個統一的陣線。其次，「為了讓人們（能在古巴）聽到反對派的聲音，從而破壞卡斯楚的民眾支持基礎」，該計畫將開發「向古巴人民進行大規模宣傳的手段，以便以反對派的名義發起強大的宣傳攻勢。」因此，中央情報局購買了美國和拉丁美洲廣播電台的廣播時間，並在宏都拉斯沿海的天鵝島建立了一個秘密電台。第三，美國將繼續並擴大正在著手進行的工作，以建立「一個在古巴境內的秘密情報和行動組織，對『流亡的』反對派的命令和指示作出反應。」最後，美國將擴大努力，在古巴境外發展一支準軍事部隊，一旦反抗軍建立了積極的行動基地，就可以立即部署到古巴，訓練和領導反抗軍。重要的是，在這四項工作中，美國人的幕後影響力都要隱藏起來。正如艾森豪總統在三月十七日的會議上所說的，「每個人都必須準備好發誓，說他對此一無所知。」[22]

制定關於古巴政府的秘密行動政策的美國官員明白——當然是不情願地明白，古巴革命享有民眾的廣泛支持。因此，中情局的結論是，美國支持的反對派要想成功對抗卡斯楚政府，就必須與革命本身有些相似之處。它不能與巴蒂斯塔有任何聯繫，而且它必須擁護革命期間所倡導的一些原則。它甚至應該倡導一個「現實的土地改革計畫」，並吸收那些「支持最初的革命設想」的人。因此，美國官員要去接觸那些與斐代爾決裂的前革命人士，「因為卡斯楚未能實現最初的七二六綱領，而且很明顯地把革命拱手出賣給共產勢力。」[23]

一些古巴人認為自己受到了革命的背叛，這種感受並不是美國憑空製造出來的，但美國確實在試圖利用這種情緒，並使之成為武器。美國人的腳本其實很簡單：斐代爾．卡斯楚背叛了革命。然後，每個人——從領導層、反對派的官兵，再到美國總統本人，都堅持這個腳本。「坦率地說」，艾森豪總統說道：「我必須說，有很多長期的古巴之友……對古巴現任領導人先前所表達的理想感到振奮，但現在對他們對那些理想的背叛感到嚴重失望……」因此，美國設計的這場反革命的口號將是「修護革命」。[24]沒有人知道這場對抗會在什麼時候到來，但兩國政府都越來越相信一定會來。

古巴和美國政府之間第一次真正的激烈爭端是以另一場葬禮結束的。這場爭端發生在幾個月後，因為兩國政府都試圖壓倒對方，每一方的行動都提高了整個局面的賭注，讓對方不敢輕舉妄動。爭端開始於古巴和蘇聯的貿易協議，根據該協議，蘇聯每年向古巴提供六百萬桶原油。原油當然需要提煉，而在古巴，現有的三個煉油廠都是由美國公司擁有的：埃索公司、殼牌公司（Shell）和德士古公司（Texaco）。作為古巴國家銀行的負責人，切．格瓦拉給這些公司下了指令：首先，接受蘇聯的石油作為古巴政府欠他們的債務的付款；第二，提煉石油。然而，在與華盛頓方面協商後，這些公司拒絕了這些要求。斐代爾出面，親自命令這些公司提煉石油。他們再次表示了拒絕。古巴政府的下一步行動更加有力：卡斯楚命令對這三個煉油廠進行「干預」。這意味著這些煉油廠仍然是其各自的美國公司的財產，但其日常運作現在歸古巴政府所有。美國人稱這是古巴「無情的經濟侵略」的又一實例，並進一步證明它試圖破壞古巴「與自由世界的傳統投資和貿易關係。」七月六日，華盛頓方面做出的回應是削減蔗糖配額——這是美國政府長期以來的協議，即以有保證的價格購買一定數量的古巴蔗糖。在整個二十世紀，蔗糖配額一直是古巴經濟的基石。削減它就等於讓這個島國持有其糖收成的主要部分沒有買家。正如人們所期望的那樣，哈瓦那的官員隨後轉向了蘇聯政府，後者同意購買美國不再購買的東西。[25]

然而，衝突並沒有就此結束。八月五日星期五，勞爾．卡斯楚只回應了一個含糊暗示。「明天，在埃爾塞羅體育場，斐代爾將發表非常重要的聲明。現在你知道了：明天，大家都和斐代爾一起。」第二天晚上，棒球場的三萬五千個位置座無虛席；還有數千人聚集在下面的空地上。這並不是一個體育賽事，而是有史以來第一次拉丁美洲青年大會（Congress of Latin American Youth）的閉幕式。斐代爾在晚上十點二十五分才姍姍來遲。仍坐在位子上的人們紛紛站了起來，歡呼斐代爾的到來；人們把貝雷帽和帽子扔到空中；在空中揮舞的手帕就像蜂鳥的翅膀。當他在晚上十一點四十分走上講台時，飼養員放出了大約兩百隻白鴿。他抓住了一隻鴿子然後又放飛了牠；掌聲和呼聲震耳欲聾。十五分鐘後，在差五分就十二點時，他終於開始講話了。在說了二十五分鐘後，他失聲了。[26]

人們高喊著讓他休息。勞爾・卡斯楚拿起話筒，向人群發表講話。幾分鐘後，不知是靈機一動還是準備好了之這麼做，勞爾回頭看了看斐代爾。兄弟倆商量了一下，然後勞爾宣布：「對美國帝國主義來說，我有個壞消息。斐代爾的聲音回來了！」現場爆發出了巨大的歡呼聲，勞爾呼籲大家保持安靜。「讓我們一起努力，斐代爾輕聲說話，大家保持安靜。」回到講台上，斐代爾・卡斯楚用沙啞的聲音宣讀了第八五一號法律的每一個字，該法律授權政府透過徵用美國擁有或控制的財產來實現資產國有化。政府確定了該法律將適用的首批二十六家美國公司。美國的煉油廠只是一個開始。還包括美國擁有的電話和電力公司，以及三十六家糖廠，古巴政府對這些公司的估值為八點二九億美元。從理論上講，糖廠的所有者將得到五十年的債券補償，利息為百分之二，資金來自向美國出售古巴糖所預留的資金。當然了，美國才剛剛取消了購買古巴蔗糖的協議。因此每個人都猜到了一個顯而易見的事實：不會有任何補償。

當嘶啞的卡斯楚讀出每家公司的名字時，人群就會發出雀躍的一陣歡呼。名單上的第二十四家是聯合水果公司。斐代爾唸到「水果」一詞時的發音有些蹩腳，但大家都知道他的意思。瓜地馬拉前總統雅各・阿本茲（Jacobo Arbenz）在美國政府和聯合水果公司策劃的一九五四年政變中遭到了推翻，他此時也在站在前台上。當斐代爾說到聯合水果公司時，阿本茲站起來擁抱了這位古巴領導人。人群的歡呼聲越來越大。當整場活動結束時，已接近淩晨四點了。一位記者觀察到，當人們排隊離開時，「他們看起來就像復活了一樣」，另一位記者則說這是古巴的「第二次獨立。」[27]

該法律的公開宣布啟動了政府所謂的「人民歡慶週」。在公開的儀式上，舊有的美國公司招牌被從建築物上拿掉，取而代之的是印有古巴新名稱的橫幅。在國會大廈前的集會上，古巴人重複了一個誓言，「以最大的努力和犧牲來捍衛革命，因為它表現了國家最急切的渴望。」然後，所有的人一起去參加了一個葬禮——為剛剛被古巴政府沒收的美國公司舉行的一個盛大、象徵性的葬禮。葬禮是喜慶的，也不嚴肅。婦女們身著黑衣，舉著牌子，表明她們是這個或那個美國公司的遺孀。男人們則是扮演抬棺材的人的角色，抬著埃索、殼牌、聯合水果等公司遺體的空棺材。人們一起前行，有時還跳起舞來，一路走到了濱海道，人們隆重地把棺材吊到海堤上，扔進了大海，被班傑明・富蘭克林在很久以前命名為墨西哥灣流的水流可能會把它們衝到佛羅里達去。[28]

儘管沒有那麼大張旗鼓，對美國財產的徵用仍在進行著。事實上，它成了革命政策的基礎。九月，政府將所有美國銀行在古巴的分支機構收歸了國有，包括大通曼哈頓銀行、紐約第一國民銀行和其他銀行。十月時，政府把沒收的目標瞄準了古巴人擁有的財產，沒收了一百零五家糖廠、十八家酒廠、八家鐵路公司、百貨商店、酒店、賭場、藥局等等。到十月底，政府沒收了大約五百五十處美國和國內財產，包括幾乎所有剩餘的美國人在古巴擁有的非住宅財產。[29]這種規模的沒收在革命政府上台前並不是革命計畫的一部分。現在它們似乎成了不可阻擋的，也無可諱言的必行之事。

徵用行為進一步加劇了華盛頓和哈瓦那之間的敵意。那年秋天，卡斯楚在聯合國大會上發表了有史以來最長的演講之一，他以前所未有的方式痛罵了美國。一有機會，古巴代表團就投票反對美國，支持蘇聯。當斐代爾回到哈瓦那時，他宣布成立一個新的組織：保衛革命委員會（CDR）。他稱它們是「一個革命的集體警戒系統」，旨在擊敗任何可能的「帝國主義的走狗」。在熱烈的歡呼聲中，他提出解釋，「每個人都會認識他所住街區的其他人，知道他們是做什麼的……他們相信什麼，他們見了什麼人。」在斐代爾講話時，兩顆炸彈爆炸了，人群高呼：「¡Paredón!」（為刑場乾杯）和「¡Venceremos!」（我們一定會勝利！）在一九六一月一月三日，華盛頓方面宣布，美國將關閉駐哈瓦那的大使館。艾森豪說：「美國在自尊方面的忍耐力是有限度的，現在已超過極限了。」自古巴獨立以來，兩國首次斷絕了一切外交關係。[30]

為什麼在這麼短的時間裡就發生了這麼多事？一場目標完全符合古巴政治中長期的進步要求的多階級共同參與的革命，怎麼會帶來如此看似出人意料的走向呢？這個問題的答案不在於任何一個單一的時刻，而在於革命最初兩年時間裡發生的各種事件的日積月累。在那段時期所有的不確定性中，一些循環出現的現象在這場漩渦中變得十分明顯。尤其是一種強有力的激進化，它將進步的社會和經濟目標轉變為更深遠的東西。在革命的第一階段，有權勢的人失去了財產和特權。但在這個過程中，更多的人獲得了土地、受教育的機會和薪資的增長；廣大人民在革命中獲得了深刻的利益。隨著激進主義在大多數人中贏得了追隨者，大多數人又幫助進一步鞏固和推動了向左轉。因此，民眾的支持既是革命日益激進的原因，也是其結果。

與這種激進化同步進行的另一個過程，也許是前者反面。隨著革命的社會和經濟目標的擴大，其更傳統的政治目標卻在收縮。在革命者上台之前，他們承諾過選舉和新聞自由等事項。但隨著革命在實踐中展開，這些目標和其他目標不盡相同，便從人們的視線中消失了。強大的敵人——尤其是外部敵人的日益敵視，有助於革命政府以此來證明其推遲傳統政治權利的合理性。事實上，對於這些權利的主張現在越來越和反革命連繫在一起。儘管反對巴蒂斯塔的革命抗爭的參與者和目標都是多元的，但到了一九六〇年年底，古巴領導人成功地為它賦予了一種單一形式：革命。而革命——總是帶有特定的定冠詞和大寫R，正在逐漸意味著一件事：給革命下定義的權力落在一個人身上。即使是在這種情況下，大多數人仍然表示了無條件的擁護，他們看起來甚至同意放棄其他達成目標的手段。

除了革命可能提供的任何直接物質利益，以及斐代爾．卡斯楚可能展現的人格魅力和權威之外，還有其他的原因造成了革命的激進化。其他原因來自外部，來自全球冷戰的緊迫性，也許最重要的是，來自古巴人與美國人在古巴島上沉重的、揮之不去的權力歷史的關係。美國人在古巴擁有很多東西，華盛頓也慣於在那裡行使權力，因此革命要兌現其承諾，就必然會威脅到美國的利益。隨著美國的敵意越來越明顯，古巴政府也更容易為採取激進的措施辯護，不僅是基於任何固有的優點，而且是基於主權和愛國主義。可能除了一九三三年革命的一百二十七天的那段時期之外，國家和人民從未一起表達過如此激進的反帝國主義。也許美國可以對這個威脅作出不同的反應；也許卡斯楚可以採取較慢的變革步伐；雙方都可以採取更加和解的方式。但一場重大衝突的輪廓幾乎從一開始就存在，而且變得日漸清晰。歷史學家不願意把任何事看成是不可避免的。但考慮到兩國的歷史——一個多世紀以來共同的、不均衡的親密關係，這樣或那樣的對抗可能是無可避免的。

CUBA

第十部

對峙

1962 年 1 月 1 日，古巴士兵站在哈瓦那濱海道的防空火炮旁邊，當時古巴正處在可能遭受美國入侵的戒備狀態中。（圖片出處：Getty Images）

第二十七章　戰鬥

地理環境賦予了這個地方對變化的非凡抵抗力。廣袤的薩帕塔半島（Zapata Peninsula）位於東南方向約八十五英里處，與哈瓦那有著天壤之別，這裡有著和雷龍和翼龍一樣古老的生物物種。蘆葦從一大片泥濘的水中生長出來，下面是密密麻麻、糾纏在一起的硬木木材，已有幾千年的歷史。在半島的河流和湖泊中，仍然有一種名叫古巴雀鱔（Cuban gar）的魚類游弋，這個物種是如此古老和不變，以至於科學家將其歸類為一種活化石。在樹頂上，一種罕見的夜鶯唱著它的前輩們在很久以前唱著的同樣的旋律。沼澤的大部分延伸到加勒比海，但在一些地方，它讓位給一條堅實的沙地。沿著部分海岸線有一個巨大的犬牙交錯的岩架，因為它的堅硬、鋸齒狀的石灰岩而得名，即使在人類開始給草食動物穿鞋之後，該地區仍是荒涼的。靠近廣大濕地的東端是一個深而寬的入口。與沼澤地一樣，它擁有古老的物種，其中包括可能使海灣得名的珊瑚礁居住者：女王魨（queen triggerfish），在古巴被稱為 cochinos，或是「豬」。

人類來到這裡之後，為這些地方和這些物種命名。一代又一代的泰諾人在這塊不尋常的土地上安家，把他們的死者埋在黑土和蝸牛殼交替堆積的土丘下，腳總是朝著西邊。一四九三年，哥倫布在他的第二次航行中經過了這個海岸。一個世紀後，據說海盜們在這裡藏起了他們的財寶。在那之後的兩個世紀裡，奴隸販子有時會利用這個不受歡迎的海岸讓非洲人非法登陸，他們在經歷了跨越大西洋的漫長、艱苦的航行之後，被迫光著腳在狗牙般的石灰岩上跋涉。但撇開這些非法用途不談，這個地方是如此不受歡迎，與島嶼的其他地方如此隔絕，以至於它的居民很少，無論是泰諾人、西班牙人、非洲人，還是這些人的後裔。

濕地幾乎是無法農耕的，這裡也沒有城鎮可言。因此，在那裡定居的人要努力工作，謀求生計。他們在沼澤地裡收割，利用簡陋的工具和自己身體的重量，從一英尺或更厚的水底鬆開沉重的、虬曲的樹根。他們挖出一小塊土，在裡面生火，然後燒掉木頭，製成木炭。這就是他們的職業，木炭是該地區唯一的產業。有一條進出沼澤的路線，即一條窄軌鐵路。這條鐵路經常被水覆蓋，無法使用，使住在那裡的人與島上的其他地方隔絕，每次的隔絕都要持續幾個星期。[1]

一九五九年十二月二十四日，斐代爾·卡斯楚乘坐直升機抵達這片沼澤地，慶祝他執政後的第一個聖誕節。他帶著蘇打水、啤酒和一頭半的豬來到這裡，並邀請他的十三個同伴同他到住在這裡的一位木炭工人家裡吃平安夜晚餐。「我記得」，這個人後來回憶，（斐代爾）對我說：「你們會看到哈瓦那的公車是怎樣開到這裡的。我以為他是瘋子。」然而，到了第二年的聖誕節，一條新修的進入沼澤地的公路正在促進整個地區的轉變。這裡有一個新的、人員齊全的綜合醫院，一條水渠，一個發電廠和一個電報機。一個新的商業中心有服裝和工藝品商店、藥局、肉舖、理髮店和郵局。三十名掃盲工作者在附近地區教人們閱讀和寫字，預計還會有更多人到來。木炭工人根據一九五九年的土地改革法獲得了土地所有權，不再支付租金。在被島上一些最貧窮、最不尋常的鄉村所包圍的美麗的吉隆（Girón）海灘上，新政府正在建造一個海濱度假村：在一個擁有游泳池、歌舞廳、食堂、遊戲室等設施的綜合體中，有一百五十三間各種家具一應俱全的一室和兩室小屋。度假村的建設在斐代爾出席聖誕晚宴的幾週後就開始了，開業日期定在一九六一年五月二十日，即古巴獨立和美國第一次軍事佔領結束的五十九週年紀念日。[2]

在一個沒有月光的夜晚，幾乎就在度假村預定開放的一個月前，大約有一千四百人坐在海岸邊的船上，對島上這些活動一無所知。這些人屬於美國訓練和資助的二五〇六旅，由回國推翻斐代爾・卡斯楚的古巴流亡者組成。他們的計畫是確保一個灘頭陣地，刺激內部抵抗運動，並引發一場全面叛亂。三天後，古巴的新臨時政府就會從邁阿密抵達。一旦如此，這個旅將從灘頭開始向北前進，左轉，向哈瓦那進軍。一些人預計事情會進展得足夠順利，甚至在他們到達首都之前，斐代爾的政府就可能就會垮台。如果事情進展得較慢，或者士兵們遇到了麻煩，他們就會躲進山區，與那裡的叛亂份子會合，並對古巴政府發動幾年前斐代爾對巴蒂斯塔發動的那種游擊戰。

最先意識到事情不會按照計畫進行的是水下爆破隊的人，他們駕駛著一艘小船駛向他們在吉隆海灘的登陸點。他們的工作是設置標記燈，引導大型船隻及其登陸裝置上岸，讓大隊成員及其材料下船。但是，當蛙人乘坐橡皮筏接近時，他們抬頭看到前方的海灘進入了視野。其中一個人後來回憶說，那裡「亮得就像紐約科尼島一樣」。在離他們打算登陸的地方五十碼的地方，人們正在舉行聚會，探照燈「把（他們的）登陸地點照得像白天一樣。」[3]

在戰爭中，士兵們習慣於隨機應變。那天晚上在古巴海岸，士兵們迅速調整了他們的登陸地點，以避開狂歡者。但一切都不如預期。他們的華盛頓上司在偵察照片上看到的黑影並不是事先告知他們的海草，而是鋸齒狀的珊瑚礁。現在這些人不得不在尖銳的珊瑚礁上行走，他們的木筏現在被頂在他們頭上。在這場與自然環境的尷尬衝突中，木筏裡的一個燈泡短路並亮了起來，向岸上的兩個人暴露了他們的到來，岸上的人是一個十三歲的掃盲隊員和一個民兵指揮官。這兩個古巴人並沒有立即得出最壞的結論；他們還認為那艘木筏是一條漁船，正在尋找繞過珊瑚礁的方法。當然了，木筏上的隊員並不知道這點。因此，當古巴人將吉普車的燈光對準小船，要引導他們上岸時，水中的人開始對著岸上開火。現在，周圍幾英里的人都知道他們在那裡了。登陸者們現已失去了出其不意的機會，而且在很短的時間內，他們就將面對地面上一卡車的古巴軍隊士兵。與此同時，在普拉亞拉爾加

（Playa Larga）的第二登陸點，登陸工作正以「喝醉酒的芭蕾舞演員」一樣的笨拙方式進行著。他們用於把小型登陸艇放到水面上的絞盤生鏽得很嚴重，發出了刺耳的響聲，以至於周圍幾英里的範圍都能聽到他們的到來。有些船根本無法啟動；有一艘船的馬達脫落，然後沉入了水裡。很快，這些部隊也將受到攻擊。

然而，即使在最初的幾個小時裡出了這麼多問題，二五〇六旅的士兵們仍然渴望戰鬥，而且他們仍期待著勝利。當他們到達海灘時，他們歡呼雀躍，有些人還跪下來親吻了地面。[4]

就在凌晨一點之前，作為行動指揮艦的布拉格號收到了來自華盛頓的消息：「卡斯楚仍有可用的飛機。預計你們在天亮後就會受到攻擊。卸下所有人員和物資，把船開到海上去。」他們分秒必爭地在天亮前卸下所有東西，較小的登陸船全速駛向鋸齒狀的珊瑚。有一艘在載人上岸前就沉沒了；另一艘是在把人送上岸後沉沒的。然後，正如警告的那樣，天亮後，古巴政府的飛機就展開了空中攻擊。對於戰鬥成員阿爾弗雷多・杜蘭（Alfredo Durán）來說，當他抬頭看到自己被一架「不應該出現的」古巴海怒型飛機擊中時，他才意識到事情不會按計畫進行。到了中午，古巴飛機擊沉了這艘美國軍火船。[5]

在海灘上，旅長荷西（佩佩）・聖羅曼（José [Pepe] San Román）發出了一條又一條的無線電訊息：「必須在未來幾小時內獲得噴射機空中支援，否則我們就會被滅掉。」幾分鐘後，「請求噴射機支援，否則無法堅持。形勢危急。」接著：「坦克沒有彈藥了，部隊的彈藥也很少了。」第二天午夜前，他發了一條更長的訊息，瘋狂而憤怒：「你們這些人意識到局勢有多絕望了嗎？你們是要支援我們，還是退出了？我們所要的是低空噴射機的掩護和噴射機的近距離支援。敵人有這種支援。我非常需要，否則無法活下去。請不要拋棄我們。」在第三天，他們發出了最後一條消息：「我正在摧毀所有設備和通訊。坦克就在眼前。我沒有什麼可打的了。我將進入森林。我不能等你了。」沒過多久，這些人就意識到，中情局口中吹噓的作為他們的逃生通道的山實在是太遠了。多年以後，一個旅的老兵提出解釋：「走了一段路後，我突然意識到，嗯，我看了看地圖，我說，我們是不可能成功的。」在該旅發出最後一條無線電訊息後不久，一位海軍上將透過無線電向五角大樓報告：「卡斯楚正在海灘上恭候著他們到來。」[6]

在長達七十二小時的時間裡，美國為推翻斐代爾．卡斯楚而發起的對古巴的入侵被揭露為「歷史上罕見的事件之一——一場完美的失敗。」在一九九六年，兩位學者召集了一群以不同身分參與過該事件的人——古巴旅的老兵、反對卡斯楚的短暫城市抵抗運動的參與者，以及甘迺迪的白宮、國務院、中央情報局和國防部的前成員，共同閱讀了當時最新解密的文件，並一起重構和理解所發生的事。這是一項引人入勝的工作，對許多參與者來說，這也是一個痛苦的經歷。

但是，在他們的討論中出現了另一種壓倒性的情緒——一種目瞪口呆地難以置信。策劃豬玀灣登陸計畫的中情局第一局長雅各．埃斯特林（Jacob Esterline，也是一九五四年策動瓜地馬拉政變行動的華盛頓主管）以這樣的話來總結他的感受：「我回想了很多次，已數不清了：這個計畫是怎樣被強推通過呢？又是怎樣失控的呢？……它到底是怎麼發生的？更重要的是：我們怎麼會讓這樣的事發生呢？」[7]

一開始，美國人所知道的豬玀灣入侵事件本不是入侵，也不是要發生在豬玀灣。該行動計畫起源於艾森豪對一九六〇年三月「針對卡斯楚政權的秘密行動方案」的批准，該計畫試圖在不暴露美國角色的情況下推翻斐代爾．卡斯楚。該計畫主張建立一個溫和的流亡反對派，在古巴境內建立一個秘密的情報和行動網絡（對流亡領導人所做出的反應），以及一支由古巴流亡者組成的準軍事部隊，在古巴境外接受訓練，在古巴境內開展游擊行動。然而，這支部隊最初並未被想像成是一支入侵部隊。相反，它將由「一些準軍事幹部」組成，他們將接受美國政府的培訓，並秘密部署在古巴，「組織、訓練和領導在那裡招募的抵抗力量。」這種強調並不全是華盛頓方面的一廂情願。古巴存在著一些反對卡斯楚政府的武裝抵抗力量，其中最重要的是在中部的埃斯坎布雷山區。中情局設想有一支規模不大的流亡部隊加入，並領導該抵抗運動以及島上其他較小的抵抗運動。[8]

該計畫的第一個重大變化似乎是在一九六〇年八月，因為中央情報局開始質疑古巴境內的游擊戰和叛亂是否能夠很快推翻卡斯楚。八月份的版本計畫考慮到了這件事。與之前的版本一樣，它也設想在島上發展和支持游擊隊。但新版本增加了新的特點：由流亡部隊進行海空聯合攻擊，時間上與游擊隊－流亡部隊聯合向首都進軍相吻合。在八月十八日的一次會議上，人們討論了是否應該讓更多的部隊登陸，甚至是一些美國軍隊。但人們在這點的意見分歧很大，決定推遲做出決定。[9]

正是在一九六〇年秋季，一個新的行動概念形成了。美國官員越來越擔心卡斯楚日益強大的實力和他從東歐集團國家獲得武器的可能性。在向古巴滲透人員和物資的計畫中，他們也考慮到了後勤方面的問題，這個滲透計畫是支持內部抵抗的努力之一部分。例如，九月二十八日在埃斯坎布雷山區的一次秘密空投中，機組人員與目標相差了七英里，將武器投在一個水壩上，很快就被古巴政府軍收走了。兩天後的另一次空投中，降落傘將武器送到了一個新成立的農業合作社裡，合作社成員立刻就把武器交給了當局。[10]游擊隊部分的行動對他們來說可能太難控制了，而且他們為時不多，這種感覺促使策劃者們朝著另一個方向努力。一些人開始想，也許從海上進行常規步兵登陸會有更大的成功機會。因此，在十月三十一日，中央情報局總部向正在訓練流亡新兵的瓜地馬拉營地發出了電報：滲透小組將被減少到只有六十人；所有其他人將接受兩棲和空降攻擊的常規訓練。這個計畫需要更多的人：「不要計劃少於一千五百人的攻擊。考慮到目標的情況，較小的部隊幾乎沒有成功的機會。」[11]

十一月中旬時，一個由中央情報局、國務院、國防部和總統國家安全委員會的代表組成的秘密委員會，至少每個星期都會有一次古巴計畫的討論。隨著每次會議的召開，從某種程度上說，該計畫看似變得更加清晰了。游擊戰和秘密滲透的想法逐漸從人們的視線中退去；與此同時，海運登陸和空襲開始取得更多的關注。該行動開始類似於入侵，但似乎沒有人準備這樣稱呼它。以一九六〇年十一月二十九日特別小組與艾森豪總統的會談為例。

一些政府調查人員後來說，艾森豪在那天批准了這個計畫。然而，這次會議的官方記錄並沒有傳達這種感覺。首先，會議上沒有人明確討論正在形成的變化；沒有人提到正在接受游擊戰訓練的部隊的大幅削減；也沒有討論常規的空中和海上突擊在實踐中可能是什麼樣子。艾森豪首先表達的不是贊同，而是一種不安的感覺。他問道：我們做得夠嗎？我們所做的事有效嗎？他想知道「情況是否有開始失控的跡象」。在四個不同的場合，他都回到了一個簡單的問題：難道不是應該要有一個負責人嗎？「一個能隨時掌握情況的人」，「一個能把整個古巴局勢整合在一起的行政人員，在任何時候都能準確知道國家、中情局和軍方在做什麼。」總統口中所渴望的人是一個「協調主管」。但沒有人任命這樣一位領導人。在整個會議期間，討論似乎是曲折和反覆的。決定被推遲了，主要問題沒有得到解決。[12]

當華盛頓的人們考慮如何處理古巴問題時，他們也在為約翰．甘迺迪（John F. Kennedy）的就職典禮做準備。在十一月二十九日的會議上，這件事也造成會議室裡的不穩定感。艾森豪說，他希望新總統「會遵循」前政府古巴計畫的「總體路線」。他沒有說明的是，他猶豫是否要對該計畫的任何特定版本給予明確的批准，因為他在白宮和身為總司令的日子即將結束了。

在十二月八日，也就是大選的整整一個月之後，祕密委員會開會審議修訂後的計畫。當時，行動的核心是一支由六百至七百五十人組成的兩棲部隊，配備「火力超強的武器」登陸。在登陸之前，將對古巴的軍事目標進行空襲。行動的轉型已完成；游擊隊的滲透已成為入侵。有人對入侵到來時古巴人民是否真的會起義表示懷疑，但沒有人完全解決這個問題。具有諷刺意味的是，在那次會議的同一天發布的中情局國家情報評估報告認為，卡斯楚「仍然牢牢掌控著局面」。自一九五九年以來，他的聲望有所下降，但他仍然「在較貧困的階層，特別是在農村，享有廣泛的支持。」然而，這個判斷似乎並沒有傳到制定計畫的高層那裡。[13]

事實上，該計畫的下一個重要摘要完全忽略了上述判斷。中情局一九六一年一月四日的報告中說：「預計這些行動將在整個古巴引發一場各地響應的起義，並導致古巴軍隊和民兵中的大部分人叛變起義。」海灘的先頭部隊是由流亡者組成的，「希望他們能成為人們的聚焦點，因為有成千上萬的古巴人打算公開反抗卡斯楚，但他們仍在觀望，在成功的把握出現之前猶豫不決。」報告接著大膽地提出，「如果我們的行動成功地引發了古巴的全面反抗，那麼在幾個星期內，就能推翻卡斯楚政權。」[14]這樣的判斷堪稱近乎瘋狂的樂觀。

當一九六一年一月約翰・甘迺迪入主白宮時，迎接他的計畫就是這樣的。雖然甘迺迪在上任前已聽取了簡報，但他的簡報人，中央情報局局長艾倫・杜勒斯（Allen Dulles）和該局計畫處副處長理查・比塞爾（Richard Bissell）強調了該計畫的游擊性，並將美國的軍事干預稱為「預備應急計畫」。然而，在甘迺迪尚未履職，未掌握所有相關訊息的情況下，甘迺迪已將整個行動視為一個「預備應急計畫」了。「他還沒有意識到」，參謀官亞瑟・施勒辛格（Arthur M. Schlesinger）寫道：「預備應急計畫是會產生自發的推進力，並創造出新的現實的。」[15]

在美國總統大位交接後，政府的齒輪運轉得既快又慢，因為甘迺迪下令對該計畫進行評估。各機構負責人寫下了備忘錄，概述了一切有待完成的工作：選擇登陸地點；分析內部叛亂的可能性；為古巴組建一個新政府。國務院的一些人開始把這個計畫稱為「古巴冒險」（the Cuban adventure）。自始至終，中情局都是該行動最熱心的倡導者。它贏得了其他部會的支持——參謀長聯席會議、國務院，以及總統本人。但實際上，與其說它贏得了人們的支持，不如說是中情局打消了別人的反對意見。

最重要的一次會議發生在一九六一年三月十一日。當時，入侵部隊的人數達到八百五十人，並且還在不斷增加。分析師們選擇了一個登陸地點：一個名為卡西爾達（Casilda）的海灘，靠近千里達鎮，也靠近埃斯坎布雷山脈。根據三月時的計畫版本，這個細節至關重要，原因有兩個：首先，埃斯坎布雷山區是抵抗斐代爾・卡斯楚的中心，可能有大約七、八百名游擊隊員已在此戰鬥並組織起來。因此，流亡遠征軍將擁有自願的盟友和部隊。第二，如果流亡者的小隊不能確保能抵達灘頭陣地，那麼他們可以很容易地撤退到山區，重新集結並繼續戰鬥。這個安全備案讓一些對行動持有懷疑態度的人感到滿意。[16]

但甘迺迪不喜歡這個計畫。它太壯觀宏大了，更像是第二次世界大戰的登陸，而不是他所承諾的秘密行動。「降低噪音水平」，他指示道。他想要的是安靜的、不引人注目的；美國政府在背後的角色要不為人知。他所提到的這個「不為人知」的要求若非空想，也是不可能做到的事。瓜地馬拉的人們親眼看到了訓練營，那裡的共產黨人通知了蘇聯大使館，後者將消息傳到了哈瓦那。古巴報紙開始報導流亡者訓練營和即將到來的入侵，這比它發生的時間早七個月。在邁阿密，入侵是一個謠言的話題，幾乎每個路邊咖啡館裡都有人在議論這件事。在華盛頓，一位參議員稱這個計畫是「一個人盡皆知的秘密」。[17] 中情局無法讓這些閒言碎語安靜下來，但它可以按照新總統的要求，努力降低行動的噪音水平。

又經過了幾次嘗試後，中情局提出了一個更安靜的計畫版本。到這時為止，該行動已被暱稱為「顛簸之路」（Bumpy Road）。顛簸之路行動減少了登陸前的空襲次數；登陸本身將會安排在夜間進行；運送人員的船隻將在黎明前離開，沒有人會看到他們到達。另一個非常重要的變化是入侵的登陸地點。原來的地點在人口眾多的千里達市附近，有造成平民傷亡的風險。中情局說，其機場不適合他們希望古巴流亡飛行員使用的 B-26 飛機。（入侵後的一份政府報告顯示，這不是事實。）相反的，中情局現在提議在豬玀灣登陸，那裡人煙稀少，數萬年來都是沼澤地，一代又一代的古巴木炭工人都在那裡安家。[18]

甘迺迪於四月四日召開了會議，將就這個行動作出決定。懷疑者仍然比比皆是。參謀長聯席會議認為，在最近提出的所有版本中，這個新計畫成功的可能性最大，但也判斷，即使如此，它也不可能實現目標。副國務卿在會議前給他的上司寫了一份備忘錄，並要求他把這份備忘錄分享給總統本人。按照「現在的計畫」，它寫道：

「成功的機會不超過三分之一。」不清楚甘迺迪是否看到過這份備忘錄。[19]

在會議上，有幾個人提出了一些問題，暴露了他們的憂慮。一位在場的官員問，如果這些人無法建立灘頭陣地怎麼辦？中情局的理查．比塞爾回答說，他們可以撤退到山區，指著地圖上埃斯坎布雷山脈的大致位置。也許地圖上缺少地形訊息。或者，也許這份地圖缺少顯示距離的刻度。也可能是由於大勢所趨，這個計畫必須要得到實施，因此人們不敢貿然提出地圖的缺陷。另一位華盛頓內部人士問道，如果古巴人不起義怎麼辦？比塞爾轉向一位助理，問道：「我們有一份關於這個問題的國家情報報告，不是嗎？」事實上，他們確實有這方面的國家情報估計。但報告上的內容不會打消在場任何人的疑慮。卡斯楚牢牢地掌握著權力，擁有大量的（即使是不斷減少的）支持，並牢牢控制著島上的所有機構。三月的一份報告稱，存在的抵抗並不「預示著對卡斯楚有構成任何嚴重威脅」。在各種情況下，情報報告都忽略了關鍵訊息：即豬玀灣的新登陸點正處於斐代爾．卡斯楚慶祝他的第一個革命聖誕節以及他的政府一直在分配土地和建設基礎設施的同一地區的中間。[20]

甘迺迪總統幾乎是心滿意足地認為這個計畫是掩人耳目的，他繞過房間，聽取了每個人對這個計畫的評價。除了一個人之外，其他的人都表示了同意。會議上的討論不太可能真正傳達許多人說出的，或是感受到的疑慮。因此，推動計畫向前走的勢頭和也許是一種箭在弦上不得不發的感覺主導了這個時刻。會議持續了不到一個小時，結果是行動方案得到通過。然而，在會議結束時，甘迺迪問，叫停這個行動計畫的最晚期限是什麼時候。比塞爾回答說，十四日中午進行空襲，十六日中午進行登陸。[21]

在四月十四日甘迺迪和比塞爾的一次私人談話中，甘迺迪為第二天的空襲做了準備。「幾乎是在事發後」，甘迺迪才詢問了第一次空襲出動的飛機數量，這時距離空襲的時間不到二十四小時。當比塞爾回答說是十六架時，甘迺迪指示他縮小規模，讓空襲「最小化」。他們兩人都沒有與其他人協商，比塞爾當場將出動空襲的飛機數量減少了一半，變成了八架。在四月十六日中午左右，甘迺迪打電話給比塞爾，對登陸行動給予最後批准。但在晚上九點半左右，當運載突擊部隊的船隻接近古巴時，甘迺迪在國務院的敦促下，在十一個小時內批准了對計畫的一個重大改變：他取消了原定在行動的第二和第三天進行的空襲。在該突擊部隊奪下一個簡易機場，並讓空襲能在古巴領土上開始之前，將不會有進一步的空襲，以更好地掩蓋美國的參與。中情局對取消行動的抗議沒有產生什麼效果，行動在沒有中情局協助的情況下繼續進行。

因此，經過幾個月不穩定的計畫，在四月十七日凌晨，第二五〇六旅的人抵達了目的地，士兵們抱著推翻斐代爾・卡斯楚與解放古巴的決心。他們在登陸時不得不避開珊瑚礁、深夜的建築工人聚會、地面上的古巴民兵和空中的古巴海怒炮火——沒有人告訴他們會出現這些障礙。他們面對的是仍然忠於斐代爾・卡斯楚的古巴軍隊和民兵，儘管中央情報局預測到這點。現實中的古巴人沒有叛亂，就像沒有任何可行的辦法能讓他們躲進山區繼續打游擊戰一樣。在登陸後不到七十二小時內，他們就被擊潰了，其中一百一十四人戰死，一千一百八十九人被卡斯楚的部隊俘虜。同樣的問題又出現了：美國是如何能這麼糟糕地失敗？又是為何如此的盲目呢？

答案和大多數重要問題一樣，取決於你問的是誰。對於二五〇六旅的人來說，答案可以用一個詞來概括：背叛。他們曾得到了空中突擊支援的承諾，來自空中的支援會讓古巴空軍失去戰鬥力。但承諾並沒有得到兌現，對這些人來說，這個失敗以及其他的失敗注定整個行動的失敗。在事件發生後的幾十年裡，這種受背叛感在流亡美國的古巴人圈子裡十分常見，並且有助於解釋古巴裔美國人對甘迺迪的蔑視，以及他們對民主黨更為普遍的反感。

歷史學家則是更傾向於淡化該旅成員的解釋。他們反駁說，「甘迺迪從未承諾在任何情況下向豬玀灣的任何人提供美國的軍事支持。」這可能是真的，然而，即使是在四月四日批准的計畫的靜默版本裡，也的確包括了消滅古巴空軍能力的空襲支援。自始至終，突襲部隊在瓜地馬拉的指揮官們都在全心全意、毫不含糊地表示，他們將得到他們所需要的一切支持。瓜地馬拉的一些指揮官甚至可能讓士兵們相信，如果他們需要，也會有陸軍的支持。事實上，在古巴外海上，還有兩千名美國海軍陸戰隊，他們顯然是在沒有得到總統授權的情況下被派往那裡的，並被認為他們將成為「後續行動」的一部分。正如該旅的一名成員後來沮喪地說，如果沒有美國的軍事支持，這個計畫就沒有意義了。有鑑於這一切，這些人的受背叛感，他們在海灘上的絕望，以及之後很長一段時間的絕望都是有道理的。[22]

如果說古巴遠征軍以這樣或那樣的方式強烈地感受到了背叛的刺痛，那麼，幾乎所有參與到了這個行動計畫中的人也是如此。甘迺迪本人也感到受背叛，或者至少是被中情局誤導了，中情局從未讓他清楚地了解行動失敗的可能性，中情局誇大了古巴國內反卡斯楚的程度，也沒有說明這些人有多大的可能性可以成功地進入山區。甘迺迪首先指責中情局，因為他們沒有執行他所說的行動必須是秘密的，空襲將是最小程度的，而且永遠不會有美國軍隊的存在。毫不奇怪，在這次失敗的幾個月後，甘迺迪解僱了中情局局長艾倫．杜勒斯和中情局負責該計畫的負責人理查．比塞爾。[23]

與此同時，中情局認為，甘迺迪從一開始就沒有給予行動充分的承諾。對他們來說，甘迺迪的最終背叛是在時機到來時允許行動失敗。當時的中情局局長艾倫．杜勒斯在事後寫道，中情局得許多行動都是以豬玀灣行動的方式開始的，但是「隨著行動的需要變得明確」，它的限制和問題就會迎刃而解，「（我們）認為，當你把賭注投下去了，當危機在現實中出現時，任何成功所需的行動都會得到授權，而不是允許這個行動遭遇失敗。」當甘迺迪堅持美國軍隊不會直接參與時，中情局根本不相信他的話。令中情局吃驚的是，甘迺迪是認真的。[24]

行動失敗後，中情局監察長幾乎立即對行動進行了調查。在七個月的時間裡，他審查了數百份文件並採訪了一百二十五名參與者。隨後的報告和其他報告都指出了一個又一個的錯誤，錯誤的判斷被更糟糕的判斷所取代：登陸地點的改變，入侵時機不成熟，或入侵時間太遲的可能性，以及在突襲部隊到達時，接受了滲透訓練的大多數古巴人根本還沒被送回到古巴。這樣的例子不勝枚舉：大剌剌的安全洩密事件使行動在發生前就為世人所知了；一個旨在保持隱蔽的行動變成了一場實際上的軍事行動，這超出了中情局的能力範圍。中情局關於古巴人將支持突襲行動的判斷是錯誤的，在當時的證據中並沒有支持古巴人會倒向他們的依據。中情局的經手人把古巴流亡政治領導人「當作木偶」，把突襲部隊成員「當作渣土」。然後，在最後一刻，總統減少了空襲飛機的數量。但報告說，總統的決定是在未得到中央情報局的充分通報和沒有對成功的可能性進行坦率評估的情況下做出的。最後，大多數評估都將大部分責任歸咎於中央情報局。「這場災難的根本原因」，監察總長的報告下結論說，「是中央情報局沒有給予這個行動計畫應有的首要支持，儘管它很重要，其失敗會對美國產生巨大的潛在傷害，但中情局在組織、人員配置和監督方面沒有給予它所需的資源。」其結果是一系列「嚴重的操作錯誤和遺漏」以及「缺乏對發展之中的危險的認識」。套用德懷特・艾森豪的話來說，這個行動計畫難道沒有一個真正的負責人嗎？[25]

在一九七一年，耶魯大學的一位心理學家發明了一整套理論來解釋在豬玀灣發生的事。他稱之為「從眾思維」（groupthink），即一個房間裡有太多的人，他們不願意發出不同的意見，不願意提出有時很明顯的問題，不願意改變計畫的方向，即使客觀上所有事實都清楚地指向了那個沒人明說的方向。這位心理學家說，豬玀灣事件完美地概括了從眾思維導致決策失靈的過程。[26]

然而，儘管政府調查和學術機構研究都指出了所有這些不足和錯誤，他們卻沒有考慮一個更根本的問題：古巴流亡者的入侵有可能成功嗎？這個問題掩蓋了一個更基本的事實：沒有一場入侵是在真空的狀態中進行的；沒有一場干預是在白紙上展開的。

當艾森豪、甘迺迪總統與華盛頓無數機構的官員在籌備入侵行動時，古巴的時間並沒有停滯不前。在一九五九年十一月時，當時古巴革命還未滿一週歲，美國政府就秘密決定了推行反卡斯楚的計畫；到了一九六〇年三月時，美國開始了策劃推翻卡斯楚的行動。在此期間，斐代爾．卡斯楚一直在譴責美國的侵略行徑，並警告美國有可能對古巴發動入侵。卡斯楚政府也一直在為此做著準備。在一九五九年底，卡斯楚下令建立一支由接受過兼職軍事訓練的男女組成的民兵隊伍，幫助守衛潛在的受攻擊目標。到了一九六〇年初，隨著美古關係迅速惡化，斐代爾擴大了這些民兵的規模和作用。卡斯楚深信美國有可能會入侵古巴，並懷疑美國可能會進入到反政府游擊隊活躍的埃斯坎布雷山區，於是下令對該地區開展大規模的軍事行動，由正規軍和民間民兵聯合執行。在這次行動中，政府軍監禁或處決了當地的游擊隊員，沒收了從國外運來的武器，並抓獲了美國潛入該地區的二十五名特務。在美國入侵前的幾個月，古巴政府軍在該地區的駐紮人數大約為六萬人。一位歷史學家指出，中情局潛入古巴的特務遇到古巴民兵的機率可能比遇到反卡斯楚游擊隊的機率還要大。[27]

正是在最靠近這些山脈的海灘上，美國計畫人員首次設想了讓古巴突擊部隊在此登陸。他們最初選擇該地點是因為山區地形可以為突擊部隊提供避難所，而且當地有游擊隊運動，他們可以與之聯合並指揮。時至今日，仍有一些人認為，由於這些原因，該地點可能比最終選擇的豬玀灣更好。可以肯定的是，在山區和沼澤地作戰的結果會是不同的，但是，由於該地區有大約六萬名古巴士兵，要在那裡取得勝利也十分困難。[28]

在突擊部隊登陸的海灘上，也正在進行著大量的古巴政府的活動。它們的規模雖然不如在埃斯坎布雷地區，但民兵也很活躍，他們在當地保衛基礎設施，並且會在海灘上巡邏。至少有三十名掃盲隊的工作人員在那裡教當地人識字。最先發現入侵者的兩個人是就是一名十三歲的掃盲工作者和一名民兵指揮官，隨後，民兵部隊迅速趕到了現場。即使是相對荒涼的海灘，也不是入侵者可以隨意繪製藍圖的白紙。那裡正在建設的一切和已經建設的一切——醫院、道路、有電話的公園，都可證明這點。斐代爾曾在那裡慶祝過聖誕節；土地改革沒收了大片土地，成立了木炭工人合作社。在不知情的狀況下，華盛頓把二五〇六旅派到了一個記憶中的地方，但是在兩年的革命中，這個地方所發生的變化可能已超過了之前一百年。在古巴西部的所有地方中，革命很可能讓這裡變成最不可能支持美國發起入侵的地方之一。[29]

在進攻前夕，卡斯楚還採取其他的措施來防範迫在眉睫的入侵。他在沿岸部署了哨兵和部隊，命令他們挖掘戰壕並加強巡邏。他命令空軍將飛機轉移到其他地點，並對飛機進行了偽裝，使美國偵察機無法發現。這個戰術奏效了。四月十五日早上六點前幾分鐘，偽裝成古巴飛機的美國飛機襲擊了古巴的三個空軍基地。這些襲擊本應使古巴空軍喪失作戰能力，限制其向二五〇六旅開火的能力。但這次行動只摧毀了古巴空軍百分之二十二的力量。[30]

美國的空襲不僅宣告了入侵的迫在眉睫，其中一次空襲還造成七名古巴人死亡，五十三人受傷。斐代爾・卡斯楚向全國發表講話，號召古巴人「堅守崗位」。保衛革命委員會圍捕了他們懷疑可能支持美國入侵的人。據估計，僅在哈瓦那就有五萬人被拘留。由於沒有足夠大的監獄，劇院和體育場被改造成了臨時拘留所。家庭成員四處尋找丈夫、姊妹和父親。在哈瓦那的布蘭基塔劇院（當時世界上最大的劇院，不久後被改名為卡爾・馬克思劇院），我母親找到了我的父親，他是被關押在那裡多日的五千人中的一個。雖然大部分被拘留者都會得到釋放，但接應入侵的反政府地下組織成員遭到了逮捕、迅速審判和處決。[31]

四月十六日，在入侵隨時可能發生的情況下，人們聚集在一起，為前一天在機場遇害的人舉行葬禮。斐代爾・卡斯楚在這場葬禮上的講話是他漫長職業生涯中最重要的講話之一。他首次提出，這是一場社會主義革命。他接著說，美國永遠不會原諒我們。他們永遠不會原諒「我們就在他們的眼皮底下，在美國的眼皮底下，進行了一場社會主義革命！」[32]然後在半夜，四月十七日凌晨，入侵來了，就像他說的那樣。但它卻以驚人的失敗告終。

對美國來說，豬玀灣事件在軍事上的失敗，與它所預示的政治失敗相比顯得微不足道。古巴的新廣告牌宣稱豬玀灣事件是「美帝國主義的第一次失敗」。這句箴言暗示著其他失敗將接踵而至。入侵失敗還嚴重削弱了古巴本已脆弱的國內反對派。美國的行動將反對派成員帶出了古巴，將他們訓練成了游擊隊員和秘密特務。其中一些人從未被送回古巴。另外一些作為秘密特務返回古巴的人則是被政府發現，並遭到了監禁或處決。而那些加入了二五〇六旅的人則是在入侵過程中被殺或被俘。美國的行動非但沒有打敗卡斯楚，反而幫助斐代爾清除了許多最堅定的反對者。就連美國中央情報局也承認，這次失敗的入侵行動大大加強了卡斯楚的實力。入侵十天後，中情局報告稱「卡斯楚的地位比入侵前更加穩固了。」入侵四個月後，在一九六一年八月十七日凌晨兩點多，在烏拉圭蒙得維的亞的一個外交官生日聚會上，甘迺迪的顧問理查·古德溫（Richard Goodwin）秘密會見了切·格瓦拉。切·格瓦拉擺出了勝利者的姿態和氣勢。他說，古巴革命已不可逆轉。現在，古巴革命將正式建立一個以斐代爾·卡斯楚為共產黨領袖和國家元首的一黨制。古巴人壓倒性地支持政府，政府將繼續擴大與東歐集團的連繫。切·格瓦拉給美國官員分享了另一個他感到十分歡心的訊息。「他想要對我們的入侵致以特別的感謝，這件事對他們來說是一次偉大的政治勝利並使他們得到了鞏固，並將他們從一個委屈的小國變成了一個平等的國家。」古德溫幾乎啞口無言，只能表示：「我對他說，不客氣。」[33]

卡斯楚從豬玀灣戰役的勝利中得出了另一個結論：美國政府不會坐視失敗。第一次入侵失敗了，但另一次入侵肯定會到來——一次規模更大、組織更完善的入侵。斐代爾猜測，甘迺迪的政治前途取決於此。因此，在豬玀灣入侵事件後，卡斯楚拉近與蘇聯的關係，不僅透過公開宣布革命是社會主義的，還積極地尋求大規模軍事援助。蘇聯對古巴人的期待投桃報李，為十八個月後的重大全球危機埋下了伏筆。[34]

第二十八章 千鈞一髮，一觸即發

古巴革命後第三年的秋天，全世界的目光都聚焦在哈瓦那以西約六十五英里的皮諾斯（Santa Cruz de los Pinos）這個安靜的農村小鎮上。那裡的男人們頭戴傳統的農民帽；他們的家庭耕種著小塊土地，飼養著豬、雞，偶爾還有乳牛。當他們的小鎮突然充斥了無數的年輕蘇聯士兵，小鎮居民們開始懷疑起來。這些蘇聯士兵急切、想家、西班牙語極差，他們用手錶、肥皂、鞋子和皮帶換取一種叫「alcohilitis」的東西，這是一種古巴人認為太烈、不能喝的九十度蘭姆酒。他們尋找古巴姑娘和古巴食物；他們在樹上和石頭上用西里爾字母刻下自己的名字，以記錄他們在古巴西部這個不起眼的小村莊的存在。

當這個大多數人仍然靠步行、騎馬、坐馬車和乘坐驛站馬車代步的小鎮突然開始在半夜出現交通堵塞時，關於他們目的地的流言蜚語就變得更加不吉祥了。當體型巨大、以至於在轉彎時甚至難以駕駛的大卡車駛過時，整個小鎮的地面彷彿都在震動。一棟鞋店所在的建築在當場被拆掉一部分，以便卡車轉彎；在另一個轉角處，一個門廊的柱子消失了。古巴士兵示意居民留在室內。但人們透過百葉窗的木條往裡看。他們看到的景象讓他們感到困惑：卡車上鋪著長長的油布，油布下的物體看起來像是巨大的棕櫚樹的樹幹。[1]

皮諾斯的居民們很快又有了新的困惑：美國飛機在他們的小鎮和附近鄉村的上空飛得又低又大聲。多年後，人們對這些飛機的記憶就像對蘇聯卡車和蘇聯士兵的記憶一樣深刻。人們畏縮不前，以為飛機會投下炸彈。儘管沒有投下炸彈，但飛機的飛行證實了鎮民的感覺，某種邪惡和威脅正在悄然發生。他們可以從身體上感受到危險——地面在重型卡車的重壓下轟隆作響，低空飛行的飛機造成呼嘯而過的大風，一種刺骨的恐懼感讓人感到如坐針氈。[2]

一九六二年十月十四日，一架自南向北飛越皮諾斯上空的飛機向世人揭示了村民們從窗戶縫隙中看到的尚未了解到的事實：卡車後面的樹狀物體是蘇聯飛彈。這些飛彈被蘇聯稱為 R-12 飛彈，被北約稱為 SS-4 飛彈，射程達一千四百英里，能夠打擊邁阿密、華盛頓特區和紐約。每枚飛彈上的核彈頭的威力是美國在廣島上空引爆的原子彈威力的七十五倍。隨後的美軍空中偵查發現了數十枚蘇聯飛彈散布在全島六個地點，全部都指向北邊的美國方向。皮諾斯的居民是第一個，也是最後一個知道此事的人。

在古巴部署核飛彈是尼基塔．赫魯雪夫的主意。一九六二年五月二十一日，在蘇聯國防委員會的會議上，赫魯雪夫宣布：「我對古巴問題有一些想法。如果我們指望（美國對古巴的）不可避免的第二次入侵會像第一次入侵那樣計劃不周，那就太愚蠢了。」與斐代爾一樣，這位蘇聯領導人也相信，豬玀灣的失敗並不能阻止美國人再次入侵古巴，但赫魯雪夫有其他更決定性的理由，來支持用核武器武裝古巴的冒險行動。美國在土耳其和義大利都擁有自己的飛彈，能夠在發射後十分鐘內打擊到蘇聯領土。距離美國只有九十英里的蘇聯飛彈將會消除這個威脅。「現在他們就會知道有敵人的飛彈對準（他們）是什麼感覺了」，赫魯雪夫說道。[3]

不到一個星期時間，一個蘇聯代表團就抵達了哈瓦那，其表面上的目的是來研究農業灌溉的問題。美國情報部門似乎沒有注意到代表團中的關鍵人物，他們的工作與水無關，而與火箭有關。在抵達後，一名代表悄悄告訴勞爾．卡斯楚，其中一名火箭工程師需要直接與斐代爾談談。三小時後的會談中，蘇聯提出了要在古巴部署核飛彈。「這是唯一一次」，訪問團中的一個成員回憶，他看到「古巴人把事寫了下來。」[4]

勞爾．卡斯楚在七月訪問了蘇聯兩個星期，確定了此事的細節。然後，在七月十三日，他提筆簽署了新的古巴－蘇聯防務協議，其首頁印有「絕密」字樣。

七月二十六日是紀念一九五三年襲擊蒙卡達軍營的國家紀念日，斐代爾及時從莫斯科趕了回來。斐代爾在當天的講話中一如既往地自信滿滿。他宣布，我們是不可戰勝的。但他還是忍不住暗示了一些新的東西：那些認為他們可以打敗我們的人可能「忘記了，我們的人民從幾枝簡陋的步槍開始，現在已擁有各種武器；現代化的武器，強大的武器。」就在他說這番話時，蘇聯的軍艦正駛向古巴。[5]

赫魯雪夫把用核飛彈武裝古巴的計畫稱為阿納德爾（Anadyr）計畫，這是一種故意的誤導，因為阿納德爾是西伯利亞一個戰略空軍基地的名字。為了維持這個詭計，蘇聯政府告訴被派出的人員要為極端寒冷的天氣做好準備。為了向美國偵察機隱瞞這些航行的目的，蘇聯船員只有在夜晚才被允許小批次地來到甲板上。在白天，藏在甲板下的船員們用水龍頭噴水降溫，試圖從酷熱中解脫出來。很顯然，船員們根本沒有必要攜帶他們被要求準備的防寒裝備。[6]

阿納德爾計畫為古巴帶來了許多承諾。其中最主要的是四十枚中程飛彈和中遠程彈道飛彈：前者是二十四枚R-12，射程一千零五十英里；後者十六枚R-14，射程是前者的兩倍。這兩種飛彈都可攜帶核彈頭，其火力相當於一百萬噸TNT炸藥。由於飛彈不能自行安裝或操作，阿納德爾計畫還包括其他東西：四個摩托化團、兩個坦克營、一個米格二十一戰鬥機聯隊、四十二架輕型轟炸機、兩個巡弋飛彈團、防空炮兵連、地對空飛彈、兩輛蘇聯最新式的坦克，以及五萬多名軍事人員（包括顧問、技術人員、工程師、士兵、水兵、飛行員和護士）。[7]

一九六二年九月初，當蘇聯船艦開始抵達古巴島時，美國官員起了疑心。九月四日這天，甘迺迪總統發表了公開聲明，稱美國已掌握確鑿證據，證明有防空飛彈、裝備艦對艦飛彈的魚雷快艇、大量雷達和其他電子設備，以及蘇聯軍事技術人員抵達古巴，可能是協助安裝和訓練。但甘迺迪也向美國人民保證，這些只是防禦性武器，沒有證據顯示任何「重要的進攻能力」。他警告：「若不是這樣，就會出現最嚴重的問題。」[8]

蘇聯矢口否認有這樣的事。蘇聯駐華盛頓大使向政府官員保證，蘇聯只是向古巴運送防禦性武器。蘇聯官方通訊社塔斯社（TASS）發表了一份長達十頁的聲明，宣布美國對古巴的攻擊將「開啟戰端」。在聯合國大會上，蘇聯外長也發出了類似的警告。[9]

事實上，戰爭似乎已成為所有人的心頭之患。在華盛頓特區，參議院通過了一項關於古巴的決議，授權在必要時使用武力。在十月初，大西洋司令部命令各軍事單位加強戰備，以執行空襲古巴的三一二行動計畫和全面入侵古巴的三一四和三一六行動計畫。與此同時，古巴總統奧斯瓦爾多·多蒂科斯在聯合國表示，古巴隨時準備擊退美國，並模糊地暗示了擊退美國的新手段。「我們有足夠的自衛手段；我們擁有……我們不希望獲得也不希望使用的武器。」[10]

儘管一些官員心存疑慮，但美國政府至今仍不知道蘇聯在古巴擁有核武器或進攻性武器。當時，至少在美國方面，劍拔弩張的戰爭叫囂只是假定使用常規武器的常規軍事行動。但是，九月和十月初持續不斷的戰爭言論，為後面的事態埋下了伏筆，美國和世界一旦發現所有這些武器的真相，便會出現一種截然不同的、前所未有的歇斯底里情緒。

甘迺迪於十月十六日清晨得知蘇聯在古巴部署了飛彈。從那時起，他就開始了馬不停蹄的商討。但此時的甘迺迪與豬玀灣事件時的甘迺迪已不可同日而語了。早先的那場失敗使他堅定了對當前事態的關注。他召集了一個後來被稱為國家安全委員會執行委員會（ExComm）的古巴危機小組，該小組仔細研究了偵測情報，諮詢了飛彈專家，並仔細研究了相關機構制定的方案和計畫。在十月十六日晚的一次會議上，委員會成員獲悉蘇聯飛彈將「在兩週內全面投入使用」，但其他的個別飛彈可能會「更快」準備就緒。在十月十八日，他們得知中程飛彈「可能在十八個小時之內發射」。在五天的時間裡，總統了解相關訊息，參加了執行委員會的討論，並考慮了兩種主要應對措施的可行性。

第一種是對古巴島進行海上封鎖，以防止蘇聯進一步將進攻性武器引入古巴；第二種是對飛彈基地發動空襲。這兩種方案都存在著嚴重的缺陷。空襲方案的支持者指出，海上封鎖方案對於已進入古巴的武器毫無作用。支持封鎖的人則指出，在沒有警告的情況下發動攻擊是不道德的，等同於日本偷襲珍珠港的行徑。此外，對古巴的直接攻擊很可能導致蘇聯的軍事報復，並有可能「升級為全面戰爭」。在場的每個人都知道，在這種情況下，「全面戰爭」就是核戰爭的委婉說法。[11]

甘迺迪將做出決定的最後期限定在十月二十二日。當天，防空司令部的所有飛機首次裝備了核武器。全球美軍進入了三級戰備狀態（與二〇〇一年九一一襲擊後宣布的戰備狀態相同）。美國 B-52 遠程轟炸機開始二十四小時不間斷飛行。到十月二十四日時，每二十分鐘就有一架 B-52 從美國空軍基地起飛。B-52 遠程轟炸機的體型巨大而且威力強勁，以至於後來得到了一個 BUFF 的外號（Big Ugly Fat Fucker，又大又醜的胖混球），每架 B-52 都配備了足以摧毀多個蘇聯目標的核彈頭。近兩百架中程 B-47 核轟炸機被分散到三十三個機場，其中一些架次已隨時準備好了用兩千萬噸級的武器摧毀古巴。當危機的細節開始洩露給媒體時，甘迺迪親自給《紐約時報》和《華盛頓郵報》打了電話，要求這兩家媒體以國家安全為上，暫緩對此事的報導。[12]

隨後，甘迺迪總統於十月二十二日晚上七點向全國發表了講話。他開門見山地說「本政府一如既往地，對蘇聯在古巴島的軍事集結進行了最嚴密的監視。在過去的一週內，有確鑿的證據表明，在這個被囚禁的島嶼上，一系列進攻性飛彈基地正在準備之中。」不讓任何一個聽眾有懷疑的空間，他繼續說：「這些基地的目的無非是提供對西半球的核打擊能力。」中程彈道飛彈能夠攜帶核彈頭飛至華盛頓特區、墨西哥城或巴拿馬運河。第二類設施尚未完工，是為中程飛彈設計的，其射程是前者的兩倍，可到達加拿大哈德遜灣或秘魯利馬。為了應對這個威脅，美國對所有運往古巴的進攻性軍事裝備實施了嚴格的盤查。嚴重的是，他警告說，美國將「把從古巴向西半球任何國家發射的任何核飛彈視為蘇聯對美國的攻擊，這將使美國對蘇聯作出全面的報復回應。」總統所說的全面的報復回應是指美國同時對蘇聯、中國和東歐國家波蘭、東德、阿爾巴尼亞、保加利亞、南斯拉夫、羅馬尼亞、捷克斯洛伐克和匈牙利進行核攻擊。蘇聯隨後也會做出相應的回應。兩個超級大國聯合發動的攻擊將意味著地球上大多數生命的終結。甘迺迪懇求赫魯雪夫：「把世界從毀滅的深淵中拉回來。」[13]

那天晚上，數百萬美國人收看或收聽了甘迺迪的演講。在美國的軍事基地裡，軍人們圍著一台收音機，專注於總統所說出的每個字。在百貨商店裡，人們將電視機圍得水洩不通。在全國各地，每個人的注意力都集中在這場正在上演的攸關自己性命的大戲上。[14]

赫魯雪夫也在認真地聽著。最初的跡象表明，甘迺迪措辭強硬的講話並未改變他的任何想法。塔斯社於十月二十三日發表聲明，警告說蘇聯艦艇已得到命令，將會在遭到攻擊時擊沉美國艦艇。赫魯雪夫本人也向當時正在莫斯科訪問的西屋電器公司（Westinghouse Electric）總裁發表了激烈的講話。他說，將蘇聯在古巴的飛彈視為進攻性武器是錯誤的。他用類比的方式說明了自己的觀點：「如果我用手槍指著你，然後攻擊你，那麼這把手槍就是進攻性武器。但如果我的目的是不讓你向我開槍，那麼這把槍就是防禦性的，不是嗎？」如果美國真的想確定古巴境內有哪些蘇聯武器，它所要做的就是入侵古巴。但是他撂下了狠話，如果美國入侵古巴，「關塔那摩海軍基地在第一天就會消失。」[15]

在古巴，斐代爾・卡斯楚讓軍隊的戒備狀態達到最高級，動員並擴大了民兵。在全島，「拿起武器！」（A las armas!）的紅色大幅標語隨處可見。對比甘迺迪前一天晚上長七十三分鐘的講話，卡斯楚絲毫沒有退縮的意思。作為一個主權國家，古巴有權「為我們的國防獲得我們想要的武器，並採取我們認為必要的國防措施。這就是我們所做的。」他補充說，現在裁軍就是放棄古巴主權，如果要讓古巴這樣做，「就必須把我們從地球上抹去。」

這樣的結果如今是完全可能成真的。[16]

到十月二十六日星期五時，古巴全部二十四個中程飛彈發射場都已投入了使用，其他武器裝備的建設也在加速進行。甘迺迪身邊的人認為，封鎖顯然是不夠的。當這群人在爭論該如何應對時，兩個意見陣營已清晰可見了。一個陣營想要和赫魯雪夫協商，尋找政治解決方案。另外的陣營的聲音更大，他們想要採用軍事解決手段，以空襲的形式開始，隨後開始全面入侵。一些鷹派人士看到了終於可以推翻卡斯楚政權的機會。甘迺迪則是左右為難，拿不定主意。與此同時，為了給赫魯雪夫施加更大的壓力，並且為可能要實施的空襲獲取情報，甘迺迪把飛往古巴的偵察機頻率增加為每隔一個小時即有一次偵查。空襲計畫擴展到了每天進行三次大規模空襲，如果局勢真的發展到那一步，那麼行動的首日就會有一千一百九十架次的轟炸。[17]

在古巴，卡斯楚緊緊地盯著低空飛行的 U-2 飛機大為光火。他確信這是空襲的前奏。就像豬玀灣事件一樣，空襲必將成為入侵的前奏。十月二十六日下午，他給聯合國秘書長起草了一封憤怒的信。「古巴不接受任何戰機侵犯我國領空的野蠻破壞和海盜特權……任何入侵古巴領空的戰機都有可能遭到我們的防禦性炮火。」[18]

卡斯楚堅信美國的進攻迫在眉睫，這在當時是完全合理的。甘迺迪尚未決定採取何種行動，而軍事行動已擺在桌上。美國國務院一位官員當天的公開聲明不祥地提到了封鎖之外的「進一步行動」。在佛羅里達州，數百架攻擊機集結，數萬名士兵正在把物資裝載到兩棲艦艇上。十月二十六日，卡斯楚還收到了巴西總統的消息，稱除非古巴在四十八小時內停止飛彈基地的建設，否則美國會計畫摧毀其飛彈基地。古巴駐紐約的新聞機構向卡斯楚通報了一則謠言，稱甘迺迪給聯合國規定了拆除核設施的最後期限，以避免美國採取軍事行動。卡斯楚預計美國會發動進攻。他認為這個時間點終於來了。[19]

在哈瓦那蘇聯大使館的防空洞裡，斐代爾・卡斯楚給莫斯科方面寫了一封信。他用西班牙文口述，大使和一名助手一邊謄寫，一邊翻譯成俄文。因此，這封信的西班牙文版本——最能呈現卡斯楚當晚的想法，從未出現書面的形式，就更不用說流傳下來了。斐代爾多次起頭，又停止，然後又重新開始。他想清楚而冷靜地表達自己的想法，而大使正在努力理解他有時錯綜複雜的西班牙語。卡斯楚首先表示，他確信美國會在二十四至七十二小時之內發動進攻，這已是不可避免的了。襲擊的形式可能是空襲古巴的飛彈設施，也可能是對古巴的全面入侵。卡斯楚接著說，如果美國入侵古巴，「蘇聯絕不應該允許帝國主義實施先發制人的核打擊。」美國入侵古巴「將會是永遠消除這種危險的時刻，對此的防禦行動是正當合理的。無論解決方案多麼殘酷可怕，都別無選擇。」蘇聯大使試圖在核掩體的緊張環境中同時進行筆錄和翻譯，他要求卡斯楚澄清他的話：「您的意思是說，我們應該首先對敵人進行核打擊嗎？」卡斯楚很快回答說：「不，我不想直接這樣說。但在某些情況下是的。」斐代爾建議在什麼樣的情況下？「如果他們攻擊古巴，我們就應該把他們從地球上抹去。」[20]

在莫斯科，在卡斯楚不知情的情況下，赫魯雪夫正在尋求其他的解決方案。蘇聯領導人於十月二十六日致函甘迺迪，表示願意從古巴撤出飛彈，以換取甘迺迪永不入侵古巴的承諾。雖然赫魯雪夫從一開始就認定美國會進攻古巴，但此時他開始質疑這個觀點了。如果美國要入侵，他們不是早就入侵了嗎？他們對試探作出回應的事實向他表明，甘迺迪傾向於和平解決。就在此時，赫魯雪夫提高了拆除飛彈的價碼。他給甘迺迪起草了第二封信，提出在聯合國檢查組的獨立確認下從古巴撤走武器。作為交換條件，他要求兩點：第一，再次公開承諾不入侵古巴。「你們對古巴感到不安……因為它距離（你們的）海岸只有九十英里……但土耳其也跟我們毗鄰；我們的哨兵來回巡邏都能互相看見。那麼，你們是否認為，你們有權要求自己國家的安全……卻不給予我們同樣的權利呢？」赫魯雪夫提出了一個簡單的交易。如果美國從土耳其撤出飛彈，蘇聯就從古巴撤出飛彈。[21]

在十月二十七日國家安全委員會執行委員會又一次緊張的會議期間，赫魯雪夫的信抵達了，歷史學家有時將這天稱為「黑色星期六」。甘迺迪似乎傾向於赫魯雪夫的提議，但會議室裡的鷹派卻希望無視蘇聯的新提議並進攻古巴。會議進行到一半時，傳來消息稱一架美國偵察機在古巴東部上空被擊落，飛行員喪生，這使得甘迺迪的立場更加堅定了。這次擊落偵察機事件擴大了開戰的呼聲。現在華盛頓的共識似乎是，如果古巴繼續向美國飛機開火，美國將不得不透過摧毀所有地對空飛彈基地來進行報復。在場的每個人都知道，一旦發生這種情況，事態就會迅速發展，導致美國入侵古巴並與蘇聯爆發核戰爭。[22]

甘迺迪總統不希望發生入侵或戰爭。他與幾位顧問會面後，要求他的弟弟博比．甘迺迪（Bobby Kennedy）安排與蘇聯大使的秘密會晤。當晚七點四十五分，雙方在司法部會面了。年輕的甘迺迪首先做出了一個可怕的預測：在U-2偵察機被擊落後，總統受到了極大的壓力，如果遭到射擊，他就會開火，這將引發「連鎖反應」，事情「將很難停下來」。博比提出，如果撤走飛彈，他將保證不入侵古巴。「那土耳其怎麼辦？」蘇聯大使問道。「如果這是解決問題的唯一障礙」，甘迺迪回答：「那麼總統認為，解決這個問題不會遇到任何無法克服的困難。」但他補充說，雙方的交易不能公開討論。[23]

會面只持續了十五分鐘，博比．甘迺迪及時返回了白宮，參加了當晚的最後一次國家安全委員會執行委員會會議。房間裡只有少數人知道他剛剛才參加的會面，即使知情的人，也不知道會面是否得到了他們想要的回應。因此，戰爭的準備工作仍在繼續，戰爭的可能性仍然很大。總統說，如果美軍飛機遭到射擊，美軍將摧毀地對空飛彈基地。總統還批准了一項命令，召集二十四個空軍後備中隊，涉及一萬四千名人員和三百輛運兵車。會議結束時，國防部長羅伯特．麥克納馬拉（Robert McNamara）轉向博比．甘迺迪說：「我們需要準備好兩樣東西，一個是給古巴的政府，因為我們需要這樣一個……一是如何應對蘇聯在歐洲的計畫，因為他們肯定會在那裡有所行動。」有人開玩笑說要任命博比去當哈瓦那市長。[24]

在哈瓦那，實際在位的官員們正在為戰爭做準備。軍隊和民兵已動員多日。他們在濱海道旁架設的機槍周圍還豎起了沙袋屏障。甚至文職官員也在協助挖戰壕，在海岸上架設鐵絲網。民防行動加快了，醫院也在準備就緒，政府組織了捐血活動，人們用床單和麻布搭起了擔架。卡斯楚在著名的國家酒店裡設立了指揮所。該酒店曾經是美國黑幫的聚集地，如今，在俯瞰濱海道的高聳大院裡新建了一座地下掩體。古巴廣播電台指示聽眾要收集沙子桶以防火災，不要囤積食物，並「隨身攜帶一小塊木頭，以便在轟炸開始時放在牙齒之間。」有外國人評論一切都看起來很平靜。哈瓦那的街道比往常空曠，但時值十月，季節性的降雨本來也會讓人們待在家裡。一位在黑色星期六外出辦事的哈瓦那居民無意中聽到兩名民兵在電梯裡交談。其中一人抱怨說，一切都太瘋狂了，以至於他當天早上都沒時間刮鬍子。另一個回答說：「你得等到戰後再刮了。」有人告訴他，今天下午三點到四點之間就會發動進攻。然而，當他漫步在雄偉的哈瓦那時——大海的浪花捲過海堤，紅豔豔的樹木枝繁葉茂，美麗的女人在樹冠下漫步，他突然想到，「這一切將在今天下午三點到四點之間消失，這是多麼令人遺憾的事啊。」一位年輕的士兵後來告訴兩位美國學者，他所在部隊的每個人都完全預料到古巴會被徹底摧毀，他們希望蘇聯人會在加勒比海上放置一座浮動的紀念碑，來標記「這裡曾經是古巴所在的地點。」[25]

隨著準備工作的展開，沒有人知道甘迺迪和赫魯雪夫正在進行秘密談判（斐代爾．卡斯楚肯定也不知道）。十月二十八日星期日上午，莫斯科電台播音員宣讀了赫魯雪夫寫給甘迺迪的一封信。「為了儘快消除會導致危害和平的衝突……蘇維埃政府，除了早先發出的關於停止建造武器基地的指令外，下達了新的命令，接觸你所描述為進攻性的武器，並將其裝箱運回蘇聯。」蘇聯遵照了博比．甘迺迪不要公開提及土耳其飛彈的要求，電台只提到了不入侵的承諾。「我尊重並信任您在一九六二年十月二十七日的電文中所做的聲明，即不會對古巴發起進攻和入侵。」在聲明的另一部分，赫魯雪夫認為可以為古巴代言，「古巴人民希望在沒有外來干涉的情況下，按照自己的利益建設自己的生活，這是他們的權利，不能責怪他們想要成為自己國家的主人，並處置自己的勞動成果。」[26]

當這個訊息傳到華盛頓時，執行委員會中一些鷹派人士懷疑蘇聯的誠意。但甘迺迪動搖了。上午十一點十分，他批准了一份公開聲明。「我歡迎赫魯雪夫主席作為政治家的決定」、「我真誠地希望」，他繼續說道：「世界各國政府能夠在古巴危機得到解決後，將其緊迫的注意力轉向結束軍備競賽和緩和世界緊張局勢的迫切需要上。」第二天，《紐約時報》頭版頭條的大標題宣布：「美蘇就古巴問題達成協議；甘迺迪接受赫魯雪夫在聯合國監督下拆除飛彈的承諾。」所有人，或者說幾乎所有人，都長長地鬆了一口氣。[27]

但沒有人問過斐代爾．卡斯楚對此事的看法。他是在莫斯科廣播電台播出赫魯雪夫撤回飛彈的決定後，才得知這個消息。據說他非常生氣，怒不可遏地咆哮著「狗娘養的，雜種，混蛋」。飛彈還在古巴，而蘇美協議的達成和宣布不僅沒有徵求他的意見，甚至都沒有通知古巴政府。往事又重新浮現了出來。就像一八九八年古巴獨立戰爭和美西戰爭結束時一樣，當時獨立軍和叛軍政府被禁止參加最終和平條約的談判。據說，斐代爾對他的一位同伴說，這完全是羞辱和錯誤的。他不會接受。他起草了一封致聯合國的公開信，拒絕接受甘迺迪和赫魯雪夫之間的協議。如果沒有其他五項措施的配合，甘迺迪不入侵古巴的承諾是不夠的。其中包括結束美國的經濟封鎖和關閉美國在關塔那摩的海軍基地。[28]

赫魯雪夫可能意識到他遇到了問題。他與甘迺迪的協議取決於聯合國在古巴的核查，這意味著事情是否能順利進行有一部分要取決於斐代爾接受這件事與否。赫魯雪夫在給斐代爾的信中寫道：「在此關鍵時刻，我們建議您不要感情用事，要保持克制。」他警告說，五角大樓裡「肆無忌憚的軍國主義者」正尋求透過挑釁卡斯楚來破壞協議。「為此，我們向您提出以下友好建議：表現出耐心、克制和更多的克制。」卡斯楚給赫魯雪夫的答覆很冷淡。「我國政府對您提出的問題的立場已在我們今天發表的聲明中闡明」，卡斯楚指的是古巴在聯合國發表的公開聲明，其中提出了五項要求。在信的最後，卡斯楚說：「我還想告訴您，我們總體上反對聯合國在我國的領土上進行核查。」[29]

這些武器將在聯合國的監督下從古巴撤出，只有在聯合國確認撤出後，美國才會承諾不入侵古巴。現在，在兩個超級大國公開宣布了這個協議後，卡斯楚卻說不會允許在古巴領土上進行這樣的核查——除非美國同意它自己的領土也接受核查。[30]也許這就是赫魯雪夫警告卡斯楚要警惕的那種情緒。或許這只是一種很酷的、絕不低頭的邏輯。

實力在一定程度上攸關話語權的多寡；但它更關乎誰的話更有分量。而在那一刻，甘迺迪和赫魯雪夫並不打算聽取斐代爾．卡斯楚的意見。對美國、蘇聯和世界上的大多數人來說，古巴飛彈危機在十月二十八日星期日赫魯雪夫和甘迺迪同意從古巴撤出核武器的條件時結束了。這令人難挨的漫長危機延續了十三天，那個星期天正是第十三天。但是，只要卡斯楚拒絕國際社會對古巴領土進行核查，僵局就不會得到解決。

危機一直持續到十一月，雖然局勢較為緩和，但依然十分緊張。美國繼續堅持將核查作為交易的先決條件，每天派出二、三十架飛機對核設施進行拍照。卡斯楚則繼續堅持他的五點主張，包括美國停止侵犯古巴領空。十一月十五日，他甚至重新授權了對飛越古巴領土的美國飛機進行射擊的行動。他始終拒絕國際社會在古巴進行核查的可能性，而這種核查最終也沒有進行。在十一月二十日，赫魯雪夫和甘迺迪意識到了卡斯楚絕不會同意，於是再次未經協商達成了第二項協議。蘇聯現在不僅同意從古巴撤走飛彈，還同意撤走輕型轟炸機；美國放棄了現場核查——這是個卡斯楚永遠不會允許的條件，而是退而求其次，在開闊水域對蘇聯船隻進行空中偵察。[31]

古巴飛彈危機是一個奇怪而意外的事件。如果核戰爭爆發，倖存者的後代就會痛苦地意識到它的重大意義。核戰爭沒有發生這個事實產生了持久的影響。它加速了白宮與克里姆林宮之間的直接聯繫——「熱線」或「紅色電話」的開通，而這正是我們對冷戰的集體想像。更關鍵的是，飛彈危機減緩了核軍備競賽的勢頭，並最終促成了有限禁止核試驗條約的簽署。[32]

我們很難為飛彈危機對古巴本身的影響作出評估。甘迺迪發誓永遠不會入侵古巴。從這個意義上說，飛彈危機（加上古巴在豬玀灣戰役中的勝利）可能被解釋為加強了古巴在國際上的實力。一九六一年，古巴擊敗了美國；現在，美國人在一九六二年承諾永遠不再入侵古巴。

但卡斯楚從未相信甘迺迪的承諾，事實上，甘迺迪的承諾只是口頭承諾。在十一月二十日的記者招待會上，甘迺迪再次表示，「一旦建立了這些充分的核查安排，我們將取消海上隔離，並保證古巴不受入侵。」有記者問甘迺迪「充分的核查」是否指現場視察，甘迺迪模稜兩可地回答說：「我們認為，要進行充分的核查，就應該進行現場核查。正如你所知道的，卡斯楚先生沒有同意這樣做，所以我們不得不動用我們自己的資源。」這些其他不太理想的核查手段是否足以保證不入侵？甘迺迪給赫魯雪夫的最後一封信在這個問題上並不明確：「我感到遺憾的是，您未能說服卡斯楚先生接受一種適當的視察形式……因此，我們必須繼續依靠我們的情報手段。但是……在目前形勢有利的情況下，不必擔心古巴會遭到入侵。」最後一句話並不是保證。事實上，在一九六三年，美國國務卿迪安・臘斯克（Dean Rusk）在參議院外交關係委員會的非公開聽證會上作證說，如果卡斯楚的所作所為在美國政府看來是證明了入侵的合理性，那麼不入侵承諾將不被視為具有約束力。[33]

與此同時，在飛彈危機期間短暫中止的針對古巴政府的秘密活動也全面恢復了。中情局繼續探究使用毒筆、黑手黨殺手、爆炸雪茄和有毒潛水服的暗殺計畫。他們試驗了一種用鉈鹽製造的脫毛劑，從而讓斐代爾失去鬍鬚，或許他也會因此而失去他的領袖魅力。但這一切都沒有奏效。[34]

飛彈危機令人感到奇怪的解決方式以及赫魯雪夫未能與斐代爾・卡斯楚協商一事，幾乎導致了古巴與蘇聯的決裂。但兩國的聯盟關係仍在繼續。事實上，這種關係還得到了加強。一九六二年後，蘇聯加快了在古巴的軍事建設（沒有核武器），這讓古巴成為世界上軍事化程度僅次於朝鮮，全球第二高的國家（人均）。十多年後，古巴利用蘇聯的武器裝備和經濟支持在國際上擴張勢力，支持世界各地志同道合的志業。

然而，當大多數古巴人從陷入核浩劫的邊緣拉回來時，生活的現實卻與危機之前幾乎完全相同。到一九六二年底時，古巴島已深深地受到美國經濟封鎖和低效中央集權計畫的雙重影響。從這年三月開始，古巴開始實行了廣泛的配給制度，當時糧食的短缺成了眾所周知的事。在皮諾斯小鎮，古巴年輕人和蘇聯年輕人建立起了友誼，但是人們轉眼間就發現這些蘇聯士兵消失得無影無蹤了。飛彈危機過去十年後，古巴政府重新利用了空置的蘇聯基地，在這裡訓練古巴士兵，以便在非洲進行大規模、大膽的軍事干預——這不僅是對美國的蔑視，而且也恰好地不會通知蘇聯。卡斯楚可以用自己的方式回擊超級大國的傲慢。但皮諾斯的古巴人以自己的方式重新利用了該基地。當蘇聯人撤離營地時，他們悄悄進入營地，拿走了遺留下來的東西：穿孔鋼墊、鋼絲和混凝土障礙物。然後他們循環利用這些材料，做成他們自己需要的東西，例如用這些鋼材來做豬圈，從而獲得古巴人最喜歡的肉類食品。在革命的古巴，生活仍在繼續。[35]

CUBA

第十一部

心與腦

切・格瓦拉和斐代爾・卡斯楚一度相信，古巴革命將造就「新的人民」，這些男人、婦女和兒童將為更大的利益而志願工作。照片中的是一個在收割中的年輕志工，約拍攝於 1970 年的千萬噸收穫計畫（Ten Million Ton Harvest）期間。（圖片出處：Courtesy of the Ramiro A. Fernández Collection）

第二十九章　新人民？

套用一位研究法國大革命的歷史學家的話來說，真正的革命旨在清理過去的時代，並將它粉碎。[1] 在許多方面，古巴革命似乎就是這樣做的。過去古巴舊有的軍隊、立法機構、政黨等等機構都消失了。來自美國的旅客發現自己越來越不受歡迎，他們很快就被自己的政府禁止前往古巴旅遊，美國大使館也隨之關閉。古巴與美國政府之間看似不可動搖的關係發生了根本性的變化。大型私營企業——無論是地主莊園，還是公司，不論是外國的還是本國的，統統消失了。革命還打破了舊有的階級關係。理論上，配給制使每個人都能以同樣的價格獲得同樣數量的商品。過去的女傭在上學後，現在以會計和銀行出納的身分與以前的雇主打交道。白領專業人士自願在烈日的灼烤下砍甘蔗，他們的勞動表現通常不如那些他們在革命之前不屑一顧的人們。中產階級的女孩和男孩跋涉到偏遠山區教人讀書，學習如何在沒有廁所的情況下生活，並承擔起體力勞動的責任。政府將勞動人民遷入漂亮的大宅院裡，而這些住宅之前的主人現在卻在邁阿密或紐約，住在廉價公寓，在製衣廠裡工作餬口。那些被稱作先生（señor）和小姐（señora）的日子也一去不復返了。señor 在過去的含義更接近主人或領主，而在新古巴，這種稱呼顯然不適用了。男人和女人的稱呼變成了同志（compañeros 和 compañeras）。服務員是同志，他所服務的顧客也是同志。即使是斐代爾．卡斯楚，他在革命之初一直被稱為博士，後來乾脆成了斐代爾，有時也叫斐代爾先生。

當然，任何過去都不會消失，任何改變都不會是徹底的。儘管如此，革命熔爐中發生的許多事都指向了一個顯而易見的事實。現在的古巴不一樣了。

斐代爾·卡斯楚在豬玀灣戰役中獲得勝利，並在飛彈危機中倖存之後，他試圖實施一場比國家曾經歷的更系統、更有目的性的變革。學者們有時將一九六三年至一九七〇年稱為「向共產主義邁進」時期。古巴領導人從馬克思關於歷史分階段發展的思想中推論，只要政策得當，古巴就能縮短發展所需的時間，快速經過社會主義（資本主義和共產主義之間的過渡階段），實現向共產主義的大躍進。為了加速向共產主義過渡，國家幾乎消滅了所有私有財產。一九五九年的《土地改革法》沒收了大片土地，一九六〇年的國有化沒收了大中型私營企業。但是在一九六三年，革命政府更向前邁進一步。在這年，第二次土地改革對私有土地面積進行了更嚴苛的限縮，到六〇年代中期，古巴三分之二的農村土地處於國家的直接控制之下。到了一九六八年，一場名為「革命攻勢」（Revolutionary Offensive）的運動將多達五萬八千家企業從私人手中收歸國有——從酒吧、餐館到零售店和街頭小販的手推車，無所不包。[2]在一九六三年至一九七〇年間推行共產主義的目的是一勞永逸地戰勝過去，實現徹底和不可逆轉的變革。

但事情還不僅如此。革命者們認為，與過去的決裂不僅發生在社會層面，也發生在個人層面。隨著革命對社會基本結構的改變，人們自身也將發生變化。社會關係將徹底改變，個人與工作、與金錢、與他人、與自己的關係也將發生變化。在古巴革命中，這個觀點的主要支持者是切·格瓦拉，這位阿根廷醫生在墨西哥參加了斐代爾·卡斯楚的革命，跟隨革命來到馬埃斯特拉山脈，來到哈瓦那擔任工業部長和國家銀行行長，並最終去到世界的各個角落，推動其他地方的革命。在一九六五年，格瓦拉在新獨立的阿爾及利亞撰寫了《古巴的社會主義與人》（*Socialism and Man in Cuba*）一文，闡述了實現真正共產主義的途徑。他寫道：「正在形成的新社會必須與過去展開激烈的競爭。在向這個未來新社會過渡的過程中，過去尚未消亡。這是會致命的。」對格瓦拉來說，對過去的對抗無處不在，甚至發生在個人內部。為了實現共產主義，人們必須戰勝自己的過去，採納全新的「價值尺度」。人們必須重生，象徵性地重生為新的男人和新的女人。[3]

格瓦拉是根據他對古巴革命的深刻了解和體驗寫這篇文章的。這就提出了一個問題：他所描述的事是否真的在古巴發生了？當他們周圍的國家發生變化時，古巴人是否也隨之發生變化？古巴人的內心是否發生變化？他們轉變為新的男人和新的女人了嗎？革命與人類生存中最私密的領域有著奇妙的關係；革命會滲透到日常生活中最不可能的領域。無論有產者、舊政權或美國政府如何抵制古巴革命，但是在家中、在幽靜的臥室、在熟悉的餐桌上，過去的一切都要發生革命，這些地方是舊有事物的抵抗最為激烈的地方。在這些領域，即使是那些為革命喝彩的人，有時也得為改變自己而痛苦掙扎。

新政府知道，要建立一個具有新價值觀的新社會，兒童是關鍵。套用切・格瓦拉的話來說，他們是「可塑的黏土，利用他們，可以塑造出沒有任何舊缺陷的新人」。革命政府在一九六〇年宣布建立免費的國立托兒所，旨在為婦女提供更多走出家門的機會，同時培養出「更先進的青年」——革命青年。第二年，共產黨成立了一個兒童輔助俱樂部，名為「先鋒隊」，旨在向六至十四歲的兒童灌輸熱愛祖國和革命的思想。同年，卡斯楚將教育國有化，關閉了所有私立學校。政府還在農村建立了寄宿學校，將傳統學科、社會主義價值觀薰陶和農業勞動結合起來。到了一九六七年，有百分之八十五的高中生曾在這些寄宿學校就讀。[4]

所有這一切對古巴父母來說都是全新的，有些父母擔心這樣會出問題，於是便沿襲了過去的作法。傳統上，子女的價值觀是來自父母的言傳身教，而不是政府；子女何時離開家庭是由家庭決定的，而不是由國家決定的。一些父母認為，新學校和新計畫表明國家急於干預父母與子女之間的私人關係。一些人甚至說，政府將把孩子們變成反對自己父母的間諜。關於兒童將被從父母身邊帶走，並運往蘇聯接受思想灌輸的傳聞甚囂塵上，這導致一些父母讓自己的孩子獨自出國。從一九六〇年至一九六二年，有一萬四千名學齡兒童在「彼得潘行動」（Operation Peter Pan）中離開古巴前往美國，這是西半球歷史上規模最大的、有組織的無人陪伴未成年人的移民活動。[5]

在一九六一年的掃盲運動中，政府和古巴兒童之間也出現了緊張關係。掃盲運動的目的是掃除文盲（古巴文盲率超過百分之二十），因此掃盲計畫大受歡迎。幾十年來，掃盲一直是古巴進步政治綱領的一部分；在一九三〇年代末時，巴蒂斯塔本人就曾帶頭開展了掃盲運動。但是，如果說普及識字是一個長期目標，那麼革命政府則是透過新的手段和完全不同的規模來實現這個目標。教師手冊和學生早期讀物透過教授革命內容來傳授知識。在這些書籍中，M代表馬蒂（Martí），R代表勞爾（Raúl）。F代表信仰（Faith）、步槍（Fusil）、斐代爾（Fidel），或者三者兼而有之。簡單的陳述句講述了土地改革的故事。掃盲運動不僅僅是掃除文盲的手段。它也是一個政治工程。它給農民上了新的政治課。它動員並吸納了大批年輕人，他們不僅是教師，還是革命的生動化身。

在古巴的約七百萬居民中，約有一百二十五萬人作為教師或學生直接參與了這項運動。一年內，約七十萬古巴人學會了讀寫。近三十萬人自願教農民識字，其中許多人前往島上最偏遠的角落。如此多的年輕人自願參加到這項運動中，以至於政府將他們組織成了特別青年隊，擁有超過十萬五千名成員。其中約百分之四十八的人的年齡只有十五至十九歲，另外的百分之十只有十至十四歲。女孩的人數略高於半數，其中一名教師年僅八歲。沒有自願參加教學或學習的古巴人也以其他的方式參與到其中。為了讓教師能夠參加運動，大多數學校停課八個月。不能去教書的母親們自願整天看顧突然閒下來的孩子們。其他人則在工作崗位上頂替那些離開學校崗位的教師。人群歡呼雀躍地歡送掃盲工作者；志願教師們手持巨大的鉛筆遊行，這是他們自己版本的斐代爾步槍。新脫盲的農民在節日和公開的畢業典禮上接受國家的表彰。[6]

然而，儘管掃盲運動聲勢浩大，但在民間，人們對其影響的感受可能最為強烈。農民向教師敞開了家門——為他們提供食宿，為他們洗衣服，與他們建立連繫。絕大多數教師都是年輕的城市教師，他們突然與陌生人生活在一起，在完全陌生的生活條件下，有時甚至很不舒服。每當一位充滿希望和理想的年輕教師離開時，他們都會在家中與家人進行多次交談。許多家長為看到自己的孩子參加如此崇高的計畫而感到自豪。但古巴父母對子女的要求也很嚴格，尤其是女孩。父母不允許家中的女孩就這樣離家，這種壓力迫使意志堅定的青少年在文件上偽造簽名，並將自己的計畫隱瞞到最後一刻。一位十五歲就加入掃盲隊的年輕女性後來回憶起她的親戚是如何反對她的：她的母親怎麼能允許她「孤零零去天知道在哪的地方，在沒有自來水和電的鄉下和天知道的什麼人生活？」一頭腦發熱的年輕女孩們一再被家人耳提面命，像她們這樣年齡的女孩不能離開家。家長們不禁要問，誰來保護自己的女兒免受農民或其他教師的性挑逗呢？反對者開玩笑說，如果說一九六一年是教育年，那麼掃盲運動將使一九六二年變成生育年。古巴革命讓父母變得十分緊張，尤其是關乎自己的女兒和性的方面。[7]

諷刺的是，當城市青少年因下鄉問題與父母發生衝突時，年輕的農村婦女卻因進城問題與父母吵得不可開交。政府將農村女孩送到哈瓦那的安娜·貝當古學校（Ana Betancourt School）去，讓她們在這裡學習縫紉、閱讀並接受政治教育。這所學校是旨在教育（或再教育）婦女的更廣泛計畫的一部分。其他學校將女傭和妓女重新培訓為司機、會計和打字員。新學校的農家女被安排住進那些前往邁阿密的古巴人留在身後的米拉馬區的豪宅裡，她們還會在著名的豪華國家酒店會議室裡上課，該酒店曾接待過約翰·韋恩（John Wayne）、溫斯頓·邱吉爾和西蒙波娃（Simone de Beauvoir）等名人。現在，它將幫助政府重塑農家女的形象，同時也讓農家女在遠離父母的環境中重塑自我。要培育新人，讓她們遠離革命前的年代成長的父母將容易得多。[8]

正如革命試圖塑造父母與子女之間的關係，它也希望塑造丈夫與妻子之間的關係。革命對古巴男性的一切期望——在保衛革命委員會中任職、參加民兵或志願勞動，這些事項也同樣是對古巴女性的期望。但是，隨著婦女在家庭以外的活動越來越多，傳統的家庭角色在新義務和新期望的重壓下變得不堪重負了。

古巴婦女聯合會成立於一九六〇年，這個組織的任務是監督一項旨在讓更多婦女加入勞動力大軍的大型社會運動。它的目標是每年招募十萬名新女工。事實上，在一九六九年至一九七四年間，有超過七十萬名婦女加入了勞動大軍。但舊有的社會價值規範阻礙了她們成為勞動力。在這個時期開始外出工作的七十萬人中，只有約二十萬人在第一年後繼續工作。對於大多數離開勞動力市場的人來說，最重要的一個因素是她們認為外出務工與家庭義務有所衝突。這是一個大家都熟悉的糾葛：婦女在家庭以外的有償工作和家庭中的無償工作之間的轉換。但在革命的古巴，婦女不得不面對一些人所說的「三班轉換」，也就是再把政治工作的義務加入進來。這種「三班轉換」成為革命電影和報刊的主旋律，常常引發人們熱烈討論新出現的革命現實與頑固的性別角色的舊觀念之間的衝突。[9]

也許這就是切．格瓦拉之前所預見的衝突。這是過渡時期的副作用，在這個時期，新秩序已開始出現，但舊觀念尚未消亡。在這種情況下，正如同他們在兒童問題上所遇到的一樣，國家進行了干預。國家設立為期十八週的帶薪產假，隨後是為期一年的無薪產假。免費的日托中心部分是為了讓婦女騰出時間工作。職業婦女還能享有其他的福利，包括在商店購物時可以不排隊。[10] 儘管如此，政府知道這些制度變革是不夠的。古巴男性也必須做出改變。

革命政權並不迴避實現此一目標的努力。在一九七五年成為法律的《家庭法》就是最顯著的例子。該法的目的是在「男女權利絕對平等」的基礎上鞏固家庭。它將婚姻定義為「建立在雙方權利和義務平等的基礎上」。這意味著雙方都有權外出工作（或學習），並有義務在工作中相互支持。該法明確規定，外出工作並不免除夫妻任何一方在家庭中的工作。它還補充說：「根據社會主義道德原則」，雙方都將參與操持家務和撫養子女的工作。[11]

為了確保這種平等不僅僅是一紙空文，在《家庭法》成為法律之前的幾個月裡，國家號召對其進行廣泛的討論。在一次又一次的會議上，在工作場所和街區協會中，幾乎沒有人願意公開反對婚姻平等原則，也沒有人公開質疑政府在個人關係立法方面的特權。但許多人表示自己的為難。婦女將信將疑地認為這項法律永遠不會成功：

國家永遠無法執行這項法律；她們的丈夫永遠不會改變。她們預言，古巴男人不會平等地分擔家務和養育子女的重擔。男人們在會上提出的反對意見無疑加劇了她們的疑慮。一些人說，雖然他們願意「幫忙」洗碗和做其他家務，但他們不願意在院子裡或陽台上晾衣服，因為鄰居會看到他們在做家務。儘管有社會主義道德，但男人們往往認為在公共場合做「女人的工作」是有損尊嚴和丟面子的事。[12]

這種情緒揭示了挑戰的艱巨性。為了賦予法律更多的權力，國家下令將《家庭法》中的「丈夫和妻子之間的權利和義務」（第二十四至二十八條）納入國家婚禮儀式中（當時幾乎沒有人會去教堂舉行婚禮）。在這個島上每個合法的婚姻儀式上，每對伴侶都大聲宣誓平等地分擔家庭、家人和社會主義的責任。隨後，應政府的要求，男女雙方在進入已婚身分之前所說出和聽到的最後一句話，就是要確保家庭內部的平等的誓言。[13]

然而，國家對性別關係的干預並不總是站在解放的一邊。對創造理想共產主義個體——也就是新男人或新女人的關注，有時也意味著一些人需要接受比其他人更多的改造。尤其是古巴的同性戀者，這些人成為最惡名昭彰的革命改造對象之一。關於性別角色和男子氣概的傳統觀念與僵化的社會主義道德觀念相融合，將男同性戀者（在一定程度上也包括女同性戀者）視為社會異類，視為舊資產階級腐朽思想的殘餘。他們被清除出了大學和其他機構，被禁止加入共產黨，並被普遍譴責為革命之外的人。在一九六五年，政府在農村建立了集中營，將同性戀和其他被視為「反社會」的人改造成「新人」。改造的主要手段是勞動，這也是集中營名稱的由來。它的官方名稱叫作「軍事生產援助單位」，簡稱 UMAP。這些集中營由軍方管理，工作人員包括社會工作者和心理學家，他們將強迫勞動與激素和談話治療等做法結合起來。據稱，這是一種為社會主義革命服務的強制性轉化療法。國際譴責和國內的壓力最終導致了該機構於一九六七年被關閉。[14]

革命政府熱中於干預家庭和兩性關係，但它在另一個人際關係領域，即種族的問題上卻步履維艱。在歷史上，種族隔離在革命前的古巴並不像在美國那樣猖獗和僵化。儘管如此，私刑事件還是時有發生；3K黨（Ku Klux Klan）的規模也不小，公共場所有時會出現試圖將人們按種族分開的痕跡。在我母親長大的農村小鎮裡，人們會用繩子將唯一的舞廳分為黑人區和白人區，但白人男子可以隨意無視障礙，與有色人種女子跳舞，或確保他們的非白人女兒與白人男子跳舞。在省會聖克拉拉，中央公園的長廊分為白人區和黑人區。種族歧視也是結構性的。私立學校拒絕黑人兒童入學。就業中心刊登的招聘廣告上會要求「相貌端正」的工人，這個詞就是白人的委婉說法。幾乎所有的社會學指標——教育、收入、預期壽命都表明，非洲裔古巴人遭受著制度化的種族主義的影響。[15]

當革命者在一九五九年上台後，黑人運動份子和知識份子堅持認為，革命不能僅僅透過擱置來解決「種族的問題」。革命需要大膽而明確的反歧視政策。他們的許多要求由來已久，但一九五九年的黑人運動份子希望革命政府能夠和以前的政府不一樣，能夠實現這些要求。起初，革命領導層似乎對此表示同意。在一九五九年三月，剛剛掌權的斐代爾．卡斯楚在一次勞工集會上直接談到了這個問題。他長篇大論地反對就業中的種族歧視，認為這是最殘酷的形式，因為它剝奪了人們謀生的權利。但隨著演講的深入，斐代爾開始闡述社會生活中的歧視問題。他提出的解決方案與切．格瓦拉提出的解決方案如出一轍，就是透過教育，都是為了消除過時的資本主義價值觀。如果所有古巴兒童都能在良好的公立學校接受教育，那麼他們就能在課餘時間一起玩耍。事實上，國家希望所有人都能在一起玩耍，進行社會交往。因此，國家還將建立社交俱樂部、娛樂中心和其他場所，讓古巴人——無論其種族如何，都能一起娛樂。看起來每個人都鼓掌了。[16]

然而，許多古巴白人在集會結束後表示反對。很少有人為工作歧視的做法辯護，但許多人質疑斐代爾為何要在這樣的基礎上談論整合其他更私人或更社會化的空間。社交俱樂部是私人事務；決定孩子和誰一起玩是父母的事。批評者似乎暗示，在私人領域，種族壁壘沒有問題，當然也與國家無關。卡斯楚的講話引起了強烈的反彈，以至於他不得不收回成命。僅僅三天後，他又在國家電視台上發表講話，以紓解部分不安情緒。在譴責種族歧視的同時，他現在似乎接受了批評者提出的公共領域和私人領域之間的區別：「我並沒有說我們要開放高級俱樂部，讓黑人去那裡跳舞或娛樂。我沒有這麼說。人們想和誰跳舞就和誰跳舞……想跟誰社交就跟誰社交。」執政三個月後，更重要的是保持團結，而不是過於明確地堅持古巴社會一直以來的棘手話題。[17]

這個時刻決定了政府在未來幾十年中處理種族問題的方式。自始至終，國家都在所謂的私人領域迴避種族問題。在經濟和社會政策方面，它奉行有利於窮人的種族盲目政策。由於窮人中的黑人比例過高，這些政策將使非洲裔古巴人受益，而國家無需關注種族問題。為了解決工作場所的歧視問題，古巴摒棄了種族配額的想法，並於一九六〇年建立了一個全國求職者登記冊。登記冊不僅包括潛在工人的技能訊息，還包括其家庭收入、經濟需求等訊息。有職位空缺的雇主不會直接招聘，而是會通知勞動部，勞動部會根據登記冊提供的訊息填補這些職位，而不會了解求職者的種族甚至姓名。為了解決公共場所的種族隔離問題，政府重新設計了消除現實區隔的空間。例如，聖克拉拉主要公園長廊上分隔白人和黑人的花槽就被拆除了。改變物理空間將改變人們的習慣，而改變人們的習慣最終將改變他們的態度和價值觀。[18]

到了一九六一年，卡斯楚認為兩年來政府在這個問題上的行動成功地消除了種族偏見和歧視。一旦國家宣布問題解決了，談論歧視問題就變得更加困難了。指出歧視問題表面上看是對國家統一的威脅，暗地裡則是指責國家撒謊或失敗。[19]

重要的是，革命政府在國內處理種族問題的方式與在國際上處理種族問題的方式形成了鮮明對比。古巴革命是在美國民權運動的背景下展開的，古巴媒體突出報導了美國民權運動以及針對此運動的種族主義暴力。哈瓦那為著名的黑人激進份子提供了庇護。從一九六一年至一九六五年，美國有色人種協進會（NAACP）領導人羅伯特・威廉斯（Robert Williams）居住在古巴，並撰寫了頗具影響力的《帶槍的黑人》（*Negroes with Guns*）一書，他在古巴放送自由迪克西電台（Radio Free Dixie），譴責美國的種族主義，號召美國黑人奮起反抗。埃爾德里奇．克利弗（Eldridge Cleaver）是早期黑豹黨領袖，也是另一本頗具影響力的著作《冰上靈魂》（*Soul on Ice*）的作者，他因企圖謀殺兩名警察而在一九六八年保釋出逃美國，之後在古巴生活了一段時間。然而，古巴對這些黑人激進份子和其他來自美國的黑人激進份子的歡迎和支持並沒有延伸到本國的黑人活動家身上。事實上，古巴政府有時極力阻止知名黑人訪客與非裔古巴知識份子談論古巴的種族問題。政府宣布種族問題已解決了，這使得非裔古巴人幾乎沒有公開討論的空間，更不用說譴責種族主義了。[20]

革命政府處理種族問題的方式與處理性別問題的方式之間，存在著另一種明顯的對比。在後一種情況下，國家更願意干預私人空間，以塑造家庭內部、夫妻之間以及父母與子女之間的行為。國家還鼓勵大眾持續討論對婦女的歧視問題。但在種族主義問題上，政府卻沒有這樣做。也許領導層認為種族主義不是一個大問題。或者，領導層認為在希望團結的時刻對種族主義進行正面攻擊可能會造成分裂。因此，政府放棄了這個立場。它將私人領域擱置在一邊，並以其他方式（使用階級和民族而非種族的語言）瞄準了其他問題（如就業歧視）。它希望透過這些手段來消除種族主義問題。歸根結底，這是一種經典的馬克思主義立場：因為種族歧視源於資本主義社會的結構和關係本身，一旦資本主義被瓦解了，種族主義本身最終將不復存在。這種觀點認為，在一段時間內，會存在殘餘的、個別的種族主義，但一旦結構性原因消失，這種現象也會消失。換句話說，政府認為徹底剷除資本主義比消除舊的種族態度和觀念更容易。

古巴人似乎被困在一個漫長的過渡時期，在這個時期中，過去尚未被消滅。正如威廉．福克納（William Faulkner）曾經說過的一句名言，過去甚至還沒有真正過去。為了完成自己的使命，革命政府需要古巴人以不同以往的方式做事。但難題就在這裡：為了成為一場真正的革命，革命需要新人。而為了成為新人，個人需要一場真正的革命。革命造就新人，新人造就革命。這些事會同時發生嗎？是先有革命還是後有革命？人們內心的這種徹底改變究竟會如何發生呢？

諸如此類的考慮為革命領導層之間的一場大辯論提供了依據。一方面，這是一場關於人性本身的抽象辯論。在另一個層面上，它決定了政府在勞動、教育和經濟方面的具體政策。這場爭論的部分焦點是人們在革命中的動機是道德激勵還是物質激勵。在這場爭論中，切．格瓦拉支持道德激勵的觀點，並認為對新人來說，道德激勵總是足夠的。與這種觀點相反，其他官員則認為，道德激勵不足以動員勞動力——從長遠來看是如此，在真正的共產主義實現之前也是如此。工人曠工率的上升為這個觀點提供了佐證。在該國的某些地區，每天有百分之二十至二十九的勞動力缺勤。國家是唯一的雇主，工會由政府管理。拖拉、遲到和曠工是工人能夠獨立表達對工資或工作條件等不滿的少數方式之一。一九六八年進行的一項研究估計，有四分之一到二分之一的工作日被浪費掉了，其中的部分原因就在於工人採取的這種策略。[21]

多年以來，斐代爾．卡斯楚一直贊同道德激勵的理念，直到殘酷的現實闖入並改變了他的想法。這個轉變是一場名為「千萬噸收穫計畫」（zafra de los 10 millones）的大型運動的結果。顧名思義，這是一場不可思議的運動，目的是在一九七〇年實現全國歷史上最大的一千萬噸蔗糖豐收。這場運動的目的是暫時集中精力生產蔗糖，為實現工業化創造條件。卡斯楚說，這場運動的成功將戰勝不發達狀況，取得古巴革命的最終勝利。

然而，問題也隨之而來了。製糖工人的數量遠遠無法滿足如此大的收成目標。在革命時期，製糖工人紛紛遷往了城市，以獲得更多的教育和工作機會。在革命前的收穫季節，許多以前未充分就業的工人會搬到種植園裡去打季節工，但現在他們不需要再這樣做了。他們有了工作、上學或擁有了自己的土地。他們不想再回到辛苦的蔗糖收穫季。因此，要想獲得一千萬噸的收成，國家就必須依靠來自城鎮的非比尋常的義務勞動。這將需要巨大的努力和犧牲，這就需要新男人、新女人們去大顯身手了。[22]

政府將一九六九年命名為「大躍進年」。在一月一日，斐代爾宣布：「我們開始了努力躍進的一年。我們開始了有十八個月的一年！」人們報以熱烈的掌聲；有些人則一臉疑惑。收穫期將延長數月，有史以來第一次在酷暑時節開始，而「人們過去連做夢都沒有想過要在這時砍甘蔗」。聖誕節和新年將推遲到一九七〇年七月收割結束。一位在座的外交官轉向一位朋友問道：「你聽說過如此詭異的事嗎？」就像是一九五九年一樣，時間本身也必須要服從革命的意志。[23]

一千萬噸的收成是一次史無前例的大規模動員，即使對於一場慣於發起動員的革命來說也是如此。國家廣播電台定期播報收成的最新情況；島上的主要報紙每天都在頭版刊登一張表格，顯示實現一千萬噸目標的進展情況。到處都有標語詢問「您在為一千萬噸做出什麼貢獻？」因為每個人都應該有所作為。學校停課了，餐館和劇院也停業了。就像八月的巴黎一樣，儘管沒有人休假，但城市居民的隊伍卻在不斷壯大。專門的公車和特快列車載著志工到農村去砍甘蔗；工作中心也派出了男男女女的小分隊到田間地頭。在那漫長的一年裡，總共有一百六十萬古巴人參加了收割工作。他們有男有女，還有年僅十四歲的青少年。他們中有教師、銀行家、學生、工廠工人、政府部長，甚至還有芭蕾舞演員和小說家，他們現在都在一起砍甘蔗。[24]

參與過這個傳奇大動員的人都會留下終生難忘的記憶。一位名叫戴維的年輕人在收割時年僅十七歲，他後來回憶起當時的兄弟情誼：「我們所有人都要確保每個人的（甘蔗）配額都砍完」，即使這意味著要為遲到、生病或不願工作的同伴打替補。「每當他們在廣播中宣布古巴某地砍伐了一百萬阿羅巴（arrobas，譯註：西班牙舊制重量單位，一單位約合三十六磅）的甘蔗時，人們真的感到很受鼓舞，因為剩餘要砍的甘蔗少了，而且你看到你的工作產生了全世界都會看到的成果，這讓人充滿希望，因為……這將有利於古巴、經濟和一切。」但工作是艱苦的，許多人還記得其他事。小說家雷納爾多・阿雷納斯（Reinaldo Arenas）後來將勞動強度比作但丁筆下的最底層地獄。甘蔗砍伐工凌晨四點起床，然後帶著砍刀奔赴田間，頂著烈日，在鋒利如刃的甘蔗葉中來回穿梭，砍上一整天。為了在最後幾個月加快進度，管理者下令在田間有控制地點火，以燒掉蔗葉，從而能方便砍伐蔗稈。砍甘蔗的人晚上在甘蔗田裡放火，然後在軍營裡稍作休息後，天亮後再進入有時仍在燃燒的田地開始工作，他們頭上戴著頭盔和網罩，以防止燒焦的尖刺戳到他們的眼睛。卡斯楚把這種工作比作奴隸制。他警告說：「除非我們願意身為自由人而去做奴隸不得不做的事，否則人們就無法達到最高的革命道德標準。」[25]

一位觀察收割情況的法國農業學家指出了一個顯而易見的事實：詩人、速記員、理髮師等人收割的甘蔗比經驗豐富的製糖工人少得多。他估計，城市居民每天砍伐約五百公斤甘蔗；若「不習慣體力勞動的文職人員或腦力工作者」，那麼這個數字可能低至每天兩百五至三百公斤。相比之下，習慣於收割甘蔗的製糖工人平均每天能收割三噸半至四噸甘蔗。不幸的是，對於那些著眼於完成一千萬噸目標的人來說，絕大多數收割工人都缺乏經驗。每二百名志願者中，只有約半數是經驗豐富的田間工人。阿爾瑪．吉列爾莫普里埃托（Alma Guillermoprieto）是一名墨西哥舞蹈演員，曾在紐約接受培訓，此後在哈瓦那教授芭蕾舞。任何一位舞者都可以告訴斐代爾，「收甘蔗」舞蹈的動作——是沒辦法在一天之內，甚至幾天之內就能學會的。這門勞作需要充滿彈性地彎腰到莖稈底部，這裡儲存的糖分最多；然後充滿力道地用砍刀一刀砍斷一捆莖稈；剝掉每根甘蔗的葉子時準確無誤。多年後，這位舞蹈家仍然記得一位鋼琴學生的名字，這位學生的砍刀不幸砍掉了自己的一根手指。[26]

因為全國的力量都被集中在這件事上，其他的事物都被暫停和擱置了，因此當一九七〇年五月的一個星期四，報紙的頭版突然沒有刊登通常都會刊登的收成狀況，人們感到十分驚訝。而且一天後的星期五也沒有。星期六，頭版沒有刊登糖收成表，而是報導了兩名非裔美國學生在密西西比州傑克森市的示威遊行中遇害的消息。星期日的頭版報導了在哈瓦那舉行的反美集會；照片顯示抗議者舉著將美國總統尼克森的名字拼成「Ni ㄣ on」的標語牌。[27]

然而，另一個古巴故事在當天引起所有人的關注：一艘古巴漁船被一個古巴裔美國準軍事組織擊沉，船上的人遭到綁架。一週後，這些人獲釋了，政府組織盛大的集會歡迎他們。漁民發表了講話，斐代爾也發表了講話。有人威脅要佔領前美國大使館大樓，並將尼克森與希特勒相提並論。在講台上，卡斯楚在演講即將結束，夜色已深，痛苦地宣布了一個消息。一千萬噸的收成沒有達到。他坦言，這個現實是繞不開的——他的語速放慢了，聲音變得更加試探性，雙手在麥克風前焦躁不安。[28]

政府曾試圖重新找回那種革命早期的使命感。但這還不夠。最終，古巴收穫了八百五十萬噸糖，這是古巴歷史上最大的收穫。但是，當時的世界糖價還不到十年前的一半，這嚴重限制了古巴從歷史性產量中獲得的收益。[29]收成運動所付出的代價是巨大的。其他的經濟領域遭到了忽視；農業機具在與時間的賽跑中被過度操用成了廢鐵。適合種植水稻等農作物的土地被用來製糖，現在糖的產量也不高。工人們失去了幾個月的工作，學生們失去了幾個月的學業。總之，經濟完全陷入了混亂。每個人都想知道：如果說一千萬噸的收成預示著不發達狀況的結束，那麼沒有完成這個目標是否就意味著不發達的狀況在可預見的未來仍會持續呢？

收成運動是革命中最大規模的動員，比掃盲運動的規模更大，甚至比應對一九六一年的豬玀灣入侵和一九六二年飛彈危機時的動員規模更大。在這兩次衝突中，古巴都與美國針鋒相對。在第一次衝突中，古巴獲勝了；在第二次衝突中，古巴倖存了下來。現在，在一九七〇年，在一場挑戰不發達、時間和自然以及自己身體極限的運動中，他們輸了。後來的人們仍能回憶起他們當初的震驚。在二〇一〇年，一位著名的科幻小說家回憶說，在當時，許多古巴人都對革命勝利有著必勝的憧憬，但到頭來卻不得不面對不同的現實。[30]

一千萬噸收成運動的失敗標誌著古巴革命史上的一個轉折點。早期的革命者曾希望，甚至假定了他們能夠讓人民煥然一新。但在那次失敗後，卡斯楚一再強調地認為，革命領導層過於理想化了。無論是現在還是很久以後的一段時間，古巴都會一直維持在過渡期；而「真正的新人民……還相對遙遠」。他在一九七一年十二月三十一日時喃喃自語。[31]儘管「新人民」的概念在意識形態上仍具有重要意義，但隨著政府開始優先考慮以其他更多物質形式激勵人們工作，「新人民」的概念被不同的工作和人格概念替代了。模範工人不僅可以獲得獎章或文憑等形式的表彰，他們還將獲得獎金，或是購買蘇聯消費品或到國有度假村度假的機會。國家對物質獎勵的新的強調，就像古巴經濟本身一樣，得益於與蘇聯和東歐更緊密的連繫。在一九七二年，古巴加入了由蘇聯領導的共產主義國家經濟聯盟——經濟互助委員會（COMECON，Council for Mutual Economic Assistance）。

但是，一千萬噸收成運動是一個奇怪的轉折點。如果說它所標誌革命國家對勞動和經濟的態度發生了變化，那麼它也揭示了古巴歷史上根深柢固的模式的頑固性，而這些模式早在革命之前就已存在。古巴經濟的未來如今看起來就像過去一樣：蔗糖和更多的蔗糖。以前古巴經濟依賴美國，現在則完全依賴蘇聯和東歐集團。變化如此之大，但過去——或者說一部分的過去，仍然揮之不去。

第三十章 新美國人？

很久以前，一位研究其他國家的革命的歷史學家曾經提出，可以客觀、冷靜地計算革命的強度。如何計算呢？就是計算逃離革命的人數的多寡。在古巴，很多人逃離了革命。第一年，超過兩萬五千人離開；第二年，又有六萬人離開。到一九六〇年底，每個星期都有一千五百名古巴人抵達美國，到一九六一年底，在哈瓦那大使館關閉的情況下，每個工作日向美國移民歸化局申請入境的人數達到了驚人的一千二百人。從一九五九年一月古巴革命爆發，到一九六二年十月古巴飛彈危機爆發，有將近二十五萬人離開了古巴。[1]在移民潮之後接踵而至的其他形式的出走，有些甚至更為集中。數字最終證明了一種可以量化的印象：古巴革命是一場激烈的革命。

對於大多數離開古巴的人來說，他們選擇的目的地是美國大陸最南端的大城市邁阿密。今天，任何到邁阿密旅遊的遊客都能看到古巴人的存在改變了這座城市。然而，古巴人向邁阿密的移民也改變了古巴。事實上，移民是整個古巴革命史的核心力量。在革命的古巴，離開或被迫出走的可能性成為日常生活的一部分。去留的重大決定塑造了個人和集體的革命經歷。親人申請護照；一個鄰居將貴重物品留給另一個鄰居保管；人們厭倦了所有的道別。「今天是星期一」，一名哈瓦那居民在寫給一位身在美國的朋友的信中寫道：「我一直待在家裡，等待如常到來（寄放物品）的人，他們會告訴你他們所留下的一切。」一個月後，他抱怨說，由於不斷有人來找他，他只能抓緊時間寫信。他開玩笑說：「這裡連貓都要走了。」[2]

但離開古巴並非易事。飛機票必須用美元購買；航班需要排隊；在一九六一年之後，人們只被允許攜帶五美元和三十磅行李離開古巴。[3]除了這些實實在在的障礙之外，還有情感上的障礙。他們真的能離開自己的國家嗎？他們何時才能再見到家人？他們還能回來嗎？對於許多離開的人來說，離別的那一刻仍然歷歷在目。每個人都記得機場的樣子。與家人道別後，旅客們在一個被稱為「魚缸」的玻璃封閉房間裡等待。從裡面可以看到另一邊的親人貼著玻璃，用手勢交流。婦女們戴著墨鏡，遮住紅腫的眼睛。一名少年後來回憶說，那是他第一次看到成年男人哭泣。一名六歲男孩目睹海關官員撕毀了他父親的哈瓦那大學畢業證書。一位年輕的祖母回憶起被徹底搜查的屈辱，她的私人物品被翻得亂七八糟，被迫脫掉衣服，看到穿著尿布的嬰兒被檢查是否藏有珠寶。一位母親——我的媽媽，回憶說，一位年輕的女制服人員摸著她孩子耳垂上柔軟的皮膚，試著決定是否沒收這些小金首飾，最終卻不了了之。當旅客登上飛機時，飛機上一片沉寂。一些人低聲哭泣，當飛機起飛時，乘客們有時會鼓掌。[4]

從一開始，離開的就是那些與巴蒂斯塔關係最密切的人。隨後，隨著新政府開始徵用財產並減少租金收入，許多受到不利影響的人購買了前往邁阿密的機票。隨著革命的激進化，其他人也選擇了離開。當他們抵達佛羅里達時，大多數人都對斐代爾・卡斯楚懷恨在心。但許多人並不是一開始就如此。在一九六二年於邁阿密進行的一項調查顯示，有百分之二十二的受訪者承認他們最初的確將斐代爾視為古巴的救世主。這個數字在實際狀況中有可能更高，因為在一九六二年的邁阿密很少有人會急於承認這個觀點。事實上，這座城市裡有很多人都曾以某種方式參加過反對巴蒂斯塔的抗爭，無論是卡斯楚的「七二六運動」還是其他團體。革命政府的首任總理在辭職後也搬到了邁阿密，首任財政部長等人也是如此。

專業人士和商人也紛紛離開了古巴。在一九五九年，古巴有六千名醫生，其中約一半去了美國。近兩千名牙醫中也有七百多人，三百名農業學家中有兩百七十人去了美國。哈瓦那大學在一九五九年在任的三分之二以上的教職員在一九六一年都已身在邁阿密，高級醫學教職員從兩百人減少到十七人。這些早期的古巴流亡者的受教育程度普遍遠高於古巴整體人口；百分之三十六的人至少接受過一些大學教育，而古巴整體人口中僅有約百分之四的人接受過大學教育。在早期流亡美國的古巴人中，只有百分之四的人受教育程度低於四年級，而古巴人口中百分之五十二的人受教育程度低於四年級。在古巴，他們的離開為那些留下來的人創造了大量向上流動的機會，新政府對這些人進行了工作培訓。與此同時，在美國，流亡者可以依靠他們重要的文化資本——教育、人脈，有時甚至是英語來維生。因此，這些早期移民後來被稱為「金色的流亡者」也就不足為奇了。

然而，來到邁阿密後，他們通常無法從事自己本來的職業。為了生存，醫生只能在醫院當勤雜工；建築師則是當園丁，教師當警衛，藥劑師當擠奶工。曾經住在哈瓦那的韋達多區、米拉馬區或聖地牙哥的阿萊格里區豪宅裡的人們，如今卻擠在即將被稱為小哈瓦那（Little Havana）的貧民區的小公寓裡。在邁阿密的古巴人首先感受到了這裡發生的變化。該社區多年來一直在衰落，這讓那些來邁阿密時身無分文的古巴人能夠負擔得起。租金便宜，靠近市中心，就業機會多。學校招生人數激增，附近的高中幾乎在一夜之間成為全州最大的高中。學年紀念冊的美國編輯可能會抱怨「按字母順序排列時要列上三百個叫岡薩雷斯的古巴人真的是很乏味。」古巴人擁有的小型企業逐漸開張——咖啡館、攝影工作室、珠寶店，這些企業的名稱通常和在古巴時一樣。[5]

但不是所有人都歡迎古巴人來到邁阿密。邁阿密的白人寫信給媒體編輯，抱怨他們的新鄰居。公寓開始張貼「不要兒童、不要寵物、不要古巴人」的告示。商人們抱怨古巴人只想和其他古巴人做生意。一位商人說：「古巴人這麼快就把美國人趕走了，真讓人難以置信。」這種現象並不局限於商業領域。在不到十年的時間裡，服裝行業的勞動力中，非拉美裔的白人的比例從百分之九十四下降到了百分之十八，這個差距幾乎完全是新來的古巴人造成的。[6]

也許沒有人像邁阿密黑人一樣感到被古巴人粗暴地趕出了邁阿密。小哈瓦那與上城隔著邁阿密河相望，上城是一八九〇年代以來邁阿密歷史上的黑人區。邁阿密屬於吉姆・克勞法案的南方。當非洲裔美國人看到古巴人在那裡安家落戶時，他們注意到了各種矛盾。在種族隔離盛行的時代和地方，他們觀察到幾乎所有古巴人——通常無論膚色如何，都變成了白人。有時，這就發生在他們抵達的那一刻。當他們在市中心的難民中心登記時，如果需要，他們就會收到旅館的優惠券。除了膚色最深的難民外，幾乎所有難民都獲得了入住白人酒店的憑證。邁阿密的海灘也同樣實行種族隔離。有一些人只能去白人海灘，有人只能去黑人海灘，「但古巴人可以使用其中任何一個海灘」，《展望》（*Look*）雜誌在一九五九年四月時這樣報導。古巴兒童——幾乎不分膚色，都被允許進入白人公立學校就讀，而這些學校的資源總是優於黑人學校。一九六一年，當地一位黑人牧師推測，邁阿密的非洲裔美國人只需教他們的孩子只說西班牙語，就能解決學校的種族隔離問題。撇開這些看法不談，黑人領袖一直強調，他們的問題不在於新移民本身，而在於政府給予他們的優待。正如邁阿密城市聯盟的負責人所堅持的那樣，「我們並不是對古巴人感到憤怒，而是對一種制度感到憤怒，這種制度對外來人的照顧多於對本國公民的照顧。」[7]

然而，古巴人並不是普通的外來移民。他們是在冷戰高峰期為了逃脫共產主義而來到美國的移民。這使得難民成為一種資產。他們可能會成為華盛頓反卡斯楚計畫的新兵；至少，他們的大量到來有助於在世界面前打擊古巴革命的形象。因此，移民歸化局給予古巴人臨時合法身分。隨後，在任期即將結束時，艾森豪成立了古巴難民應急中心，負責協調對古巴人的救濟工作。甘迺迪對該計畫進行了重新命名和擴展，為古巴人提供了各種資源：工作許可、就業培訓、英語課程、小額貸款、兒童保育補貼、住房援助和職業介紹。[8]

由於得到這些福利，古巴人的工資即使低於其他人——有時甚至只有黑人同事薪水的一半，他們也能接受。據一份報告估計，在一九五九年至一九六二年間，有一萬兩千名非裔美國人因古巴人而失去了工作。有時則是美國政府為古巴人提供了就業機會。一九六〇年代初，中情局的工資單上有一萬兩千名古巴人，這讓中情局成為佛羅里達州最大的雇主之一。事實上，中情局在世界上最大的情報站（在維吉尼亞州蘭利的總部之外）就設在邁阿密。中情局還控制著五十多家幌子企業，其中許多位於小哈瓦那。這些都是中情局所有、古巴流亡者經營的旅行社、槍枝店、房地產公司等。這些企業「幫助流亡者磨練了創業技能，促進了他們的經濟發展」，儘管它們對推翻卡斯楚毫無幫助。[9]正是美國政府的援助，而不僅僅是文化資本或自力更生的決心，使早期的流亡者獲得了成功。

在革命才剛剛開始的那幾年，古巴人就帶著回鄉的渴望、對斐代爾・卡斯楚的憎恨和美國政府的支持，徹底改變了美國的一個主要城市。然而，如果沒有另一批鮮為人知的古巴人湧入邁阿密，邁阿密也不會變成現在的樣子。新一輪難民潮是在飛彈危機之後出現的，當時兩國之間的商業航班長期停飛。古巴飛彈危機後，希望前往美國的古巴人不得不透過其他途徑。一些人經過墨西哥或西班牙等第三國離境。其他人——每年都有更多的古巴人，透過非法海路冒險前往佛羅里達。在一九六四年和六五年，美國報紙經常刊登古巴人乘船離開古巴的報導。例如，《紐約時報》報導了卡斯楚家族的一名司機與近百名其他人一起出逃的戲劇性事件。[10]

卡斯楚對他們的離職和負面報導感到非常惱火。但他的反應卻完全出乎意料。一九六五年九月二十八日，卡斯楚在一次演講中宣布，他的政府將允許在美國的古巴人駛往卡瑪利歐卡港（Camarioca，位於古巴北部海岸的一個小漁村），接走想要離開古巴前往美國的親屬。「現在讓我們看看帝國主義者會怎麼做或怎麼說。」[11]

卡斯楚宣布這個消息時，恰逢一九六五年美國的《移民和國籍法》（Immigration and Nationality Act）獲得通過，該法逐步取消了移民美國的國家配額制度，林登・詹森（Lyndon Johnson）總統於十月三日在自由女神像腳下簽署了該法。他在演講中給了卡斯楚答案：「今天下午我向古巴人民宣布，那些在美國尋求庇護的人將會得到庇護。」邁阿密的古巴人甚至在林登・詹森宣布這個消息之前就開始行動了起來，他們取出存款、租船、與在古巴的親戚聯繫。到十一月下旬，卡瑪利歐卡的轉運船將大約三千名古巴人帶到了佛羅里達海岸，還有更多的人在等待被接走。[12]

兩國政府都不滿意此安排。斐代爾對這種宣傳感到尷尬。美國人擔心，這種非正統、無序的移民方式難以控制進入美國的移民。船運也給移民帶來了明顯的危險：海岸警衛隊營救了數十艘遇險船隻。出於這些原因，兩國政府同意暫停船運，改用空運。在一九六五年十二月一日，被美國稱為「自由航班」的空運開始了。每天有兩架航班從馬坦薩斯的海灘度假勝地瓦拉德羅（Varadero）快速飛往邁阿密。邁阿密的古巴電台每天都會播報抵達航班的名字。到一九七三年，三千零四十八次航班把將近三十萬古巴人帶去了美國。幾十年來，這一直是古巴人移民美國最大的一波移民潮。[13]

「自由航班」上的移民與之前的「金色的流亡者」有很大不同。美國政府主要批准已在美國生活的古巴人的親屬入境。與此同時，古巴政府拒絕向服兵役年齡的男性發放出境簽證；它還加快了老年人的簽證速度。這兩點加在一起意味著，新一輪移民潮的女性人數和年齡都明顯高於第一波移民潮。許多人是革命前三年離開的年輕專業人士的父母。如果說早期移民被稱為金色的流亡者，那麼我們可以稱他們為「銀色的流亡者」。

古巴政府推行的其他政策也塑造了這個流亡浪潮的特徵。在一九六八年，卡斯楚的「革命攻勢」將目標對準了城市中的小型商業地產。因此，小企業家在「自由航班」抵達者中佔有很大比例。也是在這個浪潮中，古巴失去了很大一部分華人和猶太人社區，他們在古巴的小企業主中佔有很大比例。[14]

隨著越來越多的古巴人來到邁阿密，邁阿密的資源變得日益緊張，聯邦政府開始鼓勵古巴人到其他地方定居。許多古巴華裔難民去了紐約，這也解釋了為什麼在一九七〇年代時，古巴華裔餐館大量湧現在紐約，而不是邁阿密。也是在這個時期，紐澤西州北部的古巴移民社區發展得最為迅猛。然而，儘管政府在努力地進行重新安置，但仍有大約一半的古巴新移民留在邁阿密，還有一些人在北部過冬後返回了邁阿密。[15]

在許多方面，是自由航班的移民才確保邁阿密成為一個古巴城市。事實上，正是在這個時期，小哈瓦那最終形成了，有百分之八十五的居民來自古巴。這裡成為典型的「先落腳」社區。早先來到這裡的古巴人搬走了，古巴人分散到了城市的其他地方。新來的古巴人在小哈瓦那佔據了一席之地。邁阿密許多著名的古巴企業，例如凡爾賽餐廳等標誌性場所正是在這個時期開業的，幾十年來，古巴流亡者一直在凡爾賽餐廳抗議島上古巴人的來訪，或慶祝斐代爾．卡斯楚逝世等事件。在一九六八年，WMIE電台變成了WQBA電台。如果說「QBA」這幾個字母還不能讓人對其節目重點有所了解，那麼它的另一個名字就能讓人有所了解：「La Cubanísima」。到了一九七六年，WQBA的招牌新聞節目成為邁阿密所有廣播節目（無論英語還是西班牙語）中收聽率最高的節目。[16]

自由航班移民和早期的「金色的流亡者」共同造就了一九六〇和七〇年代初的邁阿密，它不僅是古巴裔美國人的城市，也是另一個世界。它是合法永久居民和渴望回家的公民的飛地，是一個不再存在的世界的守成者的避風港，是關於一九五九年的哈瓦那的爭論從未止息過的政治撕裂之地，是一個遍布著曾經的革命者的反革命社區，是一個沉浸在反革命而非反文化的地方，是一個頑固的黑白種族國家中的一個神秘的三種族城市，在這個世界裡，少數人成了事實上的多數人，店員總是用西班牙語詢問顧客是否想要說英語。

與此同時，美國政府繼續為離開古巴的古巴人提供優惠。在一九六六年，美國政府調整了他們的移民身分，使他們只需兩年就可以申請合法居留權。古巴人由此快速獲得了公民身分和選舉權——而此時的非裔美國人爭取同樣權利的抗爭才剛剛導致一九六五年《選舉權法案》（Voting Rights Act）的推出。儘管《古巴調整法》（Cuban Adjustment Act）於一九六六年通過，但其條款適用於一九五九年一月一日之後抵達美國的所有古巴人，並將無限期地適用下去。後來的修正案進一步規定，古巴人無需證明他們在美國有工作或家人在等著他們，也無需證明他們不會成為公共負擔。政府還將古巴人申請居留的等待時間縮短了一半（一年零一天）。沒有其他來自拉丁美洲的移民在抵達美國時能享受到這些好處。顯然，移民政策仍然是冷戰時期的政策。[17]

然而，美國政府冷戰派和古巴裔美國人鷹派之間的關係從來都不是簡單明瞭的。在豬玀灣事件中，古巴流亡者聽從了美國政府的命令。但他們之所以這樣做，在很大程度上是因為將卡斯楚趕下台也是他們的目標。這次失敗讓華盛頓方面和古巴流亡武裝份子之間的關係急轉直下。在一九六二年，甘迺迪向赫魯雪夫承諾不入侵古巴，這也激怒了流亡激進份子。到了一九七〇年，古巴流亡者社區越來越多地與共和黨結盟。那些保守的美籍古巴人，其中包括一名豬玀灣事件的老兵，甚至加入了水門事件的盜竊行列，開始為尼克森賣命。

然而，到了一九七〇年代中期，美籍古巴保守派人士中的一部分人開始透過故意對抗美國政府的方式來推行反卡斯楚計畫。隨著華盛頓和莫斯科關係的緩和，保守派的古巴流亡者擔心古巴政策也會開始注重共存。事實上，吉米・卡特（Jimmy Carter）總統曾向國家安全委員會發出指令，要求與古巴進行秘密會談，以實現兩國關係的「正常化」。即使對這個舉動一無所知，流亡者社區中的激進份子一直以來都已動員起來，反對與古巴建立任何形式的友好關係。一九七四年，一些豬玀灣事件的老兵成立了一個名叫 Omega-7 的新組織，致力於暴力暗殺古巴的共產主義者和與他們接觸談判的美國人。雖然 Omega-7 不是唯一的反卡斯楚組織，但聯邦調查局認為它是「在美國境內活動的頂級國內恐怖組織」。該組織活躍在邁阿密、紐約和紐澤西州。在一九七四年至七五年間，僅在邁阿密就發生了一百多起爆炸事件。在紐約，反卡斯楚流亡者在古巴駐聯合國代表團、甘迺迪機場的環球航空公司航站樓和艾弗里費舍爾音樂廳安置了炸彈，所有這些炸彈都與向古巴政府作出的某種姿態有關。[18] 即使很多古巴流亡者正在成為美國移民，但是這個移民社群之所以會存在的最大推動力——古巴革命，從來沒有遠離過這些人的視線。

如果說有古巴人試圖在這個過程中變成美國人，試著忘記當初是什麼讓他們來到美國，斐代爾・卡斯楚則總是會提醒他們這件事。在一九七八年九月，斐代爾・卡斯楚以最令人意外的方式做到這點，他公開邀請在美國的古巴人前往古巴與他本人會面和交談。如果他們前來，他將釋放多達三千名政治犯。他還將考慮允許美籍古巴人返回古巴探親——這件事是他們離開古巴後一直不被允許的。當有人問他為什麼會改變對流亡者的態度時，他回答說：「革命很快就將滿二十年了。從我們的角度來看，革命成果是絕對鞏固和不可逆轉的。我們知道這點，美國政府也知道，我認為國外的古巴社會都知道。」一九七六年通過的社會主義憲法（取代了一九四〇年的憲法）和同年成立的名為全國人民政權代表大會的立法機構賦予了革命和一黨制國家難以否認的穩定性。卡斯楚從這個權力地位出發，向他長期的敵人發出邀請。[19]

此邀請震驚了邁阿密。許多人堅持這是陷阱，與卡斯楚談判就是承認他的統治正當性，賦予了他更大的權力。包括豬玀灣事件老兵在內的三十個流亡組織公開地強烈反對此次會晤。但這遠非唯一的觀點。事實上，美籍古巴人向古巴政府辦公室發送了大量電報，自願參加在哈瓦那舉行的會面。至於誰能來參加會議，卡斯楚本人擁有最終的決定權。有一些與會者是學者；一些人是已前往古巴並與古巴政府建立連繫多年的年輕美籍古巴人；一些人是豬玀灣事件的老兵，他們放棄了原來的立場，現在贊成與卡斯楚談判。在一九七八年秋天，有七十五名古巴流亡者前往哈瓦那與斐代爾會面，並參加了大家所說的「那場對話」。更多的流亡者返回哈瓦那參加了第二次會議。強硬派大發雷霆。一份流亡者報紙（在波多黎各出版，但在邁阿密廣為流傳）刊登了前往古巴的人的姓名和家庭住址，並敦促讀者騷擾他們。他們還抵制邁阿密的主要雪茄公司，因為這家公司的老闆被記者拍到他正在向卡斯楚遞他的雪茄。不過，儘管幾乎整個社區都樂於抨擊斐代爾，但因談判釋放的政治犯們陸續抵達邁阿密時，大多數人還是感到歡呼雀躍。當卡斯楚宣布海外古巴人可以回鄉探親時，儘管大多數人仍在咒罵卡斯楚，但還是有大批古巴人趕來利用這個機會，自流亡以來第一次回到家鄉。政治意識形態是一回事，對家人的愛和掛念又是另一回事。[20]

一九七九年開始的家庭探親團聚是古巴革命史上最重要、卻被忽視的事件之一。在開放探親的第一年，有超過十萬名居住在美國的古巴人帶著禮物、現金和情感返回了古巴。旅行者們破費更新他們的古巴護照；他們匆忙辦理美國居留手續，以便能夠順利地再次進入美國。他們要去古巴，但無論他們曾經對重返古巴抱有怎樣的幻想，他們都知道他們的停留時間只有一個星期，這是古巴政府規定的訪問期限。[21]

在為期一個星期的逗留期間，他們盡可能多地買東西。他們在自己的老社區裡走來走去，給老熟人送小禮物，這裡送五美元，那裡送一瓶指甲油。他們用新的藍色牛仔褲贏得了孫子的歡心，用現代化的日立電子鍋贏得了兒媳的歡心。（儘管有《家庭法》，但在如今的古巴，負責煮飯的仍然大多是女性）。家庭成員們還會去專門為遊客開設的商店購物，商店裡的貨架上擺滿了人們在古巴人去的商店或古巴貨幣沒辦法買到的食品。但最重要的是，遊客們沉浸在家人的親情之中。他們的古巴家人也是如此。[22]

當時生活在古巴的古巴人對探親記憶猶新。近二十年來，卡斯楚一直用可以想像得到的最難聽的貶義詞來稱呼那些離開古巴的人——人渣、蛀蟲、叛徒、暴徒、帝國主義的走狗。現在，政府歡迎這些人作為「海外古巴人社區」的成員回來。對於年輕人，那些在革命中成長起來的人來說，探親這件事讓他們感到很困惑。這種困惑與其說是源於政府語氣的突然轉變，不如說是因為眼前的這些人看起來是如此的正常，如此地像古巴人。當時的一位十五歲的女孩回憶說，她鄰居的表兄弟來探親了。「他們和我想像的完全不一樣……他們就像我們一樣。」對於這些青少年的父母來說，與離別親人的重逢既歡樂又悲痛。在與親人分別一二十年後，人們相擁而泣。但是，鄰居家的古巴共產黨員醫生可能會對他邁阿密表親擁有的消費能力感到有些不高興，當他看著自家空空如也的廚房現在塞滿了美國來的各式日用品時，他可能也會想到，那些沒有國外親屬的人——以黑人居多，他們將無法獲得這些湧入的現金和各式商品。[23]

在海外古巴人和古巴國內人民之間的大量接觸中，後者常常感到疑惑。為什麼政府要向離開的古巴人提供那些留下來參加了義務勞動、在集會上歡呼或參加古巴革命的古巴人從未擁有過的東西？古巴人以文字玩笑的方式解釋這個難題。人們會開玩笑說，如今「蛀蟲」們像蝴蝶一樣飛回來了。叛徒們實際上只是「帶美元的人」

（traedolares）。不僅是那些離開的人似乎過上了比留下來的人更富裕的生活。政府也以一種前所未有的姿態公開宣示，要麼是政府在稱流亡者為叛國者時撒了謊，要麼是政府對現金的需求比這種觀念更急迫。事實上，這些人的探親之旅給古巴政府帶來了很多錢。分析人士預測，從特價商店、護照和簽證費以及要求回國者購買全包式旅遊套餐（即使他們與家人同吃同住）來看，政府在訪問的第一年就能賺到近一億五千萬美元。[24]

然而，古巴政府卻為家庭團聚付出了意想不到的巨大代價。這些探親之旅引發了古巴政府希望去避免的問題和比較。來訪者展現出的「示範效應」恰逢古巴的經濟遭遇衰退，這種鮮明對比對古巴政府毫無幫助。在一九七九年底的一次演講中，斐代爾喃喃自語道，國家正處於困境之中，而且這種狀況還將持續一段時間。「彼岸遙遙無期」，他感嘆道。[25]這已不是斐代爾第一次說這樣的話了，也不會是最後一次。然而，在探訪家庭團聚的背景下，這句話卻引發了更多的疑問：為什麼那些離開的人似乎沒有受到風暴的困擾？留下來的人什麼時候才能看到海岸？難道他們也應該離開嗎？

在一九八〇年四月一日，一場全面的危機將這些棘手的問題推到了風口浪尖上。在那天，有六名古巴人偷了一輛城市公車，撞開了秘魯大使館的大門並尋求庇護。秘魯使館位於哈瓦那的米拉馬區，這裡是使館區，就像是在其他國家的各國使館一樣，它們的周圍有古巴警衛把守。當大巴撞開大門時，警衛開槍射擊，一名警衛誤殺了另一名警衛。古巴政府要求使館將撞門者交還給其當局，但大使以使館範圍不可侵犯為由拒絕了。就在這時，斐代爾讓所有人大吃了一驚。他宣布，古巴政府將不再保護不與之合作的外國使館。第二天一早，秘魯大使館的工作人員被推土機拆除大門口崗哨和移走堵住車道的大石頭的聲音驚醒了。隨後，古巴守衛放棄了他們的崗位。秘魯大使確信，古巴軍隊即將衝進大使館，用武力趕走來尋求庇護的古巴人。但他錯了。與之恰恰相反，古巴政府什麼也沒做。[26]

當人們得知政府不會阻止人們進入使館區時，數百人開始前往使館區。途經使館的公車每到一站都變得越來越擁擠。乘客們沒有像往常一樣聊天說笑，而是默默地搭車。然後，在離使館最近的一站，所有人都下車，開始朝同一個方向走去。一些公車司機也把帽子和證件留在方向盤上，跟在低調的乘客隊伍後面。到夜幕降臨時，使館區聚集了數千名古巴人，他們都在尋求庇護，他們都想離開古巴。[27]

現在輪到斐代爾感到驚訝了。他本就想到了會有一些人利用大使館的開放而尋求離開，但沒想到在這麼短的時間內就有這麼多人。使館很快就被擠得水泄不通，這讓他感到非常尷尬，於是他下令封鎖使館的周邊，防止其他人的湧入。在這時候，在使館沒有任何保護措施的四十八小時後，大約有一萬零八百個古巴人進入了大使館。人太多了，有些人坐在樹枝上院子裡的建築物的屋頂上。沒有足夠的洗手間，沒有足夠的食物，沒有足夠的地方躺下睡覺。情況岌岌可危，古巴政府開始發放安全通行證。拿到通行證的人被承諾可以離開這個國家，但他們可以在家裡等待，直到他們的出境手續得到解決。一些人急需食物或平靜，接受了這個提議；另一些人擔心離開使館會減少他們離開古巴的機會，選擇就地蟄伏。

當時，許多人心中的疑問是，這一萬零八百人要如何才能離開秘魯大使館，離開這個國家呢？一些國家表示願意接收部分難民；吉米．卡特決定美國將接收三千五百名難民。哥斯大黎加同意作為篩選前往美國的移民的中轉站，並於四月十六日開始派飛機接運尋求庇護者。但當錄影顯示古巴人在哥斯大黎加降落時親吻地面、高呼白由和詛咒斐代爾時，古巴政府暫停了這些航班。四月十九日，古巴政府組織了一場百萬人遊行，遊行隊伍沿著米拉馬的第五大道前進，秘魯大使館外的人群對著裡面的人大吼大叫，辱罵他們是離開國家的叛徒。但沒有人知道裡面的人會怎麼離開。[28]

在邁阿密，古巴人動員了起來。他們為大使館裡的人收集食物、衣服和其他用品。還有一些人——人數較少的一群，清理了軍需品倉庫，想像著這場危機意味著卡斯楚統治的結束，他們可能會回去與卡斯楚作戰。一個名叫拿破崙·比拉博阿（Napoleón Vilaboa）的人則採取了不同的動員方式。他曾是哈瓦那電台節目主持人，每個星期都在廣播中譴責巴蒂斯塔，他曾熱切地支持斐代爾的革命。但在一九六〇年，隨著他對共產主義日益膨脹的影響力感到震驚，他離開了哈瓦那。在一九六一年，他參加了入侵豬玀灣的行動。當一九八〇年四月使館危機爆發時，比拉博阿是邁阿密的一名汽車銷售員，他放棄了自己在一九六〇年代初期時全心全意追隨的強硬、好戰的路線。他也是在一九七八年前往哈瓦那與斐代爾對話的邁阿密代表團成員之一。

當古巴人襲擊秘魯大使館時，他正好也在哈瓦那。他在大使館裡探望了他們，並證實許多人的猜測：尋求庇護者並不想去秘魯。他們想去邁阿密。[29]根據比拉博阿自己的說法，他向古巴政府提出了一項建議。允許美籍古巴人航行到指定港口接他們的親屬，條件是他們也要帶走聚集在大使館裡的一些人。卡斯楚很喜歡這個主意，並最終確定由馬里埃爾港（port of Mariel）來做這件事，該港口位於哈瓦那以西約二十五英里、是佛羅里達州的基韋斯特正南約一百二十五英里處。比拉博阿回到邁阿密後，決心啟動救生船計畫。在四月十七日，他在WQBA的一檔熱門新聞節目上發表講話，解釋了他已成竹在胸的計畫。有一些人認為他正在幫斐代爾脫困。但有相當一部分人是真的渴望把他們的親屬從古巴接過來，他們拋開了所有顧慮，開始了準備工作。幾小時內，他們取出了自己的存款，借到了錢，並找到了船隻和船長能帶他們去古巴接人。許多人不會游泳，但這並不是障礙。比拉博阿本人是第一個出發的人，他的遊艇長達四十一英尺，取名為「奧昆號」（Ochún）。「奧昆」是非洲裔古巴人的愛神和淡水之神，與古巴的守護神「慈善聖母」同源。奧昆號是第一個踏上旅程的船隻，也是一九八〇年四月二十一日第一批與古巴難民一起返回佛羅里達的船。值班的海岸警衛隊隊長幾乎沒有注意到這艘船的到來。畢竟，這些年來，總是偶爾會有一些載著離開古巴的人的船隻抵達基韋斯特。沒過多久，他就意識到奧昆號的到來是一件非常不尋常的事件開端。[30]

每一天，幾乎是每個小時，都有更多的船前來。幾天時間內，基韋斯特和古巴的馬里埃爾港之間就有數千艘船。一位觀察人士說，如果有人能把所有船隻一字排列，那麼他們的親屬就能走著來佛羅里達了。在第一艘船於四月二十一日抵達的兩個月後，在佛羅里達海岸登岸的古巴人數量達到十一萬三千九百六十九人，這個數字約等於當時邁阿密市總人口的三分之一。[31]

這種規模的人口遷移必然是具有破壞性的；在這種狀況下，遷移的過程本就混亂不堪，而且常常發生驚心動魄的事。氣候災害多發的季節開始了，這就更增加了整件事的危險性。在人口遷移期間，龍捲風和暴風雨多次襲擊佛羅里達礁島群。在一個暴風雨天（四月二十七日），有十至十五艘船葬身魚腹，但有十名難民獲救。在五月十七日，在一艘名為奧羅育米（Olo Yumi）的遊艇上，船上的五十二人中，十四人溺水身亡，其中包括一個名叫伊比斯・格雷羅（Ibis Guerrero）的小女孩的全部家人——媽媽、爸爸、祖母和兩個姐妹。這個小女孩在基韋斯特舉行的葬禮上沒有流下一滴眼淚。「已死了那麼多人。」她對《邁阿密先驅報》的記者說。[32]

在馬里埃爾，前來接親人的古巴裔美國人看到的景象幾乎令人難以置信。在港口，數百艘船在爭搶位置。新來的人將他們的船與其他早在那裡的船綁在一起。古巴政府的船隻在海面上巡邏，岸邊每隔一百碼，就有一名古巴士兵拿著AK-47步槍瞄準港口裡的船隻。到了晚上，泛光燈照亮了一切，夜晚的空氣中瀰漫著政府為吸引等待的船長和船員而開設的浮動夜總會的歌聲。在這種令人不安的環境下，每位船長都向當局遞交了一份他想要接回的古巴人名單。當古巴當局收到名單時，他們進行了檢查，以確保其中沒有特別顯赫的人物或其他擁有特殊技術的人。官員們隨後通知了船長們要接走的親屬。[33]

然而，官員們所做的不僅僅是通知即將離開的人們。他們還通知了地方保衛革命委員會。保衛革命委員會隨後組織了對試圖離開者的公開譴責。他們稱這些人為人渣、叛徒、罪犯、蛀蟲和更糟糕的東西，所有這些都得到了政府的鼓勵和批准。從表面上看，島上的人似乎分為離開的人和留下的人，但幾乎每一類人都認識另一類人，有時還愛著另一類人。許多公開斥責離開的鄰居的古巴人後來自己也離開了。事實上，邁阿密有很多人都參與了排斥離開者的行為。一位透過馬里埃爾離開古巴的邁阿密人回憶說，多年後，他遇到了當年組織咒罵和排擠他的人，現在對方請求能得到他的原諒。他原諒了他。無論是在古巴還是邁阿密，現實生活夠混亂了，過去的標籤不再那麼重要了。[34]

讓一切變得如此混亂的部分原因是，離開的古巴人比古巴或美國政府預想的要多得多。船運開始後不久，一些從未去過秘魯大使館、也沒有家人用船接送的古巴人也開始加入了船運行列。在四月二十四日，一艘六十五英尺長的聖丹二世號抵達馬里埃爾港，船上有不到一百名古巴裔美國人乘船前往古巴去接他們的親人；近一個月後，這艘船載著大約三百名乘客離開了古巴。在這些乘客中，只有大約十個人是本來要被接走的親屬。[35]

這些乘客都是誰？從船運的最初幾天起，古巴政府就給尋求離開的人扣上了「不能融入社會者」的帽子。[36]很快，古巴人開始跑到警察局去，自稱是「不能融入社會者」並以此為由申請出境。然而，「不能融入社會者」可以是一個很寬泛的類別。而當局判斷誰符合條件的手段也並不透明。多年以後，一位前警官在邁阿密生活時，回憶起了人們如何到警察局申請出境許可。很少有人能夠提供任何的證明，所以他只是讓那些「很糟的」出國。多年之後，他對隱性偏見等概念有了更深的了解，但他對自己究竟是如何做出判斷的卻語焉不詳。有時候，人們去找警察，假裝自己是同性戀，這也是發放出境簽證的一個理由。事實上，許多古巴男同性戀在船運過程中離開了古巴，其中包括古巴著名作家雷納爾多·阿雷納斯。在警察局，一名警官問他是否是「同性戀」。當他做出肯定回答時，警官要求他詳細說明：他是「主動還是被動？」他聽說過如果有人回答「主動」可能會被拒絕，於是他回答「被動」。警官還讓他在他們前面走路。他回憶說：「我通過了測試」。接著他在五月四日登上聖拉左羅號離開了古巴。十年後，他帶著愛滋病在紐約自殺身亡。[37]

古巴政府還強迫人們離開。一名在哈瓦那假釋的男子被警察帶走，送上了離境的船隻，後來他在邁阿密電台敘述這個故事。與此同時，《邁阿密新聞》的一名攝影師曾前往馬里埃爾報導此事，他在返航途中發現古巴乘客告訴他，政府正在從監獄中抓捕囚犯，並將他們送上從馬里埃爾駛往邁阿密的船隻。其他傳言稱古巴政府正在驅逐精神病患者。事實比這更複雜。據估計，有一千五百人（移民總數約為十二萬五千人）存在精神健康或認知問題。一位學者估計，可能有兩萬六千人有犯罪記錄。但古巴法律將酗酒、同性戀、吸毒、流浪、持不同政見和參與無處不在的黑市都定為犯罪。[38]

古巴政府急於讓這些人離開，但是這並不能保證美國會允許他們留下。有任何形式的犯罪記錄——無論是否有暴力犯罪記錄、輕微犯罪記錄還是嚴重犯罪記錄，都是會被美國驅逐出境的理由。有任何形式的「精神缺陷」也是如此。因為美國政府認為同性戀是精神變態的證據，這也是被驅逐的理由。最終，兩千七百四十六名馬里埃爾抵達者因犯罪記錄或精神健康問題被視為「可排除」（excludable）出美國。他們從來沒有被釋放，許多人被遣返回了古巴，但在大多數情況下，他們是被美國拘留了幾十年之後才回到古巴的。[39]

無論這些數字有多小，觀察人士都正確地指出，馬里埃爾大逃亡不同於早先從古巴革命中湧出的移民潮。這波難民潮既不像第一波難民潮那樣絕大多數是白人或者中上層階層人士。它也不像「自由航班」移民潮那樣，絕大多數是白人、女性和老年人。新一輪古巴難民潮比之前的難民潮更加貧窮。他們中的非洲裔古巴人佔百分之十五至四十，而一九五九年至一九七三年間抵達的古巴人中，非洲裔古巴人僅佔百分之三。一位曾經居住在小哈瓦那的居民後來回憶說，馬里埃爾大遷移重新調整了他對自我和地方的認識：我們之前創造出來的是一個人人都是白人的古巴。當馬里埃爾移民到來時，我們被動地得到提醒，古巴不是一個白人島，而是一個黑人島。[40]簡而言之，新來的移民構成是古巴社會的一個縮影。

但是，對於那些看到和評判馬里埃爾移民的人來說，這似乎並不重要。越來越多的美國人在談論他們時使用了與古巴政府相同的詞彙：怙惡不悛之徒、罪犯、失敗者、不受歡迎者等等。在五月十一日，《紐約時報》在頭版頭條報導了「外流的古巴人中包括弱智和罪犯。」一本地的《邁阿密先驅報》的批評更為尖銳。到五月中旬時，該報約百分之九十的報導都是關於古巴新移民的負面報導。[41]

抵達的馬里埃爾移民越多，負面報導就越多。在一個晚上（四月二十九日至三十日）的一個小時內，有三千名古巴人抵達基韋斯特。在災難的邊緣，一名州政府官員向國民警衛隊提供了一萬美元的代金券，用於購買島上的每一塊糖果和每一盒香菸。五月十一日，也就是《紐約時報》發表「弱智和罪犯」報導的同一天，有不到五千名古巴人來到基韋斯特，打破了以往的所有記錄。單是一艘名為「美國號」的三層甲板、一百二十英尺長的雙體船上，就擠了多達七百人。[42]

基韋斯特市不堪重負，邁阿密也是如此。門羅縣和戴德縣進入了緊急狀態。由於無法處理所有抵達基韋斯特的人員，政府在邁阿密開設了多個處理中心。克羅姆（Krome）是一個建於一九六五年，位於沼澤地邊緣的廢棄飛彈基地，它曾經的目的是保護美國免受古巴的攻擊，但是現在被用作安置新來的古巴移民。（這裡直至今日仍然是一個移民拘留中心。）但即使如此，還是不夠。最終，尚未被家人或其他保證人認領的抵達者被安置在橙碗體育場（Orange Bowl）的看台和停車場的臨時營地上。還有其他人則被安置在小哈瓦那和上城之間九十五號州際公路交流道下的一個舊棒球場上匆忙搭建的帳篷城中，在那裡一住就是好幾個月。但這仍然不夠。[43]

由於無法處理所有抵達基韋斯特和邁阿密的移民，聯邦政府在威斯康辛州和阿肯色州的軍事基地設立了處理中心。在政府決定如何處理他們時，六萬多名馬里埃爾移民被安置在這些營地。有些人在那裡只待了幾天，等待入境許可和家人的到來。其他更多人——沒有家人或不確定是否可以入境的人們，則等待了更長的時間。這是美國對他們的歡迎。在佛羅里達州的埃格林空軍基地外，3K黨舉行抗議活動，並租用一架飛機在基地上空盤旋，懸掛他們的旗幟。由於基地很快就達到最大容納量，甚至與3K黨無關的居民也抗議古巴人出現在他們的地區。被拘留的古巴人對處理過程中的延誤和對他們實施的宵禁感到沮喪，他們發起絕食抗議，跳過圍欄，並投擲磚塊和石塊。[44]

在阿肯色州的查菲堡（Fort Chaffee），情況變得更加絕望。隨著處理工作的不斷拖延，一些古巴人設法逃離了基地。在五月二十九日，一大群人衝向大門，警衛在緊張的對峙中將他們擊退了。三天後，約一千名古巴人起義。他們燒毀了幾棟建築，有四十名古巴人和十四名警察受傷。基地所在地巴靈市（Barling）的市民開始武裝起來，以防古巴難民入侵。陷入困境的州長比爾．柯林頓（Bill Clinton）得到了華盛頓的承諾，不會再向阿肯色州派遣任何古巴人。但為時已晚。當時正在競選連任的柯林頓後來將他在那年秋季競選中的失敗歸咎於查菲堡的古巴危機。全國各地的公職人員宣布拒絕接受任何馬里埃爾的移民。古巴人不再受歡迎了。[45]

隨著船運的持續進行，移民人數的激增，關於抵達者來自古巴監獄和精神病院的誇大報導的流傳，乃至帳篷城市的增多和暴力事件的爆發，甚至連邁阿密也不再對他們表示歡迎。在一九七三年正式指定為雙語縣的戴德縣，一群盎格魯公民成功地在縣選舉中提出了一項投票措施，禁止「將縣資金用於使用英語以外的任何語言或推廣美國文化以外的任何文化。」該法令規定，所有縣級會議「只能使用英語」。在這個時期，會有人在汽車保險桿上貼上寫有這樣字句的貼紙：「最後一個離開邁阿密的美國人，請記得把國旗帶走。」[46]

邁阿密非裔美國人的不滿情緒在一九六〇年代初就已存在，如今也在不斷升級。在五月十七日，坦帕市一個完全由白人組成的陪審團宣布四名戴德縣警察在槍殺三十三歲黑人保險業務員阿瑟．麥克達菲（Arthur McDuffie）一案中無罪。隨即爆發的騷亂持續了四天，造成十八人死亡或致命傷。當時，這個事件也被視為非裔美國人對古巴人能受到優待，而他們卻從未受到優待的失望和不滿的表達。[47]

在古巴裔邁阿密人中，人口外流也引起了反彈。甚至用於識別難民的名稱「Marielitos」一詞也被冠上了貶義。老一些的古巴流亡者說，這些新古巴人與他們不同。在此之前，他們已在共產古巴生活，而且選擇了在那裡駐留那麼多年。他們會改變邁阿密；他們將改變社區。馬里埃爾移民確實改變了邁阿密及其古巴社區。有一段時間，它將邁阿密劃分為老古巴人和新古巴人，這裡的新和老不是以年齡界定，而是以抵達美國的年份來界定。它使古巴社區在種族和階級方面更加多樣化，更接近於古巴島本身的人口構成——儘管它仍然比古巴島本身的人口構成更白。如果說到了一九八〇年，由於移民潮停滯多年，所以古巴社區變得更像是古巴裔美國人，更像是移民而不是流亡者了，那麼新的移民潮則為古巴人民注入了新的血液，他們是卡斯楚革命的後代，厭倦了政治口號及其強制規定，他們渴望過上不受政治和口號束縛的新生活。

問題是，邁阿密的美籍古巴人還沒有準備好放棄自己的口號。如果說有什麼不妥，那就是運船事件恰恰發生在美籍古巴人開始展示其政治力量的時刻。在馬里埃爾難民抵達時，前幾批古巴裔美國人已成了美國公民，他們有權投票。在一九八一年，在新當選總統隆納・雷根（Ronald Reagan）政府的鼓勵下，他們甚至成立了一個名為古巴裔美國人全國基金會（Cuban American National Foundation）的強大遊說團體。於是，有抱負的總統們開始了抨擊斐代爾・卡斯楚的模式，以便在佛羅里達這個不可避免的搖擺州贏得古巴人的選票。[48]

無論是在馬里埃爾港的船運事件開始之前還是之後，邁阿密與古巴的密切關係就像邁阿密與美國其他地區的關係一樣。正如許多熟知古巴和邁阿密的人所觀察到的那樣，兩地都是對方的一面奇特的鏡子。在一九八〇年五月十一日，獲得普立茲獎（Pulitzer Prize）的記者米爾塔・奧吉托（Mirta Ojito）在十幾歲時乘坐馬納納號抵達基韋斯特，她記得自己來到甲板上，第一次親眼見到美國時的情景：「我開始聽到熟悉的『自由古巴萬歲』的歡呼聲。男人和女人站在鐵絲網後面聲嘶力竭地高喊『古巴萬歲』，一直喊到喉嚨失聲。另外一群人則不斷反覆地高唱古巴國歌，和他們對立的一些人則是豎起了反斐代爾・卡斯楚的標語：『斐代爾下台！暴君去死！』我很想哭。我想，這些口號標語就是我離開古巴的原因，這樣我就再也不用聽到政治口號了……」[49]她當時聽到的是一種光怪陸離的回聲，岸上人們的樣子透過玻璃已扭曲變形。

但這種感覺——瓊・蒂蒂安（Joan Didion）口中的「邁阿密的認知失調」，並不總是險惡的。有時候，它只是關乎於家庭、生存、渴望和依戀。在古巴小女孩長大的記憶中，她家中會有一個特別的抽屜，裡面裝滿了美國親戚送給她家的漂亮衣服。這些衣服熨燙過，從未穿過，等待著一家人飛到國外流亡的那一天。身在邁阿密的一個小女孩長大的記憶中會有另一個特殊的抽屜，抽屜裡也裝滿了熨燙好的衣服，等待著寄給古巴的家人。在許多方面，或大或小，兩地都依賴著對方。但有兩個事實是清楚的：不了解邁阿密，就不可能了解古巴革命；而不了解古巴革命，也就不可能了解邁阿密。

第三十一章 其他古巴人？

在十六世紀初，葡萄牙在里斯本發起了世界跨大西洋奴隸貿易。在二十世紀的里斯本，來自葡萄牙非洲殖民地的年輕人們在一個名叫「帝國學生之家」的地方寄居。他們會定期聚在一起討論非洲的未來。在非洲大陸北部，許多前歐洲殖民地剛剛獲得獨立。在撒哈拉以南的非洲地區，獨立的呼聲也越來越高。從一九五七年的加納開始，一個又一個殖民地結束了英國、法國和比利時的統治。但迄今為止，葡萄牙所統治的非洲仍未實現獨立。里斯本的學生們一邊思考著歷史奇異的發展可能性，一邊廣泛閱讀、激烈辯論，並時而謹慎、時而大膽地夢想著自己的獨立。在這個過程中，他們閱讀了斐代爾・卡斯楚的「歷史將宣判我無罪」一文，這是他在一九五三年蒙卡達審判中為自己辯護時發表的演講。在一九五九年，學生們在遠處看到了卡斯楚打敗了巴蒂斯塔。在一九六一年，他們又目睹了卡斯楚的軍隊粉碎了美國支持的入侵。到了一九六二年，他們在里斯本與古巴特務進行了秘密會面。[1]

與里斯本的學生們一樣，第三世界的許多人都把目光投向了古巴，並在古巴的身上看到了一些值得注意的東西：一個年輕的政府——它的領袖留著大鬍子、不拘小節、不苟言笑，正在挑戰地球上最強大的國家。同樣值得注意的是這位古巴的新領導人對他們所說的話：還會有其他的「古巴」湧現出來，古巴將會給他們的誕生提供幫助。在一九六六年，全世界來自八十二個國家的五百名代表齊聚哈瓦那，參加非洲、亞洲和拉丁美洲人民三洲會議。美國官員稱這個場合為「西半球歷史上最強大的親共反美勢力集會」。卡斯楚在閉幕式上承諾，「世界上每個角落」的革命運動都可以依靠古巴。他還宣布成立亞非拉人民團結組織(OSPAAAL),作為連接三大洲革命運動的橋梁。[2]

這不僅僅是說說而已。幾乎從掌權的那一刻起,卡斯楚政府就試圖鼓勵在海外的類似革命。在一九五九年,卡斯楚贊助了一場針對多明尼加獨裁者拉斐爾・特魯希略(Rafael Trujillo)的入侵,但沒有成功。在一九六一年,卡斯楚向阿爾及利亞的反殖民主義反抗軍運送武器;運送這些裝備的船隻載著七十六名阿爾及利亞傷員和二十名兒童返回了古巴,這些兒童大部分是戰爭孤兒。一九六二年,古巴人在新獨立的阿爾及利亞建立了軍事特派團,據美國國務院稱,阿爾及利亞很快成為「旅外的古巴人意氣相投的第二個家,也是擴大古巴在非洲影響力的重要基地。」[3]

事實上,阿爾及利亞一度成為古巴的全球基地。由於美國的監視,哈瓦那很難直接支持拉丁美洲的革命,也很難運送武器或將古巴培訓的軍事幹部滲透回拉丁美洲。阿爾及利亞同意充當古巴與南美之間的橋梁。古巴人和阿爾及利亞人聯合訓練阿根廷和委內瑞拉的新兵進行游擊戰。與此同時,在古巴受訓的阿根廷人和委內瑞拉人則繞道阿爾及利亞回國,以避免被發現。因此,阿爾及利亞幫助古巴將其影響力延伸到大西洋彼岸的拉丁美洲。[4]

對古巴來說,奉行這種外交政策存在有幾個動機。其一是意識形態。非洲的去殖民化恰恰是在古巴革命獲得力量的同時展開的,這為反殖民主義和反帝國主義團結創造了肥沃的土壤。非洲一些新獨立的政府也是左派政權,這也是意識形態親緣關係的另一個來源。事實上,在一九五〇年至一九九〇年期間,三分之二的非洲國家都曾經有過某種形式的社會主義政府。在拉丁美洲,古巴起初更加強烈地追求團結。當然,切・格瓦拉本人是阿根廷人。早在一九五五年在墨西哥見到斐代爾・卡斯楚之前,他就走遍了整個拉美大陸,並對社會革命產生了濃厚的興趣。他在古巴山區成功發動游擊戰的經歷讓他相信,革命在拉丁美洲是可能的。他認為,與其等待革命條件的出現,革命領袖可以透過組織農村游擊叛亂來創造這些條件。切・格瓦拉——以及古巴政府在一九六〇年代的大部分時間，所承諾的是在拉丁美洲創建一個「橫跨大陸的反帝革命劇場」。

事實上，卡斯楚成立了一個名為「美洲部」（Americas Department）的單位，負責培訓拉美革命者並為其提供物質支持。古巴革命是可以複製和輸出的。安地斯山脈可以成為南美洲的馬埃斯特拉山脈。[5]

無論其意識形態動機如何，古巴的外交政策也是挑戰美國利益的另外一個舞台。積極的外交政策標誌著古巴新的國際威望，這在一定程度上得益於古巴在豬玀灣打敗了美國。充滿敵意的美國透過禁止美國跨國公司在古巴開展業務，或威脅切斷與古巴有貿易往來的國家的美援等方式向其他國家施壓，迫使它們聽從美國在古巴問題上的立場。但是，美國越是試圖在國際上孤立古巴，古巴就越尋求與世界其他國家建立連繫——而且是一切可能的連繫。在國外煽動革命——通常是站在美國人的對立面的革命，是一種強有力的方式，既能使古巴在世界上扮演的嶄新角色具有實質意義，又能使其與美國根深柢固的敵意具有實質意義。「他們把封鎖國際化了」，卡斯楚多年後回憶：「我們把游擊戰國際化了。」[6]

華盛頓的官員認為，古巴在國際上扮演的是蘇聯代理人的角色。但實際上，古巴的外交政策經常與蘇聯的意願相左。「這場革命」，卡斯楚說：「將遵循它自己的路線。」切．格瓦拉公開地質疑了莫斯科與西方的貿易政策，而且哈瓦那方面也在禁止核試驗條約上與蘇聯公開決裂。然而，古巴與蘇聯之間最重要的爭議是一個廣泛的意識形態問題：是否在國外推動革命的問題。莫斯科的立場是與西方和平共處。古巴的立場卻與之大相逕庭。回顧切的名言：「兩個、三個、許多個越南。」[7]

不過，古巴是個小國，要推行大國的外交政策會遇到各種障礙。在一九六〇年代末，古巴的國際主義立場遭遇了重大挫折。在一九六五年，阿爾及利亞總統本．貝拉（Ben Bella）下台，古巴失去了一個重要盟友。一九六七年，切．格瓦拉為了在玻利維亞山區建立另一個古巴而被殺。卡斯楚在全國電視上宣布了切．格瓦拉被殺和全國哀悼三天的消息。隨著格瓦拉的去世，古巴失去了西半球革命的主要支柱。此外，隨著古巴日益依賴蘇聯，古巴也失去了一些迴旋的餘地。當蘇聯在一九六八年入侵捷克斯洛伐克時，卡斯楚公開表示了贊同，這令所有人都感到震驚。「我們理解派遣軍隊進入捷克斯洛伐克的苦澀必要性。」蘇聯提供的重要經濟支持，使古巴難以積極推行與其恩主公開相悖的外交政策。[8]

但與此同時，蘇聯的支持也為古巴提供了向海外擴張勢力的手段。一九七〇年代，當古巴對蘇聯的依賴比以往任何時候都要嚴重時，古巴開始了其最雄心勃勃的對外干預行動。其中一種干預涉及普通平民的參與。古巴向全世界近四十個國家派遣了工程師、醫生、教師和其他專業人員，參與各種發展計畫，這些國家近至牙買加，遠至越南。這種平民國際主義的規模是空前的。到一九八〇年代末，有超過十一萬名古巴人參加了國際民事任務。在一九八〇年代中期，古巴每六百二十五名居民中，就有一名政府援助人員；而美國幾乎是每三萬五千名居民才有一名政府援助人員。古巴的參與程度也讓社會主義集團中的其他國家相形見絀。古巴人口只佔這個集團人口的百分之二點五，但援助人員卻佔集團援助人員的將近百分之二十。在一九七八至七九年間，斐代爾・卡斯楚在與一位著名古巴裔美國人的秘密談話中，不斷提到古巴的國際使命。他說，他想讓全世界都有古巴醫生和護士；他想讓甘迺迪的和平隊黯然失色。卡斯楚喃喃自語道，他想向每個醫生收取每人十美元的費用。事實上，古巴已開始按比例向平民收取服務費用了，到了一九七七年，平民國際主義者為政府創造了約五千萬美元的硬通貨。[9]

古巴在海外的民事活動無論多麼重要，與軍事活動相比都相形見絀。古巴在外國領土上最重要的軍事干預行動涉及近五十萬古巴人。它從根本上挑戰了蘇聯的外交政策，使古巴走上了與美國對抗的道路，並且參與改變了撒哈拉以南非洲的歷史進程。

為了追溯這段經歷的源頭，我們可以先回到位於里斯本的帝國學生之家，在那裡，年輕且積極的學生們正在熱火朝天地閱讀斐代爾・卡斯楚的著作。這些學生中有許多人參加了新近成立的安哥拉人民解放運動，這是一個主張安哥拉獨立的馬克思主義團體。一九六一年，安哥拉人民解放運動（MPLA，People's Movement for the Liberation of Angola）發起了反對葡萄牙的游擊運動，他們將哈瓦那視為天然的盟友。一九六六年，當哈瓦那主辦三大陸會議時，安哥拉人民解放運動是唯一受邀的安哥拉組織。[10]

這個聯盟在一九七〇年代的發展日益茁壯。在一九七五年一月，葡萄牙同意於十一月十一日正式結束對安哥拉的統治。在此期間的幾個月裡，安哥拉領土由三個反對葡萄牙統治的政黨組成的聯盟統治：爭取安哥拉徹底獨立全國聯盟（UNITA）、安哥拉民族解放陣線（FNLA）和與古巴結盟的安哥拉人民解放運動（MPLA）。它們的聯盟幾乎立即就土崩瓦解了，三方爭奪權力的戰鬥打響了。據一位歷史學家稱，當時有三十多個國家間接捲入了安哥拉衝突，向不同的組織提供武器、顧問和資金。卡斯楚承諾派遣四百八十名為期六個月的顧問人員。與此同時，安哥拉人民解放運動的對手（爭取安哥拉徹底獨立全國聯盟和民族解放陣線）得到了南非的支持。事實上，南非承諾將其部分正規軍投入到打擊安哥拉人民解放運動的戰鬥中去。在葡萄牙規定的撤軍日期之前，南非軍隊入侵了安哥拉並佔領了該國第二大城市，並開始向北進軍首都羅安達。[11]

一九七五年十一月十一日在羅安達舉行的獨立儀式是一場奇怪的儀式。那一天的夜晚比往常更加潮濕，烏雲遮住了月光，空氣就像時間本身一樣靜止不動。當大教堂的時鐘敲響午夜鐘聲時，新總統、安哥拉人民解放運動的阿戈斯蒂紐・內圖（Agostinho Neto）起身宣布安哥拉獨立。他的講話很簡短；人們歡呼雀躍，然後迅速散去。他們被警告要避免大量人群聚集，以免南非人到達時發生大屠殺。一些安哥拉人民解放運動的士兵可能認為獨立的時刻如此沉悶是不對的，於是便開始向空中鳴槍慶祝。一位報導這場戰爭長達數月的波蘭記者回憶說：「現場一片混亂和喧鬧，整個夜晚活了起來。」[12]

當晚慶祝獨立的焦急民眾並不知道，古巴政府向安哥拉新總統提供了大量軍事支持。在一九七七年接受芭芭拉・華特斯（Barbara Walters）的一次著名採訪中，卡斯楚後來解釋了這個決定。「要麼我們袖手旁觀，讓南非接管安哥拉，要麼我們就要努力提供幫助。這就是當時的情況。在十一月五日，我們做出了向安哥拉派遣第一支軍事部隊與南非軍隊作戰的決定。」[13]

卡斯楚是在十一月五日下決心介入安哥拉，這天正好是一八四三年著名的「虐人梯」奴隸起義的紀念日，在那次起義中，一位名叫卡洛塔的非洲婦女帶頭起義，並在戰鬥中犧牲。卡斯楚以她的名義，將安哥拉的動員行動命名為「卡洛塔行動」，以紀念她的貢獻。安哥拉的獨立所帶來的好處要多過缺點。安哥拉是幾百年前奴隸們的故鄉之一。這些男女被銬上枷鎖，強行帶到了古巴。古巴軍隊——其中許多人是十九世紀安哥拉俘虜的後裔——現在將返回非洲與南非種族隔離軍隊作戰。古巴領導人看到這個象徵意義的力量。勞爾．卡斯楚在一九七七年訪問安哥拉時曾說，古巴的奴隸（其中許多人是在非洲出生的）曾在十九世紀末時為古巴獨立而戰。「只有反動派和帝國主義者才會對這樣的事實感到驚訝，那些為我國自由獻出生命的奴隸的後代為他們祖先祖國的自由拋頭顱灑熱血。」斐代爾．卡斯楚指出，「那些曾經把非洲奴隸送往美洲的人」，這裡指的是作為一個整體的美國人，「也許從來沒有想到，這些接受奴隸的地方現在會派出士兵為非洲黑人的解放而戰。」[14]

在做出這個決定後，古巴立即開始了動員。運載部隊和武器的飛機以超過滿額的運力飛行。每月通常有七十五小時飛行時間的飛行員，現在每月的飛行時間超過了兩百小時。一位飛行員回憶說，除了幾次短暫的休息，他曾在座位上不間斷地工作了五十個小時。羅安達機場大部分已廢棄了；自從八月至十月間疏散了五十萬主要是白人的難民後，這個機場甚至都沒有打掃過。一天晚上，跑道上方突然出現了車燈。幾分鐘後，四架古巴飛機降落了，開始走下來全副武裝、身著軍裝的士兵。與空運士兵相呼應的是大規模的海運。內圖總統望著窗外的羅安達海灣，看著一艘又一艘古巴船隻抵達，他對一位朋友說：「這不公平。照這樣下去，古巴將毀於一旦。」[15]

古巴人在短短幾個月內就向安哥拉派遣了三萬六千名作戰部隊。一方面，古巴人出兵支持安哥拉人民解放運動。在另一個層面上，他們的干預是為了對抗兩個大國：南非和美國。在整個戰爭期間，美國一直在物質上支持南非和其他安哥拉人民解放運動的對手。這種支持是間接和謹慎的。畢竟，美國剛剛從越南戰爭和水門事件中解脫出來；白宮裡坐著的是一位非民選總統；共和黨正在進入喧鬧的初選季節；美國人正在紀念獨立二百週年。國會和大眾輿論都不願意讓政府捲入另一場對外戰爭，尤其是站在種族隔離制度的南非一邊，反對一個新獨立的非洲國家的政府。然而，美國仍然深陷在安哥拉事務中。國務卿亨利・季辛吉（Henry Kissinger）後來把美國開始介入的時間定在一九七五年的四月。他不顧非洲事務處的建議，說服了傑拉德・福特（Gerald Ford）總統支持安哥拉人民解放運動的對手，並安排將第一筆一百萬美元的資金裝在手提箱裡運到了身在薩伊（Zaire）的蒙博托・塞塞・塞科（Mobutu Sese Seko）手中，再由後者運往安哥拉。甚至在古巴軍隊抵達之前，福特總統就已批准了三千五百萬美元的計畫，用於援助與安哥拉人民解放運動作戰的兩個團體。[16]

美國知道古巴捲入了這場衝突。在古巴於十一月份全面介入安哥拉之前的幾個星期，一份國家情報評估報告指出，卡斯楚處於在國際上樹立威信的有利地位。革命已穩定並制度化；他的聲望和權力正在上升；經濟「比一九五九年以來的任何時候都要好。」在所有這些有利條件下，卡斯楚成功地成為第三世界和全世界革命志業的代言人。一週後，中央情報局報告說，古巴已開始向安哥拉派遣軍事人員。與此同時，季辛吉的安哥拉問題工作組也報告說，古巴的參與正在大幅增加。但美國官員從未設想過古巴會進行全面干預。[17]

甚至在干預發生後，美國政府似乎也不願意或無法意識到這是怎麼回事。「一個八百萬人口的國家沒有任何資源，卻要繞地球半圈派遣遠征軍，這太荒唐了」，季辛吉這樣認為。正因為他認為這太荒謬了，所以他認為這是不可能的事。美國官員唯一能接受的解釋是，古巴人代表蘇聯干涉了安哥拉。因此，他們認為古巴人作為蘇聯的代理人，是可以被莫斯科叫停的。但是，當季辛吉告訴蘇聯駐華盛頓大使希望撤回古巴軍隊時，大使卻要他自己去和古巴人談。這位大使後來寫道，古巴人「在沒有與我們協商的情況下主動」進行了干預。事實上，莫斯科最初是從古巴駐幾內亞大使那裡才聽說古巴介入安哥拉一事的，而大使本人也是在古巴駐幾內亞大使偶然提到

「一些載有古巴軍隊的飛機」將在飛往安哥拉的途中降落在幾內亞加油時得知此事的。冷戰結束後，季辛吉查閱了其中一些文件，承認了自己的錯誤。「我們無法想像（卡斯楚）會在遠離本土的地方採取如此挑釁的行動，除非莫斯科向他施壓，要求他報答蘇聯的軍事和經濟支持。現在的證據表明，情況恰恰相反。」在安哥拉，是古巴人在牽著蘇聯的鼻子走。[18]

古巴在安哥拉的存在扭轉了戰局。一九七五年十一月十三日，古巴人炸毀了橋梁，阻止了敵軍前進；十一月二十三日，古巴人伏擊了南非軍隊，使其遭受了難以承受的挫折。就在古巴干預幾個月後，南非軍隊撤退了，安哥拉人民解放運動的兩個敵對集團隨即瓦解。其他非洲國家正式承認了安哥拉人民解放運動為安哥拉獨立的合法政府。因此，在沒有蘇聯監督的情況下，在與美國支持並擁有核武器的南非作戰時，古巴一方取得了勝利。[19]

小說家加布列・賈西亞・馬奎斯是家喻戶曉的魔幻現實主義作品《百年孤寂》的作者。當勝利的古巴軍隊開始從安哥拉回國時，馬奎斯剛剛來到哈瓦那。

> 從抵達機場開始，我就有一個明確的印象，那就是自從一年前我最後一次到古巴之後，古巴發生了一些非常深刻的變化。不僅在人民的精神面貌上，甚至在事物的本質、動物和海洋以及古巴生活的本質上，都發生了難以言喻，但卻非常明顯的變化。市面上出現了新的男士時裝……街談巷議中出現了葡萄牙語新詞彙，舊有的非洲口音流行樂裡也出現了新的口音。[20]

作為小說家，他肯定誇大了變化的深度——動物和大海真的看起來不一樣了嗎？但他無疑捕捉到了一些東西。古巴人剛剛在大西洋彼岸的一個與古巴有著深厚歷史淵源的地方進行了大規模的軍事干預。古巴確實是一個強大的國家。對斐代爾．卡斯楚來說，這可能是他政治生涯的頂峰了。

卡斯楚在勝利的那一刻並沒有想到，古巴軍隊會在安哥拉再駐紮十五年。這是勝利者往往不願接受的教訓：在實踐中保持勝利往往比贏得勝利付出的代價更大。戰端立刻重啟了，就像戰事幾乎從未停止過一樣。不斷有新的古巴軍隊抵達，不斷又有新的戰鬥。安哥拉反政府武裝在南非和美國的支持下，繼續威脅安哥拉人民解放運動的統治。和平談判一次又一次失敗。在古巴取得了最初勝利的十年後，全面戰爭和干預仍在延續著。當時，衝突的動機不僅僅是為了保護安哥拉人民解放運動的統治，更重要的是為了擊敗南非的種族隔離政權，因為南非的種族隔離政權不僅控制著南非本土，還控制著自第一次世界大戰結束後就被其佔領的鄰國納米比亞。在安哥拉戰場上輸給南非，會讓種族隔離政權的範圍更加向外延伸。

在一場曠日持久的著名戰役之後，戰爭延續了下去。這場戰役被稱作「奎托夸納瓦萊戰役」，來自它發生地的村莊名字：奎托夸納瓦萊（Cuito Cuanavale）。南非和古巴軍隊控制下的勢力針對這個村子展開了反覆爭奪。卡斯楚認為，失去它就等於輸掉了戰爭。為了取得勝利，他瞞著莫斯科，向大洋彼岸派出了一支由一萬五千名士兵組成的新特遣部隊。卡斯楚後來說，他把百分之八十的時間都花在策劃古巴在奎托夸納瓦萊的行動上。這場戰役被稱為二戰以來非洲土地上最大規模的戰役。古巴和安哥拉人民解放運動的部隊取得了決定性的勝利。[21]

奎托夸納瓦萊戰役的勝利使安哥拉政府得以在有利地位上展開和平談判。和平談判進行了一段時間，它主要是在美國、安哥拉和南非之間進行。古巴雖然在當地扮演著舉足輕重的角色，但一直被美國人擋在談判桌外。隨著古巴人在奎托夸納瓦萊戰役獲得勝利和政治解決方案的出現，美國別無選擇，只能接受古巴的存在。在新一輪和平談判中，古巴同意在二十七個月內從安哥拉撤出所有軍隊。南非也同意這樣做。南非還同意給予鄰國納米比亞獨立，從而結束那裡的種族隔離制度。[22]

至於古巴干涉安哥拉所留下的遺產，這個問題的答案取決於我們是站在哪裡看，或是問什麼人。在古巴，干預的影響是巨大的。從一九七五年到一九九一年古巴最終撤軍，約有四十三萬古巴人在安哥拉度過了一段時光，其中絕大多數（三十七萬七千人）是軍人。還有數以萬計的平民擔任了教師、工程師、建築工人、醫生，甚至作為藝術家來到安哥拉。據估計，約有百分之五的古巴人口在戰爭期間以這樣或那樣的身分在安哥拉服役。如果算上那些留在古巴的人——父母和子女、兄弟姐妹、愛人和朋友、丈夫和妻子，我們可以說，安哥拉直接或間接地席捲了整整一代古巴人。古巴人親眼目睹了一場殘酷的內戰——戰鬥、屠殺、強姦、酷刑。他們親眼目睹，親身參與。時至今日，沒有人確切知道有多少古巴人死於內戰。政府從未坦言數字，估計從兩千人到一萬兩千人不等。[23]

那些活著回來的人有時會帶著紀念品——一張照片、一條項鍊、一件樂器。有些人有過皈依宗教的經歷，他們帶著骨頭和泥土等手工藝品回來，為古巴的聖徒們製作祭壇。有些人帶回了豪豬刺，作為禮物送給親人，甚至是送給從美國來訪的親戚。但他們很少談及戰爭本身和他們的所見所聞。有些人為他們在非洲所扮演的角色感到自豪，有些人則對國際主義計畫的本質提出質疑。一些退伍軍人和非退伍軍人說，在古巴國土上冒著生命危險保衛自己的國家是一回事，但為了別人的國家跑到半個地球之外又是另一回事，他們對干預行動造成的個人和經濟損失表示了質疑。這場戰爭遠不能說是得到了一致的支持。[24]

一些安哥拉人可能也有這種愛恨交織的心理。很少有人（如果有的話）寧願遭受南非種族隔離國家的佔領。但是，後殖民時期的自由也並非想像中的那樣。事實上，就在古巴人離開的十六個月後，一場有爭議的選舉後再次導致了戰爭爆發，並一直持續到了一九九四年。在一九九八年至二〇〇二年間，安哥拉人民解放運動和徹底獨立全國聯盟之間的另一場戰爭導致了數千人喪生。戰爭的破壞力投下了長長的陰影。殖民主義也是如此。

多年之後，納爾遜・曼德拉——著名的反種族隔離鬥士、南非總統、諾貝爾和平獎獲得者，承認了古巴在南部非洲所扮演的關鍵作用。當曼德拉在一九九一年訪問古巴時，他在一年一度的七月二十六日紀念卡斯楚襲擊蒙卡達軍營的集會上發表了講話。曼德拉在談到古巴軍隊在奎托夸納瓦萊戰役中戰勝了南非軍隊時，他提出解釋，「侵略性的種族隔離軍隊遭受的決定性失敗摧毀了白人壓迫者不可戰勝的神話……（它）鼓舞了南非人們的抗爭……奎托夸納瓦萊戰役標誌著使非洲大陸和我國擺脫種族隔離的禍害而進行的抗爭邁出了重要一步。」很顯然，種族隔離制度的終結是一件複雜的事；它遠遠超出了古巴所扮演的角色。但對曼德拉來說，古巴打敗了南非的勝利結束了納米比亞的種族隔離制度，加速了與本國反種族隔離力量的談判，促進了種族隔離制度的解體。出於這些原因，曼德拉與古巴領導人結下了深厚的情誼。[25]

對斐代爾・卡斯楚來說，古巴在安哥拉的參與顯然是他的驕傲。他支持了一項同類的志業，並在軍事上、政治上和道德上等多條戰線上展示了古巴的力量和正當性。他曾與該地區最強大、最受厭惡的國家南非在戰場上對壘，並獲得勝利。革命古巴接受了自己作為世界參與者的角色。它為擊敗種族隔離制度貢獻了自己的力量。在這個過程中，古巴也與美國的力量展開抗衡，這也令他感到欣慰。

多年後，當曼德拉於二〇一三年去世時，斐代爾・卡斯楚因病無法前往參加葬禮。勞爾・卡斯楚作為時任古巴總統出席了葬禮，並坐在來賓席上。美國第二任總統巴拉克・歐巴馬也出席了葬禮，他隨意而熱情地與卡斯楚握了手，震驚了全世界。自歐巴馬出生以來，還沒有一位美國總統公開承認過古巴總統。他知道全世界和他的共和黨對手都會仔細審視這個舉動。但他對自己的顧問們說，毫無疑問，他會向卡斯楚致意。「古巴人站在反對種族隔離的正確一邊。而我們站錯了隊」，歐巴馬這樣說道。古巴贏得了出席曼德拉葬禮的權利。後來，古巴和美國政府之間展開了談判。這是兩國關係在超過半個世紀以來的最大變化。在談判過程中，美方的談判顧問本・羅德向古巴同行重複了歐巴馬的個人看法，會議室中的氣氛看起來發生了變化。在談判結束時，兩國關係發生了半個多世紀以來最重要的轉變。歐巴馬對古巴在安哥拉所扮演角色的看法，有助於說服古巴人相信他的政府是認真的。這甚至一度緩和了斐代爾・卡斯楚對兩國關係緩和的反感，但這是後面的故事了。[26]

CUBA

第十二部

啟程

第三十二章 特殊年份

在一些文化中，額頭上的胎記被認為是預示這個人將無法預見自己行為的後果。如果要給這種迷信觀念增加一些可信度的話，米哈伊爾・戈巴契夫額頭上的大塊胎記就是個好例子。這位一半俄羅斯、一半烏克蘭血統的農民之子，在一九八五年成為蘇聯領導人。年輕、高大的戈巴契夫讓他的國家相信，雄心勃勃的改革將迎來更加光明的時代，他開始著手推動其他蘇聯領導人從未做過的事。他除了在全國各地進行高調的電視訪問，釋放持不同政見者，並且允許放映和出版以前被禁的電影和小說之外，更開始計劃結束蘇聯在阿富汗的戰爭，並提議削減核武器，令隆納・雷根大吃一驚。最重要的是，他採取了兩種新的治理方法。第一種，即開放（glasnost），旨在提高政府和公共生活的公開性和透明度。第二種是改革（perestroika），對經濟、政黨和政治進行重組。在經濟方面，戈巴契夫開創了一個迅速分權的時代。在政治方面，他使共產黨之外的社團合法化，並說服黨的領導人允許新成立的人民代表大會進行有競爭性的選舉。

戈巴契夫重塑蘇聯的運動在一九九一年的聖誕節結束了，在那時，一件他自己上任時可能從未預料到的事發生了：他本人黯然辭職，他所統治的國家解體了。在俄國革命的七十四年後，在蘇聯建國的六十九年後，蘇維埃聯邦不復存在了，這幾乎讓斐代爾・卡斯楚的古巴也隨之消失。當戈巴契夫開始進行改革時，卡斯楚也在進行自己的改革。與戈巴契夫一樣，他也給自己的改革取了一個名字——「糾正錯誤和消極傾向運動」（Campaign of Rectification of Errors and Negative Tendencies），簡稱「整風」（Rectification）。一九八六年啟動的「整風運動」，試圖把國家帶回到一種更加理想化的社會主義形式，讓人想起切・格瓦拉對於新人民的信仰。與一九六〇年代一樣，政府將優先考慮精神上的激勵，而非物質上的激勵，擴大政府在經濟活動中的作用，並呼籲人民更多地參與到自願集體勞動中。一位經濟學家稱這場運動為「經濟反改革」。這與戈巴契夫所做的恰恰相反。[1]

然而，古巴的經濟是完全依附於蘇聯的。古巴於一九七二年加入經濟互助組織後，對莫斯科和東歐集團的依賴性大大增加了。到改革開始時，古巴約有百分之八十五的出口產品銷往蘇聯和東歐集團，其中蔗糖的價格往往遠高於市場價格。與此同時，蘇聯向古巴提供了各種必需品。在一九八七年，古巴百分之百的石油和石油產品、百分之九十一的化肥、百分之九十四的糧食、百分之七十的鐵和卡車都是蘇聯供應的。此外，幾乎所有的貿易都是以軟貨幣進行。最後，由於古巴沒有償還欠蘇聯的債務，這些貿易基本上是以援助贈款（grants-in-aid）的形式完成的。在一九九〇年發表的一份報告稱，古巴欠蘇聯的債務高達一百五十億盧布，按當年的官方匯率計算，接近兩百八十億美元。[2]

在戈巴契夫的改革期間，蘇聯向古巴提供補貼的細節已成為眾人皆知的事，而這件事並不受民眾的支持。在一九九一年四月，一位美國經濟學家進行的非正式調查顯示，「普通的蘇聯公民」——計程車司機、學生、一般消費者、工人、家庭主婦和街上的其他人，十有八九反對蘇聯對古巴的援助。[3] 許多人相信，由於古巴是蘇聯最大的對外援助接受國，削減援助將有助於改善蘇聯國內的經濟。

在戈巴契夫之前，古巴和蘇聯政府通常會透過談判達成為期五年的經濟協議。舊的協議將於一九九〇年到期。新的協議在這年的最後一天簽署了，它的指導原則十分新穎，指出兩國之間的貿易必須互惠互利。這個新要求讓古巴處於非常不利的地位。協議也將石油供應量從一千三百萬噸減少到一千萬噸，蘇聯更保留在必要時減少石油供應量的權利。除此之外，莫斯科不再以高於市場的價格購買食糖，也不再提供冰箱和電視機等耐用消費品。古巴政府還必須改變與蘇聯進行貿易的方式。以前，古巴是透過與中央政府簽訂的協議買賣商品，而現在，古巴必須與數百個獨立單位打交道，這些單位大多對購買古巴出售的商品不感興趣。由於戈巴契夫的改革允許企業以硬通貨形式保留部分對外銷售的利潤，因此沒有人願意把貨物銷售到古巴去。[4]

此外，一九九〇年經濟協議的有效期只有一年，而不是通常的五年。在當下的環境中，這只能意味著下一個協議會更糟。事實上，一九九〇至九一年間的兩個事態發展決定了蘇聯支援古巴的前景。其一是蘇聯的萎縮，因為幾個加盟共和國開始脫離蘇聯並宣布獨立。其中，蘇聯最大的加盟共和國俄羅斯現在由鮑里斯·葉爾欽（Boris Yeltsin）統治，葉爾欽退出了共產黨，並公開反對援助古巴。另一個對卡斯楚不利的事態發展是老共產黨衛隊的一次未遂政變。八名陰謀策劃者中有四人曾是莫斯科「古巴遊說團」的成員，他們堅決支持對古巴予以援助。隨著政變的失敗和部分政變領導人被捕，蘇聯政府中願意為古巴提供援助的人已所剩無幾了。[5]

蘇聯與古巴關係緊張的另一個主要原因來自外部，也就是美國政府。在蘇聯日益加深的危機和不確定性中，美國突然對其冷戰老對手有了相當大的影響力。一九九〇年，華盛頓向莫斯科建議，如果終止對古巴的援助，就更有可能獲得美國的貸款和經濟援助。戈巴契夫答應了，並承諾在年內終止蘇聯對古巴的貿易補貼。一九九一年，美國國務卿詹姆斯·貝克（James Baker）前往莫斯科，他在會見戈巴契夫時，要求蘇聯從古巴撤出所有軍隊。戈巴契夫出人意料地同意了，並在隨後的新聞發布會上公開宣布撤軍。[6]

在哈瓦那，斐代爾·卡斯楚是在消息公開宣布後才得知這個消息。他感到怒不可遏——當然是對撤軍的憤怒，但同時也對在宣布撤軍之前沒有徵求他的意見，甚至沒有通知他感到憤怒。這就像飛彈危機一樣，當時蘇聯在沒有徵求古巴意見的情況下同意了美國的要求。消息傳出兩天後，卡斯楚在古巴主要報紙《格拉瑪報》（*Granma*）上發表了一篇尖刻的社論。他寫道，蘇聯撤軍等於為美國「執行侵略古巴計畫的綠燈」。莫斯科屈服於華盛頓的「霸權狂妄」。卡斯楚堅稱他不會接受撤軍，除非美國同意從關塔那摩撤軍。[7]

斐代爾可以說他想要說的任何話，但他知道即將發生什麼事。他在東歐的許多盟友已放棄國家社會主義道路；柏林圍牆已不復存在了；各個加盟共和國正在拋棄蘇聯。「我們是孤獨的，在我們周圍的資本主義海洋中，我們孑然一身」，卡斯楚在一九九一年說道。[8]這是一個新世界，它的出現對他在古巴所做的一切——也是他無法實現的一切，提出了挑戰。

一有機會，卡斯楚就會對席捲東方的變革加以批評，並以特有的方式表達他的不滿：「如今，資本主義改革的倡導者被稱為進步人士，而馬克思列寧主義……（和）共產主義的維護者則被稱為『頑固』（rigid）。頑固派萬歲！」他將昔日盟友放棄社會主義的行為視為背叛。為了說明自己的觀點，他翻開歷史，將蘇聯改革者等同於一八七八年古巴冷淡的愛國者，他們放棄了古巴的事業，向西班牙投降。而今天的古巴人則是拒絕投降的堅定愛國者。全國各地的廣告牌上寫著：「古巴：一個永恆的巴拉瓜（Baraguá）」——安東尼奧・馬西奧在十年戰爭中著名的最後一戰。斐代爾批評蘇聯的另一個道德資本來源於一個最令人意想不到的地方：一九八六年的車諾比災難性的核洩露事故。在一九九〇年，當蘇聯對古巴的援助逐漸消失時，卡斯楚開設了一個中心，治療了受災難影響的蘇聯兒童。針對蘇聯放棄社會主義團結，卡斯楚津津樂道地吹捧他的以德報怨。[9]

無論是治療蘇聯兒童還是喚起人們對十九世紀愛國者的記憶，卡斯楚所傳遞的訊息都是明確的：古巴會堅持社會主義道路。在一九八九年十二月，卡斯楚開始以新的口號結束他的演講，他在「沒有祖國，寧可死去！」的舊口號上加上了「沒有社會主義，寧可死去！」的新口號。隨著東方陣營的變化徹底摧毀了古巴的經濟，一個新的笑話開始在島上流傳。三個國家的元首應邀參加一場鬥牛比賽，至於是哪三位就不重要了，重要的是斐代爾是第三位。前兩位總統慘敗。然後，斐代爾走進了鬥牛場，他走近公牛，在牠耳邊低語了幾句，公牛立刻就倒地死了。其他兩位領導人驚嘆不已，並詢問卡斯楚的秘訣。斐代爾回答說：「很簡單。我只是對牠說了『沒有社會主義，寧可死去。』」[10]在社會主義與死亡之間，有一個叫做「特殊時期」的東西。美國習慣性的敵意讓古巴幾十年來一直在為戰爭做準備——「準備戰爭的特殊時期」。現在，東歐集團發生的劇變意味著古巴必須在沒有戰爭的情況下重新採取這些措施。一九九〇年一月，卡斯楚首次公開使用了「和平時期的特殊時期」一詞，指的是政府為應對迫在眉睫的經濟危機而制定的一項前所未有的緊縮計畫。這個特殊時期將成為古巴人痛苦的標籤。一九九〇年十二月三十日，《格拉瑪報》宣布「特殊時期」不再是迫在眉睫，而是已經來臨。一年後，在一九九一年的聖誕節，蘇聯宣布解體，讓情況變得更糟了。[11]

數字是了解古巴經濟在特殊時期所面臨的危機程度的一種方式。三年中，國家喪失了百分之七十的購買力。在一九九二年，直到最近仍然佔據古巴貿易總額百分之八十以上的對蘇聯集團貿易一落千丈。與蘇聯的貿易下降了一半以上，與東歐的貿易幾乎消失殆盡。由於沒有燃料為機器提供動力，糖的收成在兩年內幾乎下降了一半。為了節省燃料，政府下令關閉了至少一半的企業，使相當一部分勞動力流離失所（有失業保險）。[12]

然而，這些數字並不能反映古巴人對特殊時期的日常感受。在生活的各個方面，古巴人的所有細胞都經歷著蘇聯解體。每天的卡路里消耗量平均下降了三分之一。三十年來的主食——俄羅斯肉罐頭、保加利亞蔬菜罐頭、德國香腸，全都消失了。兩百種消費品排上了配給清單，配給物品的配額大幅削減。現在，魚的新配額是每月兩份；咖啡是四盎司。牛奶原本分配給所有人，現在只留給七歲以下的兒童。這就是人們現在在理論上得到的保障，但在實踐中，表面上有保障的產品也並不總是能買到。一九九三年，進口雞飼料短缺，導致雞蛋幾乎完全消失。人們開始稱它們為「美國蛋」，「因為沒有人知道它們什麼時候來，也沒有人知道它們會有多少。」一個月配給的碎「牛肉」（現在主要是用動物血調味的大豆泥）或咖啡（用填充物摻假）要晚一個月或四個月才能到貨。到貨後，往往還沒排到櫃臺前，供應品就被一搶而空了。平均而言，這些家庭（大部分是婦女）每週要花十五個小時排隊等候購買食品，休閒的時間也減少了。但是，為了節約紙張和燃料，出版的書籍和電視節目製作的時間也減少了一半，所以這種休閒娛樂內容本身也變少了。許多工作場所關閉了餐廳，不再提供補貼午餐。「革命只有三個問題」，當時流行的一個笑話這樣說：「就是早餐、午餐和晚餐。」到一九九三年六月，營養不良（可能加上自釀酒精的毒素，這些酒精取代了商店不再出售的飲料）導致了大約四萬人失明。（政府透過發放維他命阻止了這個流行病的蔓延。）[13]

古巴人因生活所迫而減少進食量，但卻不得不消耗更多的體力。汽油的缺乏和公共交通的大幅縮減使通勤成為每天都要經歷的磨難。乘坐班次稀少的公車時，排隊的人很多。公車要開著車門行駛，乘客們糾纏在一起，希望其中緊緊抓住車架的人不要鬆開手。有腳踏車的人發明了額外的座位，這樣一輛車就可以載兩個、三個或四個人。但許多人只是帶著疲憊的雙腳和微弱的體力步行，有時要走好幾公里才能到達工作地點。一九九〇年代初，古巴成年人的體重平均減輕約二十磅。當我在一九九二年停留在哈瓦那的三個月時間裡，體重也減輕了大約十磅。[14]

為了生存，古巴人不得不花更多的錢。在政府商店，馬鈴薯價格飆升百分之一百五十，番茄價格飆升百分之一百二十五，大蕉價格飆升百分之七十五。但黑市上的活動最為頻繁，價格也飆升得最厲害。例如，雞肉的官方價格是每磅七十分（披索），但在黑市上——古巴人能夠費盡千辛萬苦買到雞肉的唯一地方，本應賣一塊四披索的兩磅重雞肉，卻要賣到二十至三十披索。對於一個領取養老金的人來說，黑市上一隻雞的價格相當於她每月九十披索工資的三分之一。古巴披索在黑市上的匯率一度跌至一美元兌一百五十披索。[15]

人們不得不盡力而為。他們吃得更少，吃法也不同。他們炒柚子皮，把它叫作牛排。在農村，他們用豬油做肥皂；在城市，他們在浴缸裡養豬。他們用柴火做飯，不用牙膏刷牙。由於家裡的食物太少，有些人把狗扔到街上。我在一家專賣兔肉的旅遊餐館的垃圾箱旁看到一條貓尾巴。婦女們抱怨說，她們的頭髮幾乎在一夜之間就變白了，這是由於所有的短缺和市場上染髮劑的消失造成的。[16]

石油的缺乏也意味著整個國家變得黑暗。起初，國家對電力、水和天然氣進行配給，在某些地方的某些時段錯開停電時間。但很快，居民區就出現停電、停水、停煤氣的情況，有的居民區甚至一連幾天都是如此。一位醫生突然發現自己幾週來第一次同時用上了水、電和煤氣，於是就邀請朋友們來即興用餐，但是賓客得自帶食物和飲料。停電如此頻繁，以至於古巴人開玩笑說，他們遇到的是「間歇供電」，而不是「停電」。事實上，為了應對國家危機狀態，古巴人開發出了一整套的詞彙。No es fácil（這不容易）具有口頭禪的特點，常用來開啟或結束對話，或是從一個話題過渡到另一個話題，來填補尷尬的停頓。古巴人用 inventar，字面意思是發明，來表示他們為了生存而必須做的一切事。但他們談論的不是在危機中生存，而是 resolviendo，即解決某些問題，但是需要解決的不是一般問題，而是每天必須處理的每一件大事和小事——更換一雙鞋、尋找藥品或生日蛋糕、補充空水箱。生存、生活成為所有這些發明和解決行為的積澱。正如古巴人喜歡說的那樣——「這不容易」。然而，即使古巴島陷入了黑暗，古巴人完全沉浸在嚴重匱乏的日常生活中，斐代爾的演講也總是以同樣的口吻結束：沒有社會主義，寧可死去！

在哈瓦那，每出現一個口號，邁阿密通常就會出現另一個。邁阿密的車貼上寫著「明年哈瓦那見！」《邁阿密先驅報》記者安德烈斯・歐本海默（Andrés Oppenheimer）出版了一本很受歡迎的書，書名就叫《卡斯楚的臨終時刻》（*Castro's Final Hour*）保守而強大的古巴裔美國人全國基金會為後卡斯楚時代的古巴撰寫了一部憲法，因為當前古巴的崩潰現在肯定只是時間問題。隨著一個又一個社會主義國家像多米諾骨牌一樣倒下，對古巴的經濟支持幾乎降為零，古巴經濟岌岌可危，斐代爾・卡斯楚無疑已成了「行屍走肉」。[17]

在華盛頓，政客們也倉促得出同樣的結論。他們認為，卡斯楚的下台已不可避免，而且迫在眉睫。但無論如何，輕輕地推一把也許是恰當的。因此，就在古巴因蘇聯解體而元氣大傷之際，華盛頓通過《古巴民主法案》，除了加強美國對古巴的封鎖，該法還規定曾前往古巴的船隻在一百八十天之內禁止在美國登陸，並且賦予了美國總統削減對任何援助古巴的國家的外援的權利。該法案的發起人、紐澤西州民主黨眾議員鮑勃・托里切利（Bob Torricelli）直截了當地闡述了法案的目的：「必須讓卡斯楚跪倒在地。」在美國為一九九二年總統大選做準備時，兩位候選人——比爾．柯林頓和時任總統喬治．布希（George H. W. Bush）都支持這項法案。一九九二年十月二十四日，來到邁阿密的喬治．布希總統在古巴裔美國人全國基金會成員面前簽署該法案，使其成為生效法律。兩個星期後，喬治．布希在大選中敗選了。[18]

儘管美國出台嚴厲的法律，並作出樂觀的預測，但卡斯楚並沒有倒台。儘管古巴人在一九九〇年代初經歷了非常真實的匱乏，但斐代爾並沒有迎來他的臨終時刻，至少當時沒有。《時代》雜誌稱他為「冬天裡的獅子」。[19]那時他戒掉抽雪茄的習慣，但沒有戒掉晚上喝的馬提尼。他年近七十，仍身著軍裝，體重增加了幾磅，鬍鬚變白，眼角的魚尾紋從遠處清晰可見。他繼續寫作並發表長篇演講，在演講中痛斥美國、資本主義，現在還痛斥前共產主義國家的背信棄義。

是什麼導致了古巴共產主義政府，在這個前所未有的十字路口得以存活下來呢？早在一九五九年，當古巴不得不面對失去主要的貿易伙伴——美國的危機時，卡斯楚曾依靠了兩樣東西：新近革命的人民強有力、充滿活力的支持，以及蘇聯出現的替代市場。此時到了一九九〇年代初，人民對犧牲的厭倦程度與日俱增了三十年，而且世界上沒有任何地方可以明確地替代蘇聯。

因此，為了確保政府能夠生存下去，斐代爾．卡斯楚基本上採取了古巴人的生存方式——湊合著過日子；他隨機應變；他解決眼前的問題，希望最終能發明出一種方法來擺脫這個扼住咽喉一般的全面危機。但要做到這點，他可以依靠很多東西：對古巴經濟的掌控、強大的國家安全機構、古巴裔美國人和家人的連結，以及美國可預見的行為。

正如我們所看到的，卡斯楚首先採取的是嚴厲的緊縮措施。但他知道這些措施是不夠的。政府需要採取更積極的措施。它必須創造一些東西來彌補共產主義集團崩潰所造成的一切損失。為此，他發明了某種回歸——有選擇、有計畫、有策略地回歸革命前的古巴。

他把目光轉向國際旅遊業和外國投資。旅遊業最初被視為紓解眼前危機的臨時策略，後來卻成為古巴經濟的主要生命線。新的酒店拔地而起，舊的酒店也得以翻修。偏僻的礁石附近開設了海灘度假村。餐館、夜總會和專為遊客提供服務的商店如雨後春筍般地湧現，這些商店只能用美元消費，起初它們的窗戶都被簾子遮住，古巴人無法看到裡面的情況。到了一九九〇年，古巴已接待了三十四萬遊客；五年後，這個數字增長了近百分之一百二十，達到七十四萬五千五百人。二〇〇〇年，遊客人數已達到約一百七十五萬，又增長了百分之一百三十八。因此，旅遊業的總收入從一九九〇年的兩億四千三百萬美元增長到十年後的約十九億美元。旅遊業成為古巴最大的收入來源，超過了日益減少的蔗糖收益和不斷增長的家庭匯款份額。旅遊業已成為一項長期的優先發展事項。

為了促進旅遊業的發展，政府還將外商投資合法化，並積極尋求外商投資。[20]以前雖然也有一些外商投資，但規模非常小也受到限制，外國公司在任何古巴企業中最多只能持有百分之四十九的投資份額。現在，這一切都有待重新考慮了。一九九二年，古巴修訂了社會主義憲法，三年後，政府又頒布了《外國投資法》。這些變化使得外國公司可以更容易在古巴開展業務，古巴市場變得更具吸引力了。外國公司可以在投資活動中擁有多數股份；可以將所有利潤匯回本國；可以暫停納稅；可以自行雇用和解雇工人，無需古巴任何部門的批准。據古巴官員報告，到了一九九二年，有三十家新的合資企業投入營運，另有二十家即將投入運營，還有一百家正在洽談的過程之中。許多新的合資企業都是和旅遊業相關的，來自海外（主要是西班牙）的公司在全國各地新建了酒店。智利、加拿大、墨西哥、英國、義大利、以色列、法國、澳洲和荷蘭的企業也紛紛加入，投資於資本密集型項目，例如裝瓶廠、鎳礦、洗滌劑和洗漱用品工廠、紡織、電信產業等。重要的是，大部分投資都是透過勞爾・卡斯楚所領導的古巴軍方進行的。[21]

一九九三年，古巴政府推出另一項重大創新：美元合法化。卡斯楚幾十年來一直抨擊美國及其封鎖，如今卻歡迎美國貨幣，其象徵意義可能顯得有些刺耳，但這是對世界現狀和古巴現狀的讓步。政府知道，古巴公民已開始在規模不斷增長的旅遊產業裡就業了，尤其是能夠透過居住在美國的親戚和朋友獲得美元。在大多數情況下，這些美元都流入了黑市。透過使美元合法化，政府奪回了這個重要收入來源的一部分。古巴人現在可以用這種貨幣在國營的一美元商店裡購物了。當然，這個名稱並不是指商品的價格，而是指商店接受的貨幣。同樣是在一九九三年，政府將一百一十七種職業的自營職業合法化了，在一九九七年又將這個數字擴大到一百五十七種。政府還允許個人在家中經營小規模的住宿加早餐旅館（Bed & Breakfast）和十二個座位規模的餐館，並且對這些事業都徵收重稅，為國家機關創造了更多的收入。[22]

專家們後來一致認為，這些變革避免了古巴經濟的全面崩潰。新企業不僅為政府創造急需的收入，也為近年來因政府緊縮措施而失業的人創造了就業機會。政府甚至能夠繼續提供社會服務，讓醫療保健和教育一如既往地運作，儘管為學生和病人準備的營養餐和藥品開始消失，古巴仍然是拉丁美洲嬰兒死亡率最低、醫生與人口比例最高的國家。[23]

儘管如此，當時沒有人確信這些措施都能奏效。有時，政府在經濟上的努力似乎使其在政治上更加脆弱了。事實上，政府的解決方案也帶來了各種新問題。在革命政府成立初期，人們曾為開放海灘和鄉村俱樂部而歡欣鼓舞。雖然革命宣稱，古巴是古巴人的古巴，但一九九〇年代的旅遊業似乎是一個明顯的逆轉。海灘和酒店開始向拿著美元的外國人開放，不僅僅是遊客可以住進漂亮的酒店，而是所有的資源都被挪用來為外國遊客服務。在這個因停電而總是漆黑一團的城市裡，哈瓦那人會走過燈火通明的酒店大堂，聽到窗式空調發出的嗡嗡聲。在等待永遠不會到來的公車時，他們會眼見外國遊客坐在現代化的計程車裡，車窗緊閉，車裡吹著冷氣。一九九二年，佩德羅·路易斯·費雷爾（Pedro Luis Ferrer）創作的一首歌曲唱出了大眾的挫敗感。這首歌的開頭是「因為我的古巴是百分之百的古巴，明天我將預訂哈瓦那最好的酒店。然後我會去瓦拉德羅，用我在收穫季節賺來的錢預訂一套房子。」當然了，這是不可能做到的。[24]

革命歷來以平等接受教育為榮。特別時期並沒有改變這點，但它確實改變了人們與教育的關係。人們為了生計焦頭爛額，而黑市和一美元商店的購物越來越需要硬通貨，因此他們開始看重能獲得美元的卑微工作，而不是專業工作和獲得專業技能所需的教育訓練。服務員、鐘點工和酒店女傭的小費和工資的一小部分都以硬通貨支付，但他們的收入卻往往比教師、建築師和醫生更高。隨著人們遷移到可以獲得美元的工作崗位，許多學生對一些傳統職業失去了興趣，政府很快就不得不面對教師短缺的問題。與此同時，許多仍在工作崗位上的專業人士不得不從事其他副業，以確保生計。例如，一位哈瓦那放射科醫生會偷竊X光膠片，用來製作出可以賣錢的頭飾。[25]

其他沒有旅遊業工作，沒有相關的副業的，或是沒有國外家人匯款的人則轉向了古巴人所說的「jineterismo」。從字面上看，該字是jockeying（用盡一切的方法）的意思，但它的實際意涵更接近於「拉客」（hustling），指的是種類廣泛的一系列商業活動，包括用美元出售黑市雪茄、以商品換取參加桑特里亞（Santería）儀式的機會、在旅遊餐館擔任非正式導遊以換取免費餐食，以及出售性服務以換取上述任何一種活動。事實上，與古巴「特殊時期」連繫最緊密的正是最後一種交換形式。革命曾鼓吹消滅賣淫。現在，斐代爾．卡斯楚正在試圖用古巴妓女是世界上最健康、受教育程度最高的妓女來解釋性旅遊的重新出現。城市和高速公路上張貼的政治和愛國宣傳海報依然存在。但現在，它們得和宣傳古巴旅遊的海報共享空間，許多海報上的比基尼女郎的姿勢與一九九〇年《花花公子》雜誌經政府批准在古巴拍攝的照片裡出現的姿勢並沒有太大的區別。[26]

早期革命還以消除——至少是減少——制度性歧視為榮。儘管種族偏見依然存在，但政府成功地減少了關鍵領域裡的種族不平等。白人和黑人在嬰兒死亡率和預期壽命等指標上的差距消失了。到了一九八一年，古巴黑人的預期壽命只比白人少一歲，而同時期美國的差距為六點三歲。在革命時期的教育方面，黑人和白人高中和大學畢業的人數大體相當。由於國家是主要雇主，因此就業方面的種族歧視有所減輕。古巴詩人尼可拉斯・紀廉（Nicolás Guillén）在一九六四年創作的詩歌 Tengo 有力地展現了革命對種族平等的承諾。「讓我們看看／作為黑人／我可以在／舞廳或酒吧門口被任何人攔住嗎？甚至在酒店的服務台會有麻煩嗎……」文章還列舉一長串他現在可以做的事，最後以一句很難翻譯成英語的西班牙語結尾。「Tengo lo que tenía que tener」，意思是「我擁有了必須擁有的東西」。[27]

特別時期有可能使這個承諾遭到逆轉，或至少是讓努力付諸東流。政府對外國投資者的姿態，削弱其對雇用和解雇行為的監督，因此沒有任何可阻止外國酒店業主的歧視行為。由於酒店和其他旅遊工作現在是最有利可圖、最令人垂涎的工作之一，因此有時需要賄賂才能踏入門檻。由於有家人在國外的古巴人最有機會積累現金，而且這些古巴人絕大多數仍然是白人，古巴黑人發現自己再次處於不利的地位上。他們無法進入新的私人旅館和餐館行業，因為這些行業必須在家中經營。雖然革命在許多領域消除了種族差異，但在住房方面卻沒有做到這點。條件最好的房屋和最有能力進行翻修以方便讓遊客居住的家庭往往是白人家庭。一九九〇年代末的一首說唱歌曲顛覆了一九六四年紀廉所創作的那首 Tengo。這首歌以同樣的標題列舉黑人在特殊時期所擁有（和沒有）的東西：「我有許多東西甚至不能碰／許多地方甚至不能去／我的自由困在鐵的括號裡。」[28]

特殊時期讓時間被割裂為特殊時期的之前，與之後。對許多人來說，前者更容易理解。沒有奢華，但有一種平等，甚至是基本的福祉。在特殊時期的現在，這兩者都不復存在了。一些人懷念一九七〇年代和八〇年代初相對平等的富足生活。一位朋友懷舊地回憶起一九七〇年代的聖誕玩具是怎樣用抽籤的方式銷售的。人們隨機抽取一個號碼，這個號碼決定了顧客進入商店的順序。如果你運氣好，抽到的號碼較小，你幾乎可以買到店裡所有的玩具；如果你抽到的號碼較大，那一年家裡的孩子就很難挑到玩具了。在一九九〇年代，任何值得購買的玩具都只能在一美元商店裡買到，而且價格堪比當時古巴人一個月的薪水，因此有些人懷念舊制度下的那種悖離直覺的公平性。

在深深的不確定性中，人們有時覺得自己只是在等待，等待形勢好轉，等待情況明朗，等待某些事發生改變。在排隊等待時，在等待五月份的肉類配給時，在等待六月份的肉類配給時，在等待自來水或電燈重新亮起時，在等待一輛從未抵達的公車時，時間一次又一次地被中止。政府把「特殊時期」說成是暫時的，但沒有人知道它何時結束。從理論上講，這是一段過渡時期，但沒有人知道會過渡到什麼階段。因此，如果說現在是不確定的，那麼未來更是無法預測。對一些人來說，所謂的「未來」變成另一個國家，隨著經濟形勢的惡化，人們非法前往美國的速度變得更加頻繁。由於無法獲得簽證，許多人開始從海上離境。在一九九〇年，美國海岸警衛隊攔截了四百六十七名古巴偷渡者。到了一九九三年，這個數字年又創下三千六百五十六人的新紀錄。無論是在佛羅里達還是在古巴的海岸邊，一切都顯示一九九四年的逃亡人數將會更多。[29]

哈瓦那標誌性的濱海大道廣場一直以來都很熱鬧，現在則變得更加門庭若市了，人們聚集在一起，分享關於大遷徙的消息和傳言。路人可以看到從下面的岩石上駛來的木筏。與馬里埃爾港的大逃亡不同，在當時，鄰居們向即將離開的移民投擲棍棒和雞蛋，而這次，鄰居、家人甚至陌生人都聚集在一起，歡送即將離去的小船，祝願他們一切順利。在八月五日，濱海道廣場上熙熙攘攘，警察試圖阻止一群人下水。筏工進行了抵抗，隨後其他人也加入進來。有人說抗議者有數百人，也有人說有數千人。他們開始攻擊了新古巴的象徵。他們打破了多維爾酒店（Hotel Deauville）的窗戶，進入酒店的一美元商店，開始搶奪商品。一些人開始高喊「打倒斐代爾！」最後兩名警察被打死，另有一人受傷。在卡斯楚的古巴，街頭示威和抗議都是由政府組織的。而這次抗議活動則完全不同。面對人民明顯的不滿，卡斯楚怪罪美國的陰謀。如果華盛頓能夠發放它承諾的每年兩萬份簽證，人們就不會乘坐不適航的船隻出海了。但斐代爾還做了別的事。在一九九四年八月十一日，他宣布古巴政府不會阻止人們離開古巴。[30]

現在，一場移民小船的危機正如火如荼地進行著。古巴人乘坐各種船隻離開，如果可以這樣稱呼的話。有木筏、小船、連接在浮筒上的汽車頂篷、固定在拖拉機輪胎上的松木板、綁在一起或單獨使用的內胎。這些奇怪的船隻能夠漂浮在水面上，能夠到達佛羅里達似乎是一個奇蹟。事實上，很多船隻都沒能成功抵達。僅在一個月內，海岸警衛隊就營救了三萬七千人。還有許多人——百分之二十五到百分之五十的移民根本沒有獲救，他們喪生了。[31]

對於入主白宮不到兩年的比爾．柯林頓來說，這一切似乎再熟悉不過了。他將一九八〇年阿肯色州州長一職的競選失利歸咎於早前的古巴海難。「不會有新的馬里埃爾了」，成為柯林頓白宮的口號。他急於結束小船移民危機，修改了美國的古巴移民政策。約翰遜時代給予古巴人自動庇護的法律依然存在，但柯林頓對抵達美國的含義做出更嚴格的定義。後來眾所周知的「濕腳／乾腳原則」將在海上獲救的古巴人與抵達美國本土的古巴人區分開來。後者若沒有被排除在外，就會得到庇護。而在海上獲救的古巴人則會被遣返回古巴。與此同時，在政府想辦法實現這個目標的同時，被攔截的小船移民將被送往關塔那摩的美國海軍基地（從一九九一至一九九三年間，數以萬計的海地小船移民曾被關押在那裡）。[32]

當古巴人意識到海岸警衛隊真的是在把一些人送到關塔那摩時，小船渡海的移民數量減少了。此外，在吉米．卡特、小說家馬奎斯、墨西哥總統等人的斡旋下，古巴政府與美國達成秘密協議，開始阻止更多的古巴人離境。美國承諾會遵守協議，每年向古巴人發放兩萬個移民簽證。第一年（一九九五年）有十八萬九千名古巴人申請了美國簽證，但只有不到八千人獲得了批准。大多數古巴人稱這種簽證抽籤為「炸彈」（el bombo），有些人則稱之為「全民公投」（plebiscite）。人們是在用自己腳投票。[33]

然而，其他一些異議份子更願意留在國內，而不是在國外表達他們的異見。戈巴契夫的改革讓古巴的一些人期望斐代爾也能在古巴推行類似的開放政策，於是一些獨立團體開始成立並倡導此類政策。到了一九九一年，出現了十幾個持不同政見的小團體。其中一些與邁阿密有權勢的保守派美籍古巴人有聯繫，另一些則沒有。許多團體主張自由市場；少數團體則認為自己是社會主義者。這是由多種因素造成的：對政府的真正支持、對可能發生的變革的不確定性、為度過經濟危機而進行的日常對抗的複雜性，或者是認為申請簽證比試圖發動一場和平革命更有可能成功。

毫無疑問的是，古巴人在面對鎮壓時也會感到惶恐不安，因為為了對付這些持不同政見者，斐代爾・卡斯楚動組織了一個強大的安全機關。隨著經濟形勢不斷惡化，持不同政見者和革命的例子震撼了東歐陣營，古巴政府決心要把所有的威脅都扼殺在搖籃裡。政府成立快速反應大隊，由保衛革命委員會（CDR）等群眾組織成員組成，可以迅速召集他們公開打擊持不同政見者的任何行動。一九九一年，幾位作家和知識份子聯合起草了一封致政府的公開信，呼籲就國家的未來展開公開的全國性辯論。在一九九五年，古巴和解組織（Concilio Cubano）成立，這是一個持不同政見團體的傘式組織。在該組織成立之初，是由大約四十個團體組成的，在兩個月內，又有六十個團體加入進來。在成立的六個月後，政府短期拘留了大約兩百名該組織的成員，並以抵抗、不服從和不尊重政府的罪名判處最重要的領導人十四至十五個月監禁。

在一九九六年，持不同政見者領袖奧斯瓦爾多・帕亞（Oswaldo Payá）組織了瓦雷拉計畫（Varela Project，以十九世紀初在紐約支持古巴獨立的牧師的名字命名）。古巴憲法允許公民向國民議會提出措施建議，只要他們能提交一份至少有一萬人簽名支持的請願書就可以。帕亞於是起草了一份請願書，呼籲進行政治和經濟改革，包括多黨選舉和創辦私營企業的權利。二〇〇二年，當收集到足夠的簽名數量後，帕亞在吉米・卡特前總統抵達哈瓦那的前兩天將請願書提交給國民議會。卡特離開後不久，古巴政府就憲法修正案組織了全民公決，規定古巴社會主義是不可觸碰的議題，是不可改變的。一年後，也就是二〇〇三年的伊拉克戰爭前夕，古巴政府將七十五名持不同政見者和獨立記者關進了監獄，這就是著名的「黑色春天」（Black Spring）。[34]

一些觀察人士分析這一波波的鎮壓，認為是這種鎮壓，以及缺乏有意義的結社權、缺少新聞自由等因素，來解釋卡斯楚政權即使在一九九〇年代嚴重的經濟危機中也能生存下來的原因。然而，這些因素固然重要，但不能孤立地看待這些因素並脫離古巴政府為克服特殊時期的混亂而採取的其他措施——轉向旅遊業、外國直接投資的出現、適度的國內經濟改革措施（美元合法化、自營職業等）。在一九九九年後，一個讓卡斯楚政權存活下來的關鍵因素是古巴與委內瑞拉新當選的查維茲（Hugo Chávez）的關係，查維茲立即向古巴提供了所需的大部分石油——每天五萬三千桶，而且不需要用硬通貨支付。[35]所有這些因素都使古巴政權得以存活下來，儘管有人做出的預測與此剛好相反。

正如世人期待古巴共產黨在一九九〇年代初垮台一樣，許多人也期待美國和古巴之間的長期冷戰能夠劃上終止符。事實上，冷戰已結束了。美國戰勝了蘇聯。蘇聯甚至不復存在了。延長對曾經的盟友的戰爭還有什麼意義呢？柯林頓總統在他的第一個任期內與越南實現關係正常化——越南是一個共產黨統治的一黨制國家，也曾是美國在戰場上的敵人。如果美國能做到和越南關係正常化，那麼美國與古巴之間的對峙肯定沒有理由繼續下去。然而，古巴和美國之間的敵意非但沒有減弱，反而越演越烈。這種態勢在某種程度上類似於一九五九至六一年間的態勢，當時一方的每一次行動都會引起另一方更極端的反應。以一九九六年的《赫爾姆斯─伯頓法》（Helms-Burton Act）為例。該法案強化了對古巴的現有制裁。它還試圖使美國對古巴的封鎖就是像是對卡斯楚本人一樣的長久延續下去。它賦予美國國會在總統終止對古巴封鎖時推翻總統的權利。它還授權向古巴國內的持不同政見團體提供財政支持。[36]

所有這一切對斐代爾・卡斯楚都很有利。現在，當他抨擊持不同政見者為美國服務時，他只需指出美國的成文法案就可以了。除此之外，他還將《赫爾姆斯─伯頓法》視為以牙還牙的邀請。在一九九六年年底，古巴國民議會通過第八十號法律，即《重申古巴尊嚴和主權法》（Law Reaffirming Cuban Dignity and Sovereignty）。該法第一條明確規定「宣布《赫爾姆斯—伯頓法》是非法的、不適用的、沒有任何法律價值或效力的。」正如《赫爾姆斯—伯頓法》可以懲罰任何與古巴打交道的個人或公司一樣，古巴現在也可以懲罰任何直接或間接配合實施《赫爾姆斯—伯頓法》的人。一九九九年，古巴政府還頒布《保護古巴民族獨立和經濟的第八十八號法律》（Law 88 for the Protection of Cuban National Independence and the Economy），對一九九六年的法律進行擴充。該法規定，與美國廣播電台合作或分發來自美國的顛覆材料等行為最高可被判處二十年監禁。由於《赫爾姆斯—伯頓法》授權向古巴持不同政見者提供資金，因此該法還將接受此類資金定為刑事犯罪。[37]

與此同時，每當出現一絲解凍的可能，斐代爾都會採取行動加以阻止。一九九六年，當時共和黨人是否會得到足夠票數通過《赫爾姆斯—伯頓法案》的前景尚不明朗，也不清楚柯林頓是否會在通過後簽署該法案。卡斯楚鎮壓了古巴和解組織（Concilio Cubano）中的異議份子，還擊落兩架據稱進入古巴領空的「救援兄弟會」（Brothers to the Rescue，一個在海上營救古巴小船移民的反卡斯楚流亡組織）的飛機，這樣的做法有效地推動該法案的通過。[38]

為什麼斐代爾・卡斯楚似乎如此故意地破壞任何潛在的和解可能呢？雙方似乎都對這種無休止的對峙感到樂此不疲。即使雙方之間願意透過暗地裡的渠道就移民等問題進行談判，但都不願放棄更大的爭鬥。斐代爾・卡斯楚警告古巴人，由於蘇聯已不復存在，美國的咄咄逼人的言論也常被提起，美國入侵古巴的可能性比一九六〇年代初以來的任何時候都要大。當我一九九二年在哈瓦那的古巴國家檔案館進行研究時，聽到外面不斷地傳來爆炸聲。政府正在建造地下掩體，以備入侵時使用。（到九〇年代末時，這些陰暗潮濕的地下掩體以深具古巴風格的方式翻轉用途，開始被用來種植高級蘑菇，供應國際高端旅遊市場）。古巴政府在最不可能的地方——古巴島中部的農村小鎮裡修建了巨大的防禦壕溝。十年後，當我向中南部海岸一個小鎮的居民打聽為什麼他們小鎮的主廣場上有一道壕溝時，人們不以為意地解釋，「以防美國入侵。」這種反應是如此的自然，如此的習以為常，以致成為完美的電影素材。二〇一一年獲獎的古巴電影《亡靈胡安》（*Juan of the Dead*）在一個場景中完美地詮釋了這個主題：古巴政府電台宣布，僵屍入侵哈瓦那是受僱於美國政府的持不同政見者所為。對一些人來說，斐代爾本人可能就像一具僵屍——永遠存在，不死也不滅。在二〇〇一年六月的一天上午，卡斯楚在演講時暈倒於烈日之下，但他自己走回講台，還興高采烈地宣布：「我一點皮毛也沒傷到！」[39]他沒有倒下，也沒有改變。

冷戰大戲早在幾年前就結束了，但古巴和美國之間的戰爭仍在繼續。雖然這乍看之下令人驚訝，但深入了解古巴與美國的關係，就會發現這點並不令人意外。這兩個美洲共和國之間的冷戰絕不僅僅關乎冷戰，或是關乎共產主義。這場戰爭也是——事實上，它主要是關於早在冷戰或蘇聯存在之前就已存在的東西。古巴與美國之間漫長而充滿爭議的交鋒，是美國權力與古巴主權之間的衝突，也是關於兩者的特性和界限的抗爭。但是，古巴人維護主權，反對北方鄰國長期推定的直接或間接統治，並不僅僅是為了爭取自主權。從根本上說，這也是在挑戰美國人將自己視為一個國家的根本觀念。古巴歷史可以有多種含義，多種功能。正如我之前所說的那樣，古巴歷史的眾多功能之一，就是作為美國歷史的一面鏡子。在這面鏡子中，自由的美國帝國——無論是在傑佛遜時代，還是在羅斯福時代，或是在雷根時代，都以不同的方式展現出來。它根本不是一個自由的帝國，而只是一個帝國。也許正是因為如此，美國政府才最不願意寬恕，即使冷戰結束了也不願意。

第三十三章　開門關門

在二〇〇六年七月三十一日，古巴電視台的一則意外消息引起了邁阿密許多美籍古巴人的喜悅和期待。當天，一位主持人宣讀了斐代爾．卡斯楚的聲明。卡斯楚生病了，需要進行腸道手術，並將臨時權力移交給弟弟勞爾。然而，在聲明發布後，現任臨時總統的弟弟勞爾．卡斯楚似乎不見了蹤影。斐代爾也消失得無影無蹤。有關他病情的細節屬於國家機密，謠言已滿天飛了。觀察家們懷疑斐代爾是否去世，勞爾是否正在對抗來自內部的挑戰，因此無法公開露面。擁有四十七年歷史的古巴政權的末日是否真的即將到來？

是的，華盛頓的官員都如此相信。美國向古巴島播發廣播訊息，宣布華盛頓支持民主古巴。美國國務院預計古巴人會走上街頭推翻政府或逃亡海外，因此設立一個應對古巴即將崩潰局面的「戰情室」；並且要求駐歐洲和美洲的大使們向當地政府最高層反映情況，提醒他們從斐代爾到勞爾．卡斯楚的過渡根本不是過渡。現在是美國及其盟國推動多黨選舉和建立一個沒有卡斯楚掌舵的古巴新政府的時候了。[1]

然而，事態並沒有像美國官員預期的那樣發展。除了少數例外，其他國家的政府並沒有加入美國推動古巴政權更迭的行動。相反，各國政府紛紛向哈瓦那發去了電報，祝賀新任的臨時總統，並祝願老卡斯楚早日康復。古巴人也沒有按照華盛頓的劇本行事。他們沒有湧上街頭自發革命，也沒有再次發起一波海上大逃亡。在大多數的情況下，古巴人只是繼續過著他們的日常生活。當然了，古巴政府也沒有冒險，它加強了對已知異議份子的監視，並積極地打擊非法衛星電視天線的用戶，試圖限制從邁阿密廣播的訊息傳播範圍。[2]

在斐代爾・卡斯楚首次宣布患病兩個星期後的八月十三日，也就是他八十歲生日這天，一家國營報紙刊登了他的致辭，他在致辭中敦促古巴人既要保持樂觀，又要「時刻準備好面對不利消息。」在文章配發的照片中，他穿著一件愛迪達運動服。在其中一張照片中，他舉起了一份日期為八月十二日的報紙，表面上是為了表明，儘管有傳言的存在，他仍活著，而且意識清醒。[3]

最終，卡斯楚的下台出人意料地平淡無奇。勞爾・卡斯楚一直擔任代理總統，直到二〇〇八年他正式就任總統。斐代爾繼續擔任共產黨主席。多年來，他一直穿著標誌性的運動服迎接來訪政要，運動服總是紅色、白色或藍色。他沒有發表演講，而是撰寫他的「反思錄」並發表在《格拉瑪報》上，一如既往地抨擊美國的強權。美國和古巴之間的冷戰似乎比斐代爾・卡斯楚的統治延續得更久了。

勞爾・卡斯楚上台後實施了適度的經濟改革，擴大了新生的、非常有限的私營部門。新措施允許古巴人購買手機、不需出境許可證就能出國、租賃國有土地、出售或購買主要住宅，以及從事數百種自營職業。勞爾甚至提議限制一個人擔任國家元首的年限。儘管如此，古巴的經濟和政治制度基本仍保持不變，政府對媒體和通信的控制意味著古巴仍然是世界上網路普及率最低的國家之一，而革命和社會主義的永恆性仍然是政治話語的基石。然而，在風格上也存在一些重要的差異。勞爾・卡斯楚的演講比斐代爾的短得多，而且這位弟弟花在抨擊美國上的時間也少得多。他在公開場合和私下場合都表示，他願意在共同關心的領域——災難應對、販毒、移民方面與華盛頓合作。在斐代爾・卡斯楚第一次生病時，他就曾發出過這些信號。華盛頓認為這些都是老生常談，沒什麼意義。

但在政治和歷史中，時機很重要。勞爾・卡斯楚於二〇〇八年成為古巴總統。同年，美國人選出了他們國家的第一位黑人總統：巴拉克・歐巴馬。關於古巴，歐巴馬似乎有些新想法。他堅持認為，長達五十年的敵對戰略並未給古巴帶來任何積極的變化。相反的，它還為古巴政府的失敗提供了現成的藉口，而且在古巴問題上，美國被歐洲盟國，尤其是拉丁美洲盟國孤立了，在美國與拉丁美洲領導人的峰會上，各國往往都會對美國的對古巴政策提出很多抱怨。歐巴馬指出了一個顯而易見的事實：華盛頓的古巴政策從來沒有奏效過；沒有任何合乎邏輯的理由再繼續推行這個政策。他還表示，願意與古巴進行雙邊會談，但不附帶任何先決條件。

也許正因如此，歐巴馬從一開始就在古巴大受歡迎。在二〇〇八年競選期間，古巴人和世界上許多人一樣，都在懷疑一個黑人是不可能當選美國總統的。他們認為，自己對北方鄰居的一切了解都讓他們預測歐巴馬會落選。當他獲勝時，許多人都很高興。在哈瓦那一個以黑人為主的社區，人們走出家門，露出驚奇的笑容，思考著現在可能發生的變化。「我聽了歐巴馬的講話」，一位非洲裔古巴知識份子寫道：「我看著自己的皮膚，我的孩子們的皮膚，我哭了，我笑了。」有古巴人飽含情感地稱呼歐巴馬是**我們的**總統。[4] 兩個半月後，我和朋友們在哈瓦那觀看了歐巴馬的就職典禮，我看到一個顯著的事實：歐巴馬受歡迎不僅是因為他說了什麼，而是因為他是誰。

許多古巴人還在為美國出了一位黑人總統而感到驚嘆不已，斐代爾・卡斯楚卻不然。退休後，斐代爾繼續就各種國內和國際問題發表看法，從中東和平、氣候變化到美國大選。他對歐巴馬保留了他通常不會給予美國總統的讚美；他說，歐巴馬聰明、脾氣平和、真誠。但是，卡斯楚在觀看就職典禮後問道，一旦歐巴馬意識到他剛剛掌握的所有權力在他所說的美國體制面前毫無用處，那麼善意的歐巴馬會怎麼做呢？作為一個不折不扣的馬克思主義者，卡斯楚在這裡指的可能是資本主義的矛盾。但他也可能是指更廣泛的華盛頓政治，從激烈的兩黨合作到既得利益者的權力。卡斯楚認為，歐巴馬無法改變太多。[5]

歐巴馬和華盛頓很快就讓斐代爾的假設得到證實。二〇〇一年九月十一日美國本土遭襲後的小布希（George W. Bush）政府，在反恐戰爭中一直在使用關塔那摩基地關押所謂的「敵方戰鬥人員」。之後小布希政府在將古巴列入惡名昭彰的邪惡軸心名單的同時，還將美國在阿富汗戰爭（後來是伊拉克戰爭）中的囚犯轉移到關塔那摩。在這個被美國人稱為「Gitmo」的基地裡，美國法律將不再起作用。這正是關鍵所在，這裡的囚犯不必受到指控就可以受到關押；美國可以在定罪之前就無限期地關押他們，而且在一般狀況下隱藏這些訊息。華盛頓政府委婉地稱呼其中一些人為「侵略性審訊手段」的折磨。據報告，有兩百多名聯邦調查局特務在關塔那摩監獄裡對被拘留者施以酷刑折磨。美國海軍總顧問、古巴裔美國人阿爾貝托・莫拉（Alberto Mora）認為，「從（因為關塔那摩監獄）吸引敵方人員參戰的效果來看」，關塔那摩監獄的存在是駐伊拉克美軍死亡的最大原因之一。到歐巴馬上任時，已有近八百名所謂的敵方戰鬥人員被送進了關塔那摩監獄，他們的年齡從十三歲到八十九歲不等，其中大多數人沒有受到指控，只有三人被定罪。美國最高法院裁定了整個行動都是違憲的。歐巴馬在競選期間曾說，是時候永遠關閉關塔那摩監獄了。大選之夜，基地監獄裡的被拘留者高呼「歐巴馬、歐巴馬、歐巴馬」，他們對新總統的承諾充滿信心。歐巴馬就任總統的第二天就發布了行政命令，表明他打算兌現這個承諾。從此，美國的司法權將不再凌駕於法律之上。[6]

但是，直到歐巴馬的第二個總統任期結束時——而且一直到今天，美國在古巴領土上的監獄仍然在運行著。共和黨的敵意、歐巴馬的猶豫不決、各州不願接收被拘留者、國防部和五角大樓的反對，總之，華盛頓的種種因素使新總統關閉關塔那摩監獄的承諾落空了。一位七年級學生問歐巴馬總統任期內最大的遺憾是什麼，歐巴馬後來解釋，關閉關塔那摩監獄的政治問題變得困難重重，「阻力最小的辦法就是留著關塔那摩監獄。」[7] 斐代爾・卡斯楚可能心想「我早就告訴過你了。」

然而，在另一件事上，歐巴馬卻讓卡斯楚大吃了一驚。歐巴馬在競選時曾承諾制定一項新的古巴政策。在第二個任期內，他兌現了這個承諾。這項政策醞釀了三年。它的主要設計師是本・羅德（Ben Rhodes），這位白宮高級顧問被歐巴馬稱為「我們在哈瓦那的人」。本・羅德的古巴同行是亞歷山德羅・卡斯楚（Alejandro Castro），後者是勞爾・卡斯楚的兒子，也是安哥拉戰爭的老兵。談判複雜得令人生畏。談判涉及在渥太華機場酒店舉行的秘密會議；白宮日誌中沒有記錄的訪客姓名；少數富有的古巴裔美國人的積極遊說；一場名為＃CubaNow的古巴裔美國人社交媒體運動；參眾兩院少數參議員、眾議員及其幕僚的堅持；古巴政治家長篇大論的歷史講座；哈瓦那、波士頓和華盛頓的教會工作人員的斡旋；教宗的介入；甚至為一名在美國關押的古巴囚犯和他在古巴的四十歲妻子做出的兩次人工受孕嘗試。

從某種意義上說，兩位領導人都願意放棄他們的不信任感，彷彿扭轉一項長達五十多年的政策只是一個意願問題，而事實證明也的確如此，意願的變化推動了這個進程。歐巴馬告訴本・羅德，他並不擔心推行新古巴政策的政治因素。這只是一件正確的事。「政治會跟上我們正在做的事的。」[8]

二〇一四年十二月十七日正午，歐巴馬向全國發表了講話，他宣布美國將與古巴走上一條新的道路。在最後一刻，他的幕僚們意識到總統要在那幅描繪西奧多・羅斯福在聖胡安山上衝鋒的巨幅畫像前宣布這個消息。他們將活動轉移到另一個房間。「美國和古巴之間有著複雜的歷史」，歐巴馬說：「我們永遠無法抹去這段歷史。」但現在是擺脫歷史束縛向前邁進的時候了。雙方剛剛交換了囚犯；在公共衛生、救災和移民方面的合作將會更有力地繼續下去；對旅行以及訊息和資金流動的限制將大幅放寬；電信聯繫將會擴大。此外，美國承諾重新審查將古巴定為支持恐怖主義國家的決定。總之，兩國走上了關係正常化的道路。半個多世紀以來，兩國將首次在對方國家設立全面運作的大使館。歐巴馬解釋了這一切。[9]

幾十年來，美國政治家們一直遵循的原則是，與古巴的談判必須循序漸進——如果古巴做了「X」，美國就會做出「Y」的回應，以此類推，直到實現有意義的改變。但歐巴馬放棄這個做法，他在十二月十七日宣布的不是漸進式變革，而是與革命後的古巴建立新關係的開始。面對批評者，他先發制人地指出，一個人不可能五十多年來一直做同樣的事，卻期望得到不同的結果。他念叨著古巴人特別時期的口頭禪「no es fácil」（這並不容易）。他引用了荷西・馬蒂的話。也許是本著馬蒂的精神，他還用西班牙語說：「todos somos Americanos」（我們都是American）。說出這句話的是一位現代的美國總統，這句話中的「American」指的是美洲，而不是美國。

在歐巴馬講話的同一時間，勞爾・卡斯楚向自己的國家發表了講話。他的演講更簡短、更謹慎，也不那麼宏大。他首先傳達了一個消息，即被美國作為間諜關押的五名古巴人現在將被送回古巴。在演講剛過一半，他又說：「我們還同意恢復外交關係」，並作了簡短的闡述。勞爾提醒聽眾說，歐巴馬並沒有終止對古巴的封鎖；只有美國國會才能做到這點，他呼籲歐巴馬利用他所擁有的行政權力來修改封鎖的實施。最後，他表示古巴願意採取雙邊措施，實現兩國關係正常化。[10]這個聲明雖略顯空洞，但卻具有歷史意義。今後，古巴人將把它和它所代表的新開放稱為17-D。上一次古巴人僅用日期來稱呼九一一事件，而在此之前是七月二十六日。顯然，一些重大事件即將發生。古巴人如饑似渴地迎接著這個前景。

事實上，幾乎每個人、每個地方都在慶祝——除了俄羅斯政府和邁阿密部分地區的古巴裔美國人等少數例外。消息傳出時，幾位拉丁美洲國家的總統正在阿根廷參加峰會；他們自發地報以熱烈的掌聲。歐盟官員將這個變化視為「另一堵牆」的倒塌。在美國，大眾對此消息的反應是壓倒性的支持。超過百分之六十的美國人支持兩國關係正常化，超過三分之二的人贊成放寬旅行限制。即使在古巴裔美國人中，支持率也很高。百分之四十四的人同意這件事，百分之四十八的人不同意。然而，在美國出生的古巴人和六十五歲以下的古巴人中，大多數人贊成這個變化。年齡較大的流亡者以及他們在華盛頓的代表最有可能持反對意見。[11]但即使是在華盛頓，意見有時也會出人意料。我年邁的父母從一九六〇年代初開始就在美國生活了，他們是天然的共和黨支持者和反共人士，曾經是受薪勞工，年老時變得貧窮。他們認為，時間太長了；是時候做一些更正常的事了。

變化的跡象很快就出現了。潛在的美國投資者幾乎立即開始了動作。捷藍航空（Jet Blue）、Google、亞馬遜、萬豪酒店、嘉年華遊輪公司、約翰迪爾、NBA、以及其他許多公司的代表前往古巴，探索投資與合作的新機遇。與一九二〇年代一樣，一些知名人士也來到島上，想要「在它發生變化之前」一睹它的風采：包括碧昂斯和Jay-Z、盧達克里斯和烏舍爾、帕麗斯．希爾頓和納奧米．坎貝爾。喜劇演員柯南．奧布萊恩在這裡拍攝了一集深夜喜劇節目。站在哈瓦那老建築的廢墟前，他把每座建築都想像成美國連鎖店的子公司——Baby Gap、Lululemon、Foot Locker。半個世紀以來，兩國間首次恢復了直接郵遞。商業直航也是五十多年來首次恢復。新關係的正式標誌是美國駐哈瓦那大使館和古巴駐華盛頓大使館的正式開館，這是五十多年來的第一次。在17-D之後的幾個月裡，發生了太多的歷史性的第一次，以至於《紐約時報》記者達米安．卡夫（Damien Cave）開玩笑，他甚至打算給「五十多年來的第一次」這句話找到一個鍵盤快捷鍵。[12]

愈八十八年來，美國總統第一次到古巴。與一九二八年柯立芝來訪時一樣，哈瓦那做好了準備。更具戰鬥性的反帝國主義廣告牌被無害的廣告牌取代了：「haz el bien sin mirar a quien」（大致意思是，做正確的事，不管別人怎麼想）。道路重新鋪設，建築物重新粉刷，窗戶重新更換。在國會大廈外，澆築了新的人行道，種植了花圃。古巴人開玩笑說，如果歐巴馬經常來訪，這座城市很快就會煥然一新。[13]

歐巴馬於二〇一六年三月二十日棕枝主日（Palm Sunday）的下午抵達古巴，他說這是「為了埋葬冷戰在美洲的最後殘餘。」在他的飛機降落在荷西馬蒂國際機場的幾個小時前，我正站在哈瓦那的大教堂裡。人們擠滿了每個座位，還有許多人站在教堂的過道和後方。一位神父宣讀了耶穌凱旋抵達耶路撒冷的聖經故事。在祈禱中，神父請會眾為所有古巴人的和解祈禱。他祈禱歐巴馬總統和卡斯楚總統即將舉行的會晤能夠得到聖靈的指引，以造福古巴人民和美國人民。他舉起雙臂呼籲大家響應，這是當天上午最熱烈的回應。幾分鐘後，傳統的和平手勢變得生動而歡快。在教堂外，到了下午，隨著歐巴馬抵達的時間逼近，氣氛似乎變得不祥起來。身著便裝的國家安全官員隨處可見，他們的目光非常明顯地在人群中搜尋著一些可能不太明顯的跡象。隨後，哈瓦那兩週多來首次烏雲密布，大雨傾盆。

大雨對歐巴馬很有幫助。他走下空軍一號的台階，打開雨傘，立即為站在他身旁的第一夫人米歇爾遮雨。一位在哈瓦那中心區一家酒吧透過電視觀看歐巴馬抵達的朋友告訴我，坐在他附近的一位男士在那一刻熱烈地為歐巴馬鼓掌。在整個城市，沿著歐巴馬車隊的行進路線，古巴人聚集在一起，希望能一睹他、他的家人甚至他的座駕——古巴人口中的 la bestia（野獸）的風采。在韋達多區的萊納街道兩旁，一位年長的白人婦女在一名身著制服的古巴警察面前，欣喜地想一睹這位被她稱為「我的總統」的風采。在臨街的陽台上，人們一邊歡呼，一邊拍攝歐巴馬抵達一家黑人擁有的私人餐廳 San Cristóbal 的場景。在一段錄音中，一位女士情緒激動，用英語喊道：「哦，我的上帝啊。」[14]

古巴人從自己的政府那裡了解到歐巴馬的無人機戰爭和驅逐行動，了解到他未能關閉惡名昭彰的關塔那摩監獄等等。但在那一刻，對他們來說，這些事遠不如歐巴馬的古巴之行所預示的重要：重新接觸將帶來機遇。在那個平均月薪僅相當於二十二美元的地方和時代，配給冊上的配給品讓一個家庭每月只能吃到五個雞蛋，一個小時的慢速上網費用是平均月薪的十分之一，在這種條件下，這種希望是迫切而可觸的。歐巴馬的到訪給了他們前所未有的希望。政府曾將美國的封鎖視為經濟進步的主要障礙，而美國總統現在似乎有意結束封鎖，這個事實孕育了一種新的可能性。

毫無疑問，這次訪問的公開亮點是他在哈瓦那的第三天發表的全國電視講話。這是一次出人意料、引人注目的演講。歐巴馬摒棄了美國在古巴問題上的陳詞濫調；不再把古巴稱為「被囚禁的島」——這是自約翰·甘迺迪在一九六二年說出這個說法以來的標準提法。相反，歐巴馬像談論一個正常國家一樣談論古巴，也像談論任何重大歷史事件一樣談論古巴革命。他明確表示反對美國的封鎖，並明確承認封鎖傷害了古巴人民，這讓古巴人感到驚訝。就這樣，一位現任美國總統公開批評了美國在古巴的政策。

但演講中最引人關注的或許是他對古巴歷史的看法。有兩個時刻非常突出。第一個時刻出現得很早，美國第一位黑人總統在演講中開始概述兩國之間的紐帶，他宣稱：「我們流著同樣的血……我們都生活在一個被歐洲人殖民的新世界。古巴和美國一樣，部分是由從非洲帶來的奴隸建立起來的。與美國一樣，古巴人民的祖先既有奴隸，也有奴隸主。」歐巴馬將共同的奴隸制歷史和共同的種族認同感，視為古巴和美國的共通之處。

在一個政治話語很少明確提及種族的國家，歐巴馬作為一名訪客，似乎在對非洲裔古巴人說：我看到你們了，我理解你們在貴國過去和未來的中心地位。演講即將結束時，歐巴馬又回到了種族問題上。「我們都意識到，要在自己的國家促進平等，減少基於種族的歧視，我們還有更多的工作要做。而在古巴，我們希望我們的參與能夠幫助提升非洲裔古巴人的地位。」一位年長的黑人婦女聽完歐巴馬的講話後，引用黑人知識份子胡安・勒內・貝當古（Juan René Betancourt）在一九五九年發表的一篇文章的標題「黑人，未來的公民」來描述她的第一個想法。美籍古巴裔文化評論家安娜・多皮科（Ana Dopico）寫道，在那一刻，歐巴馬幾乎成了美國第一位非洲裔古巴總統。[15]

歐巴馬演講中的第二個驚喜是他對古巴與美國歷史關係的描述。歐巴馬在談到革命前的古巴時使用的措辭與古巴政府自己使用的措辭並無二致。他說，美國把古巴「當作可以剝削的東西，無視貧窮，助長腐敗。」他似乎在暗示，在一九五九年之前，古巴是一個需要革命的國家，或者至少是一個需要與美國建立新型關係的國家。對於古巴人所進行的革命，歐巴馬以尊重的口吻進行了闡述，將這場革命（至少在其起源上）視為一場爭取國家主權的民眾和有原則的運動。他提到了「對於那些理想的追求是每場革命起點——美國革命、古巴革命和世界各地的解放運動都是如此。」這個對比將古巴革命視為一場爭取解放的戰爭。從誰那裡爭取解放呢？是美國自己。令人驚訝的是，一位美國總統竟然把一九五九年的古巴革命和一七七六年的美國革命放在一起談論。冷戰開始半個多世紀後，美國和古巴之間的冷戰似乎已結束了。

但在歷史中，結局，與開端和發展過程一樣，通常只有在事後才看得清。歐巴馬在演講後第二天就離開了哈瓦那。在他離開時，封鎖仍然是美國的政策，古巴人之前面臨的幾乎所有障礙——美國政策造成的障礙和古巴人造成的障礙依然存在。但絕大多數的古巴人相信，現在有可能出現一些好轉。我和歐巴馬是在同一天離開哈瓦那的。我的民宿主人——一位在她家裡出租一個房間來維持生計的婦女，一位虔誠的天主教徒，在邁阿密有兩個成年子女的母親與我擁抱道別，並用這些話為我送行：「記住，投希拉蕊一票」，當然，她指的是即將舉行的總統大選中可能的民主黨候選人。

與此同時，即將年滿九十歲的斐代爾．卡斯楚密切關注著歐巴馬的訪問，他並不高興。那時，斐代爾已過了發表演講的年紀，但他仍在《格拉瑪報》上發表書面感言。他以「歐巴馬兄弟」為題，對歐巴馬的演講做出了長達一千五百字的回應。斐代爾引用了歐巴馬的「甜言蜜語」，即兩國要拋棄過去，滿懷希望地展望未來。「我們可以作為朋友、鄰居和家人一起踏上這段旅程」，歐巴馬說。美國人可能會從歐巴馬的講話中察覺到一種和解，甚至是樂觀的姿態。然而，斐代爾卻認為這是荒謬的，足以引發人身傷害。他寫道：「聽到美國總統的這番話，我們每個人都有心臟病發作的危險。」最重要的是，斐代爾的這篇長文表達了懷疑的態度。他從西班牙征服者的到來開始，不只涵蓋古巴為種族正義而進行的革命抗爭，更談到古巴在安哥拉戰爭中的決定性作用，最後以歐巴馬的訪問結束。它並不一定是質疑歐巴馬的善意，但它質疑歐巴馬——或許任何一位總統或任何一個人的超越歷史的能力。斐代爾的語氣就像一個即將走到生命盡頭的人，他寫道：「首先要考慮的是，我們的生命不過是歷史的一小部分，人類往往會過高估計自己（在歷史上）的作用。」[16]

在寫下這些話八個月後，二〇一六年十一月二十五日晚十時二十九分，斐代爾·卡斯楚去世了。公告在午夜時分發布，一切都劃下了靜止符。在音樂俱樂部裡，表演者中途停下了表演；電視和廣播節目中斷。政府宣布哀悼九天，禁止音樂和酒類銷售。古巴人在全島各地的葬禮登記簿上簽名；他們在街道兩旁列隊，觀看從哈瓦那蜿蜒前往東部城市聖地牙哥的莊嚴列隊，卡斯楚的骨灰將被安葬在聖地牙哥的主要公墓中。卡斯楚的墳墓是一座簡單的紀念碑，是一塊巨石般的雕塑，上面只寫著「斐代爾」。它矗立在距離荷西·馬蒂的宏偉陵墓幾碼遠的地方。到卡斯楚去世時，他已充分證明理查·尼克森在一九五九年的預言：毫無疑問，他是「古巴發展的一個重要因素。」但正如斐代爾本人在歐巴馬訪問後所說的那樣，人的生命不過是歷史一秒的一小部分。在很長一段時間裡，他掌握著巨大的權力。但他沒有能力阻止巴拉克·歐巴馬發起的古巴與美國之間的和解。

不幸的是，其他人做到了。歐巴馬的歷史性訪問結束後不到八個月，斐代爾·卡斯楚去世前兩個半星期，希拉蕊·柯林頓贏得了普選，但在白宮競選中輸給了唐納·川普（Donald Trump）。斐代爾·卡斯楚的壽命超過了與他任期重疊的十位美國總統。但他沒能活著看到這個國家最奇怪的現代總統就職。古巴人和世界各國人民一樣，對任何事都會開玩笑。在川普當選和卡斯楚去世後，有一個笑話是這樣的：斐代爾一直說，不消滅美國，他誓不罷休。他認為川普的獲勝保證了這個結果，於是就一死了之。加拿大的一幅漫畫表達了同樣的情感。漫畫描繪了病重的斐代爾被切·格瓦拉推著坐在輪椅上，後者上方的氣泡上寫著：「恭喜你，斐代爾，你比美國民主更長壽。」[17]

在古巴，二〇一六年斐代爾·卡斯楚的去世雖然對許多人來說意義非凡，但幾乎與他十年前的退居二線一樣，都有些虎頭蛇尾。勞爾·卡斯楚一直留任到了二〇一八年四月，當時他的副總統米格爾·迪亞斯—卡內爾（Miguel Díaz-Canel）繼任，後者是共產黨的長期幹部和前高等教育部長。近六十年來，卡斯楚一家人第一次沒有統治古巴。一九五九年古巴革命爆發時，新總統甚至還未出生。島上絕大多數人的情況也是如此，二〇一九年的年齡中位數為四十二歲，近百分之七十九的人出生於一九五九年之後。事實上，約三分之一的人口是在蘇聯解體後出生的。[18]

在二〇一九年，古巴通過了一部新憲法。不出所料，新憲法重申了政府對社會主義的承諾。但與一九七六年的社會主義憲法相比，這部憲法賦予私有財產更大的作用，並將外國投資作為國家經濟發展的基礎加以推廣。古巴之後後還進行了其他改革，包括私營企業主被允許持有外幣銀行帳戶，以及直接而非通過政府單位進出口。實際上，新憲法和隨後的經濟改革設想了一個適度的混合經濟。但批評者認為，政府想要的混合經濟是國家資本主義和人民的社會主義。事實上，在勞爾・卡斯楚的領導下，古巴軍方透過一家名為GAESA的企業集團極大地擴展了其在經濟領域的影響力，也控制約百分之六十的經濟總量，該集團在旅遊業等領域的控制比例更高。其他批評者則認為改革步伐過於緩慢。政府的新口號也曾一度成為新總統在推特上的標籤，這個口號——「我們是延續性的」（Somos continuidad），似乎為改革過於緩慢的批評提供了佐證。[19]

然而，相比延續性，古巴人似乎對變革更感興趣。這並不一定是一種政治立場，而僅僅是一種壓倒一切的嚮往，希望他們的收入、飲食、日常通勤、選擇和機會以及生活能夠得到改善。也許是為了應對這種情況，政府加強了對異議份子的監視，並擴大了對反對派的定義。第三四九號法令（Decree 349）是迪亞斯—卡內爾執政期間頒布的首批法律之一。該法律要求藝術家只有在獲得文化部許可的情況下才能在公共場合表演或展覽，這實際上關閉了所有未經政府明確批准的藝術的大門。其他法律還限制藝術家使用古巴愛國標誌，禁止傳播政府認為有違社會利益或公共道德的訊息。政府在執行這些法律時加強了對藝術家、記者和活動家的騷擾。聖伊西德羅運動（San Isidro Movement）是一個日益壯大的群體，其中包括許多年輕的非洲裔古巴藝術家和作家。與此同時，國際人權組織也記錄了任意拘留事件的增加。儘管政府派遣醫生到世界各地幫助其他國家處理新冠肺炎（Covid-19）疫情危機，並在島上組織了強有力的公共衛生應對措施，但它也利用疫情大流行的機會加強了社會監控，對抗議活動加以鎮壓，其中包括二〇二〇年六月的對反警察暴力的抗議活動的鎮壓。[20]

雖然斐代爾・卡斯楚的離開似乎並沒有給古巴帶來多大變化，但唐納・川普的當選以及隨之而來的美國對古巴政策的改變卻造成重大影響。就在川普就任總統前幾個月，他的商業組織代表曾前往古巴尋找投資機會。然而，他在任期間卻關閉了其他美國人的所有此類的機會。他逆轉了歐巴馬的解凍政策，恢復並加強過去已失敗的政策，包括取消歐巴馬為美國居民和公民提供的新的旅行機會、禁止美國遊輪停靠古巴；僅在二〇一八年一年，遊輪就曾載著八十萬遊客前往古巴。川普還限制了古巴裔美國人向島上親屬匯款的金額，並且透過立法手段，禁止任何透過古巴軍方開展業務的轉帳公司匯款的行為，而大多數的轉帳公司必須經過古巴軍方才能在古巴開展業務。他的政府終止了所有飛往哈瓦那以外的古巴城市的美國航班。川普把這些舉措說成是為了促進古巴的民主，儘管他自己的專制傾向使他成為最古怪的民主擁護者。川普經常在邁阿密宣布這些新政策，而且隨著二〇二〇年大選的臨近，他越來越頻繁地宣布這些政策。對他來說，古巴始終是一個賭注。[21]

毫無疑問，哈瓦那政府感受到了川普政策的刺痛。透過針對匯款所做的限制，川普政府威脅到了古巴每年超過三十六億美元的收入來源。透過關閉旅遊機會，古巴政府失去了數十億美元的收入。但古巴政府還有其他選擇，至少可以部分紓解川普加強封鎖帶來的挑戰。俄羅斯和委內瑞拉仍在提供石油進口，設法規避美國的制裁和壓力；中國的新投資使該國成為僅次於加拿大的古巴第二大貿易伙伴。古巴政府甚至開始幻想與一家加拿大企業合作，在古巴島西部開展新的採礦計畫，從而在這裡挖掘金礦。這些投資的數額和所有這些努力的收益還不足以克服危機，但卻起到了一定的作用。

然而，絕大多數的古巴人卻沒有任何退路。那些希望利用美國旅遊業興起的機會開辦小企業的人紛紛關門歇業。旅行和匯款的減少意味著人們無法再指望海外親友的幫助。石油供應的減少使運輸更加困難。食品供應減少，排隊時間延長，價格攀升。人們得早上五點就起床排隊買雞肉；麵包價格上漲了百分之二十；電費增加了兩倍。各地的人們開始談論另一個特殊時期，就像蘇聯解體後的特殊時期一樣。有些人說，新的危機比那還要嚴重。這並不全是川普的功勞，還有新冠病毒的大流行，以及長期以來國內生產力低下和中央計畫效率低下的問題。

在拖延了很長時間之後，古巴政府開始實施一項政策，取消其長期存在的雙重貨幣體系，統一貨幣，這是一個非常痛苦的過程，無法獲得硬通貨的人對此感受更為強烈，而在川普擔任總統期間，這個群體的規模不斷擴大。正如一位古巴教師在二〇二〇年時說的：「川普想要活埋我們」[22]，川普讓糟糕的情況變得雪上加霜了。

因此，喬・拜登在競選期間承諾扭轉傷害古巴人民的川普政策，他的當選在島上受到了極大的歡迎。在二〇二〇年十一月七日，古巴人雖然沒有像美國人在亞特蘭大和費城那樣在街上跳舞慶祝。但是，至少在這一刻，他們覺得自己可能很快就能稍稍鬆一口氣了。

當然了，未來還遠遠尚未明朗。拜登在任上究竟會做些什麼，仍然是一個懸而未決的問題。無論如何，古巴人民日常生活的改善不僅僅取決於白宮的主人。它還取決於古巴政府如何應對危機，如何規劃或不規劃前進的道路。但是，霍華德・津恩對歷史的警示或許是一句值得回味的話。歷史永遠不能只被理解為國家的記憶。也許未來也是如此。因為，未來肯定不僅僅是兩國政府行動的總和。那麼，真正的問題就是，古巴人民將有多大的空間來開創他們想要的和應得的未來呢？

後記　如果紀念碑會說話

一九〇二年十二月，西奧多羅．拉莫斯．布蘭科（Teodoro Ramos Blanco）出生於哈瓦那，與古巴共和國同年誕生。在他兩歲生日後的幾個月，在一九〇五年三月十八日，他抵達基韋斯特，這座城市是許多古巴雪茄工人的家園。他與母親和年幼的弟弟一起去探望父親。年幼的拉莫斯．布蘭科已成為連接古巴和美國的長期旅行和移民網絡的一部分。十五歲時，他進入了哈瓦那的聖亞歷山德羅（San Alejandro）專業藝術學校就讀，該學校成立於一九一八年，目的是限制像他這樣的黑人在藝術領域的影響力，因為他們在藝術領域佔了主導地位。為了支付學費和維持生計，他從事十一年的警察工作。當時他還很年輕，但已熟悉奴隸制和殖民主義所產生的、在解放和獨立後又以不同形式重現的排斥制度和結構。在一九二八年，他在為著名的非裔古巴將軍安東尼奧．馬西奧的母親瑪麗安娜．格拉哈萊斯（Mariana Grajales）設計一座大型國家紀念碑的競賽中勝出。正如雕像所描繪的那樣，母親高高地俯視著自己的兒子，指著前方的遠方，似乎在囑咐他要勇往直前。

在此一早期成就之後的幾十年裡，拉莫斯．布蘭科一直在構想古巴的歷史，並用大理石和青銅賦予其堅實的形式。事實上，他也為很多出現在書本上的名人樹立了紀念碑，其中包括因涉嫌參與了一八四三和一八四四年的反奴隸制陰謀而被處決的有色人種詩人普拉西多；奴隸父母的兒子，民權活動家，《普拉特修正案》的激烈批評者胡安．瓜爾貝托．戈麥斯；出生於賓夕法尼亞州，母親是美國人，父親是古巴人，曾在一九三三年革命期間將美國的一些財產收歸國有的激進的政府部長安東尼奧．吉泰拉斯（Antonio Guiteras）。

有時，拉莫斯・布蘭科還會為其他國家的黑人名人製作塑像，例如曾不只一次訪問哈瓦那的紐約哈林區文藝復興的開拓者蘭斯頓・休斯（Langston Hughes）；對古巴歷史也有顯著作用的海地革命領袖亨利・克里斯托夫（Henri Christophe）和尚雅克・德薩林斯（Jean-Jacques Dessalines）。毫不奇怪的，拉莫斯・布蘭科還為古巴最著名的兩位英雄建造了多座紀念碑：安東尼奧・馬西奧和荷西・馬蒂。他為兩人製作了半身雕像，並將其捐贈給美國人和美國的機構——霍華德大學、埃莉諾・羅斯福、巴爾的摩市。在一八九六年十二月七日，馬塞奧將軍在古巴西部的戰場上被西班牙軍隊擊斃。他在採石場舊址上建造了馬蒂的半身雕像，因為馬蒂在十七歲時曾被西班牙政府用鐵鏈鎖在採石場上勞動。紀念碑建好後，離哈瓦那大學不遠的地方成為政治朝聖之地。學生們在這裡開始和結束遊行活動。當巴蒂斯塔在一九五二年發動政變時，學生活動份子在這裡為一九四〇年憲法舉行葬禮，並且發表具有重要象徵意義的聲明。在他的職業生涯中，拉莫斯・布蘭科用雙手創造了歷史，為古巴歷史上一些最偉大的人物樹立了紀念碑。然後，歷史在這些紀念碑的陰影下繼續發展，這些紀念碑就像沉默的、一動不動的見證人。[1]

一個國家或一個時代的書面歷史，有時是由雕塑家為之樹碑立傳的英雄人物推動的故事。有時，歷史不是由特殊的個人，而是由更抽象的力量——社會階層、開創性思想或經濟結構推動的。有時候，歷史的發展是巨大變革與頑固延續之間的較量。歷史事件就像疊壓在一起的複寫紙一樣，一層又一層，每一層都會給未來的歷史留下痕跡。

但是，如果歷史就是所有這些東西，那麼它也是無數生命的縮影。想想從克里斯多福・哥倫布到來之前，一直到現在，在古巴漫長的歷史長河中生活過的所有人。每個人的生活都展現並濃縮了創造古巴的歷史。大規模的歷史事件——征服、奴役、革命、戰爭摧殘著每個人的生命，這些事件像石頭或泥土一樣塑造著他們。歷史造就人，人也造就歷史，他們日復一日地重塑歷史，為周圍的世界創造意義，他們的行為方式往往與史詩般的歷史範疇格格不入。

也許正因為如此，著名的英雄紀念碑創作者拉莫斯·布蘭科也喜歡為默默無聞的人塑像，他們是那些可能每天從他的紀念碑前走過的人。他用木頭、青銅和大理石為他們雕刻了精美的雕像。其中一座名為「奴隸」的雕像在一九二九年塞維亞世界博覽會上拔得頭籌；另一座名為「黑人老婦」（Negra Vieja）的雕像被紐約現代藝術博物館永久收藏。他最有名的作品之一是用白色大理石雕刻的黑人女子的頭和臉。他給這件在哈瓦那國家藝術博物館永久展出的作品取了一個令人回味的名字：「內心生命」（Interior Life）。這位女子的面容安詳、正在沉思，緊閉著她的雙眼。她可能是一個正在思考前一天晚上發生的事的女人。她可能是數百萬女性中的任何一位，她們的生活與這本書中五個多世紀的古巴歷史相重合的。她可能還記得當她戴著鎖鏈第一次來到古巴時，踏上古巴海岸時尖銳珊瑚的觸感，或者好奇螢火蟲是如何照亮奴隸小屋內部的。她可能是一位在一九一二年的種族暴力事件中為愛人慘遭殺害而哀悼的女子，也可能是一九三三年或一九五七年的一位年輕活動家，正在她剛剛參與策劃的集會上擔憂警察會做出的暴行。她可以是一個正在腦海裡思索文字讀音的剛剛識字的人，也可以是一個在十八世紀或二十世紀感受著收穫的切膚之痛的製糖工人。她可能是一名準備前往非洲幫助對抗伊波拉病毒的醫生，也可能是一名正在思考前往美國的移民。她可能是一個在新冠疫情中回憶著母親的臨終情境的女兒，也可能是一個向聖母祈禱平安分娩的準媽媽。拉莫斯·布蘭科還製作了幾尊這樣的雕像，其中包括馬里亞納工人婦產醫院入口處高聳的母子雕像，這是我母親在我們離開古巴前十個月，獨自一人走進醫院，在革命漩渦中生下我時看到的聖母像。

套用十九世紀海地歷史學家埃米爾·瑙（Émile Nau）的話來說，當我們在思考這幾百年的歷史時，重要的是在那些生命前停頓一下，不僅僅要想到他們，而且要努力透過他們的眼睛來把握歷史，就像走在他們當中一樣。從很多方面來看，這都是不可能完成的任務——我們不能簡單地進入到別人的角色裡。但這種嘗試本身卻是至關重要的。它有可能打破我們對人、地方和過去的假設，哪怕只是一閃而過。它促使我們以不同的方式瞥見世界，以更人性化的尺度把握歷史，甚至透過他人的眼睛來審視我們自己。

這種努力可能也會讓我們以不同的方式理解現在和未來。如果說每個現在都是一種十字路口，那麼現在似乎尤其如此，因為從地球的命運，到種族及經濟正義的可能性，很多事似乎都正陷入到岌岌可危的境地。這個特殊的現在可能蘊含著古巴和美國之間建立新關係的可能性，一個超越過去六十年的敵意和在更早之前強加在古巴身上的不平等關係的機會。但是，這個未來與過去一樣，將蘊藏著數十億人的生命。要以合乎道德的方式構建未來，就必須了解過去的一切，認識到在一個地方採取的行動會在其他地方產生影響，並以慷慨和謙遜的態度面對未來的諸多挑戰。歸根結底，這需要相互承認，沒有相互承認，就沒有正義與和解。如果西奧多·拉莫斯·布蘭科的紀念碑能夠見證和說話，我想它們可能會這樣說。

致謝

我是從二〇一五年開始動筆寫這本書的，但在那之前的幾十年裡，我就已開啟了一場了解古巴和它的歷史的旅程。如果要感謝在這場旅程中給予我幫助的所有人——我的老師、導師、同伴、朋友和對話者的話，那麼這篇感言的篇幅就會有這本書最長的一章那麼長。我必須要盡力簡潔。我要感謝的人中包括許多古巴歷史學家和學者，從他們的著作中，我汲取了大量的知識和營養。他們中包括 María del Carmen Barcia, Samuel Farber, Tomás Fernández Robaina, Reinaldo Funes, César García Ayala, Julio César Guanche, Lillian Guerra, Oilda Hevia Lenier, María de los Angeles Meriño, Consuelo Naranjo, Aisnara Perera, Louis Pérez, José Antonio Piqueras, Antonio José Ponte, Rafael Rojas, Zuleica Romay, Carlos Venegas, Oscar Zanetti, Michael Zeuske 和 Roberto Zurbano。我很幸運，他們也是我的朋友。自從我開始編寫這本書以來，最初的幾位引導我探究古巴歷史的領路人已離世。他們是 Jorge Ibarra，Enrique López Mesa 和 Fernando Martínez Heredia。但他們的工作成果和記憶也呈現在這本書的字裡行間裡。

我很幸運地能有許多朋友和同事閱讀了這本書的各個章節，並提出了他們的見解和建議，他們是：Esther Allen, Betty Banks, Manuel Barcia, David Bell, Tom Bender, James Blight, Michael Bustamante, Michelle Chase, Robyn d'Avignon, María Elena Díaz, Ana Dopico, Laurent Dubois, Anne Eller, Nicole Eustace, Aisha Finch, Becky Goetz, Faith Hillis, Martha Hodes, Marial Iglesias, Sara Johnson, Janet Lang, Benedicto Machava, Jennifer Morgan, Elena Schneider, Rebecca Scott, Franny Sullivan, Sinclair Thomson 和 Barbara Weinstein。有幾位勇敢的人主動提出了可以閱讀全部的初稿，我當然也抓住了這個好機

會。我要衷心地感謝 Alejandro de la Fuente，Steven Hahn 和 Lisandro Pérez，感謝他們為我提供了那麼多寶貴的見解。多年以來，那些優秀的研究生的協助和事實核查讓我受益匪淺，他們當中許多人現在都已畢業了。他們是：Joan Flores, Anasa Hicks, Sara Kozameh, Keyanah Nurse, Amilcar Ortiz, Miriam Pensack, Katherine Platz 和 Tony Wood。當然，若是書中出現了任何錯誤，都是我的責任。

多家機構為這本書的寫作計畫提供了重要支持。我非常感謝古根漢基金會（Guggenheim Foundation）和紐約大學教務長全球研究計畫（Provost's Global Research Initiative at New York University）。在寫作計畫的初期，我曾是巴黎高等社會科學研究學院的暑期客座教授，在此期間，我的寫作取得了很大進展；我要在此感謝 Jean-Frédéric Schaub 的邀請，感謝 Romy Sánchez, Martha Jones, 和 Jean Hébrard 在巴黎時的幫助與互動。在紐約公共圖書館的多蘿西和劉易斯・庫爾曼學者與作家中心（Dorothy and Lewis B. Cullman Center for Scholars and Writers）擔任研究員期間，我完成了本書初稿的大部分內容。我很難想像還有比這更棒的地方了。我對該計畫、其負責人 Salvatore Scibona 及其工作人員 Lauren Goldenberg 和 Paul Delaverdac 的慷慨和歡迎深表感謝。我的研究員同事們一直是我靈感和友誼的源泉，他們是：David Bell、Jennifer Croft、Mary Dearborn、Vona Groarke、Francine J. Harris、Faith Hillis、Martha Hodes、Brooke Holmes、Karan Mahajan、Corey Robin、Marisa Silver、Kirmen Uribe、Amanda Vaill 和 Frances Wilson。此外，還要感謝庫爾曼圖書館的館員們在我工作期間所給予的幫助；邁阿密大學古巴遺產收藏館的工作人員在很多方面提供了幫助；我尤其要感謝 Amanda Moreno 和 Martin Tsang，他們為我的照片研究提供了慷慨協助。Ramiro A. Fernández 讓我參觀了他收藏的四萬多張古巴照片，他是一個慷慨和耐心的典型人物。

我很幸運能在斯克里布納出版社（Scribner）出版這本書的英文版。我感謝 Nan Graham，Liese Mayer 和 Daniel Loedel 的支持，感謝 Emily Polson，Sarah Goldberg 和 Jason Chappell 為本書所做的一切工作。我的優秀編輯 Colin Harrison 在這本書上傾注極大的熱情，他讓這本書變得更出色了。我的經紀人 Gail Ross 則是給書名提供了靈感，她的幫助讓這一切成為現實。我在 Simon & Schuster 出版社的老朋友 Elisa Shokoff 和 Little, Brown 出版社的 Tracy Behar 都在一路上為我提供了寶貴的意見，我還要感謝他們一直以來不離不棄的友誼。

我的家庭——我的丈夫葛瑞、我的女兒阿琳娜和露西亞，他們多年來一直與這本書生活在一起。在我還在構思自己會寫這本書的幾十年前，葛瑞就已提供我書名的創意以及他全部的愛和支持。阿琳娜和露西亞有時會覺得我花了太多的時間在工作上。但我想他們知道，他們就是我的全世界和我的快樂之源。對於他們三人，我的感謝永遠無法表達我對他們的虧欠以及他們對我的意義。

我在古巴的家庭也在這本書中隨處可見。我的母親在我完成這本書時去世了，享壽九十三歲；我在她的病床前起草並修改了部分內容。我的父親在本書出版前不久剛滿一百歲。我美麗的姊姊艾克薩在邁阿密生活和工作，她承擔了照顧我父母的大部分重擔，但也總是設法和我共處時光。我的父母永遠不會讀到這本書了，我的兩個同父異母的兄弟也不會，他們都不在人世了。因此，我永遠不會知道他們是否會在書中認出自己或他們的祖先。我永遠不會知道，我是否成功地在我的古巴歷史中為他們留出了空間。我希望我做到了。我也希望，透過最終書寫這段歷史——這段造就了他們和我的歷史，讓我能夠更輕鬆地肩負起歷史的重擔和祝福。

註釋

推薦序

1 伊斯帕尼奧拉島，或譯為西班牙島，為西班牙在美洲的第一個殖民地。今日，島上有海地、多明尼加兩國。

2 古巴大革命後易名青春島（Isla de la Juventud）。

前言

1 Howard Zinn, *A People's History of the United States* (New York: Harper Classics, 2005), 9–10; Leo Tolstoy, *War and Peace* (London: Wordsworth Classics, 1997), 939.

2 Louis A. Pérez, *The War of 1898: The United States and Cuba in History and Historiography* (Chapel Hill: University of North Carolina Press, 1998); Emilio Roig de Leuschenring, *Cuba no debe su independencia a los Estados Unidos* (Havana, 1950).

第一章

1 對這種差別的經典表述：Michel-Rolph Trouillot, *Silencing the Past: Power and the Production of History* (Boston: Beacon Press, 1995).

2 Christopher Columbus, *The Journal of Christopher Columbus (During His First Voyage, 1492–1493)*, trans. Clements R. Markham (London: Hakluyt Society, 1893), 15; Felipe Fernández-Armesto, *Columbus on Himself* (Indianapolis: Hackett, 2010), 32; Tony Horwitz, *A Voyage Long and Strange* (New York: Picador, 2008), 51.

3 Columbus, *Journal*, 37.

4 Horwitz, *A Voyage*, 3.

5 David Ramsay, *History of the United States* (Philadelphia: M. Carey, 1817); George Bancroft, *History of the United States* (Boston: Charles Bowen, 1834); Jill

Lepore, *These Truths: A History of the United States* (New York: Norton, 2018).

6 Lepore, *These Truths*, 9–10. 《紐約時報》作家 Nikole Hannah-Jones 主張重新想像美國歷史敘述的計畫，認為美國始於一六一九年，那時有第1批被奴役的非洲人抵達英屬北美。見"The 1619 Project," *New York Times Magazine*, August 14, 2019.

7 傑佛遜寫給斯圖爾特（Archibald Stuart）, January 25, 1786, in *Founders Online*, National Archives (hereafter FONA), https://founders.archives.gov/documents /Jefferson/01-09-02-0192.

8 Columbus, *Journal*, 38–39, 43.

9 Columbus, *Journal*, 60–63.

10 Columbus, *Journal*, 74.

11 Horwitz, *A Voyage*, 68–69; Irving Rouse, *The Tainos: Rise and Decline of the People Who Greeted Columbus* (New Haven, CT: Yale University Press, 1992), 145–47.

12 Samuel Wilson, *Hispaniola: Caribbean Chiefdoms* (Tuscaloosa: University of Alabama Press, 1990), 92; Noble David Cook, *Born to Die: Disease and New World Conquest, 1492–1650* (Cambridge: Cambridge University Press, 1998), 58. 在不久前，1個比這低得多的估計數字激起了關於這個問題的爭議。詳見 David Reich 和 Orlando Patterson, "Ancient DNA is Changing How We Think About the Caribbean," *New York Times*, December 23, 2020。

13 Lepore, *These Truths*, 25.

14 Bartolomé de Las Casas, *A Short Account of the Destruction of the Indies*, ed. and trans. Nigel Griffin (New York: Penguin, 2004), 27–28.

15 Las Casas, *Short Account*, 28–29.

16 William Keegan and Corinne Hofman, *The Caribbean Before Columbus* (New York: Oxford University Press, 2017), 13; Luis Martínez-Fernández, *Key to the New World: A History of Early Colonial Cuba* (Gainesville: University of Florida Press, 2018), 29–34; Sidney Mintz, *Caribbean Transformations* (New York: Routledge, 2017), 188.

17 Charles C. Mann, *1493: Uncovering the New World Columbus Created* (New York: Knopf, 2011), 308–9; Antonio M. Stevens Arroyo, *Cave of the Jagua: The Mythological World of the Taínos* (Scranton: University of Scranton Press, 2006), 224.

18 Irene Wright, *Early History of Cuba, 1492–1586* (New York: Macmillan, 1916), 102–3.

19 Vicente Murga Sanz, ed., *Cedulario Puertorriqueño: Compilación, estudio y notas* (Rio Piedras: Universidad de Puerto Rico, 1961).

20 Arthur Helps, *The Spanish Conquest in America and Its Relation to the History of Slavery and to the Government of Colonies*, 4 vols., ed. M. Oppenheim (London: John Lane, 1900), 1:264–67.

21 Murga Sanz, *Cedulario Puertorriqueño*, 157.

22 Wright, *Early History of Cuba*, 64, 81.

23 Wright, *Early History of Cuba*, 136.

24 Juan Pérez de la Riva, "A World Destroyed," in *The Cuba Reader: History, Culture, Politics*, eds. Aviva Chomsky, Barry Carr, Alfredo Prieto, and Pamela María Smorkaloff (Durham, NC: Duke University Press, 2003), 22–24.

25 Wright, *Early History of Cuba*, 72.

26 Bernal Díaz del Castillo, *The History and Conquest of New Spain, ed. David Carrasco* (Albuquerque: University of New Mexico Press, 2008), 19.

27 Wright, Early History of Cuba, 190; Alejandro de la Fuente, *Havana and the Atlantic in the Sixteenth Century* (Chapel Hill: University of North Carolina Press, 2008), 3.

28 Wright, Early History of Cuba, 63–64; Levi Marrero, *Cuba: Economía y sociedad, vol. 1, Siglo XVI: La presencia europea* (Madrid: Editorial Playor, 1978), 220.

29 José Barreiro, "Indigenous Cuba: Hidden in Plain Sight," *American Indian* 18, no. 4 (Winter 2017); interview with Beatriz Marcheco Teruel, director of Cuba's National Center of Medical Genetics, Cubahora, August 16, 2018, http://www.cubahora.cu /ciencia-y-tecnologia/de-donde-venimos-los-cubanos-segun-estudios-de-adn.

第11章

1 Louise Chipley Slavicek, *Ponce de León* (Philadelphia: Chelsea House, 2003), 45.

2 Robert S. Weddle, *Spanish Sea: The Gulf of Mexico in North American Discovery, 1500-1685* (College Station: Texas A&M Press, 1985), 42; Vicente Murga Sanz, *Ponce de León* (Ponce: Pontificia Universidad Católica de Puerto Rico, 2015), 109.

3 Marrero, *Cuba*, 1:139.

4 De la Fuente estimates about forty Spanish households later that decade. See de la Fuente, *Havana and the Atlantic*, 5, 82–83.

5 Sherry Johnson, "Introduction," *Cuban Studies* 34 (2003): 1–10.

6 Marrero, *Cuba: Economía y sociedad*, vol. 2, Siglo XVI, La economía, 139–42.

7 Marrero, *Cuba*, 2:156; Oscar Zanetti, *Historia mínima de Cuba* (Mexico City: Colegio de Mexico, 2013), 45–47; de la Fuente, *Havana and the Atlantic*, 51–53.

8 Marrero, *Cuba*, 2:143.

9 關於索爾斯攻擊的描述是在哈瓦那官員的報告的基礎上完成的，見 *Colección de documentos inéditos relativos al descubrimiento . . . de las antiguas*

posesiones españolas de ultramar, Series II (hereafter *CODOIN* II) (Madrid: Sucesores de la Rivadeneyra, 1885–1932), 6:364–437；摘錄內容見於第365頁。Wright, Early History of *Cuba*, 235–41.

10 *CODOIN* II, 6:368–69.

11 *CODOIN* II, 6:372–74, 378, 436.

12 Wright, *Early History of Cuba*, 346.

13 Karen Kupperman, *Roanoke: The Abandoned Colony* (Lanham, MD: Rowman & Littlefield, 2007), 5.

14 De la Fuente, *Havana and the Atlantic*, 77–78.

15 De la Fuente, *Havana and the Atlantic*, 69.

16 David Wheat, *Atlantic Africa and the Spanish Caribbean, 1570–1640* (Chapel Hill: University of North Carolina Press, 2018), 274–75; de la Fuente, *Havana and the Atlantic*, 107; slavevoyages.org網站有三個數據庫：跨大西洋奴隸貿易數據庫（Transatlantic Slave Trade Database，此後簡稱為TSTD），跨大西洋奴隸貿易估算數據庫（Transatlantic Slave Trade Estimates Database, TSTD-E）和美洲內部奴隸貿易數據庫（Intra-American Slave Trade Database，IASTD）。TSTD, https://slavevoyages.org/voyages/mPTF8byb.

17 De la Fuente, *Havana and the Atlantic*, 136–46.

18 Alejandro de la Fuente, "Slaves and the Creation of Legal Rights in Cuba," in *Hispanic American Historical Review* 87 (2007): 659–92; Wheat, Atlantic Africa, 280; Kenneth Kiple, *Blacks in Colonial Cuba, 1774–1899* (Gainesville: University of Florida Press, 1976).

19 Frank Tannenbaum, *Slave and Citizen: The Negro in the Americas* (New York: Knopf, 1947). 不久前出版了一本關於對比奴隸法律的出色著作，見Alejandro de la Fuente和Ariela Gross, *Becoming Free, Becoming Black: Race, Freedom, and Law in Cuba, Virginia, and Louisiana* (New York: Cambridge University Press, 2020).

20 "Ordenanzas de Alonso de Cáceres," in *Documentos para la historia de Cuba*, ed. Hortensia Pichardo (Havana: Editorial de Ciencias Sociales), 1:114.

21 "Ordenanzas de Alonso de Cáceres," 1:114.

22 Louis A. Pérez, *Cuba: Between Reform and Revolution*, 3rd ed. (New York: Oxford University Press, 2006), 31.

第三章

1 Olga Portuondo Zúñiga, *La Virgen de la Caridad del Cobre: Símbolo de la cubanía* (Santiago de Cuba: Editorial Oriente, 2001), 37–86; Salvador Larrua-Guedes, *Historia de Nuestra Señora la Virgen de la Caridad del Cobre* (Miami: Ediciones Universal, 2011), 1:125–29; José Luciano Franco, *Las minas de Santiago*

del Prado y la rebelión de los cobreros, 1530–1800 (Havana: Editorial de Ciencias Sociales, 1975); Levi Marrero, *Los esclavos y la Virgen del Cobre: Dos siglos de lucha por la libertad de Cuba* (Miami: Ediciones Universal, 1980).

2 我對這次奇蹟的描述是根據胡安・莫雷諾於一六八七年所做的口頭證言而成的。關於文件的原本，請參考El Cobre, Cuba, University of California, Santa Cruz, http://humwp.ucsc.edu/elcobre/voices_apparition.html. 這份一六八七年的口頭證言是對這個事件的唯一目擊者證言。María Elena Díaz, *The Virgin, the King and the Royal Slaves of El Cobre* (Stanford, CA: Stanford University Press, 2000), ch. 5.

3 Larrua-Guedes, *Historia*, 1:140–41.

4 Larrua-Guedes, Historia, 1:142–50, and Jalane Schmidt, *Cachita's Streets: The Virgin of Charity, Race, and Revolution in Cuba* (Durham, NC: Duke University Press, 2015), 27.

5 Larrua-Guedes, *Historia*, 1:163, 173–75.

6 Portuondo, *Virgen*, 130; Franco, *Minas*, 30–33.

7 Díaz, *Virgin*, 70–71; Franco, *Minas*, 36–37.

8 Díaz, Virgin, 60, 79–83, 339–40; 這份請願書的英文翻譯可參考 El Cobre, Cuba, University of California, Santa Cruz, http://humwp.ucsc.edu / elcobre/voices_petition.html.

9 Díaz, Virgin, 92, 147; Larrua Guedes, Historia, 1:228.

10 Portuondo, *Virgen*, 153–54; Díaz, *Virgin*, ch. 6; Franco, *Minas*, 39–41.

11 María Elena Díaz, "To Live as a Pueblo: A Contentious Endeavor, El Cobre, Cuba," in *Afro-Latino Voices*, ed. Kathryn Joy McKnight and Leo Garofolo (Indianapolis: Hackett, 2009), 137–40.

12 Larrua Guedes, *Historia*, 1:295–96. 這封信裡還提到為了回應持續不斷發生的乾旱災情，在一七八二年被聖地牙哥市定為田地和花園的守護聖人的聖安東尼奧。

13 Larrua Guedes, *Historia*, 1:301–2; the Royal Cédula is reprinted in Franco, Minas, 133–45.

14 Portuondo, *Virgen*, 218–27; Schmidt, *Cachita's Streets*, 54–58.

15 Ada Ferrer, *Freedom's Mirror: Cuba and Haiti in the Age of Revolution* (New York: Cambridge University Press, 2014), 233; Julio Corbea, "Autógrafos en los libros de visita de la Virgen de la Caridad del Cobre," *Del Caribe*, 57–58: 73–82. 這座紀念碑是由古巴雕塑家 阿爾貝托・李斯凱（Alberto Lescay）創作的。

第四章

1 Robert Burton, "The Siege and Capture of Havana in 1762," *Maryland Historical Magazine* 4 (1909), 326.

2 Elena Schneider, *The Occupation of Havana: War, Trade, and Slavery in the Atlantic World* (Chapel Hill: University of North Carolina Press, 2018), 68; Nelson Vance Russell, "The Reaction in England and America to the Capture of Havana, 1762," *Hispanic American Historical Review* 9 (1929), 303.

3 Robert Burton, "Siege," 321.

4 Schneider, *Occupation of Havana*, 63–65.

5 Amalia Rodríguez, ed., *Cinco diarios del sitio de la Habana* (Havana: Archivo Nacional de Cuba, 1963), 46; Guillermo de Blanck, ed., *Papeles sobre la toma de La Habana por los ingleses en 1762* (Havana: Archivo Nacional de Cuba, 1948), 199–201; Sonia Keppel, *Three Brothers at Havana, 1762* (Salisbury, UK: M. Russell, 1981), 32.

6 Schneider, *Occupation of Havana*, 138.

7 Blanck, *Papeles*, 199–201; A. Rodríguez, *Cinco diarios*, 70–72; Burton, "Siege," 327.

8 Burton, "Siege," 327–28; Patrick MacKellar, *A Correct Journal of the Landing of His Majesty's Forces on the Island of Cuba, and the Siege and Surrender of the Havannah, August 13, 1762*, 2nd ed. (Boston: Green & Russell, 1762), 4–5; Antonio Bachiller y Morales, *Cuba: Monografía histórica que comprende desde la pérdida de La Habana hasta la restauración española* (1883; repr., Havana: Oficina del Historiador, 1962), 40–41.

9 *An Authentic Journal of the Siege of Havana* (London: Jeffries, 1762), 11, 13; Bachiller y Morales, *Cuba*, 38–40; MacKellar, *Correct Journal*, 4; Schneider, *Occupation of Havana*, 138; Allan Kuethe, *Cuba, 1753–1815: Crown Military and Society* (Knoxville: University of Tennessee Press, 1986), 17.

10 Schneider, *Occupation of Havana*, 17; Kuethe, *Cuba*, 16–17.

11 *Authentic Journal*, 22–23.

12 Bachiller y Morales, *Cuba*, 52–54; Blanck, *Papeles*, 181–82; A. Rodríguez, *Cinco diarios*, 25, 29, 33–35; 102; MacKellar, Correct Journal, 5–6. 關於黑人士兵起到的作用，請參考 Schneider, *Occupation of Havana*, ch. 3; César García del Pino, *Toma de La Habana por los ingleses y sus antecedentes* (Havana: Cienias Sociales, 2002), 94.

13 Bachiller y Morales, *Cuba*, 84–85; Ferrer, *Freedom's Mirror*, ch. 7.

14 Thomas Mante, *The History of the Late War in North-America* (London: Strahan & Cadell, 1772), 461; Burton, "Siege," 328–29; MacKellar, *Correct Journal*, 7.

15 *Authentic Journal*, 22–23.

16 A. Rodríguez, *Cinco diarios*, 31–35, 48, 99–100; Mante, *Late War*, 461; Burton, "Siege," 329; Keppel, *Three Brothers*, 65; David Syrett, ed., *The Siege and Capture*

of Havana: 1762 (London: Navy Records Society, 1970), 323–24.

17 Syrett, *Siege*, xxv.

18 Schneider, *Occupation of Havana*, 69, 121.

19 A. Rodríguez, *Cinco diarios*, 25, 27, 32, 49, 50–59.

20 Asa B. Gardiner, *The Havana Expedition of 1762 in the War with Spain* (Providence: Rhode Island Historical Society, 1898), 172; Blanck, Papeles, 73–77.

21 Gardiner, *Havana Expedition*, 174–76.

22 Levi Redfield, *A Succinct Account of Some Memorable Events and Remarkable Occurrences in the Life of Levi Redfield* (Brattleborough,VT: B. Smead, 1798), 2–3; 以及一九〇一年一月二十五日由康州次長辦公室發放的證書，見Ancestry.com, "U.S., Sons of the American Revolution Membership Applications, 1889–1970."

23 Burton, "Siege," 329; MacKellar, *Correct Journal*.

24 *Authentic Journal*, 33–35; MacKellar, *Correct Journal*, 13; Burton, "Siege," 332; Bachiller y Morales, *Cuba*, 64–66; A. Rodríguez, *Cinco diarios*, 59.

25 Bachiller y Morales, *Cuba*, 66; MacKellar, *Correct Journal*, 15–16; *Authentic Journal*, 38–39; Gardiner, *Havana Expedition*, 184; A. Rodríguez, *Cinco diarios*, 62, 117–18.

26 Fred Anderson, *A People's Army: Massachusetts Soldiers and Society in the Seven Years' War* (Chapel Hill: University of North Carolina Press, 1984), 22–23; Russell, "Reaction," 312–13; Hugh Thomas, *Cuba*: The Pursuit of Freedom (New York: Harper & Row, 1971), 42–43; Rev. Joseph Treat, *A Thanksgiving Sermon, Occasion'd by the Glorious News of the Reduction of the Havannah* (New York: H. Gaine, 1762).

27 Bishop of Havana, May 7, 1763, in Archivo General de Indias (hereafter AGI), Estado, leg. 7, exp. 9.

28 Thomas, *Cuba: The Pursuit of Freedom*, 43; Keppel, *Three Brothers*, 78–79; Gardiner, *Havana Expedition*, 185.

29 Blanck, *Papeles*, 92–93; *The Papers of Henry Laurens* (hereafter *PHL*), (Columbia: South Carolina Historical Society, 1970), 2:115n; Redfield, *Succinct Account*, 8; *The Two Putnams, Israel and Rufus, in the Havana Expedition, 1762* (Hartford: Connecticut Historical Society, 1931), 9; Schneider, *Occupation of Havana*, 181.

30 Schneider, *Occupation of Havana*, 197.

31 Sidney Mintz, *Sweetness and Power: The Place of Sugar in Modern History* (New York: Penguin, 1986).

32 TSTD-E, https://www.slavevoyages.org/estimates/gPw1xOTE and https://www .slavevoyages.org/estimates/PyPGntzn.

33 Manuel Moreno Fraginals, *El ingenio: Complejo económico social Cubano del azúcar* (Havana: Editorial de Ciencias Sociales, 1978), 1:36.

34 Schneider, *Occupation of Havana*, 199; Thomas, *Cuba: The Pursuit of Freedom*, 51; Marrero, *Cuba: Economía y sociedad*, vol. 12, *Azúcar, ilustración y conciencia* (1763-

1868), 4.

35 Moreno Fraginals, El ingenio, 1:27–36; Schneider, *Occupation of Havana*, 205–14; Thomas, *Cuba: The Pursuit of Freedom*, 3–4, 49–51; Peggy Liss, *Atlantic Empires: The Network of Trade and Revolution, 1713–1826* (Baltimore: Johns Hopkins University Press, 1982), 79–80.

36 Francis Thackeray, *History of the Right Honorable William Pitt* (London: Rivington, 1827), vol. 2, ch. 19, p. 14.

37 José María de la Torre, *Lo que fuimos y lo que somos, o La Habana antigua y moderna* (Havana: Spencer y Cía, 1857), 170; David Narrett, *Adventurism and Empire: The Struggle for Mastery in the Louisiana-Florida Borderlands* (Chapel Hill: University of North Carolina Press, 2015), 65–68.

38 Schneider, *Occupation of Havana*, 243–44; Blanck, *Papeles*, 181–82. "Testimonio de las diligencias practicadas sobre el pago hecho a diferentes dueños de esclavos a quienes en nombre de su Magestad se dió libertad . . ." in AGI, Santo Domingo, 2209. 我十分感激艾蓮娜・史奈德（Elena Schneider）和我分享此文件。

39 Gustavo Placer Cervera, *Ejército y milicias en la Cuba colonial* (Havana: Embajada de España en Cuba, 2009), 55–63.

40 Thomas, *Cuba: The Pursuit of Freedom*, 61; Marrero, *Cuba*, 12:36.

第五章

1 Rafael de la Luz, Havana, January 14, 1776, in AGI, Cuba, 1221, ff. 316–17, 烏奇茲的哈瓦那之行的其他聯絡記錄的英文版，可參考：Florida History Online, http://www.unf.edu/floridahistoryonline/Projects /uchize/index.html. 「*Uchiz*」這個名稱是西班牙人使用的稱呼，英國人將他們稱作歐切斯克里克人（Ochese Creeks），見James L. Hill, "'Bring them what they lack': Spanish-Creek Exchange and Alliance Making in a Maritime Borderland, 1763–1783," *Early American Studies* 12 (2014), 36–67.

2 Morning Post (London), January 12, 1779, in New-York Historical Society, *Collections of the New-York Historical Society for the Year, 1888* (New York: NYHS, 1889), 277; John Adams to Samuel Adams, December 7, 1778, and Arthur Lee to Benjamin Franklin, March 5, 1777, FONA; Robert W. Smith, *Amid a Warring World: American Foreign Relations, 1775–1815* (Washington, DC: Potomac Books, 2012), 8–9.

3 L. T. Cummins, *Spanish Observers and the American Revolution, 1775–1783* (Baton Rouge: Louisiana State University Press, 1991), 55–59.

4 American Commissioners to the Committee of Secret Correspondence, March 12, 1777, and A. Lee to Franklin and Deane, March 16, 1777, FONA; Cummins, *Spanish Observers*, 60; Stanley Stein and Barbara Stein, *Apogee of Empire: Spain and New Spain in the Age of Charles III, 1759–1789* (Baltimore: Johns Hopkins University Press, 2003), 256.

5 Helen Matzke McCadden, "Juan de Miralles and the American Revolution," *Americas* 29 (1973): 360; Nikolaus Böttcher, "Juan de Miralles; Un

comerciante cubano en la guerra de independencia norteamericana," *Anuario de Estudios Americanos* 57 (2000): 178–79; Cummins, *Spanish Observers*, 105–8.

6 Cummins, *Spanish Observers*, 108–10, 125; J. Rutledge, April 18, 1778, in *PHL*, 13:146.

7 McCadden, "Juan de Miralles," 361; Andrew Mellick, *The Story of an Old Farm, or Life in New Jersey in the Eighteenth Century* (Somerville, NJ: Unionist Gazette, 1889), 485–86; Cummins, *Spanish Observers*, 115–16, 124–25.

8 Martin, *Catholics and the American Revolution* (Ridley Park, PA, 1907), 1:298–301; Charles Rappleye, *Robert Morris, Financier of the American Revolution* (New York: Simon & Schuster, 2010), 206; McCadden, "Juan de Miralles," 362; H. Laurens to Governor Navarro, Havana, October 27, 1778; and H. Laurens to John Laurens, July 26, 1778, in PHL, 14:455 and 14:80–81. See also PHL, 14:196n; Cummins, *Spanish Observers*, 130; General Orders, December 25, 1778, FONA.

9 Archivo Nacional de Cuba (hereafter ANC), Asuntos Políticos (hereafter AP), leg. 99, exp. 67; Cummins, *Spanish Observers*, 126–27; Rappleye, *Robert Morris*, 207.

10 Library of Congress, *Journals of the Continental Congress, 1774–1789* (Washington, DC: US Government Printing Office, 1909), 15: 1082–84; McCadden, "Juan de Miralles," 362–64; Washington to Morris, October 4, 1778, and Miralles to Washington, October 2, 1779, FONA.

11 Washington to Lafayette, September 30, 1779; Miralles to Washington, October 2, 1779; Washington to John Sullivan, September 3, 1779, FONA.

12 James Thacher, *Military Journal during the American Revolutionary War* (Boston: Cottons & Barnard, 1827), 181.

13 Rappleye, *Robert Morris*, 208; Thacher, *Military Journal*, 188–89; Griffin, *Catholics*, 1:303–4; Washington to Navarro, April 30, 1780, FONA; Rendón to Navarro, May 5, 1780, in Library of Congress, Manuscripts Division (hereafter LCMD), Aileen Moore Topping Papers, Box 1, Folder 4.

14 James A. Lewis, "Anglo-American Entrepreneurs in Havana: The Background and Significance of the Expulsion of 1784–1785," in *The North American Role in the Spanish Imperial Economy*, ed. Jacques Barbier and Allan Kuethe (Manchester: Manchester University Press, 1984), Table 38; *The Papers of Robert Morris* (hereafter PRM), (Pittsburgh: University of Pittsburgh Press, 1996), 8:63, 67.

15 Stephen Bonsal, *When the French Were Here: A Narrative of the Sojourn of the French Forces in America and Their Contribution to the Yorktown Campaign* (Port Washington, NY: Kennikat Press, 1965), 119.

16 Francisco Saavedra, *Journal of Don Francisco Saavedra* (Gainesville: University of Florida Press, 1989), 200–11. 關於女性捐出她們的珠寶首飾的故事存在有爭議。見James Lewis, "Las Damas de la Habana, el Precursor, and Francisco de Saavedra: Some Notes on Spanish Participation in the Battle of Yorktown," *Americas* 37 (1980), 83–99.

17 J. J. Jusserand, *With Americans of Past and Present Days* (New York: Charles Scribner's Sons, 1916), 78–79; *The Journal of Claude Blanchard* (Albany, NY: J.

Munsell, 1876), 143; Eduardo Tejera, *Ayuda de España y Cuba a la independencia norteamericana* (Editorial Luz de Luna, 2009), 231, 233; Bonsal, *When the French*, 119–20; Washington to Lafayette, September 2, 1781, and General Orders, September 6, 1781, both FONA.

18 Conde de Aranda *in La revolución americana de 1776 y el mundo hispano: Ensayos y documentos*, ed. Mario Rodríguez (Madrid: Editorial Tecnos, 1976), 63–66; Stein and Stein, *Apogee*, 345–46.

19 Lewis, "Anglo-American Entrepreneurs," 121.

20 印刷了該命令的報社包括：*Pennsylvania Evening Post* (Philadelphia), May 19, 1783; *Freeman's Journal* (Philadelphia), May 21, 1783; *Maryland Gazette* (Annapolis), May 22, 1783; *Newport Mercury* (Newport, RI), May 24, 1783; *and South Carolina Gazette* (Charleston), June 3, 1783. Rendón to Uznaga, June 15, 1783, in LCMD, Topping Papers, Box 2, Folder 3.

21 *PRM*, 8:475–6.

22 Lewis, "Anglo-American Entrepreneurs," 122–23.

23 Linda Salvucci, "Atlantic Intersections: Early American Commerce and the Rise of the Spanish West Indies (Cuba)," *Business History Review* 79 (2005).

第六章

1 Thomas, *Cuba: The Pursuit of Freedom*, 82.

2 TSTD, https://slavevoyages.org/voyages/FjxKjHRo.

3 Ferrer, *Freedom's Mirror*, 29–31.

4 Ferrer, *Freedom's Mirror*, 33–35.

5 Ferrer, *Freedom's Mirror*, 22, 35–36.

6 TSTD, https://www.slavevoyages.org/voyages/IfiSVxkc and https://www.slave voyages.org/voyages/HAVSASzB. Ferrer, *Freedom's Mirror*, 37.

7 Ferrer, *Freedom's Mirror*, 283.

8 Mary Gardner Lowell, *New Year in Cuba: Mary Gardner Lowell's Travel Diary, 1831–1832* (Boston: Northeastern University Press, 2003), 89.

9 Daniel Rood, *The Reinvention of Atlantic Slavery: Technology, Labor, Race, and Capitalism in the Greater Caribbean* (New York: Oxford University Press, 2017), 19–20.

10 Frederika Bremer, *Cartas desde Cuba* (Havana: Editorial Arte y Literatura, 1981), 78–99; Richard Henry Dana, *To Cuba and Back* (Boston: Ticknor & Fields, 1859), 112–42; Letter from Mrs. Wilson to "My dear little friend," Camarioca, April 18, 1819, in Bristol Historical and Preservation Society（此後簡稱為

BHPS), DeWolf Family Papers, Box 10, Folder 77.

11 "Expediente criminal contra Francisco Fuertes," in ANC, AP, leg. 9, exp. 27; Ferrer, *Freedom's Mirror*, 213–23.

12 Gertrudis Gómez de Avellaneda, *Autobiografía y epistolarios de amor*, ed. Alexander Roselló-Selimov (Newark, DE: Juan de la Cuesta, 1999), 51.

13 Peter Fregent to Duque de Infantado, June 29, 1826, in AGI, Estado, leg. 86B, exp. 78.

14 Ada Ferrer, "Speaking of Haiti: Slavery, Revolution, and Freedom in Cuban Slave Testimony," in *The World of the Haitian Revolution*, eds. David Geggus and Norman Fiering (Bloomington: Indiana University Press, 2009), 223–47; David Geggus, "Slavery, War, and Revolution in the Greater Caribbean," in *A Turbulent Time: The French Revolution and the Greater Caribbean*, eds. David Geggus and David Barry Gaspar (Bloomington: Indiana University Press, 1997), 46–49.

15 "Autos sobre el incendio de Peñas Altas," in ANC, AP, leg. 13, exp. 1; Las Casas to Príncipe de la Paz, December 16, 1795, in AGI, Estado, leg. 5B, exp. 176.

16 Ferrer, *Freedom's Mirror*, ch. 7, and Digital Aponte, http://aponte.hosting.nyu.edu/.

17 Ferrer, *Freedom's Mirror*, 325.

第七章

1 Stephen Chambers, *No God but Gain: The Untold Story of Cuban Slavery, the Monroe Doctrine, and the Making of the United States* (New York: Verso, 2015), 3, 7–8, 99, 107, 145–48; TSTD, https://www.slavevoyages.org/voyage/data base#searchId=agomJNP5; Cynthia Mestad Johnson, *James DeWolf and the Rhode Island Slave Trade* (Charleston, SC: History Press, 2014), 50–51, 64; John Quincy Adams, *Memoirs of John Quincy Adams, Comprising Portions of his Diary from 1795 to 1848* (Philadelphia: J. B. Lippincott, 1875), 5:486; Leonardo Marques, *The United States and the Transatlantic Slave Trade* (New Haven, CT: Yale University Press, 2016), 28–32; Marcus Rediker, *The Slave Ship: A Human History* (New York: Penguin, 2007), 343–46; Lowell, New Year, 176.

2 Rafael Rojas, *Cuba Mexicana: La historia de una anexión imposible* (Mexico City: Secretaría de Relaciones Exteriores, 2001), 112.

3 Jefferson to Madison, April 27, 1809, FONA.

4 José Luciano Franco, *Politica continental americana de España en Cuba, 1812–1830* (Havana: Archivo Nacional de Cuba, 1947), 16; Philip Foner, *A History of Cuba and Its Relations with the United States* (New York: International, 1962), 1:130.

5 J. Q. Adams to Hugh Nelson, April 28, 1823, in *Writings of John Quincy Adams*, ed. Worthington Chauncey Ford (New York: Macmillan, 1913–17), 7:372–73; Herminio Portell Vilá, *Historia de Cuba en sus relaciones con los Estados Unidos y España* (Miami: Mnemosyne, 1969), 1:226.

6 Ari Kelman, *A River and Its City: The Nature of Landscape in New Orleans* (Berkeley: University of California Press, 2003), 2; Walter Johnson, *River of Dark*

Dreams: Slavery and Empire in the Cotton Kingdom (Cambridge, MA: Harvard University Press, 2013), 84.

7 J. Q. Adams to Hugh Nelson, April 28, 1823, *Writings of John Quincy Adams*, 7:373.

8 Francisco Dionisio Vives to Juan Antonio Gómez, May 14 and May 20, 1825, AGI, Estado, leg. 17, exp. 101.

9 Chambers, No God but Gain, 93, 96; Portell Vilá, Historia de Cuba, 1:207.

10 Foner, *A History of Cuba*, 1:141.

11 J. Q. Adams, Memoirs, 6:70; Foner, *A History of Cuba*, 1:141–42; Ernest May, *The Making of the Monroe Doctrine* (Cambridge, MA: Harvard University Press, 1974), 43.

12 J. Q. Adams, Memoirs, 6:70–73. See also Foner, *A History of Cuba*, 1:141–43; Portell Vilá, *Historia de Cuba*, 1:214–15.

13 Portell Vilá, *Historia de Cuba*, 1:217–18; Chambers, *No God but Gain*, 108; Louis A. Pérez, *Cuba: Between Reform and Revolution*, 64.

14 J. Q. Adams, *Memoirs*, 6:137–39; Foner, *A History of Cuba*, 1:103–105.

15 F. E. Chadwick, *Relations of the United States and Spain* (New York: Charles Scribner's Sons, 1909), 224–25; Vidal Morales y Morales, *Iniciadores y primeros mártires de la revolución cubana* (Havana: Cultural, 1931), 55; Foner, *A History of Cuba*, 1:104, 120; Andres Pletch, "Isles of Exception: Slavery, Law, and Counterrevolutionary Governance in Cuba" (PhD diss., University of Michigan, 1997).

16 Zanetti, *Historia mínima*, 130; Manuel Barcia, *The Great African Slave Revolt of 1825: Cuba and the Fight for Freedom in Matanzas* (Baton Rouge: Louisiana State University Press, 2012).

17 Jorge Ibarra: *Varela, el precursor: Un estudio de época* (Havana: Ciencias Sociales, 2004); Enrique López Mesa, *Algunos aspectos culturales de la comunidad cubana de New York durante el siglo xix* (Havana: Centro de Estudios Martianos, 2002), 14; J. J. McCadden, "The New York to Cuba Axis of Father Varela," *Americas* 20 (1964), 376–92. 在二〇〇二年，一場使用一九七六年古巴憲法的一則條款來動員民眾，追求民主改革的異見行動使用了瓦雷拉的名字來為其命名。

18 Chambers, *No God but Gain*, 122.

19 Jefferson to Monroe, June 23, 1823, and October 24, 1823, FONA; Adams, *Memoirs*, 6:185–87; Caitlin Fitz, *Our Sister Republics: The United States in an Age of American Revolutions* (New York: Liveright, 2016), 156–58.

20 Adams, *Memoirs*, 6:177–78, 186.

21 Monroe Doctrine, www.ourdocuments.gov; Jay Sexton, *The Monroe Doctrine: Empire and Nation in Nineteenth-Century America* (New York: Hill & Wang, 2011), 51–53; R. Rojas, *Cuba Mexicana*, 113, 162–67, 234–35.

22 Roland T. Ely, "The Old Cuba Trade: Highlights and Case Studies of CubanAmerican Interdependence during the Nineteenth Century," *Business History Review* 38 (1964), 458n9; Dana, *To Cuba and Back*, 127–30; Robert Albion, *The Rise of New York Port, 1815–1860* (New York: Scribner, 1970), 178; Gerald Horne, *Race to Revolution: The United States and Cuba during Slavery and Jim Crow* (New York: Monthly Review Press, 2014), 69.

23 根據對奴隸販運路程的估算，在整個跨大西洋奴隸貿易期間，有778541名非洲被俘奴隸在古巴上岸；一八二〇年奴隸貿易變為非法之後，有551913人抵達。除了這些直接從非洲抵達的奴隸數字之外，整個奴隸貿易過程中還有117941名非洲人是從美洲其他地方抵達古巴的。見IASTD, https://www.slavevoyages.org/voyages /HAVSASzB.

24 Horne, *Race to Revolution*, 62; C. M. Johnson, *James DeWolf*, ch. 9, and Thomas DeWolf, *Inheriting the Trade: A Northern Family Confronts Its Legacy* (Boston: Beacon Press, 2008).

25 Lisandro Pérez, *Sugar, Cigars, and Revolution: The Making of Cuban New York* (New York: New York University Press, 2018), 27–28; Chambers, *No God but Gain*, 18; DeWolf, *Inheriting the Trade*, 42.

26 BHPS, "Nueva Esperanza Account Book."

27 Ely, "Old Cuba Trade," 458–59; Lisandro Pérez, *Sugar, Cigars, and Revolution*, 29–30.

28 DeWolf, *Inheriting the Trade*. Also BHPS, Benson Research Files, Box 4; "Nueva Esperanza Account Book," "Misc. Notes on Cuba," and Joseph Seymour's Journal of New Hope Estate, 1834–39. See also Rafael Ocasio, *A Bristol, Rhode Island and Matanzas, Cuba Slavery Connection: The Diary of George Howe* (Lanham, MD: Lexington Books, 2019).

29 Joseph Goodwin diary, excerpted in DeWolf, *Inheriting the Trade*, 186; "Diary of George Howe, Esq. 1832–1834," entry for January 5, 1833, in BHPS.

30 Horne, *Race to Revolution*, 52; Louis A. Pérez, "Cuba and the United States," *Cuban Studies* 21 (1991); Laird Bergad, *Cuban Rural Society in the Nineteenth Century: The Social and Economic History of Monoculture in Matanzas* (Princeton, NJ: Princeton University Press, 1990); Moreno Fraginals, Ingenio, 1:141.

第八章

1 Rita Llanes Miqueli, *Víctimas del año del cuero* (Havana: Ciencias Sociales, 1984), 46–53; Enildo García, *Cuba: Plácido, poeta mulato de la emancipación* (New York: Senda Nueva Ediciones, 1986), ch. 1; Matthew Pettway, *Cuban Literature in the Age of Black Insurrection: Manzano, Plácido, and Afro-Latino Religion* (Jackson: University Press of Mississippi, 2020), 14–15, 93.

2 Aisha Finch, *Rethinking Slave Rebellion in Cuba: La Escalera and the Insurgencies of 1841–1844* (Chapel Hill: University of North Carolina Press, 2016), 119–21; Robert Paquette, *Sugar Is Made with Blood: The Conspiracy of La Escalera and the Conflict Between Empires over Slavery in Cuba* (Middletown, CT: Wesleyan

University Press, 1988), 259–60.

3 Finch, *Rethinking Slave Rebellion*, 126–27; Paquette, *Sugar Is Made with Blood*, 258–63.

4 Thomas, *Cuba: The Pursuit of Freedom*, 122, 146–48, 154, 203, 207; Dick Cluster and Rafael Hernández, *The History of Havana* (New York: Palgrave Macmillan, 2006), 77; Expediente reservado sobre un motín de negros en la propiedad de Domingo Aldama, Archivo Historico Nacional (Madrid), Ultramar, leg. 8, exp. 10.

5 Paquette, *Sugar Is Made with Blood*, 152–56.

6 Paquette, *Sugar Is Made with Blood*, 156–66; Finch, *Rethinking Slave Rebellion*, 115–29.

7 Finch, *Rethinking Slave Rebellion*, 128–29.

8 Paquette, *Sugar Is Made with Blood*, 192.

9 Finch, *Rethinking Slave Rebellion*, 128; Paquette, *Sugar Is Made with Blood*, 201.

10 Finch, *Rethinking Slave Rebellion*, 82–85; Paquette, *Sugar Is Made with Blood*, 177–78.

11 John Wurdemann, *Notes on Cuba* (Boston: J. Munroe, 1844), 271–72; Jane Landers, *Atlantic Creoles in the Age of Revolutions* (Cambridge, MA: Harvard University Press, 2010), 223.

12 Finch, *Rethinking Slave Rebellion*, 148.

13 Paquette, *Sugar Is Made with Blood*, 214; Alberto Perret Ballester, *El azúcar en Matanzas y sus dueños en La Habana: Apuntes y iconografía* (Havana: Ciencias Sociales, 2007), 331–32; María del Carmen Barcia Zequeira and Manuel Barcia Paz, "La conspiración de la Escalera: El precio de una traición," *Catauro* 2, no. 3 (2001), 199–204; E. García, *Cuba*, 54; Lisandro Pérez, *Sugar, Cigars, and Revolution*, 95–99.

14 除了Finch和Paquette兩人的著作之外，關於此事的主要著作還有Gloria García, *Conspiraciones y revueltas: La actitud política de los negros (1790–1845)* (Santiago de Cuba: Editorial Oriente, 2003); Manuel Barcia, *Seeds of Insurrection: Domination and Resistance on Western Cuban Plantations, 1808–1848* (Baton Rouge: Louisiana State University Press, 2000); Michele Reid-Vazquez, *The Year of the Lash: Free People of Color in Cuba and the Nineteenth-Century Atlantic World* (Athens: University of Georgia Press, 2011); José Luciano Franco, *La gesta heroica del triunvirato* (Havana: Editorial de Ciencias Sociales, 2012).

15 Paquette, *Sugar Is Made with Blood*, 220–22.

16 Matthew Karp, *This Vast Southern Empire* (Cambridge, MA: Harvard University Press, 2016), 61–67; *Daily Picayune* (New Orleans), May 28, 1843.

17 Maria Gowen Brooks to W. B. Force, September 3, 1844, Maria Gowen Brooks Papers, New York Public Library, Berg Division; William C. Van Norman,

Shade Grown Slavery: Life and Labor on Coffee Plantations in Western Cuba, 1790–1845 (Chapel Hill: University of North Carolina Press, 2005), 77.

18 Paquette, *Sugar Is Made with Blood*, 225–26; Rodolfo Bofill Phinney, "Los naúfragos cubanos del Mayflower," June 25, 2014, www.cubaencuentro.com.

19 Paquette, *Sugar Is Made with Blood*, 221–23, 228–29, 258–59; Landers, *Atlantic Creoles*, 224–25; Gregory Downs, *The Second American Revolution: The Civil War–Era Struggle over Cuba and the Rebirth of the American Republic* (Chapel Hill: University of North Carolina Press, 2019), 63.

20 Paquette, *Sugar Is Made with Blood*, 232, 259–61; E. García, *Cuba*, 55, 59; *Finch, Rethinking Slave Rebellion*, 119; *Daily Picayune* (New Orleans), April 20, 1844.

21 Reid-Vazquez, *Year of the Lash*, 65–67; Paquette, *Sugar Is Made with Blood*, 232.

第九章

1 Felice Belman, "Worst Inauguration Ever? That Would Probably Be Franklin Pierce's in 1853," *Boston Globe*, January 18, 2017; Daniel Fate Brooks, "The Faces of William Rufus King," *Alabama Heritage* 69 (Summer 2003), 14–23. Franklin Pierce Inaugural Address, March 4, 1853, University of Virginia, Miller Center, http://millercenter.org/president/pierce/speeches/speech-3553. On the significance of Cuba in the election of 1852, see Gregory Downs, *Second American Revolution*, 55, 72–74.

2 Mrs. Frank Leslie, "Scenes in Sun-Lands," *Frank Leslie's Popular Monthly* 6, no. 1 (July 1878), 417.

3 Wurdeman, *Notes on Cuba*, 7, 137; William H. Hurlbert, *Gan-Eden: Or Pictures of Cuba* (Boston: John Jewett, 1854), 134; Bremer, *Cartas desde Cuba*, 81–82, 90; Dana, *To Cuba and Back*, 123.

4 Thomas Balcerski, *Bosom Friends: The Intimate World of James Buchanan and William Rufus King* (New York: Oxford University Press, 2019), 165–66.

5 關於威廉・魯弗斯・金的造訪和宣誓就職的描述是來自:"The Week," *Pen and Pencil: Weekly Journal of Literature, Science, Art and News* (Cincinnati, OH), 1, 17 (April 23, 1853), 543–44; "Vice President King," South Carolina Historical Society, Barbot Family Papers, file 11/67/24; Balcerski, *Bosom Friends*, 166; Brooks, "The Faces"; Perret Ballester, *El azúcar*, 193.

6 Warren Howard, *American Slavers and the Federal Law, 1837–1862* (Berkeley: University of California Press, 1963), 192–93, 201, 269; José Luciano Franco, *Comercio clandestino de esclavos* (Havana: Ciencias Sociales, 1980), 231–32; Arthur Corwin, *Spain and the Abolition of Slavery in Cuba* (Austin: University of Texas Press, 1967), 62–63; David R. Murray, *Odious Commerce: Britain, Spain, and the Abolition of the Cuban Slave Trade* (New York: Cambridge University Press, 1980), 185; María del Carmen Barcia Zequeira, Miriam Herrera Jerez, Adrián Camacho Domínguez, and Oilda Hevia Lanier, eds., *Una sociedad distinta: Espacios del comercio negrero en el occidente de Cuba (1836–1866)* (Havana: Universidad de la Habana, 2017); John Harris, *The Last Slave Ships: New York and the End of the Middle Passage* (New Haven, CT: Yale University Press, 2020).

7 Barcia, *Una sociedad distinta*, 17–35; Alfred J. López, *José Martí: A Revolutionary Life* (Austin: University of Texas Press, 2014), 20–23; José Martí, "Verso Sencillo XXX," in *José Martí Obras Completas: Edición Crítica* (Havana: Centro de Estudios Martianos, 2007), 14:335.

8 Frederick Douglass, "Cuba and the United States," *Frederick Douglass' Paper*, September 4, 1851; Foner, *A History of Cuba*, 2:21–23; Robert E. May, "Lobbyists for Commercial Empire: Jane Cazneau, William Cazneau, and US Caribbean Policy, 1846–1878," *Pacific Historical Review* 48 (1979), 383–412; James Polk, *Diary of James K. Polk During His Presidency* (Chicago: A. C. McClurg, 1910), 3:476–80; W. Johnson, River, 330.

9 Foner, *A History of Cuba*, 2:23.

10 Foner, *A History of Cuba*, 2:10–12, 21–22, 28, 32.

11 Foner, *A History of Cuba*, 2:43.

12 Foner, *A History of Cuba*, 2:43–55; W. Johnson, *River*, 331–32.

13 Foner, *A History of Cuba*, 2:55–56; Douglass, "Cuba and the United States."

14 W. Johnson, *River*, 359–60; Foner, *A History of Cuba*, 2:60.

15 Foner, *A History of Cuba*, 2:61; "Jordan is a Hard Road to Travel, as written and sung by Phil Rice, the celebrated banjoist," https://www.loc.gov/resource/amss.sb20241a.0/?st=text.

16 Foner, *A History of Cuba*, 2:76–78; Karp, *Vast Southern Empire*, 192; Corwin, *Spain*, 117.

17 Ambrosio José Gonzales, "Cuba—The Turning Point," *Washington Daily Union*, April 25, 1854, 3.

18 Foner, *A History of Cuba*, 2:83, 87; Robert E. May, *The Southern Dream of a Caribbean Empire, 1854–1861* (Baton Rouge: Louisiana State University Press, 1973), 46; Downs, *Second American Revolution*, 76; Stanley Urban, "The Africanization of Cuba Scare, 1853–1855," *Hispanic American Historical Review* 37 (1957), 37.

19 Foner, *A History of Cuba*, 98; W. Johnson, *River*, 322; Downs, *Second American Revolution*, 74–75; Ostend Manifesto, reprinted in James Buchanan, *James Buchanan, His Doctrines and Policy as Exhibited by Himself and Friends* (N.P.: Greeley & McElrath, 1856), 5–7.

20 Edward Baptist, *The Half Has Never Been Told: Slavery and the Making of American Capitalism* (New York: Basic Books, 2014), 373–74; Karp, *Vast Southern Empire*, 197; Downs, *Second American Revolution*, 77–87.

21 Buchanan, Inaugural Address, Presidency Project, http://www.presidency.ucsb .edu/ws/?pid=25817; Robert E. May, *John A. Quitman: Old South Crusader* (Baton Rouge: Louisiana State University Press, 1985), 328–29.

第十章

1 Rafael de la Cova, *Cuban Confederate Colonel: The Life of Ambrosio José Gonzales* (Columbia: University of South Carolina Press, 2008); Michel Wendell Stephens, "Two Flags, One Cause—A Cuban Patriot in Gray: Ambrosio José Gonzales," *in Cubans in the Confederacy: José Agustín Quintero, Ambrosio José Gonzales, and Loreta Janeta Velázquez*, ed. Phillip Tucker (London: McFarland, 2002), 143–224.

2 Richard Hall, "Loreta Janeta Velazquez: Civil War Soldier and Spy," in *Cubans in the Confederacy*, 225–39; Loreta Janeta Velazquez, *A Woman in Battle: A Narrative of the Exploits, Adventures, and Travels of Madame Loreta Janeta Velázquez* (Richmond,VA: Dustin, Gilman, 1876). 有一些學者對作者記載的真實性提出了質疑，但是軍事史家Phillip Tucker認為，儘管存在一些前後不一的矛盾之處，「但是整體而言，遺跡在很多具體的小地方上，歷史證據是支持她的故事的。」Tucker, *Cubans in the Confederacy*, 230, 237.

3 Matthew Pratt Guterl, *American Mediterranean: Southern Slaveholders in the Age of Emancipation* (Cambridge, MA: Harvard University Press, 2008), 58; Tucker, *Cubans in the Confederacy*, 5–6.

4 Portell Vilá, *Historia de Cuba*, 2:170–71; Emeterio Santovenia, *Lincoln en Martí* (Havana: Editorial Trópico, 1948), 3; Foner, *A History of Cuba*, 2:133–34; A. López, José Martí, 30.

5 Adam Rothman, *Beyond Freedom's Reach: Kidnapping in the Twilight of Slavery* (Cambridge, MA: Harvard University Press, 2015), 98–99; *Compilation of the Messages*, 111, 133.

6 *Compilation of the Messages*, 2:111–13, 125; Portell Vilá, *Historia de Cuba*, 145–46; Horne, *Race to Revolution*, 349n28.

7 Horne, *Race to Revolution*, 103–4.

8 Rothman, *Beyond Freedom's Reach*; Horne, *Race to Revolution*, 111; Guterl, *American Mediterranean*, 88, 147, 221n2.

9 *A Compilation of Messages and Papers of the Confederacy, ed. James D. Richardson* (Nashville: United States Publishing Company, 1905), 2:204.

10 Portell Vilá, *Historia de Cuba*, 2:155.

11 William Davis, *Breckinridge: Statesman, Soldier, Symbol* (Lexington: University Press of Kentucky, 2015), 536–47; Guterl, *American Mediterranean*, 76.

12 Davis, *Breckinridge*, 536–47; Trusten Polk Diary, January 1–October 28, 1865, p. 44, Trustan Polk Papers, Southern Historical Collection, UNC; Guterl, *American Mediterranean*, 76; Eliza McHatton-Ripley, *From Flag to Flag: A Woman's Adventures and Experiences in the South During the War, in Mexico, and in Cuba* (New York: Appleton, 1889), 132; Eli N. Evans, *Judah P. Benjamin: The Jewish Confederate* (New York: Free Press, 1989), 41; Ulrich. B. Phillips, ed., *Annual Report of the American Historical Association for the Year 1911*, vol. 2, *The Correspondence of Robert Toombs, Alexander H. Stephens, and Howell Cobb* (Washington, DC: American Historical Association, 1913), 675–76; Lynda Lasswell Crist, Suzanne Scott Gibbs, Brady L. Hutchison, and Elizabeth Henson Smith, eds., *The*

Papers of Jefferson Davis, vol. 12, *June* 1865 December 1870 (Baton Rouge: Louisiana State University Press, 2008), 270–71; Joseph H. Parks, *General Edmund Kirby Smith, C.S.A.* (Baton Rouge: Louisiana State University Press, 1992), 482–83; *Compilation of Messages*, 2:74, 105, 133.

13 McHatton-Ripley, *From Flag to Flag*, 59–60, 122–26, 155, 170; Guterl, *American Mediterranean*, 88–92.

14 Kathleen López, *Chinese Cubans: A Transnational History* (Chapel Hill: University of North Carolina Press, 2013), 23; McHatton-Ripley, *From Flag to Flag*, 174; Guterl, *American Mediterranean*, 104.

15 *The Cuba Commission Report: A Hidden History of the Chinese in Cuba* (Baltimore: Johns Hopkins University Press, 1993); Guterl, *American Mediterranean*, 105–8.

16 McHatton-Ripley, *From Flag to Flag*, 293–95.

第十一章

1 Ada Ferrer, *Insurgent Cuba: Race, Nation, and Revolution, 1868–1898* (Chapel Hill: University of North Carolina Press, 1999),15, 37; Schmidt, *Cachita's Streets*, 54–56: Foner, *A History of Cuba*, 2:50.

2 Ferrer, *Insurgent Cuba*, 15.

3 Ferrer, *Insurgent Cuba*, 62.

4 Ferrer, *Insurgent Cuba*, 24.

5 Ferrer, *Insurgent Cuba*, 24–25; Teresa Prados-Torreira, *Mambisas: Rebel Women in Nineteenth-Century Cuba* (Gainesville: University Press of Florida, 2005); Rosa Castellanos Castellanos, 3er Cuerpo, 1a División, ANC, Fondo Ejército Libertador.

6 Ferrer, *Insurgent Cuba*, 26; Carlos Manuel de Céspedes, *Escritos* (Havana: Ciencias Sociales, 1982), 1:142–46.

7 Ferrer, *Insurgent Cuba*, 26–27; Constitución de Guáimaro, in Pichardo, *Documentos para la historia de Cuba*, 1:376–79.

8 Ferrer, *Insurgent Cuba*, 38–42, 68. 在贏得自由時，給自己冠上「古巴」作為姓氏的做法，是我在十九世紀最後三十年的堂區黑人居民的教會受洗記錄裡觀察到的。

9 Ferrer, *Insurgent Cuba*, 58; José Luciano Franco, *Antonio Maceo: apuntes para una historia de su vida* (Havana: Ciencias Sociales, 1989), 1:45.

10 Ferrer, *Insurgent Cuba*, 21.

11 Ferrer, *Insurgent Cuba*, 58–59.

12 Ferrer, *Insurgent Cuba*, 61.

13 Ferrer, *Insurgent Cuba*, 62–63.

14 Ferrer, *Insurgent Cuba*, 63–67.

15 Ferrer, *Insurgent Cuba*, 73.

16 Ferrer, *Insurgent Cuba*, 74, 77.

17 Ferrer, *Insurgent Cuba*, 78–79.

18 Ferrer, *Insurgent Cuba*, 86–87.

19 Ferrer, *Insurgent Cuba*, 79.

20 Rebecca Scott, *Slave Emancipation in Cuba: The Transition to Free Labor* (Princeton, NJ: Princeton University Press, 1985), 194.

第十二章

1 *New York Herald*, November 1, 1880, 9.

2 A. López, *José Martí*, 58–59; José Martí, "Presidio Político, " in *José Martí Obras Completas: Edición Crítica*, 3rd ed. (hereafter JMOC 3), (Havana: Centro de Estudios Martianos, 2010), 1:63. 馬蒂的作品選集有許多版本。在情況許可時，我使用了哈瓦那Centro de Estudios Martianos出版的二十八卷的版本，電子版請參考http://www.josemarti .cu/obras-edicion-critica/.

3 A. López, *José Martí*, 93–191.

4 José Martí, "Del viejo al nuevo mundo, escenas neoyorquinas," in *JMOC* 3, 17:154–56; Laura Lomas, *Translating Empire: José Martí, Migrant Latino Subjects, and American Modernities* (Durham, NC: Duke University Press, 2009), 58; López Mesa, *Algunos aspectos culturales de la comunidad cubana de New York durante el siglo xix*, 36–37.

5 José Martí, "A Town Sets a Black Man on Fire," in *José Martí: Selected Writings* (hereafter *JMSW*), trans. and ed. Esther Allen (New York: Penguin, 2002), 310–13; see also A. López, José Martí, 212–14.

6 馬蒂的筆記片段的引用和翻譯，見*JMSW*, 287, and Lomas, *Translating Empire*, 2.

7 José Martí, "Our America," in *JMSW*, 288–96.

8 Jesse Hoffung-Garskof, *Racial Migrations: New York City and the Revolutionary Politics of the Spanish Caribbean* (Princeton, NJ: Princeton University Press, 2019).

9 Ferrer, *Insurgent Cuba*, 126, 123; Hoffnung-Garskof, *Racial Migrations*, 155–62.

10 Montecristi Manifesto in *JMSW*, 337–45.

11 Chronicling America, LOC; Martí, *Diario*, entries for May 2–4, in JMOC 3; *New York Herald*, May 19, 1895, 1.

12 Martí to Manuel Mercado, May 18, 1895, *JMSW*, 346–49.

13 Ferrer, *Insurgent Cuba*, 148–49.

14 Ferrer, *Insurgent Cuba*, 147–48.

15 Ricardo Batrell, *Para la historia: Apuntes autobiográficos de la vida de Ricardo Batrell Oviedo* (Havana: Seoane y Alvarez, 1912); José Isabel Herrera (Mangoché), *Impresiones de la Guerra de Independencia* (Havana: Editorial Nuevos Rumbos, 1948).

16 Ferrer, *Insurgent Cuba*, 151–53.

17 Ferrer, *Insurgent Cuba*, 142–43;Violet Asquith Bonham-Carter, *Winston Churchill: An Intimate Portrait* (New York: Harcourt, Brace & World, 1965), 2:18.

18 John Tone, *War and Genocide in Cuba, 1895–1898* (Chapel Hill: University of North Carolina Press, 2006), 8; Francisco Pérez Guzmán, *Herida profunda* (Havana: Ediciones Unión, 1998); Emilio Roig de Leuchsenring, *Weyler en Cuba: Un precursor de la barbarie fascista* (Havana: Páginas, 1947), 175; Louis A. Pérez, *The War of 1898*, 28, 72–73.

19 Ferrer, *Insurgent Cuba, 165–67*; Philip S. Foner, The Spanish-Cuban-American War and the Birth of American Imperialism, vol. 1, 1895–1898 (New York: Monthly Review Press, 1972), 84–85.

20 Foner, *Spanish-Cuban-American War*, 1:85–88; José Miró y Argenter, *Cuba: Crónicas de la guerra* (Havana: Instituto del Libro, 1970) 3:240–44.

21 Franco, *Antonio Maceo*, 3:214; Foner, *Spanish-Cuban-American War*, 1:90–92; Miró y Argenter, *Cuba*, 3:267–312, 328.

22 Franco, *Antonio Maceo*, 3:375; Foner, *Spanish-Cuban-American War*, 1:97; López Mesa, *La comunidad*, 51; New York Sun, December 13, 14, and 16, 1896; Congressional Record, December 14, 1896. 從 www.ancestry.com 的出生及服兵役記錄，可以了解到 Maceo 作为美國黑人男孩名字的受歡迎程度。

23 Foner, *Spanish-Cuban-American War*, 1:127–29.

24 Foner, *Spanish-Cuban-American* War, 1:135.

25 Louis A. Pérez, *Cuba and the United States: Ties of Singular Intimacy (Athens: University of Georgia Press, 1990), 84, 89.*

26 Martí to Manuel Mercado, May 18, 1895, *JMSW*, 346–49.

27 Ferrer, *Insurgent Cuba*, 171; Louis A. Pérez, *Cuba and the United States*, 90.

28 頭條新聞標題是來自於一八九八年二月二十四日和三月三日的《紐約太陽報》；*Washington Evening Times*, 摘自 Mark Lee Gardner, *Rough Riders: Theodore Roosevelt, His Cowboy Regiment, and the Immortal Charge up San Juan Hill* (New York: HarperCollins, 2016), 13.

29 Louis A. Pérez, *Cuba and the United States*, 93.

30 Louis A. Pérez, *Cuba and the United States*, 96.

第十三章

1 Greg Grandin, *The End of the Myth: From the Frontier to the Border Wall in the Mind of America* (New York: Metropolitan Books, 2019), 136–37.

2 Gardner, *Rough Riders*, 10, 17; Theodore Roosevelt, *The Rough Riders* (New York: Charles Scribner's Sons, 1899), 1.

3 Gardner, *Rough Riders*, 25, 29; Roosevelt, *Rough Riders*, 47. Matthew Frye Jacobson, *Special Sorrows: The Diasporic Imagination of Irish, Polish, and Jewish Immigrants in the United States* (Berkeley: University of California Press, 2002), ch. 4.

4 Roosevelt, *Rough Riders*, 57; Gardner, *Rough Riders*, 17, 22, 25, 29. 盧納在美西戰爭中的服役記錄可以參考線上資源：NARA, https://catalog.archives.gov/id/301062.

5 Roosevelt, *Rough Riders*, 47.

6 Rebecca Scott, *Degrees of Freedom: Louisiana and Cuba After Slavery* (Cambridge, MA: Harvard University Press, 2005), 42–47, 155, 190.

7 Jerome Tucille, *The Roughest Riders: The Untold Story of the Black Soldiers in the Spanish-American War* (Chicago: Chicago Review Press, 2015), 29–31.

8 Nancy Hewitt, *Southern Discomfort:Women's Activism in Tampa, Florida, 1880s–1920s* (Urbana: University of Illinois Press, 2001); Willard Gatewood, *"Smoked Yankees" and the Struggle for Empire: Letters from Negro Soldiers, 1898–1902* (Fayetteville: University of Arkansas Press, 1987), 22–24.

9 Gatewood, *Smoked Yankees*, 27–29.

10 Gatewood, *Smoked Yankees*, 5.

11 Ferrer, *Insurgent Cuba, 177; Martí to Manuel Mercado*, May 18, 1895, in JMSW, 346–49.

12 Ferrer, *Insurgent Cuba*, 185–86; Louis A. Pérez, *Cuba Between Empires, 1878–1902* (Pittsburgh: University of Pittsburgh Press, 1983), 290–92.

13 Louis A. Pérez, *Cuba Between Empires*, 106; Ferrer, *Insurgent Cuba*, 179–80.

14 Ferrer, *Insurgent Cuba*, 180–83.

15 Ferrer, *Insurgent Cuba*, 182–84.

16 Ferrer, *Insurgent Cuba*, 192, 187–88.

17 Ferrer, *Insurgent Cuba*, 189.

18 Ferrer, *Insurgent Cuba*, 187, 192; Marial Iglesias, *A Cultural History of Cuba during the U.S. Occupation, 1898–1902* (Chapel Hill: University of North Carolina Press, 2011), 40–42.

19 Foner, *Spanish-Cuban-American War*, vol. 2, 1898–1902, 369–70, 372.

20 Foner, *Spanish-Cuban-American War*, 2:423.

21 Albert G. Robinson, *Cuba and the Intervention* (New York: Longmans, Green, 1905), 87; José M. Hernández, (Austin: University of Texas Press, 1993), 76.

第十四章

1 Archivo Nacional de Cuba, *Guía breve de los fondos procesados del Archivo Nacional* (Havana: Editorial Academia, 1990), 46; Joaquín Llaverías, *Historia de los Archivos de Cuba* (Havana: Archivo Nacional de Cuba, 1949), 278.

2 Iglesias, *Cultural History*, 11, 23–24; *El Fígaro*, vol. 15, no. 16, April 30, 1899.

3 Foner, *Spanish-Cuban-American War*, 2:433–43; Louis A. Pérez, *Army Politics in Cuba, 1898–1958* (Pittsburgh: University of Pittsburgh Press, 1976), ch. 1; "Cuban Republic's Army," *New York Times*, June 26, 1902, 3.

4 Foner, *Spanish-Cuban-American War*, 2:452–53.

5 Foner, *Spanish-Cuban-American War*, 2:453, 519–27.

6 Hermann Hagedorn, *Leonard Wood: A Biography*, 2 vols. (New York: Kraus Reprint, 1969); Leonard Wood, "The Military Government of Cuba," *Annals of the American Academy of Political Science 21* (1903), 1, 5.

7 Hagedorn, *Leonard Wood*, 1:288, 261–62.

8 Ada Ferrer, "Education and the Military Occupation of Cuba: American Hegemony and Cuban Responses" (MA thesis, University of Texas, Austin, 1988), 7, 28, 35.

9 Ferrer, "Education," 30–34; Iglesias, *Cultural History*.

10 Charter Appendix, quoted in Ferrer, "Education," 30–31.

11 Ferrer, "Education," 41–42, 49.

12 Iglesias, *Cultural History*, 75; Ferrer, "Education," 42–44, 51–55.

13 Ferrer, "Education," 46–49, 65.

14 Ferrer, "Education," 66.

15 Louis A. Pérez, *Cuba: Between Reform and Revolution*, 147–49; Gillian McGillivray, *Blazing Cane: Sugar Communities, Class, and State Formation in Cuba* (Durham, NC: Duke University Press, 2009), 76.

16 Louis A. Pérez, *Lords of the Mountain: Banditry and Peasant Protest in Cuba, 1878 - 1918* (Pittsburgh: University of Pittsburgh Press, 1989), 95–96.

17 Louis A. Pérez, *Lords of the Mountain*, 96–98; McGillivray, *Blazing Cane*, 76; Carmen Diana Deere, "'Ahí vienen los yanquis': El auge y la declinación de las colonias norteamericanas en Cuba (1898–1930)," in *Mirar el Niágara: Huellas culturales entre Cuba y los Estados Unidos, ed. Rafael Hernández* (Havana: Centro de Investigación y Desarrollo de la Cultura Cubana Juan Marinello, 2000), 131–34.

18 Louis A. Pérez, *Lords of the Mountain*, 100.

19 McGillivray, *Blazing Cane*, 76, 91; Oscar Zanetti, "United Fruit Company: Politics in Cuba," in *Diplomatic Claims: Latin American Historians View the United States*, ed. Warren Dean (Lanham, MD: University Press of America, 1985), 165.

20 Foner, *Spanish-Cuban-American War*, 2:528–34.

21 Foner, *Spanish-Cuban-American War*, 2:540–42.

22 Foner, *Spanish-Cuban-American War*, 2:543–44; Ferrer, *Insurgent Cuba*, 121.

23 Foner, *Spanish-Cuban-American War*, 2:545.

24 Foner, *Spanish-Cuban-American War*, 2:546.

25 Foner, *Spanish-Cuban-American War*, 2:557; "Annual Report of the Secretary of War, 1901," 57th Congress, 1st Sess., House Document 2, vol. 4269, 49.

26 Foner, *Spanish-Cuban-American War*, 2:563–64; "A Symposium on Cuba," *The State*, February 4, 1901, 4.

27 Foner, *Spanish-Cuban-American War*, 2:547–56, 567–69.

28 Foner, *Spanish-Cuban-American War*, 2:572–73.

29 Gómez to Convention, March 26, 1901, in Juan Gualberto Gómez, *Por Cuba Libre*, 2nd ed. (Havana: Ciencias Sociales, 1974), 486–88.

30 Foner, *Spanish-Cuban-American War*, 2:594, 613–15.

31 J. G. Gómez, *Por Cuba Libre*, 132, 486–88; Wood to Roosevelt, October 28, 1901, p. 3, in Library of Congress, Teddy Roosevelt Papers, available online, http://www.theodorerooseveltcenter.org/Research/Digital-Library/Record/?libID=o35547.

第十五章

1 Emeterio S. Santovenia and Raúl M. Shelton, *Cuba y su historia* (Miami: Rema Press, 1965), 2:385–87.

2 Louis A. Pérez, *Cuba: Between Reform and Revolution*, 149–50; Louis A. Pérez, *Cuba Between Empires*, 363; Ramiro Guerra y Sánchez, *Sugar and Society in the Caribbean: An Economic History of Cuban Agriculture* (New Haven, CT: Yale University Press, 1964), 80, 159; Thomas, *Cuba: The Pursuit of Freedom*, 469.

3 Louis A. Pérez, *Cuba Under the Platt Amendment, 1902–1934* (Pittsburgh: University of Pittsburgh Press, 1986), 72; Louis A. Pérez, *Cuba: Between Reform and Revolution*, 157; McGillivray, *Blazing Cane*, 77; Guerra y Sánchez, *Sugar and Society*, 168–69; Deere, "'Ahí vienen los yanquis,'" 140.

4 Deere, "'Ahí vienen los yanquis,'" 130, 136–45, 147–52; Louis A. Pérez, *Cuba: Between Reform and Revolution*, 150–51.

5 Guerra y Sánchez, *Sugar and Society*, 63, 77; Alan Dye, *Cuban Sugar in the Age of Mass Production: Technology and the Economics of the Sugar Central, 1899–1929* (Stanford, CA: Stanford University Press, 1998), 11; Susan Schroeder, *Cuba: A Handbook of Historical Statistics* (Boston: G. K. Hall, 1982), 258.

6 Louis A. Pérez, *Cuba: Between Reform and Revolution*, 156; Thomas, *Cuba: The Pursuit of Freedom*, 467.

7 Dye, *Cuban Sugar*, 82; Reinaldo Funes Monzote, *From Rainforest to Cane Field in Cuba: An Environmental History since 1492* (Chapel Hill: University of North Carolina Press, 2008), 181–82, 193; Jorge L. Giovannetti-Torres, *Black British Migrants in Cuba: Race, Labor, and Empire in the Twentieth-Century Caribbean, 1898–1948* (New York: Cambridge University Press, 2018), 72; Matthew Casey, *Empire's Guestworkers: Haitian Migrants in Cuba during the Age of US Occupation* (New York: Cambridge University Press, 2017), 20.

8 Muriel McAvoy, *Sugar Baron: Manuel Rionda and the Fortunes of Pre-Castro Cuba* (Gainesville: University Press of Florida, 2003), 37–40; Mary Speck, "Prosperity, Progress, and Wealth: Cuban Enterprise during the Early Republic, 1902–1927," *Cuban Studies* 36 (2005), 70–71; Louis A. Pérez, *Intervention, Revolution, and Politics in Cuba* (Pittsburgh: University of Pittsburgh Press, 1979), 4.

9 在一九〇六年，該公司重組成為古美糖業公司（Cuban American Sugar Company）。

McAvoy, *Sugar Baron*, 40; César Ayala, *American Sugar Kingdom: The Plantation Economy of the Spanish Caribbean, 1898–1934* (Chapel Hill: University of North Carolina Press, 1999), 80; Foreign Policy Association Commission on Cuban Affairs, *Problems of the New Cuba* (New York: Foreign Policy Association, 1935), 226.

10 Foner, *Spanish-Cuban-American War*, 2:476–77; Ayala, *Sugar Kingdom*, 80; McGillivray, *Blazing Cane*, 89–90; *Planter and Sugar Manufacturer*, vol. 28; *Montgomery Advertiser*, October 21, 1906, 2.

11 Louis A. Pérez Jr., *On Becoming Cuban: Identity, Nationality, and Culture* (Chapel Hill: University of North Carolina Press, 1999), 222; McGillivray, *Blazing Cane*, 95–106; Imilcy Balboa, "Steeds, Cocks, and Guayaberas: The Social Impact of Agrarian Reorganization in the Republic," in *State of Ambiguity: Civic Life and Culture in Cuba's First Republic*, eds. Steven Palmer, José Antonio Piqueras, and Amparo Sánchez Cobos (Durham, NC: Duke University Press, 2014), 213; Guerra y Sánchez, *Sugar and Society*, 194–208.

12 McGillivray, *Blazing Cane*, 92–93.

13 原文為：Tumba la caña, Anda ligero; Corre, que viene Menocal, Sonando el cuero. Eva Canel, *Lo que ví en Cuba* (1916; repr., Santiago: Editorial Oriente,

2006), 278; Louis A. Pérez, *On Becoming Cuban*, 222.
14 Louis A. Pérez, *On Becoming Cuban*, 219.
15 Louis A. Pérez, *On Becoming Cuban*, 221; Cluster and Hernández, *History of Havana*, 118.
16 Zanetti, *Historia mínima*, 203; Louis A. Pérez, *On Becoming Cuban*, 221; Louis A. Pérez, *Cuba Under the Platt Amendment*, 77.
17 Cluster and Hernández, *History of Havana*, 116–18, Louis A. Pérez, *On Becoming Cuban*, 137.
18 Louis A. Pérez, *On Becoming Cuban*, 235–37.

第十六章

1 Renée Méndez Capote, *Memorias de una cubanita que nació con el siglo* (Barcelona: Argos Vergara, 1984), 10–11, 126–29.
2 Cluster and Hernández, *History of Havana*, 113–5; "Relación de las calles . . . cuyos nombres han sido cambiados desde 1899 hasta la fecha," in *Jurisprudencia en materia de policia urbana* (Havana, 1924), 382–85; Iglesias, Cultural History, ch. 4.
3 Méndez Capote, *Memorias*, 42–43, 127.
4 Mayra Beers, "Murder in San Isidro: Crime and Culture during the Second Cuban Republic," *Cuban Studies* 34 (2003), 103; Cluster and Hernández, *History of Havana*, 125; Leonardo Padura, *Siempre la memoria, mejor que el olvido: Entrevistas, crónicas y reportajes selectos* (Miami: Editorial Verbum, 2016), 52–53; Tiffany Sippial, *Prostitution, Modernity, and the Making of the Cuban Republic, 1840–1920* (Chapel Hill: University of North Carolina Press, 2013), 13, 139–44.
5 Dulcila Cañizares, *San Isidro, 1910: Alberto Yarini y su época* (Havana: Editorial Letras Cubanas, 2000), 12–15.
6 Padura, *Siempre la memoria*, 50–51.
7 Cañizares, *San Isidro*, 90–93, 和 Beers, "Murder," 108 提供了關於衝突的兩種不同（而且有些矛盾）的記載。
8 Beers, "Murder," 98–99; Tomás Fernández Robaina, *Recuerdos secretos de dos mujeres públicas* (Havana: Editorial Letras Cubanas, 1984), 36.
9 "The Degradation of Cuba," *Daily Oklahoman*, November 29, 1910, 6. 這篇文章說這個事件發生在一九〇六年，但它是發生在一九〇八年。亞里尼葬禮的報導出現在佛羅里達、路易斯安那、喬治亞、麻塞諸塞、愛達荷、俄勒岡、南卡羅萊納和德克薩斯的報紙上。
10 Méndez Capote, *Memorias*, 16, 47–48; Cluster and Hernández, *History of Havana*, 140.
11 Méndez Capote, *Memorias*, 15–17, 39–40; Zanetti, *Historia mínima*, 205–8; Louis A. Pérez, *Cuba: Between Reform and Revolution*, 155; Ned Sublette, *Cuba and Its Music: From the First Drums to the Mambo* (Chicago: Chicago Review Press, 2004), 293–94; Aline Helg, *Our Rightful Share: The Afro-Cuban Struggle for Equality, 1886–1912* (Chapel Hill: University of North Carolina Press, 1995), 101–2.

12 Méndez Capote, *Memorias*, 15; Renée Méndez Capote, *Por el ojo de la cerradura* (Havana: Editorial Letras Cubanas, 1981), 102–3.

13 Lillian Guerra, *The Myth of José Martí: Conflicting Nationalisms in Early TwentiethCentury Cuba* (Chapel Hill: University of North Carolina Press, 2005), 110, 130–32, 139; Helg, *Our Rightful Share*, 124–26.

14 Méndez Capote, *Por el ojo*, 103; Raúl Ramos Cárdenas, "'Previsión' en la memoria histórica de la nación cubana," 線上發表於二〇一四年九月二十九日，http://www.arnac.cu/index.php/documentos-en-el-tiempo/prevision-en-la-memoria-histor ica-de-la-nacion-cubana/2212.html.

15 Arthur Schomburg, "General Evaristo Estenoz," *Crisis* 4, no. 3 (July 1912), 143–44; Jesse Hoffnung-Garskof, "The Migrations of Arturo Schomburg," *Journal of American Ethnic History* 21 (Fall 2001), 20–21, 25.

16 L. Guerra, *Myth of José Martí*, 178–81.

17 David A. Lockmiller, *Magoon in Cuba: A History of the Second Intervention, 1906 - 1909* (New York: Greenwood Press, 1969), 48.

18 Helg, *Our Rightful Share*, 137–81; L. Guerra, *Myth of José Martí*, 133, 181–83; Alejandro de la Fuente, *A Nation for All: Race, Inequality, and Politics in TwentiethCentury Cuba* (Chapel Hill: University of North Carolina Press, 2001), 65.

19 Ada Ferrer, "Rustic Men, Civilized Nation: Race, Culture, and Contention on the Eve of Cuban Independence" *Hispanic American Historical Review* 78 (1998), 663–86; "The Killing of Bandera: Negro General and Two Companions Shot and Slashed to Death," *New York Times*, August 24, 1906, 2; Manuel Cuellar Vizcaíno, *12 muertes famosas* ([Havana]: n.p., 1950), 44.

20 Cuellar Vizcaíno, 12 *muertes*, 39–40, 45–48; "The Killing of Bandera," *New York Times*, August 24, 1906, 2; L. Guerra, *Myth of José Martí*, 185. 作者的評論和 Heriberto Feraudy 以及 Ida Bandera, Havana, May 2015.

21 Lockmiller, *Magoon in Cuba*, 46, 57, 68–71.

第十七章

1 Miguel Barnet, *Rachel's Song: A Novel*, trans. Nick Hill (New York: Curbstone Press, 1991), 33; Helg, *Our Rightful Share*, 106.

2 "Nuestro Programa," *Previsión*, August 30, 1908. 我要感謝古巴國立檔案館的 Raúl Ramos Cárdenas 分享這篇文章的內容。

3 Helg, *Our Rightful Share*, 154–55, 165; Scott, *Degrees*, 233; de la Fuente, *A Nation for All*, 64, 72–73.

4 Helg, *Our Rightful Share*, 167–68.

5 Silvio Castro Fernández, *La masacre de los independientes de color en 1912* (Havana: Ciencias Sociales, 2002), 67; Helg, *Our Rightful Share*, 169, 174–79, 185; Scott, *Degrees*, 237.

6 Scott, *Degrees*, 236, 239; Helg, *Our Rightful Share*, 191.

7 Helg, *Our Rightful Share*, 194–97; Castro Fernández, *La masacre*, 103.

8 Helg, *Our Rightful Share*, 194, 203–4; Castro Fernández, *La masacre*, 100, 140; McGillivray, *Blazing Cane*, 88; de la Fuente, *A Nation for All*, 74.

9 有一些歷史學家提出埃斯特諾茲本人向美國人提出了介入請求，這個看法的證據是基於一封一九一二年六月十五日的信中的算計。最近新發現的證據指出，這封信有可能是別人假冒了埃斯特諾茲的簽名。另請參考，Julio César Guanche, "Una replica documental sobre el 'anexionismo' de Evaristo Estenoz: Una propuesta sobre su testamento político," 抄本正在籌備中，我要特別感謝作者和我分享這些資訊。

10 Helg, *Our Rightful Share*, 204–5, 219; Castro Fernández, *La Masacre*, 105–7.

11 Helg, *Our Rightful Share*, 205, 219; *Index to Dates of Current Events Occurring or Reported During the Year 1912* (New York: R. R. Bowker, 1913).

12 Helg, *Our Rightful Share*, 204, 210–11, 221.

13 Helg, *Our Rightful Share*, 199, 205, 210–11.

14 Scott, *Degrees*, 242–43.

15 Helg, *Our Rightful Share*, 203–4, 210–11; de la Fuente, *A Nation for All*, 75.

16 José Miguel Gómez, "Proclama del Presidente al Pueblo de Cuba," quoted in Guanche, "Replica," 18. See also Helg, *Our Rightful Share*, 211.

17 "El manifiesto de Estenoz," in *Guanche*, "Replica," 18–21.

18 *El Cubano Libre* (Santiago), June 18, 1912; *La Discusión* (Havana), June 21, 1912; L. Guerra, *Myth of José Martí*, 231; Helg, *Our Rightful Share*, 224; Castro Fernández, *La Masacre*, 205.

19 Helg, *Our Rightful Share*, 225; Castro Fernández, *La Masacre*, 3, 100, 142.

20 Portuondo, *La Virgen*, 245.

第十八章

1 Thomas, *Cuba: The Pursuit of Freedom*, 530; "Cuban Aero Squadron for France," *Aviation Week and Space Technology*, September 15, 1917, 254.

2 Thomas, *Cuba: The Pursuit of Freedom*, 543; Louis A. Pérez, *Cuba Under the Platt Amendment*, 186–94; Luis Aguilar, *Cuba 1933: Prologue to Revolution* (Ithaca, NY: Cornell University Press, 1972), 43.

3 Zanetti, *Historia mínima*, 203–6; Peter Hudson, *Bankers and Empire: How Wall Street Colonized the Caribbean* (Chicago: University of Chicago Press, 2018),

147, 201–2; Robin Blackburn, "Prologue to the Cuban Revolution," *New Left Review*, 21 (October 1963), 59.

4 Louis A. Pérez, *Cuba Under the Platt Amendment*, 230; Schroeder, *Cuba*, 432; Louis A. Pérez, *On Becoming Cuban*, 336–39; Cluster and Hernández, *History of Havana*, 136.

5 Louis A. Pérez, *Cuba Under the Platt Amendment*, 169–70, 190, 195–96, 205–11.

6 Louis A. Pérez, *On Becoming Cuban*, 167; Rosalie Schwartz, *Pleasure Island: and Temptation in Cuba* (Lincoln: University of Nebraska Press, 1997), 4.

7 Schwartz, *Pleasure Island*, 5, 50, 56–60, 89; Basil Woon, *When It's Cocktail Time in Cuba* (New York: Horace Liveright, 1928); Louis A. Pérez, *On Becoming Cuban*, 168.

8 Louis A. Pérez, *On Becoming Cuban*, 166–68; Schwartz, *Pleasure Island*, 55, 89.

9 Louis A. Pérez, *On Becoming Cuban*, 169, 183–84; Schwartz, *Pleasure Island*, 82; Peter Moruzzi, *Havana Before Castro: When Cuba Was a Tropical Playground* (Salt Lake City, UT: Gibbs Mith, 2008), 42, 83–84; Roberto González Echevarría, *The Pride of Havana: A History of Cuban Baseball* (New York: Oxford University Press, 1999), 164.

10 Schwartz, *Pleasure Island*, 1–2, 30–33; González Echevarría, *Pride of Havana*, 162.

11 Louis A. Pérez, *On Becoming Cuban*, 184–87.

12 Schwartz, *Pleasure Island*, 85–86.

13 Waldo Frank, "Habana of the Cubans," *New Republic*, June 23, 1926, 140.

14 Louis A. Pérez, *On Becoming Cuban*, 167, 187, 194; Schwartz, *Pleasure Island*, 81.

15 Schwartz, *Pleasure Island*, 31–32; Louis A. Pérez, *On Becoming Cuban*, 167, 187.

16 Sublette, *Cuba and Its Music*, 349; González Echevarría, *Pride of Havana*, 127, 160–61; Walter Isaacson, *Einstein: His Life and Universe* (New York: Simon & Schuster, 2007), 371; José Altshuler, *Las 30 horas de Einstein en Cuba* (Havana: Centro Felix Varela, 2005), 5.

17 Marial Iglesias, "A Sunken Ship, a Bronze Eagle, and the Politics of Memory," in *State of Ambiguity*, 44–45; Fernando Martínez Heredia, "Coolidge en La Habana: La visita anterior," www.cubadebate.cu, March 8, 2016, at http://www.cubadebate.cu/opinion/2016/03/08/coodlige-en-la-habana-la-visita-anterior/#.XpPPYC 2ZNBw.

18 Calvin Coolidge, Address Before the Pan-American Conference in Havana, Cuba, January 16, 1828, http://www.presidency.ucsb.edu/ws/?pid=443.

19 Louis A. Pérez, *Cuba Under the Platt Amendment*, 269–72; Coolidge, Address Before the Pan-American Conference.

20 Zanetti, *Historia mínima*, 215–26.

21 Carleton Beals, *The Crime of Cuba* (Philadelphia: J. B. Lippincott, 1933), 270.

22 Louis A. Pérez, *Cuba Under the Platt Amendment*, 196–210; Jaime Suchlicki, *University Students and Revolution in Cuba, 1920–1968* (Coral Gables, FL: University of Miami Press, 1969), 20; "Los estudiantes proclaman la universidad libre," *Pensamiento Crítico* 39 (April 1970), 20–22.

23 Robert Whitney, *State and Revolution in Cuba: Mass Mobilization and Political Change* (Chapel Hill: University of North Carolina Press, 2001), 44–45; "Relato de Fernando Sirgo," *Pensamiento Crítico* 39 (April 1970), 28–29.

24 Whitney, *State and Revolution*, 49; Thomas, *Cuba: The Pursuit of Freedom*, 580; Lynn Stoner, *From the House to the Streets: The Cuban Women's Movement for Legal Reform, 1898–1940* (Durham, NC: Duke University Press, 1991), 70–71.

25 *Pensamiento Crítico* 39 (April 1970), 36–47; Christine Hatzky, *Julio Antonio Mella* (1903–1929): *Una biografía* (Santiago de Cuba: Editorial Oriente, 2008); Tony Wood, "The Problem of the Nation in Latin America's Second Age of Revolution: Radical Transnational Debates on Sovereignty, Race, and Class, 1923–1941" (PhD diss., New York University, September 2020), pp. 96–99.

26 Gabriela Pulido Llano and Laura Beatriz Moreno Rodríguez, *El asesinato de Julio Antonio Mella: Informes cruzados entre México y Cuba* (Mexico: Instituto Nacional de Antropología e Historia, 2018); Letizia Argenteri, *Tina Modotti: Between Art and Revolution* (New Haven, CT: Yale University Press, 2003), 113–14.

27 McGillivray, *Blazing Cane*, 200; Aguilar, *Cuba 1933*, 98–100; Louis A. Pérez, *Cuba Under the Platt Amendment*, 266, 280–81.

28 Aguilar, *Cuba 1933*, 98–107; Beals, *The Crime of Cuba*, 249–50; Louis A. Pérez, *Cuba Under the Platt Amendment*, 283.

29 Louis A. Pérez, *Cuba Under the Platt Amendment*, 283, 292; Aguilar, *Cuba 1933*, 107, 121.

30 比方說，*San Diego Union*, December 24, 1931, 3, and December 26, 1931, 13; *San Francisco Chronicle*, December 26, 1931, 5, 8; December 28, 1931, 24.

31 Newton Briones Montoto, *Esperanzas y desilusiones: Una historia de los años 30* (Havana: Ciencias Sociales, 2008), 17.

32 Ruby Hart Phillips, *Cuban Sideshow* (Havana: Cuban Press, 1935), 44–46; "Walkouts in Cuba," *New York Times*, August 6, 1933, 9; "Troops Are Called Out," *New York Times*, August 8, 1933, 1. 另可參考 *Bohemia*, August 6, 1933.

33 Phillips, *Cuban Sideshow*, 51–54; "Havana Police Kill Score in Crowd Outside Capitol; Machado Expected to Quit," *New York Times*, August 8, 1933, 1.

34 Welles to Secretary of State, Havana, August 7, 1933 (noon), and Welles to Secretary of State, Havana, August 8, 1933 (9 p.m.), in *Foreign Relations of the United States, Diplomatic Papers*（此後簡稱為 *FRUS, DP*）, 1933, vol. 5, doc. 129; Louis A. Pérez, *Cuba and the United States*, 190–91.

35 Sublette, *Cuba and Its Music*, 413–14; Welles to Secretary of State, August 11, 1933 (8 p.m.), in *FRUS*, DP, 1933, vol. 5, doc. 150; Louis A. Pérez, *Cuba and the United States*, 192; Phillips, *Cuban Sideshow*, 74.

第十九章

1 Consul Hurley to Secretary of State, August 13, 1933, in *FRUS, DP*, vol. 5, doc. 319; Sublette, *Cuba and Its Music*, 413–14; Thomas, *Cuba: The Pursuit of Freedom*, 628; Phillips, *Cuban Sideshow*, 65, 68, 100.

2 Phillips, *Cuban Sideshow*, 72.

3 Welles to Hull, August 19, 1933, *FRUS, DP*, vol. 5, doc. 327; Phillips, *Cuban Sideshow*, 84; Louis A. Pérez, *Cuba Under the Platt Amendment*, 319; Welles to Secretary of State, August 24, 1933, *FRUS, DP*, vol. 5, doc. 331; Aguilar, *Cuba 1933*, 157.

4 Aguilar, *Cuba 1933*, 157–59; Whitney, *State and Revolution*, 100; Thomas, *Cub Pursuit of Freedom*, 632.

5 Newton Briones Montoto, *Aquella decisión callada* (Havana: Ciencias Sociales, 1998), 153–66; Rolando Rodríguez, *La revolución que no se fue a bolina* (Havana: Ciencias Sociales, 2013), 124.

6 關於巴蒂斯塔在此事中扮演的角色，學者們存在著不同的意見，有一些學者將他視為主要領導者，其他人則認為，他是趁著第一領導人那天晚上不在哈瓦那時，從他手中奪走了領導權。Briones Montoto, *Aquella decisión callada*, 153–64; Frank Argote-Freyre, *Fulgencio Batista: From Revolutionary to Strongman* (New Brunswick, NJ: Rutgers University Press, 2006), 57–63; "Entrevista a Pablo Rodríguez," *Pensamiento Crítico* 39 (April 1970), 220–26; Lionel Soto, *La Revolución del 33* (Havana: Editorial Pueblo y Educación, 1985), 3:15–40, 73–74; Ricardo Adán y Silva, *La gran mentira, 4 de septiembre de 1933* (Havana: Editorial Lex, 1947), 100–103; Thomas, *Cuba: The Pursuit of Freedom*, 635–37.

7 R. Rodríguez, *La revolución*, 132.

8 Aguilar, *Cuba 1933*, 161–62.

9 Briones Montoto, *Aquella decisión callada*, 172, 182; R. Rodríguez, *La revolución*, 212; Fernando Martínez, *La revolución cubana del 30: Ensayos* (Havana: Ciencias Sociales, 2007), 30, 68.

10 Welles to Secretary of State, September 10, 1933, *FRUS, DP*, vol. 5, doc. 376; Louis A. Pérez, *Cuba Under the Platt Amendment*, 323–25: R. Rodríguez, *La revolución*, 153, 186; Phillips, *Cuban Sideshow*, 126.

11 R. Rodríguez, *La revolución*, 186.

12 Whitney, *State and Revolution*, 105; McGillivray, *Blazing Cane*, 207.

13 José A. Tabares, *Guiteras* (Havana: Instituto Cubano del Libro, 1973), 261–3; McGillivray, *Blazing Cane*, 207–8, 211; Whitney, *State and Revolution*, 113.

14 Louis A. Pérez, *Cuba Under the Platt Amendment*, 324; Tabares, *Guiteras*, 262–63.

15 Welles quoted in Louis A. Pérez, *Cuba Under the Platt Amendment*, 323–25. R. Rodríguez, *La revolución*, 153.

16 Welles to Secretary of State, September 12, 1933, in *FRUS, DP*, 1933, vol. 5, doc. 385; Aguilar, *Cuba 1933*, 188.

17 Welles to Secretary of State, October 5, 1933 (midnight), in *FRUS, DP*, 1933, vol. 5, doc.430.

18 Grant Watson, September 26, 1933, quoted in Barry Carr, "Mill Occupations and Soviets: The Mobilisation of Sugar Workers in Cuba, 1917–1933," *Journal of Latin American Studies* 28 (1996), 143.

19 Julio LeRiverend, *La República: Dependencia y revolución* (Havana: Editorial de Ciencias Sociales, 1973), 246; Barry Carr, "Mill Occupations," 131; McGillivray, *Blazing Cane*, 211.

20 Carr, "Mill Occupations," 140.

21 McGillivray, *Blazing Cane*, 212–13; Carr, "Mill Occupations," 140.

22 McGillivray, *Blazing Cane*, 211–13; Carr, "Mill Occupations," 152–56; Thomas, *Cuba: The Pursuit of Freedom*, 657.

23 Tabares, *Guiteras*, 40–46, 70–72, 101, 121–24, 135–40, 275; Thomas, *Cuba: The Pursuit of Freedom*, 650; Cluster and Hernández, *History of Havana*, 169.

24 Thomas, *Cuba: The Pursuit of Freedom*, 654; Tabares, *Guiteras*, 188, 282–93.

25 Tabares, *Guiteras*, 188, 262, 271, 288–89, 297, 331.

26 Tabares, *Guiteras*, 176, 257–60, 277–79.

27 Welles to Secretary of State, October 5, 1933 (midnight), in *FRUS, DP*, 1933, vol. 5, doc.430; Whitney, *State and Revolution*, 106–7.

28 Welles to Secretary of State, September 16, 1933 (1 p.m.), *FRUS, DP*, 1933, vol. 5, doc.400; Welles to Secretary of State, October 5, 1933 (midnight), *FRUS, DP*, 1933, vol. 5, doc.430; Welles to Secretary of State, October 4, 1933 (7 p.m.), *FRUS, DP*, vol. 5, doc.428; Welles to Secretary of State, October 7, 1933 (midnight), vol. 5, doc.436; McGillivray, *Blazing Cane*, 235.

29 Welles to Secretary of State, October 4, 1933, *FRUS, DP*, 1933, vol. 5, doc.428; Welles to Secretary of State, October 7, 1933, *FRUS, DP*, 1933, vol. 5, doc.436; Tabares, *Guiteras*; Paco I. Taibo, *Tony Guiteras* (Mexico City: Planeta Editorial, 2008), 239, 315; Barry Carr, "Identity, Class, and Nation: Black Immigrant Workers, Cuban Communism, and the Sugar Insurgency, 1925–1934," *Hispanic American Historical Review* 78 (1998), 113; *San Francisco Chronicle*, October 27, 1933, 2, and October 28, 1933, 1; *New York Times*, October 27, 1933, 12, and October 28, 1933, 17; Efraín Morciego, *El crimen de Cortaderas* (Havana: Unión de Escritores y Artistas de Cuba, 1982), 11–13.

30 Jefferson Caffery to Acting Secretary of State, December 21, 1933, *FRUS, DP*, 1933, vol. 5, doc. 530; Caffery to Acting Secretary of State, January 10, 1934, *FRUS, DP*, 1934,vol. 5, doc.77.

31 Caffery to Acting Secretary of State, January 10, 1934, *FRUS, DP*, 1934, vol. 5, doc.77; Caffery to Acting Secretary of State, January 13, 1934 (5 p.m.), *FRUS,*

DP, 1934, vol. 5, doc.79; Welles to Secretary of State, October 4, 1933, *FRUS, DP*, 1933, vol. 5, doc.428.

32 Secretary of State to Caffery, January 23, 1934, *FRUS, DP*, 1934, vol. 5, doc.103. Thomas, *Cuba: The Pursuit of Freedom*, 674–77.

第二十章

1 Aguilar, *Cuba 1933*, 173; Ariel Mae Lambe, *No Barrier Can Contain It: Cuban Antifascism and the Spanish Civil War* (Chapel Hill: University of North Carolina Press, 2019, 76–100.

2 Whitney, *State and Revolution*, ch. 7; Thomas, *Cuba: The Pursuit of Freedom*, 707–14; Argote-Freyre, *Fulgencio Batista*, 214–33; Louis A. Pérez, *Cuba: Between Reform and Revolution*, 212; Joanna Swanger, *Rebel Lands of Cuba: The Campesino Struggles of Oriente and Escambray, 1934–1974* (Lanham, MD: Lexington Books, 2015), 62; Julio César Guanche,"Disputas entre populismo, democracia y régimen representativo: un análisis desde el corporativismo en la Cuba de los 1930," in *Las izquierdas latinoamericanas: Multiplicidad y experiencias durante el siglo xx*, ed. Caridad Massón (Santiago de Chile: Ariadne, 2017), 153–64.

3 Zanetti, *Historia mínima*, 235–38; Louis A. Pérez, *Cuba: Between Reform and Revolution*, 217–18.

4 Club Atenas, *Conferencias de orientación ciudadana: los partidos políticos y la Asamblea Constituyente* (Havana: Club Atenas, 1939).

5 Nestor Carbonell, *Grandes debates de la Constituyente cubana de 1940* (Miami: Ediciones Universal, 2001), 48–50; Mario Riera, *Cuba política, 1899–1955* (Havana: n.p., 1955), 475–76.

6 Carbonell, *Grandes debates*, 17–20, 358; Stoner, *From the House*, 190.

7 Carbonell, *Grandes debates*, 50–51; *Albúm histórico fotográfico: Constituciones de Cuba, 1868–1901–1940* (Havana: Cárdenas y Compañía, 1940), 155.

8 *Albúm histórico fotográfico*, 155–66; *Diario de sesiones de la Convención Constitutente* (Havana: [P. Fernández], 1940).

9 Ana Suarez, ed., *Retrospección crítica de la Asamblea Constituyente de 1940* (Havana: Centro Juan Marinello, 2011), 24; Alejandra Bronfman, *Isles of Noise: Sonic Media in the Caribbean* (Chapel Hill: University of North Carolina Press, 2016), 59, 104; John Gronbeck-Tedesco, *Cuba, the United States, and Cultures of the Transnational Left, 1930–1975* (New York: Cambridge University Press, 2015), 106; "Manolo Manuscript," New York University Archives, Carl Withers Collection, Box 12.

10 Carbonell, *Grandes debates*, 75, 85; Alejandra Bronfman, *Measures of Equality: Social Science, Citizenship, and Race in Cuba, 1902–1940* (Chapel Hill: University of North Carolina Press, 2004), 172–77; Tomás Fernández Robaina, *El negro en cuba: Apuntes para la historia de la lucha contra la discriminación racial* (Havana: Ciencias Sociales, 1990), 143–44.

11 Carbonell, *Grandes debates*, 77.

12 Diario de sesiones, April 27 and May 2, 1940; Bronfman, *Measures of Equality,* 174–78.

13 Bronfman, *Measures of Equality,* 173, 177; Melina Pappademos, *Black Political Activism and the Cuban Republic* (Chapel Hill: University of North Carolina Press, 2011), ch. 6.

14 Andres M. Lazcano, *Las constituciones de Cuba* (Madrid: Ediciones Cultura Hispánica, 1952), 1:257–84; Carbonell, *Grandes debates,* 74–86; *Diario de sesiones,* April 27 and May 2, 1940.

15 Carbonell, *Grandes debates,* 84–85.

16 Carbonell, *Grandes debates,* 82–84.

17 Lazcano, *Las constituciones,* 1:257–84; Carbonell, *Grandes debates,* 85–86; *Diario de sesiones,* May 2, 1940.

18 Carbonell, *Grandes debates,* 85; *Diario de sesiones,* May 2, 1940.

19 Lazcano, *Las constituciones,* 1:257–84; Carbonell, *Grandes debates,* 74–86; *Diario de sesiones,* May 2, 1940; Stoner, *From the House,* 191; Bronfman, *Measures of Equality,* 177–78.

20 *Album histórico fotográfico,* 251; Gustavo Gutiérrez, *La Constitución de la República de Cuba* (Havana: Editorial Lex, 1941), 2: 86; Timothy Hyde, *Constitutional Modernism: Architecture and Civil Society in Cuba, 1933–1959* (Minneapolis: University of Minnesota Press, 2012), 21–22.

21 Constitución de la República de Cuba, 1940, https://pdba.georgetown.edu/Constitutions/Cuba/cuba1940.html.

22 Rafael Rojas, "La tradición constitucional hispanoamericana y el excepcionalismo cubano," in *El cambio constitucional en Cuba,* eds. Rafael Rojas, Velia Cecilia Bobes, and Armando Chaguaceda (Mexico City: Centro de Estudios Constitucionales Iberoamericanos, A.C., 2017), 64–66; Greg Grandin, "Liberal Traditions in the Americas: Rights, Sovereignty, and the Origins of Liberal Multilateralism," *American Historical Review* 117 (February 2012), 68–91; Roberto Gargarella, *Latin American Constitutionalism, 1810–2010: The Engine Room of the Constitution* (Oxford: Oxford University Press, 2013).

23 Louis A. Pérez, *Cuba: Between Reform and Revolution,* 214.

第二十一章

1 *Diario de la Marina* (Havana), October 6, 1948, 1 and October 12, 1948, 1.

2 *Time,* April 21, 1952; *New York Times,* March 19, 1951; Sam Boal and Serge Fliegers, "The Biggest Theft in History," *American Mercury,* April 1952, 26–35; *Alerta,* October 25, 1948; *Bohemia,* April 2, 1950; Humberto Vázquez García, *El gobierno de la Kubanidad* (Santiago: Editorial Oriente, 2005), 438–39; Enrique Vignier, *La corrupción política administrativa en Cuba, 1944–1952* (Havana: Ciencias Sociales, 1973), 119–29; Ilan Ehrlich, *Eduardo Chibás: The*

Incorrigible Man of Cuban Politics (Lanham, MD: Rowman & Littlefield, 2015), 83.

3 Vázquez García, *El gobierno*, 125–29; 438–39; Vignier, *La corrupción*, 119–29; Cluster and Hernández, History of Havana, 178, 183; Sublette, Cuba and Its Music, 558; New York Times, March 26, 1950, 92.

4 Zanetti, *Historia mínima*, 239; Thomas, *Cuba: The Pursuit of Freedom*, 729; Ehrlich, *Eduardo Chibás*, 58; Sublette, *Cuba and Its Music*, 504.

5 Thomas, *Cuba: The Pursuit of Freedom*, 735–37; Louis A. Pérez, *Cuba: Between Reform and Revolution*, 216–17; Zanetti, *Historia minima*, 240.

6 *Time*, April 21, 1952; Chibás quoted in Thomas, *Cuba: The Pursuit of Freedom*, 763.

7 Vignier, *La corrupción*; Phillips, *Cuban Sideshow*, 130.

8 T. J. English, *Havana Nocturne: How the Mob Owned Cuba and Then Lost it to the Revolution* (New York: William Morrow, 2008), 16; 關於對幫派勢力在古巴影響力的重要重新詮釋，請參考 Frank Argote-Freyre, "The Myth of Mafia Rule in 1950s Cuba: Origin, Relevance, and Legacies," *Cuban Studies* 49 (2020), 263–88.

9 在ancestry.com上公開的佛羅里達旅客列表顯示，蘭斯基曾經數次前往古巴，其中多數是在一九三〇年代末至一九五八年間的旅行。English, Havana Nocturne, 3–6.

10 English, *Havana Nocturne*, 31–32.

11 English, *Havana Nocturne*, 33; Enrique Cirules, *The Mafia in Havana: A Caribbean Mob Story* (Melbourne: Ocean Press, 2016), 35–45;Vásquez García, *El gobierno*, 297; Jack Colhoun, *Gangsterismo: The United States, Cuba, and the Mafia, 1933–1966* (New York: Or Books, 2013), 11; Sublette, *Cuba and Its Music*, 516. 雖然這場會議的有關故事出現在很多關於黑幫的歷史研究中，但是近年來，歷史學家Frank Argote-Freyre對他們的資料來源提出了質疑，詳見他的著作"Myth of Mafia Rule in 1950s Cuba."

12 English, *Havana Nocturne*, 8, 44; Colhoun, *Gangsterismo*, 9–11.

13 English, *Havana Nocturne*, 40–42; Cirules, *Mafia in Havana*, 53.

14 Argote-Freyre, "Myth of Mafia Rule in 1950s Cuba." 265.

15 Samuel Farber, *Revolution and Reaction in Cuba, 1933–1960: A Political Sociology from Machado to Castro* (Bridgeport, CT: Wesleyan University Press, 1976), 119–22.

16 Ehrlich, *Eduardo Chibás*, 3, 10, 107.

17 Ehrlich, *Eduardo Chibás*, 10, 20–21; Bronfman, *Isles of Noise*, 54–59.

18 Ehrlich, *Eduardo Chibás*, 10, 18.

19 Lillian Guerra, *Heroes, Martyrs, and Political Messiahs in Revolutionary Cuba, 1946-1958* (New Haven, CT: Yale University Press, 2018), 57; Luis Conte Agüero, *Eduardo Chibás, el adalid de Cuba* (Miami: La Moderna Poesía, 1987), 568–69; Ehrlich, *Eduardo Chibás*, 18–22, 60–61.

20 Ehrlich, *Eduardo Chibás*, 19–20.

21 Conte Agüero, *Eduardo Chibás*, 567; Ehrlich, *Eduardo Chibás*, 78.

22 Ehrlich, *Eduardo Chibás*, 75; L. Guerra, *Heroes*, 61; Conte Agüero, *Eduardo Chibás*, 564, 571.

23 Conte Agüero, *Eduardo Chibás*, 612–19; Thomas, *Cuba: The Pursuit of Freedom*, 763.

24 Conte Agüero, *Eduardo Chibás*, 614; Thomas, *Cuba: The Pursuit of Freedom*, 763; L. Guerra, *Heroes*, 64.

25 Ehrlich, *Eduardo Chibás*, 94; Boal and Fliegers, "The Biggest Theft in History," 26, 35; Thomas, *Cuba: The Pursuit of Freedom*, 768.

26 L. Guerra, *Heroes*, 74; Ehrlich, *Eduardo Chibás*, 219, 232–33.

27 L. Guerra, *Heroes*, 33; Ehrlich, *Eduardo Chibás*, 233–37.

28 English, *Havana Nocturne*, 88; "El pueblo opina sobre el gobierno," *Bohemia*, December 16, 1951, 27.

29 Louis A. Pérez, *Cuba: Between Reform and Revolution*, 219–25; L. Guerra, *Heroes*, 83–91; Thomas, *Cuba: The Pursuit of Freedom*, 780–82.

30 Antonio R. de la Cova, *The Moncada Attack: Birth of the Cuban Revolution* (Columbia University of South Carolina Press, 2007), 32. Michelle Chase, *Revolution Within the Revolution: Women and Gender Politics in Cuba, 1952–1962* (Chapel Hill: University of North Carolina Press, 2015), 35–37; L. Guerra, *Heroes*, 81–82.

31 Thomas, *Cuba: The Pursuit of Freedom*, 79; English, *Havana Nocturne*, 95.

第二十二章

1 *Bohemia*, February 1, 1953; Willis Knapp Jones, "The Martí Centenary," Modern Language Journal 37 (1953), 398–402.

2 Carlos Marchante Castellanos, *De cara al sol y en lo alto de Turquino* (Havana: Consejo de Estado, 2012).

3 Roberto Rodríguez Menéndez, "Jilma Madera. Símbolo de la escultura cubana," *Somos Jóvenes*, no. 259 (October 2006), 34–36.

4 Pedro Alvarez Tabío, *Celia, ensayo para una biografía* (Havana: Consejo de Estado), 125, 135–39.

5 Marchante Castellanos, *De cara al sol;* Alvarez Tabío, *Celia*, 135–39; Tiffany Sippial, *Celia Sánchez Mandeley: The Life and Legacy of a Cuban Revolutionary* (Chapel Hill: University of North Carolina Press, 2020), 53–55.

6 Fidel Castro and Ignacio Ramonet, *My Life: A Spoken Autobiography*, trans. Andrew Hurley (New York: Scribner, 2009), 28, 631–34; Thomas, *Cuba: The

Pursuit of Freedom, 804–9; Cova, The Moncada Attack, 5, 27.

7 Fidel Castro, *Revolutionary Struggle, 1947–1958*, ed. Rolando Bonachea and Nelson P. Valdés (Cambridge, MA: MIT Press, 1972), 155–58. The description of the assault below draws on Rolando Bonachea and Marta San Martín, *The Cuban Insurrection, 1952–1959* (New Brunswick, NJ: Rutgers University Press, 1974), 18–22; L. Guerra, Heroes, 125–30; Cova, *The Moncada Attack*, xxvi–xxvii, 34–38, 68–80.

8 Cova, *The Moncada Attack*, 33–34, 68–80.

9 Bonachea and San Martín, *The Cuban Insurrection*, 22–23; Cova, *The Moncada Attack*, 82–92.

10 Carlos Franqui, *Diary of the Cuban Revolution* (New York:Viking, 1980), 68.

11 L. Guerra, *Heroes*, 123, 128–29; Cova, *The Moncada Attack*, xxvii; Margaret Randall, *Haydée Santamaría, Cuban Revolutionary: She Led by Transgression* (Durham, NC: Duke University Press, 2015), 63; Rafael Rojas, *Historia miníma de la Revolución cubana* (Mexico City: Colegio de Mexico, 2015), 37–38.

12 Jorge Eduardo Gutiérrez Bourricaudy, "La censura de prensa ante los sucesos del Moncada," in *Los Caminos del Moncada*, ed. Reina Galia Hernández Viera (Havana: Editora Historia, 2013), 169–85, 172–76.

13 我對這場審判的描述是來自於Marta Rojas, *La generación del centenario en el juicio de Moncada* (Havana: Ciencias Sociales, 1973), 15–73; Georgie Anne Geyer, *Guerrilla Prince: The Untold Story of Fidel Castro* (Boston: Little, Brown, 1991), 121–25; and Jorge Bodes Torres, José Luis Escasena Guillarón, and Rafaela Gutiérrez Valdés, *Valoración jurídico penal del juicio más trascendental de Cuba* (Havana: Ciencias Sociales, 1998).

14 Bonachea and Valdés, *Revolutionary Struggle*, 1:164–221.

15 Thomas, *Cuba: The Pursuit of Freedom*, 843.

16 Fidel Castro to Luis Conte Aguero, March 1955, in Fidel Castro, *The Prison Letters of Fidel Castro* (New York: Nation Books, 2009), 65.

17 Franqui, *Diary*, 73–75.

18 Franqui, *Diary*, 68, 75.

19 Franqui, *Diary*, 71–72; Castro and Ramonet, *My Life*, 508.

20 Franqui, *Diary*, 76; Fidel Castro to Franklin D. Roosevelt, November 6, 1940, https://catalog.archives.gov/id/302040.

21 Franqui, *Diary*, 9, 69, 73, 76.

22 Castro and Ramonet, *My Life*, 90; Fidel Castro, *Prison Letters*, 32; Franqui, *Diary*, 66, 71, 73, 75.

23 斐代爾・卡斯楚的演說內容的英文翻譯可以在卡斯楚演說數據庫中取得（http://lanic.utexas.edu/la/cb/cuba/castro.html），其西班牙文版本可以在古巴政府網站上獲得：http://www.cuba.cu/gobierno/discursos/ and https://fidel-discursos .ipscuba.net. 除非另有說明，所

有的演講內容都是在上述出處中取得的。見 Castro speeches of April 24, 1959, April 16, 1961, and December 20, 1961.

24 關於早期的否認，請參考第二十五和二十六章的內容。例如，卡斯楚在一九七〇年代時回溯自己是接受馬克思主義的說法，請參考 Rafael Rojas, "The New Text of the Revolution," in *The Revolution from Within: Cuba, 1959–1980*, eds. Michael Bustamante and Jennifer Lambe (Durham, NC: Duke University Press, 2019), 36–37; Castro and Ramonet, *My Life*, 99, 100, 103, 112.

25 Castro and Ramonet, *My Life*, 151–52.

26 Castro to Celia Sánchez, June 5, 1958, in Bonachea and Valdés, *Revolutionary Struggle*, 379.

第二十三章

1 Chase, *Revolution*, 19–20.

2 "Amnistía, presos y exiliados," *Bohemia*, May 22, 1955, 59–64; Julio Fernández León, *José Antonio Echeverría: vigencia y presencia* (Miami: Ediciones Universal, 2007), 194–95.

3 Thomas, *Cuba: The Pursuit of Freedom*, 862.

4 L. Guerra, *Heroes*, 197; Chase, *Revolution*, 41, 47; Bonachea and San Martín, *Cuban Insurrection*, 53–59.

5 Bonachea and San Martín, *Cuban Insurrection*, 58–59.

6 Bonachea and San Martín, *Cuban Insurrection*, 53–56; L. Guerra, *Heroes*, 150; Chase, *Revolution*, 40; Fernández León, *José Antonio Echeverría*, 269–73.

7 Fernández León, *José Antonio Echeverría*, 274–76; Bonachea and San Martín, *Cuban Insurrection*, 55.

8 Fernández León, *José Antonio Echeverría*, 277; Bonachea and San Martín, *Cuban Insurrection*, 55.

9 Bonachea and San Martín, *Cuban Insurrection*, 55–56; Fernández León, *José Antonio Echeverría*, 279–80; Steve Cushion, *Hidden History of the Cuban Revolution: How the Working Class Shaped the Guerrilla Victory* (New York: Monthly Review Press, 2016), 80.

10 Cushion, *Hidden History*, 88–94; Chase, *Revolution*, 28. 這種獎金被稱作是「diferencial」，其金額是在年度收穫季開始時根據生活成本的增加而發放的。

11 José Antonio Echeverría, *Papeles del Presidente: Documentos y discursos de José Antonio Echeverría Bianchi*, ed. Hilda Natalia Berdayes García (Havana: Casa Editora Abril, 2006), 28–32, 61–63; Rolando Dávila Rodríguez, *Lucharemos hasta el final* (Havana: Consejo de Estado, 2011), 1:55; Chase, *Revolution*, 20; Bonachea and San Martín, *Cuban Insurrection*, 59–60.

12 Bonachea and San Martín, *Cuban Insurrection*, 72–73.

13 Bonachea and San Martín, *Cuban Insurrection*, 65, 68–69.

14 Bonachea and Valdés, *Revolutionary Struggle*, 1:259–71.

15 Dávila Rodríguez, *Lucharemos hasta el final*, 2:157; Bonachea and San Martín, *Cuban Insurrection*, 66;Van Gosse, *Where the Boys Are: Cuba, Cold War America, and the Making of a New Left* (New York:Verso, 1993), 65.

16 Bonachea and San Martín, *Cuban Insurrection*, 70–78; Echeverría, *Papeles del Presidente*, 84–87; Julia Sweig, *Inside the Cuban Revolution: Fidel Castro and the Urban Underground* (Cambridge, MA: Harvard University Press, 2002), 13; L. Guerra, Heroes, 183; José Álvarez, *Frank País y la revolución cubana* (repr., CreateSpace, 2017).

17 Bonachea and San Martín, *Cuban Insurrection*, 78.

18 Alvarez Tabío, *Celia*, 100, 156–69; Franqui, *Diary*, 127.

19 Franqui, *Diary*, 122; Dávila Rodríguez, *Lucharemos*, 2:209.

20 Dávila Rodríguez, *Lucharemos*, 2:211–12, 222; Bonachea and San Martín, *Cuban Insurrection*, 80–83; Sippial, *Celia Sánchez*, 70.

21 Bonachea and San Martín, *Cuban Insurrection*, 80–83.

22 Franqui, *Diary*, 123–24; Ernesto Che Guevara, *Episodes of the Cuban Revolutionary War, 1956–1958* (New York: Pathfinder, 1996), 87–88.

23 Franqui, *Diary*, 129.

第二十四章

1 Guevara, *Episodes*, 102–14; Jon Lee Anderson, *Che Guevara: A Revolutionary Life* (New York: Grove Books, 2010), 224–28.

2 Jerry Knudson, *Herbert L. Matthews and the Cuban Story* (Lexington, KY: Association for Education in Journalism, 1978), 5–7; Sippial, *Celia Sánchez*, 75–76.

3 Knudson, *Herbert L. Matthews*, 5–7; Sippial, *Celia Sánchez*, 75–76; Herbert L. Matthews, "Cuban Rebel Is Visited in Hideout," *New York Times*, February 24, 1957.

4 Franqui, *Diary*, 139, 141; Herbert Matthews, interview with Fidel Castro in Sierra Maestra Mountains, autograph manuscript notes, February 17, 1957, Columbia University, Rare Books and Manuscripts, Herbert Matthews Papers, Miscellaneous Collections Vaults.

5 Matthews, interview with Fidel Castro in Sierra Maestra Mountains, autograph manuscript notes; Matthews, "Cuban Rebel Is Visited in Hideout." See also Anthony DePalma, *The Man Who Invented Fidel: Cuba, Castro and Herbert L. Matthews of the New York Times* (New York: PublicAffairs, 2006), 84–85; Nancy Stout, *One Day in December: Celia Sánchez and the Cuban Revolution* (New York: Monthly Review Press, 2013), 148–49.

6 Knudson, *Herbert L. Matthews*, 5–7.

7 Stout, *One Day*, 136–38; Herbert Matthews, "Cuban Rebel Is Visited in Hideout," *New York Times*, February 24, 1957, 1.

8 Matthews, "Cuban Rebel Is Visited in Hideout."

9 Phillips telegram dated Havana, February 28, 1957, in Matthews Papers, Columbia, Box 10, Folder 3; "Stories on Rebel Fiction, Cuba Says," *New York Times*, February 28, 1957, 13.

10 Bonachea and San Martín, *Cuban Insurrection*, 91–92; Knudson, *Herbert L. Matthews*, 9.

11 CBS, "Rebels of the Sierra Maestra"; L. Guerra, *Heroes*, 249–50; Dávila Rodríguez, *Lucharemos*, 3:70, 84–86.

12 Van Gosse, *Where the Boys Are*, 61, 68–71, 90–91, 102n55.

13 Bonachea and San Martín, *Cuban Insurrection*, 109, 114–20; L. Guerra, *Heroes*, 222.

14 L. Guerra, *Heroes*, 231.

15 Chase, *Revolution*, 66.

16 Bonachea and San Martín, *Cuban Insurrection*, 143; Sweig, *Inside*, 30.

17 Sweig, *Inside*, 29–34; "Al Pueblo de Cuba," *Bohemia*, July 28, 1957, 69, 96–97.

18 Stout, *One Day*, 213–14.

19 對現狀的觀察都標註了時間，分別是一九五七年五月和六月十二日，出自Department of State Central Files, Cuba, Internal Affairs, 1955–1959, Microfilm 6188, Reel 1, frames 646–49 and 713. 我要特別感謝Michelle Chase跟我分享了她關於這些資訊來源的記錄。

20 Bonachea and San Martín, *Cuban Insurrection*, 165–66; Van Gosse, *Where the Boys Are*, 65–66; Sweig, Inside, 68–74; *Bohemia*, February 2, 1958.

21 "Despatch from the Consulate at Santiago de Cuba to State Department," January 21, 1958, in *FRUS, DP*, 1958–1960, Cuba, vol. 6, doc. 18; R. Rojas, *Historia mínima*, 87–89.

22 Sara Kozameh, "Guerrillas, Peasants, and Communists: Agrarian Reform in Cuba's 1958 Liberated Territories," *Americas* 76 (2019), 641–73.

23 Kozameh, "Guerrillas"; L. Guerra, *Heroes*, 264.

24 Department of State Central Files, Cuba, Internal Affairs, 1955–1959, Micr 6188, Reel 34, passim; secret telegram dated February 21, 1958, and March 27, 1958, memo, Reel 2, frames 710–11 and 1000–1010; despatch from US Embassy to State Department, Havana, January 10, 1958, in *FRUS, DP*, 1958–1960, Cuba, vol. 6, doc. 2; Sweig, Inside, 105; Earl Smith, *Fourth Floor: An Account of the Castro Communist Revolution* (New York: Random House, 1962), 77.

第二十五章

1 Rufo López Fresquet, *My 14 Months with Castro* (Cleveland: World, 1966), 65; Hugh Thomas, *The Cuban Revolution* (New York: Harper & Row, 1977), 248.

2 Fidel Castro, January 1 broadcast, Radio Rebelde, in Franqui, *Diary*, 483–84.

3 Franqui, *Diary*, 501; Fidel Castro speech, Santiago, January 1, 1959.

4 Castro speech, Santiago, January 1, 1959.

5 Thomas, *Cuban Revolution*, 248–49, 283; Franqui, *Diary*, 504; interview, Adelaida Ferrer, December 3, 2018; *Bohemia*, February 22, 1959, 78. 民意調查是在一九五九年二月六日至二月十三日之間進行的，我在此提到的百分之九十二的數字是以從百分之九十一點八五的數字四捨五入而來。

6 Lynn Hunt, "Revolutionary Time and Regeneration," *Diciottesimo Secolo* 9 (2016), 62–76; María del Pilar Díaz Castañón, *Ideología y revolución: Cuba, 1959–1962* (Havana: Ciencias Sociales, 2004), 106–7; Franqui, Diary, 503; Louis A. Pérez, *Cuba: Between Reform and Revolution*, 242–43; Lillian Guerra, *Visions of Power: Revolution, Redemption, and Resistance, 1959–1971* (Chapel Hill: University of North Carolina Press, 2012), 57; Santovenia and Shelton, *Cuba*, 3:307.

7 Fidel Castro speech, Presidential Palace, Havana, January 8, 1959.（我是用了英文版的翻譯，群眾的反應是出現在西班牙文版裡的。）

8 Fidel Castro speech, Camp Columbia, Havana, January 8, 1959, http://lanic.utexas .edu/project/castro/db/1959/19590109-1.html.

9 Ernesto Cardenal, *In Cuba* (New York: New Directions, 1974), 322; Thomas, Cuban Revolution, 287–88.

10 Thomas, *Cuban Revolution*, 149, 284–86, 303; Franqui, *Diary*, 503–4; "The Vengeful Visionary," *Time*, January 26, 1959.

11 Thomas, *Cuban Revolution*, 303.

12 Thomas, *Cuban Revolution*, 292–94; Michelle Chase, "The Trials:Violence and Justice in the Aftermath of the Cuban Revolution," in *A Century of Revolution: Insurgent and Counterinsurgent Violence during Latin America's Cold War*, eds. Gilbert Joseph and Greg Grandin (Durham, NC: Duke University Press, 2010).

13 Chase, "The Trials," 177–8; L. Guerra, *Visions*, 46–47; Ezer Vierba, "Image and Authority: Political Trials Captured in Cuba and Panama, 1955–1959," *Estudios Interdisciplinarios de America Latina y el Caribe* 26, no. 2 (2015), 77.

14 López Fresquet, *14 Months*, 68; Aleksandr Fursenko and Timothy Naftali, *One Hell of a Gamble: Khrushchev, Castro, and Kennedy, 1958–1964* (New York: Norton, 1995), 8; "Scolding Hero," *Time*, February 2, 1959; Jules Dubois, "Las ejecuciones en Cuba," *Bohemia*, February 1, 1959, 6; L. Guerra, *Visions*, 46–48.

15 Chase, "The Trials," 165–66; "Scolding Hero," *Time*, February 2, 1959.

16 William A. Williams, *The United States, Cuba, Castro: An Essay on the Dynamics of Revolution and the Dissolution of Empire* (New York: Monthly Review Press,

1962), 31; Chase, "The Trials," 166; L. Guerra, *Visions*, 46–47; Vierba, "Image and Authority"; *Bohemia*, February 22, 1959, 79, Table 2. "Establishing liberty" was the second most popular at 30 percent. Lions' Club letter to Eisenhower was published in *Revolución*, February 2, 1959. See Díaz Castañón, *Ideología*, 143n44.

17 Fidel Castro speech at Presidential Palace, January 17, 1959; R. Hart Phillips, "Cuba to Try 1,000 for 'War Crimes,'" *New York Times*, January 20, 1959, 1.

18 Thomas, *Cuban Revolution*, 305.

19 Fidel Castro speech, January 21, 1959; L. Guerra, *Visions*, 47.

20 Louis A. Pérez, *Cuba: Between Reform and Revolution*, 244; William Kelly, "Revolución es Reconstruir: Housing, Everyday Life, and Revolution in Cuba, 1959-1988" (PhD diss., Rutgers University, 2021); L. Guerra, 45–46.

21 De la Fuente, *A Nation for All*; Devyn Spence Benson, *Antiracism in Cuba: The Unfinished Revolution* (Chapel Hill: University of North Carolina Press, 2016); Chase, *Revolution*.

22 Sara Kozameh, "Harvest of Revolution: Agrarian Reform and the Making of Revolutionary Cuba, 1958–1970" (PhD diss., New York University, 2020); Thomas, *Cuban Revolution*, 442; Fernando Martínez, 私人談話。

23 Marifeli Pérez-Stable, *The Cuban Revolution: Origins, Course, and Legacy* (New York: Oxford University Press, 1993), 67–68.

24 L. Guerra, *Visions*, 46; Zanetti, *Historia mínima*, 268.

25 Lars Schoultz, *That Infernal Little Cuban Republic: The United States and the Cuban Revolution* (Chapel Hill: University of North Carolina Press, 2009), 91.

26 Thomas, *Cuban Revolution*, 417, 431; R. Rojas, *Historia mínima*, 99–100; Schoultz, *Infernal Little Cuban Republic*, 90–91, 101; López Fresquet, *14 Months*, 110.

27 Thomas, *Cuban Revolution*, 301, 418; Schoultz, *Infernal Little Cuban Republic*, 88; Fidel Castro speeches of April 8, April 9, and April 12, 1959.

28 Schoultz, *Infernal Little Cuban Republic*, 93; López Fresquet, *14 Months*, 106–8; Thomas, *Cuban Revolution*, 427–28.

29 Schoultz, *Infernal Little Cuban Republic*, 93; Gosse, *Where the Boys Are*, 113–16; E. W. Kenworthy, "Castro Visit Leaves Big Question Mark," *New York Times*, April 19, 1957, E7.

30 關於尼克森和卡斯楚會面的描述有兩個資料來源，它們都可以在此處查閱：Digital National Security Archive (Proquest) database（後文中簡稱為DNSA): "Rough Draft Summary of Conversation between the Vice President and Fidel Castro," April 25, 1959, and Ambassador Bonsal, "Brief Evaluation of the Castro Visit to Washington," April 22, 1959.

31 Schoultz, *Infernal Little Cuban Republic*, 93.

32 Fidel Castro speech, May 8, 1959, Plaza Cívica, Havana.

33 *Bohemia*, March 29, 1959, 4ª Relación, 76–97, passim. 卡斯楚後來拒絕了來自養牛場主和大公司的資金，大大減少了政府的所得總額。María del Pilar Díaz Castañón, " 'We Demand, We Demand . . .' Cuba, 1959: The Paradoxes of Year 1," in *The Revolution from Within*, 103–7.

34 Kozameh, "Harvests;" Juan Valdés Paz, *Procesos agrarios en Cuba,1959–1995* (Havana: Editorial de Ciencias Sociales, 1997), 58–73; Oscar Pinos Santos, "La Ley de la Reforma Agraria de 1959 y el fin de las oligarquías en Cuba," Temas nos. 16-17 (October 1998–June 1999), 42–60; Schoultz, *Infernal Little Cuban Republic*, 95.

35 Kozameh, "Harvest."

36 Thomas, *Cuban Revolution*, 437, 445; Schoultz, *Infernal Little Cuban Republic*, 99–100.

37 Schoultz, *Infernal Little Cuban Republic*, 95–96.

38 Schoultz, *Infernal Little Cuban Republic*, 125–26, 129.

39 Thomas, *Cuban Revolution*, 441n; Maurice Zeitlin and Robert Scheer, *Cuba: Tragedy in Our Hemisphere* (New York: Grove Press, 1963), 287–88; R. Rojas, *Historia mínima*, 105.

40 Thomas, Cuban Revolution, 452, 455; Luis M. Buch Rodríguez and Reinaldo Suárez, *Gobierno revolucionario cubano: génesis y primeros pasos* (Havana: Ciencias Sociales, 1999), 139–41; Díaz Castañón, *Ideología*, 304.

41 Díaz Castañón, *Ideología*, 120; Thomas, *Cuban Revolution*, 457; L. Guerra, *Visions*, 69; *Bohemia*, July 26, 1959, 68–69.

42 L. Guerra, *Visions*, 73; 卡斯楚在這場比賽中投球的新聞短片可以參考https://www.openculture.com/2014/06/fidel-castro-plays-baseball-1959.html.

43 L. Guerra, *Visions*, 67–73; Celia Cruz, "Guajiro, ya llegó tu día," http tube.com/watch?v=aB7HNwzenv0&feature=share&fbclid=IwAR3fbaAqomGSFNx9JT_SmQw2E3szstN4cWT11d59ducGLR6mlixoAOz4FL8.

44 L. Guerra, *Visions*, 73–74; R. H. Phillips, "Castro Resumes the Premiership," *New York Times*, July 27, 1959, 1; 古巴政府紀錄片 *Caminos de la Revolución* 中有這場集會的影像。*Caminos de la Revolución*, vol. 3, at 8:28–9:28.

第二十六章

1 Thomas, *Cuban Revolution*, 452; Schoultz, *Infernal Little Cuban Republic*, 101; R. Rojas, *Historia mínima*, 105; Fidel Castro speech, New York Central Park, April 24, 1959.

2 Schoultz, *Infernal Little Cuban Republic*, 111; Thomas, *Cuban Revolution*, 466–68, 473–74, 477–78; telegram from the embassy in Cuba to Department of

State, October 22, 1959, and February 1, 1960, in *FRUS, DP*, 1958–1960, Cuba, VI, docs. 374 and 446; Jesús Díaz, *The Initials of the Earth*, trans. Kathleen Ross (Durham, NC: Duke University Press, 2006), 100–101, 131; Eduardo Boza Masvidal, "¿Es cristiana la revolución social que se está verificando en Cuba?" *La Quincena* (Havana), October 30, 1960; Díaz Castañón, *Ideología*, 162–67.

3 US Department of State, "Summary of Speeches Made at October 26, 1959 Mass Demonstration," Che Guevara section, in Castro Speech Database, http://lanic .utexas.edu/project/castro/db/1959/19591026-2.html.

4 "Mikoyan in Cuba," CIA Current Intelligence Weekly Review, February 11 1960, https://www.cia.gov/library/readingroom/docs/DOC_0000132448.pdf; Herbert Matthews, "Confidential Report on Trip to Cuba, March 6–13, 1960," in New York Public Library, New York Times Company Records, Foreign Desk, Box 123, Folder 4; L. Guerra, Visions, 110.

5 Jacqueline Loss and José Manuel Prieto, eds., *Caviar with Rum: Cuba-USSR and the Post-Soviet Experience* (New York: Palgrave Macmillan, 2012), 15; Díaz Castañón, *Ideología*, 309; Schoultz, *Infernal Little Cuban Republic*, 114.

6 "Memorandum from Henry C. Ramsey of the Policy Planning Staff, February 18, 1960; and Secretary of State Herter to Foreign Secretary Lloyd," February 21, 1960, in *FRUS, DP*, 1958–1960, Cuba,VI, docs. 458 and 461.

7 L. Guerra, *Visions*, 109–13; Jonathan C. Brown, *Cuba's Revolutionary World* (Cambridge MA: Harvard University Press, 2017), 111; Carlos Franqui, *Family Portrait with Fidel: A Memoir* (New York: Random House, 1984), 66; "Memorandum of Discussion at the 435th Meeting of the National Security Council,Washington, February 18, 1960"; *FRUS*, 1958–1960, Cuba,VI, doc. 456; "Mikoyan Lauded at Cuban Meeting," *Stanford Daily*, February 6, 1960.

8 L. Guerra, *Visions*, 111–3; Gregorio Ortega, *La coletilla: una batalla por la libertad de expresión, 1959–1962* (Havana: Editora Política, 1989), 136–7; Thomas, *Cuban Revolution*, 489.

9 Ortega, *Coletilla*, 117–8; Thomas, *Cuban Revolution*, 483, 502.

10 Ortega, *Coletilla*, 138–41; "Ampliado el 'nuevo sistema' de censura de prensa," *Diario de la Marina*, January 17, 1960, A1; "'Libertad de prensa', ¿para qué, para quiénes?" *Hoy*, January 17, 1960, 1.

11 Ortega, *Coletilla*, 143–51. 在中央情報局的贊助下，Jorge Zayas於一九六〇年六月開始出版流亡版本的Avance，取名叫「Avance Criollo」。"A Program of Covert Action against the Castro Regime," *Washington*, March 16, 1960, 416; *FRUS, DP*, 1958–1960, Cuba,VI, doc. 481 and DNSA, The Cuban Missile Crisis Revisited.

12 Ortega, *Coletilla*, 161–64; "Don Quijote llega a Cuba," *Bohemia*, August 7, 1960, 30–31.

13 Havana Embassy, 1674, confidential, May 17, 1960, in maryferrell.org; Ortega, *Coletilla*, 190–99; *Bohemia*, "En Cuba," May 22, 1960, 63. 對於《海洋日報》

歐業，存在著相互矛盾的記載。在美國的資料來源中，那些接管報紙的人被稱作打引號的「工人們」，而那些簽字支持出版商的人們則是沒有打引號的工人們。在古巴的資料來源中，那些寫「小尾巴」並接管報社的是工人；那些簽名聲援出版商的人則根本沒有被提到。報社的內部狀況，例如寫「小尾巴」的具體狀況如何已經無從查清。至於工人們是在多大程度上獨立採取了行動；當時由共產黨主導的工人組織在多大程度上鼓動了這些行動，已經無從知曉。報社老闆José Ignacio Rivero在他的回憶錄中重述了他對這些事件的看法，見*Prado y Teniente Rey* (Miami: Editorial SIBI, 1987)。

14 "Un Día con el Pueblo . . ." *Diario de la Marina*, May 12, 1960, A1; "¡Cubanos!" *Diario de la Marina*, May 12, 1960, A1; Havana Embassy, 1674, confidential, May 17, 1960, p. 12, in maryferrell.org; Thomas, *Cuban Revolution*, 502.

15 "¡Cubanos!" *Diario de la Marina*, May 12, 1960, A1; Havana Embassy, 1674, confidential, May 17, 1960, p. 3, in maryferrell.org.

16 Telegram from embassy to Department of State, Havana, March 4, 1960 (8:55 p.m.), in DNSA; Thomas, *Cuban Revolution*, 491; Díaz Castañón, *Ideología*, 124.

17 George Horne, "City Desk. On the attached tip from Wally Carroll," March 18, 1960 (8 p.m.); Herbert Matthews, "Confidential Report on Trip to Cuba, March 6–13," both in New York Public Library, New York Times Company archives, Foreign Desk, Box 123, Folder 4.

18 Fidel Castro speech, March 5, 1960.

19 Díaz Castañón, *Ideología*, 124: L. Guerra, *Visions*, 125.

20 Telegram from embassy in Cuba to Department of State, March 8, 1960, *FRUS, DP*, 1958–1960, Cuba,VI, doc. 470; desk officer quoted in Schoultz, *Infernal Little Cuban Republic*, 116.

21 Christian Herter to President, November 4, 1959, DNSA, Cuban Missile Crisis Revisited; "A Program of Covert Action against the Castro Regime," Washington, DC, March 16, 1960, and Memorandum of a Conference with the President, White House, Washington, DC, March 17, 1960 (2:30 p.m.), both in *FRUS, DP*, 1958–1960, Cuba,VI, docs. 481 and 486.

22 "A Program of Covert Action against the Castro Regime," and Memorandum of a Conference with the President, White House, Washington, March 17, 1960 (2:30 p.m.).

23 "A Program of Covert Action against the Castro Regime."

24 "A Program of Covert Action against the Castro Regime"; "Ike Takes Swipe at Lost Cuban Ideals," *Daily Review* (Hayward, California), April 9, 1960, 2.

25 Schoultz, *Infernal Little Cuban Republic*, 119–25; "Big Oil Headaches Vex Hemisphere," *New York Times*, May 29, 1960, F1.

26 對這場集會的描述來自："Sucedió el 7 de Agosto de 1960," *Bohemia*, August 14, 1960, 44, and "¡Se llamaba!," *INRA* 1, no. 8 (September 1960), 4. 演

說的文字內容，八五一號法律，觀眾的反應可以參考：http://www.cuba.cu/gobierno/discursos/1960/esp/f060860e.html.

27 "Sucedió el 7 de Agosto de 1960," and "La Segunda Independencia," *Bohemia*, August 14, 1960, 44–52.

28 "¡Se llamaban!," *INRA* 1, no. 8 (September 1960), 4; L. Guerra, *Visions*, 142–3.

29 Schoultz, *Infernal Little Cuban Republic*, 124–25; R. Rojas, *Historia mínima*, 112–13.

30 Schoultz, *Infernal Little Cuban Republic*, 126, 130–31, 136, 141; Richard Fagen, *The Transformation of Political Culture in Cuba* (Stanford, CA: Stanford University Press, 1969), 69.

第二十七章

1 Willis Fletcher Johnson, *The History of Cuba* (New York: B. F. Buck, 1920), vol. 5, ch. 7; "The Charcoal Industry of Cuba," Coal Trade Journal, January 9, 1907, 28; Julio García Espinosa and Tomás Gutiérrez Alea, *El Mégano* (The Charcoal Worker), 1955 (documentary short, twenty-five minutes); Samuel Feijoo, "Los Prisioneros del Mangle," *Bohemia*, June 3, 1956, 4–6; Barcia, *Una sociedad distinta*; Margaret Randall, *Cuban Women Now: Interviews with Cuban Women* (Toronto: Women's Press, 1974), 171.

2 "Raúl Castro en la Ciénaga de Zapata," *Hoy*, August 25, 1959, 1; "En Cuba," *Bohemia*, January 3, 1960, 69; "Ya llegó la justicia a los hombres de la Ciénaga," *Bohemia*, August 7, 1960, 10–13, 109–11; "Playa Girón: Millones de pesos invertidos en el Pueblo," *Bohemia*, January 29, 1961, 28–31; J. C. Rodriguez, *Inevitable Battle: From the Bay of Pigs to Plara Girón* (Havana: Editorial Capitán San Luis, 2009), 201–2; "Ni Girón interrumpió la campaña de alfabetización en Cuba," Radio Cadena Agramonte de Camaguey, http://www.cadenagramonte.cu/articulos /ver/13476:ni-giron-interrumpio-la-campana-de-alfabetizacion-en-cuba0.

3 Grayston Lynch, *Decision for Disaster: Betrayal at the Bay of Pigs* (Washington, DC: Brassey's, 1998), 83–84.

4 Lynch, *Decision for Disaster*, 85–86; Peter Wyden, *Bay of Pigs: The Untold Story* (New York: Simon & Schuster, 1979), 136–37, 217–21; Jim Rasenberger, *The Brilliant Disaster: JFK, Castro, and America's Doomed Invasion of Cuba's Bay of Pigs* (New York: Scribner, 2011), 238–39.

5 Lynch, *Decision for Disaster*, 88–9, 111; Howard Jones, *The Bay of Pigs* (New York: Oxford University Press, 2008), 102; James Blight and Peter Kornbluh, eds., *The Politics of Illusion: The Bay of Pigs Invasion Reexamined* (Boulder, CO: Lynne Reiner, 1998), 11–12; *FRUS, DP*, 1961–1963, vol. x, Cuba, Editorial Note, 112.

6 Jones, *Bay of Pigs*, 118; Schoultz, *Infernal Little Cuban Republic*, 143; Blight and Kornbluh, *Politics of Illusion*, 110–12.

7 Blight and Kornbluh, *Politics of Illusion*, 41.

8 A Program of Covert Action." 另請參考第二十六章。

9 Peter Kornbluh, ed., *Bay of Pigs Declassified: The Secret CIA Report on the Invasion of Cuba* (New York: Free Press, 1998), 30; Memorandum of a Meeting with the President, White House, August 18, 1960, in FRUS, DP, 1958–1960, vol. 6, Cuba, doc. 577.

10 Kornbluh, *Bay of Pigs Declassified*, 75; *Verde Olivo* 1, no. 32 (October 22, 1960), 6–7.

11 United States Central Intelligence Agency secret cable, October 31, 1960, DNSA, CIA Covert Operations III; The "Narrative of the Anti-Castro Operation Zapata," which was part of the Taylor Commission Report, gives the date of November 4, 1961, for the cable; Piero Gleijesis, "Ships in the Night: The CIA, the White House, and the Bay of Pigs," *Journal of Latin American Studies* 27 (February 1995), 11.

12 *FRUS, DP*, 1958–1960, Cuba, v. vi, Editorial Note 612; "Memorandum of a Meeting with the President, November 29, 1960, 11 a.m.," in United States, Special Assistant to the President for National Security Affairs, Top Secret, Memorandum of Conversation, December 5, 1960, DNSA, Cuban Missile Crisis Revisited.

13 Arthur M. Schlesinger, *A Thousand Days: John F. Kennedy in the White House* (Boston: Houghton Mifflin, 1965), 233–34; "Memorandum No. 1. Narrative of the Anti-Castro Cuban Operation Zapata," June 13, 1961, DNSA, Cuban Missile Crisis Revisited; Gleijesis, "Ships in the Night," 11–12; Wyden, *Bay of Pigs*, 72–73; Special National Security Estimate, Number 85-3-60. Prospects for the Castro Regime, December 8, 1960, DNSA, Cuban Missile Crisis Revisited.

14 "Memorandum from the Chief of WH.4/PM, CIA (Hawkins) to the Chief of WH/4 of the Directorate of Plans (Esterline), January 4, 1961, *FRUS, DP*; "Briefing of Secretary of State Designate Rusk," January 1961, DNSA, Cuban Missile Crisis Revisited.

15 "Briefing Papers Used by Mr. Dulles and Mr. Bissell—President-Elect Kennedy," November 18, 1960, in DNSA; Schlesinger, *Thousand Days*, 226, 229, 233; "Kennedy Briefed by Allen Dulles, *New York Times*, November 19, 1960, 1.

16 Rasenberger, *The Brilliant Disaster*, 134; Brown, *Cuba's Revolutionary World*, 151.

17 Schoultz, *Infernal Little Cuban Republic*, 148; L. Guerra, *Visions*, 158; Wyden, *Bay of Pigs*, 122; Department of State, Daily Files, September 29, 1960; Weekly Interagency Summary, November 4, 1960.

18 Schoultz, *Infernal Little Cuban Republic*, 154–55; Memorandum from the Chairman of the Joint Chiefs of Staff to the Commander in Chief, Atlantic, Washington, April 1, 1961, in *FRUS, DP*, 1961–1963, vol. 10, Cuba, Doc. 76.

19 Memorandum for Secretary of Defense from Joint Chiefs, March 15, 1961, DNSA, Cuban Missile Crisis Revisited Collection; Memorandum from Under Secretary of State (Bowles) to Secretary (Rusk), March 31, 1961, in *FRUS, DP*, 1961–1962, vol. 10, Cuba, doc. 75.

20 Schoultz, *Infernal Little Cuban Republic,* 154–5; National Intelligence Estimate, December 8, 1960; "The Situation in Cuba," Department of State, Bureau of Intelligence and Research, Secret, Intelligence Memorandum, December 27, 1960, DNSA, Cuban Missile Crisis Collection; Wyden, *Bay of Pigs,* 99.

21 Rasensberger, *Brilliant Disaster,* 180–83.

22 Rasensberger, *Brilliant Disaster,* 185; Richard M. Bissell Jr., *Reflections of a Cold Warrior: From Yalta to the Bay of Pigs* (New Haven, CT:Yale University Press, 1996), 183; Wyden, *Bay of Pigs,* 170; Blight and Kornbluh, *Politics of Illusion,* 3, 92–97, 102n27.

23 Blight and Kornbluh, *Politics of Illusion,* 2–3.

24 Dulles quoted in Schoultz, *Infernal Little Cuban Republic,* 163; 在 Blight 和 Kornbluh 的著作 *Politics of Illusion* 中，Arthur Schlesinger 提供了類似的詮釋，見 *Politics of Illusion,* 65, 69。

25 Kornbluh, *Bay of Pigs Declassified,* 12; IG的報告和相關文件在其附錄中有文字稿。

26 Irving Janis, *Groupthink: Psychological Studies of Foreign-Policy Decisions and Fiascos* (Boston: Houghton Mifflin, 1972), ch. 2.

27 J. R. Herrera Medina, *Operación Jaula: contragolpe en el Escambray* (Hava Olivo, 2006); J. C. Rodriguez, *The Inevitable Battle,* 52, 99; Brown, *Cuba's Revolutionary World,* 151.

28 Brown, *Cuba's Revolutionary World,* 88–100, 150–51; Juan C. Fernández, *Todo es secreto hasta un día* (Havana: Ciencias Sociales, 1976), 57–58; J. C. Rodríguez, *Inevitable Battle,* 78.

29 *Bohemia,* August 7, 1960, 10–13; "Playa Girón: Millones de pesos invertidos en el Pueblo," *Bohemia,* January 29, 1961.

30 J. C. Rodríguez, *Inevitable Battle,* 206–8, 222–23.

31 US Department of Justice, FBI, June 6, 1961, "Memo on Cuban Situation," Mary Ferrell Foundation; Rosendo Rosell, *Vida y Milagros de la farándula de Cuba* (Miami: Ediciones Universal, 1994), 3:382; conversations with Ramón and Adelaida Ferrer, January 2019; Raymond Warren, "Documentation of Castro Assassination Plots," August 11, 1975, in http://documents.theblackvault.com /documents/jfk/NARA-Oct2017/NARA-Nov9-2017/104-10310-10019.pdf.

32 Fidel Castro speech, April 16, 1961.

33 Kornbluh, *Bay of Pigs Declassified,* 3; Richard Goodwin, Memorandum to the President, August 22, 1961, in FRUS, DP, 1961-1963, vol 10, doc.257; Richard Goodwin, *Remembering America: A Voice from the Sixties* (New York: Open Road, 2014), 199.

34 James Blight and janet M. Lang, *The Armageddon Letters: Kennedy, Khrushchev, Castro in the Cuban Missile Crisis* (Lanham, MD: Rowman & Littlefield, 2012), 52–54; Fursenko and Naftali, *One Hell,* 97–98, 139–40.

第二十八章

1 Anders Gustafsson, Javier Iglesias Camargo, Håkan Karlsson, and Gloria Miranda González, "Material Life Histories of the Missile Crisis (1962): Cuban Examples of a Soviet Missile Hangar and US Marston Mats," *Journal of Contemporary Archeology* 4 (2017), 39–58.

2 Gustafsson et al., "Material Life." On popular awareness of presence of Russian soldiers, Benito to Dr. Claudio Rodríguez, August 20, 1962, Cuban Letters Collection, New York University, Tamiment Archives, Box 1, Letter 14.

3 Fursenko and Naftali, *One Hell*, 180; Tomás Diez Acosta, Octubre de 1962: *un paso del holocausto: una mirada cubana a la crisis de los misiles* (Havana: Editora Política, 2002), 87.

4 Fursenko and Naftali, *One Hell*, 187.

5 Diez Acosta, *Octubre*, 100, 108; Naftali and Fursenko, *One Hell*, 191; "Secret Agreement July 13, 1962," in History and Public Policy Program Digital Archive, Wilson Center, https://digitalarchive.wilsoncenter.org/document/110878.

6 Fursenko and Naftali, *One Hell*, 188, 192.

7 Fursenko and Naftali, *One Hell*, 193; Fidel Castro speech, Santiago de Cuba, July 26, 1962, http://www.cuba.cu/gobierno/discursos/1962/esp/f260762e.html.

8 Laurence Chang and Peter Kornbluh, eds, *The Cuban Missile Crisis, 1962: A National Security Archive Documents Reader* (New York: New Press, 1998).

9 "Soviet Statement on US Provocations," September 11, 1962, CIA, FOIA Reading Room, https://www.cia.gov/readingroom/docs/CIA-RDP79T00428A000200010014-0.pdf; Chang and Kornbluh, Cuban Missile Crisis, 368.

10 Chang and Kornbluh, *Cuban Missile Crisis, 1962*, 368–70; "Excerpts from Dorticós Speech," October 8, 1962, at UNGA, in Princeton University, Adlai Stevenson Papers, Box 346, Folder 1-4, https://findingaids.princeton.edu/MC124/c01827 .pdf.

11 Chang and Kornbluh, *Cuban Missile Crisis, 1962*, 371–75.

12 Chang and Kornbluh, *Cuban Missile Crisis, 1962*, 376–77; Michael Dobbs, *One Minute to Midnight: Kennedy, Khrushchev, and Castro on the Brink of Nuclear War* (New York:Vintage, 2009), 38, 95, 249, 279.

13 President John F. Kennedy "Radio and Television Report to the American People on the Soviet Arms Buildup in Cuba," October 22, 1962, https://microsites.jfk library.org/cmc/oct22/doc5.html; James Reston, "Ships Must Stop," *New York Times*, October 23, 1962, 1; Blight and Lang, *Armageddon Letters*, 42.

14 Photograph in Harpers, https://www.theatlantic.com/magazine/archive/2013/01/ the-real-cuban-missile-crisis/309190/; Alexa Kapsimalis interview,

Storycorps, https://archive.storycorps.org/interviews/grandpa-cuban-missile-crisis/.

15 Chang and Kornbluh, *Cuban Missile Crisis, 1962*, 380; Dobbs, *One Minute*, 84–85.

16 Chang and Kornbluh, *Cuban Missile Crisis, 1962*, 380; Fidel Castro speech, October 23, 1962; Adolfo Gilly, "A la luz del relámpago: Cuba en Octubre," *Viento Sur* 102 (March 2009), 82.

17 Fursenko and Naftali, *One Hell*, 265–67; Chang and Kornbluh, *Cuban Missile Crisis*, 1962, doc. 42 and p. 387.

18 James Blight and janet M. Lang, *Dark Beyond Darkness: The Cuban Missile Crisis as History, Warning, and Catalyst* (Lanham, MD: Rowman & Littlefield, 2018), 36; Dobbs, *One Minute*, 159.

19 Dobbs, *One Minute*, 169–70.

20 Fidel Castro to Khrushchev, October 26, 1962. 針對這句話的俄語「原文」存在著幾種不同的英文翻譯，我在這裡選用了甘迺迪圖書館的翻譯。https://microsites.jfklibrary.org/cmc/oct26/doc2.html: See also NSA, *Cuban Missile Crisis, 1962*, doc. 46, and p. 387; Wilson Digital Archive, https:// digitalarchive.wilsoncenter.org/document/114501; Diez Acosta, *Octubre*, 177–78; Blight and Lang, *Dark*, 39–40.

21 Khrushchev to Kennedy, October 26, 1962 and October 27, 1962 (Chang and Kornbluh, *Cuban Missile Crisis, 1962*, docs. 45 and 49); Fursenko and Naftali, *One Hell*, 273–74.

22 22. Transcript of ExComm meetings, October 27, 1962, DNSA, Cuban Missile Crisis Collection; Chang and Kornbluh, *Cuban Missile Crisis*, 1962, doc. 50.

23 Fursenko and Naftali, *One Hell*, 282.

24 Transcript of ExComm meetings, October 27, 1962, Chang and Kornbluh, *Cuban Missile Crisis, 1962*, doc. 50; Dobbs, *One Minute*, 309, 312–13; Jack Raymond, "Airmen Called Up," *New York Times*, October 28, 1962.

25 Dobbs, *One Minute*, 239–40; telegram from Havana Embassy to Foreign Office, October 27, 1962 (11:35 a.m.), in British Archives on the Cuban Missile Crisis, 340;"Cable no. 328 from the Czechoslovak Embassy in Havana (Pavlíc ˇek)," October 28, 1962, History and Public Policy Program Digital Archive, National Archive, Archive of the CC CPCz (Prague); File: "Antonín Novotný, Kuba," Box 122, https://digitalarchive.wilsoncenter.org/document/115210; Gilly,"A la luz," 90; Hoy (Havana), October 26, 1962, 5; Bohemia, October 26, 1962, 69; James Blight and Janet Lang, personal communication, March 3, 2020.

26 Khrushchev to Kennedy, October 28, 1962, Chang and Kornbluh, *Cuban Missile Crisis*, 1962, doc. 53, https://microsites.jfklibrary.org/cmc/oct28/doc1.html.

27 White House statement, October 28, 1962, https://microsites.jfklibrary.org/cmc /oct28/; *New York Times*, October 29, 1962, 1.

28 Franqui, *Family Portrait*, 194; Gilly,"A la luz," 91–94.

29 Permanent Representative of Cuba to the UN Secretary General, October 28, 1962, in Chang and Kornbluh, *Cuban Missile Crisis, 1962*, doc. 57.

30 Khrushchev to Castro, October 28, 1962, and Castro to Khrushchev, October 28, 1962, Chang and Kornbluh, *Cuban Missile Crisis, 1962*, docs. 55 and 56.

31 Kennedy to Khrushchev, October 27, 1962, in https://microsites.jfklibrary.org /cmc/oct27/; Khrushchev to JFK, October 27, 1962, https://microsites.jfklibrary .org/cmc/oct27/doc4.html.

32 Chang and Kornbluh, *Cuban Missile Crisis, 1962*, 402–3; Naftali and Fursenko, *One Hell*, 304–9.

33 Chang and Kornbluh, *Cuban Missile Crisis, 1962*, 405.

34 Kennedy, transcript of November 20, 1962 press conference, https://www.jfklibrary.org/archives/other-resources/john-f-kennedy-press-conferences/news-conference-45; Kennedy to Khrushchev, November 21, 1962, in Chang and Kornbluh, *Cuban Missile Crisis*, 1962, doc. 79.

35 Brian Latell, *Castro's Secrets: The CIA and Cuba's Intelligence Machine* (New York: Pal- grave Macmillan, 2012), 159, 202–3; Naftali and Fursenko, *One Hell*, 305; Chang and Kornbluh, *Cuban Missile Crisis, 1962*, 406.

第二十九章

1 Hunt,"Revolutionary Time."

2 JuanValdés Paz,"The Cuban Agrarian Revolution: Achievements and Challenges," *Estudios Avançados* 25 (2011), 75; Susan Eckstein, *Back from the Future: Cuba Under Castro* (Princeton, NJ: Princeton University Press, 1994), 57–58, 84; Louis A. Pérez, *Cuba: Between Reform and Revolution*, 262; Zanetti, *Historia mínima*, 290.

3 Hunt,"Revolutionary Time"; Che Guevara,"Socialism and Man in Cuba," *The Che Guevara Reader* (Melbourne: Ocean Press, 2003), 212–28. Guevara使用了*hombre nuevo*，或者是「新人」這個詞。

4 Guevara, "Socialism and Man"; Chase, *Revolution*, 183; Anita Casavantes Bradford, *The Revolution Is for the Children: The Politics of Childhood in Havana and Miami, 1959–1962* (Chapel Hill: University of North Carolina Press, 2014), 186.

5 Chase, *Revolution*; Casavantes Bradford, *Revolution*; Victor Andres Triay, *Fleeing Castro: Operation Pedro Pan and the Cuban Children's Program* (Gainesville: University Press of Florida, 1998), 71–72.

6 Fagen, *Transformation*, ch. 3; Jonathan Kozol, *Children of the Revolution: A Yankee Teacher in the Cuban Schools* (New York: Dell, 1980), 6; Benson, *Antiracism in Cuba*, 200–206; L. Guerra, *Visions*, 82–83; R. Rojas, *Historia mínima*, 20.

7 Oscar Lewis, *Four Women* (Urbana: University of Illinois Press, 1977), xxx, 66–67; Chase, *Revolution*, 184–89; Rebecca Herman,"An Army of Educators: Gender, Revolution and the Cuban Literacy Program of 1961," *Gender & History* 24 (2012), 104–5; Casavantes Bradford, *Revolution*, 117.

8 L. Guerra, *Visions*, 221–23; Anasa Hicks,"Hierarchies at Home:A History of Domestic Service in Cuba,fromAbolition to Revolution" (Ph.D.diss,NewYork University, 2017).

9 Lois Smith and Alfred Padula, *Sex and Revolution:Women in Socialist Cuba* (New York: Oxford University Press, 1996), chs. 8 and 9; Debra Evenson,"Women's Equality in Cuba: What Difference Does a Revolution Make," *Minnesota Journal of Law & Inequality* 4 (1986), 307. 關於這種三重困境的古巴電影是一九七九年由Pastor Vega執導的經典電影*Portrait of Teresa*。

10 Evenson,"Women's Equality," 311, 318.

11 *Cuban Family Code*, Articles 1, 26–28.

12 Elise Andaya, *Conceiving Cuba: Reproduction, Women, and the State in the Post-Soviet Era* (New Brunswick, NJ: Rutgers University Press, 2014), 37; Margaret Randall, *Women in Cuba, Twenty Years Later* (NewYork: Smyrna Press,1981),37–41.

13 *Cuban Family Code*, Article 16; Rachel Hynson, *Laboring for the State: Women, Family,and Work in Revolutionary Cuba,1959–1971* (NewYork: Cambridge University Press, 2019), 108.

14 Carrie Hamilton, *Sexual Revolutions in Cuba: Passion, Politics, and Memory* (Chapel Hill: University of North Carolina Press, 2012), 39–41;Abel Sierra Madero,"'El trabajo os hará hombres': Masculinizaciónnacional, trabajo forzado y control social en Cuba durante los años sesenta," *Cuban Studies* 44 (2016), 309–44.

15 Benson, *Antiracism*, 72–76; de la Fuente, *A Nation for All*, 157, 178–80, 259–60, 269; Adelaida Ferrer, personal communication.

16 Benson, *Antiracism*, 112–21; de la Fuente, *A Nation for All*, 263–8; Fidel Castro speech, March 22, 1959.

17 De la Fuente, *A Nation for All*, 264–65.

18 De la Fuente, *A Nation for All*, 269, 274.

19 Fidel Castro speech, January 1, 1961; 在一九六二年二月四日，他在哈瓦那的第二次宣言上再次重申了這個主張。

20 Henry Louis Gates and Eldridge Cleaver,"Cuban Experience: Eldridge Cleaver on Ice," *Transition* 49 (1975): 32–44;Timothy Tyson, *Radio Free Dixie: Robert F.Wil- liams and the Roots of Black Power* (Chapel Hill: University of North Carolina Press, 2020);Andrew Salkey,*Havana Journal* (NewYork:Penguin,1971);SantiagoAlvarez, director,*Now!*,Havana,1965;Amanda Perry,"The Revolution Next Door:Cuba in the Caribbean Imaginary" (PhD diss., New York University, 2019).

21 Eckstein, *Back from the Future*, 40; Carmelo Mesa Lago, *Cuba in the 1970s: Pragmatism and Institutionalization* (Albuquerque: University of New Mexico Press, 1974), 36.

22 Brian Pollitt, "Crisis and Reform in Cuba's Sugar Economy," in *The Cuban Economy*, ed. Archibald Ritter (Pittsburgh: University of Pittsburgh Press, 2009), 89; Zanetti, *Historia minima*, 297–98.

23 Fidel Castro speech, January 1, 1969; K. S. Karol, *Guerrillas in Power: The Course of the Cuban Revolution* (London: Jonathan Cape, 1971), 410; Robert Quirk, *Fidel Castro* (New York: Norton, 1995), 620; Margaret Randall, *To Change the World: My Years in Cuba* (New Brunswick, NJ: Rutgers University Press, 2009), 74.

24 L. Guerra, *Visions*, 305–6; Thomas, *Cuban Revolution*, 659; Alma Guillermoprieto, *Dancing with Cuba: A Memoir of the Revolution* (New York: Vintage, 2006), ch. 4; Randall, *To Change*, 75; Julie M. Bunck, *Fidel Castro and the Quest for a Revolutionary Culture in Cuba* (University Park: Pennsylvania State University Press, 1994), 144; Louis A. Perez, *Cuba: Between Reform and Revolution*, 260.

25 Reinaldo Arenas, *Before Night Falls: A Memoir* (New York: Viking, 1993), 128–32; L. Guerra, *Visions*, 311, 315; Guillermoprieto, *Dancing*, 86.

26 René Dumont, *Is Cuba Socialist?* (New York: Viking, 1974), 68–69, 74; Guillermo- prieto, *Dancing*, 85, 89; Karol, *Guerrillas*, 413.

27 Guillermoprieto, *Dancing*, 107–8.

28 Guillermoprieto, *Dancing*, 106–8; Randall, *To Change*, 77; 集會的影像可參考：https://www.youtube.com/watch?v=4BAlsoBnzlQ.

29 Eckstein, *Back from the Future*, 39–40, 64.

30 Selma Diaz, Julio Diaz Vazques, and Juan Valdes Paz, "La Zafra de los diez millones: Una mirada retrospectiva," *Temas* 72 (October–December 2012): 69–76.

31 Fidel Castro speech, December 31, 1971. 在這段時期，他常常重複這個論斷，比方說，可參考他在一九七一年三月一日、七月二十六日、十二月三十一日，以及一九七三年十一月十五日的演說。

第三十章

1 Maria Cristina Garcia, *Havana USA: Cuban Exiles and Cuban Americans in South Florida, 1959–1994* (Berkeley: University of California Press, 1996), 13–19; Maria de los Angeles Torres, *In the Land of Mirrors: Cuban Exile Politics in the United States* (Ann Arbor: University of Michigan Press, 2014), 72; R. R. Palmer, *The Age of the Democratic Revolution* (Princeton, NJ: Princeton University Press, 1969), 1:188. 古巴的人口外移率明顯高過美國獨立或法國革命時的人口外移率，低於海地人的人口外移率。Seymour Drescher, "The Limits of Example," in *The Impact of the Haitian Revolution in the Atlantic World*,

ed. David Geggus (Columbia: University of South Carolina Press, 2001), 10.

2 [?] to Nnene (February 26, 1962) and V. to Japonesa querida (March 16, 1962), letters 7 and 8,Folder 1,Cuban Letters Collection, Tamiment Archives, NewYork University.

3 M. C. Garcia, *Havana USA*, 16–17. 在一九六一年美國大使館關閉之後，古巴人不再能得到簽證和獲得落地「簽證豁免」。

4 Grupo Areito, *Contra viento y marea* (Havana: Casa de las Americas, 1978), 16; M. C. Garcia, *Havana USA*, 17; Michael Bustamante, personal communication, April 15, 2020. 我媽媽和我是在一九六二年四月途徑墨西哥離開哈瓦那的。

5 Louis A. Perez, *Cuba: Between Reform and Revolution*, 261; Richard R. Fagen, Richard A. Brody, and Thomas J. O'Leary, *Cubans in Exile: Disaffection and Revolution* (Stanford, CA: Stanford University Press, 1968), 19; M. C. Garcia, *Havana USA*, 20, 28; Grupo Areito, *Contra viento y marea*, 26; Guillermo Grenier and Corinna Moebius, *A History of Little Havana* (Charleston, SC: History Press, 2015), 14, 25–28, 36.

6 M. C. Garcia, *Havana USA*, 29; Grenier and Moebius, *History of Little Havana*, 28, 38; Nathan Connolly, *A World More Concrete: Real Estate and the Remaking of Jim Crow South Florida* (Chicago: University of Chicago Press, 2014), 220–22.

7 Connolly, *A World*, 26, 218; M. C. Garcia, *Havana USA*, 29; Chanelle Rose, *The Struggle for Black Freedom in Miami: Civil Rights and America's Tourist Paradise, 1896– 1968* (Baton Rouge: Louisiana State University Press, 2015), 185, 219. 酒店的故事來自於我母親關於她在一九六三年七月四日抵達邁阿密時經歷的描述。

8 Guillermo Grenier and Lisandro Pérez, *Legacy of Exile: Cubans in the United States* (Boston: Pearson Higher Education, 2003), 22–23.

9 Alejandro Portes and Alex Stepick, *City on the Edge: The Transformation of Miami* (Berkeley: University of California Press, 1993), 43; Connolly, *A World*, 220–21; M. C. García, *Havana USA*, 19; Grenier and Moebius, *History of Little Havana*, 41.

10 "The Dramatic Story," *Parade*, August 30, 1964; "86 Who Fled Cuba Reach US Safely," *New York Times*, September 24, 1965, 3; Carl Bon Tempo, *Americans at the Gate: The United States and Refugees During the Cold War* (Princeton, NJ: Princeton University Press, 2015), 124.

11 Fidel Castro speech, September 28, 1965.

12 M. C. García, *Havana USA*, 38; Sidney Schanberg, "Cubans Continue to Leave by Sea," "Refugee Flow Continues," "Cubans in Miami Rush to Help Kin," *New York Times*, October 13, 1965, 18; October 14, 1965, 3; and October 24, 1965, 60.

13 M. C. García, *Havana USA*, 37–39, 43; Grenier and Pérez, *Legacy of Exile*, 24.

14 Grenier and Pérez, *Legacy of Exile*, 24; M. C. García, *Havana USA*, 43.

15 Yolanda Prieto, *The Cubans of Union City: Immigrants and Exiles in a New Jersey Community* (Philadelphia: Temple University Press, 2009); M. C. García, *Havana*

USA, 39–40; "The Simple Pleasures of a Chino-Cubano Restaurant," https:// cubannewyorker.wordpress.com/2012/07/01/the-simple-pleasures-of-a-chino -cubano-restaurant-2/.

16 Grenier and Moebius, *History of Little Havana*, 27, 41, 47, 62–63; Grupo Areito, *Contra viento y marea*, 116–19; Geoffrey E. Fox, *Working-Class Emigres from Cuba* (Palo Alto, CA: R & E Research Associates, 1979), 96.

17 M. C. García, *Havana USA*, 42. 另可參考《古巴調整法》，http://uscode .house.gov/statutes/pl/89/732.pdf and https://www.uscis.gov/greencard/caa.

18 Jimmy Carter, Presidential Directive/NSC-6, in https://nsarchive2.gwu.edu/news/20020515/cartercuba.pdf; Grenier and Moebius, *History of Little Havana*, 62–63; Joan Didion, *Miami* (New York: Simon & Schuster, 1987), 99–101.

19 M. C. García, *Havana USA*, 47–50; Mirta Ojito, *Finding Manana: A Memoir of a Cuban Exodus* (New York: Penguin, 2005), 51.

20 M. C. García, *Havana USA*, 48–50; Ojito, *Finding Manana*, 48–51.

21 M. C. García, *Havana USA*, 51–52; Ojito, *Finding Manana*, 59–60.

22 Ojito, *Finding Manana*, 59–64; Jose Manuel García, *Voices from Mariel: Oral Histories of the 1980 Cuban Boatlift* (Gainesville: University Press of Florida, 2018), 44;Adelaida Ferrer, personal communication, May 21, 2019.

23 Ojito, *Finding Manana*, 59–64; M. C. García, *Havana USA*, 53–54.

24 Ojito, *Finding Manana*, 63–64; M. C. García, *Havana USA*, 52; Jorge Duany, *Blurred Borders: Transnational Migration Between the Hispanic Caribbean and the United States* (Chapel Hill: University of North Carolina Press, 2011), 141.

25 Ojito, *Finding Manana*, 114.

26 Grenier and Pérez, *Legacy of Exile*, 24–25; Ojito, *Finding Manana*, 103–4; M. C. García, *Havana USA*, 54–57.

27 Mari Lauret, *La odisea del Mariel: un testimonio sobre el exodo de la embajada de Peru en La Habana* (Madrid: Editorial Betania, 2015), chs. 2–3; Ojito, *Finding Manana*, 106; M. C. García, *Havana USA*, 54–57.

28 Graham Hovey, "US Agrees to Admit up to 3500 Cubans from Peruvian Embassy," *New York Times*, April 15, 1980,A1; Ojito,*Finding Manana*,132;M. C.García,*Havana USA*, 58–59.

29 在一九八九年接受《邁阿密先鋒報》的採訪時，比拉博阿自稱是古巴的中間人；在二〇一〇年接受同一個媒體的採訪時，他堅稱自己不是中間人。Liz Balmaseda,"Exile: I Was Mastermind of Mariel," *Miami Herald*, July 31, 1989, 1-B; JuanTamayo,"NapeleonVilaboa, Father of Mariel Boatlift, Speaks,"*Miami Herald*, May 15, 2010.

30 Ojito, *Finding Manana*, 137–53; Kate Dupes Hawk, Ron Villella, and Adolfo Leyva de Varona, *Florida and the Mariel Boatlift of 1980: The First Twenty Days* (Tuscaloosa: University of Alabama Press, 2014), 49–50. Miami city population in 1980 was 346,865; see US Census Bureau, 1980 Census of Population, Florida (Volume 1, Chapter A, Part 11),Table 5.

31 截至十月，已經有十二萬五千人抵達。Hawk et al., *Florida and the Mariel Boatlift of 1980*, 70; M. C. García, *Havana USA*, 60–61; Ojito, *Finding Manana*, 253.

32 Hawk et al., *Florida and the Mariel Boatlift of 1980*, 80; Grenier and Lisandro Pérez, *Legacy of Exile*, 21; Juan Tamayo,"El exodo cobra vidas en la isla y por naufragios," *Nuevo Herald*, May 2, 2010.

33 Hawk et al., *Florida and the Mariel Boatlift of 1980*, 77; Stephen Webbe, "One Man Who Sailed to Cuba," *Christian Science Monitor*, May 29, 1980, B6; author interview with Matt Cartsonis, crew member aboard the *Sundance II*, September 18, 2020; Ojito, *Finding Manana*, 184–85.

34 J. M. García, *Voices from Mariel*, 16–17, 46–48; Ojito, *Finding Manana*, 174–74; Arenas, *Before Night Falls*, 285–86;Abel Sierra Madero, "'Here Everyone's Got *Huevos*, Mister!': Nationalism, Sexuality, and Collective Violence in Cuba during the Mariel Exodus," in *The Revolution from Within*, 244–74.

35 作者在二〇二〇年九月十八日對Matt Cartsonis的採訪。.

36 *Granma* quoted in Ojito, *Finding Manana*, 171; Fidel Castro speech, May 1, 1980 (UT LANIC).

37 M. C. García, *Havana USA*, 64; 與Onelio López的私人談話，一九八九年；Arenas, *Before Night Falls*, 281–84.

38 Sam Verdeja and Guillermo Martínez, *Cubans: An Epic Journey: The Struggle for Truth and Freedom* (St. Louis: Reedy Press, 2012), 152; Ojito, *Finding Manana*, 241; Hawk et al., *Florida and the Mariel Boatlift of 1980*, 31, 41, 240–41.

39 M. C. García, *Havana USA*, 64–65; Julio Capo, "Queering Mariel: Mediating Cold War Foreign Policy and US Citizenship among Cuba's Homosexual Exile Com- munity, 1978–1994," *Journal of Ethnic History* 29 (Summer 2010): 78–106; Jennifer Lambe, *Madhouse: Psychiatry and Politics in Cuban History* (Chapel Hill: University of North Carolina Press, 2016), 200–10; Mark Hamm, *The Abandoned Ones: The Imprisonment and Uprising of the Mariel Boat People* (Boston: Northeastern University Press, 1995), 60–65, 71

40 M. C. García, *Havana USA*, 68; Grenier and Moebius, *History of Little Havana*, 69.

41 Edward Schumacker, "Retarded People and Criminals Are Included in the Cuban Exodus," *New York Times*, May 11, 1980, 1; Ojito, *Finding Manana*, 242; Portes and Stepick, *City on the Edge*, 27–28.

42 Hawk et al., *Florida and the Mariel Boatlift of 1980*, 112; Ojito, *Finding Manana*, 242–43

43 M. C. García, *Havana USA*, 62–63; Grenier and Moebius, *History of Little Havana*, 67–68; Hawk et al., *Florida and the Mariel Boatlift of 1980*, 93, 107; Didion,

Miami, 42.

44 M. C. García, *Havana USA*, 63; Hawk et al., *Florida and the Mariel Boatlift of 1980*, 183, 218; Jenna Loyd and Alison Mountz, *Boats, Borders, and Bases: Race, the Cold War, and the Rise of Migration Detention in the United States* (Berkeley: University of California Press, 2018), 54; Tom Mason (Air Force Materiel Command History Office), "Operation Red, White, and Blue: Eglin Air Force Base and the Mariel Boatlift," https://www.afmc.af.mil/News/Article-Display/Article/1703372 /operation-red-white-and-blue-eglin-afb-and-the-mariel-boatlift/.

45 M. C. García, *Havana USA*, 66, 71;"Cuban Refugee Crisis," Encyclopedia of Arkansas, https://encyclopediaofarkansas.net/entries/cuban-refugee-crisis-4248/.

46 M. C. García, *Havana USA*, 66; Hawk et al., *Florida and the Mariel Boatlift of 1980*, 235–36; Ojito, *Finding Manana*, 241.

47 Didion, *Miami*, 40–45.

48 Grenier and Moebius, *History of Little Havana*, 78–79; Torres, *In the Land*, 115.

49 Ojito, *Finding Manana*, 225.

第三十一章

1 Edward George, *The Cuban Intervention in Angola, 1965–1991: From Che Guevara to Cuito Cuanavale* (London: Routledge, 2012), 22.

2 Fidel Castro speech, February 4, 1962; US Senate, *The Tricontinental Conference of African, Asian, and Latin American Peoples: A Staff Study, Committee on the Judiciary* (Washington, DC: US Government Printing Office, 1966), 135; *The Art of Revolution Will Be Internationalist*, Dossier no. 15,Tricontinental: Institute for Social Research,April 2019, https://www.thetricontinental.org/wp-content/up loads/2019/04/190408_Dossier-15_EN_Final_Web.pdf.

3 Piero Gleijeses, *Conflicting Missions: Havana,Washington, and Africa, 1959–1976* (Chapel Hill: University of North Carolina Press, 2002), 31, 50; Schoultz, *Infernal Little Cuban Republic*, 279.

4 Castro and Ramonet, *My Life*, 293; Schoultz, *Infernal Little Cuban Republic*, 279; Gleijeses, *Conflicting Missions*, 50–52.

5 Robyn d'Avignon, Elizabeth Banks, and Asif Siddiqi, "The African Soviet Modern," *Comparative Studies of South Asia, Africa, and the Middle East*, 41, no. 1 (2021); Jorge G. Castaneda, *Utopia Unarmed: The Latin American Left after the Cold War* (New York: Knopf, 1993), 57; Anderson, *Che*, 511; Fidel Castro speech, July 26, 1960.

6 Jorge Domínguez, "Cuban Foreign Policy," *Foreign Affairs* 57, no. 1 (Fall 1978): 85; Castro and Ramonet, *My Life*, 293.

7 Jorge Masetti, *In the Pirate's Den: My Life as a Secret Agent for Castro* (San Francisco: Encounter Books, 2004), 12; Jorge Domínguez, *To Make a World Safe for*

Revolution: Cuba's Foreign Policy (Cambridge, MA: Harvard University Press, 1989), 70–71.

8 Domínguez, *To Make a World Safe*, 76. On immediate response to Guevara's death,Anderson,*Che*,714; Díaz, *Initials of the Earth*,300–303.

9 Domínguez, *To Make a World Safe*, 36; Louis A. Pérez, *Cuba: Between Reform and Revolution*, 289; Eckstein, *Back from the Future*, 175, 189; Dick Krujit, ed., *Cuba and Revolutionary Latin America: An Oral History* (London: Zed Books, 2017), 153; interview with Bernardo Benes, in Luis Botifoll Oral History Project, University of Miami, Cuban Heritage Collection, https://merrick.library.miami.edu/cdm /ref/collection/chc5212/id/53.8.

10 George, *Cuban Intervention*, 22.

11 George, *Cuban Intervention*, 49, 65.

12 Ryszard Kapuscinski, *Another Day of Life* (New York:Vintage, 2001), 117.

13 Schoultz, *Infernal Little Cuban Republic*, 280.

14 Christabelle Peters, *Cuban Identity and the Angolan Experience* (New York: Palgrave Macmillan, 2012); Finch, *Rethinking Slave Rebellion*, 88; George, *Cuban Intervention*, 77 Raúl and Fidel Castro quoted in Schoultz, *Infernal Little Cuban Republic*, 278.

15 Kapuscinski, *Another Day of Life*, 111–2; Gabriel García Márquez, "Operation Carlota," 1977, available at https://dispensario22.files.wordpress.com/2013/05 /operacion-carlota-gesta-cubana-en-angola-g-garcc3ada-mc3a1rquez.pdf.

16 Gabriel García Márquez, "Operation Carlota"; Schoultz, *Infernal Little Cuban Republic*, 281;"Memorandum of Conversation," Beijing, December 2, 1975, in *FRUS, DP*, 1969–1976, vol. 18, China, 1973–1976, doc. 134.

17 "National Intelligence Estimate, 85-1-75. Cuba's Changing International Role," October 16, 1975, in *FRUS, DP*, 1969–1976, vol. E-11, Part 1, Documents on Mexico, Central America and the Caribbean, 1973–1976, doc. 304; and "Report Prepared by the Working Group on Angola, October 22, 1975," in *FRUS, DP*, 1969–1976, vol. 28, Southern Africa, doc. 132.

18 "Memorandum of Conversation," Washington, DC, December 9, 1975 (Kissinger/ Dobrynin in *FRUS, DP*); Schoultz, *Infernal Little Cuban Republic*, 286; Anatoliy Dobrynin, *In Confidence: Moscow's Ambassador to America's Six Cold War Presidents* (New York: Crown, 1995), 362; Henry Kissinger, *Years of Renewal* (New York: Simon & Schuster, 1999), 816–17.

19 George, *Cuban Intervention*, 94, 100–13; Schoultz, *Infernal Little Cuban Republic*, 284; Kapuscinski, *Another Day of Life*, 120.

20 García Márquez,"Operation Carlota."

21 Piero Gleijeses, *Visions of Freedom: Havana,Washington, Pretoria, and the Struggle for Southern Africa (1976–1991)*, (Chapel Hill: University of North Carolina Press, 2013), 407–14; Eckstein, *Back from the Future*, 172; George, *Cuban Intervention*, 213, 251.

22 William LeoGrande and Peter Kornbluh, *Back Channel to Cuba: The Hidden History of Negotiations between Washington and Havana* (Chapel Hill: University of North Carolina Press, 2015), 252–54; George, *Cuban Intervention*, 11, 253.

23 Eckstein, *Back from the Future*, 172; Marisabel Almer, "Cuban Narratives of War: Memories of Angola," in *Caribbean Military Encounters*, eds. Shalini Puri and Lara Putnam (New York: Palgrave Macmillan, 2017), 195.

24 Almer, "Cuban Narratives," 198–203; Alejandro de la Fuente, 私人談話，二〇二一年一月二日。當我一九九〇年第一次回古巴時，我的一個曾在安哥拉服役的表親送給了我一根豪豬刺作見面禮。

25 Isaac Saney, "African Stalingrad: The Cuban Revolution, Internationalism, and the End of Apartheid," *Latin American Perspectives* 33, no. 5 (2006): 81–117; Nelson Mandela speech in Havana on July 26, 1991, in http://lanic.utexas.edu/project /castro/db/1991/19910726-1.html; Gleijeses, *Visions*, 338–40, 379.

26 Ben Rhodes, *The World as It Is: A Memoir of the Obama White House* (New York: Random House, 2018), 261, 265; 和 Ben Rhodes 的訪談，二〇二〇年十二月十八日。

第三十二章

1 Carmelo Mesa-Lago, ed., *Cuba After the Cold War* (Pittsburgh: University of Pittsburgh Press, 1993), 4; Eckstein, *Back from the Future*, 60.

2 H. Michael Erisman, *Cuba's Foreign Relations in a Post-Soviet World* (Gainesville: University Press of Florida, 2002), 108; Cole Blasier, "The End," and Carmelo Mesa-Lago, "Cuba and the Downfall," both in *Cuba After the Cold War*, 73, 88, 152; Louis A. Pérez, *Cuba: Between Reform and Revolution*, 271, 292.

3 Cole Blasier, "The End," 70; Eckstein, *Back from the Future*, 91–92.

4 Blasier, "The End," 86–89.

5 Blasier, "The End," 89–90; LeoGrande and Kornbluh, *Back Channel to Cuba*, 265.

6 Leo Grande and Kornbluh, *Back Channel to Cuba*, 265.

7 LeoGrande and Kornbluh, *Back Channel to Cuba*, 265–66; Blasier, "The End," 90; Carmelo Mesa-Lago, "Cuba and the Downfall," 150–51.

8 Louis A. Pérez, *Cuba: Between Reform and Revolution*, 303.

9 Mesa-Lago, *Cuba After the Cold War*, 6, 219; 我是在一九九二年初在古巴住了三個月期間看到的這樣的海報標語。

10 Mesa-Lago, *Cuba After the Cold War*, 3–6. 斐代爾．卡斯楚第一次用「沒有社會主義，寧可死去」的口號是在一九八九年一月，但是這句話成為他的標準口號則是在一九八九年十二月之後，在同一個月裡，柏林牆倒塌了。我是一九九二年初在哈瓦那聽說的這個鬥牛的笑話。

11 Fidel Castro speech, January 29, 1990; *Granma*, December 30, 1990.

12 Jose Bell Lara, Tania Caram, Dirk Kruijt, and Delia Luisa López, *Cuba, periodo especial* (Havana: Editorial UH, 2017), 21–25; Sergio Guerra and Alejo Maldonado, *Historia de la Revolucion cubana* (Tafalla [Spain]:Txalaparta, 2009), 139–40;Ariana Hernandez-Reguant, *Cuba in the Special Period: Culture and Ideology in the 1990s* (New York: Pal- grave Macmillan, 2009), 4; Louis A. Pérez, *Cuba: Between Reform and Revolution*, 293–4.

13 Eckstein, *Back from the Future*, 99, 127–28, 169; Louis A. Pérez, *Cuba: Between Reform and Revolution*, 294.

14 Eckstein, *Back from the Future*, 134–35; Louis A. Pérez, *Cuba: Between Reform and Revolution*, 294; Cluster and Hernandez, *History of Havana*, 255–57; 作者於一九九二年六月在行程中的觀察。.

15 Mesa-Lago, "Cuba and the Downfall," 181; Carmelo Mesa-Lago, "Economic Effects," in *Cuba After the Cold War*, 33; Cluster and Hernandez, *History of Havana*, 257.

16 Hernandez-Reguant, *Cuba in the Special Period*, 1–2; 作者的觀察。

17 LeoGrande and Kornbluh, *Back Channel to Cuba*, 264.

18 LeoGrande and Kornbluh, *Back Channel to Cuba*, 269–71.

19 "Open for Business," *Time*, February 20, 1995.

20 Andrea Colantonio and Robert Potter, *Urban Tourism and Development in the Socialist State: Havana during the Special Period* (Burlington,VT: Ashgate, 2006), 38, 111.

21 Jane Franklin, "The Year 1992,"in *Cuba and the US Empire: A Chronological History* (New York: New York University Press, 2016), 288–307; Louis A. Pérez, *Cuba: Between Reform and Revolution*, 307–9; Mesa Lago, "Cuba's Economic Strategies," in *Cuba After the Cold War*, 201–2.

22 Ted Henken and GabrielVignoli, "Entrepreneurial Reform and Political Engagement," in *A New Chapter in US-Cuba Relations*, eds. Eric Hershber and William LeoGrande (New York: Palgrave Macmillan, 2016), 165.

23 Louis A. Pérez, *Cuba: Between Reform and Revolution*, 296.

24 Pedro Luis Ferrer,"Ciento porciento Cubano," in *Cuba: apertura y reforma economica*, ed. Bert Hoffman (Caracas: Editorial Nueva Sociedad, 1995), 129

25 Louis A. Pérez, *Cuba: Between Reform and Revolution*, 310; 作者的觀察。

26 Valerio Simoni, *Tourism and Informal Encounters in Cuba* (New York: Berghan Books, 2016), 52; Fidel Castro speeches on April 4 and July 11, 1992; Eckstein, *Back from the Future*, 105.

27 De la Fuente, *A Nation for All*, 277.

28 De la Fuente, *A Nation*, 318–22; 歌曲「*Tengo*」是Orishas樂隊演唱的。

29 LeoGrande and Kornbluh, *Back Channel to Cuba*, 280.

30 根據人權觀察（Human Rights Watch）的說法，有上千人參加，數百人被捕。https://www.hrw.org/legacy/reports/pdfs/c/cuba/cuba94o.pdf; LeoGrande and Kornbluh, *Back Channel to Cuba*, 281.

31 Gillian Gunn,"Death in the Florida Straits," *Washington Post*, July 14, 1991; Leo Grande and Kornbluh, *Back Channel to Cuba*, 281; Grenier and Lisandro Pérez, *Legacy*, 25.

32 LeoGrande and Kornbluh, *Back Channel to Cuba*, 299.

33 LeoGrande and Kornbluh, *Back Channel to Cuba*, 285–92; Deborah Ramirez, "Cubans Scramble toWin Lotto,"*Sun Sentinel*, April 27,1996,https://www.sunsentinel.com/news/fl-xpm-1996-04-26-9604250736-story.html.

34 Jimmy Carter, "President Carter's Cuba Trip Report," https://www.cartercenter .org/news/documents/doc528.html; LeoGrande and Kornbluh, *Back Channel to Cuba*, 351–55; https://cpj.org/reports/2008/03/cuba-press-crackdown.php.

35 Tom Fletcher, "La Revolucion Energetica: A Model for Reducing Cuba's Dependence on Venezuelan Oil," *International Journal of Cuban Studies* 9, no. 1 (2017): 91–116.

36 法律條文可見於https://www.congress.gov/bill/104th-congress/house-bill/927.

37 "Cuba: Reaffirmation of Cuban Dignity and Sovereignty Act," in *International Legal Materials* 36, no. 2 (1997): 472–76; Library of Congress, Law Library,"Laws Lifting Sovereign Immunity: Cuba," https://www.loc.gov/law/help/sovereignimmunity/cuba.php; Amnesty International, "Cuba: Human Rights at a Glance," September 17, 2015, https://www.amnesty.org/en/latest/news/2015/09/cuba -human-rights-at-a-glance.

38 LeoGrande and Kornbluh, *Back Channel to Cuba*, 305, 314; "Cuba Cracks Down on Dissidents," BBC, March 19, 2003, http://news.bbc.co.uk/2/hi/americas/2863005.stm.

39 "Castro Appears to Faint at Podium," *New York Times*, June 23, 2001.

第三十三章

1 US Department of State, Case No. F-2007-01578, Doc. No. C17731028, "Demarche Request: Democracy and Castro Succession," August 6 [2006], DNSA, Cuba and the US, 1959–2016 Collection; LeoGrande and Kornbluh, *Back Channel to Cuba*, 365–67.

2 LeoGrande and Kornbluh, *Back Channel to Cuba*, 365–67; "La disidencia interna dice que Cuba vive con 'aparente calma' pero 'cierta expectacion' los ultimos cam- bios," Europa Press, Notimerica, August 10, 2006, https://www.notimerica.com /politica/noticia-cuba-disidencia-interna-dice-cuba-vive-aparente-calma-cierta -expectacion-ultimos-cambios-20060809235800.html

3 David Beresford, "Photographs show Castro alive," *The Guardian*, August 14, 2006; "Fotos actuales del Presidente cubano Fidel Castro," *Juventud Rebelde*, August 13, 1960.

4 MauricioVicent, "El 'efecto Obama' sacude la isla," *El Pais*, November 18, 2008.

5 Fidel Castro, "Las elecciones del 4 de noviembre" and "El undecimo presidente de Estados Unidos," *Granma*, November 3, 2008, and January 22, 2009.

6 American Civil Liberties Union, "Guantanamo by the Numbers," https://www. .aclu.org/issues/national-security/detention/guantanamo-numbers; Obama speech, May 21, 2009, https://obamawhitehouse.archives.gov/the-press-office /remarks-president-national-security-5-21-09; Mora quoted in "Inquiry into the Treatment of Detainees in U.S. Custody," Report of the Committee on Armed Services, US Senate, November 20, 2008, p. xii; Connie Bruck, "Why Obama Has Failed to Close Guantanamo," *New Yorker*, August 1, 2016.

7 Bruck, "Why Obama Has Failed to Close Guantanamo."

8 LeoGrande and Kornbluh, *Back Channel to Cuba*, epilogue to the 2nd ed., 421–49 (earlier citations to this book are from first edition); Rhodes, *The World as It Is*, 209–17, 261–66, 283–89, 300–8 (Obama quote appears on 287).

9 Rhodes, *TheWorld as It Is*, 307–8. Obama, "Statement by the President on Cuba Policy Changes," December 17, 2014, https://obamawhitehouse.archives.gov/the -press-office/2014/12/17/statement-president-cuba-policy-changes.

10 Raúl Castro, "Statement by the Cuban President," December 17, 2014, http://www.cuba.cu/gobierno/rauldiscursos/2014/ing/r171214i.html.

11 LeoGrande and Kornbluh, *Back Channel to Cuba*, 448.

12 Damien Cave, personal communication, Havana, March, 2016.

13 對於歐巴馬訪問的描述大部分是來自於我自己的觀察，發表於"Listening to Obama in Cuba," NACLA, March 28, 2016, https:// nacla.org/news/2016/03/28/listening-obama-cuba. Obama quote is from his speech in Havana on March 22, 2016, https://obamawhitehouse.archives.gov /the-press-office/2016/03/22/remarks-president-obama-people-cuba.

14 "Llegada de Obama al restaurante San Cristobal Paladar en Centro Habana," https://www.youtube.com/watch?v=xs6VrbKyXx4.

15 Author conversation with audience member at "Jose Antonio Aponte: Perspectivas Interdisciplinarias," Havana, November 2017; Ana Dopico, "I'll BeYour Mirror: Obama and the Cuban Afterglow," *Cuba Cargo/Cult* (blog), March 25, 2016, https://cubacar gocult.blog/2016/03/25/ill-be-your-mirror-

obama-and-the-cuban-after-glow.

16 Fidel Castro, "Brother Obama," *Granma,* March 28, 2016.

17 Editorial Cartoonist Michael de Adder, November 26, 2016, http://deadder.net/?s=castro.

18 US Census Bureau, International Programs Database, Cuba, https://www.census .gov/datatools/demo/idb/region.php?T=15&RT=0&A=both&Y=2020&C=C U&R=.

19 William M. LeoGrande, "Cuba's Economic Crisis Is Spurring Much-Needed Action on Reforms," *World Politics Review,* November 17, 2020; Marc Caputo and Daniel Ducassi, "Trump to Clamp Down on Cuba Travel and Trade," Politico, June 16, 2017.

20 Human Rights Watch, "Cuba: Events of 2019" and "Cuba: Events of 2020"; Congressional Research Service, "Cuba: U.S. Policy Overview," updated January 25, 2021, https://fas.org/sgp/crs/row/IF10045.pdf.

21 Rhodes, *The World as It Is,* 411; LeoGrande, "Cuba's Economic Crisis."

22 Nelson Acosta, "Cubans Applaud Biden Win, Hope for Easing of Sanctions," Reuters, November 8, 2020, https://www.reuters.com/article/usa-election-cuba-idINKBN27O050.

後記

1 關於拉莫斯・布蘭科造訪基韋斯特的訊息出現在*Florida, U.S., Arriving and Departing Passenger and Crew Lists, 1898–1963,* available on ancestry.com. Frank Guridy, *Forging Diaspora: Afro-Cubans and African Americans in a World of Empire and Jim Crow* (Chapel Hill: University of North Carolina Press, 2010), 107–8, 114–16. 我十分感激收藏有幾件拉莫斯・布蘭科作品的Cernuda Arte畫廊的Ramon Cernuda，他向我分享了這位雕塑家作品的完整清單。

國家圖書館出版品預行編目(CIP)資料

古巴：一部追求自由、反抗殖民、與美國交織的史詩／艾達．費瑞（Ada Ferrer）著；苑默文譯. -- 初版. -- 新北市：黑體文化，遠足文化事業股份有限公司發行，2024.1
600面；17×23公分. --（黑盒子；20）
譯自：Cuba: An American History
ISBN 978-626-7263-65-5（平裝）

1.CST: 古巴史 2.CST: 美國外交政策

755.83 113000097

黑體文化　　讀者回函

黑盒子20

古巴：一部追求自由、反抗殖民、與美國交織的史詩

Cuba: An American History

作者．艾達．費瑞（Ada Ferrer）｜**譯者**．苑默文｜**責任編輯**．張智琦、涂育誠｜**美術設計**．林宜賢｜**出版**．黑體文化／遠足文化事業股份有限公司｜**總編輯**．龍傑娣｜**發行**．遠足文化事業股份有限公司（讀書共和國出版集團）｜**地址**．23141新北市新店區民權路108之2號9樓｜**電話**．02-2218-1417｜**傳真**．02-2218-8057｜**客服專線**．0800-221-029｜**客服信箱**．service@bookrep.com.tw｜**官方網站**．http://www.bookrep.com.tw｜**法律顧問**．華洋法律事務所．蘇文生律師｜**印刷**．中原造像股份有限公司｜**排版**．菩薩蠻數位文化有限公司｜**初版**．2024年1月｜**定價**．750元｜**ISBN**．9786267263655｜**書號**．2WBB0020

N. Orleans
Pensacola
B. Apalache
Tallahass
Augustine
C. Canareral
29te Sept.
C. Sable
Andros
Exuma
Mesa del Mariel
Havana
Cuba
Sierra de Gavilan
C. S. Antonio
C. Catoche
I. de Pinos
Gr. Cayman
C. de Cruz
S. Jago d.
Jamaic
C. Negril
Pedro Bk
Campeche
Yucatan
Balize
Dolphin
Head
Tabasco
V. Hermosa
d. Perote
Vera Cruz
La Guarda
Soconusco
Guatemala
Agua
Cartago S.
Gracias Dios
Nicaragua S.
S. Carlos
Mosquito B.
C. d. Salamanca
Panama
Isla de Quibo
Isthmus v. Panama
Goldridge Jamaica 1280
Washington 1040
Katahdin Maine
950
70°
60°

W E S

F L O R I D A

Tallahassee

Augustine

C. Canaveral

22° Sept.

L U C A Y A S

B a h a

oder

B A H A M A S

Pensacola

B. Apalache

Mesa del Mariel

C. Sable

C. Indros

Havana

Abaco

Eleuthera

S. Salvator

Watling

Long I.

Crooked I.

Bimini

Exuma

Virginos Bk

C u b a

Sierra de Guaitan

Cobre

P. d. Maysi

Habra

Haiti SD

C. S. Antonio

C. Catoche

I. de Pinos

G R O S S

C. de Cruz

S. Jago d. Cuba

S. Nicolaus

Gr. Cayman

C. Negril

Jamaica Goldridge

A N T I L L

Tiburon

Port au prince

Balize

Dolphin Head

Blaues Gebirg

Morant

Pedro Bk

Trueschey Pt

Punta Guaimarola

Royais

C A R A I B I S C H E S   M.

Cartago S.

C. Grarias Dios

Guanaxa I.

Totepec

Chagres

Costarira

Tetici

Monotombo

Mosas

Mombacho

Nicaragua S.

Nicaragua

S. Carlos

Mirabell

Tenerola

Chagua

S. Juan

I. Cheriqui

Mosquito B.

Puerto Belo

Küste d. Tier

Maracaybo

Cartagena

Venez

Neu Granada

Meta

C. Nicoya

Iyradia

Barru

C. d. Salamanca

Panama

Isla de Quido

Isthmus v. Panama

v. Darien

del Norte

S. Christophes 580 In

Guadeloupe

Dec.

60°